UTB FÜR WISSEN SCHAFT

UTB **2075**

D1933488

Eine Arbeitsgemeinschaft der Verlage

Wilhelm Fink Verlag München
A. Francke Verlag Tübingen und Basel
Paul Haupt Verlag Bern · Stuttgart · Wien
Hüthig Fachverlage Heidelberg
Verlag Leske + Budrich GmbH Opladen
Lucius & Lucius Verlagsgesellschaft Stuttgart
Mohr Siebeck Tübingen
Quelle & Meyer Verlag Wiebelsheim
Ernst Reinhardt Verlag München und Basel
Schäffer-Poeschel Verlag Stuttgart
Ferdinand Schöningh Verlag Paderborn · München · Wien · Zürich
Eugen Ulmer Verlag Stuttgart
Vandenhoeck & Ruprecht in Göttingen und Zürich
WUV Wien

Wolfgang Ismayr, Der Deutsche Bundestag

Wolfgang Ismayr

Der Deutsche Bundestag

im politischen System der Bundesrepublik Deutschland

Leske + Budrich, Opladen 2000

Für Christiane,
Andreas, Sonja und Tobias

Der Autor:
Dr. Wolfgang Ismayr, Professor für Politikwissenschaft mit Schwerpunkt Parlamentarismusforschung an der Technischen Universität Dresden

Gedruckt auf säure- und chlorfreiem, alterungsbeständigem Papier

Die Deutsche Bibliothek – CIP-Einheitsaufnahme

Ismayr, Wolfgang:
Der Deutsche Bundestag im politischen System der Bundesrepublik Deutschland . Ein Studienbuch / Wolfgang Ismayr.
– Opladen : Leske + Budrich, 2000
(Schriftenreihe: Uni-Taschenbücher ; Bd. 2075)
ISBN: 3-8252-2075-3 (UTB)
ISBN: 3-8100-2308-6 (Leske + Budrich)

Das Werk einschließlich aller seiner Teile ist urheberrechtlich geschützt. Jede Verwertung außerhalb der engen Grenzen des Urheberrechtsgesetzes ist ohne Zustimmung des Verlages unzulässig und strafbar. Das gilt insbesondere für Vervielfältigungen, Übersetzungen, Mikroverfilmungen und die Einspeicherung und Verarbeitung in elektronischen Systemen.

© 2000 by Leske + Budrich, Opladen
Einbandgestaltung: Alfred Krugmann, Stuttgart
Satz: Leske + Budrich, Opladen
Druck und Verarbeitung: Presse-Druck, Augsburg
Printed in Germany

Inhalt

Vorwort 13

1 Einleitung 15

1.1 Verfassungspolitische Rahmenbedingungen 15

1.2 Abstimmungsprozesse der Koalition 18

1.3 Föderative Struktur und Rolle des Bundesrates 20

1.4 Auswirkungen technologischer und kultureller Wandlungsprozesse 24

1.5 Partizipationsinteresse und Demokratieverständnis im Wandel 28

1.6 Parlamentsfunktionen im Überblick 34

1.6.1 Regierungsbildung 36

1.6.2 Gesetzgebung 37

1.6.3 Kontrolle und Initiative 39

1.6.4 Repräsentation und Kommunikation 41

2 Die Rolle der Abgeordneten 45

2.1 Abgeordnete im Fraktionenparlament 45

2.1.1 Kompetenzen der einzelnen Abgeordneten und parlamentarischer Minderheiten 45

2.1.2 Arbeitsfülle und Parteienkonkurrenz als Motive fraktioneller Geschlossenheit 49

2.1.3 Die Schutzfunktion des Art. 38 GG in der Parteiendemokratie 50

2.1.4 Solidaritätserwartungen und faktische Mitwirkungs- und Aufstiegschancen 54

2.1.5 Argumentationsfreiheit, Kreativität und Basisrückkoppelung 58

2.2 Professionalisierung und Interessenstruktur 60

2.2.1 Professionalisierung, parteipolitische Verankerung und Parlamentskarriere 60
2.2.2 Mandat und Beruf 63
2.2.3 Akademisierung 65
2.2.4 Öffentlicher Dienst 66
2.2.5 Berufs- und Interessenstruktur 69
2.2.6 Frauen im Bundestag 77
2.2.7 Entschädigung, Altersversorgung und Amtsausstattung 79
2.2.8 Inkompatibilitäten und Offenlegung von Interessenverknüpfungen 82

2.3 Abgeordneter und Wahlkreis 85
2.3.1 Kommunikationsbeziehungen der Abgeordneten „nach außen" 85
2.3.2 Vertreter regionaler Anliegen 87
2.3.3 Aufgaben als „Ombudsmann" der Region 89
2.3.4 Abgeordnete als Kommunikatoren im Wahlkreis 91

2.4 Kommunikationsbeziehungen, Interessenstruktur und demokratische Legitimation 92

3 Struktur und Willensbildung der Fraktionen 95

3.1 Status und Aufgaben der Fraktionen 95

3.2 Arbeitsgruppen und Arbeitskreise 99
3.2.1 Die Arbeitsgruppen der großen Fraktionen 99
3.2.2 Spezialisierung und Kooperation: Berichterstatter und Ad-hoc-Arbeitsgruppen 101
3.2.3 Arbeitsteilung und Kooperation in den kleineren Fraktionen 103
3.2.4 Sitzungen 104
3.2.5 Informationsbeschaffung und Willensbildung 105

3.3 Interessengruppierungen und Fraktionsflügel 107
3.3.1 Organisierte Interessengruppen der CDU/CSU-Fraktion ... 107
3.3.2 Fraktionsflügel der SPD 110

3.4 Landesgruppen und Sonderstellung der CSU-Landesgruppe 113

3.5 Fraktionsführung und Fraktionsvorstand 118
3.5.1 Zusammensetzung und Wahl 118
3.5.2 Fraktionsführung und Geschäftsführender Vorstand 123

3.5.3 Vorstandssitzungen 126

3.6 Die Fraktionsversammlung 129
3.6.1 Politischer Bericht und Diskussion 130
3.6.2 Vorbereitung der Plenarsitzungen 132
3.6.3 Entscheidungen über Vorlagen und Initiativen 134
3.6.4 Diskussionen und Appelle zur „Geschlossenheit“ 135

3.7 Koordinationsgremien 139
3.7.1 Koordinationsgremien der Fraktionen (Obleutebesprechungen) 140
3.7.2 Koalitionsgremien 142

4 Organisation und Arbeitsweise des Bundestages 145

4.1 Konstituierung des Bundestages und Geltung der Geschäftsordnung 146

4.2 Präsident und Präsidium 148
4.2.1 Wahl und Amtsdauer 148
4.2.2 Kompetenzen und Amtsverständnis 151
4.2.3 „Repräsentant“ der Volksvertretung 151
4.2.4 Hausrecht und Polizeigewalt 152
4.2.5 Verwaltungsaufgaben und Personalentscheidungen 153
4.2.6 Entscheidungen in Geschäftsordnungsfragen 154
4.2.7 Sitzungsleitung und Ordnungsbefugnis 154
4.2.8 Das Präsidium 156
4.2.9 Parteipolitisierung und „kollegiale“ Leitung 157

4.3 Ältestenrat und interfraktionelle Arbeitsplanung 159
4.3.1 Vereinbarungen über Zeitplan, Tagesordnung und Debattengestaltung 160
4.3.2 Beratungsfunktion in Geschäftsordnungsfragen 165
4.3.3 Der Ältestenrat als Beschlußorgan 167

4.4 Ausschüsse 167
4.4.1 Besetzung der Ausschüsse und Mitgliederstruktur 171
4.4.2 Präferenzen der Abgeordneten und Interessenstruktur der Ausschüsse 175
4.4.3 Vorsitzende und Stellvertreter 177
4.4.4 Kompetenzen der Ausschüsse 178
4.4.5 Vorbereitung der Ausschußsitzungen 180
4.4.6 Rolle des Vorsitzenden und Arbeitsstil der Ausschüsse 181

4.4.7 Spezialisierung: Berichterstatter, Arbeitsgruppen, Unterausschüsse 184
4.4.8 Informationsbeschaffung und wechselseitige Einflußnahme: Die Rolle der Ministerialbürokratie im Ausschuß 187
4.4.9 Arbeitsweise und Einfluß: Regierungs- und Oppositionsfraktionen im Ausschuß 191
4.4.10 Diskussionsstil und Abstimmungsverhalten 192

5 Regierungsbildung 195

5.1 Koalitionsverhandlungen über das Regierungsprogramm 199

5.2 Erklärungen zum Regierungsprogramm 203

5.3 Personalentscheidungen 205

5.4 Konstruktives Mißtrauensvotum, Vertrauensfrage und Bundestagsauflösung 211

6 Gesetzgebung 215

6.1 Gesetzesfunktionen und Gestaltungsfähigkeit der Politik 216
6.1.1 Verrechtlichung und Wandel der Staatstätigkeit 216
6.1.2 Funktionswandel des Gesetzes 219
6.1.3 „Normenflut“ 223
6.1.4 Entlastung des Gesetzgebers und der Bürger? 224

6.2 Gesetzesfolgenabschätzung und Wissenschaftliche Politikberatung 230

6.3 Der Gesetzgebungsprozeß 239
6.3.1 Gesetzesinitiativen 239
6.3.2 Ausarbeitung von Regierungsvorlagen 250
6.3.3 Der Regierungsentwurf 262
6.3.4 „Erster Durchgang“ im Bundesrat 264
6.3.5 Entwicklung von Gesetzentwürfen der Fraktionen (Opposition) 269
6.3.6 Einbringung, erste Beratung und Überweisung 272
6.3.7 Die Ausschußphase 275
6.3.8 Plenum: Zweite und dritte Beratung und Schlußabstimmung 283

6.3.9 „Zweiter Durchgang“ im Bundesrat, Vermittlungsverfahren und Ausfertigung 288
6.4 Die Beratung von EU-Vorlagen im Bundestag *290*

7 Kontrolle und Kommunikation 299
7.1 Einleitung: Informationsrechte und Kontrollpraxis 299
7.1.1 Praxis öffentlicher Kontrolle 302
7.1.2 Informationsrechte 306
7.1.3 Ausbau der Analysekapazität 309
7.2 Parlamentarische Kommunikation und Öffentlichkeit 312
7.2.1 Massenmedien und Politikvermittlung 312
7.2.2 Die Plenardebatten: Struktur und Reformaspekte 314
7.2.3 Transparenz und Kompetenz 323
7.2.4 Parlamentsberichterstattung – Parlamentskanal 326
7.3 Herbeirufungen 327
7.4 Mißbilligungs- und Entlassungsanträge 330
7.5 Große Anfragen 331
7.5.1 Verfahren 333
7.5.2 Themenstruktur und Kontrollintentionen 335
7.5.3 Plenardebatten und Öffentlichkeit 336
7.6 Kleine Anfrage 338
7.7 Fragestunde und schriftliche Einzelfragen 342
7.8 Aktuelle Stunde 346
7.9 Kabinettberichterstattung und Befragung der Bundesregierung 350
7.10 Regierungserklärungen 352
7.11 Parlamentarische Haushaltsberatung und Finanzkontrolle 354
7.11.1 Entwicklung des Haushaltsplans 356
7.11.2 Der Haushaltsausschuß 358
7.11.3 Arbeitsweise und Entscheidungsprozeß 360
7.11.4 Informationsmöglichkeiten 362
7.11.5 Haushaltsvollzug 363
7.12 Bundesrechnungshof und Parlament 363
7.12.1 Nachträgliche Finanzkontrolle 364

7.12.2 Erfolgskontrollen 365
7.12.3 Beratung der Abgeordneten 366
7.12.4 Öffentliche Wirkung 366

7.13 Untersuchungsausschüsse 367
7.13.1 Auftrag und Funktionen 367
7.13.2 Erfahrungen 371
7.13.3 Einsetzung, Zusammensetzung und Vorsitz 374
7.13.4 Beweiserhebung 375
7.13.5 Untersuchungen des Verteidigungsausschusses 378
7.13.6 Kontrollwirkungen 378

7.14 Der Petitionsausschuß 379
7.14.1 Petitionsrecht im Wandel 379
7.14.2 Aufgaben und Befugnisse des Petitionsausschusses 381
7.14.3 Verfahren und Erfolgsrate 383
7.14.4 Massenpetitionen und Politisierung 386
7.14.5 Minderheitenrechte 387
7.14.6 Institution eines „Bürgerbeauftragten"? 389

7.15 Der Wehrbeauftragte 390
7.15.1 Struktur des Amtes 391
7.15.2 Eingaben an den Wehrbeauftragten 393
7.15.3 Wehrbeauftragter und Parlament 394

7.16 Berichte der Bundesregierung 396

7.17 Selbständige Anträge und Entschließungsanträge 402

7.18 Öffentliche Anhörungen der Ausschüsse 407

7.19 Enquete-Kommissionen 413
7.19.1 Aufgaben und Zielsetzungen 418
7.19.2 Zusammensetzung, Ausstattung und Kompetenzen 419
7.19.3 Arbeits- und Lernprozesse 423
7.19.4 Parlamentarische Umsetzung und öffentliche Resonanz 426

7.20 Institutionalisierung der Technikfolgenabschätzung 428

8 Rückblick und Ausblick 439

8.1 Strukturen parlamentarischer Willensbildung 439
8.1.1 Arbeitsteilung und Koordination 439
8.1.2 Abgeordnete im Fraktionenparlament 441

8.1.3 Gestaltungs- und Kontrollchancen von Oppositions- und Regierungsfraktionen 444
8.1.4 Bürokratisierung parlamentarischer Willensbildung? 449

8.2 Kriterien und Zielsetzungen einer Parlaments- und Verfassungsreform 450

8.3 Reformvorschläge im Kontext 454
8.3.1 Oppositionsklausel in die Verfassung? 454
8.3.2 Informations-, Auskunfts- und Aktenvorlagepflichten der Regierung 455
8.3.3 Verfahrensreform der Untersuchungsausschüsse und Enquete-Kommissionen 458
8.3.4 Innovativer Ausbau einer eigenständigen Analyse- und Beratungskapazität 460
8.3.5 Verbesserung der Kommunikationsfähigkeit und Transparenz 462
8.3.6 Neue Formen und Foren der Bürgermitwirkung und des öffentlichen Diskurses 465

Literaturverzeichnis 467
Abkürzungsverzeichnis 496
Verzeichnis des Tabellen und Schaubilder 498
Sachregister 501

Vorwort

Mit diesem Buch legt der Verfasser auf der Basis seines umfangreichen Werkes „Der Deutsche Bundestag. Funktionen, Willenbildung, Reformansätze" (Opladen 1992, 767 Seiten) eine für Studienzwecke eingerichtete, überarbeitete und aktualisierte Fassung vor. Angeregt wurde er hierzu durch die Arbeit an einem Lehrtext für die FernUniversität Hagen, der mit diesem Band großenteils identisch ist. Auf einen Anmerkungsapparat wurde verzichtet; Literatur- und Quellenverweise wurden in den Text integriert.

Die Konstituierung des 14. Deutschen Bundestages und die Regierungs- und Fraktionsbildung vom Herbst 1998 konnten noch berücksichtigt werden. Auch wurde die erst seit Sommer 1999 vollständig zugängliche Parlamentsstatistik für die 13. Wahlperiode (1994-98) noch eingearbeitet.

Im Bemühen um genauere Einsichten in die komplexe Struktur parlamentarischer Willensbildung hat der Verfasser vielfältige Informationswege beschritten. So stützt sich die Arbeit einmal auf veröffentlichte, (halb)öffentlich zugängliche und organisationsinterne Abhandlungen, Materialien und Daten. Unter den publizierten Dokumenten kommt neben den amtlichen Handbüchern, der Kommentarliteratur und dem Werk „Stand der Gesetzgebung des Bundes" selbstverständlich den Plenarprotokollen und Parlamentsdrucksachen besondere Bedeutung zu, denen sich auch Informationen über außerhalb des Plenums liegende Handlungsfelder entnehmen lassen. Für eingehendere Untersuchungen zum Deutschen Bundestag unverzichtbar ist das von Peter Schindler verfaßte „Datenhandbuch zur Geschichte des Deutschen Bundestages", das in mehreren Bänden vorliegt. Ende 1999 wird ein den Zeitraum 1949 bis 1999 umfassendes dreibändiges „Datenhandbuch" publiziert (vgl. Literaturverzeichnis). Hilfreich war auch die Erschließung von Zeitungsartikeln durch die Pressedokumentation des Bundestages.

Neben den veröffentlichten Quellen konnten u.a. genutzt werden: Protokolle und Sitzungsunterlagen von Bundestagsausschüssen und

Fraktionsgremien, Organisationspläne, Rundbriefe und weitere Strukturdaten der Fraktionen sowie Unterlagen verschiedener Abteilungen der Bundestagsverwaltung. Das Referat „Sach- und Sprechregister" der Bundestagsverwaltung stellte dem Verfasser auf Anfrage in größerem Umfang Computerausdrucke und Statistiken über parlamentarische Aktivitäten zur Verfügung.

Darüber hinaus stützt sich die Arbeit auf etwa 60 meist längere Interviews und Hintergrundgespräche des Verfassers mit Abgeordneten und Mitarbeitern der Fraktionen und der Bundestagsverwaltung, in denen es besonders auch um die Erkundung spezifischer Erfahrungen in der jeweiligen Rolle ging (z.B. als Obmann einer großen Fraktion im Rechtsausschuß). Hinzu kamen zahlreiche schriftliche Informationskontakte und Gespräche über Einzelfragen.

Besonderes Gewicht kommt den eigenen Beobachtungen des Verfassers vornehmlich in den 80er Jahren in (nicht-öffentlichen) Sitzungen von Bundestagsausschüssen und in zahlreichen Sitzungen von Fraktionsgremien (Versammlung, Arbeitsgruppen und -kreise) sowohl der Koalitions- als auch der Oppositionsparteien zu. Der Vergleich dieser Beobachtungen mit Auskünften und Stellungnahmen der Beteiligten sowie mit öffentlichen und internen Materialien sollte eine angemessene Fundierung der Darstellung ermöglichen.

Ohne die Bereitschaft der Fraktionen, dem Verfasser ohne Auflagen Zugang zu internen Sitzungen zu gewähren, wäre diese Arbeit in der vorliegenden Form nicht möglich gewesen. Ich danke den Abgeordneten, den Mitarbeitern der Bundestagsverwaltung, der Fraktionen und der Parteien für ihre Informationsbereitschaft und Unterstützung und allen, die mich bei meiner Arbeit ermutigt haben.

Herzlich danken möchte ich auch Matthias Hölzlein, Josef Doerr, Solveig Richter, Martin Spiller, Ansgar Bovet und Ronald Lampel, die in verschiedenen Entstehungsphasen dieses Buches zuverlässig bei der Zusammenstellung von Materialien und beim Korrekturlesen geholfen haben.

Dresden, im Oktober 1999

Wolfgang Ismayr

1 Einleitung

In den fünfzig Jahren seit Bestehen der Bundesrepublik Deutschland haben sich mit dem Wandel der gesellschaftlichen Verhältnisse und der politischen Kultur auch Stellung und Funktionen des Bundestages im politischen System deutlich verändert. Dies gilt für die Organisation und die „internen" Arbeits- und Interaktionsprozesse des Bundestages und der Fraktionen wie auch für die Kommunikationsbeziehungen nach „außen". Ziel dieser Arbeit ist es, ein möglichst angemessenes Verständnis der vielfältigen und komplexen Strukturen der Willensbildung zu gewinnen, wobei die seit der deutschen Vereinigung eingetretenen Veränderungen entsprechend zu berücksichtigen sind. Dargestellt werden sowohl die öffentlichen und formellen Gesetzgebungs- und Kontrollaktivitäten als auch die internen (und auch informellen) Prozesse in und zwischen Parlaments-, Fraktions- und Koalitionsgremien. Der Einblick in dieses Beziehungsgefüge dient auch dem besseren Verständnis der an die Öffentlichkeit gerichteten und über die Medien vermittelten Aktivitäten. Differenzierend soll dabei auf Machtkonstellationen, auf Kooperations- und Konkurrenzbeziehungen innerhalb des „Regierungslagers", zwischen Koalition und Opposition und den Oppositionsfraktionen untereinander sowie auf Stellung und Wirkungsmöglichkeiten der einzelnen Abgeordneten in und außerhalb des Parlaments eingegangen werden. (Verfassungs)rechtliche und geschäftsordnungsmäßige Bestimmungen, fraktionsinterne Regelungen und die parlamentarische Praxis werden systematisch aufeinander bezogen und in ihrem Entstehungs- und Wirkungszusammenhang erörtert.

1.1 Verfassungspolitische Rahmenbedingungen

Die Bundesrepublik wird häufig als „parlamentarisches Regierungssystem" oder „parlamentarische Demokratie" bezeichnet. Dies legt die Erwartung nahe, daß der Deutsche Bundestag das wichtigste Organ im politischen Willensbildungs- und Entscheidungsprozeß darstellt. Daneben sind konkurrierende Bezeichnungen wie „Parteienstaat", „Verbändestaat", „Verwaltungsstaat", „pluralistischer Bundesstaat" im Umlauf, die andere Akzente setzen. In der Tat hat der Parlamentarische Rat mit den Bestimmungen zur Wahl und Abwahl des Regierungschefs durch den unmittelbar vom Volk gewählten Bundestag die verfassungsmäßigen Grundlagen eines parlamentarischen Regierungssystems geschaffen. Als Hauptmerkmal dieses Strukturtyps gilt, daß die Regierung durch ein Mißtrauensvotum gestürzt werden kann und somit nicht nur in ihrer Aktionsfähigkeit, sondern auch in ihrem Bestand vom Vertrauen der Parlamentsmehrheit abhängig ist (Steffani 1979a: 52f.).

Im Unterschied nicht nur zur Weimarer Reichsverfassung, sondern auch zu den meisten anderen Verfassungsordnungen sieht das Grundgesetz die förmliche Wahl des Regierungschefs vor, die auch am Vorschlag des Staatsoberhaupts vorbei erfolgen kann, läßt aber andererseits ein rechtsverbindliches Mißtrauensvotum nur gegenüber dem Bundeskanzler (nicht gegenüber einzelnen Ministern wie in etwa der Hälfte der westeuropäischen Länder) und nur als „konstruktives Mißtrauensvotum" zu (Art. 63, 67 GG; vgl. Kap. 5 und Ismayr [2]1999b). Abgestützt werden diese Entscheidungen des an einem stabilen politischen System interessierten Parlamentarischen Rates noch dadurch, daß das Staatsoberhaupt nur bescheidene Kompetenzen erhielt und ebenso wie der Kanzler nur indirekt gewählt wird. Zudem sieht das Grundgesetz im Unterschied zu den zuvor entstandenen Länderverfassungen mit Ausnahme von Art. 29 GG keine direktdemokratischen Entscheidungsverfahren vor – ohne deren Einführung allerdings auszuschließen.

Als einziges zentralstaatliches Organ direkt vom Volk gewählt, ist der Bundestag in bevorzugter Weise demokratisch legitimiert und verantwortlich. Nur teilweise hat der Parlamentarische Rat allerdings verfassungsrechtlich angemessene Konsequenzen aus der faktischen Grundentscheidung für ein demokratisch-parlamentarisches System gezogen. So unterblieb (zunächst) ein die Rolle der Oppositionsfraktionen angemessen berücksichtigender Ausbau der Kontroll- und Informationskompetenzen über die aus der Weimarer Reichsverfassung weitgehend übernommenen Bestimmungen hinaus. Offenbar orientierte sich der Parlamentarische Rat, der über die Funktionszusammenhänge des parlamentarischen Regierungssystems keine systematische Debatte geführt hat, noch teilweise an einem konstitutionellen Parlamentsverständnis, das von einem Dualismus von Gesamtparlament und Exekutive (Regierung, Verwaltung) ausgeht.

In der konstitutionellen Monarchie steht dem Parlament als Vertretung des Volkes mit der Befugnis der Gesetzgebung und Haushaltsbewilligung eine vom Monarchen eingesetzte und nur ihm verantwortliche Exekutive gegenüber; sie repräsentiert „den Staat" gegenüber den im Parlament artikulierten gesellschaftlichen Bedürfnissen und Interessen. Das präsidentielle Regierungssystem (wie in den USA) als demokratisierte Version einer derart gewaltenteiligen Staatsorganisation setzt die Volkswahl eines vom Parlament (formell) unabhängigen Regierungschefs und Staatspräsidenten voraus, die im Grundgesetz gerade nicht vorgesehen ist. Dementsprechend erlaubt das Grundgesetz „keine Flucht aus der parlamentarischen in die präsidentielle Regierung" (Loewenberg 1971: 52).

Als verfassungspolitische Konsequenz der Grundentscheidung für ein parlamentarisches Regierungssystem unter parteienstaatlich-pluralistischen Bedingungen gilt eine enge Verbindung der Regierung und der sie tragenden Parlamentsmehrheit. Winfried Steffani (1979a: 51) sieht eine „Aktionseinheit", Heinrich Oberreuter (1981) gar eine „Verschmelzung von Parlamentsmehrheit und Regierung zur politischen Funktionseinheit" als systemgemäß an. Aufgabe der Opposition(sfraktionen) ist es dann, die Regierung und die mit ihr verbundenen und sie unterstützende(n) Mehrheitsfraktion(en) öffentlich zu kontrollieren, sie zu kritisieren und zur Politik der „regierenden Mehrheit" Alternativen zu formulieren.

Entgegen dem in Deutschland traditionellen „klassischen" Dualismus von Parlament und Regierung setzte sich auch in der Parlamentspraxis der Bundesrepublik bis zu einem gewissen Grad dieser neue Dualismus von Regierungsmehrheit und Opposition(sfraktionen) durch und wurde auch von den Parlamentariern als Faktum zunehmend anerkannt, wenngleich es – normativ gesehen – nach wie vor deutliche Unterschiede im Parlamentarismus-Verständnis gibt (Herzog u.a. 1990: 103ff., Patzelt 1996: 469ff.).

Klärungsbedürftig bleibt zunächst jedenfalls, wie in der Praxis die Machtverteilung und die Konkurrenzbeziehungen innerhalb des Regierungslagers aussehen und wie sich politische Führung und Administration zueinander verhalten. Begünstigt wurde die aufgezeigte Entwicklung dadurch, daß Regierungsmitglieder in aller Regel dem Bundestag angehören und an fraktionsinternen Sitzungen teilnehmen, vor allem aber dadurch, daß sich – auch mit Hilfe der 5-%-Sperrklausel bei Wahlen – ein bipolares System von drei bis vier (bzw. fünf) Bundestagsparteien ausbilden konnte (Mintzel 1989). Deren Führungen legten sich meist vor der Wahl auf eine bestimmte Koalition fest, mit der Folge, daß in Bundestagswahlen nicht nur über die parteipolitische und personelle Zusammensetzung des Parlaments, sondern auch über eine bestimmte Koalition und deren Kanzlerkandidaten entschieden wird (vgl. Kap. 5).

Weder analytisch noch normativ angemessen wäre es allerdings, die aus zeitweiligen Erfahrungen des britischen Parlamentarismus gewonnenen Modellvorstellungen des „Westminstersystems" auf das politische System der Bundesrepublik schematisch zu übertragen (Ismayr ²1999b). Einmal kann bei grundsätzlicher Anerkennung eines engen Zusammenwirkens von Regierung und Mehrheitsfraktion(en) in parlamentarischen Regierungssystemen die Machtverteilung innerhalb des Regierungslagers und auch in den Reihen der Opposition(sfraktionen) je nach verfassungsrechtlichen und gesellschaftlichen Bedingungen unterschiedlich ausfallen. Um dies zu ermitteln, sind Untersuchungen der komplexen Interaktionsmuster und vielfältigen Kommunikationswege und Einflußfaktoren erforderlich. Zum anderen sind weitere wesentliche Strukturbedingungen des politischen Systems der Bundesrepublik wie die Existenz von Koalitionsregierungen, die Funktion des Bundesrates und des Länderparlamentarismus im föderativen System sowie die hervorgehobene Stellung des Bundesverfassungsgerichts zu beachten.

1.2 Abstimmungsprozesse der Koalition

Die Bundesrepublik wurde fast durchweg von Koalitionen aus zwei oder drei Parteien regiert, die (jedenfalls auf manchen Politikfeldern) markante politische Unterschiede aufweisen, teilweise verschiedene Stammwählerschaften ansprechen und – wie zahlreiche Koalitionskonflikte belegen – auch bemüht sind, sich als eigenständige politische Kräfte zu profilieren. Zu den für Volksparteien üblichen internen Prozessen des Interessenausgleichs kommen laufend zahlreiche Gespräche und Verhandlungen auf Koalitionsebene hinzu. Die Komplexität der Kommunikations-, Interaktions- und Aushandlungsprozesse zwischen ohnehin stark arbeitsteiligen Parlamenten, Ministerialverwaltungen, Parteigremien und Verbänden nimmt zu. Die Auswirkungen sind ambivalent. Auf der einen Seite kann interne und teilweise auch öffentliche Kontrolle begünstigt werden; andererseits führt das Aushandeln von Kompromissen in politischen Führungs- und Expertengremien der Koalition dazu, daß Diskussion und Entscheidungsfindung (insbesondere bei brisanten Problemen) den zuständigen Fraktions-, Regierungs- und Parlamentsgremien faktisch entzogen werden.

Zudem gestaltet sich die parlamentarische Oppositionspolitik komplexer, nachdem seit dem Einzug der neuen Partei DIE GRÜNEN in den 10. Deutschen Bundestag im Jahre 1983 erstmals seit den 50er Jahren wieder zwei eigenständige Oppositionsfraktionen der Koalition gegenüberstehen und – teilweise auch in Konkurrenz zueinander – Aktivitäten entwickeln. Mit der deutschen Einheit erfolgte eine weitere Ausdifferenzierung des Parteiensystems, die künftig wachsende Schwierigkeiten bei der Koalitionsbildung bringen kann – wie die Erfahrungen auf Länderebene zeigen. Besonders problematisch ist eine naive Übertragung von Leitbildern, Maßstäben und Verfahrensweisen des „Westminster-Systems" wegen der föderativen Struktur der Bundesrepublik, die auch die Arbeits- und Wirkungsweise von Koalitionsregierungen prägt. Ein weiteres Charakteristikum von Koalitionssystemen ist, daß ein Machtwechsel nicht regelmäßig dadurch erfolgt, daß die bisherige Oppositionspartei nach gewonnener Wahl die Regierung stellt, sondern daß eine der bisherigen Koalitionsparteien mit der oder den Oppositionspartei(en) nach dem Auseinanderbrechen eines Regierungsbündnisses (während der Wahlperiode oder aufgrund von Neuwahlen) die Regierung bildet. Solche Bündniskonstellationen wirken sich auf das Kooperations- und Kontrollverhalten aus, auch gegenüber Verwaltung und Verbänden.

Nur aus der Sicht eines (selbst in Großbritannien nur phasenweise bestehenden) Zweiparteiensystems können Koalitionssysteme allerdings als Abweichung vom „Modell" eines „echten Parlamentarismus" angesehen werden; faktisch sind Mehrparteien- und Koalitionssysteme in parlamentarischen Demokratien die Regel (Ismayr ^{2}1999b: 36ff.; von Alemann 1973).

1.3 Föderative Struktur und Rolle des Bundesrates

Stark geprägt wird der Willensbildungs- und Entscheidungsprozeß in der Bundesrepublik durch die föderative Struktur und die spezifische Rolle des Bundesrates, durch den die Länder an der Gesetzgebung, aber auch an der Verwaltung des Bundes mitentscheidend beteiligt sind (Art. 50 GG). Dadurch kommen zu den Abstimmungsprozessen auf Koalitionsebene in der Bundesrepublik weitere, das Parteienkonkurrenzprinzip relativierende Aushandlungsprozesse zwischen Politikern und Spitzenbeamten von Bund, Ländern und Kommunen hinzu. An der Politik der Bundesländer sind die Landesparlamente mit eigenständigen, wenngleich inzwischen stark eingeschränkten Gesetzgebungskompetenzen, vor allem aber mit vielfältigen Kommunikations- und „Ombudsmann"-Funktionen ihrer Mitglieder beteiligt. Das parlamentarische Element, aber auch die Mitwirkung der Wahlbürger, wird dadurch gestärkt. Als „dritte Ebene" kommen die Kommunen (Gemeinden, Landkreise, Bezirke) hinzu, deren gewählte Vertreter – auch über die kommunalen Spitzenverbände – um die Wahrung und produktive Entwicklung ihrer Selbstverwaltungskompetenz ringen (Art. 28 GG) (Gabriel/Ahlstich/Kunz 1997: 325ff.). Höchst bedeutsam für Gesetzgebung und politische Steuerung ist schließlich, daß der Vollzug (auch) der Bundesgesetze überwiegend bei den Behörden der Länder liegt: Nicht nur ist der Erfolg zentralstaatlicher Politik von der qualitativ angemessenen Umsetzung (Implementation) durch die Vollzugsverwaltungen der Länder und Kommunen abhängig – der Bundesgesetzgeber ist auch auf deren Rückmeldungen angewiesen.

Grundsätzlich kommt der föderative Aufbau partizipationsorientierten Bestrebungen nach verstärkter Dezentralisierung entgegen. Als Vorzüge des föderativen Systems gelten vertikale Gewaltenteilung (als Komplement der horizontalen), „Minderheitenschutz und parteipolitischer Spannungsausgleich" und „die Verbesserung der Realisierungschance demokratischer Werte i.S. vermehrter Partizipationsmöglichkeiten der Bevölkerung und verbesserter Durchsetzungschancen ihrer (regional) differenzierten Interessen" durch erhöhte Responsivität der regional unterteilten Staatsverwaltung (Abromeit 1982: 463).

Ob und inwieweit insbesondere die verfassungsrechtliche Konstruktion und reale Entwicklung des föderativen Bundesorgans Bundesrat der Realisierung solcher Zielvorstellungen dienlich war, ist allerdings umstritten (Posser ^{2}1994). Aus weisungsgebundenen Mitgliedern der Landesregierungen zusammengesetzt, die die Stimme ihres Landes einheitlich abgeben, ist er ein parlamentarisches Gremium der Funktion, nicht aber der Struktur nach (Steffani 1985: 226); überdies verfügt er über bedeutsame administrative Kompetenzen. Der Bundesrat war vom Parlamentarischen Rat nicht als gleichwertige „zweite Kammer" eines einheitlichen Gesetzgebungsorgans angelegt worden und ist dies – verfassungsrechtlich gesehen – auch heute nicht (BVerfGE 37, 363, 380). Faktisch hat aber die fortschreitende Unitarisierung des Bundesstaates, insbesondere die Verlagerung zahlreicher Gesetzgebungskompetenzen auf den Bund einerseits die Landesparlamente geschwächt, andererseits aber dazu geführt, daß die im Bundesrat vertretenen Mitglieder der Länderregierungen und deren Spitzenbeamte verstärkt an der Gesetzgebung des Bundes mitwirken. Zudem ist der Bundesrat bei Zustimmungsgesetzen – und dies sind bereits seit der dritten Wahlperiode mehr als die Hälfte und zudem ein Großteil der gewichtigeren Bundesgesetze – faktisch fast gleichberechtigt als Gesetzgebungsorgan beteiligt (Kilper/Lhotta 1996).

Der Bundesrat war vom Verfassungsgesetzgeber als Medium zur Vermittlung der Länderinteressen und als Hort gouvernementaler und bürokratischer „Sachlichkeit", als „Widerlager zur Parteipolitik" verstanden worden (Lehmbruch ^{2}1998: 77ff.). Bürokratische Detailarbeit, Kontrolle und Erfahrungsvermittlung (einschließlich damit verbundener Probleme verwaltungsspezifischer Segmentierung) spielen bei der Arbeit seiner Ausschüsse wie auch bei den zahlreichen direkten Kontakten zwischen Länder- und Bundesministerien sowie Vollzugsbehörden im Rahmen der Entwicklung von Gesetzen und Verordnungen eine bedeutsame Rolle. Doch hat mit wachsendem politischen Gewicht des Bundesrates die parteipolitische Orientierung und Blockbildung erheblich zugenommen. Bürokratische Problembearbeitung, politische Sacharbeit und parteipolitische Positionsfixierung werden je nach Thematik und (partei)politischer Aufmerksamkeit mit unterschiedlicher Gewichtung wirksam.

Wie die Erfahrungen zur Zeit der sozialliberalen Koalition (im Vergleich zu den Jahren davor und danach) zeigten, als sich die Koalition einer Bundesratsmehrheit aus Politikern unionsregierter Länder gegenübersah, hängt der staatlich-politische Willensbildungs- und Entscheidungsprozeß des Bundes wesentlich von den Mehrheitsverhältnissen im Bundesrat ab. Seither wurden Absprachen innerhalb der Ländergruppen CDU/CSU- bzw. SPD-geführter Regierungen üblich, die sich wiederum entweder mit der ihnen parteipolitisch verbundenen Oppositionsfraktion oder dem Regierungslager inhaltlich und taktisch abstimmen. Insbesondere bei „Zustimmungsgesetzen" konnte die parlamentarische Opposition auf „ihre" Mehrheit im Bundesrat setzen und selbst oder durch die unionsgeführten Landesregierungen bereits vorweg – öffentlich oder intern – die Grenze ihrer Kompromißbereitschaft signalisieren.

Ähnliche Erfahrungen wurden – mit umgekehrten Vorzeichen – seit dem Bestehen einer Mehrheit von SPD und Bündnis 90/Die Grünen in den 90er Jahren im Bundesrat gemacht, wenngleich die parteipolitische Konstellation im Bundesrat aufgrund verschiedenartiger Regierungskoalitionen in den Bundesländern vielfältiger und unübersichtlicher geworden ist, was Absprachen erschweren kann (Jun 1994). Ist der Regierung(smehrheit) an der Realisierung eines Vorhabens unbedingt gelegen, kann sie sich schon bei der Entwicklung von Gesetzentwürfen veranlaßt sehen, die bereits öffentlich artikulierten, angekündigten oder zu erwartenden Einwände zu berücksichtigen. Andererseits kann die Opposition im Hinblick auf ihre Mehrheit im Bundesrat natürlich auch in die Verantwortung eingebunden werden. Die am Parteienwettbewerb orientierten Auseinandersetzungen auf parlamentarischer Ebene können durch (vorgelagerte) Verhandlungen einer „heimlichen" Großen Koalition geschwächt werden oder büßen an Glaubwürdigkeit ein (Lehmbruch ²1998: 146). Die Zurechenbarkeit von Verantwortlichkeit wird schwieriger – zumal dann, wenn die parteiübergreifenden Kompromisse „intern" ausgehandelt werden; längerfristig angelegte Politik wird u.U. erschwert. Die parlamentarische Demokratie nimmt dann tendenziell Züge eines Konkordanzsystems an, was im europäischen Vergleich eher die Regel denn die Ausnahme darstellt (Ismayr ²1999b: 46ff.). Allerdings kann bei Vorhaben, für die ein breiter Konsens wünschenswert ist, ein Einigungsverfahren unter Beteiligung der Opposition jedenfalls dann ein Gewinn sein, wenn es hinreichend transparent und diskursiv abläuft.

Ein wirklicher „Machtwechsel" erfordert nicht nur eine Mehrheit für die eigene Partei oder ein Parteienbündnis im Bundestag, sondern auch im Bundesrat – mit der Folge, daß bei Landtagswahlen die Bundespolitik zunehmend dominiert und diese tendenziell den Charakter von Bundesratswahlen annehmen. So hatte nach dem Scheitern der sozialliberalen Koalition die SPD aufgrund bisheriger Erfahrungen immer wieder betont, daß sie zunächst bei Landtags- und Kommunalwahlen Boden gewinnen und die Mehrheit im Bundesrat erlangen wolle, was ihr schließlich im Juni 1990 gelang und ihr die Chance eröffnete, am Einigungsvertrag zwischen der Bundesrepublik und der DDR mitzuwirken.

Folge der Parteipolitisierung des Bundesrates ist, daß der Bundestag phasenweise zum Forum des Bundesrates denaturierte, besonders spektakulär vor den Bundestagswahlen 1976 und 1980, als die Ministerpräsidenten und Kanzlerkandidaten Kohl und Strauß ihr Redeprivileg als Bundesratsmitglieder nutzten und als programmatische Hauptredner ihrer Parteien dem amtierenden Kanzler gegenübertraten. Die Einbeziehung der Reden von Bundesratsmitgliedern in die Redezeitkontingente der Regierungsmehrheit einerseits und der Oppositionsfraktionen andererseits ist die realistische Konsequenz dieser Entwicklung.

Eine weitere, das parlamentarische System prägende strukturelle Besonderheit ist die starke Stellung des Bundesverfassungsgerichts als weiterem oberstem Bundesorgan, dessen Entscheidungen auch für das Parlament bindend sind. Die Neigung der jeweiligen oppositionellen Parteien, Entscheidungen der parlamentarischen Mehrheit daraufhin überprüfen zu lassen, ob sie verfassungswidrig sind und die zeitweilige Neigung des Verfassungsgerichts zu detaillierten Vorgaben gegenüber dem Gesetzgeber haben zu einer „Judifizierung" der Politik und zur Einengung des politischen Gestaltungsspielraumes beigetragen. Einerseits steht damit der Opposition ein weiteres Mittel zur Verfügung, auf das Handeln der Regierung(smehrheit) Einfluß zu nehmen, andererseits kann auf diesem Wege eine konzeptionelle, auf grundlegende Wandlungsprozesse reagierende Politik erschwert werden (Landfried 1984: 147ff., Stüwe 1997).

Zu den skizzierten strukturellen Bedingungen des politischen Systems der Bundesrepublik kommt hinzu, daß bei zunehmender Verlagerung von Rechtssetzungskompetenzen auf die Europäische Union bis zur Entscheidung des EU-Ministerrates vielfältige Aushandlungsprozesse unter einflußreicher Mitwirkung von Ministerialbeamten der Mitgliedstaaten und EU-Beamten stattfinden, auf die das Europäische Parlament wie auch der Bundestag – trotz einiger Kompetenzzuwächse in den 90er Jahren – nur vergleichsweise bescheidene Einwirkungsmöglichkeiten haben (vgl. Abschn. 6.4).

1.4 Auswirkungen technologischer und kultureller Wandlungsprozesse

Will man Einsichten über die tatsächlichen und wünschbaren Funktionen des Bundestages im politischen System gewinnen, sind über die verfassungsrechtlichen und -politischen Strukturbedingungen hinaus die jüngsten technologischen und kulturellen Wandlungsprozesse zu berücksichtigen, die sich auf die Leistungs- und Kommunikationsfähigkeit der staatlich-politischen und intermediären Institutionen sowie auf die Partizipations-, Transparenz- und Leistungserwartungen der Bürger auswirken. Sie können hier allerdings nur angedeutet werden.

Die Entwicklung der Industriegesellschaft und des modernen Sozial- und Interventionsstaates hat (insbesondere in der Phase des Wirtschaftswachstums seit den 50er Jahren) zu einer enormen Ausweitung und Verdichtung der Staatstätigkeit geführt, die so gut wie alle Lebensbereiche erfaßt oder zumindest berührt. Im Zuge dieser Entwicklung expandierten die Ministerial- und Vollzugsverwaltungen erheblich, während sich die Zahl der durch Wahl legitimierten und mit der politischen Führung beauftragten Politiker nicht wesentlich erhöhte. Die etwa vier Dutzend Regierungsmitglieder und Parlamentarischen Staatssekretäre und die (weiteren) etwa 600 Parlamentarier sehen sich allein im Bereich der Bundesministerien und des Kanzleramtes einem organisatorisch stark ausdifferenzierten und fachlich spezialisierten Verwaltungsapparat von etwa 25.000 Mitarbeitern gegenüber. Ein großer Teil der Ministerialbeamten ist an der Gesetzes- und Programmentwicklung und durch beratende Mitwirkung in Ausschüssen, Arbeitsgruppen sowie Koalitionsgremien auch am parlamentarischen Willensbildungsprozeß einflußreich beteiligt. Sie können sich (zudem) auf die Zuarbeit von mehr als 50 nachgeordneten Bundesbehörden und kontinuierliche Informationskontakte zu Verbandexperten, Ministerialbürokratien der Länder und Vollzugsbürokratien und eine umfangreiche wissenschaftliche Beratungskapazität stützen (vgl. Kap. 6 und 7.1).

Bestrebungen auf Regierungsebene (vor allem in den Anfangsjahren der sozialliberalen Koalition), der zunehmenden Segmentierung des Arbeitsprozesses durch verbesserte Koordination, längerfristig angelegte integrierte Aufgabenplanung und übergreifende Beratungsgremien entgegenzuwirken, brachten insgesamt gesehen nicht den gewünschten Erfolg (Scharpf 1973).

Bundestag und Fraktionen versuchen, den vielfältigen Gesetzgebungs- und Kontrollaufgaben durch eine der Ressortgliederung der Bundesregierung weithin entsprechende Arbeitsteilung und Spezialisierung gerecht zu werden. Dabei stehen sie allerdings vor der schwer zu bewältigenden Daueraufgabe, die nebeneinander her laufenden Tätigkeiten über formelle und informelle Gremien zu koordinieren und – über kurzatmige und tagespolitisch reaktive Aktivitäten hinaus – konzeptionell aufeinander abzustimmen. Zudem stellt sich die Frage, ob die den Abgeordneten und Fraktionen zur Verfügung stehenden Hilfsdienste und Beratungskapazitäten ausreichen und ob sie ggf. so weiterentwickelt werden können, daß sie über eine Stärkung der Gestaltungs- und Kontrollfähigkeit hinaus der Verbesserung zukunftsorientierter konzeptioneller Arbeit dienen.

Unter den Bedingungen des demokratischen Rechtsstaates führte die zunehmende Staatstätigkeit dazu, daß nicht nur die Zahl der Gesetze (und mehr noch der Verordnungen), sondern auch deren Detaillierung, Spezialisierung und Vernetzung erheblich zunahm. Ein großer Teil der Gesetze dient als Führungs- und Steuerungsmittel. An der Gesetzgebung und Programmentwicklung beteiligte Politiker sehen sich häufiger denn je vor der Aufgabe, Entscheidungen angesichts schwer voraussehbarer Entwicklungen der Wirtschaft und Technik und auch der Verhaltensweisen der Normadressaten (Bürger, Verwaltungen, Wirtschaft, Wissenschaft) treffen zu müssen. Dies gilt in verstärktem Maße unter den in den 90er Jahren verschärften Bedingungen der Globalisierung (Beck 1998), die durch die Informationstechnik begünstigt wurde, sowie angesichts des erheblichen Kompetenzzuwachses der Europäischen Gemeinschaft seit Mitte der 80er Jahre. Je dichter das Netz rechtlicher Normen geknüpft wird, umso schwieriger wird es, widersprüchliche Regelungen aufzudecken und unbeabsichtigte Folgen und Nebenfolgen zu vermeiden (vgl. Kap. 6).

Ausmaß und kumulative Wirkungen der Umweltbelastungen wurden seit den 70er Jahren stärker bewußt. Darüber hinaus stellen jüngste Technikentwicklungen mit weitreichenden und in ihrer komplexen Wirkungsvielfalt schwer abschätzbaren ökologischen, soziokulturellen und humanen Folgen die Gesellschaft insgesamt und besonders die politischen Institutionen vor neuartige Herausforderungen (vgl. Abschn. 7.19, 7.20). Weltweit drohende Gefährdungen durch zunehmende Belastung von Luft, Wasser, Boden und Erdatmosphäre mit chemisch, kerntechnisch und gentechnisch erzeugten Gift- und Schadstoffen, deren Wechselwirkungen weithin unbekannt sind, die Fähigkeit, in einem Atomkrieg menschliches Leben auszulöschen und die Möglichkeiten durch Genmanipulation „Leben neu zu konstruieren" ließen den lange Zeit bestimmenden Fortschrittskonsens brüchig werden (Beck 1986). Mit zunehmender Vernetzung können Folgen und Wechselwirkungen oft nur schwer abgeschätzt werden. Neuartig an einigen dieser Technikfolgen ist, daß sich Gefährdungen nicht eingrenzen lassen, ja teilweise weltweit auswirken (Ozonloch, Erwärmung der Erdatmosphäre), sie oft irreversibel sind und in hohem Maße zu Lasten späterer Generationen gehen.

Grundsätzlich wächst die Einsicht, daß nicht mehr einfach davon ausgegangen werden kann, unerwünschte Nebenfolgen ließen sich im Zuge weiterer technischer Entwicklungen schon wieder eindämmen oder beseitigen (Jonas 1986; BT-Drs. 10/5844). Auch die Zweite Enquete-Kommission Technikfolgenabschätzung des Bundestages war sich jedenfalls darin grundsätzlich einig, daß die Steuerungsfunktion des Marktes „allein" nicht geeignet ist, „die soziale und ökologische Verträglichkeit der Technik im erforderlichen Umfang zu gewährleisten", und es Aufgabe der Politik und insbesondere des Parlaments sei, vorausschauend über Gestaltungsalternativen zu diskutieren und die (technologie)politischen Grundentscheidungen zu treffen. Das Parlament müsse die Rahmenbedingungen gestalten und dürfe sich „nicht darauf beschränken, gesetzliche Regelungen erst dann zu treffen, wenn unerwartete und unkorrigierbare Technikfolgen bereits eingetreten sind" (BT-Drs. 11/4606, S. 5f.). Tatsächlich wurden zentrale technologiepolitische Entscheidungen nach primär betriebswirtschaftlichem Nutzenkalkül und im Interesse der Sicherung der Wettbewerbsfähigkeit der nationalen Wirtschaft auf dem Weltmarkt durchgesetzt - ggf. mit gouvernementaler Unterstützung, aber „häufig ohne rechtzeitige Einbeziehung des Parlaments" (BT-Drs. 11/4606). Werden zukunftsprägende Richtungsentscheidungen an Parlament und Öffentlichkeit vorbei getroffen, und geben sich demokratisch legitimierte Institutionen mit der „Nebenrolle" zufrieden, für die Akzeptanz der Entscheidungen zu sorgen, Finanzmittel und die benötigte Infrastruktur bereitzustellen und „reaktiv" für die (unerwünschten) Folgen einzustehen, büßt die parlamentarische Demokratie an Glaubwürdigkeit ein. Grundlegende technologiepolitische Entscheidungen sind Sache des Parlaments oder (bei Einführung direktdemokratischer Verfahren) der Bürger selbst - und sollten erst aufgrund öffentlicher politischer Diskurse und nach kritischer Abwägung alternativer Entwicklungswege getroffen werden. Verantwortliche Politik in der „Risikogesellschaft“ kann sich nicht mit dem „Kurieren“ unerwünschter Nebenfolgen begnügen (Beck 1988; Beck 1991).

Das Dilemma: Konzeptionelle, längerfristige und zukunftsorientierte Politik wird umso dringlicher in einer Zeit, in der gesellschaftliche, ökologische und politische Wirkungs- und Problemzusammenhänge immer vielfältiger, weitreichender und komplexer werden. Mit Hinweisen auf den Primat der Politik (BT-Drs. 11/4606) und die besondere Gestaltungsaufgabe des Parlaments ist es freilich nicht getan. Darüber hinaus ist zu fragen, wie solidarisches, verantwortliches politisches Handeln gegenüber der Mitwelt, Umwelt und Nachwelt ermutigt und strukturell begünstigt werden kann (Zilleßen 1993).

Politisches Denken und Handeln, das den Herausforderungen der Gegenwart bei Beachtung der Lebensinteressen nachkommender Generationen gerecht werden will, muß in einem gegenwärtige und regionale Begrenztheiten übersteigenden Sinne „gemeinwohlorientiert“ sein (Fetscher 1989; Altner [3]1997). Dies erfordert moralische Selbstbindung wie die Bereitschaft und Fähigkeit zum Diskurs – nicht nur bei Eliten und Experten, sondern eines beachtlichen Teils der Bürgerschaft. Verantwortungsethik bedeutet unter diesen Voraussetzungen, „sich für eine Selbsterhaltung jenseits egoistischer und individualistischer Selbstbehauptung zu engagieren“ (Fetscher 1989: 689; vgl. Münkler 1996). Wo partikulares Nutzenkalkül nicht nur die Interaktionen der Wirtschaft und staatsbezogen agierender Verbände bestimmt, sondern wo auch Parteienwettbewerb und politische Aushandlungsprozesse überwiegend strategisch-taktisch orientiert sind, ist ein am „Prinzip Verantwortung“ (H. Jonas) orientiertes Handeln kaum zu erwarten. Auch eine Politik des Ausgleichs von Partikularinteressen reicht nicht (mehr) aus. „Längerfristige Perspektiven als die der jetzt lebenden Generation stellen eine neue Herausforderung an die Demokratie dar. Sie ruft nach weitergehender Verantwortung, über den Interessenausgleich hier und heute hinaus“ (Evangelische Kirche und freiheitliche Demokratie 1986; vgl. Eppler 1998). Ein auf ökonomische Rationalitätskriterien oder Machtsicherung reduziertes Politikverständnis erfaßt die Realität nur unzulänglich und taugt erst recht nicht als Maßstab.

1.5 Partizipationsinteresse und Demokratieverständnis im Wandel

Neben dem Wandel der Staatsaufgaben kann als zweiter großer Entwicklungsstrang das veränderte Demokratieverständnis und Beteiligungsverhalten angesprochen werden, dessen sichtbarster Ausdruck Bürgerinitiativen und neue soziale Bewegungen sind.

Seit Mitte der 60er Jahren haben sich Anspruch und Bereitschaft der Bürger, über den Wahlakt hinaus an politischen Willensbildungs- und Entscheidungsprozessen teilzunehmen, beträchtlich erhöht. Im Zuge einer „partizipatorischen Revolution" in mehreren westlichen Demokratien, hat sich das Beteiligungsniveau in der Bundesrepublik dem vergleichbarer parlamentarischer Demokratien (auf höherem Level) etwa angeglichen (Kaase 1982: 181f.). Dabei fallen besonders nicht-konventionelle Aktionsformen ins Auge (Demonstrationen, Unterschriftenaktionen etc.). Der Anteil jener Bürger, die ein „Interesse an Politik" bekunden, stieg deutlich an und liegt seither bei einem vergleichsweise hohen Anteil von 40% bis 60% der Bevölkerung (Rudzio ^{4}1996).

Die Optionen eines wachsenden Teils der Bevölkerung für eine partizipationsoffenere Demokratie hatte die sozialliberale Koalition in ihrer Aufbruchsphase mit dem Versprechen ermutigt, „mehr Demokratie" zu wagen (Greiffenhagen 1973). Zwar stieg in den 70er Jahren auch die Zahl der Parteimitglieder erheblich an (Gabriel/Niedermayer 1997). Doch ging dieser Zuwachs nicht mit einer nachhaltigen Dynamisierung und Stärkung innerparteilicher Mitwirkungs- und Einflußchancen der Parteibasis einher, was (neben anderen Faktoren) bei anhaltendem Interesse an politischer Beteiligung den nicht unerheblichen Rückgang der Mitgliederzahlen seit Mitte der 80er Jahre mitbedingt haben dürfte. Nur etwa ein Fünftel der Parteimitglieder wird als (nicht nur sporadisch) aktiv bezeichnet, wobei davon auszugehen ist, daß wiederum nur ein Teil dieser Mitglieder entscheidend Einfluß auf die Rekrutierung des Führungspersonal und die Politikformulierung nimmt bzw. nehmen kann (Niedermayer 1989).

Bestrebungen, die innerparteilichen Partizipationschancen zu verbessern, wurden durch gegenläufige Entwicklungen einer „übermäßigen institutionellen Verfestigung" und zunehmender Staatsnähe der Parteien neutralisiert oder zumindest abgeschwächt (Raschke 1982:

14f.; vgl. Beyme 1997b). Die in der Parteienforschung häufig angesprochene Entfremdung zwischen Bürgern und (traditionellen) Parteien, die sich in einer stetig negativen Bewertung bei Meinungsumfragen zu bestätigen scheint (Immerfall 1998: 11f.; Gabriel 1997: 427f.), kann erklärt werden durch „den Ausbau des innerparteilichen und staatlichen Filtersystems, das querliegende Initiativen von unten entweder rasch aussortiert oder auf höherer Ebene wirkungslos macht" (Raschke 1982: 15). Hinzu kommt mangelndes Vertrauen in die Problemlösungsfähigkeit der Parteien, das vor allem im Kontext der Debatte über „Parteienverdrossenheit" der 90er Jahre evident wurde (Alemann/Heinze/Schmid 1998: 31; Hofmann/Perger 1992).

Erhöhte Bereitschaft und Fähigkeit zur Partizipation fanden ihren Ausdruck in den Aktivitäten einer (seit der Ölkrise 1973 stark angewachsenen) Vielzahl von Bürgerinitiativen, die sich nach Zielsetzung, Aktionsformen, Organisationsgrad und Teilnehmerkreis unterscheiden (wobei eine wachsende Tendenz zur Institutionalisierung festgestellt wird) (Roth/Rucht ²1991; Rucht/Blattert/Rink 1997). Das Engagement im Lager neuer sozialer Bewegungen wird der Mitwirkung innerhalb „etablierter" Parteien, aktionsorientierte Beteiligungsformen werden (jedenfalls bei der jüngeren Generation) den konventionellen vorgezogen (Wiesendahl 1989: 100). Verschiedene Umfragen belegen die breite Akzeptanz neuer politischer und sozialer Bewegungen in der deutschen Öffentlichkeit, insbesondere der Umwelt- und Ökologiebewegung (Umfrage 1990/91: ca. 97% der Befragten; Hofrichter/ Schmitt ²1991). „Mehrere zwischen 1980 und 1992 durchgeführte Umfragen ergaben, daß zwischen 13 und 19 Prozent der Befragten bereits in Bürgerinitiativen mitgearbeitet hatten und daß bei etwa drei Viertel der Bundesbürger eine grundsätzliche Bereitschaft hierzu bestand" (Gabriel 1997: 462f.). Der Behauptung scheinbar gegenläufiger Tendenzen widersprechend, wurde in einer jüngsten Umfrage sogar ein bürgerschaftliches Engagement (ehrenamtliche Tätigkeiten im weiteren Sinne) von 38% ermittelt – ein hoher Wert im internationalen Vergleich (Klages 1998: 30f.).

Das Anwachsen neuer sozialer Bewegungen mit vielfältigen Initiativ-, Aktions- und Lebensformen ist nicht nur durch veränderte Partizipationsbedürfnisse bedingt. Es ist vielmehr darauf zurückzuführen, daß die Bonner Parteien, die von ihnen getragenen politischen Institutionen und auch die Großverbände den seit Anfang der 70er Jahre (1973) einsetzenden Bewußtseins- und Wertwandel und vor allem die zugrundeliegenden Strukturprobleme nicht ernst genug genommen haben (Vogel 1996). Gegenüber dem Konzept der „alten Politik“, die stetes (quantitatives) Wirtschaftswachstum als Grundlage von Prosperität, sozialstaatlicher Entwicklung und Lebensqualität sieht, wird eine „neue Politik“ gefordert, die ökologische und humane Verträglichkeit zum Maßstab technisch-ökonomischer Entwicklungen erhebt und Rücksicht auf vernetzte Wirkungs- und Problemzusammenhänge nimmt (Wasmuth 1989).

Die zeitweilige Abschottung der großen Parteien gegenüber neuen politischen Themen und Fragestellungen hatte, ungeahnt, auch eine positive Kehrseite. Mit dem zahlreichen Auftreten von Bürgerinitiativen und vielfältigen Projekt- und Selbsthilfegruppen hat sich der intermediäre Bereich politischer Kommunikation und Willensbildung zwischen Bürgern und staatlich-politischen Institutionen nicht nur ausgeweitet, sondern auch qualitativ verändert. Inzwischen gelten Bürgerinitiativen als eine fast selbstverständliche Form bürgerschaftlicher Beteiligung. Sich außerhalb der Parteien gemeinsam mit anderen Bürgern in oft schwierige Themen und Praxisprobleme einzuarbeiten und das Repertoire der Artikulations-, Kommunikations- und Aktionsformen zu nutzen, ist mittlerweile ein fast selbstverständlich akzeptierter Weg, um am politischen Leben teilzunehmen. Vielfach sind Lernprozesse in Gang gekommen, die zur Vitalisierung der Demokratie in der Bundesrepublik beigetragen haben.

Anders als nach der so einflußreichen Parteienstaatslehre von Gerhard Leibholz zu erwarten, können sich die Bürger nicht nur über als „Sprachrohr“ des mündig gewordenen Volkes verstandene Parteien „artikuliert“ äußern – so dominierend die Parteien auch nach wie vor bis hinein in die Verwaltungen sind. Die Parteien „sind“ eben nicht (wie Leibholz suggeriert) in einem identitären Verständnis „das Volk“ (Leibholz 1968: 245; vgl. Stöss 1997).

Allerdings können Bürgerinitiativen nur im Vorfeld politischer Entscheidungen wirken, wobei sie sich auf alternative Medien stützen können, aber auch auf die Massenmedien angewiesen sind. Die Entscheidungen selbst fallen in den von Parteien beherrschten Institutionen unter intensiver Mitwirkung der Verwaltungen, die insbesondere auf der zentralstaatlichen Ebene nach wie vor sehr viel intensiver mit den Großverbänden und den Fachverbänden der Wirtschaft als mit Dachorganisationen der Bürgerinitiativen und Umweltschutzorganisationen kooperieren.

Die gestiegenen Beteiligungsansprüche reichen über die informelle Wirkungsebene der Bürgerinitiativen und Selbsthilfe-Projekte hinaus. Zum einen richten sie sich an die Parteien, die in den letzten Jahren auf der Basis weitergehender Vorschläge von Parteikommissionen durch Änderungen der Statuten Möglichkeiten von Mitgliederbefragungen und Urwahlen von Kandidaten geschaffen, allerdings erst ansatzweise erprobt haben (Zeschmann 1997). Zum anderen werden weitergehende Beteiligungsrechte im staatlich-institutionellen Bereich gefordert, von zusätzlichen Informations-, Konsultations-, und Antragsrechten bis hin zu direktdemokratischen Sachentscheidungskompetenzen. Blieben Erfolge auf Bundesebene bisher weitgehend aus, wurden die Beteiligungsverfahren in den Bundesländern und Kommunen insbesondere seit 1990 erheblich ausgebaut. So besteht Ende der 90er Jahre in allen 16 Bundesländern die Möglichkeit der – auch verfassungsändernden – Volksgesetzgebung (Volksbegehren und Volksentscheid), mit allerdings hohen Zustimmungsquoren, die eine häufigere Nutzung auch künftig ausschließen dürften. Auch in fast allen Kommunalverfassungen wurden mit der Einführung von Bürgerbegehren und Bürgerentscheid direktdemokratische Sachentscheidungsverfahren eingeführt und auch genutzt (Heußner/Jung 1999; Jung 1999).

Schließlich ist auch die Partei DIE GRÜNEN aus den neuen sozialen und politischen Bewegungen hervorgegangen, deren Sprachrohr sie sein wollte. Gründung und Entwicklung dieser Partei haben mit Schwierigkeiten der sozialen Bewegungen zu tun, für neue gesellschaftliche und politische Zielvorstellungen bei den traditionellen Parteien und insbesondere in Parlament und Regierung entsprechende Resonanz zu finden. Im Jahre 1980 als „Bewegungspartei" neuen Typs gegründet, waren die GRÜNEN bald in den meisten Landtagen und Kommunalparlamenten und seit 1983 auch im Bundestag vertreten und gehör(t)en – seit 1998 auch im Bund – mehreren Koalitionsregierungen an (Raschke 1993). Mit der Vertretung der Anliegen der Ökologie-, Friedens- und Frauenbewegung (sowie verschiedener Minderheitengruppen) und ihrer vorwiegend jüngeren Anhänger war eine wichtige Integrationsleistung gelungen, zu der die bisherigen Bundestagsparteien (allein) offenbar nicht mehr in der Lage waren. Die Palette der Themen, Inhalte und politischen Strömungen ist seit Beginn der 10. Wahlperiode breiter und vielfältiger geworden. Wahlerfolge und parlamentarische Präsenz der GRÜNEN haben die anderen im Bundestag vertretenen Parteien stärker zur Auseinandersetzung mit neuen Themen und Inhalten herausgefordert, als dies die nur außerparlamentarische Opposition neuer sozialer Bewegungen vermochte, zumal deren Aktivitäten eher Schwankungen unterworfen sind (Ismayr 1995b).

Die Konfliktlinie zwischen traditioneller und postindustrieller Orientierung, zwischen „alter" und „neuer" Politik verläuft allerdings insbesondere infolge des Rollenwechsels der SPD 1982/83 von der Regierungs- zur Oppositionspartei nicht einfach zwischen neuen sozialen Bewegungen und GRÜNEN einerseits und den anderen Bonner Parteien andererseits, sondern geht durch das Volksparteiensystem hindurch (Raschke 1985a; Pappi 1989). „Damit ist die ‚Übersetzung' der postindustriellen Konfliktlinie in die politische Arena keineswegs organisatorisch und institutionell Sache der neuen sozialen Bewegungen und GRÜNEN allein." Zahlreiche Anhänger, Mitglieder und Funktionäre auch der traditionellen Parteien wirken in neuen sozialen Bewegungen mit oder identifizieren sich mit deren Zielsetzungen und Aktionen; zwischen „Bewegungssektor" und Parteien bestehen vielfältige Austauschbeziehungen (Wiesendahl 1989: 101).

Insgesamt zeigt sich, daß die Partizipationsneigungen und -formen breiter und vielfältiger geworden sind und sich Engagement in sozialen Bewegungen (Bürgerinitiativen, alternativen Projekten) und Parteien, konventionelle und unkonventionelle politische Beteiligung keineswegs ausschließt sondern ergänzt (Uehlinger 1988; Inglehart 1989).

Den Parteien kommen in der modernen parlamentarisch-pluralistischen Demokratie unverzichtbare Funktionen bei der Programmentwicklung („Zielfindungsfunktion"), der Rekrutierung politischen Personals und Regierungsbildung, der Aggregation und Artikulation von Meinungen und Interessen sowie der Politikvermittlung zu (Beyme 1997b). Gerade weil dies so ist, hängen demokratische Legitimation und Funktionsfähigkeit des politischen Systems davon ab, daß sie sich sowohl im intermediären wie auch im parlamentarisch-gouvernementalen Bereich weitergehenden Partizipationsansprüchen öffnen und (verstärkt) in Diskurse und Austauschprozesse mit jenen Gruppierungen eintreten, denen es nicht oder jedenfalls nicht in erster Linie um die Durchsetzung partikularer Interessen, sondern um Interessen „universalistischer" Art geht (Raschke 1985b: 28). Angesichts der Notwendigkeit konzeptioneller, vorausschauender Politik unter den Bedingungen einer hochkomplexen Gesellschaft und der erhöhten Partizipationsneigung einer breiteren Schicht von Aktivbürgern ist der politische Willensbildungs- und Entscheidungsprozeß vielfältiger und anspruchsvoller geworden. Doch steckt darin auch die Chance eines demokratietheoretischen Orientierungswandels. Um gegenläufige Tendenzen handelt es sich nur aus der Sicht eines demokratischen Elitismus, der Einsichten in komplexe Zusammenhänge und angemessene Problemlösungen nur Berufspolitikern zutraut, die in Distanz zu den Bürgern „für das Volk" handeln (Schumpeter ^{2}1950) – aber auch eines radikaldemokratischen Maximalismus, dem es auf eine (möglichst) „unverfälschte" Umsetzung vielfältiger Interessen und Meinungen der Bürger in politische Entscheidungen ankommt. Vielfalt und Komplexität der Problemstellungen erfordern arbeitsteilige Strukturen. Auch hochmotivierte Aktivbürger und Berufspolitiker können sich nur auf bestimmten Politikfeldern einarbeiten und nicht umfassend und auf allen Ebenen des politischen Lebens partizipieren (Scharpf 1970).

Die problemlösungsorientierte Koordination von Politikbereichen und die Entwicklung (alternativer) konzeptioneller Politikentwürfe erfordern Interessen- und Ressortpartikularismen übergreifende Diskurse zwischen Politikern, Wissenschaftlern, Vertretern von Interessengruppen und Bürgern – unter verstärkter Einbeziehung jener Bürger(gruppen) und Foren, die sich für Gemeinwohlinteressen einsetzen (Alemann 1985; Münkler 1996). Ein wichtiges Stimulans sind sie vor allem dann, wenn sie die Aufmerksamkeit und ggf. Unterstützung von Massenmedien finden. Sie stärken die Wirkungschancen jener Politiker, für die inhaltliche Problemlösungen Priorität vor strategisch-taktischem Handeln (Machtkalkül) haben. Daß seit den 80er Jahren Ziele des Umweltschutzes bei den Bürgern breite Unterstützung finden (Gabriel 1997) und programmatische Diskussionen über Jahre hinweg unter der Leitidee eines „ökologischen Umbaus der Industriegesellschaft" geführt wurden, signalisiert, daß Bemühungen nicht chancenlos sind, den „Überlebensinteressen" im politischen Diskurs Vorrang einzuräumen.

Ob der Partizipationswille der Bürger weiter wachsen, stagnieren oder zurückgehen wird, läßt sich schwer prognostizieren. Zu Skepsis gibt die Entwicklung der Massenmedien Anlaß. Als gegenläufig wirksam erweist sich die Vervielfältigung und Kommerzialisierung des Angebots elektronischer Medien, ein damit verbundener Trend zur

Entpolitisierung und Verflachung der Programme sowie die Absorption der für kreative Entfaltung und solidarische Aktivitäten verfügbaren Zeit (Sarcinelli 1998; vgl. Abschn. 7.1).

1.6 Parlamentsfunktionen im Überblick

Die verfassungspolitischen Rahmenbedingungen, der Wandel der Partizipationsansprüche des intermediären Bereichs, der Institutionen der Politikvermittlung und der Staatsaufgaben sind angesichts neuartiger Herausforderungen in der „Risikogesellschaft" zu bedenken, wenn nach der Rolle des Bundestages im politischen System gefragt wird. Welche Funktionen hat der Bundestag zu erfüllen, um angesichts veränderter Ansprüche an das Verantwortungsbewußtsein von Politikern, Beamten und Bürgern demokratische Legitimation staatlich-politischer Entscheidungen zu gewährleisten?

Die meisten Autoren knüpfen an den Funktionenkatalog Walter Bagehots (Bagehot 1867) und auch John Stuart Mills an und ergänzen ihn um die Kontrollfunktion – ohne allerdings die Position des Parlaments im demokratischen Legitimationsprozeß immer hinreichend sichtbar zu machen (Oberreuter 1982; vgl. auch Thaysen 1976; Loewenberg 1971). Ein neuartiger Funktionenkatalog ist nicht erforderlich, um die tatsächlichen und erwünschten Aufgaben zu erfassen, wohl aber eine neuen Bedingungen und Entwicklungstendenzen angemessene Gewichtung und Interpretation.

Folgende Parlamentsfunktionen lassen sich unterscheiden:

1. Kreations- und Rekrutierungsfunktion (Bestellung und Abberufung der Regierung, Zuständigkeiten bei der Wahl anderer Verfassungsorgane, Auslese politischen Führungspersonals)
2. Gesetzgebungsfunktion (einschließlich Haushaltsbestimmung)
3. Kontroll- und Initiativfunktion (Kontrolle von Regierung und Verwaltung, Folgenabschätzung und Wirkungskontrolle, Konzeptplanung, Initiative/Innovation),
4. Repräsentations- und Kommunikationsfunktion (Artikulation öffentlicher Meinungen und Interessen der Bevölkerung, Publizität staatlich-politischer Informationen, Programme und Willensbildungsprozesse, Mitwirkung am öffentlichen Diskurs).

Je nachdem, wie diese Teilfunktionen gewichtet, zugeordnet und aufeinander bezogen werden, gelangen Praktiker und Wissenschaftler zu einem unterschiedlichen Parlamentsverständnis (Hübner 1980: 328ff.). Eine Unterscheidung solcher Teilfunktionen ist nur insoweit analytisch hilfreich, als der Blick auf die komplexen Funktionszusammenhänge nicht verstellt wird: In der Praxis lassen sich Kompetenzen und Aktivitäten zumeist nicht nur einer Teilfunktion zuordnen.

Zum andern stellt sich die (auch für jede Parlamentsreformdiskussion wichtige) Frage, inwieweit überhaupt von Parlamentsfunktionen gesprochen werden kann, wenn diese offenbar von Parlamentsmehrheit (Regierungsfraktionen) und Opposition(sfraktionen) sehr unterschiedlich wahrgenommen werden. Auch ist nicht nur zwischen „Regierungsmehrheit" und „Opposition" zu differenzieren. Zu fragen ist darüber hinaus nach dem Verhältnis von politischer Führung (Kabinett, Koalitionsspitze, Regierungsfraktionen) und Ministerialbürokratie, der Koalitionsfraktionen wie auch der Oppositionsfraktionen zueinander und schließlich der Stellung der einzelnen Abgeordneten. Bei der Analyse des parlamentarischen Willensbildungsprozesses und nicht minder bei Überlegungen zur Parlamentsreform wird man zu unterschiedlichen Einschätzungen kommen, je nachdem, ob vor allem das Parlament als Ganzes, die Fraktionen, Regierungsmehrheit oder Opposition, einzelne Abgeordnete und (abweichende) Minderheiten gemeint sind.

Nach der Verfassung liegt die politische Führung (Staatsleitung) bei Parlament und Regierung gemeinsam, primär allerdings beim Bundestag, der die Regierung ins Amt bringt und über die (Letzt-)Entscheidungskompetenz bei der Gesetzgebung und Haushaltsbestimmung verfügt (BVerfGE 33, 125, 158; Schäfer [4]1982). Über die ihm im Grundgesetz ausdrücklich zugewiesenen Einzelkompetenzen hinaus kommt ihm die „Gesamtaufgabe demokratischer Gesamtleitung, Willensbildung und Kontrolle" zu (Hesse [20]1995: 245). „Die politische Prärogative steht nicht mehr der Regierung sondern dem Parlament zu" (Mössle 1986: 136). Die Führungskompetenz der Regierung als Verfassungsorgan beschränkt sich demnach auf die Entscheidungsvorbereitung (Programmentwicklung) sowie die Verwaltungsführung beim Vollzug. In der Konsequenz des parlamentarischen Systems liegt es allerdings, daß die politische Führung von Kabinett und Mehrheitsfraktionen gemeinsam ausgeübt wird (Herzog 1989), doch ist mit der Formel von der „Handlungseinheit" noch nichts über die tatsächliche und normativ erwünschte Machtverteilung innerhalb dieses Verbundes und besonders über den Einfluß der Ministerialverwaltung bei der Politikformulierung gesagt, der über die Regierungsebene tief in den parlamentarischen Raum hineinreicht.

1.6.1 Regierungsbildung

Bei den Bundestagswahlen konnten die Wähler zumeist auch eine Entscheidung für (oder gegen) eine bestimmte Koalition und einen Kanzler(kandidaten) treffen, nachdem sich die Parteien vor der Wahl festgelegt hatten (Ausnahmen: 1949, 1961, 1969).

Die Bundestagsmehrheit vollzieht dann mit der formellen Kanzlerwahl nur mehr die Wählerentscheidung, zu der sie „plebiszitär" autorisiert ist. Über die Zusammensetzung der Regierung und das Regierungsprogramm wird allerdings erst in (oft langwierigen) Koalitionsverhandlungen entschieden. Dies geschieht in Koalitionsrunden führender Regierungs-, Fraktions- und Parteivertreter und in kleinen Gesprächszirkeln – oft ohne die Gesamtfraktion und die Parteigremien im erwünschten Umfang und rechtzeitig einzubeziehen. Alle Kanzler- und Machtwechsel wurden allerdings im Verlauf einer Wahlperiode (1963, 1966, 1974, 1982) oder ohne klare Koalitionsoption der Parteien vor der Wahl (1969, 1998) vollzogen.

Die Bestätigung in der nachfolgenden Wahl sollte als Legitimationsvorgang nicht überschätzt werden. Haben sich Parteien auf eine Koalition und einen Kanzler(kandidaten) klar festgelegt (wie 1980), wird diese Richtungsentscheidung von Seiten der Wähler weithin als bindend angesehen. Wie die Auseinandersetzungen um den Koalitionswechsel 1982 zeigen, wird die demokratische Legitimität einer – verfassungsrechtlich jederzeit möglichen – Aufkündigung der Koalition und eines Kanzlersturzes unter solchen Voraussetzungen weithin angezweifelt. Die Legitimationsprobleme wachsen, wenn solche Richtungsentscheidungen durch kleine Führungszirkel und nicht durch vorausgehenden Parteitagsbeschluß getroffen werden (Thaysen 1988: 84ff.).

1.6.2 Gesetzgebung

Gesetze sind das wichtigste Steuerungs- und Gestaltungsmittel des modernen demokratischen Rechts- und Sozialstaates. Der Bundestag ist das zentrale Gesetzgebungsorgan des Bundes, doch sind nach der Verfassung und mehr noch in der Praxis auch andere Staatsorgane initiierend und mitentscheidend (Bundesrat, Art. 78 GG) an der Gesetzgebung beteiligt. Andererseits reichen die staatsleitende Kontrolle und die kommunikativ-legitimierende Aufgabe des Bundestages auch über die Gesetzgebung hinaus. Die Verpflichtung des Gesetzgebers, alle wesentlichen Entscheidungen selbst zu treffen und zu verantworten, begründet das Bundesverfassungsgericht allerdings zu Recht mit einem demokratisch legitimierenden Vorzug des Parlaments: der im Vergleich zu „exekutiver“ Entscheidungsfindung vielfältigeren Interessenartikulation und einem höheren Maß an Öffentlichkeit der Willensbildung.

Tatsächlich gehen die Gesetze ganz überwiegend auf Regierungsvorlagen zurück, die von der über einen beachtlichen Selektions- und Gestaltungsspielraum verfügenden Ministerialverwaltung entwickelt werden. Durch zunehmende Arbeitsteilung und Spezialisierung versuchen Bundestag und Fraktionen die große Zahl oft detaillierter Gesetzesvorhaben zu bewältigen. Andererseits wird es angesichts einer zunehmenden Vernetzung rechtlicher Normen und oft weitreichender Nebenfolgen dringlicher und schwieriger zugleich, die vielfältigen Einzelaktivitäten zu koordinieren, auf Wechselwirkungen hin zu überprüfen und konzeptionell abzustimmen. Die zunehmend als notwendig erkannte Verbesserung der Gesetzesfolgenabschätzung führt einerseits zum verstärkten Ausbau des „Arbeitsparlaments“ (z.B. Auswertung von Regierungsberichten), erhöht damit aber auch den Koordinierungsbedarf. Einerseits ist es erforderlich, daß der Bundestag Prioritäten setzt und sich bevorzugt mit grundlegenden, zukunftsbestimmenden Problemen befaßt. Andererseits ist fraglich, ob er sich darauf weitgehend beschränken soll, da die Abgeordneten ohne die in Detailarbeit erworbenen fachlichen Einblicke wohl weniger als bisher in der Lage wären, die Folgen der von ihnen zu verantwortenden Gesetze abzuschätzen.

Die Oppositionsparteien können unmittelbar auf Gesetzentwürfe der Regierungsmehrheit in der Regel nur dann substantiell Einfluß nehmen, wenn sie durch „ihre“ Landesregierungen die Mehrheit im Bundesrat stellen. Die Entscheidungen über Gesetzesvorhaben werden (formell) von den Regierungsfraktionen (bei möglicher Zustimmung auch der Opposition) getroffen – einschließlich jener Abgeordneter, die als Regierungsmitglieder und Parlamentarische Staatssekretäre für die Entwicklung der entsprechenden Gesetzentwürfe verantwortlich sind – sich somit selbst kontrollieren.

Will man die tatsächliche Machtverteilung innerhalb des „Regierungslagers“ ermitteln, genügt es nicht, die Mitwirkungs- und Gestaltungschancen der Mehrheitsfraktion(en) und der Regierung zu vergleichen – um ggf. schließlich die Dominanz „der Exekutive“ festzustellen. Besondere Beachtung verdient die starke Stellung der Ministerialbürokratie. Wie intensiv Gesetzentwürfe von der Verwaltung geprägt werden, hängt u.a. davon ab, wieviel Aufmerksamkeit Politiker und Öffentlichkeit einem Vorhaben schenken, ob sie über (verwaltungs)unabhängige Informationen verfügen und zu welchem Zeitpunkt sie Einfluß geltend machen. Die Einflußchancen der Fachkreise, Fraktions- und Parteigruppierungen (und darüber hinaus der Öffentlichkeit) sind in der Regel um so größer, je frühzeitiger sie ihre Vorstellungen artikulieren.

Besondere Beachtung verdient auch, daß die politischen Weichen häufig weder im Kabinett noch in der Fraktionsversammlung, sondern in großen Koalitionsrunden gestellt werden, an denen nicht nur die führenden Regierungsmitglieder, sondern regelmäßig auch die Spitzen der Fraktion und der Partei teilnehmen. Nicht selten sehen sich dann Regierungsfraktionen durch kurzfristig gefaßte neue Vereinbarungen der Koalitionsrunde vor vollendete Tatsachen gestellt. Die politische Verklammerung von Fraktions- und Regierungsebene reicht zwar bis zu den Arbeitsgruppen, ist aber doch stark hierarchisch geprägt. Inwieweit zum einen diese hierarchische politische Führungsstruktur und zum anderen die Wirkungsmöglichkeiten der Ministerialverwaltung bis hinein in die Ausschüsse und Fraktionsgremien die Gestaltungschancen der (meisten) Abgeordneten und Fachgremien der Regierungsfraktionen bei der Gesetzgebung faktisch einschränken, ist eine der zentralen Fragen der Parlamentarismusforschung, der in dieser Arbeit näher nachgegangen werden soll. Darüber hinaus stellt sich die Frage nach dem Grad der Abhängigkeit (auch) der Regierungspolitiker von Informationen und Entwurfsarbeiten der Ministerialverwaltung – somit dem faktischen Gestaltungsspielraum der durch Wahl legitimierten Politiker (Regierungs- und Parlamentsmitglieder) gegenüber der Administration.

1.6.3 Kontrolle und Initiative

Mit den dargestellten Wandlungsprozessen Wandel der Parlamentsberatung haben sich auch Praxis und Verständnis der parlamentarischen Kontrolle verändert. Neben nachträglich überprüfenden Kontrollhandlungen ist der Willensbildungsprozeß durch vielfältige und ineinandergreifende Vorgänge begleitender und vorheriger Kontrolle geprägt. Angesichts der umfangreichen und tief in den parlamentarischen Raum hineinreichenden Beteiligung der Ministerialverwaltung an der Politikformulierung kann parlamentarische Kontrolle nur als laufender, möglichst frühzeitig einsetzender Prozeß des Überprüfens, Kritisierens und Einwirkens (optimal) wirksam werden.

Oppositions- und Regierungsfraktionen kontrollieren auf unterschiedliche Weise. Die formellen, öffentlich wirksamen Kontroll- und Informationskompetenzen werden überwiegend von den Oppositionsfraktionen genutzt, die, sofern sie sich nicht auf „ihre“ Mehrheit im Bundesrat stützen können, vornehmlich darauf beschränkt werden, durch Auskunftsverlangen Intentionen und Defizite der Regierungspolitik offenzulegen, diese im Detail wie konzeptionell zu überprüfen und der Kritik auszusetzen. Zudem können sie durch alternative Positionen anregend wirken und durch Mobilisierung der Öffentlichkeit Druck ausüben. Entscheidendes Kriterium ihrer Wirksamkeit ist die öffentliche Resonanz.

Kontrolliert werden durch die Oppositionsfraktionen nicht nur Regierung und Verwaltung, sondern die Regierungsmehrheit insgesamt. Und schließlich kontrollieren auch Regierung und Mehrheitsfraktionen die Oppositionsfraktionen: Die Nutzung förmlicher Kontroll- und Kommunikationsinstrumente durch die Regierungsfraktionen dient mehr dazu, Schwachstellen der Opposition bzw. ihr nahestehender Landesregierungen und Verbände aufzudecken und Regierungserfolge herauszustellen, statt der Kritik und Überprüfung des Regierungs- und Verwaltungshandelns.

Anders sehen die Kontrollaktivitäten der Regierungsfraktionen aus, die letztlich über die Entscheidungskompetenz verfügen und (formell) die Möglichkeit haben, ein Vorhaben scheitern zu lassen. Diese vielfältigen, vornehmlich internen und informellen Wege wechselseitiger Einwirkung, Überprüfung und Mitentscheidung auf den Ebenen von Fraktions-, Koalitions- und Parteigremien und der Ministerien sichtbar zu machen und auf diese Weise faktische Kontrollrestriktionen von

Regierung, Koalitionsspitze und Ministerialverwaltung aufzudecken, versucht diese Arbeit in mehreren Abschnitten.

Verfassungsrechtlich lassen sich die Vorgänge unterscheiden, praktisch gehen sie ineinander über: Befassen sich Abgeordnete der Mehrheitsfraktionen in den Ausschüssen und Fraktionsgremien mit einem Regierungsentwurf, machen sie von ihrem Gestaltungsrecht als Gesetzgeber Gebrauch; versuchen sie auf Programmentwicklungen oder den Vollzug von Gesetzen in den Ministerien Einfluß zu nehmen, üben sie Kontrolle aus. Faktisch können Gruppierungen einer Regierungsfraktion, die Fraktionsspitze oder die Gesamtfraktion, gestützt auf ihr letztliches Sanktionsrecht, u.U. durch frühzeitiges Einwirken eher Änderungen erreichen als nach Einbringung einer Regierungsvorlage, riskieren sie doch, die „eigene" Regierung zu desavouieren – mit möglichen Folgen für den Machterhalt.

Hauptfragen der Parlamentsreformdiskussion sind in diesem Zusammenhang: Sind die bestehenden Kontrollinstrumente geeignet und ausreichend, Regierung und Verwaltung im erforderlichen Umfang zur Offenlegung von Sachinformationen, Konzepten und Vorhaben zu veranlassen. Ist es möglich, die eigene Analysekapazität des Bundestages so auszubauen, daß sich die Chancen der Abgeordneten zu inhaltlicher und konzeptioneller Arbeit verbessern?

In der Praxis sind Gesetzgebungs- und Kontrolltätigkeiten häufig eng miteinander verknüpft. Vielfältige formelle und informelle Kontrollaktivitäten dienen dazu, Gesetzgebungsvorhaben und zugrundeliegende Planungen anzuregen, informierend und kritisierend zu begleiten und (insbesondere im Fall der Opposition, ggf. aber auch abweichender Minderheiten) die öffentliche Diskussion darüber in Gang zu halten. Andererseits dienen Gesetzentwürfe der Opposition(sfraktionen) in erster Linie öffentlichkeitswirksamer Kontrolle. Evident sind Zuordnungsprobleme beim Bundeshaushalt: Je nachdem, ob man die beim Parlament liegende formale Zuständigkeit der Beschlußfassung über den Bundeshaushalt, die spezifischen Kompetenzen der Bundesregierung (Verwaltung) und die vielfältigen Vorgänge vorausgehender, begleitender und nachfolgender Überprüfung im Blick hat, wird man die Gesetzgebungs- oder Kontrollkomponente betonen.

Nahezu alle parlamentarischen Vorgänge lassen sich (auch) als Kontrolle fassen, wenn dieser Begriff nicht nur prüfende und anregende, sondern auch sanktionsfähige Einflußnahme meint. So ist das verfassungsmäßige Recht des Bundestages, eine Regierung durch konstruktives Mißtrauensvotum abzulösen, wesentlicher Bestandteil der Regierungsbildungsfunktion, kann aber auch als das entschiedenste Mittel sanktionierender Kontrolle angesehen werden (Stadler 1984: 140ff.).

1.6.4 Repräsentation und Kommunikation

Besonders eng miteinander und auch mit den anderen Parlamentsfunktionen verknüpft sind die (oft alternativ genannten) Funktionen der Repräsentation und Legitimation sowie der Artikulation und Willensbildung, die wiederum unter den Begriffen Kommunikations- oder Öffentlichkeitsfunktion zusammengefaßt werden (Hübner/Oberreuter 1977: 29).

Allgemeine Richtungsentscheidungen und die förmliche Bestellung parteigebundener Repräsentanten in periodischen Wahlen genügen nicht, um dem Anspruch demokratischer Legitimation staatlichen Handelns gerecht zu werden. Detaillierte inhaltliche Festlegungen durch Wahlentscheidungen sind die Ausnahme.

Demokratische Repräsentation und Legitimation sind als Prozeß zu verstehen. Sie vollziehen sich, indem die vielfältigen politischen Positionen und Interessen von Bürgern und Gruppen in laufenden Kommunikationsprozessen vermittelt, in parlamentarischen Diskussionen und Anträgen artikuliert und bei der Entscheidungsfindung angemessen berücksichtigt werden.

Bedingung demokratischer Legitimation ist (in Fortentwicklung der liberaldemokratischen Konzeption des „government by discussion") der laufende kommunikative Austausch zwischen Regierenden und Regierten, die kommunikative Rückbindung des institutionalisierten Entscheidungsprozesses an die ganz überwiegend durch intermediäre Organisationen und Gruppierungen vermittelte und artikulierte Meinungs- und Willensbildung der Bürger. Werden außerparlamentarisch diskutierte Themen, Problemlagen und Lösungsalternativen von Bedeutung auf parlamentarischer Ebene nicht rechtzeitig wahrgenommen, kann ein Legitimitätsverlust staatlicher Entscheidungen die Folge sein. Wo das Optimum an Offenheit für die Belange der Bürger liegt, hängt ab vom Umfang informierter Beteiligung, der politikorientierten Entwicklung der intermediären Organisationen und ihrer Bereitschaft zur Aufnahme, Verarbeitung und Rückmeldung von Informationen und auch von der jeweiligen Thematik (Uppendahl

1981: 123ff.; Pitkin 1967; Herzog 1989: 326; Patzelt 1993). Eine umfangreiche empirische Untersuchung kommt zu dem Ergebnis, daß die Responsivität des Bundestages zwischen 1949 und 1990 weder kontinuierlich zu- noch abgenommen hat. Stattdessen wechselten sich Phasen stärkerer und schwächerer Responsivität ab, wobei immerhin etwa zwei Drittel (68,7%) der klassifizierbaren parlamentarischen Handlungen den Präferenzen der Bevölkerungsmehrheit entsprachen. „Wenn sich die öffentliche Meinung zu einer politischen Sachfrage ändert, dann entsprechen 58,3% der klassifizierbaren parlamentarischen Handlungen diesem Meinungswandel" – bei deutlichen Unterschieden zwischen den Fraktionen und Regierungen (Brettschneider 1996: 114; vgl. Brettschneider 1995).

Demokratische Repräsentation und Legitimation schließen ein elitedemokratisch verengtes Verständnis des Abgeordneten als „Treuhänder" (trustee) aus, der in Distanz zur Basis „für das Volk" handelt. Unangemessen ist angesichts vielfältiger Gestaltungs- und Kontrollaufgaben aber auch das Konzept des (laufend) an Aufträge einer Partei- oder Wählerbasis gebundenen Delegierten (Pitkin 1967: 166). Längerfristige, konzeptionelle Arbeit würde erschwert, weitere Steuerungs- und Kontrollverluste wären wohl die Folge. Zudem ist es schwierig, mit guten Gründen zu entscheiden, ob eine Partei- oder Wählerbasis weisungsbefugt sein und bei welcher Gliederungsebene diese Kompetenz liegen sollte. Der realen Entwicklung nicht gerecht wird auch Gerhard Leibholz, der den modernen Parteienstaat als „rationalisierte Erscheinungsform der plebiszitären Demokratie" begreift, und als Konsequenz die Bindung der Abgeordneten an die Aufträge der Partei sieht (Leibholz 1968: 241f.).

Welche Bedeutung der personellen Repräsentation von Sozialgruppen zukommt, ist umstritten. Eine sozialstrukturell auch nur annähernd spiegelbildliche Zusammensetzung des Parlaments zu fordern, ist weder realistisch noch geboten (Sarcinelli 1989). Doch sollte die stark überproportionale Präsenz bestimmter Berufsgruppen auch nicht unterschätzt werden.

Intensität und Breite kommunikativer Politikvermittlung und Basisrückkoppelung hängen von verschiedenen Faktoren ab, die abschließend hier nur angedeutet werden sollen:

– Erstens geht es darum, wie und in welchem Umfang die Öffentlichkeit nicht nur über die Ergebnisse, sondern auch über die Ent-

scheidungsgrundlagen informiert ist und der parlamentarisch-gouvernementale Willensbildungsprozeß selbst offengelegt wird. Mehr Transparenz wird seit langem gefordert. Die Bürger sollen laufend Einblick nehmen können in das als „Werkstatt der Demokratie" (Süssmuth 1989) verstandene Parlament;
- Zweitens kommt es auf die Fähigkeit der Abgeordneten und Fraktionen an, die durch intermediäre Organisationen vermittelten Meinungen, Interessen und politischen Positionen wahrzunehmen, zu aggregieren und zu artikulieren;
- Drittens sollen auf dieser Grundlage problemorientiert entwickelte konzeptionelle Alternativen in öffentlicher Debatte so begründet und vermittelt werden, daß kritisches Mitdenken, Kontrolle und Mitwirkung der Bürger ermöglicht und angeregt wird;
- Viertens gilt es, institutionalisierte Formen und Foren (vornehmlich) problemlösungsorientierter Diskurse zu schaffen und weiterzuentwickeln und besonders für jene Bürger(gruppen) zu öffnen, die „Überlebensinteressen" vertreten (Enquete-Kommissionen, Technikfolgenabschätzung, Anhörungen etc.).

Für die Beurteilung demokratischer Legitimation höchst relevant ist der Wandel massenmedialer und interpersonaler Politikvermittlung in der „Mediengesellschaft" (Sarcinelli 1998). Bei der Wahrnehmung seiner Kommunikations- und Legitimationsfunktion ist der Bundestag in hohem Maße auf die Massenmedien angewiesen. Nur was die Medien vermitteln, findet in relevantem Umfang Eingang in die öffentliche Diskussion. Dem Anspruch nach „zentraler Austragungsort des politischen Diskurses" (Süssmuth, PlPr 11/119), konkurriert das Parlament mit anderen politisch agierenden Institutionen um die Aufmerksamkeit der Medien (vgl. Abschn. 7.2).

In Abwägung der Parlamentsfunktionen war nach der deutschen Vereinigung auch die Frage zu entscheiden, ob der seit Oktober 1990 aus regulär 656 Abgeordneten bestehende Bundestag (zuvor: 518) im Interesse verbesserter Arbeitsfähigkeit wieder deutlich verkleinert werden oder ob seine neue Größe aus Gründen einer möglichst intensiven Basisrückbindung beibehalten werden sollte. Beschlossen wurde schließlich eine moderate Reduzierung der regulären Zahl der Bundestagsabgeordneten auf 598 ab der 15. Wahlperiode. Wie bisher können Überhangmandate hinzu kommen (1998: 13).

2 Die Rolle der Abgeordneten

2.1 Abgeordnete im Fraktionenparlament

Die einleitend aufgezeigten Entwicklungen bestimmen auch Stellung und Wirkungsmöglichkeiten der Abgeordneten im Parlament und gegenüber der „Basis". Im stark ausdifferenzierten Arbeitsprozeß des Bundestages überwiegend als „Spezialisten" gefragt und eingebunden in ihre Fraktion, werden sie im Wahlkreis und in der Region auf so gut wie alle Themen angesprochen und sehen sich mit vielfältigen Erwartungen konfrontiert.

Vielfalt und Komplexität der Gestaltungs- und Kontrollaufgaben bedingen strikt arbeitsteilige Strukturen des Bundestages und besonders auch der Fraktionen. In zahlreichen formellen und informellen Koordinationsgremien wird dann versucht, die meist spezialisiert erarbeiteten Entwürfe und Stellungnahmen innerhalb der Fraktion, im Lager der Koalition und auch interfraktionell wieder zusammenzuführen. Arbeitsfülle und Hektik bestimmen insbesondere die Sitzungswochen; dies gilt für „einfache" Abgeordnete und erst recht für Parlamentarier mit herausgehobener Stellung. Die durchschnittliche Wochenarbeitszeit der Abgeordneten liegt nach deren eigener Einschätzung bei etwa 70 bis 80 Stunden; je nach Ämterfülle und gewähltem Arbeitsgebiet zeigen sich für den Beobachter der Praxis allerdings deutliche Unterschiede. Seit Jahren wird beklagt, daß zu wenig Zeit für „innovative" Tätigkeiten wie fachliche und politische Vorbereitung, Einarbeitung und Weiterbildung bleibt (Herzog u.a. 1990: 83ff., vgl. Patzelt 1996: 480f.).

2.1.1 Kompetenzen der einzelnen Abgeordneten und parlamentarischer Minderheiten

Seit der „Kleinen Parlamentsreform" 1969/70 zunehmend eingestellt auf die Funktionsbedingungen des parlamentarischen Regierungssystems, in dem die Aufgabe der öffentlichen Kritik, Kontrolle und Alternativenbildung vornehmlich den Oppositionsfraktionen zufällt, wurden die Minderheitenrechte schrittweise ausgebaut. Die Stärkung der Opposition vollzog sich dabei im wesentlichen über einen Ausbau von Fraktionsrechten, womit den Bedingungen eines Mehrparteienparlaments Rechnung getragen wird. Als bedeutsam erwies sich vor allem das Recht einer Fraktion (bzw. einer Minderheit in Fraktionsstärke), Aktuelle Stunden zu selbstgewählten Themen durchzusetzen (1965, 1980), für größere Fraktionen auch die Möglichkeit, die Durchführung öffentlicher Anhörungen und die Einrichtung von Enquete-Kommissionen zu veranlassen (1969).

Die Wahrnehmung von Minderheitenrechten ist nun ganz überwiegend Sache der Fraktionen (Kretschmer 1992). Im Rahmen der Geschäftsordnungsreform 1969 wurde mit der Anhebung der Mindestmitgliederzahl einer Fraktion auf „fünf vom Hundert der Mitglieder des Bundestages" ein entsprechendes Quorum auch für die meisten Antragsbefugnisse und sonstigen Minderheitenrechte festgelegt (seit 1990: 34 MdBs). Die Geschäftsordnungsreform 1980 trug der faktischen Entwicklung des Fraktionenparlaments auch dadurch Rechnung, daß viele Rechte auch nach der Geschäftsordnung nicht mehr nur von einer Anzahl von Abgeordneten in Fraktionsstärke, sondern auch von der Fraktion selbst geltend gemacht werden können (Ismayr 1982a: 4f.). In der Praxis wurde schon zuvor entsprechend verfahren (Jekewitz 1989: 1041). In diesen Fällen genügt es, wenn eine Vorlage oder ein Antrag vom Vorsitzenden oder einem anderen vertretungsberechtigten Fraktionsmitglied (Parl. Geschäftsführer) unterstützt wird.

Entsprechend wurde die dominante Funktion der Fraktionen auch bei der Ausschußarbeit dadurch unterstrichen, daß manche Kompetenzen ausdrücklich der „Fraktion im Ausschuß" eingeräumt werden, womit faktisch der Obmann oder ein anderer Sprecher der Fraktion im Ausschuß gemeint ist. Zudem können manche (wenn auch weniger bedeutsame) Rechte, die einzelnen oder einer Minderheit von 5 oder 10 Abgeordneten zustanden, nurmehr von einer Fraktion oder einer entsprechenden Zahl von Abgeordneten ausgeübt werden.

Dem einzelnen Abgeordneten sind nach der Geschäftsordnung des Bundestages nur wenige Rechte geblieben. Er/sie kann:

- Änderungsanträge in zweiter Beratung zu Gesetzentwürfen einbringen, bei anderen Vorlagen auch in einer abschließenden ersten Beratung (§§ 78, 82 Abs. 1 GOBT);

- Einzelfragen zur mündlichen und schriftlichen Beantwortung stellen (§ 105 GOBT);
- sich an Aussprachen und an Abstimmungen beteiligen (§ 27);
- Erklärungen zur Aussprache, zur Abstimmung und außerhalb der Tagesordnung abgeben und zur Geschäftsordnung sprechen (§§ 29 bis 32);
- alle Akten einsehen, die sich in der Verwaltung des Bundestages oder eines Ausschusses befinden (§ 16);
- nach der Eröffnung aber vor Eintritt in die jeweilige Tagesordnung eine Änderung der TO beantragen (§ 20 Abs. 2);
- vor Abstimmungen eine Teilung der Frage beantragen (§ 47).

Durch die Fraktionsgeschäftsordnungen und in der parlamentarischen Praxis werden auch diese Befugnisse eingeschränkt. Dies gilt insbesondere für die Teilnahme an Debatten, die in hohem Maße dem Reglement der Fraktionen bzw. ihrer Geschäftsführer unterliegen, bis zu einem gewissen Grad aber auch für die – teilweise verplanten – Fragestunden. Änderungsanträge durch einzelne Abgeordnete spielen kaum eine Rolle. Mit der Fraktion „nicht abgesprochene" Anträge gelten generell als Verstoß gegen den Anspruch der Fraktionssolidarität; selbst über die Absicht, im Plenum eine Erklärung abzugeben, ist die Fraktion rechtzeitig zu informieren (Erklärung zum Selbstverständnis der SPD-Fraktion, seit 1981 Anhang zur FGO).

Ein Initiativrecht können die Abgeordneten als Einzelne ohnehin nicht ausüben. Von Änderungsanträgen abgesehen, bedürfen alle Vorlagen der Unterstützung durch eine Fraktion oder einer entsprechenden Anzahl von Abgeordneten (§§ 75, 76 GOBT). Angesichts der besonderen Bedingungen der ersten gesamtdeutschen Wahlen 1990 wurden für die 12. Wahlperiode Initiativrechte auch den gem. § 10 Abs. 4 GOBT anerkannten „Gruppen" zugestanden, wobei der Ausnahmecharakter dieser Regelungen betont wurde (vgl. Abschn. 3.1).

In den Ausschüssen des Bundestages kann sich jedes Mitglied an der Diskussion beteiligen und auch Anträge stellen, ein Nicht-Mitglied nur, wenn eine von ihm unterzeichnete Vorlage behandelt wird (§ 69 Abs. 3 GOBT). Tatsächlich sind die Ausschußmitglieder aber auch in besonderem Maße ihrer Fraktion verantwortlich, die sie entsandt hat. Dem vom Bundesverfassungsgericht ausdrücklich bestätigten Benennungsrecht der Fraktionen und deren Recht auf Abberufung von Abgeordneten, die aus der Fraktion ausgeschieden sind, kommt erhebliches Gewicht zu. Damit werde der Bedeutung der Fraktionen als „maßgeblicher Faktoren der parlamentarischen Willensbildung" Rechnung getragen (BVerfGE 80, 219). Angesichts der Bedeutung der Ausschußarbeit für die parlamentarische Willensbildung sprach das Bundesverfassungsgericht 1989 entgegen der bisherigen Regelung jedem Abgeordneten das Recht zu, als beratendes Mitglied mit Rede- und Antragsrecht in einem Ausschuß mitzuwirken. Ende 1989 wurde die GOBT entsprechend geändert (vgl. Abschn. 4.4).

Will ein Abgeordneter initiativ werden, muß er sich zunächst um Unterstützung in der eigenen Fraktion bemühen. Dabei muß er sich seinerseits auf die komplexen Willensbildungsstrukturen und die mehrstufigen (und oft verschlungenen) Arbeits- und Informationsabläufe einstellen und die Kompetenzen im hierarchisch gegliederten Fraktionsaufbau wie auch die „Empfindlichkeiten" von Funktionsträgern beachten. Seine Mitwirkungs- und Einflußmöglichkeiten hängen u.a. vom Status innerhalb der Fraktionshierarchie, seinem Rückhalt in Fraktions-, Partei- und Interessengruppierungen und nicht zuletzt davon ab, ob er für ein bestimmtes Thema „zuständig" ist.

Wie in den nachfolgenden Kapiteln näher ausgeführt, fungieren die meisten Abgeordneten in ihrer Arbeitsgruppe und für ihre Fraktion im Ausschuß als Spezialisten für ein oder mehrere Sachgebiete. Ihre Anerkennung als „Experten" hängt von Kompetenz, kontinuierlichem Einsatz und der Aufmerksamkeit inner- und außerhalb des Bundestages für das jeweilige Aufgabengebiet ab.

Die Einarbeitungsprobleme der Parlamentsneulinge sind oft beträchtlich. Es dauert in der Regel einige Zeit, bis sie sich mit den informellen Interaktions- und Informationswegen vertraut gemacht haben. Wer ernst genommen werden und in der Fraktionshierarchie aufsteigen will, tut gut daran, die eingespielten Rituale zu beachten. Dazu gehört (jedenfalls in den großen Fraktionen), daß sich Parlamentsneulinge zunächst in einem speziellen Arbeitsgebiet bewähren, in der Fraktionsversammlung zurückhalten und sich dort allenfalls zu ihrem Arbeitsgebiet äußern (Ismayr 1992: 137ff.).

2.1.2 Arbeitsfülle und Parteienkonkurrenz als Motive fraktioneller Geschlossenheit

Gerechtfertigt wird die dominante Stellung der Fraktionen und der Anspruch eines möglichst geschlossenen Auftretens „nach außen" mit den Funktionsbedingungen des Arbeitsparlaments und des demokratischen Parteienstaates.

Ohne arbeitsteilig organisierte und zu solidarischem Handeln fähige Fraktionen wäre es für die Parlamentarier kaum möglich, die „Exekutive" angemessen zu kontrollieren, Initiativen sachkundig vorzubereiten und aufeinander abzustimmen. Die Abgeordneten sind zumeist gar nicht in der Lage, sich in mehrere Politikbereiche gleichermaßen intensiv einzuarbeiten. Es bleibt ihnen somit nichts anderes übrig, als sich bei vielen Einzelthemen und Detailfragen bis zu einem gewissen Grad auf die fachlich „zuständigen" Abgeordneten zu verlassen, welche die Entscheidungen inhaltlich vorbereitet haben; dies geschieht in vielen Fällen sicherlich im Vertrauen auf deren „fachliche und persönliche (politische) Kompetenz" (Arndt 1989: 645), nicht selten aber auch nur notgedrungen. Häufig zeigt sich dies bei Abstimmungen über Gesetzentwürfe nach Fachdebatten, bei denen es angesichts einer Vielzahl von Änderungs- und Entschließungsanträgen zu ohnehin schwer durchschaubaren Gesetzeswerken dem fachlich nicht eingearbeiteten Abgeordneten oft schwerfällt, inhaltlich zu folgen. Ohne mitunter auch nur „durchzublicken", worüber gerade abgestimmt wird, richten sie sich oft nach dem „Stimmführer" – eine Situation, die von nicht wenigen Abgeordneten durchaus als problematisch empfunden wird (vgl. Interfraktionelle Initiative Parlamentsreform, BT-Drs. 2206; Hamm-Brücher 1990). Auch können die Abgeordneten nur einen kleinen Teil der zahlreichen Drucksachen und sonstigen Materialien zur Kenntnis nehmen oder gar durcharbeiten.

Zum anderen liegt der Ausbau der Fraktionen und bis zu einem gewissen Grad auch ihr Anspruch auf ein möglichst geschlossenes Auftreten nach „außen" in der Konsequenz des Parteienkonkurrenzsystems und wird zudem durch die 5-%-Hürde des Wahlgesetzes begünstigt, die das faktische Monopol der Parteien bei der Rekrutierung der Parlamentarier gewährleistet. Alle Bundestagsabgeordneten seit der 2. Wahlperiode kamen als Wahlkreis- oder Listenkandidaten einer Partei in den Bundestag; fast alle waren auch Mitglieder einer Partei (Schindler 1984: 34ff.).

Von den Abgeordneten wird erwartet, daß sie die von ihrer Partei proklamierten grundlegenden Zielvorstellungen auch in der parlamentarischen Praxis grundsätzlich mittragen und deren personelle Optionen unterstützen. Der Wähler, „der vielfach den einzelnen Abgeordneten gar nicht kennt und einschätzen kann“, so Claus Arndt durchaus konsequent, habe „einen Anspruch darauf, daß sich die Abgeordneten nach ihrer Wahl berechenbar verhalten, indem sie jedenfalls prinzipiell der Linie derjenigen Partei folgen, die sie als Wahlbewerber aufgestellt hat“ (Arndt 1989: 646). Dies gilt jedenfalls insoweit, als sie vor der Wahl nicht (etwa mit Unterstützung einer regionalen Parteigliederung oder Interessengruppierung) ausdrücklich in bestimmten Fragen andere Positionen bezogen haben. Grundlegende Positionswechsel im Verlauf der Wahlperiode bedürfen eines intensiven Diskurses mit der Partei- und Wählerbasis; dies gilt für einzelne Abgeordnete und Parteigliederungen und erst recht für die Linie der Gesamtpartei. Die heftige öffentliche Kritik am Wechsel der FDP in eine Koalition mit der CDU/CSU im Herbst 1982, verbunden mit der Forderung nach alsbaldigen Neuwahlen, ist ein markantes Beispiel für diese demokratietheoretisch begründete Erwartungshaltung (vgl. Kap. 5).

2.1.3 Die Schutzfunktion des Art. 38 GG in der Parteiendemokratie

Mit Art. 21 GG wird die besondere Rolle der Parteien bei der politischen Willensbildung des Volkes ausdrücklich hervorgehoben, im Parteiengesetz (§ 2) zudem die Aufgabe der Rekrutierung politischer Eliten (Tsatsos 1997; Grimm ^{2}1994b). Demgegenüber wird auch in der aktuellen Diskussion die Geltung des Art. 38 Abs. 1 GG unterstrichen, wonach die Abgeordneten „Vertreter des ganzen Volkes sind, an Aufträge und Weisungen nicht gebunden und nur ihrem Gewissen verantwortlich“. Von Leibholz‘ Thesen in den Anfangsjahren der Bundesrepublik bis in die Gegenwart werden heftige Diskussionen darüber geführt, ob das Institut des „freien Mandats“ als demokratiefremdes Relikt eines überlebten klassisch-altliberalen Parlamentarismus oder vielmehr als notwendiges Strukturelement der parlamentarisch-parteienstaatlichen Demokratie anzusehen ist und wie die realen Entwicklungen einzuschätzen sind (vgl. Demmler 1994).

Beim Versuch einer Gewichtung dieser Verfassungsbestimmungen gilt es, a) von den realen Entwicklungen im Verhältnis von Abgeordnetem, Fraktion, Partei und „Basis" und b) vom Demokratiegebot des Art. 20 GG als Maßstab auszugehen und es mit dem Anspruch verantwortlichen Handelns sinnvoll zu verknüpfen.

Dies hat auch das Bundesverfassungsgericht 1989 in seinem Urteil zu diesem Problemkreis versucht, wenn es einmal die Bedeutung der Fraktionen in der „Parteiendemokratie (als) notwendige Einrichtungen des Verfassungslebens und maßgebliche Faktoren der politischen Willensbildung" unterstreicht, andererseits aber betont, daß die dem einzelnen Abgeordneten aus Art. 38 GG zukommenden Rechte „zwar im einzelnen ausgestaltet und insofern auch eingeschränkt, ihm jedoch grundsätzlich nicht entzogen werden dürfen" (BVerfGE 80, 319).

Faktisch ist es gewiß nicht so, daß die Willensbildung von der Partei- und Wählerbasis über die höherstufigen Parteigliederungen bis hin zum Bundestag primär von unten nach oben verläuft. Auch setzen die Abgeordneten nicht in erster Linie Vorstellungen eines „Parteiapparates" um. Vielmehr kommt bei einer insgesamt starken personellen Verflechtung mit Parteifunktionen den Fraktionen (vor allem bei der Opposition) und der Regierung eine starke, jedenfalls phasenweise auch dominierende Rolle bei der Politikformulierung und -durchsetzung zu. Nicht nur werden hier auf der Basis oft relativ allgemein gehaltener Parteitagsbeschlüsse vielfältige gesetzgeberische Entscheidungen getroffen und Optionen formuliert. Auch die programmatische und konzeptionelle Entwurfsarbeit wird inzwischen primär in den Fraktionen (bzw. auf Regierungsebene) geleistet, die hierfür mit Mitarbeitern erheblich besser ausgestattet sind als die Parteizentralen; im Falle der Regierungsfraktionen werden verstärkt die Ressourcen der Exekutive genutzt. So wurden auf mehreren SPD-Parteitagen seit den 80er Jahren offenbar die meisten Anträge des Parteivorstandes in den Arbeitskreisen der Fraktion (vor)formuliert. Auch die SPD-Kommission „Fortschritt 90" habe, so ein Fraktionsmitarbeiter „die Papiere, die aus der Fraktion kamen, ‚zusammengebastelt' und parteipolitisch abgesegnet" (Interview im Juni 1990).

Angesichts der dominierenden Stellung von Fraktionen und Regierung sind sie es vor allem, denen gegenüber nach den Vorstellungen vieler Abgeordneter die Schutzfunktion des Art. 38 Abs. 1 GG zur Geltung gebracht werden soll. Demokratietheoretisch einleuchtend ist dies insoweit, als es nicht in erster Linie um die Einlösung individueller Selbstverwirklichungsansprüche von Abgeordneten geht, sondern darum, die kommunikative Rückbindung und demokratische Verantwortlichkeit politischen Handelns zu stärken.

Die Verfassungsnorm des „ungebundenen Mandats" bewährt sich in dem Maße, wie sie dazu beiträgt, den Kommunikationsprozeß soweit von unziemlichem Anpassungsdruck frei zu halten, als dies im Interesse demokratischer Legitimation geboten ist. Es kann in der Tat „nicht Sinn des demokratischen freien Mandats sein", die Unabhängigkeit des Abgeordneten „um ihrer selbst Willen" zu garantieren, sondern dem „parteigebundenen" Abgeordneten gegenüber verbands- und regionalpartikulären Interessen, aber auch gegenüber der eigenen Partei und Fraktion verfassungsrechtlichen Schutz zu gewähren (Bonner Kommentar zum Grundgesetz, zu Art. 38, Rdn. 69f.). Dem Artikel 38 Abs. 1 GG kommt eine „latente Verfassungswirkung" zu, die erst nach ihrer verfassungsrechtlichen Auflösung sichtbar würde (Trautmann 1976: 146). Dieser verfassungsrechtliche Schutz sei im Hinblick auf die demokratische Legitimation des parteienstaatlichen Parlamentarismus unverzichtbar, so die Enquete-Kommission Verfassungsreform, weil sie wesentliche Bedeutung habe für die Funktionsfähigkeit der innerparteilichen Demokratie. Das freie Mandat „schirmt die politischen Parteien gegen oligarchisierende Tendenzen immer wieder ab und begünstigt und fördert die Offenheit der Willensbildung in Partei und Fraktion" (EK Verfassungsreform 1976: 78). Gerade dadurch sei es auch dazu bestimmt und geeignet, die Parteien als Konsensgemeinschaften zu erhalten.

Will man den Grundsatz, daß „alle Staatsgewalt vom Volk ausgeht" auch und gerade unter Bedingungen des parteienstaatlichen und durch Verbandseinfluß geprägten Parlamentarismus ernst nehmen, und sieht man in der Volksrepräsentation ein unverzichtbares Verfahren zur annäherungsweisen Einlösung dieses demokratischen Partizipationsanspruchs, so ergibt sich für die Einschätzung des Art. 38 Abs. 1 im Kontext mit Art. 21 Abs. 1 GG und der grundgesetzlich garantierten Kommunikationsfreiheit folgendes: Der Sinn dieser Schutzbestimmung in der parlamentarischen Demokratie kann es nicht sein, Verbindungen zur Partei- und Wählerbasis zu reduzieren. Sie soll vielmehr oligarchischen Tendenzen in Parteien und Fraktionen entgegenwirken, die verbesserte kommunikative Rückkoppelung und damit die Aufnahme neuer Themen und Ideen in die parlamentarische und fraktionsinterne Diskussion erleichtern. Dies soll auch der Problemlösungsfähigkeit dienen. Artikel 38 GG gewinnt in diesem Sinne eine funktionale Bedeutung für demokratisch legitimierende Kommunikation und die Entwicklung von Innovationsfähigkeit – und zwar nicht nur im Hinblick auf die parlamentarische Ebene. Die Selbsteinschätzung der Abgeordneten (vgl. Tab. 2.1), von denen sich weniger als ein Fünftel als „freie Abgeordnete" in dem Sinne verstehen, daß sie „in erster Linie nach ihrem persönlichen Ermessen" handeln, während sich fast die Hälfte der Befragten als „Vertreter ihrer Wähler" sehen, läßt sich durchaus in diesem Sinne interpretieren; sie scheint insoweit auch der Erwartungshaltung der meisten Wähler zu entsprechen (Schüttemeyer 1986: 213ff.). Mehr von ihrer Idealvorstellung als von der verhaltensprägenden Realität gehen die Abgeordneten allerdings aus, wenn sich nur 15 Prozent als Vertreter ihrer Partei verstehen.

Tabelle 2.1: Rollenverständnis der Abgeordneten

Abgeordnete verstehen sich als:	Abgeordnete insgesamt	Abgeordnete nach Parteizugehörigkeit				
		CDU	CSU	SPD	FDP	GRÜNE
	%	%	%	%	%	%
Vertreter ihrer Wähler	47	52	35	47	52	26
Repräsentanten ihrer Partei	15	9	9	19	19	26
Freie Abgeordnete	17	21	35	11	22	–
Sprecher gesellschaftlicher Gruppen	9	5	4	11	–	32
Mehreres/keine Antwort	13	13	17	13	7	16
Anzahl der Befragten	316	120	23	127	27	19

Vorgaben:

a „Als Abgeordnete/r verstehe ich mich in erster Linie als Vertreter meiner Wähler"

b „Als Abgeordnete/r verstehe ich mich in erster Linie als Repräsentant der Ziele meiner Partei"

c „Als Abgeordnete/r fühle ich mich niemandem besonders verpflichtet, sondern handle in erster Linie nach meinem persönlichen Ermessen"

d „Als Abgeordnete/r verstehe ich mich in erster Linie als Sprecher für die Belange bestimmter gesellschaftlicher Gruppen"

Quelle: Herzog u.a. 1990: 61.

An Aufträge und Weisungen nicht gebunden zu sein bedeutet nicht, daß Versuche untersagt wären, die Abgeordneten zu beeinflussen, in die „Pflicht" zu nehmen, sofern damit kein Zwang ausgeübt wird und keine seinen Handlungsspielraum einengenden finanziellen Abhängigkeiten geschaffen werden. Diese Verfassungsbestimmung „stellt den Abgeordneten nicht frei von Wünschen, Erwartungen, Forderungen seiner Wähler, seiner Partei, des Verbandes, als dessen Vertrauensmann er von der Partei nominiert worden ist, sondern bürdet ihm die Entscheidung auf, ob er ihnen folgen soll, oder nicht". Das bedeutet zugleich, „daß der Abgeordnete gegenüber Fraktion und Partei jeweils als deren Mitglied in einen Begründungszwang geraten kann" (Meyer 1975: 94f.).

Weder bei abweichendem Stimmverhalten noch beim Ausschluß oder Austritt aus der Fraktion bzw. Partei kann dem Abgeordneten sein Mandat entzogen werden. Wohl aber hat die Partei die Möglichkeit, einen Abgeordneten, der sich nicht an die „Fraktionslinie" hält, bei der nächsten Wahl nicht wieder zu nominieren; es droht das Ende der politischen Karriere. Das „letzte" Mittel eines Parteiordnungsverfahrens oder Fraktionsausschlusses wird nur selten eingesetzt, kann aber präventiv wirksam werden. Die Antizipation dieser Folgen wirkt insbesondere für Berufsparlamentarier disziplinierend. Weniger unter Druck gesetzt werden können im allgemeinen Abgeordnete in „sicheren" Wahlkreisen, die für abweichende Voten die Unterstützung der regionalen Parteigliederung(en) haben. Die Partei- und Fraktionsspitze kann sich in solchen Fällen mit dem Versuch, eine erneute Kandidatur des Abweichlers zu verhindern, kaum durchsetzen. Als Disziplinierungsmittel bleibt hier, ein Aufrücken in höhere Fraktions- und Parlamentsämter und/oder in Regierungspositionen zu verhindern und „psychisch" Anpassungsdruck auszuüben.

Zwischen einer rechtlich unbedenklichen „Fraktionsdisziplin" und einem unerlaubten „Fraktionszwang" zu unterscheiden, ist angesichts einer reichhaltigen Palette sublimer Druckmittel in der Praxis kaum möglich (Sendler 1985: 1427).

2.1.4 *Solidaritätserwartungen und faktische Mitwirkungs- und Aufstiegschancen*

Der Anspruch eines möglichst „geschlossenen" Auftretens der Fraktion nach außen wird mit der politischen Durchsetzungsfähigkeit, den (scheinbaren) Erwartungen der Öffentlichkeit und der nachweisbaren Neigung der Medien und des politischen Gegners gerechtfertigt, fraktions- oder koalitionsinterne Konflikte „auszuschlachten" (Schütt-Wetschky 1987: 6, 42; Arndt 1989).

Ein möglichst geschlossenes Auftreten entspricht bis zu einem gewissen Grad den wechselseitigen Solidaritätserwartungen der Fraktionsmitglieder, wie es beispielsweise in dem 1981 nach heftigen Kontroversen entstandenen und der Fraktionsgeschäftsordnung beigefügten Kompromißpapier zum „Selbstverständnis" der SPD formuliert wird. Von Fall zu Fall gilt es für den Abgeordneten, eigene inhaltliche Zielvorstellungen und Optionen der „Basis", persönliche Profilierungschancen und Auswirkungen auf Erscheinungsbild und Wahlchancen der Partei gegeneinander abzuwägen; zudem ist in Koalitionsvereinbarungen regelmäßig festgelegt, nicht mit wechselnden Mehrheiten zu stimmen.

Fraktionsdisziplin bei Abstimmungen, so das Ergebnis einer von Renate Mayntz und Friedhelm Neidhardt durchgeführten Befragung von 30 Bundestagsabgeordneten, ist „kein unbedingtes informelles Gebot. Erwartet wird jedoch, daß der Abgeordnete, der vom Fraktionskurs abweicht, dies nicht leichtfertig (z.B. nicht aus Publizitätssucht, sondern nur aus Gewissensgründen) tut, seine Absicht, abweichend zu votieren, der Fraktionsführung vorher mitteilt – und all dies nicht oft passiert." Vor allem wird im Falle des „Regierungslagers" erwartet, so wäre zu ergänzen, daß abweichende Stimmabgaben jeweils so „dosiert" werden, daß die Annahme der eigenen Vorlage nicht gefährdet wird. Auch solle der Abgeordnete „Meinungsäußerungen unterlassen, die sich auf Glaubwürdigkeit seiner Fraktion (oder Partei) negativ auswirken; er soll öffentliche Stellungnahmen, zu denen es noch keine offizielle Fraktionsmeinung gibt, vermeiden, um die Fraktion nicht unnötig festzulegen" (Mayntz/Neidhardt 1989: 379). Diese Beschreibung trifft tendenziell die Erwartungshaltung vieler Abgeordneter, vor allem aber der Fraktionsführungen.

In einem gewissen Widerspruch oder zumindest „Spannungsverhältnis" zu den geäußerten Solidaritätserwartungen steht aber die von vielen Abgeordneten artikulierte Kritik an einem zu großen Konsensdruck und (mitunter) problematischen Methoden des Fraktionsmanagements zur Sicherung einer fraktionsinternen Geschlossenheit. Kritik daran wird nicht nur in Interviews und im kleinen Kreis geäußert, sondern bricht sich hin und wieder auch in Fraktionssitzungen Bahn, wenn die „Grenzen des Zumutbaren" einmal wieder überschritten wurden. Einige Wirkung kann von solchen Vorstößen dann ausgehen, wenn sie von internen Gruppierungen nach Absprache in Gang gesetzt wurden (vgl. Abschn. 3.3). Zudem kommen diese Verhaltenserwartungen in einer durch den jeweiligen Status mitbestimmten Ausprägung vor: „Geschlossenheit" zu praktizieren fällt führenden Mitgliedern, die an der Meinungsbildung (etwa eines Koalitionsgremiums) beteiligt waren oder internen Mehrheitsgruppierungen leichter als anderen. Es spielt selbstverständlich eine Rolle, ob die Frage der „Geschlossenheit" aus der Perspektive von führenden oder „einfachen" Abgeordneten, von internen Minderheits- oder Mehrheitsgruppierungen gesehen wird; auch stellt sich das Problem (etwas) anders dar, je nachdem, ob Abgeordnete einer (kleinen oder großen) Regierungs- oder Oppositionsfraktion angehören.

Ausdruck dieser Vorbehalte ist die Unterzeichnung der von der „Interfraktionellen Initiative Parlamentsreform" initiierten Reformvorschläge (BT-Drs. 11/2206, 11/2208) durch etwa 180 Abgeordnete aus allen Fraktionen (Werner 1990) wie auch die Tatsache, daß 72 Prozent der Abgeordneten eine Stärkung der Stellung des einzelnen Abgeordneten für „vordringlich" oder „dringlich" halten (39 bzw. 33%), unabhängig davon, ob sie der parlamentarischen Mehrheit oder (einer) Minderheit angehören (Herzog u.a. 1990: 126; vgl. Tab. 7.1). Auch von Mitgliedern der Fraktionsführungen ist gelegentlich (Selbst-)Kritik zu hören. So meinte der SPD-Fraktionsvorsitzende Hans-Jochen Vogel in einer Selbstverständnis-Debatte des Parlaments, um die parlamentarischen Aufgaben „optimal" zu erfüllen, müßten die „Rechte des einzelnen Abgeordneten (...) im parlamentarischen Alltag stärker als bisher auch gegenüber den für die ordnungsgemäße Abwicklung unserer Arbeit unentbehrlichen Ansprüchen und Abreden der Fraktion zur Geltung kommen" (PlPr 10/85, S. 6213).

Legitimatorisch begründet werden Praxis und Anspruch der „Geschlossenheit" damit, daß die Abgeordneten gleichberechtigt an der innerfraktionellen Willensbildung beteiligt seien (und sich ja innerfraktionell bemühen könnten, ihre Vorstellungen durchzusetzen).

Tatsächlich sind die Mitwirkungschancen im Willensbildungsprozeß in den hierarchisch gegliederten Fraktionen bis hin zur Fraktionsversammlung (!) jedoch nach wie vor (sehr) unterschiedlich. Hans Apel hat diese Situation bereits in den 60er Jahren mit dem provokanten Begriff der parlamentarischen „Klassengesellschaft" charakterisiert (Apel 1968: 86).

Ob ein Abgeordneter für eigene Initiativen in der Fraktion Unterstützung findet, hängt u.a. von seinem Status, seiner Anerkennung als „Experte" und davon ab, wieweit er sich auf die internen Willensbildungsverfahren eingestellt hat. Nur wer sich auf diesem Wege und durch solidarisches Handeln in der Arbeitsgruppe bzw. im Arbeitskreis Anerkennung erworben hat und bereit ist, deren Vorhaben mitzutragen, kann seinerseits mit Unterstützung rechnen.

Die Erwartungshaltung der Kollegen in der „Kleingruppe" hat ihre eigene Qualität und kann sich vom „Gruppendruck zur Anpassung" in der Gesamtfraktion unterscheiden (vgl. Lattmann 1981: 16f.).

Den nötigen Rückhalt suchen und finden Abgeordnete allerdings nicht nur in der Arbeitsgruppe und im Arbeitskreis, sondern ggf. auch in der Landesgruppe und/oder einer der Interessengruppierungen der Fraktion und Partei, in denen, auch im Widerspruch zu den Zielen der Arbeitsgruppe (AK), der ein Abgeordneter angehört, Positionen formuliert und bis in den Vorstand und die Fraktionsversammlung hinein vertreten werden. Vor allem neue und (zunächst) „abweichende" Positionen haben in aller Regel nur dann eine Chance, Gehör zu finden, wenn sie von einer Abgeordneten-Gruppierung in der Fraktion vertreten werden. Wer ohne Rückhalt in einer Fraktionsgruppierung als „einfacher", nicht der Fraktionsführung angehörender Abgeordneter in der Fraktionssitzung das Wort zu Fragen ergreift, für die er nicht „zuständig" ist, wird kaum Gehör finden und gerät leicht in Gefahr, sich zu isolieren. Mit dem für die meisten Abgeordneten begehrten Aufstieg in höhere Fraktionsämter erweitern sich mit dem Arbeitsbereich auch die Möglichkeiten, Stellung zu nehmen, mit der offiziellen „Sprecherrolle" allerdings auch die Verantwortlichkeit für öffentliche Äußerungen gegenüber den entsprechenden Fraktionsgremien. Neue Themen aufzugreifen und in den parlamentarischen Willensbildungsprozeß einzubringen ist (äußerst) schwierig, wenn sich die zuständigen Funktionsträger und Kreise nicht interessiert zeigen oder gar „abblocken" (Mayntz/Neidhardt 1989: 385).

Entgegen dem Anspruch gleicher Mitwirkungschancen in der Fraktion wird aber insbesondere in Regierungsfraktionen „Geschlossenheit" des öfteren durch einen zwischen Regierungsmitgliedern und Fraktionsführung (und ggf. auch der Parteispitze) abgestimmten appellativen Druck hergestellt. In und zwischen den Regierungsfraktionen werden zudem die regulären Arbeits- und Koordinationsmechanismen durch Weichenstellungen der Koalitionsrunden nicht selten außer Kraft gesetzt. Der eindringliche Appell, nicht nur in Ausschüssen und Plenum, sondern auch in Stellungnahmen und Voten der Fraktionsversammlung Kompromißlösungen großer Koalitionsrunden nicht mehr in Frage zu stellen und die eigene Führungsspitze nicht zu desavouieren, findet in den meisten Fällen Gehör. Unmut wird allerdings immer wieder darüber zum Ausdruck gebracht, daß die Fraktionsführung die Abgeordneten zur Geschlossenheit und zum Verzicht auf die öffentliche Austragung von Kontroversen mahnt, während sich Spitzenpolitiker der Koalition mit kontroversen Stellungnahmen profilieren.

Dies gilt besonders für die Regierungsfraktionen. Deren Vorsitzende ermahnen stets aufs neue, nicht nur im Plenum, sondern bereits in der Fraktionssitzung geschlossen zu votieren, da die Abstimmungsergebnisse ja in der Öffentlichkeit ohnehin bekannt würden. Aus diesem Grund sollten auch brisante Themen, die gegebenenfalls in den Arbeitsgruppen kontroverse Diskussionen ausgelöst haben, in einer entscheidungsreifen Phase am besten gar nicht mehr diskutiert werden. Da aber nur die Fraktionssitzungen allen Abgeordneten die Gelegenheit bieten können, sich über ihre Spezialaufgaben hinaus über Richtung und Kontext der Regierungs- und Fraktionspolitik aus erster Hand zu informieren und auf diese im Diskurs einzuwirken, entstehen durch diesen Druck zur internen Geschlossenheit auch im Argumentationsverhalten erhebliche Kommunikations- und Beteiligungsdefizite.

2.1.5 Argumentationsfreiheit, Kreativität und Basisrückkoppelung

Vor dem Hintergrund dieser Erfahrungen bleibt die Frage auf der Tagesordnung, wie weit der Spielraum für den einzelnen Abgeordneten auch unter Bedingungen des parlamentarischen Regierungssystems erweitert werden müßte, um die kommunikativen Voraussetzungen für eine möglichst optimale demokratische Legitimation zu schaffen. Da Ansprüche einer „geschlossenen" Vertretung von Beschlüssen und Positionen (Argumentationslinien) der Fraktion „nach außen" nur insoweit als legitim gelten können, als die Abgeordneten (grundsätzlich) gleiche Chancen haben, am Willensbildungsprozeß der Fraktion teilzunehmen und ohne größeren Druck von Führungspersonen zu entscheiden, gilt es einmal, fraktionsintern (wie auch bei Verfahren der Parlamentsgremien) Hierarchien und bürokratisch geprägte Verfahren soweit abzubauen, daß sich die Abgeordneten so gut wie möglich motiviert fühlen und die Vielfalt ihrer Fähigkeiten zur bestmöglichen Entfaltung kommt. Zum anderen stellt sich im Hinblick auf die parlamentarischen wie innerfraktionellen Verfahren die Frage, inwieweit rigide Geschlossenheits-Ansprüche, wie sie sich auch in der Praxis nicht-öffentlicher Ausschußsitzungen manifestieren, veränderten Erwartungen an Transparenz und verstärkte kommunikative Rückbindung staatlich-politischer Willensbildungsprozesse an Parteibasis, Wählerbasis und Öffentlichkeit gerecht werden.

Offensichtlich besteht ein, allerdings auch in Reformdiskussionen nicht immer hinreichend erhellter Zusammenhang zwischen der geschäftsordnungsmäßigen Minimierung der Kompetenzen einzelner Abgeordneter und kleinerer Minderheitengruppen und einem das notwendige Maß an Fraktions- und Koalitionsdisziplin überschreitenden innerfraktionellen Anpassungsdruck. Ein Parlament von „Einzelkämpfern“ kann es unter heutigen Voraussetzungen gewiß nicht geben; eine derartige Vorstellung wird aber – von manchen, in kämpferischer Absicht mißverständlich formulierten Äußerungen abgesehen – auch kaum vertreten. So würde eine Stärkung der Rechte einzelner Abgeordneter etwa im Rahmen der von der „Interfraktionellen Initiative Parlamentsreform“ formulierten Vorschläge das parlamentarische Regierungssystem in seiner Funktionsfähigkeit bestimmt nicht schwächen (vgl. BT-Drs. 11/2206; Abschn. 7.1,2). Sie könnten sich als Korrektiv auswirken, Verfestigungen von Fraktionshierarchien entgegenwirken und insgesamt zur Vitalisierung der parlamentarischen Demokratie beitragen.

Bei Anerkennung der Funktionsbedingungen des parlamentarischen Regierungssystems kann sowohl bei den Regelungen der Geschäftsordnung wie auch in der Praxis durchaus zwischen dem Abstimmungsverhalten und der argumentativen Vertretung auch abweichender Positionen unterschieden werden. Die Funktionsfähigkeit des Parlamentes würde durch eine Stärkung der Informations- und Inspektionsrechte einzelner Abgeordneter nicht geschwächt.

Mindestens ebenso bedeutsam wie die Frage nach den Wirkungsmöglichkeiten einzelner Abgeordneter ist die nach rechtlichen und faktischen Kompetenzen der parlamentarischen Minderheiten, konkret: der einzelnen Fraktion und ggf. Gruppe (§ 10 Abs. 4 GOBT) und von Minderheiten in Fraktionsstärke. Diese insbesondere den Oppositionsfraktionen dienenden Minderheitenrechte werden im Rahmen der einzelnen Kapitel zu den Parlamentsfunktionen behandelt und im Schlußkapitel im Hinblick auf Reformmöglichkeiten angesprochen.

2.2 Professionalisierung und Interessenstruktur

2.2.1 Professionalisierung, parteipolitische Verankerung und Parlamentskarriere

Die Abgeordneten des Bundestages verfügen größtenteils über eine akademische Ausbildung und eine überdurchschnittliche berufliche Qualifikation, und zwar in einem politiknahen Beruf. Die von der Sozialstruktur der Bevölkerung erheblich abweichende Zusammensetzung des Bundestages ist Ausdruck einer Professionalisierung, die durch hohe Anforderungen der Parlamentstätigkeit und vor allem auch dadurch bedingt ist, daß der erfolgversprechenden Kandidatur für den Bundestag zumeist eine (längere) Karriere in der Partei vorausgeht, die typischerweise in Vorstandspositionen auf Orts- und Kreisebene beginnt, „dann mehr oder weniger rasch, aber in jedem Falle immer kontinuierlich über weitere Parteiämter erfolgt" (Herzog 1979: 70). Lokale und regionale Parteiämter sind wichtige, ja fast unverzichtbare Voraussetzungen einer Politikerkarriere bis hin zum Bundestagsmandat. Nach der Umfrage 1988/89 von Dietrich Herzog u.a. (1990) hatten 85% der Bundestagsabgeordneten im Verlauf ihrer Karriere lokale Parteivorstandsämter inne, zumeist über längere Zeit (vgl. Tab. 2.2). Wer für längere Zeit die Parteiarbeit unterbricht, büßt in der Regel seine Karrierechancen ein. Zu den üblichen Aufstiegsbedingungen gehören auch die Übernahme kommunalpolitischer Funktionen (in Gemeinderat, Kreisrat, als Bürgermeister etc.) und – auch als Bedingung kommunalpolitischer Einflußnahme – die Mitgliedschaft und auch Mitwirkung in Vereinen und Verbänden auf lokaler und (über)regionaler Ebene. Etwa zwei Drittel der Abgeordneten bekleideten vor ihrer Abgeordnetentätigkeit kommunale Wahlämter (Herzog 1990: 12).

Tabelle 2.2: Lokale Parteivorstandsämter von Bundestagsabgeordneten (in %)

	CDU	CSU	SPD	FDP	GRÜNE	Gesamt
Vor Bundestagsmandat beendet	6	21	2	6	80	8
Mit Bundestagsmandat beendet	9	–	3	6	–	5
Nach Bundestagsmandat weiter	64	79	87	69	–	73
Keine Ämter	21	–	9	19	20	15
Anzahl der Befragten	70	14	68	16	5	173

Quelle: Herzog 1990: 12.

Ohne diese bekannte „Ochsentour" über die Basisorganisationen schaffen nur wenige Prominente, führende Lobbyisten und Fachleute den Weg ins Parlament, auch sie meist erst nach Aktivitäten in Sonderorganisationen und Fachgremien der Partei. Die zunehmende Praxis der (faktisch über ein Rekrutierungsmonopol verfügenden) Parteien, sichere Plätze auf Landeslisten nur an Parteimitglieder zu vergeben, die auch eine Wahlkreiskandidatur übernehmen, hat diese Tendenz gefördert. Der Einfluß der Parteieinrichtungen wurde geschwächt, die Eliten der Basisorganisationen der Parteien wurden gestärkt.

Auch nach erfolgreicher Bewerbung behielten über zwei Drittel der Abgeordneten regionale Parteiämter und etwa ein Drittel kommunale Wahlämter, meist über längere Zeit (vgl. Tab. 2.3). Nach eigenen Angaben gemäß den Verhaltensregeln war im Jahre 1995 etwa jeder fünfte Bundestagsabgeordnete Mitglied einer kommunalen Vertretungskörperschaft und/oder sogar (Ober-)Bürgermeister oder Landrat (vgl. Tab. 2.4).

Tabelle 2.3: Kommunale Wahlämter von Bundestagsabgeordneten (in %)

	CDU	CSU	SPD	FDP	GRÜNE	Insgesamt
Vor Bundestagsmandat beendet	9	21	12	22	10	12
Mit Bundestagsmandat beendet	19	21	21	6	20	19
Nach Bundestagsmandat weiter	47	36	33	39	10	38
Keine Ämter	25	21	35	33	60	31
Anzahl der Befragten	75	14	77	18	10	194

Quelle: Herzog 1990: 12.

Diese (vertikale) Ämterkumulation dient dazu, den Einfluß auf jene Parteimitglieder bzw. lokalen Wähler abzusichern, die über Fortdauer oder Verlust des parlamentarischen Mandats entscheiden. Lokale Ämter und Mandate gelten als „unabdingbare Voraussetzung für das Verbleiben im politischen Beruf", solange man es nicht zu nationaler Bekanntheit gebracht hat (Herzog 1990: 12). Partei- und verbandspolitische Positionen in Vorständen und Fachkommissionen auf Bezirks-, Landes- und Bundesebene kommen hinzu; solche überregionalen Funktionen bekleidet ein Großteil der Abgeordneten. Der Tätigkeit vor allem in Fachgremien der Partei messen die Abgeordneten höchste Priorität zu (Ermittlungen der PARLAKOM-Studiengruppe, 1985). Diese Ämterkumulation sichert den Parlamentariern einerseits erheblichen Einfluß auf die Parteiarbeit und hält Kommunikationswege zur „Basis" offen, trägt andererseits aber „wahrscheinlich zur innerparteilichen Verkrustung bei" (Herzog 1990: 12) und bringt erhebliche Arbeitsbelastungen mit sich.

Tabelle 2.4: Mitgliedschaft von Bundestagsabgeordneten in der kommunalen Selbstverwaltung (11. WP und 13. WP im Vergleich)

	Stadträte, Kreisräte		(Ober-)-Bürgermeister, Landräte		Kommunale Funktionen insgesamt		Anteil Fraktionen in %	
	11.WP	13. WP	11.WP	13. WP	11.WP	13. WP	11.WP	13. WP
CDU/CSU	54	54	9	7	63	61	26,9%	20,7%
SPD	39	43	5	4	44	47	22,8%	18,7%
FDP	6	2	1	–	7	2	14,6%	4,3%
DIE GRÜNEN[a]	2	5	–	–	2	5	4,5%	10,2%
PDS		2		–		2		6,7%
insgesamt	101	106	15	11	116	117	22,4%	17,4%

a ab 12. WP B'90/GRÜNE

Quelle: Amtliches Handbuch des Deutschen Bundestages, 11. und 13. WP (1988, 1995); eigene Zusammenstellung.

Das Problem der Vereinbarkeit von beruflicher und (partei-)politischer Tätigkeit stellt sich bei Übernahme von Parteipositionen und öffentlichen Funktionen oft schon auf kommunaler und regionaler Ebene nach relativ kurzer Zeit. Eine parteipolitische Karriere bis zur Übernahme eines Mandats durchzuhalten, ist bevorzugt jenen Akteuren möglich, die in ihrem Beruf politik- bzw. verbandsbezogen agieren, berufliche Kenntnisse, Ressourcen und Einrichtungen für ihre politische Arbeit nutzen können, zeitlich disponibel die Möglichkeit haben, die berufliche Tätigkeit der politischen unterzuordnen, ohne – im Falle des Scheiterns der Politikerkarriere – die berufliche Absicherung einzubüßen (Kaack 1988: 131). Die Vorbereitung der politischen Karriere erfolgt oft schon (und offenbar in zunehmendem Maße) parallel zur Ausbildung und beruflichen Qualifikation, besonders über die Jugendorganisationen (Problem der Frühprofessionalisierung).

Die Professionalisierung des Bundestages kommt auch in der Alters- und Anciennitätsstruktur zum Ausdruck (Kaack 1988: 177f.). Das Durchschnittsalter aller Abgeordneten zu Beginn der Wahlperiode liegt bei 49,3 Jahren (1.-14. WP; 14. WP: 49,8 Jahre). Gut die Hälfte der Abgeordneten waren (seit der 6. Wahlperiode) beim erstmaligen Eintritt in den Bundestag zwischen 35 und 45 jahre alt; nur 2,2% aller Abgeordneten waren in der 14. Wahlperiode keine 30, 12% unter 40 Jahre alt. Dies läßt auf eine längere (politische) Vorkarriere vieler Mandatsträger schließen. Bei einer Abgeordneten-Karriere von in der Regel mehreren Wahlperioden ergibt sich bei der Altersschichtung eine Konzentration auf die mittleren Jahrgänge der 40- bis 60jährigen. Mit 75% bis 77% waren diese Jahregänge seit der 10. Wahlperiode (1983) noch stärker als zuvor vertreten. Ein wichtiges Merkmal der Professionalisierung der Parlamentarier ist der kontinuierliche Anstieg der Wiederwahlquoten. Die Mitgliedschaft für nur eine Wahlperiode ist die Ausnahme. So wurden von den 145 Parlamentsneulingen der 7. Wahlperiode (1972) 90,4% mindestens einmal, 73,8% mindestens zweimal, 60,7% mindestens dreimal, 45,5% mindestens viermal, 31,7% mindestens fünfmal und 12,4% mindestens sechsmal wiedergewählt (Stand: 12. WP; Schindler 1999).

2.2.2 Mandat und Beruf

Die Bundestagsabgeordneten üben – mit wenigen Ausnahmen – ihr Mandat hauptberuflich aus. Sie sind in diesem Sinne „Berufspolitiker", jedenfalls „auf Zeit". Nur etwa ein Drittel der Abgeordneten ist während der Mitgliedschaft im Bundestag noch in einem Beruf tätig, bei dem aber in aller Regel nicht der Schwerpunkt liegt (11. WP: 34,1%; 13. WP 29%; vgl. Tab. 2.5).

Möglich ist eine weitere Berufstätigkeit insbesondere dann, wenn sie in engem Zusammenhang zum Mandat steht. Dies gilt etwa für Verbands- und Parteifunktionäre und auch für einige leitende Angestellte und Teilhaber großer Unternehmen. Etwa jeder zehnte Abgeordnete gibt an, während der Mandatszeit als Rechtsanwalt tätig zu sein; darunter sind einige beurlaubte Beamte, deren Rechte und Pflichten während der Mandatszeit ruhen. Die Vorteile sind evident: Als Rechtsanwälte können die Abgeordneten Beratungstätigkeiten übernehmen, ohne sie dem Bundestagspräsidenten anzeigen zu müssen. Auf ihre Verschwiegenheitspflicht können sie sich nur dann nicht berufen, wenn sie für oder gegen die Bundesrepublik Deutschland auftreten. Die Mitgliedschaft eines über zahlreiche Kontakte verfügenden Parlamentariers in einer Anwaltssozietät wird auch dann umsatz- und prestigefördernd sein, wenn sein zeitlicher Einsatz nur bescheiden ist.

Tabelle 2.5: Während der Mitgliedschaft im 13. Deutschen Bundestag ausgeübter Beruf (ohne Regierungsämter)[a]

	Angestellte Parteien	Angestellte Organisationen[b]	Angestellte in der Wirtschaft[c]	Selbständige[d]	Freiberufler[e]	Professoren/ Dozenten	Sonstige	Insgesamt	Anteil in Prozent
CDU/CSU	2	8	17	28	44	6	3	108	36,7
		–	–	13	36				
SPD	–	10	10	7	23	5	1	56	22,2
		6	1	3	13				
FDP	1	1	4	5	4	2	1	18	38,3
		–	–	2	4				
B`90/GRÜNE	–	–	–	2	2	1	1	6	12,2
		–	–	1	2				
PDS	–	–	2	–	5	–	–	7	23,3
		–		–	2				
Bundestag insges.	3	19	33	42	78	14	6	195	29,0
		6	1	19	57	0	0		

a Die Tabelle enthält nur die erstgenannten Berufsangaben
b Zweite Zeile: davon Angestellte von Gewerkschaften
c Zweite Zeile: davon freigestellte Betriebsräte
d Zweite Zeile: davon Landwirte
e Zweite Zeile: davon Rechtsanwälte

Quelle: Amtliches Handbuch des Deutschen Bundestages, 13. WP, Teil 2; eigene Auszählung.

Viele Abgeordnete lebten freilich bereits vor ihrem erstmaligen Einzug in den Bundestag nicht nur „für die Politik", sondern (materiell) auch „von der Politik" (Weber 1918; vgl. auch Borchert/Golsch 1999: 114ff.; Golsch 1998). Als „Berufspolitiker" können nach Heino Kaack (in einem engeren Sinne) all jene Parlamentarier bezeichnet werden, die „bereits vor der erstmaligen Übernahme eines Bundestagsmandats hauptsächlich ein Amt ausgeübt haben, für das Parteiaktivitäten eine unerläßliche Voraussetzung sind". Dies sind neben Partei- und Fraktionsangestellten auch politische Beamte, Wahlbeamte, Politikerassistenten, Mitarbeiter in Stabspositionen staatlicher Institutionen, ehemalige Landtagsabgeordnete und Regierungsmitglieder, die im Bundestag eine zweite Karriere starten (Kaack 1988: 131). Der Anteil dieser parteibezogenen Berufe ist seit der 7. Wahlperiode auf etwa ein Viertel gestiegen. Deutlich zurückgegangen ist die Zahl der Funktionäre von Gewerkschaften, Wirtschaftsorganisationen und sonstigen Verbänden. Der Grund ist wohl, daß es auch für Verbandslobbyisten kaum mehr möglich ist, ohne (kontinuierliche) Parteiaktivitäten an der Basis und Übernahme einer Direktkandidatur ein Bundestagsmandat über die Landesliste zu erhalten, sie den erforderlichen Einsatz an der Parteibasis aber nicht leisten können oder wollen. Um ihren Einfluß geltend zu machen, sind insbesondere Wirtschaftsverbände angesichts permanenter Einfluß- und Kooperationsbeziehungen und „interner" Interessenwahrnehmung durch entsprechende Berufsgruppen auf eine Mitgliedschaft ihrer Funktionäre im Bundestag offenbar nicht angewiesen.

2.2.3 Akademisierung

Mit wachsender Komplexität der Staatsaufgaben und damit einhergehender Professionalisierung der Abgeordnetentätigkeit ist eine zunehmende Akademisierung des Parlaments verbunden. Sie vollzog sich – mit einigen Schwankungen – in allen Fraktionen. Der Anteil der Abgeordneten mit Hochschulbildung stieg fast kontinuierlich von 44% in der zweiten auf 80,1% in der 14. Wahlperiode (vgl. Tab. 2.6).

Sowohl hinsichtlich der allgemeinbildenden Abschlüsse wie der berufsbildenden und Hochschulabschlüsse weicht die Bildungsstruktur des Bundestages von jener der Gesamtbevölkerung ganz erheblich ab. Eine akademische Ausbildung gilt bei der Kandidatenauswahl offenbar als erwünschter Kompetenznachweis. Gesichtspunkte soziostruktureller Repräsentation spielen eine untergeordnete Rolle. Ein traditionell hoher Anteil der Abgeordneten gibt als Hochschulstudium Rechts- und Wirtschaftswissenschaften an, seit Mitte der 70er Jahre etwa ein Drittel der Abgeordneten (vgl. Tab. 2.7). Eine wachsende Zahl studierte Geistes- und Sozialwissenschaften (einschließlich Pädagogik). Als bedenkliches Defizit erschien vor der deutschen Vereinigung angesichts der Bedeutung der Technikentwicklung und der Technikfolgenproblematik die geringe Zahl von Naturwissenschaftlern und Technikern. Sie hat sich seit 1990 beträchtlich erhöht – bedingt durch die spezifischen Voraussetzungen der Abgeordnetenrekrutierung in den neuen Bundesländern (1987: 7%; 1999: 13%; vgl. Hess 1995: 582ff.).

2.2.4 Öffentlicher Dienst

Häufig kritisiert wurde und wird die „Verbeamtung" der Parlamente, die allerdings in Landtagen noch ausgeprägter ist als im Bundestag (Schneider 1989). Etwa zwei Fünftel der Bundestagsabgeordneten rekrutiert sich aus dem öffentlichen Dienst (ehemalige und amtierende Regierungsmitglieder noch nicht eingerechnet), ein seit mehreren Wahlperioden kaum veränderter Gesamtanteil bei nur geringen Schwankungen (Schindler 1994: 275ff.; vgl. Tab. 2.8). Dieser Bereich kann insgesamt als relativ politiknah angesehen werden, angesichts seiner zunehmend heterogenen Struktur allerdings mit deutlichen Abstufungen (Wachstum der Leistungsverwaltung, der planenden Verwaltung und des Bildungssektors gegenüber der „klassischen" Administration). Besonders politiknah sind dabei die parteibezogenen Positionen (die Heino Kaack unter der Kategorie „Berufspolitiker" erfaßt). Vertreten ist vornehmlich der höhere Dienst. Insgesamt ist der Anteil der Verwaltungsbeamten gesunken, während mittlerweile etwa zwei Fünftel – phasenweise fast die Hälfte – aller aus dem öffentlichen Dienst kommenden Abgeordneten einen Lehrberuf (Lehrer, Professor, Dozent) ausüben (13. WP: ca. 40%, 11. WP: 47%; vgl. Tab. 2.8).

Hoch ist der Anteil der Lehrberufe bei der SPD-Fraktion (13. WP: ca. 23% aller Fraktionsmitglieder) und bei Bündnis 90/Die Grünen. Von Vorteil beim Aufbau der Karriere ist die gegenüber anderen Beamtengruppen größere zeitliche Flexibilität.

Tabelle 2.6: Bundestagsabgeordnete mit Hochschulbildung (in %)

	1. WP	2. WP	3. WP	4. WP	5. WP	6. WP	7. WP	8. WP	9. WP	10. WP	11. WP	12. WP	13. WP	14. WP
CDU/CSU	53,6	48,0	61,9	67,3	67,7	73,6	75,2	78,3	77,6	78,4	79,9	80,3	76,5	79,6
SPD	29,0	22,8	35,4	41,9	38,7	53,2	58,7	58,9	59,6	89,6	62,2	72,8	76,2	78,9
FDP	66,0	71,2	55,8	68,7	70,0	67,7	76,2	82,5	83,3	74,3	77,1	79,8	83,3	88,4
B'90/ GRÜNE[a]										78,6	61,4	87,5	83,7	83,0
PDS[b]												94,1	66,6	80,6
Sonstige	40,5	66,7	52,9											
Bundestag insgesamt	45,3	44,0	51,8	57,6	56,0	63,9	67,6	70,3	70,3	82,5	71,5	77,9	76,9	80,1

a 10. und 11. WP: DIE GRÜNEN

b 12. WP: PDS/LL

Anm.: Enthalten sind Hochschulabschlüsse an Universitäten, Pädagogischen Hochschulen und Fachhochschulen sowie „Universitätsstudium ohne Abschluß".

Quelle: Schindler 1984: [illegible]06; Schindler 1994: 269; Kürschners Volkshandbuch Deutscher Bundestag, 13. und 14. Wahlperiode (1995, 1999).

Tabelle 2.7: Studienfächer der Bundestagsabgeordneten mit Hochschulstudium (absolut)[a]:

	4. WP	5. WP	6. WP	7. WP	8. WP	9. WP	10. WP	11. WP	12. WP	13. WP	14. WP
Rechts- und Staatswissenschaften	113	101	118	139	146	141	139	134	151	126	127
Wirtschafts- und Sozialwissenschaften, Volkswirtschaft	45	45	44	49	56	52	61	59	70	62	55
Philologie, Philosophie, Politologie, Soziologie, Geschichte	37	31	47	57	58	57	61	53	49	60	45
Ingenieurwesen	11	13	13	10	9	29	30	24	69	63	55
Naturwissenschaften, Pharmazie, Geographie	2	–	–	2	1	2	7	12	29	31	30
Land- und Forstwirtschaft	18	14	16	11	10	17	14	11	14	9	9
Pädagogik	–	–	–	–	4	29	29	47	80	79	101
Medizin, Psychologie, Sozialarbeit	7	9	10	6	5	3	3	9	23	16	11
Theologie	–	–	–	–	–	–	3	2	11	14	13

a in den Zahlen sind Abgeordnete mehrfach enthalten, falls sie mehrere Studien abgeschlossen haben.

Quelle: Schindler 1986: 236; Schindler 1994: 270; Kürschners Volkshandbuch Deutscher Bundestag, 13. und 14. Wahlperiode (1995, 1999).

Erfahrungsnähe kann den Willen zur Kontrolle bzw. die Kontrollfähigkeit mindern, doch können andererseits einschlägige Kenntnisse der Verwaltungsstrukturen Kontrolle auch begünstigen.

Da nur mehr etwa 10 Prozent der Abgeordneten aus dem Bereich der Administration im eigentlichen Sinne kommen, wird man Kontrolldefizite als Folge verminderter Distanz gegenüber der Bürokratie insgesamt nicht überschätzen dürfen. Allerdings bleibt das Problem, daß (ehemalige und amtierende Regierungsmitglieder eingeschlossen) annähernd die Hälfte aller Bundestagsabgeordneten bei Entscheidungen des Hauses über den öffentlichen Dienst selbst direkt oder indirekt betroffen sind. Zudem sind Beamte (überwiegend aus der Verwaltung) aufgrund einschlägiger Sachkenntnisse insbesondere in jenen Ausschüssen stark überproportional vertreten, die an derartigen Entscheidungen maßgeblich beteiligt sind (Innen-, Rechts- und Haushaltsausschuß). Einerseits können sich infolge der „Produktionsferne“ und dem Privileg der (frühzeitigen und lebenslangen) Absicherung Perzeptionsverengungen ergeben, andererseits erleichtert es der Beamtenstatus den Akteuren bereits beim Aufbau der Karriere, sich dem Druck von Partikularinteressen zu entziehen und „Gemeinwohlinteressen“ zu verfolgen.

2.2.5 Berufs- und Interessenstruktur

Als relativ politiknah kann auch ein Großteil der (im politischen Prozeß besonders begünstigten) Unternehmer, des selbständigen Mittelstandes, der (leitenden) Angestellten in der Wirtschaft sowie der Rechtsanwälte und Journalisten gelten, insgesamt etwa ein Drittel der Bundestagsabgeordneten. Zusammengefaßt kommen in der 13. Wahlperiode aus diesen Berufsgruppen ca. 45% der Unions-, aber nur 23% der SPD-Abgeordneten (FDP: 53%, B’90/Grüne 16%, PDS 30%). Innerhalb dieser Berufsgruppen sind wiederum die dem politischen Prozeß besonders „nahestehenden“ und abkömmlichen Positionen (stark) überproportional vertreten: Rechtsanwälte, Unternehmer und Angestellte in leitenden Positionen, aber nur vergleichsweise wenige selbständige Handwerker, „sonstige“ Freiberufler und Angestellte ohne Leitungsfunktion.

Tabelle 2.8: Berufsstruktur des Bundestages nach Fraktionen (13. Wahlperiode)

	CDU/CSU		SPD		FDP		B'90/GRÜNE		PDS		insgesamt	
	Anzahl	%	Anzahl	%	Anzahl	%	Anzahl	%	Anzahl	%	Anzahl	%
Beamte, Richter, Pfarrer und Angestellte des öffentl. Dienstes	118	40,1	136	54,0	18	38,3	23	46,9	9	30,0	304	45,2
davon												
– sog. politische Beamte[a]	8	2,7	7	2,8	2	4,3	1	2,0	–	–	18	2,7
– andere Beamte des höh. Dienstes (Verwaltung)	29	9,9	10	4,0	4	8,5	1	2,0	–	–	44	6,5
– Beamte des gehobenen Dienstes (Verwaltung)	8	2,7	7	2,8	–	–	1	2,0	–	–	16	2,4
– Richter und Staatsanwälte	1	0,3	8	3,2	2	4,3	1	2,0	–	–	12	1,8
– Kommunale Wahlbeamte	14	4,8	11	4,4	-	-	–	–	–	–	25	3,7
– Lehrberufe (Lehrer, Professoren, Dozenten)	37	12,6	58	23,0	9	19,1	13	20,4	6	20,0	123	18,3
– Pfarrer, evangelisch	2	0,7	3	1,2	–	–	–	–	1	3,3	6	0,9
– Sonstige Beamte und Angest. des öffentlichen Dienstes	19	6,5	32	12,7	1	2,1	6	12,2	2	6,7	60	8,9
Angestellte von Parteien und Fraktionen	11	3,7	15	6,0	1	2,1	6	12,2	4	13,4	37	5,5
Angestellte gesellsch. Organisationen (Verbände)	23	7,8	30	11,9	2	4,3	4	8,2	5	16,7	64	9,5
davon												
– Gewerkschaften etc.	5	1,7	17	6,7	–	–	1	2,0	1	3,3	24	3,6
– Wirtschaftsorganisationen	6	2,0	–	–	1	2,1	–	–	–	–	7	1,0
– sonstige Organisationen	12	4,1	13	5,2	1	2,1	3	6,1	4	13,3	33	4,8
Angestellte in Industrie, Handel und Gewerbe	39	13,3	35	13,9	4	8,5	1	2,0	3	1,0	82	12,2
Selbständige	47	15,9	4	1,6	10	21,3	1	2,0	1	3,3	63	9,4
davon												
– Fabrikanten, Unternehmer, selbständige Kaufleute etc.	21	7,1	3	1,2	7	14,9	–	–	1	3,3	32	4,8
– selbständige Handwerker	8	2,7	1	0,4	1	2,1	1	2,0	–	–	11	1,6
– selbständige Land- und Forstwirtschaft	18	6,1	–	–	2	4,3	–	–	–	–	20	3,0

	CDU/CSU		SPD		FDP		B'90/GRÜNE		PDS		insgesamt	
	Anzahl	%	Anzahl	%	Anzahl	%	Anzahl	%	Anzahl	%	Anzahl	%
Freie Berufe	39	13,3	18	7,2	10	21,3	6	12,2	5	16,7	78	11,6
davon												
– Rechtsanwälte und Notare	28	9,5	8	3,2	7	14,9	1	2,0	2	6,7	46	6,8
– Sonstige Angehörige freier Berufe	11	3,7	10	4,0	3	6,4	5	10,2	3	10,0	32	4,8
Sonstige (Hausfrauen, Arbeiter, ohne bisherige Berufsausübung, ohne Angaben)	17	5,8	14	5,6	2	4,3	8	16,3	3	10,0	44	6,5
Abgeordnete insgesamt	294	100,0	252	100,0	47	100,0	49	100,0	30	100,0	672	100,0

a einschließlich ehemalige Mitglieder von Landesregierungen

Anm.: Weitere Tabellen zur Berufsstruktur in: Schindler 1984, Schindler 1994 und Hess 1995

Quelle: Emil-Peter Müller, in: Schindler 1999 (zusammengestellt nach einem von Adalbert Hess erarbeiteten Kategorienschema).

Stark unterrepräsentiert sind Arbeiter und Hausfrauen (sowie Rentner), die einen erheblichen Teil der Wahlbevölkerung ausmachen und auch unter den Parteimitgliedern mit deutlich höheren Anteilen vertreten sind (vgl. Tab. 2.9). Von einer auch nur annähernd proportionalen Präsenz der Sozialgruppen ist der Bundestag also weit entfernt (Rebenstorf/Weßels 1989).

Politiknahe Berufe dominieren in allen Fraktionen – bei allerdings unterschiedlicher Zusammensetzung. Im Vergleich zu anderen Fraktionen stark überrepräsentiert sind bei CDU/CSU und FDP die Selbständigen, leitende Angestellte in der Wirtschaft, Landwirte und Rechtsanwälte; Gewerkschaftsfunktionäre und Lehrberufe bei der SPD und bei Bündnis 90/Die Grünen ebenfalls Lehrer.

Markante Unterschiede gegenüber dem Plenum weisen manche Ausschüsse und vor allem die korrespondierenden Arbeitsgruppen der Fraktionen auf. So sind etwa die Hälfte der Mitglieder des Landwirtschaftsausschusses Landwirte, fast alle Mitglieder des Rechtsausschusses Juristen (Beamte oder Rechtsanwälte). Selbständige sind überproportional im Haushalts-, Wirtschafts- und Finanzausschuß vertreten (größtenteils Mitglieder der Union), Gewerkschaftler ähnlich stark nur im Ausschuß für Arbeit und Sozialordnung (vgl. Ismayr 1992: 215ff.). Ein auch nur einigermaßen getreues „Spiegelbild" der Sozialstruktur der Bevölkerung ist der Bundestag also gewiß nicht, und er kann es aufgrund der üblichen Karrieremuster und Professionalisierungsbedingungen auch kaum sein (Rebenstorf/Weßels 1989). Ob und inwieweit diese Tatsache zu einer Begünstigung überrepräsentierter (und einer Benachteiligung nur schwach vertretener) Interessen führt, ist umstritten und kausal auch schwer nachweisbar.

Immerhin verweisen die Daten insbesondere zur Berufsschichtung und Verbandsfärbung, im Zusammenhang gesehen, auf deutliche Unterschiede des Interessenprofils der Fraktionen und Ausschüsse, die verbandsbedingte Differenzen bei der Problemwahrnehmung und privilegierte Wirkungschancen vermuten lassen. Dabei ist von einem Ineinandergreifen, einer wechselseitigen Verstärkung „interner" und „externer" Lobby auszugehen.

Tabelle 2.9: Berufliche Gliederung der Bevölkerung, der Mitglieder der Parteien und des Bundestages (in %)

		Parteimitglieder			MdBs in der 13. Wahlperiode[a]		
	Bevölkerung	SPD[b]	CDU[b]	CSU[b]	SPD	CDU/CSU	insgesamt
Arbeiter	15,9	23,4	9,7	14,1	2,4	0,3	1,5
Angestellte	24,2	27,9	28,7	25,1	39,3	30,6	35,8
Beamte	3,0	11,5	11,4	12,5	39,3	34,4	34,1
Selbständige[c]	4,2	4,5	21,7	27,2	9,9	25,8	17,1
Rentner	26,9	10,4	6,4	2,9	–	–	–
Hausfrauen	–[d]	11,3	10,0	5,4	2,4	3,1	2,7
Sonstige[e]	25,9[d]	11,0	12,1	12,8	6,7	5,8	8,8

a Stand 1. 1.1995
b Stand 31.12.1996
c incl. Freiberufler, Landwirte und Pfarrer
d Hausfrauen nicht gesondert aufgeführt (unter „Sonstige")
e auch ohne Angaben

Anm.: Die Daten der Parteien werden jeweils bei Parteieintritt erhoben.

Quelle: Hess 1995: 579f; Anfragen des Verfassers bei den Parteien und beim Statistischen Bundesamt.

Arbeitnehmerinteressen werden im Bundestag nicht nur durch die wenigen Abgeordneten aus diesen Berufsgruppen, sondern besonders von Gewerkschaftlern artikuliert. Etwa die Hälfte aller Bundestagsabgeordneten sind in Gewerkschaften organisiert, in der SPD-Fraktion 97% (Stand 11. WP; Schindler 1994: 284ff.; verläßliche Angaben fehlen seither). Die bloße Mitgliedschaft sagt allerdings über die tatsächliche Interessenwahrnehmung wenig aus, da sie (wie bei den Unionsparteien die Zugehörigkeit zu einer christlichen Konfession) bei der SPD zum Karrieremuster gehört (Müller 1988; Weber 1981: 306). Haupt- und ehrenamtliche Funktionen in Gewerkschaften übten im 13. Bundestag etwa 7% der Abgeordneten aus, ganz überwiegend Mitglieder der SPD-Fraktion (SPD 15,1%, alle im DGB). Interessenvertreter der Unternehmer, des selbständigen Mittelstandes und der freien Berufe finden sich fast ausschließlich bei der Union sowie der FDP (CDU/CSU 7,1% aller Fraktionsmitglieder; SPD 1,2%; vgl. Tab. 2.10). Insgesamt ist die Zahl der Verbandsvertreter insbesondere des Wirtschafts- und Arbeitsbereichs seit der 10. Wahlperiode (1983-87) offenbar deutlich zurückgegangen (Schindler 1994: 283f.; Weber 1981). Funktionen in Vorständen, Aufsichtsräten und sonstigen Gremien von Unternehmen üben während der Wahlperiode etwa ein Viertel aller Abgeordneten aus (vgl. Tab. 2.11).

Tabelle 2.10: Verbandsfärbung des 13. Bundestages (in Prozent der Mitglieder des Bundestages bzw. der Fraktionen)[a]

	Bundestag	CDU/CSU	SPD	FDP	B'90/ GRÜNE	PDS
DGB-Gewerkschaften	6,4	0,7	15,1	–	–	10,0
Beamtenbund, DAG	1,0	2,0	–	–	2,0	–
Unternehmensverbände, IHKs	2,7	5,1	0,4	4,3	–	–
Mittelstandsorganisationen	1,3	2,0	0,8	2,1	–	–
Bauernverband	2,2	4,4	–	4,3	–	–
Soziale Hilfe, Interessen	7,3	7,5	9,9	–	2,0	3,3
Vertriebenenverbände	1,2	2,4	0,4	–	–	–
Katholische Organisationen	3,4	7,5	0,4	–	–	–
Evangelische Organisationen	3,7	4,4	4,8	–	–	–
Frauenverbände/gruppen	1,2	0,3	1,6	–	4,1	3,3
Umweltorganisationen	2,4	0,3	2,4	–	18,4	–
Ideell-polit. Organisationen	8,4	7,5	7,1	4,3	18,4	20,0
Kommunale Verbände	1,5	2,4	0,8	–	2,0	–
Sportvereine und -verbände	2,2	3,4	2,0	–	–	–
Heimat- und Bürgervereine	1,3	1,7	1,6	–	–	–

a Abgeordnete, die hauptamtlich oder ehrenamtlich Funktionen in einem Verband ausüben oder ausgeübt haben.

Quelle: Rudzio [4]1996: 90; Auszählung nach Kürschners Volkshandbuch Deutscher Bundestag, 13. WP (Stand 1.3.1995).

Abgeordnete mit Funktionen in Arbeitnehmerorganisationen sind primär im Ausschuß für Arbeit und Sozialordnung (sowie in den Ausschüssen Gesundheit und Forschung und Technologie) vertreten. Funktionsträger in Industrie- und Arbeitgeberverbänden gehören vergleichsweise zahlreich dem Wirtschafts- und Finanzausschuß an und dominieren zusammen mit den mittelständischen Verbandsvertretern der Wirtschaft gegenüber der „Arbeitnehmerseite" auch im Haushalts- und Verkehrsausschuß, im Ausschuß für Forschung und Technologie und den meisten übrigen Ausschüssen. Funktionsträger des Bauernverbandes, fast alle CDU/CSU, dominieren erwartungsgemäß im Ausschuß für Ernährung, Landwirtschaft und Forsten, Mitwirkende in Sozialverbänden sind vergleichsweise stark in den Ausschüssen Arbeit und Sozialordnung, Gesundheit und Familie, Senioren, Frauen und Jugend vertreten.

Die Untersuchungen von Jürgen Weber (1981), Ferdinand Müller-Rommel (1988) und Martin Hirner (1993) zeigen, „daß einzelne Verbände und Vereinigungen ihre Interessen offenbar gezielt durch Parlamentarier ganz bestimmter Fraktionen vertreten lassen oder umgekehrt: daß einzelne Fraktionen gezielt bestimmte Verbandsinteressen verfolgen" (Müller-Rommel 1988: 318).

Tabelle 2.11: Tätigkeit als Mitglied des Vorstandes, Aufsichtsrates oder sonstigen Gremiums während der Mitgliedschaft im Bundestag

	Unternehmen				Körperschaften			
	ein	zwei	mehrere	insgesamt	ein	zwei	mehrere	insgesamt
CDU/CSU	41	18	18	77	69	24	13	106
SPD	45	26	10	81	70	29	19	118
FDP	5	1	–	6	5	3	4	12
B'90/GRÜNE	3	2	1	6	11	1	3	15
PDS	3	–	–	3	6	–	–	6
Bundestag insgesamt	97	47	29	173	161	57	39	257

Quelle: Amtliches Handbuch des Deutschen Bundestages, 14. WP, Teil 2 (Stand: 1999); eigene Auszählung.

Arbeitnehmerinteressen werden ganz überwiegend durch SPD-Abgeordnete repräsentiert, die Interessen der Industrie und Arbeitgeber, des selbständigen Mittelstandes, der Landwirtschaft sowie des Deutschen Beamtenbundes und der Vertriebenen-Organisationen vorwiegend durch die Unionsparteien und die FDP. Bei Bündnis 90/Die Grünen gehören nur wenige Funktionsträger herkömmlichen Verbänden an; bei ihnen ist die Mitwirkung in Institutionen der neuen sozialen bzw. politischen Bewegungen (Bürgerinitiativen, Umweltschutzorganisationen, etc.) vorherrschend. In der SPD-Fraktion sind also vor allem Lehrer (davon viele Mitglieder der GEW) und haupt- und ehrenamtliche Funktionsträger der Gewerkschaften (DGB) überproportional vertreten, in den Fraktionen der CDU/CSU und der FDP Unternehmer, Kaufleute, leitende Angestellte, Landwirte und Rechtsanwälte, von denen viele auch während ihrer Mandatszeit für Organisationen und Verbände ihres Bereichs tätig sind, sowie Funktionsträger der entsprechenden Verbände und der Interessengruppierungen der Partei.

Berufsschichtung und Verbandsfärbung der Fraktionen (vgl. Tab. 2.10) stehen in auffallendem Gegensatz zu dem Anspruch, insbesondere der großen Parteien, als „Volksparteien" die unterschiedlichen Interessen zu artikulieren und zu aggregieren (Mintzel 1984: 261ff.). Daß sich die Fraktionen auch in ihren Kontakten „nach außen" unterschiedlich orientieren, kann kaum überraschen. So pflegen die Abgeordneten von CDU/CSU und FDP deutlich stärkeren Kontakt zu Unternehmer- und Arbeitgeberverbänden, die der SPD zu Gewerkschaften, während bei Bündnis 90/Die Grünen Kontakte zu Bürgerinitiativen dominieren und auch zur Wissenschaft stark entwickelt sind (Herzog u.a. 1990: 26ff.).

Die soziale Zusammensetzung der jeweils entscheidenden Koalition ist für die Bevölkerung noch weniger repräsentativ als die des gesamten Bundestages. Besonders galt dies für die Koalition zwischen CDU/CSU und FDP, die ihrer sozialen Struktur nach deutlich homogener war als die ehemalige SPD/FDP-Koalition. Dies dürfte sich vor allem dann in der Gesetzgebungsarbeit auswirken, wenn es die Mehrheitsverhältnisse im Bundesrat der Opposition nicht erlauben, bis zu einem gewissen Grad „mitzuregieren".

Gewiß sind die einzelnen Abgeordneten nicht nur „Exponenten ihrer Sozialdaten" (Thaysen 1976: 28f.). Bei Spitzenfunktionären und (weiterbezahlten) Verbandsangestellten stehen wohl die Interessen des Verbandes ziemlich ungebrochen im Vordergrund, was allerdings (auch) fraktionsinterne Vorbehalte auslösen kann (Sebaldt 1996: 686f.). Hingegen kann beim Gros der Abgeordneten davon ausgegangen werden, daß die vielfältigen Kommunikations- und Rechtfertigungsansprüche von Partei, Fraktion, Regierung und Öffentlichkeit die durch Berufs- und Verbandstätigkeit bedingten Motivationen mehr oder weniger abschwächen. Die durch die Parteikarriere induzierte „Entfremdung" (Distanzierung) von den spezifischen Interessen einer Berufsgruppe und eines Verbandes sei, so Dietrich Herzog, „nicht Gegensatz, sondern Voraussetzung umfassenderer Interessenberücksichtigung und allgemeinerer ‚Responsivität' gegenüber den Wünschen und Erwartungen aus der Gesellschaft" (Herzog 1989: 317). Die Verbandsfunktionäre selbst halten Einflüsse durch gute Kontakte zu den jweils führenden Fraktionsexperten für wesentlich wichtiger als die „innere Lobby" von verbandsnahen Abgeordneten (Sebaldt 1996: 688).

Für den größten Teil der Bürger spielt bei ihrer Wahlentscheidung die Proportionalität der Zusammensetzung des Parlaments keine wesentliche Rolle, doch ist der Wunsch nach sozialer Repräsentation bei Bevölkerungsgruppen entlang der alten und neuen Konfliktlinien besonders ausgeprägt. Insofern – schließen die Autoren einer neueren Untersuchung – sei soziale Proportionalität „als ein wichtiger Faktor für das Gefühl, vertreten zu werden", anzusehen. „Der Grad der Präsenz von bestimmten Sozialgruppen unter den Abgeordneten", sei jedenfalls „für das subjektive Empfinden der Bevölkerung, ihr Vertretenheitsgefühl, durchaus von Bedeutung" (Rebenstorf/Weßels 1989: 416, 423).

2.2.6 Frauen im Bundestag

Die Frauen sind im Bundestag und in den Führungspositionen von Bundestag und Bundesregierung noch unterrepräsentiert, doch hat sich ihre Position in jüngster Zeit kontinuierlich verbessert. Die Frauen stellen die Mehrheit aller Wahlberechtigten und – nach einem starken Anstieg in den 70er Jahren – inzwischen etwa ein Viertel der Parteimitglieder; zudem wirken sie in beachtlichem Umfang in Bürgerinitiativen mit (Rupart 1988). Ihr Anteil an der Gesamtzahl der Abgeordneten lag bis zur 10. Wahlperiode unter 10% (bei einem Minimum von 5,8% 1972) (vgl. Tab. 2.12).

Einen deutlichen Anstieg auf 80 Abgeordnete (15,4%) brachte die Bundestagswahl 1987. Er wurde vor allem von den GRÜNEN bewirkt, die mit 25 Frauen (56,4% ihrer MdBs) auch absolut stärker vertreten waren als CDU/CSU (18) und FDP (6) zusammen. Grundlage war der Beschluß der Bundesversammlung der GRÜNEN 1986 in Hannover, ungerade Plätze von Wahllisten zwingend mit weiblichen Kandidaten zu besetzen. Schon zuvor hatten die GRÜNEN durch inhaltliche Vorstöße und innerparteiliche Praxis (z.B. „Frauenvorstand", 1984) auch in anderen Parteien Diskussionen angeregt und Bestrebungen gestärkt, den Anteil der Frauen an allen Funktionen und Mandaten zu erhöhen. Sprunghaft erhöht hat sich der Anteil der Frauen in der 12. Wahlperiode (27,2%), nachdem auf dem SPD-Parteitag 1988 in Münster weitergehende Quotierungsbeschlüsse gefaßt worden waren. Personalvorschläge der Vorstände müssen Frauen und Männer mindestens zu je 40% berücksichtigen. Die Aufstellung der Landeslisten für die Bundestagswahl erfolgt alternierend: „eine Frau, ein Mann, beginnend mit dem Spitzenkandidaten" (§§ 3, 4 der Wahlordnung der SPD). Schließlich hatte die CDU 1996 in ihrem Bundesstatut festgelegt, daß bei der Aufstellung von Wahllisten (Landeslisten) unter drei aufeinanderfolgenden Listenplätzen eine Frau vorgeschlagen werden solle (§ 15), was bei der Bundestagswahl 1998 überwiegend eingehalten wurde (Frauenbericht zum 11. Parteitag der CDU, 1998). Auch den Fraktionen von CDU/CSU und FDP gehören nun deutlich mehr Frauen an als bisher, doch liegt der Frauenanteil in der SPD-Fraktion gegenwärtig (noch) fast doppelt so hoch wie in der CDU/ CSU-Fraktion.

Die mit zunehmender Professionalisierung der Abgeordnetentätigkeit entstandenen und nach wie vor dominanten Karrieremuster erschweren Frauen den politischen Aufstieg allerdings auch jetzt noch. Die kontinuierliche Verfolgung einer beruflichen und politischen Karriere mit hohem zeitlichem Aufwand als übliche Voraussetzung einer erfolgreichen Kandidatur für den Bundestag und erst recht eines weiteren Aufstiegs in Führungspositionen von Parlament und Regierung erweist sich für Frauen häufig als Aufstiegsrestriktion.

Tabelle 2.12: Weibliche Abgeordnete zu Beginn der Wahlperiode (Anzahl und Anteil in Prozent aller Abgeordneter)

	insgesamt		CDU/CSU		SPD		FDP		B'90/GRÜNE[a]		PDS[b]	
WP	Anzahl	%	Anzahl	%	Anzahl	%	Anzahl	%	Anzahl	%	Anzahl	%
8.	38	7,3	19	7,5	15	6,7	4	10,0				
9.	44	8,5	18	7,6	19	8,3	7	13,0				
10.	51	9,8	17	6,7	21	10,4	3	8,6	10	35,7		
11.	80	15,4	18	7,7	31	16,1	6	12,5	25	56,8		
12.	136	20,5	44	13,8	65	27,2	16	20,3	3	37,5	8	47,1
13.	176	26,2	41	13,9	85	33,7	8	17,0	29	59,2	13	43,3
14.	207	30,9	45	18,4	105	35,2	9	20,9	27	57,4	21	58,3

a 10. und 11. WP: DIE GRÜNEN
b 12. WP: PDS/LL

Quelle: Schindler 1984: 188; Schindler 1994: 255; Kürschners Volkshandbuch Deutscher Bundestag, 13. und 14. Wahlperiode (1995, 1999).

Angesichts der genannten Karrierebedingungen verwundert es nicht, daß etwa die Hälfte der weiblichen Abgeordneten alleinstehend (ledig, verwitwet, geschieden) ist. Der Bildungsstand der Frauen entspricht seit den 70er Jahren etwa dem der Männer. Insgesamt dürfte das Urteil zutreffend sein, daß die „Karrieremuster der Politikerinnen, die den Sprung in die politische Elite geschafft haben, sich von denen der Männer nur noch graduell unterscheiden“ (Hoecker 1987: 83f.; Hoekker 1998: 69ff.).

Angeglichen hat sich der Anteil an parlamentarischen Führungspositionen, der inzwischen etwa dem Anteil der Frauen im Bundestag (1998: 31%) entspricht, bei deutlichen Unterschieden zwischen den

Gremien und Fraktionen. Stark vertreten sind die Frauen im Präsidium (50%), im Ältestenrat (41%) und in den Fraktionsführungen von SPD (53%), Bündnis 90/Die Grünen (80%) und PDS (62%). Nach Annemarie Renger (1972-76) wurde mit Rita Süssmuth (1988-98) zum zweitenmal in der Geschichte der Bundesrepublik das Amt des Bundestagspräsidenten mit einer Frau besetzt.

2.2.7 Entschädigung, Altersversorgung und Amtsausstattung

Den Abgeordneten steht eine „angemessene, ihre Unabhängigkeit sichernde Entschädigung" (Art. 48 Abs. 3 GG) zu. Inzwischen ist aus dem einst ehrenamtlichen Mandat (auch) nach Auffassung des Bundesverfassungsgerichts im „Diäten-Urteil" vom 5.11.1975 ein Hauptberuf geworden und aus der Entschädigung für einen besonderen, mit dem Mandat verbundenen Aufwand eine „Bezahlung für die im Parlament geleistete Arbeit". Das Einkommen müsse so gut bemessen sein, daß es auch für den, der kein Einkommen aus dem Beruf habe, sowie für den, der infolge des Mandats Berufseinkommen ganz oder teilweise verliere, eine der „Verantwortung und Belastung des Amtes gemäße Lebensführung" erlaubte und geeignet sei, die Unabhängigkeit des Abgeordneten zu sichern. Angemessen im Sinne des Art. 48 Abs. 3 GG sei heute eine „Vollalimentation aus der Staatskasse", jedenfalls für die Dauer der Parlamentszugehörigkeit (BVerfGE 40, 296, 315f.).

Infolge des Urteils wurde das – nun zu versteuernde – Einkommen 1977 im Abgeordnetengesetz auf 7.500,– DM festgelegt und bis 1992 auf 10.366,– erhöht (§ 11 AbgG).

Nachdem die Abgeordneten mit Rücksicht auf die wirtschaftliche Lage in Deutschland bis 1995 auf weitere Einkommenserhöhungen verzichtet hatten, erarbeitete die Rechtsstellungskommission des Deutschen Bundestages eine neue Verfahrensweise, die die Diätenerhöhung nach objektiven Maßstäben vornehmen sollte. Zuvor war auch von unabhängiger Seite eine unangemessene und zu niedrige Entlohnung der Abgeordneten bestätigt worden.

Versucht wurde, die Diäten an die Besoldung von Richtern an obersten Bundesgerichten (R 6) anzukoppeln, um so das öffentliche Bild einer Selbstbedienung durch die Parlamentarier zu entschärfen. Dazu sollte die Entschädigung in sechs Stufen bis zum Jahr 2000 auf das

Niveau des Richtergehalts angehoben werden – eine im westeuropäischen Vergleich durchaus übliche Regelung. (Die meisten westeuropäischen Länder sehen eine Koppelung an die Gehälter bzw. die Gehaltsentwicklung des öffentlichen Dienstes vor; BT-Drs. 12/5020.) Die hierfür nötige Zweidrittelmehrheit im Bundestag zur Änderung der Verfassung wurde in der Sitzung vom 21. September 1995 mit 507 Stimmen klar erreicht. Nach einer zum Teil polemisch geführten öffentlichen Auseinandersetzung um diese Verfassungsänderung, in der vor allem wieder die Selbstbedienungsmentalität der Abgeordneten angeprangert wurde, verfehlte die Grundgesetzänderung nur wenige Wochen später die auch im Bundesrat nötige Zweidrittelmehrheit deutlich.

Auf der nun folgenden Suche nach einer einvernehmlichen Lösung erarbeitete die Rechtsstellungskommission des Ältestenrates letztendlich einen Vorschlag, der keine Verfassungsänderung nötig machte. Die neue Regelung sah vor, daß sich die Abgeordnetenbezüge weiterhin an der Besoldungsgruppe R 6, allerdings ohne Automatismus, orientieren und in mehreren Stufen entsprechend angehoben werden sollte. Seit 1999 erhält jeder Abgeordnete monatlich 12.875,- DM. Ab der 14. Wahlperiode werden die Diäten jeweils zu Beginn für die nächsten vier Jahre festgelegt. Damit will man die jährlichen Debatten um die Abgeordnetenentlohnung vermeiden (§ 30 AbgG). Durch traditionell übliche, wenn auch nicht unumstrittene Sonderzahlungen an die Parteigliederungen reduziert sich das verfügbare Einkommen der Abgeordneten allerdings erheblich (1996: z.B. SPD: durchschnttlich 1.250 bis 1.800 DM monatlich; CSU: 920 DM; Becker 1996; Ebbighausen u.a. 1996: 195ff.).

Zusätzlich erhält jeder Abgeordnete eine steuerfreie Kostenpauschale von derzeit 6.459,- DM (1999; 1977: 4 500,- DM) für erstens die Unterhaltung eines eingerichteten Büros im Wahlkreis (einschl. Porto, Telefon), zweitens Mehraufwendungen am Sitz des Bundestages (Zweitwohnung) und bei Reisen drittens für Fahrtkosten in Ausübung des Mandats (PKw). Zur Amtsausstattung gehören außerdem die Bereitstellung eines eingerichteten Büros in Bonn/Berlin, die Bereitstellung und Nutzung des gemeinsamen Informations- und Kommunikationssystems in Bonn und im Wahlkreisbüro, die freie Fahrt mit staatlichen Verkehrsmitteln (Art. 48 Abs. 3 GG) und weitere Sachleistungen (§ 12 AbgG). Die Kostenpauschale wurde seit 1. Januar 1996 dem Verlauf der allgemeinen Lebenshaltungskosten in Deutschland angepaßt.

Abgeordnete, die innerhalb der Fraktion eine besondere Stellung einnehmen, erhalten eine zusätzliche Entschädigung aus den jeweiligen Fraktionskassen. Bei den Ersten Parlamentarischen Geschäftsführern der CDU, CSU und der SPD sind dies beispielsweise zusätzlich 75% ihrer Abgeordnetenentschädigung (Petersen 1999).

Fraglich ist, ob infolge des Gleichheitssatzes die gleiche Entschädigung für alle Abgeordneten, ungeachtet ihrer sonstigen Einkünfte sowie ihrer Aufwendungen, auch gleiche Wirkungschancen eröffnet. So wäre zu prüfen, „ob nicht ab einer bestimmten Höchstgrenze die Bezüge aus den Nebentätigkeiten der Abgeordneten (...) auf die Diäten angerechnet werden sollten" (Troltsch 1985: 16). Auch wären gestaffelte Aufwandsentschädigungen wohl gerechter als die bisherige Lösung: Bei Abgeordneten aus der Bonner/Berliner Region dürften die Aufwendungen (erheblich) geringer sein als bei deren Kollegen aus einem ländlichen Wahlkreis fernab der Bundeshauptstadt.

Neben ihrem Einkommen erhalten die Bundestagsabgeordneten eine großzügige Alters- und Hinterbliebenenversorgung. Sie wurde erstmals 1968 auf Versicherungsbasis eingeführt, mit dem Abgeordnetengesetz 1976/77 ausgebaut und in eine pensionsähnliche Regelung umgewandelt. Die Änderung des Abgeordnetengesetzes von 1995 brachte auch in der Altersversorgung einige Neuerungen. Anspruchsberechtigt ist ein Abgeordneter, wenn er das 65. Lebensjahr vollendet hat und dem Bundestag acht Jahre angehört hat. Mit jedem weiteren Jahr, bis zum 18. Jahr der Parlamentszugehörigkeit entsteht der Anspruch ein Jahr früher (§ 20 AbgG).

Die Altersentschädigung richtet sich nach den Diäten der Abgeordneten. Sie steigert sich jedes Jahr, das ein Abgeordneter dem Parlament angehört hat, um je drei Prozent der monatlichen Abgeordnetenentschädigung, bis zum 23. Jahr der Mitgliedschaft. Durch diese Senkung von Steigerungsraten und Höchstsatz gegenüber der bis 1995 geltenden Regelung erhält ein Mitglied des Bundestages beispielsweise nach zwölf Jahren Parlamentszugehörigkeit nur noch 36 Prozent, statt bisher 51 Prozent Entschädigung als Altersversorgung, bei voller Versteuerung. Der Höchstsatz fiel somit auch von 83% (nach 18 Parlamentsjahren) auf 69% nach jetzt 23 Jahren im Bundestag. Die Altersversorgung liegt in der Konsequenz der Professionalisierung, verstärkt aber auch ihrerseits das Interesse an einer langjährigen Parlamentskarriere.

Ohne die seit der „Kleinen Parlamentsreform“ 1969 eingetretenen Verbesserungen der Arbeitsbedingungen wären die Abgeordneten kaum in der Lage, ihren Gestaltungs- und Kontrollaufgaben gerecht zu werden. Noch weitergehende Kompetenzverlagerungen hin zur Regierung und vor allem zur Ministerialbürokratie wären die Folge gewesen. Seit 1969 stehen jedem Abgeordneten Finanzmittel für persönliche Mitarbeiter zur Verfügung, die von 1500,- (1969) auf derzeit ca. 14.900 DM monatlich (zuzüglich besonderer Leistungen) angestiegen sind (Stand: 1999; §12 AbgG). Von den insgesamt 3081 Mitarbeitern, die 1998 bei Bundestagsabgeordneten beschäftigt waren, waren etwa je die Hälfte in Bonn (47%) und im Wahlkreis(büro) tätig (53%), mehr als zwei Drittel von ihnen aufgrund eines Teilzeitvertrages (Barth 1998). Zudem können die einzelnen Abgeordneten und deren Mitarbeiter die Hilfe des 1970/71 gegründeten „neutralen“ wissenschaftlichen Fachdienstes der (insgesamt auf etwa 2700 Personen angewachsenen) Bundestagsverwaltung nutzen, dessen Kapazität seither aber kaum ausgeweitet wurde (etwa 100 Mitarbeiter, davon 62 Gutachter im höheren Dienst; Stand 1999). Umfragen unter Abgeordneten ermittelten eine vergleichsweise bescheidene Erwartung in eine den eigenen Informationsbedürfnissen gemäße Leistung der Fachdienste (Puhe/Würzberg 1989: 66), die mit durchschnittlich zwei Ausarbeitungen pro Abgeordneter im Jahr bereits die Grenzen ihrer Leistungsfähigkeit erreichen (Ismayr 1992: 219ff.).

Erheblich angewachsen sind hingegen auch die durch Zuschüsse aus dem Bundeshaushalt finanzierten Fraktionshilfsdienste (von 115 im Jahr 1966 auf heute ca. 800), deren Mitarbeiter allerdings vor allem den Fraktionsführungen sowie den Arbeitsgruppen- bzw. Arbeitskreisvorsitzenden zuarbeiten. Oppositionsfraktionen sind mehr auf sie angewiesen als Koalitionsfraktionen, die sich wesentlich stärker auf die Ministerialbürokratie des Bundes stützen können (Schindler 1994: 404, 1282; Schüttemeyer 1998: 44ff.).

2.2.8 Inkompatibilitäten und Offenlegung von Interessenverknüpfungen

Auch Beamte genießen das passive Wahlrecht, doch ruhen ihre Rechte und Pflichten vom Tage der Annahme der Wahl an für die Dauer der Mitgliedschaft; dies gilt auch für Richter, Soldaten und sinngemäß für die Angestellten des öffentlichen Dienstes. Professoren können hingegen weiterhin eine Lehr- und Forschungstätigkeit ausüben (§§ 5, 8, 9 AbgG). Nicht betroffen von dieser Regelung sind auch Wahlbeamte auf Zeit, Ehrenbeamte und ehrenamtliche Funktionsträger in öffentlichen Einrichtungen mit der Folge, daß etwa ein Fünftel der Abgeordneten Funktionen in der Kommunalpolitik innehaben.

Rechtlich nicht ausdrücklich ausgeschlossen aber weniger denn je angemessen ist die gleichzeitige Mitgliedschaft im Bundestag und dem Parlament oder der Regierung eines Bundeslandes, da schon angesichts zeitlicher Überschneidungen eine dem Wähler- und Amtsauftrag angemessene Aufgabenerfüllung kaum erwartet werden kann: zudem werden Vorteile föderativer (vertikaler) Gewaltenteilung in Frage gestellt. Nach der seit dem 1. Juli 1966 geltenden Bestimmung der Geschäftsordnung des Bundesrates (§ 2) können dessen Mitglieder nicht gleichzeitig dem Bundestag angehören. Da nach der Bestellungspraxis des Bundesrates jedes Mitglied einer Landesregierung stellvertretendes Mitglied des Bundesrates ist, wird die Kumulation eines Landesregierungsamtes mit einem Abgeordnetenmandat im Bundestag inzwischen generell für unvereinbar gehalten (Jekewitz 1984, zu Art. 51 GG). Entsprechend sind in der Praxis seit der 6. Wahlperiode alle Doppelmitgliedschaften in kürzerer Zeit aufgelöst worden.

Kaum durchsetzbar, trotz mitunter problematischer Abhängigkeiten, ist die Unvereinbarkeit privater Berufe mit dem Mandat. Die Bürger können allerdings erwarten, daß durch berufliche, wirtschaftliche und verbandliche Tätigkeiten bedingte Interessenverknüpfungen der Abgeordneten offengelegt werden. Mit der freien Mandatsausübung im Interesse gemeinwohlorientierten Handelns kaum vereinbar sind um finanzieller oder sonstiger persönlicher Vorteile Willen eingegangene Verpflichtungen, (dauerhaft) bestimmte Sonderinteressen zu vertreten.

Regelungen zur Offenlegung bestimmter Tätigkeiten wurden erstmals 1972 beschlossen und 1980 in erweiterter Form in die neue Geschäftsordnung aufgenommen. Im Jahre 1986 wurden die „Verhaltensregeln“ nach heftigen Diskussionen über die das Ansehen des Bundestages beschädigenden Flick- und Parteispendenaffären und den „Fall Rainer Barzel“ neu gefaßt (Anl. 1 GOBT).

Gemessen an den zunächst geweckten Erwartungen blieben die Publizitätsanforderungen auch der „neuen“ Verhaltensregeln bescheiden. Im Handbuch des Bundestages veröffentlicht werden (nur) der Beruf und Tätigkeiten während der Mitgliedschaft im Bundestag, in

Vorständen und anderen Gremien von Unternehmen, Körperschaften oder Anstalten des öffentlichen Rechts sowie in Vereinen und Stiftungen mit nicht ausschließlich lokaler Bedeutung und Funktionen in Verbänden, – aus der Zeit zuvor nur der Beruf. Alle übrigen, gegenüber dem Präsidenten anzeigepflichtigen Tätigkeiten, bleiben der öffentlichen Überprüfung entzogen (§ 1 Verhaltensregeln). Die zahlreichen, (neu) als Rechtsanwälte eingetragenen Abgeordneten, können sich wie bisher auf ihr Zeugnisverweigerungsrecht berufen und brauchen Beraterverträge mit Wirtschaftsunternehmen nicht einmal gegenüber dem Präsidenten anzugeben.

Unzulässig ist nach der fast wörtlich ins Abgeordnetengesetz (§ 44 a) übernommenen Entscheidung des Bundesverfassungsgerichts im „Diätenurteil“ die Annahme von Zuwendungen, die ein Mitglied des Bundestages „ohne die danach geschuldeten Dienste zu leisten, nur deshalb erhält, weil von ihm im Hinblick auf sein Mandat erwartet wird, daß es im Bundestag die Interessen des Zahlenden vertreten und nach Möglichkeit durchsetzen wird“ (§ 44a AbgG). Nachweise lassen sich allerdings nur schwer erbringen, wenngleich bekannt ist, daß Funktionäre von Unternehmen, Wirtschaftsverbänden und Gewerkschaften nicht selten ihre bisherigen Bezüge weiter erhalten, obwohl ihr Hauptarbeitsfeld (nun) das Parlament ist (vgl. Bonner Kommentar, zu 48GG). Erst recht stellt sich das Problem der „Gegenleistung“ bei Beraterverträgen. Auch nach Einschränkungen im Zuge einer „Parlamentsreform“ 1995 noch immer großzügig bemessen ist zudem die Regelung für Spenden. Anzeigepflichtig ist eine Spende unter Angabe des Spenders, wenn sie im Kalenderjahr 10.000,– übersteigt. Zudem sind nun Spenden, „soweit sie in einem Kalenderjahr einzeln oder bei mehreren Spenden desselben Spenders zusammen den Wert von 20.000,– DM übersteigen, vom Präsidenten unter Angabe ihrer Höhe und Herkunft zu veröffentlichen“. Geldwerte Zuwendungen, die ein Abgeordneter als Gastgeschenk in Bezug auf sein Mandat erhält, müssen nunmehr dem Präsidenten angezeigt und ausgehändigt werden (§ 4 Verhaltensregeln).

Einschreiten kann der Präsident nur, wenn Anzeigepflichten oder die Bestimmung des § 44a II 4 (Zuwendungen ohne Gegenleistung) verletzt wurden. Darüber hinaus kann er auch weitreichende Interessenverknüpfungen nicht offenlegen oder auf anderem Wege ahnden. Was „politisch sauber ist“ so der tendenziell wohl zutreffende Einwand in der Publizistik, bleibe „Sache der geschlossenen Gesellschaft im Hohen Haus, nicht der kritischen Öffentlichkeit“ (Süddeutsche

Zeitung vom 11.12.1986). Weitergehende Publizitätsansprüche wurden im Geschäftsordnungsausschuß bisher abgelehnt.

2.3 Abgeordneter und Wahlkreis

2.3.1 Kommunikationsbeziehungen der Abgeordneten „nach außen"

Die Informations- und Kommunikationsbeziehungen der Abgeordneten „nach außen" sind sehr vielfältig und nehmen die Abgeordneten stark in Anspruch. Ins Auge fallen dabei die (aufgabenbedingten) Unterschiede des Bonner/Berliner Beziehungsgeflechts, auf die in anderen Zusammenhängen eingegangen wird, und der Kommunikation im Wahlkreis sowie in der weiteren Region. Fast allen Abgeordneten ist es „sehr wichtig" (73%) oder „wichtig" (25%), im Wahlkreis aktiv zu sein (Tab. 2.13; vgl. auch Patzelt 1993: 139ff. und Patzelt 1996).

Bei den „Listenabgeordneten" vor allem der großen Parteien ist die Wahlkreisorientierung kaum weniger ausgeprägt als bei den direkt gewählten Mandatsträgern. Sie verstehen sich in aller Regel ebenso als Vertreter „ihres" Wahlkreises und entwickeln ganz ähnliche Aktivitäten (PARLAKOM-Teilbericht 1985). Allerdings sind auch Abgeordnete der großen Parteien häufig noch für einen weiteren „Betreuungs-Wahlkreis" zuständig, aus dem kein Abgeordneter dieser Partei kommt. Inwieweit auch Listenabgeordnete als „gleichberechtigte" Repräsentanten und Ansprechpartner akzeptiert und angesprochen werden, hängt u.a. davon ab, welche Partei im Bund und im Land an der Regierung beteiligt ist und welche politische Richtung in der Kommunalpolitik dominiert. Stellt die Partei des „Listenabgeordneten" die Regierung in Bonn/Berlin, wird er im Wahlkreis mit gleichem oder ähnlichem Interesse (insbesondere seitens der lokalen Behörden) rechnen können wie der direkt gewählte Abgeordnete, erwartet man doch von ihm, daß er sich bei den Bonner/Berliner Institutionen mit größeren Erfolgschancen für regionale Belange einsetzen kann (Schweitzer 1979).

Tabelle 2.13: Wichtigkeit der Wahlkreisarbeit (in %)

	Total	MdB	MdL	Direkt-kandidat	Listen-kandidat	Parteien CDU/CSU	SPD	FDP	GRÜNE
sehr wichtig	79	73	82	87	72	82	85	53	48
wichtig	19	25	17	12	26	16	14	42	52
weniger wichtig	1	2	1	–	3	2	1	5	–

Frage: „Wie wichtig ist es Ihnen, im Wahlkreis aktiv zu sein?"
Quelle: Puhe/Würzburg 1989: 22.

Ohnehin wurde es zur Regel, daß über die Landesliste nur eine Chance erhält, wer durch die Parteibasis auch als Direktkandidat nominiert wurde und bereit ist, „Kärrnerarbeit" im Wahlkreis zu leisten. Dies verschafft den unteren Parteigliederungen (und im günstigeren Fall auch der Parteibasis) größeren Einfluß auf die Zusammensetzung der Landeslisten und des Bundestages, erschwert allerdings „Quereinsteigern" die Kandidatur. Insgesamt etwas anders sieht die Situation für die Bundestagsabgeordneten der kleineren Parteien FDP und Bündnis 90/Die Grünen aus, die in den größeren Bundesländern 4 bis 9 Wahlkreise zu „betreuen" haben; für kleinere Länder sind sogar nur ein oder zwei Abgeordnete dieser Parteien zuständig.

Unter den gegebenen Voraussetzungen ist neben der Beibehaltung (auch) regionaler Führungspositionen eine intensive und kontinuierliche „Wahlkreispflege" für die Abgeordneten zur längerfristigen Absicherung der parlamentarischen Karriere von größter Bedeutung. Vor allem heißt dies: Regelmäßige Kontakte und informationelle Rückkoppelung zur Parteibasis und insbesondere zu jenen Interessenorganisationen der Region, denen er seine politische Karriere (mit)verdankt. Sie stützen das regionale Ansehen eines Abgeordneten oft mehr als noch so engagierte Arbeit in seinem Fachgebiet in Bonn/Berlin, es sei denn, er kann sich in einem für die Region bedeutsamen Problembereich öffentlich profilieren. Die regionalen Anforderungen der Partei an den Abgeordneten sind „oft sehr groß": „Sehr viele" Wünsche nach Teilnahme an Veranstaltungen werden an ihn herangetragen, zahlreiche Einzelgespräche sind zu führen; in mehr oder weniger regelmäßigen Berichten aus Bonn/Berlin wird die Fraktionslinie vermittelt und Rechenschaft gegeben (Herzog u.a. 1990: 20ff.). Danach gefragt, mit wem sie in den letzten 4 Wochen gesprochen hatten, nannten fast 90 Prozent der Abgeordneten Parteifreunde auf Landes- und Bundesebene und immerhin zwei Drittel Parteifreunde aus dem Wahlkreis (vgl. Tab. 2.14).

Tabelle 2.14: Abgeordnetenkontakte mit verschiedenen Personengruppen

Parteifreunde auf Bundes-/Landesebene	87%
Ministerialbeamte	75%
Verbandsvertreter	69%
Bundes- und Landespolitiker anderer Parteien	67%
Parteifreunde aus dem Wahlkreis	65%
Bürger	63%
Journalisten	62%
Wissenschaftler	50%
Gewerkschafter	46%
Unternehmensvertreter	36%
Bürgerinitiativen	30%

Anm.: Kontakte in den letzten vier Wochen vor dieser Befragung. Befragt wurden 100 Bundestags und 240 Landtagsabgeordnete (1988, Emnid).

Quelle: Puhe/Würzburg 1989: 33.

Mandatsbezogene und parteipolitische Aktivitäten des Abgeordneten „vor Ort" sind in vielen Fällen miteinander verquickt. Dies gilt selbstverständlich auch für die Abgeordneten-Mitarbeiter, die „in diesem Punkt sehr selbständig von der Sekretariatsunterstützung bis hin zur politisch-fachlichen Zuarbeit (in Einzelfällen sogar bis hin zur vollen politischen Vertretung) sehr zur Entlastung des Abgeordneten" beitragen; entsprechend gilt dies für Angestellte der Parteigeschäftsstellen. Die Nähe zur Partei wird im Wahlkreis auch organisatorisch hergestellt: In den meisten Fällen ist das Wahlkreisbüro des Abgeordneten unmittelbar der Parteigeschäftsstelle angegliedert oder gar in diese integriert (PARLAKOM-Teilbericht I, 1985; vgl. Barth 1998). Damit kann auch die Infrastruktur der Geschäftsstelle genutzt werden. Deren unterschiedliche Ausstattung mit Personal- und Sachmitteln wirkt sich im übrigen nicht unerheblich auf die Wirkungsmöglichkeiten der Abgeordneten in der Region aus.

2.3.2 Vertreter regionaler Anliegen

Im Wahlkreis wird der Abgeordnete mehr noch als im Parlament mit unterschiedlichen Rollenerwartungen konfrontiert (Sarcinelli 1989: 401). Von ihm wird erwartet, daß er die regionalen Interessen und die Belange einzelner Bürger in Bonn/Berlin vertritt und über sein Spezialgebiet hinaus zu allen Themen der überregionalen Politik wie auch zu speziellen Kommunalproblemen Stellung nehmen kann.

Politische Institutionen und Behörden, Wirtschaftsunternehmen, Vereine und freie Träger von Sozialeinrichtungen erwarten, daß sich „unser Mann“ oder „unsere Frau in Bonn/Berlin“ in besonderer Weise für Interessen des Wahlkreises und der Region einsetzt. Vor allem geht es um Maßnahmen und Förderungsprogramme im Infrastrukturbereich (Straßenbau, öffentliche Verkehrsmittel etc.) und die Einbeziehung in Programme der Wirtschaftsförderung, aber auch um Spezialfragen, wie z.B. die Beseitigung von Munitions- und Giftgaslagern. Die zahlreichen Kleinen Anfragen und die mündlichen und schriftlichen Einzelfragen vermitteln einen Eindruck der Themenvielfalt und Schwerpunktsetzungen. Häufig geht es um solche regionalspezifischen Fragen, oft aber auch um Problem- und Interessenlagen, die weit darüber hinausreichen.

In vielen Fragen ziehen die Bundestagsabgeordneten des Wahlkreises „an einem Strang“, besonders wenn es (in Konkurrenz mit anderen Regionen) um die Ausstattung mit Ressourcen geht. In dem Maße, wie Fragen der Umweltbelastung thematisiert und ökologische gegen ökonomische Interessen abgewogen werden, vermitteln Abgeordnete von Regierungs- und Oppositionsparteien aber auch unterschiedliche Wünsche nach Bonn/Berlin. Ein für die Problemlage und „Stimmung“ der Bürger vor Ort sensibler Abgeordneter kann bei manchen Optionen in einen Zwiespalt geraten: zwischen programmatischen Aussagen und Aktivitäten von Regierung, Fraktion und Partei auf Bundesebene und konträren Erfahrungen aus regionaler Perspektive. Von der Bereitschaft und Fähigkeit, solche Erfahrungen über die Fraktions- und Parteigremien auf die Bonner/Berliner Szene zu transportieren und dort zu artikulieren, hängt die Responsivität der Politik in hohem Maße ab. So wurde beispielsweise die Kritik an Tiefflugübungen der Luftwaffe zunächst von den oppositionellen Fraktionen der GRÜNEN und der SPD, mit wachsendem Bürgerprotest aber auch in den Koalitionsfraktionen geäußert.

Bei einem Teil dieser Probleme, für die sich der Parlamentarier in den politischen Institutionen und gegenüber der Verwaltung einsetzen soll, ist der Abgeordnete vornehmlich mit Vertretern der politischen und sozialen Institutionen und mit Partei- und Wirtschaftsvertretern im Gespräch, bei nur bescheidener öffentlicher Resonanz. Anders sieht dies bei Fragen aus, die von Bürgern und Bürgergruppen, an der

Parteibasis und in der Lokalpresse mehr oder weniger heftig diskutiert werden und bei denen der Abgeordnete in Veranstaltungen und im direkten Gespräch mit Bürgern in Kontakt ist, die in Initiativen, Freizeitvereinen oder als „einfache“ Mitglieder der Partei und deren Vereinigungen themenorientiert aktiv werden (Herzog u.a. 1990: 20ff.). Die Häufigkeit von Kontakten zu Bürgerinitiativen im Wahlkreis ist bei den älteren Parteien geringer als zu Interessengruppen und Behörden, ausgeprägt allerdings bei den GRÜNEN.

Allerdings werden Probleme, die die Bürger und Initiativen beschäftigen, auch über Vertreter der eigenen Partei und über die kommunalpolitische Erfahrungs- und Gesprächsebene dem Abgeordneten nahegebracht. Darüber, wie offen oder (aus der Partei- und Fachperspektive) selektiv dies geschieht und wie wahrnehmungsfähig der durch laufende Arbeitskontakte mit professionellen Politikern, Beamten und Interessenvertretern geprägte Berufs-Parlamentarier ist, sind verallgemeinernde Aussagen schwer möglich.

2.3.3 Aufgaben als „Ombudsmann“ der Region

Der Abgeordnete wird von einem Teil der Wähler, aber teilweise auch von anderen Bürgern als Bürgeranwalt betrachtet, der sich ihrer besonderen Sorgen und Probleme annimmt und sich „höherenorts“ bei Behörden für ihn einsetzt.

Diese Aufgaben als „Ombudsmann/frau der Region“ sind offenbar kontinuierlich gewachsen und nehmen viele Abgeordnete nicht nur in sitzungsfreien Wochen, sondern auch in Bonn/Berlin stark in Anspruch. Sie werden von den Parlamentariern allerdings unterschiedlich intensiv wahrgenommen, wobei die persönliche „Zugänglichkeit“ des einzelnen Abgeordneten sowie Durchsetzungschancen und Erfolgsmeldungen in der Lokalpresse eine Rolle spielen.

Üblich ist die Durchführung von Wähler und Bürgersprechstunden, für die in sitzungsfreien Wochen nach Angaben der Abgeordneten durchschnittlich fast 5 Stunden veranschlagt werden. Hinzu kommen telefonische Anfragen und zahlreiche Briefe. „Mindestens drei Viertel der Parlamentarier aller Parteien erhalten pro Woche bis zu 50 Briefe aus ihrem Wahlkreis.“ Etwa 79 Prozent aller Abgeordneten halten die Bürgerzuschriften für „wichtig“ (54%) oder „sehr wichtig“ (19%) (vgl. Tab. 2.15; Herzog u.a. 1990: 80f.). Wenn demgegenüber nur etwa die Hälfte der Bürger glaubt, ihr Brief werde von ihrem Abgeordneten auch gelesen, unterschätzten sie, so Heinrich Oberreuter, die Bereitschaft, Wählerinteressen zur Kenntnis zu nehmen, erheblich (Oberreuter 1989b: 35).

Tabelle 2.15: Bedeutung der Briefe als Informationsquelle der Bundestagsabgeordneten (in %)

Briefe sind	insgesamt	Abgeordnete nach Parteizugehörigkeit CDU	CSU	SPD	FDP	GRÜNE
sehr wichtig	25	23	25	23	38	23
wichtig	54	57	50	57	41	41
weniger wichtig	19	17	25	18	17	32
unwichtig	3	4	–	2	3	5
Anzahl der Befragten	329	124	24	124	29	22

Frage: „Sind diese Briefe als Informationsquellen für Sie sehr wichtig, wichtig, weniger wichtig oder unwichtig?"

Quelle: Herzog u.a. 1990: 81.

Die Rolle als „sozialer Ombudsmann" wird von den Abgeordneten meist eher positiv gesehen und gilt als unverzichtbar. Das Vertrauen in die Demokratie werde gestärkt, wenn die Mitbürger(innen) „den Abgeordneten nicht nur als abstrakten Zeitungsgegenstand, sondern als konkreten Träger von menschlicher Solidarität erfahren" (Abg. O. Schreiner, PlPr 10/85, S. 6258). Nicht nur die Mitglieder des Petitionsausschusses, sondern auch die meisten übrigen Abgeordneten kommen auf diesem Wege mit den „normalen" Bürgern in Kontakt und werden mit konkreten Sorgen wie Arbeitslosigkeit, Rentenproblemen u.ä. konfrontiert. Dabei werden auch (unbeabsichtigte) Folgen und Durchführungsprobleme rechtlicher Regelungen sichtbar und mitunter „hautnah" vermittelt. Vom Abgeordneten wird erwartet, daß er sich bei Behörden in Bonn/Berlin und auf politischem Wege um diese Probleme kümmert.

Der hohe Zeitaufwand für diese Aktivitäten auch in Sitzungswochen wird von Abgeordneten allerdings auch als problematisch empfunden. Die Anforderungen des Bonner/Berliner Routinebetriebs eingeschlossen, so Ottmar Schreiner zutreffend, fehle die notwendige Zeit zum Nachdenken und zu konzeptioneller Arbeit. Auch für die Mitarbeiter der Abgeordneten gilt dies, die nicht nur im Wahlkreis, sondern auch in Bonn/Berlin „stark in die Abwicklung solcher Vorgänge eingeschaltet" sind (PARLAKOM I, 1985; vgl. Barth 1998).

Dies läßt sich auch aus den Angaben der Abgeordneten über die Häufigkeit des Kontakts zu Bürgern, Institutionen und Organisationen des Wahlkreises schließen, der auch in Sitzungswochen ausgeprägt ist (Herzog u.a. 1990: 20ff.). Zum Kommunikationszentrum des Abgeordneten „nach außen“ werde das Bonner/Berliner Büro für den Abgeordneten allerdings auch wegen der dem Wahlkreisbüro häufig überlegenen Infrastruktur, so die zitierte PARLAKOM-Studie.

Die Intensität und Qualität der an den Abgeordneten herangetragenen Basisimpulse hängt von der Aufnahmefähigkeit und „Übersetzungsleistung“ jener gewählten Repräsentanten, Partei- und Interessenvertreter „vor Ort“ ab und von der Berichterstattung in der Lokalpresse.

2.3.4 Abgeordnete als Kommunikatoren im Wahlkreis

Die Abgeordneten berichten über die parlamentarische Arbeit in einem mehr oder weniger regelmäßigen „Bericht aus Bonn/Berlin“ an die Parteimitglieder und nehmen an zahlreichen Sitzungen und öffentlichen Veranstaltungen der Partei teil (Informations- und Wahlveranstaltungen, Frühschoppen etc.). Hinzu kommt die Wahrnehmung zahlreicher Repräsentationspflichten bei Veranstaltungen öffentlicher Einrichtungen, Vereine, Verbände und Kirchen sowie Betriebsbesichtigungen, Glückwünsche zu Jubiläen und Geburtstagen.

Ein hoher Stellenwert kommt den lokalen Medien zu. Für die Abgeordneten selbst ist die Lokalpresse und zunehmend auch der lokale Rundfunk nicht nur ein unverzichtbares Informationsmedium über Vorgänge und politische „Stimmungen“ im Wahlkreis und in der Region, deren Berichte auch in Sitzungswochen (ziemlich) genau registriert werden (Herzog u.a. 1990: 74). (Im Wahlkreis werden die Lokalzeitungen von den Mitarbeitern ausgewertet und, häufig auch mittels Telefax, dem Abgeordneten in Bonn zugeleitet.) Sie sind auch höchst wichtige Foren zur Vermittlung ihrer Arbeit und zur Selbstdarstellung. Regelmäßige Kontakte zwischen Journalisten der Lokalpresse und (Wahlkreis-)Abgeordneten sind üblich (Puhe/Würzberg 1989: 84ff.).

Die Chancen der Politikvermittlung in der Lokalpresse sind nach Region und parteipolitischer Färbung jedoch recht unterschiedlich. In vielen Regionen gibt es nur eine, politisch oft mehr oder weniger einseitig orientierte Lokalzeitung, die häufig auch noch am lokalen

Rundfunk beteiligt ist. Viele Abgeordnete werden in den überregionalen Medien kaum erwähnt und finden Resonanz für Bonner/Berliner Aktivitäten nur in der regionalen Presse. In den Medien der meisten Wahlkreise sind sie aber präsent, mit allerdings unterschiedlichen Zugangschancen. Überwiegend können die Abgeordneten über Bonner/ Berliner Aktivitäten auch in der Lokalzeitung und im lokalen Rundfunk berichten; Parteiveranstaltungen mit oft nur wenigen Anwesenden oder Besuche prominenter Bundespolitiker werden als Anlaß genutzt und auch „inszeniert“, um Presseberichte unterbringen zu können (vgl. Abschn. 7.2). In Großstädten werden Abgeordnete im Lokalteil der Tageszeitung(en) hingegen in der Regel nur mit Aktivitäten erwähnt, die einen unmittelbaren lokalen Bezug haben. Ihre sonstige Arbeit im Bundestag wird hingegen über die regionale Medienberichterstattung kaum vermittelt.

Beim Bericht über ein Vereinsfest nicht oder gegenüber dem Konkurrenten nur nachrangig erwähnt worden zu sein, verletzt so manchen Abgeordneten mehr als das Scheitern einer parlamentarischen Initiative oder harte Angriffe in einer Plenardebatte.

In öffentlichen Veranstaltungen werden sie auf Fragen zu so gut wie allen regionalen, nationalen und auch internationalen Themen antworten. In Bonn/Berlin vornehmlich als Spezialisten gefragt, müssen und können sie im Wahlkreis zu Problemen der „großen“ Politik ebenso Stellung nehmen wie zu Spezialfragen aus anderen Politikbereichen, über die sie selbst häufig genug vornehmlich durch die Tageszeitung und „Argumentationshilfen“ der Fraktion oder Partei informiert sind.

2.4 Kommunikationsbeziehungen, Interessenstruktur und demokratische Legitimation

Die bisher dargestellte „interne“ Interessenstruktur des Bundestages und die „Außenbeziehungen“ der Abgeordneten zum Wahlkreis und auf überregionaler Ebene sind im Zusammenhang zu sehen, wenn man Aussagen zur Repräsentativität und demokratischen Legitimation machen will.

Zu den Wahlkreiskontakten hinzu kommen auf „horizontaler“ Ebene eine beträchtliche Zahl von Informations- und Kommunikationskontakten zu Parteifreunden, Vertretern der Interessengruppen und der Wirtschaft, zu Ministerialbeamten von Bund und Ländern und nicht zuletzt zu Journalisten (vgl. oben Tab. 2.14). Nach der vom Bundestag offiziell geführten Verbandsliste agieren in Bonn/Berlin etwa 1700 Interessengruppen (Stand: 1999). „Etwa zwischen 270 und 430 Kontakte" hat jeder einzelne Abgeordnete „pro Jahr mit den großen Interessenverbänden, den Unternehmen sowie mit den Organisationen des sozialen, religiösen und kulturellen Lebens", so die zitierte Abgeordneten-Befragung (Herzog u.a. 1990: 29f.; Hirner 1993: 151f.). Klaus von Beyme ermittelte bei 100 Schlüsselentscheidungen zur Gesetzgebung ca. 3000 Einflußversuche, wobei die stärker ausdifferenzierten Wirtschaftsvebände häufiger auftraten als die Gewerkschaften (Beyme 1997a: 212; vgl. auch Sebaldt 1997: 342ff.).

Für eine angemessene Responsivität spricht nach der Untersuchung Dietrich Herzogs zum einen, daß der Bundestag insgesamt, „also in der Summe der Abgeordneten aller Fraktionen, zu einem sehr breit gefächerten gesellschaftlichen Interessenspektrum Kontakte unterhält" und zum anderen, daß sich aus der Summe der Kontakte aller Abgeordneten zur „Basis" des Wahlkreises eine „durchaus in die Breite der Gesellschaft reichende Kommunikation zwischen ‚Repräsentanten' und ‚Repräsentierten' ergibt" (Herzog u.a. 1990: 29f.). Diese „Gesamtsicht" entspricht auch dem Verständnis des Bundesverfassungsgerichts, wonach die Repräsentativität des Volkes „nicht von einzelnen oder einer Gruppe von Abgeordneten, auch nicht von der parlamentarischen Mehrheit, sondern vom Parlament als Ganzem, d.h. in der Gesamtheit seiner Mitglieder als Repräsentanten, bewirkt wird" (BVerfGE 80, 219). Für diese Einschätzung spricht auch die (mit der Präsenz der GRÜNEN erweiterte) thematische Vielfalt der parlamentarischen Initiativen.

Die Wahlkreiskontakte können den Blick für andere Politikfelder auch auf anderen Ebenen des politischen Systems öffnen und Erfahrungen über Folgewirkungen politisch-administrativer Entscheidungen vermitteln. Andererseits ist die von Herzog als „insgesamt sehr groß" beurteilte Ansprechbarkeit der Abgeordneten im Wahlkreis hinsichtlich der politischen Wirkung auch nicht zu überschätzen. Es bleibt der Widerspruch, daß die Parlamentarier ein „deutliches zeitliches Schwergewicht auf die unmittelbaren Kontakte mit den Bürgern" legen (Herzog u.a. 1990: 25), die Bürger aber mehrheitlich von deren Engagement für ihre Interessen nicht überzeugt sind. Die Erklärung könne nur sein, so Oberreuter, „daß der einzelne Mandatsträger auch bei großem Engagement und Zeitaufwand an der Basis immer nur Minderheiten erreicht – und daß es auch stets nur Minderheiten sind, die sich erreichen lassen, bzw. selbst Kontakt zum Volksvertreter aufnehmen wollen“ (Oberreuter 1989b: 34f.).

Die „Responsivität“ hängt davon ab, wie prägend die regelmäßigen Kommunikationsbeziehungen zu bestimmten lokalen Partei- und Verbandseliten gegenüber Einzelkontakten von Bürgern sind und wie offen oder selektiv regionale Probleme über diesen Personenkreis vermittelt werden. Zudem prägt die Spezialistenrolle der meisten Abgeordneten in Bonn/Berlin die Wahrnehmungsfähigkeit vieler Abgeordneter mehr oder weniger stark. Die internen und externen Kontakte auf Bundesebene haben primär mit diesen fachlichen Aktivitäten zu tun, auf die sich die zielgerichtet agierende Lobby in Bonn/Berlin eingestellt hat. Die Berufs- und Interessenstruktur der Fraktionen und vor allem der Ausschüsse und Fraktions-Arbeitsgruppen prägt zudem die Kommunikationsbeziehungen zu Partei und Verbänden. Entsprechend ist „die Kontaktstruktur der SPD-Abgeordneten insbesondere auf die Arbeitnehmer und auf sozialpolitische Gruppen hin orientiert (...), die Kontaktstruktur von CDU/CSU und FDP dagegen stärker auf das ‚Wirtschaftssystem‘, „während bei den GRÜNEN an erster Stelle der Kontakt zu Bürgerinitiativen steht, „gefolgt von sozialen und kulturellen Organisationen und der Wissenschaft“ (Herzog u.a. 1990: 33). Informationsgespräche mit Vertretern „nahestehender“ Gruppierungen dominieren und werden im direkten Kontakt, in informellen Kreisen und auch in fachlich korrespondierenden Kommissionen der Parteien und ihrer Vereinigungen sowie von Verbänden geführt. Am prägendsten dürften Gespräche mit Parteifreunden sein, die in gleichen und ähnlichen Sachgebieten in der Arbeitsgruppe und im Arbeitskreis wirken und gleichermaßen in einer interessenorientiert agierenden Vereinigung der Partei oder/und Verbandsorganisation aktiv sind.

3 Struktur und Willensbildung der Fraktionen

Die Abgeordneten einer Partei schließen sich bei der Konstituierung des Bundestages zu Fraktionen zusammen. Wie schon bisher ersichtlich wurde, können sie ihre Rechte ganz überwiegend nur als Mitglieder einer Fraktion (wirksam) ausüben. Den Bedingungen der Bildung von Fraktionen kommt daher große Bedeutung zu. Aufgabe dieses Kapitels ist es zunächst, den rechtlichen und politischen Status der Fraktionen sowie ihre Aufgaben und ihre Entwicklung zu skizzieren. Sodann werden ausgehend von den Arbeitsgruppen und Arbeitskreisen über den Vorstand bis hin zur Fraktionsversammlung Aufbau, Funktionen, Arbeitsweise und Interaktionsbeziehungen der Fraktionsgremien dargestellt. Dabei wird zwischen großen und kleinen Fraktionen differenziert und auf die unterschiedliche Rolle von Regierungs- und Oppositionsfraktionen eingegangen. Eigene Abschnitte sind den Interessengruppierungen der CDU/CSU-Fraktion gewidmet. Abschließend werden Struktur und Wirkungsweise der informellen Koordinationsgremien der Fraktionen und der Koalitionsgremien systematisch erörtert, wobei die Große Koalitionsrunde im Mittelpunkt der Betrachtung steht. Leitend ist einmal die Frage, inwieweit die strukturellen Voraussetzungen gegeben sind, um die spezialisiert erarbeiteten Vorlagen angemessen zu koordinieren. Zum anderen wird der Frage nachgegangen, wie sich der Anspruch der „Geschlossenheit" auf die Willensbildung der Fraktionen auswirkt.

3.1 Status und Aufgaben der Fraktionen

Das Grundgesetz erwähnt Fraktionen nur an einer, den „Gemeinsamen Ausschuß" betreffenden Stelle, die 1968 eingefügt wurde (Art. 53a). Auf die Erwähnung der Opposition(sfunktionen) wird nach wie vor verzichtet. Aussagen über den Rechtsstatus der Fraktionen fehlen im Grundgesetz und auch in der Geschäftsordnung des Bundestages (vgl. Demmler 1994: 195ff.). Das Bundesverfassungsgericht hat die reale Bedeutung der Fraktionen in der Parteiendemokratie als „notwendige Einrichtungen des Verfassungslebens" und als „maßgebliche Faktoren der politischen Willensbildung" unterstrichen, eine Festschreibung des Rechtsstatus aber nicht für erforderlich gehalten. Als „ständige Gliederungen des Bundestages" seien sie der „organisierten Staatlichkeit eingefügt". (BVerfGE 80, 188, 219). Auch das am 1. Januar 1995 in Kraft getretene neue Fraktionsgesetz enthält „keine Festlegungen zu der rechtstheoretischen Einordnung des Status der Fraktionen" (BT-Drs. 12/4756), sondern knüpft an diese Umschreibungen an und begnügt sich damit, wesentliche Rechte und Aufgaben festzulegen. Fraktionen sind demnach „rechtsfähige Vereinigungen" von Bundestagsabgeordneten, die klagen und verklagt werden können (§ 46 Abgeordnetengesetz). Obwohl Gliederungen des Parlaments sind sie diesem gegenüber jedoch rechtlich selbständig. Neben der spezialisierten Problembearbeitung und der Informationsvermittlung sieht das Bundesverfassungsgericht ihre Leistung vor allem darin, daß sie „unterschiedliche politische Positionen zu handlungs- und verständigungsorientierten Einheiten" zusammenfassen (BVerfGE 80, 188, 231). Das Fraktionsgesetz knüpft an diese Aufgabenbeschreibung des Bundesverfassungsgerichts an.

Bis zur Neufassung des § 10 der GOBT im März 1969 setzte jeder Bundestag die Mindestmitgliederzahl einer Fraktion durch besonderen Mehrheitsbeschluß fest. Eine solche Regelung erlaubt eine flexible Handhabung, hat aber den Nachteil, daß die Anerkennung vom „guten Willen" der Regierungsmehrheit abhängt.

Die seither in der Geschäftsordnung festgelegte Mindeststärke von 5% der Mitglieder des Bundestages (seit dem 4.10.1990: 34 MdBs) ist allerdings bedenklich hoch angesetzt. Diese Regelung garantiert zwar, daß jede Partei, die die Hürde der 5%-Klausel des Wahlgesetzes überspringt, im Bundestag auch eine Fraktion bilden kann. Problematisch ist aber vor allem, daß eine Fraktion, der dies nur knapp gelungen ist, leicht in Schwierigkeiten geraten kann und möglicherweise erpreßbar wird. Unberücksichtigt bleibt dabei zudem die seit den 50er Jahren kaum mehr beachtete Möglichkeit einer kleineren Partei, aufgrund von drei direkt erworbenen Mandaten mit mehreren Abgeordneten in den Bundestag einzuziehen (§ 6 Abs. 4 BWahlG). Mit dem Einzug der „ostdeutschen Regionalpartei" PDS in den 13. Deutschen Bundestag (1994) aufgrund von vier Direktmandaten bei einem Gesamtstimmenanteil von 4,4% (30 Mandate) hat diese Möglichkeit wieder aktuelle Bedeutung erlangt.

Der Bundestag hatte sich bereits mit § 10 seiner Geschäftsordnung von 1951 auf die Praxis in der Parteiendemokratie der Bundesrepublik eingestellt, wonach die Abgeordneten ihr Mandat durchweg als Kandidaten einer Partei erringen (Schindler 1984: 232f.). Fraktionen sind demnach Vereinigungen von Mitgliedern des Bundestages, die derselben Partei angehören, oder – wie es seit 1969 im Interesse der Unionsparteien ergänzend heißt – solchen Parteien, „die aufgrund gleichgerichteter Ziele in keinem Land miteinander im Wettbewerb stehen" (§ 10 Abs. 1).

Der seit 1949 stets erfolgte Zusammenschluß von CDU und CSU zu einer gemeinsamen Fraktion kann seither ohne Zustimmung des Plenums erfolgen und braucht dem Präsidenten nur noch mitgeteilt zu werden. Seit dem Trennungsbeschluß der CSU-Landesgruppe in Kreuth (1976), der nach heftigem Widerstand an der Parteibasis wieder zurückgenommen wurde (Mintzel 1977: 406f.), gehen der Bildung der Fraktionsgemeinschaft jeweils Verhandlungen und „Vereinbarungen über die Fortführung der Fraktionsgemeinschaft zwischen CDU und CSU" voraus, die der CSU-Landesgruppe eine starke und relativ eigenständige Stellung in der Fraktion sichern. Freilich meldete die SPD-Fraktion gegen den Zusammenschluß von CDU und CSU zur Fraktionsgemeinschaft wiederholt Vorbehalte an, weil sie die Bedingungen nicht erfüllt sah (Ismayr 1992: 85). Als eigenständige Parteien hätten sie „regelrechte Koalitionsverhandlungen" geführt.

Wie an andere Stelle ausgeführt, ist die Besetzung parlamentarischer Gremien weitgehend Sache der Fraktionen (vgl. Abschn. 4.4.1). Daß auch jede Oppositionsfraktion gleichberechtigt teilhaben sollte, ist die selbstverständliche Folge der verfassungsmäßigen Gleichheit (Art. 38 Abs. 1 GG) der Abgeordneten und des im demokratischen Prinzip wurzelnden Rechts parlamentarischer Minderheiten, „ihren Standpunkt in den Willensbildungsprozeß des Parlaments einzubringen" (BVerfGE 70, 324, 363ff.). Entsprechend werden gemäß den Bestimmungen der Geschäftsordnung die Ausschüsse und die meisten sonstigen parlamentarischen Gremien nach dem Stärkeverhältnis der Fraktionen besetzt, wobei jede Fraktion zumindest mit einem Grundmandat berücksichtigt wird; ausdrücklich verlangt wird dies auch für Unterausschüsse (§ 55 Abs. 3 GOBT). Allerdings wurde die Fraktion DIE GRÜNEN in den 80er Jahren regelmäßig aus dem Präsidium des Bundestages sowie den Gremien zur Kontrolle der Nachrichtendienste durch Beschluß der parlamentarischen Mehrheit ferngehalten. Ähnlich erging es nach der Bundestagswahl 1998 der neuen Fraktion PDS, die aus diesen Kontrollgremien ausgeschlossen blieb (PlPr 14/19/ 28.1.1999); sie ist jedoch im Präsidium vertreten. Gewählt werden die Mitglieder der Parlamentarischen Kontrollkommission, der G-10-Kommission und des für die Genehmigung der Wirtschaftspläne der Nachrichtendienste zuständigen Gremiums von Mitgliedern des Haushaltsausschusses (Vertrauensgremiums) gemäß § 10a Abs. 2 der BHO durch Mehrheitsbeschluß aufgrund besonderer gesetzlicher Regelungen (Edinger 1992: 244ff.; Arndt 1993).

Entschieden kritisiert wurde mit Recht die Entscheidung des Bundesverfassungsgerichts vom 14. Januar 1986, das dieses Verfahren „in eng begrenzten Ausnahmefällen" aus Gründen des Geheimschutzes dann für hinnehmbar hält, wenn eine (große) Oppositionsfraktion vertreten ist (BVerfGE 70, 324, 365f.). Denn zum einen kann nicht einfach angenommen werden, daß eine Fraktion die Interessen der anderen mitvertreten kann. Zum anderen werden die Minderheitenrechte ausgehöhlt, wenn aufgrund besonderer gesetzlicher Regelungen die „Mehrheit über das Recht der Minderheit auf Teilhabe am parlamentarischen Prozeß entscheidet". Zudem kann nicht davon ausgegangen werden, eine Preisgabe von Geheimnissen komme nur seitens der Minderheit in Betracht (Sondervotum Mahrenholz; vgl. auch Edinger 1992: 313f.).

Im Bundestag gab es seit der 4. Wahlperiode nur noch drei Fraktionen, von denen jeweils zwei eine Regierungskoalition bildeten. Seit dem Einzug der GRÜNEN in den Bundestag (1983) bildeten zwei Fraktionen die Opposition, die auch untereinander konkurrierten. Ablauf und Intensität der Willensbildung innerhalb der Fraktionen und ihrer Arbeits- und Kommunikationskontakte untereinander und „nach außen" werden durch diese Konstellation mitgeprägt.

In dem am 2. Dezember 1990 gewählten gesamtdeutschen Bundestag der 12. Wahlperiode waren die im bisherigen Bundesgebiet kandidierenden GRÜNEN (West) nicht mehr vertreten (vgl. § 53 BWahlG). Allerdings gehörten ihm 8 Abgeordnete der nur im Wahlgebiet „Ost" kandidierenden Listenverbindung aus den Grünen (Ost) und politischen Vereinigungen der Bürgerbewegung (Bündnis 90/Die Grünen) sowie 17 Abgeordnete der PDS/Linke Liste an, die gemäß § 10 Abs. 4 GOBT jeweils als „Gruppe" anerkannt wurden (vgl. Kassing 1988). Zwar müssen damit keine besonderen Rechte verbunden sein. „Angesichts der besonderen Umstände und Bedingungen" (BT-Drs. 12/149, 1991) hat der Bundestag diesen Gruppen allerdings ein

Grundmandat in allen Ausschüssen, Initiativrechte ähnlich denen der Fraktionen und angemessene Finanzmittel für die personelle und technische Ausstattung zugestanden. Entsprechende Rechte wurden in der 13. Wahlperiode wiederum der PDS-Gruppe eingeräumt.

Mit Beginn der 14. Wahlperiode (Oktober 1998) hat zudem die oppositionelle PDS Fraktionsstatus erlangt. Erstmals seit den fünfziger Jahren sieht sich nach dem „Machtwechsel" im Oktober 1998 eine Regierungskoalition (SPD, Bündnis 90/Die Grünen) Oppositionsparteien auf der rechten wie auf der linken Seite des Bundestages gegenüber (CDU/CSU, FDP; PDS).

3.2 Arbeitsgruppen und Arbeitskreise

Um der Vielfalt und Komplexität der Gesetzgebungs- und Kontrollaufgaben unter Bedingungen des demokratischen Rechts- und Sozialstaates gerecht zu werden, haben Bundestag und Fraktionen strikt arbeitsteilige Strukturen ausgebildet. Die Kompetenzverteilung der Fachausschüsse und der korrespondierenden Arbeitsgruppen der Fraktionen entspricht dabei weitgehend der Ressortgliederung der Bundesregierung. An der fraktionsinternen Willensbildung sind neben dem Vorsitzenden und dem (geschäftsführenden) Vorstand insbesondere die Arbeitsgruppen und Arbeitskreise sowie eine Vielzahl informeller Koordinations- und Beratungsgremien beteiligt, ehe in der Fraktionsversammlung eine abschließende Entscheidung getroffen werden kann.

Strukturen und Willensbildung der Fraktionen weisen wesentliche Gemeinsamkeiten, aber auch bemerkenswerte Unterschiede auf – wobei vor allem zwischen den großen und kleinen Fraktionen zu differenzieren ist. Aber selbstverständlich prägt auch die Rolle als Regierungs- oder Oppositionsfraktion die Arbeitsweise. Die regulären Sitzungen der Fraktionsgremien finden in Sitzungswochen am Montag und Dienstag statt und gehen somit den Sitzungen der Ausschüsse (mittwochs) und des Plenums (Mittwoch bis Freitag) voraus.

3.2.1 Die Arbeitsgruppen der großen Fraktionen

Bei den großen Fraktionen bilden die den Ständigen Ausschüssen weitgehend korrespondierenden Arbeitsgruppen die arbeitsintensiven

„Basisorganisationen". Die mehrere Arbeitsgruppen umfassenden Arbeitskreise wurden bei der CDU/CSU-Fraktion 1980 abgeschafft, während man in der SPD-Fraktion seit Ende 1991 darauf verzichtet. Das Schwergewicht der Fraktionsarbeit lag schon bisher bei jenen Arbeitsgruppen, die jeweils aus den der Fraktion angehörigen Mitgliedern eines Ständigen Bundestagsausschusses gebildet werden. (Eine organisatorische Ausnahme bilden in der CDU/CSU-Fraktion die Arbeitsgruppen „Recht", die auch für „Petitionen" und „Geschäftsordnungsangelegenheiten zuständig ist, und die AG „Inneres und Sport".) Allerdings wurden die früheren SPD-Arbeitskreise mit Querschnittsfunktionen bis 1998 als Querschnittsgruppen „Deutsche Einheit" und „Gleichstellung von Frau und Mann" weitergeführt, in der 13. Wahlperiode (1994-98) ergänzt durch die Querschnittgruppe „Europa". Bei der CDU/CSU-Fraktion kommen die fünf „sonstigen Gruppen" (§ 2 AO-CDU/CSU) hinzu, deren Vorsitzende ebenso wie die der Ausschuß-Arbeitsgruppen der Fraktion im Vorstand vertreten sind. Bei der Willensbildung der Fraktion kommt insbesondere den organisierten Interessengruppierungen „Parlamentskreis Mittelstand" (PKM) und „Arbeitnehmergruppe" erhebliche Bedeutung zu (vgl. Abschn. 3.3).

Auch zu Enquete-Kommissionen und Untersuchungsausschüssen werden inzwischen regelmäßig Arbeitsgruppen eingerichtet, von denen manche erhebliche Bedeutung erlangt haben. Bei der SPD-Fraktion kommt eine inzwischen große Anzahl weiterer Arbeitsgruppen zu Unterausschüssen und zur Behandlung spezieller Fragen und auch übergreifender Themen hinzu, die zu Beginn oder im Verlauf der Wahlperiode gebildet werden. Hinzu kommen bei allen Fraktionen befristete Projektgruppen für bestimmte Vorhaben. Insgesamt ist die Zahl der hervorgehobenen Positionen im Laufe der Zeit erheblich gestiegen, mag der tatsächliche Einfluß solcher Funktionsträger auch in vielen Fällen recht bescheiden sein.

Hinsichtlich der Leitung und Einbindung der Arbeitsgruppen in die Arbeit der Gesamtfraktion gibt es bemerkenswerte Unterschiede. Die Vorsitzenden der Arbeitsgruppen sind deren „Sprecher" nach außen und gegenüber anderen Fraktionsgremien. Während sie in der SPD-Fraktion aber zugleich als Obmann/frau des entsprechenden Bundestagsausschusses fungieren, sind diese Aufgaben bei der CDU/CSU geteilt. Obleute sind hier die stellvertretenden AG-Vorsitzenden, deren Aufgabe es ist, die Arbeit der Fraktion im Ausschuß zu koordinieren. Ebenfalls im entsprechenden Ausschuß präsent, spielen die AG-

Vorsitzenden auch hier eine gewichtige Rolle. Die Dominanz des AG-Vorsitzenden ist institutionell derart gesichert, daß er sich unschwer gegen den Obmann behaupten kann, solange er keine ausgesprochene Außenseiterposition vertritt. Die Fraktionsmitarbeiter (Referenten) arbeiten vorwiegend dem AG-Vorsitzenden zu. Alle AG-Vorsitzenden der Union gehören ex-officio dem Fraktionsvorstand an (§§ 6, 8) und nehmen an dem wichtigen Koordinationstreffen vor der Fraktionssitzung am Dienstagmittag teil.

Durch ihre Doppelfunktion einerseits gestärkt, gehören die AG-Vorsitzenden der SPD allerdings im Unterschied zu den Sprechern der Unionsfraktion nicht ex-officio dem Fraktionsvorstand an – was die Koordination und konzeptionelle Abstimmung der Fraktionsarbeit erschwert. Begründet wird dies damit, daß eine Konzentration auf wenige Führungsämter vermieden werden soll.

3.2.2 Spezialisierung und Kooperation: Berichterstatter und Ad-hoc-Arbeitsgruppen

Während die kleineren Fraktionen FDP und Bündnis 90/Die Grünen in den Ausschüssen jeweils nur mit ein bis drei Abgeordneten vertreten sind, können die großen Fraktionen diese Arbeit unter derzeit 5 bis 19 Abgeordneten aufteilen. Hier hat sich ein spezialisiertes Berichterstatter-System ausgebildet. In den Arbeitsgruppen der großen Fraktionen betreuen die einzelnen Abgeordneten bestimmte Sachgebiete meist über einen längeren Zeitraum und sind dann im Ausschuß die „geborenen" Berichterstatter ihrer Fraktionen. Diese Spezialisierung auch innerhalb der Arbeitsgruppen ist zum „prägenden Element der Willensbildung" (Schatz 1970: 65) geworden.

Die Aufteilung der Arbeit nach Sachgebieten meist für die gesamte Wahlperiode oder jedenfalls einen längeren Zeitraum hat sich in den großen Fraktionen weitgehend durchgesetzt. Faktisch handelt es sich um einen komplizierten, nur teilweise formalisierten Prozeß des Aushandelns, des Interessenausgleichs wie auch der Durchsetzung von Machtpositionen, der sich oft über mehrere Wochen hinzieht. Die Abgeordneten können sich meist für mehrere Arbeitsschwerpunkte melden; je nach Gewicht und Spezialisierungsgrad des Themas werden ein oder mehrere Abgeordnete benannt. Natürlich spielen bei der Aufteilung der Arbeitsgebiete konkurrierende persönliche Interessen wie auch die fraktionsinterne Vertretung von Gruppeninteressen oder Parteiströmungen eine Rolle. Priorität bei der Zuteilung der Arbeitsgebiete und der Benennung als Berichterstatter durch die Arbeitsgruppen haben erwartungsgemäß jene Abgeordneten, die dem Ausschuß oder jedenfalls dem Bundestag schon längere Zeit angehören.

Von einem neuen Abgeordneten wird in der Fraktion erwartet, daß er sich zunächst einmal in ein Spezialgebiet einarbeitet und als Berichterstatter bewährt. Vieles kann für die künftige Karriere davon abhängen, welche Arbeitsgebiete ihm übertragen wurden. Dies wirkt sich auf die Artikulationschancen in der Gesamtfraktion, die Redechancen im Plenum und die wählerwirksame Vertretung regionaler Interessen aus. Die AG-Vorsitzenden beanspruchen eine Sonderstellung, was in Einzelfällen auch die Übernahme von Berichterstattungen zur Folge haben kann. Selbstverständlich treten im Verlaufe der Legislaturperiode auch neue Themen auf oder es findet eine Verlagerung der Arbeitsschwerpunkte statt.

Je nach politischem Gewicht der Vorhaben setzen sich auch die zahlreichen informellen Arbeits- und Gesprächskreise zusammen. Da selten nur ein Ausschuß mit einer Vorlage befaßt ist, werden regelmäßig Gespräche der beteiligten Berichterstatter geführt, bei wichtigeren Themen auch der Obleute bzw. AG-Vorsitzenden oder auch der Stellvertretenden Fraktionsvorsitzenden. Bei komplexeren Aufgaben – besonders zur Erarbeitung von Gesetzentwürfen und umfangreichen Anträgen – werden oft Ad-hoc-Arbeitsgruppen (Projektgruppen) gebildet, häufig auch unter Beteiligung anderer Arbeitsgruppen und -kreise der Fraktion. Diesen kommt eine Konsenserzeugungsfunktion zu, sie kann durch Einbeziehung von Abgeordneten der an fraktionsinternen Konflikten beteiligten Gruppierungen auch der Disziplinierung dienen.

An Sitzungen anderer Arbeitsgruppen und Arbeitskreise nehmen Abgeordnete selten teil, obwohl sie dazu natürlich berechtigt sind (vgl. § 24 FGO-SPD). In den Sitzungswochen ist dies so gut wie unmöglich, soll nicht die Vorbereitungsarbeit für den eigenen Ausschuß leiden, da diese Gremien üblicherweise am Dienstagvormittag parallel tagen. Dies gilt in noch verstärktem Maße für die kleineren Fraktionen Bündnis 90/Die Grünen, FDP und PDS. Ungeachtet der Schwierigkeiten wird diese Möglichkeit von Berichterstattern in wichtigen Fällen genutzt, um die ebenfalls mit der Materie befaßten „mitberatenden" Arbeitsgruppen (bzw. Arbeitskreise) über Diskussionsstand und

Beschlußlage der eigenen Arbeitsgruppe zu informieren und um Unterstützung nachzusuchen. Auch nehmen von Fall zu Fall die betreffenden Abgeordneten des kleineren Koalitionspartners an einer Arbeitsgruppensitzung der großen Koalitionsfraktion bei bestimmten Tagesordnungspunkten teil.

Gemeinsame Sitzungen von zwei oder mehreren Arbeitsgruppen finden nur höchst selten statt, obwohl sie die wirksamste und partizipationsfreundlichste Form der Kooperation darstellen. Nur die „Haushälter" der Koalitionsfraktionen tagen ziemlich regelmäßig gemeinsam.

3.2.3 Arbeitsteilung und Kooperation in den kleineren Fraktionen

Auch die Struktur und Arbeitsweise der kleineren Fraktionen ist durch die Arbeit in den Fachausschüssen geprägt. Dies gilt ebenso für die Fraktion DIE GRÜNEN, deren Abgeordnete sich nach ihrem erstmaligen Einzug in den Bundestag 1983 (entgegen den Erwartungen mancher Beobachter) rasch und intensiv auf die parlamentarische Arbeit eingelassen haben – und dies ziemlich unabhängig davon, welcher parteiinternen Strömung sie jeweils zuneigten (Ismayr 1985b: 299ff.; vgl. Kranenpohl 1999). Die Anforderungen in den Ausschüssen und die spezialisierte Vorarbeit in den großen Fraktionen schaffen Zwänge, denen sich auch die kleinen Fraktionen nicht entziehen können, wollen sie sich nicht den Vorwurf mangelnder Kompetenz oder eindimensionaler Orientierung gefallen lassen.

Allerdings gibt es auch bemerkenswerte Unterschiede: Ein ähnlich ausdifferenziertes Berichterstattersystem kann sich in kleinen Fraktionen nicht ausbilden. Die von den einzelnen Abgeordneten zu betreuenden Aufgabengebiete sind sehr viel umfangreicher; entsprechend hoch ist die Arbeitsbelastung. Andererseits bieten sich für die einzelnen Abgeordneten bessere (öffentliche) Profilierungsmöglichkeiten.

Im Unterschied zu den großen Fraktionen haben die Fraktionen FDP, Bündnis 90/Die Grünen und PDS an der Konzeption der Arbeitskreise festgehalten, was schon die geringere Anzahl der Abgeordneten nahelegt. Die Arbeitskreise der FDP (derzeit 5) und von Bündnis 90/Die Grünen (4) sowie die 8 „Arbeitsgruppen" der PDS sind jeweils für die Aufgabengebiete mehrerer Bundestagsausschüsse zuständig.

Die jeweiligen Ausschußmitglieder bilden allerdings auch bei Bündnis 90/Die Grünen und der FDP-Fraktion (inzwischen) Arbeitsgruppen, die vor der AK-Sitzung am Dienstagvormittag tagen; sie sind in den Fraktionsgeschäftsordnungen allerdings nicht ausdrücklich vorgesehen. Außerdem werden einige Arbeitsgruppen für besondere Aufgaben und auch zu Fragen eingerichtet, die mehrere Arbeitsgruppen und -kreise betreffen und der Schwerpunktbildung dienen (so die Querschnitts-Arbeitskreise „Deutsche Einheit/Aufbau Ost" und „Frauen" von Bündnis 90/Die Grünen und der Arbeitskreis „Feministische Politik" der PDS-Gruppe in der 13. Wahlperiode).

Die Arbeitskreisvorsitzenden der Fraktionen der FDP und der PDS gehören in dieser Eigenschaft nicht dem Vorstand an. Hingegen bilden die Arbeitskreiskoordinatoren (Sprecher) bei Bündnis 90/Die Grünen zusammen mit den Vorstandsmitgliedern den für die politische Koordination und Integration wichtigen (erweiterten) Fraktionsvorstand – womit der zuvor beklagten zu starken Fragmentierung der Fraktion begegnet werden sollte (§§ 6, 8 FGO; Ismayr 1992: 97f.); sie vertreten die Beschlüsse und Anliegen ihres Arbeitskreises und sind in Fachfragen an dessen Votum gebunden.

3.2.4 Sitzungen

Der Arbeits- und Diskussionsstil der Arbeitsgruppen und -kreise ist im allgemeinen kollegial. Auffallend ist, daß sich die AG- und AK-Vorsitzenden in aller Regel nicht nur als Moderatoren verstehen, sondern die Diskussionen mehr oder weniger entschieden steuern und interpretierend eingreifen. Die Dominanz der AG-Vorsitzenden ist um so augenfälliger, je stärker sich die übrigen Mitglieder auf ihren speziellen Aufgabenbereich und ihre Rolle als Berichterstatter beschränken. Der Zeitdruck in den Sitzungswochen begünstigt eine „entscheidungszentrierte" Sitzungsleitung.

Aufgabe der AG- bzw. AK-Vorsitzenden ist es, bereits vor der Fraktionssitzung über die wichtigsten Themen und den Diskussionsstand der (letzten) Vorstandssitzung zu informieren. Diese Informationen fallen allerdings – nicht nur aus Zeitgründen – meist sehr knapp und oft auch selektiv aus, was nicht selten beklagt wird. Außerdem berichten die Vorsitzenden dieser Gremien in allen Fraktionen über (neue) politische Initiativen, die das eigene Sachgebiet betreffen:

Zu erwartende Vorlagen der Regierung, Vorschläge des Vorstands, Initiativen und Stellungnahmen anderer Arbeitsgruppen.

Schwerpunkte der Arbeit sind die Vorbereitung der (nächsten) Ausschußsitzung und der Plenardebatte der laufenden Sitzungswoche; außerdem die Beratung eigener Initiativen, Stellungnahmen zu Vorlagen der Regierung, konkurrierender Fraktionen und anderer Gremien der eigenen Fraktion, gelegentlich auch einzelner Abgeordneter. Schließlich werden in Arbeitsgruppen der Mehrheitsfraktionen geplante Vorhaben der Regierung besprochen, von denen der Vorsitzende durch Kontakte mit der politischen Spitze und Beamten des zuständigen Ministeriums Kenntnis erhalten oder über die der Parlamentarische Staatssekretär die Arbeitsgruppen unmittelbar informiert.

Steht im Plenum ein Thema zur Debatte, das in den Kompetenzbereich der Arbeitsgruppe fällt, werden Redner bestimmt, die für die Fraktion sprechen sollen. Als Redner kommen für Fachdebatten zunächst die Berichterstatter in Frage. Für wichtige und „attraktive" Debatten vor allem schlagen sich die Vorsitzenden, Obleute und Ausschußvorsitzenden häufig selbst als Redner vor, was andere Abgeordnete nicht selten ärgert, aber doch meist unwidersprochen hingenommen wird. Anlässe zu inhaltlichen Diskussionen über Tagesordnungspunkte der laufenden Woche ergeben sich (primär in der Opposition), wenn eine Arbeitsgruppe zu einem neu eingebrachten Gesetzentwurf der Regierung oder anderer Fraktionen Stellung nehmen oder – ohne längere Vorplanung – ihre Position in einer Aktuellen Stunde klären muß.

3.2.5 Informationsbeschaffung und Willensbildung

Informationsbeschaffung und Willensbildung der Regierungs- und Oppositionsfraktionen laufen unterschiedlich ab. Dies gilt auch für die Arbeitsgruppen und Arbeitskreise sowie deren Kooperation untereinander und mit anderen Fraktionsgremien. In den AG-Sitzungen der Regierungsfraktionen ist gelegentlich der Minister anwesend, regelmäßig aber ein Parlamentarischer Staatssekretär, der die Aufgabe wahrnimmt, die Abgeordneten über Vorhaben und Entwürfe seines Ministeriums zu informieren und diese zu erläutern, aber auch das Ministerium über die „Stimmung" und über eventuell vorhandene Widerstände in der Arbeitsgruppe auf dem laufenden zu halten. Auch die Minister tun gut daran, ihre politischen Ziele und Vorhaben in der Arbeitsgruppe persönlich zu erläutern, um sich deren Unterstützung rechtzeitig zu sichern, wozu besonders Klausursitzungen geeignet sind.

Die Parlamentarischen Staatssekretäre wirken in den Ausschüssen und vor allem in den Arbeitsgruppen in der Tat als „echtes Bindeglied zwischen der Bundesregierung und den sie tragenden Fraktionen" (Schäfer [4]1982: 145). Allerdings verstehen sie sich vor allem als Sachwalter ihres Ministeriums. Dies wird dem Parlamentarischen Staatssekretär in der Sitzung leichter fallen, wenn die politische Führung des Ministeriums in den laufenden Kontaktgesprächen zuvor die Unterstützung des AG-Vorsitzenden und ggf. auch des Obmanns und des zuständigen Berichterstatters gewinnen konnte. Die Haltung des Parlamentarischen Staatssekretärs wie auch des zuständigen Ministers hängt wesentlich davon ab, in welcher Phase des Entscheidungsprozesses Kritik geübt wird und wie die Haltung der beteiligten Ministerien, der anderen Fraktionsgremien und vor allem der Verhandlungsspielraum gegenüber dem Koalitionspartner eingeschätzt wird. Der Hinweis auf fehlende Kompromißbereitschaft des Koalitionspartners wird auch taktisch eingesetzt, um eine Vorlage in der Arbeitsgruppe und in der Fraktion „durchzudrücken".

Den Anliegen der Arbeitsgruppen, rechtzeitig und detailliert genug über Initiativen der Regierung unterrichtet zu werden, wird in unterschiedlicher Weise Rechnung getragen. Dies hängt zum Teil auch davon ab, wie gut die Kontakte des Vorsitzenden zum Ministerium sind, wie stark seine Neigung ausgeprägt ist, „Herrschaftswissen" zu monopolisieren, wie beharrlich er in der AG-Sitzung nachfragt und kritische Frager ermuntert. Wird das korrespondierende Ministerium vom Koalitionspartner geführt, intensiviert sich häufig die interne Kontrolle.

An den AG-Sitzungen der (großen) Regierungsfraktionen nehmen meist mehrere Ministerialbeamte sowie Referenten der Landesvertretungen teil. Häufig argumentieren die Ministerialreferenten auch hier aus der Sicht ihres begrenzten Aufgabengebietes. Auch gegenüber den Arbeitsgruppen der Regierungsfraktion(en) neigen die oft durch Sachwissen und Detailkenntnis beeindruckenden Ministerialbeamten dazu, Alternativen auszublenden oder diese zumindest in einem wenig(er) günstigen Licht erscheinen zu lassen – es sei denn, sie werden von der politischen Führung ihres Ministeriums ausdrücklich mit der Ausarbeitung von Alternativen beauftragt. Gleichwohl werden die Arbeitsgruppen der Regierungsfraktionen in der Regel mit genaueren (Hintergrund-)Informationen versorgt als die Fachausschüsse. Da in vielen Fällen nur die

Berichterstatter, bei wichtigeren Vorhaben auch die AG-Vorsitzenden und deren Stellvertreter detailliert genug eingearbeitet sind, um sachkundig nachfragen zu können, hängt es wesentlich von der Kritik- und Informationsbereitschaft dieser Personen ab, wie gut die Arbeitsgruppe – auch über mögliche Alternativen – informiert ist.

Vor allem ist entscheidend, ob sich die Berichterstatter ihrerseits im wesentlichen auf Informationen der Ministerialbürokratie verlassen, ob sie Unterlagen „ihrer" Partei-Vereinigung und nahestehender Verbände heranziehen oder sich auch mit den Vorschlägen und Materialien anderer Verbände sowie unabhängiger Wissenschaftler befassen.

Die von den Arbeitsgruppen erwartete frühzeitige Information und konzeptionelle Beteiligung erweist sich als notwendige Voraussetzung mitschreitender interner Kontrolle. Nur bei frühzeitiger Beteiligung an der Programmplanung und Konsultation (Information) bereits an den Vorarbeiten zu geplanten Gesetzentwürfen von politischer Bedeutung kann die Arbeitsgruppe wirksam Einfluß auf die Regierungspolitik nehmen. Hat sich die Regierung in Koalitionsgesprächen bereits festgelegt oder liegt gar ein formeller Kabinettsbeschluß vor, sind größere Korrekturen seitens der AG nur mehr schwer möglich.

In der (großen) Oppositionsfraktion sind regelmäßig Ministerialbeamte der von der eigenen Partei regierten Bundesländer dabei – meist Referenten der Landesvertretungen – gelegentlich auch Länderminister und Fachleute der Parteizentrale. Gelegentlich stehen auch „privat" anwesende Ministerialbeamte des Bundes als „Berater" zur Verfügung, zu denen ein Vertrauensverhältnis besteht (vgl. auch Abschn. 6.8.5).

3.3 Interessengruppierungen und Fraktionsflügel

3.3.1 Organisierte Interessengruppen der CDU/CSU-Fraktion

Von nicht zu unterschätzender Bedeutung für die Willensbildung der CDU/CSU sind die organisierten Interessengruppen der Fraktion. Auch hierin unterscheidet sie sich in bemerkenswerter Weise von den anderen Fraktionen. Diese „sonstigen Gruppen", wie sie in der Arbeitsordnung der Fraktion genannt werden (§ 2) sind: Die Arbeitnehmergruppe, der

Parlamentskreis Mittelstand (PKM, früher: Diskussionskreis Mittelstand), die Gruppe der Vertriebenen- und Flüchtlingsabgeordneten, die Frauen-Gruppe sowie die Arbeitsgemeinschaft Kommunalpolitik.

Der Einfluß dieser Gruppen ist institutionell gesichert: Sie wählen eigene Führungsgremien, verfügen über Mitarbeiter sowie über Finanzmittel aus dem Etat der Fraktion. Die Vorsitzenden der „sonstigen Gruppen" gehören ebenso wie die Arbeitsgruppenvorsitzenden kraft Amtes dem Fraktionsvorstand an.

Das Gewicht dieser Gruppen ist sehr unterschiedlich und entspricht etwa dem der „Vereinigungen" in der Partei, mit denen sie personell und organisatorisch eng verzahnt sind. Eine herausragende Rolle im Willensbildungsprozeß spielen die Arbeitnehmergruppe, der 84 Abgeordnete angehören und vor allem der Parlamentskreis Mittelstand, der mit 135 eingeschriebenen Mitgliedern fast die Hälfte der Fraktionsmitglieder stellt (Stand: 1995; 1986: 52% der Fraktionsmitglieder). Er übt in fast allen Fraktionsgremien eine dominierende Rolle aus (Ismayr 1992: 104f.).

Die Stärkung der Wirtschaftsinteressen gegenüber den Arbeitnehmer-Interessen ist zwar in der Fraktion besonders ausgeprägt, doch entspricht ihr ein vergleichbarer Trend bei den „Vereinigungen" der Partei: der Mittelstands- und Wirtschaftsvereinigung (MIT) und den Sozialausschüssen der Christlich-Demokratischen Arbeitnehmerschaft (CDA). Hinsichtlich der innerparteilichen Legitimation parlamentarischer Aktivitäten ist dies von großer Bedeutung (Schönbohm 1985).

Eine enge personelle und organisatorische Verzahnung und Abstimmung der inhaltlichen Arbeit sichert den Parlamentarier-Gruppen den partei- und auch verbandspolitischen Rückhalt und stärkt den Einfluß der organisierten Interessen im politischen Entscheidungsprozeß. Die heterogene Struktur des PKM bedingt allerdings, daß es nicht immer einfach ist, die große Zahl seiner Mitglieder zu einem geschlossenen Verhalten zu motivieren (MIT-Tätigkeitsberichte). Schon vor ihrer Fusion mit der Wirtschaftsvereinigung der CDU im Jahre 1995 hatte die Mittelstandsvereinigung den Begriff „Mittelstand" immer umfassender ausgelegt, mit der Konsequenz, daß MIT-Beiräte für „Freie Berufe", „Leitende Angestellte" und schließlich „Industrieller Mittelstand" (1983) eingerichtet wurden (Höfling 1980).

Die enge Zusammenarbeit von Parlamentarier-Gruppen und Vereinigungen beschränkt sich keineswegs auf die Vorstände. So werden die Beiräte der MIT in engem Zusammenwirken mit dem PKM zusammengestellt: Sie setzen sich aus Bundestagsabgeordneten (PKM), Mandats- und Funktionsträgern der Vereinigung (MIT) und Experten aus dem „vorparlamentarischen" Raum zusammen (MIT-Jahresbericht 1993/95). Dies gilt auch für die Kommissionen, die für verschiedene Sachgebiete eingerichtet werden.

Von den Parlamentariern und – gegebenenfalls – den Regierungsmitgliedern des PKM wird erwartet, daß sie sich für die politische Umsetzung der zahlreichen Beschlüsse der jährlich stattfindenden Bundesdelegiertenversammlungen engagieren. Der PKM informiert in regelmäßig erscheinenden Gesetzgebungsdokumentationen über die mittelstandspolitisch relevanten Initiativen des PKM und der Bundesregierung und nimmt dezidiert Stellung. Schon seit einigen Jahren werden regelmäßig PKM-Berichterstatter benannt (darunter ggf. auch Parl. Staatssekretäre), „die die Initiativen dann in den Ausschüssen des Bundestages und in den Gremien der Fraktion unter mittelstandspolitischer Perspektive verfolgen und gestalten" (MIT-Tätigkeitsbericht 1984/85).

Der PKM bereitet seine parlamentarische Arbeit erwartungsgemäß in engem Kontakt mit den Wirtschaftsverbänden vor. Diese intensive Kooperation findet in den Beiräten und Kommissionen der Vereinigung, auf Fachkongressen und in zahlreichen Kontaktgesprächen des PKM statt.

Die Arbeitnehmer-Gruppe führt ein oder zweimal jährlich eine Klausurtagung zu einem Schwerpunktthema durch unter Beteiligung von Fachleuten der CDA, aus den Gewerkschaften, und von Wissenschaftlern. Fachtagungen werden unter Beteiligung von Abgeordneten zumeist von der CDA durchgeführt, anschließend von der Arbeitnehmergruppe ausgewertet. Gelegentlich läßt sich die Arbeitnehmergruppe auch direkt durch Fachleute informieren und selbstverständlich finden auch hier laufend Kontaktgespräche statt.

Arbeitnehmergruppe und PKM-Vorstand tagen regelmäßig in Sitzungswochen des Bundestags, die PKM-Gruppe seltener. Am Dienstagmittag nach den Arbeitsgruppen-Sitzungen trifft sich die Arbeitnehmergruppe zu einem „Arbeitsessen" mit vorbereiteter Tagesordnung. Neben längerfristig wichtigen Themen wird aus den Arbeitsgruppen und – in Zeiten der Regierungsbeteiligung – über kurzfristig vorliegende Koalitionsgespräche berichtet und diskutiert und das (taktische) Vorgehen in der anschließenden Fraktionssitzung abgesprochen. Mit Rücksicht auf die wichtigen Aussprachen der AG-Vorsitzenden mit der Fraktionsspitze am Dienstagmittag tagt der PKM-Vorstand in Sitzungswochen jeweils mittwochs. Angesichts seiner starken Vertretung in den Fraktionsgremien und in eine CDU/CSU-geführten Bundesregierung, die es ihm in der Regel erlaubt, seine Interessen schon im Vorfeld gebührend zur Geltung zu bringen, kann darauf verzichtet werden, noch unmittelbar vor der Fraktionssitzung das Vorgehen taktisch abzustimmen. Der Arbeitnehmerflügel ist hingegen darauf angewiesen, durch rechtzeitige Befassung mit (Regierungs-)Initiativen Weichenstellungen zum Nachteil seiner Klientel zu verhindern (indem er sich zum Beispiel engagiert und geschlossen gegen eine frühzeitige Festlegung der Fraktionsmeinung ausspricht).

Die Funktion und Bedeutung der anderen, weniger einflußreichen Interessengruppen der Fraktion kann hier nur angedeutet werden: Die Gruppe der Vertriebenen- und Flüchtlingsabgeordneten übte vor der deutschen Vereinigung einen erheblichen Einfluß auf die Deutschland- und Ostpolitik von Regierung und Fraktion aus. Sie ist der „parlamentarische Arm" der „Union der Vertriebenen und Flüchtlinge der CDU/CSU" und personell und politisch eng mit den Vertriebenenverbänden verflochten.

Die in der CDU/CSU-Fraktion deutlich unterrepräsentierten Frauen sind „automatisch" in der Frauen-Gruppe organisiert, die mit der „Frauenvereinigung" der CDU eng kooperiert. Aufgrund ihres noch immer geringen Gewichts in der Fraktion versucht die Frauen-Gruppe vor allem durch Presseerklärungen öffentlich Druck auszuüben, um „frauenpolitische Interessen" zur Geltung zu bringen. Die Gruppe der jungen Abgeordneten („Junge Gruppe") hat nur einen informellen Status.

Eine Sonderstellung unter den „sonstigen Gruppen" nimmt die „Arbeitsgruppe Kommunalpolitik" ein, die mit der Kommunalpolitischen Vereinigung der CDU/CSU (KPV) eng zusammenarbeitet und sich der Beachtung kommunalpolitischer Interessen bei bundespolitischen Entscheidungen widmet, also primär politikfeldbezogen arbeitet.

3.3.2 *Fraktionsflügel der SPD*

In der SPD-Fraktion haben sich im Unterschied zur CDU/CSU-Fraktion keine organisierten Interessengruppen, wohl aber profilierte politische Flügel ausgebildet.

Seit der Regierungsbeteiligung der SPD – vor allem während der Regierungszeit Helmut Schmidts – übte die in den 50er Jahren entstandene Fraktionsgruppierung der „Kanalarbeiter", wie sie scherzhaft genannt wurde, einen starken Einfluß aus. Regelmäßig traf sich die „Kanalarbeitergewerkschaft", zu der etwa 100 SPD-Abgeordnete gerechnet wurden, im Kessenicher Hof zur Pflege der „Geselligkeit" und um Absprachen zu treffen. Sie war die Stütze der Regierung Schmidt. Die „große Stunde" der „Kanaler" schlug meist bei Personalentscheidungen. Gegenüber den etwa 40 bis 50 Abgeordneten der „Parlamentarischen Linken" setzten sie sich regelmäßig in der Fraktion durch.

Zu inhaltlich-politischen und personellen Absprachen treffen sich die innerhalb der Fraktion „Mitte-Rechts" stehenden SPD-Parlamentarier seit dem Wechsel in die Opposition (1982/83) im „Seeheimer Kreis", dem seit der 10. Wahlperiode etwa 80 bis 100 Abgeordnete zuzurechnen sind. Im Seeheimer Kreis wird politischer diskutiert als bei den einst mächtigen „Kanalern"; im Vorstand und in der Fraktionssitzung treten sie bei wichtigeren Themen häufig relativ „geschlossen" auf. Bereits montags trifft sich in Sitzungswochen der „Leitungskreis", um noch vor der Vorstandssitzung Absprachen über die Haltung der „Seeheimer" in den Fraktionsgremien treffen zu können. Bei den regelmäßigen Treffen der Abgeordneten des „Seeheimer Kreises" am Dienstagmittag werden die „Strategie" für die anschließende Fraktionssitzung abgesprochen, aber auch anstehende Sachthemen (ggf. unter Mitwirkung von Ministerialbeamten und Sachverständigen) diskutiert und Personalentscheidungen vorbereitet. So werden bei wichtigeren Themen geplante Diskussionsbeiträge in der Fraktionssitzung inhaltlich und taktisch aufeinander abgestimmt. Auch Abgeordnete, die nicht an Treffen teilgenommen haben, können so unschwer die Haltung des „Seeheimer Kreises" erkennen und sich entsprechend orientieren. Das Verhalten bei Wahlen wird weitgehend abgesprochen. Bei „Vorstandswahlen" wird möglichst „durchgewählt", während bei der Besetzung einzelner Positionen mit „ungebundenen" Abgeordneten und ggf. auch der „Parlamentarischen Linken" „austariert" wird (so ein langjähriges Mitglied des „Leitungskreises").

Die Einladungen zu den Treffen des „Seeheimer Kreises" wie der „Parlamentarischen Linken" gehen inzwischen an alle Fraktionsmitglieder – was zu einem entspannteren Umgang beigetragen hat. An den Treffen am Dienstagmittag nehmen etwa 20 bis 30 Abgeordnete teil – wer Zeit hat und sich für bestimmte Themen interessiert. Etwa alle vier Wochen tagt zudem das „Seeheimer Forum" mit bekannten Fachleuten und Repräsentanten als Referenten, an dem etwa 50 bis 60 Personen teilnehmen (darunter nicht nur Abgeordnete). Gewählt werden Themen, denen in der Fraktionsarbeit und auch öffentlich verstärkt Geltung verschafft werden soll, und die es „strategisch in den Vordergrund zu bringen gilt“.

Schließlich werden Halbjahrestreffen des bundesweiten „Seeheimer Kreises“ mit prominenten SPD-Politikern als Referenten zu zentralen Themen veranstaltet, an denen etwa 200 bis 300 Personen teilnehmen. Angeschrieben werden etwa 1.200 Personen, neben den Mitgliedern der Bundestagsfraktion u.a. auch Landes- und Kommunalpolitiker.

Zur seit Mitte der 80er Jahre deutlich „ökologisch“ orientierten „Parlamentarischen Linken“ der SPD können nach dem „Machtwechsel“ 1998 etwa 120 Abgeordnete gerechnet werden, etwa doppelt so viele wie in den vorausgegangenen Wahlperioden. Bei den regelmäßigen Treffen am Dienstagmittag vor der Fraktionssitzung sind derzeit etwa 30 bis 40 Abgeordnete anwesend, deutlich mehr als in den Wahlperioden zuvor. Diese Treffen wurden seit dem Wechsel der SPD in die Opposition 1982/83 als weniger bedeutsam als zuvor eingeschätzt, nachdem der „linke“ Fraktionsflügel seine Wirkungs- und Einflußchancen in den Fraktionsgremien verstärken konnte und sich mit der Politik einer „ökologischen Öffnung“ die Gruppen-Konstellationen veränderten. Seit der erneuten Regierungsbeteiligung der SPD (1998) kommt den Treffen der „Parlamentarischen Linken“ für die Entwicklung und Durchsetzung politischer Positionen wieder eine größere Bedeutung zu, wobei eine Verstärkung längerfristiger-konzeptioneller Arbeit angestrebt wird. Dies kommt auch darin zum Ausdruck, daß – neben zwei größeren Arbeitstagungen jährlich – nun regelmäßig in jeder zweiten Sitzungswoche abends eine „offene Diskussionsrunde“ zu Schwerpunktthemen (mit etwa 60 bis 200 Teilnehmern) stattfindet. Derartige Abendveranstaltungen gab es auch bisher, allerdings nicht regelmäßig.

Die institutionellen Strukturen der „Parlamentarischen Linken“ sind schwächer ausgeprägt als beim „Seeheimer Kreis“. So finden Treffen der 3 bis 5 Koordinatoren der „Parlamentarischen Linken“ derzeit (nur) alle vier Wochen statt, doch sprechen sich diese auch zwischenzeitlich ad hoc „und auf dem kurzen Wege“ ab.

Angesichts einer größeren Zahl von Abgeordneten, die sich den Fraktionsgruppierungen nicht oder nur locker verbunden fühlen, führen personelle Absprachen (auch der „Seeheimer“) nicht immer zum Erfolg. Bei inhaltlichen Fragen ist die „fachlich-politische“ Orientierung oft prägender als die Gruppenzugehörigkeit. Somit lohnt es sich, inhaltlich Überzeugungsarbeit zu leisten und um die Gewinnung von Mehrheiten zu ringen.

3.4 Landesgruppen und Sonderstellung der CSU-Landesgruppe

Die Abgeordneten der einzelnen Bundesländer von Union und SPD bilden Landesgruppen. Besonderes Gewicht kommt der CSU-Landesgruppe zu, doch ist auch der Einfluß der Landesgruppen der CDU nicht zu unterschätzen.

Die seit 1976 jeweils zu Beginn der Wahlperiode beschlossenen „Vereinbarungen über die Fortführung der Fraktionsgemeinschaft zwischen CDU und CSU" garantieren der CSU-Landesgruppe, teils abweichend von der „Arbeitsordnung der CDU/CSU-Fraktion" (AO), ein beachtliches Maß an organisatorischer Selbständigkeit. Gemeinsam wählen beide Gruppen nur den Fraktionsvorsitzenden. Dieser hat einen „Ersten Stellvertreter", den von den CSU-Abgeordneten gewählten Landesgruppen-Vorsitzenden. Entsprechend dieser Vereinbarung wurde auch ausgehandelt, daß von den „weiteren" Stellvertretern im Fraktionsvorsitz die CSU-Gruppe einen, die CDU-Gruppe die anderen wählt, wobei allerdings die Interessengruppierungen der Fraktion zu berücksichtigen sind.

Der von der CDU gestellte Erste Parlamentarische Geschäftsführer kann seine Aufgaben nur in ständiger Koordination mit seinem „Stellvertreter" von der CSU erfüllen, der zugleich Parlamentarischer Geschäftsführer (PGF) der CSU-Landesgruppe ist. Beide nehmen in Zeiten der Regierungsbeteiligung an der Großen Koalitionsrunde teil und wirken bei der Vorbereitung der Sitzungen des Ältestenrates mit.

Die übrigen Funktionsträger der Fraktion werden entsprechend dem Stärkeverhältnis der Partei-Gruppen gewählt. Dabei gilt, daß die Gruppen der CDU- und der CSU-Abgeordneten die auf sie entfallenden Vorstandsmitglieder (abweichend von der AO der Fraktion) selbst wählen. Bei der Wahl der AG-Vorsitzenden, der Obleute sowie der Ausschußvorsitzenden und Stellvertreter haben CDU und CSU für die auf sie entfallenden Positionen das Benennungsrecht. In der Praxis bedeutet dies, daß zunächst zwischen der Führung der CSU-Landesgruppe und dem CDU-Teil des Geschäftsführenden Vorstandes der

Gesamtfraktion (unter maßgeblicher Beteiligung der Geschäftsführer) ausgehandelt wird, welche Positionen die beiden Parteigruppierungen zu besetzen haben. Auch die interne Organisation und Entscheidungsstruktur der CSU-Landesgruppe, die (auch) in ihrer eigenen Geschäftsordnung geregelt ist, macht deren Sonderstellung deutlich; sie wirkt in der Tat als eine Art „Fraktion in der Fraktion", auch wenn das Maß an eigenständiger Profilierung nach 1988 abgenommen hat.

Am Montagabend nach der Vorstandssitzung der Gesamtfraktion tritt in jeder Sitzungswoche die Landesgruppenversammlung (ggf. einschließlich der Bundesminister der eigenen Partei) in der bayerischen Landesvertretung zusammen. Sie ist „das zur Beschlußfassung in politischen Angelegenheiten berufene Organ". Die Vollversammlung wählt die Organe „und entscheidet durch Wahl, welche Landesgruppenmitglieder für Bundestags- oder Fraktionsämter der Gesamtfraktion benannt werden" sollen (§ 4 GO-CSU/LG).

Sie wählt entsprechend: Den Vorsitzenden und zwei Stellvertretende Vorsitzende der Landesgruppe, einen (weiteren) Stellvertretenden Vorsitzenden der Gesamtfraktion, den Parlamentarischen Geschäftsführer, den Justitiar sowie die der CSU-Landesgruppe „zustehenden" AG-Vorsitzenden. Sie bilden, ggf. zusammen mit dem (von der Landesgruppe vorgeschlagenen) Mitglied des Bundestagspräsidiums und zwei Vertretern der Bundesregierung (CSU), den Vorstand der Landesgruppe. Gewählt werden außerdem die von der CSU zu benennenden Obleute, Ausschußvorsitzenden und Stellv. Ausschußvorsitzenden sowie die Vorsitzenden der 6 Arbeitskreise der CSU-Landesgruppe, die für die Arbeit in den Bundestagsausschüssen zuständig sind.

Die CSU-Landesgruppe besitzt einen eigenen Stab von Referenten und sonstigen Mitarbeitern, die dem Vorsitzenden, dem Geschäftsführer und den AK-Vorsitzenden der Landesgruppe zuarbeiten, sowie eine eigene Pressestelle. Hinzu kommt der „privilegierte" Zugang zu den von CSU-Ministern geführten Ressorts und ihrer Verwaltung im Bund und in Bayern.

Als hervorstechendes Charakteristikum der CSU-Landesgruppe galt deren „Außensteuerung" durch die CSU-Landesleitung, insbesondere den seinerzeitigen CSU-Vorsitzenden Franz Josef Strauß, dessen Führungsanspruch nahezu unumstritten war.

Solange der CSU-Vorsitzende Abgeordneter in Bonn war, fungierte die Landesgruppe als „Leibgarde ihres Vorsitzenden". Als bayerischer Ministerpräsident gelang es ihm, sich auf anderem Wege einen (zeitweise) maßgeblichen Einfluß auf die Regierungspolitik in Bonn zu sichern, so als privilegierter Redner bei wichtigen Plenardebatten des Bundestages, durch Beteiligung an den „Dreiergesprächen" der Parteivorsitzenden und besonders durch Einführung eines „Jour fixe", zu dem sich (regulär) einmal im Monat die Bonner CSU-Spitzenpolitiker aus Regierung und Fraktion in der bayerischen Staatskanzlei einfanden, um dem Parteivorsitzenden zu berichten und ihre Politik mit ihm abzustimmen (Ismayr 1992: 114). Auch die konservative Presse vermutete in diesem informellen Gremium eine Art Nebenregierung (Münchner Merkur vom 31.3.1983). Der monatliche „Jour fixe" wurde auch nach Strauß' Tod im Jahre 1988 weitergeführt, trat aber (auf Einladung des Parteivorsitzenden) in den letzten Jahren nur mehr selten zusammen und spielte nur noch eine bescheidene Rolle. Allerdings zeichnet sich nach der Übernahme des Parteivorsitzes durch den bayerischen Ministerpräsidenten Edmund Stoiber (1999) wieder eine stärkere Funktion des „Jour fixe" ab – nun mit der Aufgabe der Koordination der bayerischen Landespolitik mit der Bonner/Berliner Oppositionspolitik der CSU – auch im Bundesrat. Regelmäßige Teilnehmer sind derzeit neben dem Parteivorsitzenden und seinen Stellvertretern, der Vorsitzende und der Geschäftsführer der CSU-Landesgruppe, der Vorsitzende der CSU-Landtagsfraktion und der Gruppe der Europaabgeordneten der CSU sowie die beiden der Bayerischen Staatskanzlei zugeordneten Staatsminister.

Richtungweisend sind nach wie vor die zweimal im Jahr stattfindenden Klausurtagungen der CSU-Landesgruppe und führender Parteivertreter.

Die Doppelrolle der CSU-Landesgruppe wird von deren Vorsitzenden bei allen sich bietenden Gelegenheiten nachdrücklich und in fast gleichlautenden Formulierungen unterstrichen: „Die CSU ist und bleibt eine selbständige Partei mit bundespolitischen Ansprüchen. Daß sich die CSU darüber hinaus als Hüter bayerischer Interessen in Bonn versteht, ist für uns eine Selbstverständlichkeit" (Bayern-Kurier vom 13.7.1985). Die Erfolge bei der Durchsetzung bayerischer Interessen in der Gesamtfraktion und der Koalition werden stolz bilanziert.

Ihre starke Stellung in der Fraktion und Regierung, die ihre wirkungsvolle Wahrnehmung dieser „Doppelrolle" ermöglicht(e), verdankt(e) die CSU dem nachwirkenden Schock des Trennungsbeschlusses von Kreuth (1976). In ihrem bundesweiten politischen Anspruch bestärkt und auch von der CDU anerkannt, konnte sie nun als eigenständige Partei in der christlich-liberalen Regierungskoalition (1982-98) Politik entscheidend mitgestalten. Gegen den von den CSU-Spitzenpolitikern in Bonn mit dem Parteivorsitzenden abgesprochenen und in aller Regel dann auch von der Landesgruppe und den CSU-Ministern (jedenfalls nach außen) mitgetragenen Widerstand waren gewichtige politische Entscheidungen der Koalition kaum durchsetzbar (vgl. z.B. „Flugbenzin-Affäre" im Sommer 1988; Mintzel 1977: 407). Dabei kommt der Landesgruppe noch zugute, daß sie auch intern die organisatorischen Voraussetzungen zur detaillierten Vorbereitung und Koordination politischer Vorstöße in der Gesamtfraktion geschaffen hat.

Ihre Durchsetzungsfähigkeit in der Fraktion (wie auch in Koalitionsgesprächen) verdankt sie nicht zuletzt ihrer „Gruppen-Disziplin". Nicht ohne Argwohn wird im CDU-Teil der Fraktion und besonders in deren Landesgruppen registriert, daß die CSU-Landesgruppe ihr „Drohpotential" auch recht erfolgreich zur Durchsetzung regionalpolitischer Interessen einsetzt.

Mit der Führung der Partei durch eine „doppelte Spitze" von bayerischem Ministerpräsident und CSU-Parteivorsitzendem und besonders seit dem Eintritt des CSU-Vorsitzenden Theo Waigel als Finanzminister ins Bonner Kabinett (April 1989) hatte sich die Willensbildungsstruktur allerdings deutlich verändert. Der inzwischen nur noch selten tagende „Jour fixe" hatte seine frühere Bedeutung als Gremium der Koordination und „Außensteuerung" eingebüßt. Die Mitwirkung an der Bonner Regierungspolitik hatte sich stärker in die Große Koalitionsrunde und ins Kabinett verlagert. Zudem konnte die Doppelrolle als „oppositionelle" Regierungspartei in Bonn mit einem ins Kabinett „eingebundenen" CSU-Vorsitzenden nur in verändertem Stil weitergespielt werden – wobei sich der seit 1993 amtierende bayerische Ministerpräsident Edmund Stoiber mit eigenständigen politischen Vorstellungen gegenüber dem Parteivorsitzenden und der CSU-Landesgruppe profilierte und abgrenzte. Wie sich nach dessen Wahl zum Parteivorsitzenden das Verhältnis von Fraktion und Partei(führung) unter Bedingungen der Oppositionsrolle gestalten wird, bleibt abzuwarten.

Inwieweit die deutsche Einheit auf Dauer zu einer bundespolitischen Einflußminderung der CSU und zu strukturellen Änderungen im Verhältnis des CDU- und CSU-Teils der Fraktion führen werden, bleibt abzuwarten. Mit der zu Beginn der 12. Wahlperiode (1990) getroffenen

„Vereinbarung über die Fortführung der Fraktionsgemeinschaft" konnte die CSU-Gruppe jedenfalls formal ihre Stellung behaupten. So stellt sie in Ergänzung der bisherigen Regelungen sicher, daß sie in allen Gremien mit (mindestens) einem Mitglied vertreten ist und auch bei der Redezeitverteilung angemessen berücksichtigt werden muß.

Auch die CDU-Abgeordneten der einzelnen Bundesländer bilden jeweils Landesgruppen. Sie wählen einen Vorsitzenden und einen oder mehrere Stellvertreter. Weniger gewichtig als die CSU-Landesgruppe ist deren Einfluß auf die Willensbildung der Fraktion doch keinesfalls zu unterschätzen. Auch die CDU-Landesgruppen tagen in Sitzungswochen regelmäßig am Montag abend nach der Vorstandssitzung, somit in Kenntnis aktueller Konfliktpunkte aus diesem Führungsgremium. Neben der Beratung einzelner – vor allem regionalpolitisch bedeutsamer – Themen ist vor allem das informelle Gespräch wichtig. Die „Stimmung" in den Landesgruppen gilt der Fraktionsführung als „Seismograph" und wird in Zeiten der Regierungsbeteiligung auch vom Bundeskanzler aufmerksam beobachtet.

Auch die SPD-Abgeordneten der jeweiligen Herkunftsländer bilden Landesgruppen, doch spielen diese insgesamt gesehen für die Willensbildung in der Fraktion nur eine geringe Rolle. Dies zeigt sich schon daran, daß deren Treffen in den Ablauf der Sitzungswochen nicht fest „eingebaut" sind. Beachtliches Gewicht haben sie allerdings bei der Besetzung von Gremien und auch bei manchen regionalpolitischen Fragen. Im gesamtdeutschen Bundestag wurde die Position der ostdeutschen Landesgruppen dadurch gestärkt, daß ihre Vorstellungen über die Querschnittsgruppe „Einheit Deutschland" formell in den Willensbildungsprozeß der Fraktion eingebracht werden konnten – wofür seit Oktober 1998 die Arbeitsgruppe für „Angelegenheiten der neuen Länder" zuständig ist.

Selbstverständlich gibt es unter den wenigen Abgeordneten der FDP und von Bündnis 90/Die Grünen aus den einzelnen Bundesländern zum Teil enge informelle Kontakte. Zudem werden in allen Parteien die landespolitischen Interessen unter Beteiligung von Abgeordneten auch in den Parteigremien dieser Länder formuliert.

3.5 Fraktionsführung und Fraktionsvorstand

Formell sind die Fraktionsversammlungen die zentralen Wahl- und Beschlußorgane. Die Komplexität der politischen Themen, Zeitdruck und die Größe der Fraktionen bringen es allerdings mit sich, daß die Entscheidungen der Fraktionsversammlung auf den verschiedenen Stufen des hierarchisch strukturierten Willensbildungsprozesses präformiert werden. Der Behandlung in der Fraktionssitzung gehen daher (zumeist) mehrstufige Koordinationsverfahren voraus, die eine optimale Abstimmung und konzeptionelle Arbeit ermöglichen sollen – was gleichwohl nur teilweise gelingt. Hierbei spielen der am Montagnachmittag tagende (erweiterte) Vorstand sowie der zuvor tagende Geschäftsführende Vorstand eine wichtige Rolle. Bei diesen Gremien liegt die politische Führung und Geschäftsführung der Fraktion (vgl. § 6 Abs. 3 AO-CDU/CSU).

3.5.1 Zusammensetzung und Wahl

Den Geschäftsführenden Vorständen von SPD und CDU/CSU gehören jeweils der Fraktionsvorsitzende und dessen Stellvertreter (9 bzw. 8 Personen) sowie die Parlamentarischen Geschäftsführer (jeweils 5) an, bei der Unionsfraktion zudem die beiden Justitiare. Als weitere Mitglieder des Vorstandes kommen bei der CDU/CSU-Fraktion die (derzeit) 19 AG-Vorsitzenden und die Vorsitzenden der 5 „sonstigen Gruppen" ex-officio hinzu, zudem 15 gewählte Beisitzer. Bei der SPD-Fraktion bilden die Mitglieder des Geschäftsführenden Vorstandes mit (derzeit) 30 weiteren gewählten Mitgliedern den Vorstand. Nur ein Teil der Sprecher – derzeit knapp die Hälfte – gehört dem Vorstand an, da eine ex-officio-Mitgliedschaft in der Fraktion nicht durchsetzbar war (Schaubilder 3.1 und 3.2).

Schaubild 3.1: Vorstand der CDU/CSU-Bundestagsfraktion (14. Wahlperiode)

Fraktionsvorstand[a]

Geschäftsführender Vorstand
- Fraktionsvorsitzender
- Erster Stellvertretender Vorsitzender[b]
- 7 (weitere) Stellvertretende Vorsitzende
- Erster Parlamentarischer Geschäftsführer
- Parlamentarischer Geschäftsführer und Stellvertreter des Ersten Parlamentarischen Geschäftsführeres[c]
- 3 (weitere) Parlamentarische Geschäftsführer
- 2 Justitiare

Vorsitzende der 19 Arbeitsgruppen und der 5 „sonstigen Gruppen;
15 Beisitzer

a Mitberatungsberechtigt (nach § 6 AO-CDU/CSU) sind u.a.: Mitglieder des Bundestagspräsidiums, des Präsidiums des Europäischen Parlaments, der Bundesregierung – soweit sie der CDU/CSU angehören – sowie die Vorsitzenden und Generalsekretäre der CSU-Landesgruppe
b Vorsitzende der CSU-Landesgruppe
c Parl. Geschäftsführer der CSU-Landesgruppe

Quelle: Amtliches Handbuch des Deutschen Bundestages, 14. Wahlperiode (Stand 1999).

Dies erschwert selbstverständlich die Koordination der Fraktionsarbeit – auch wenn die nicht dem Vorstand angehörigen AG-Vorsitzenden (wie auch die zuständigen Berichterstatter) selbstverständlich zu den sie unmittelbar betreffenden Tagesordnungspunkten eingeladen werden. Ob der mögliche Vorzug einer breiteren Repräsentation in der Fraktion die so erschwerte Koordination aufwiegt, ist fraglich.

Den Vorstand der FDP-Fraktion bilden der Vorsitzende, seine drei Stellvertreter, die vier Parlamentarischen Geschäftsführer und der von der FDP gestellte Bundestagsvizepräsident. Wegen der Vielzahl der zu besetzenden Positionen üben die Vorstandsmitglieder der FDP weitere Führungsfunktionen in der Fraktion und Partei aus (Ismayr 1992: 121). Auf einen „erweiterten" Vorstand wurde verzichtet, umfaßt doch die Fraktionsversammlung etwa ebenso viele Mitglieder wie die Vorstände der großen Fraktionen. Entsprechende Diskussionen können also in der Fraktion geführt werden. Allerdings wird die Koordination dadurch erschwert, daß die Arbeitskreisvorsitzenden nicht kraft Amtes im Vorstand vertreten sind. Hingegen wurde bei Bündnis 90/Die Grünen im Interesse einer verbesserten Koordination das Gewicht nach ihrem Neueinzug in den Bundestag als Fraktion 1994 auf den (erweiterten) Fraktionsvorstand (§ 8 Fraktionsgeschäftsordnung) verlagert. Ihm gehören neben den zwei Vorsitzenden und den drei Parlamentarischen Geschäftsführern, die den Geschäftsführenden Fraktionsvorstand bilden, die „Koordinatoren" (SprecherInnen) der Arbeitskreise sowie die der Fraktion angehörende Bundestagsvizepräsidentin an.

Schaubild 3.2 Organisationsstruktur der SPD-Bundestagsfraktion (14. Wahlperiode)

Fraktionsvorstand[a]

Geschäftsführender Vorstand

- Fraktionsvorsitzender
- 9 Stellv. Fraktionsvorsitzende
- Erster Parlamentarischer Geschäftsführer
- 4 (weitere) Parl. Geschäftsführer

- 30 weitere Vorstandsmitglieder
- Bundestagspräsident und Bundestagsvizepräsidentin (SPD; nicht stimmberechtigt)

Arbeitsgruppen

- 23 Arbeitsgruppen[b] (entspr. den Ständigen Ausschüssen des Bundestages)
- AGn zu Untersuchungsausschüssen und Enquete-Kommissionen

- 20 sonstige Arbeitsgruppen[c]

a Mitberatungsberechtigt (nach § 10 FGO-SPD) u.a.: Sozialdemokratische Mitglieder der Bundesregierung und Parl. Staatssekretäre; Präsident/Vizepräsident des Europ. Parlaments, wenn sie deutsches Mitglied der sozialistischen Fraktion sind.

b Je ein Sprecher/Vorsitzender, der auch als Ausschuß-Obmann fungiert; davon gehören derzeit 12 dem Fraktionsvorstand an.

c Mit je einem Vorsitzenden/Sprecher; die Zahl dieser Arbeitsgruppen wird sich im Laufe der WO voraussichtlich noch erhöhen.

Anm.: Schaubilder zur Organisationsstruktur in früheren Wahlperioden: Ismayr 1992: 89; Ismayr 1997: 392 und Schüttemeyer 1998: 67ff.

Quelle: Eigene Zusammenstellung nach Organisations- und Geschäftsverteilungsplan der SPD-Bundestagsfraktion (Stand: März 1999).

Bei der PDS-Fraktion besteht der Vorstand nur aus dem Vorsitzenden und drei Stellvertretern, dem Ersten Parlamentarischen Geschäftsführer, der frauenpolitischen Sprecherin und der von der PDS gestellten Vizepräsidentin des Bundestages (§§ 7, 9 PDS-FGO). Gegenüber dem aus den drei Parlamentarischen Geschäftsführern und je einem Vertreter der Arbeitsgruppen und der Landesgruppen sowie dem Leiter der Finanzstelle (mit beratender Stimme) gebildeten Geschäftsführenden Vorstand, der „die Führung des laufenden Geschäftsbetriebs im Auftrag des Vorstandes“ wahrnimmt, stellt er kein „erweitertes“ Gremium dar.

An den Sitzungen der Fraktionsvorstände nehmen u.a. auch die Regierungsmitglieder, Parlamentarischen Staatssekretäre, Mitglieder des Bundestagspräsidiums, Vorsitzende und Generalsekretäre der Partei mitberatend teil.

In keiner Fraktion wird die Führungsspitze für die gesamte Wahlperiode gewählt, doch bestehen nur geringe Chancen, zwischenzeitlich in die Führungsriege aufzusteigen. Die Wahl erfolgt in allen Fraktionen geheim. Die SPD-Fraktion wählt die Vorstandsmitglieder seit der 14. Wahlperiode (1998) für die Dauer von zwei Jahren, nach der bisherigen Regelung zunächst für ein Jahr, danach jeweils für 18 Monate (§ 14 FGO-SPD). Die Amtsdauer des Geschäftsführenden Vorstands von Bündnis 90/Die Grünen beträgt ebenfalls zwei Jahre, die des FDP-Vorstands nur ein Jahr. Die Wahl für Ämter in der CDU/CSU-Fraktion erfolgt zu Beginn der Wahlperiode des Bundestages zunächst für ein Jahr, danach für den Rest der Legislaturperiode. Ausnahmen bilden der von der CSU-Landesgruppe gewählte Erste Stellvertreter des Fraktionsvorsitzenden (Landesgruppenvorsitzender) und deren Parlamentarischer Geschäftsführer, die für die Dauer der Wahlperiode gewählt werden (Vereinbarung über die Fortführung der Fraktionsgemeinschaft zwischen CDU und CSU für die 14. Wahlperiode des Deutschen Bundestages, 1998; zu früheren Regelungen: Ismayr 1992: 120).

Für die Neuwahl der Fraktionsführung und der übrigen Vorstandsmitglieder der SPD unterbreitet der bisherige Vorstand spätestens 3 Tage vor der Wahl einen Wahlvorschlag (§§ 14 und 15 FGO-SPD). In der Praxis werden (jedenfalls in einer laufenden Wahlperiode) die bisherigen Vorstandsmitglieder, die wieder kandidieren wollen, auf die Vorschlagsliste gesetzt, so daß nur für die (freiwillig) ausscheidenden Mitglieder neue Kandidaten benannt werden. Allerdings können aus der Mitte der Fraktion zusätzliche Vorschläge gemacht werden (§ 14 Abs. 1). Bewerber, die vom Vorstand nicht berücksichtigt werden, machen von dieser Möglichkeit auch Gebrauch und haben auch Chancen, gewählt zu werden. Nahezu alle Wahlen haben Veränderungen gegenüber der Vorschlagsliste des Vorstands gebracht (Schäfer [4]1982); sie haben aber üblicherweise keinen Richtungswechsel signalisiert. Auch über die Wahlperioden hinweg gibt es ein relativ hohes Maß an personeller Kontinuität (was auch dadurch bedingt ist, daß die Vorschlagsliste vom bisherigen Vorstand erstellt wird). Größere Chancen, in der Fraktionshierarchie aufzusteigen, ergeben sich allerdings, wenn nach einem Regierungswechsel eine Reihe bisheriger Vorstandsmitglieder Regierungsämter übernehmen (Schindler 1988: 313ff.). In den internen Aushandlungsprozessen spielt die angemessene Vertretung der Fraktionsflügel und auch der Landesgruppen eine wichtige Rolle, seit 1990/91 auch der neuen Bundesländer, aus denen gemäß der Fraktionsgeschäftsordnung der SPD (§§ 10, 14) mindestens 6 Vorstandsmitglieder kommen sollen.

Bei der CDU/CSU-Fraktion sind allerdings vor allem die bereits erwähnten, seit 1976 jeweils zu Beginn der Wahlperiode getroffenen „Vereinbarungen über die Fortführung der Fraktionsgemeinschaft zwischen CDU und CSU“ maßgeblich. „Im Fraktionsvorstand sind CDU und CSU entsprechend ihrem Stärkeverhältnis vertreten. Die Gruppen der CDU- und der CSU-Abgeordneten wählen die auf sie entfallenden Vorstandsmitglieder selbst.“ Entsprechend wird auch bei allen anderen Funktionsträgern verfahren. Nur der Fraktionsvorsitzende wird gemeinsam von den Mitgliedern der CDU/CSU-Bundestagsfraktion gewählt. Faktisch ist mit Korrekturen an den Vorentscheidungen des Geschäftsführenden Vorstands – im Falle der Obleute auch der Arbeitsgruppen (§ 13 AO-CDU/CSU-Fraktion) – kaum zu rechnen; „Kampfabstimmungen“ sind selten (Ismayr 1992: 121, 585). Bei den Vorschlägen zur Besetzung der genannten Positionen wird schon bei den Vorverhandlungen versucht, die in der Fraktion vertretenen Gruppierungen entsprechend ihrem Gewicht zu berücksichtigen. In diese Überlegungen wird ggf. auch die Vergabe der Posten der Bundesminister und der Parlamentarischen Staatssekretäre einbezogen.

Tabelle 3.1: Führungspositionen in Bundestag und Bundesregierung[a]

	Führungspositionen	Postionen insgesamt	CDU/ CSU	SPD	FDP	B'90/ GRÜNE	PDS
	Bundestagspräsidium	5	2	1	1	1	–
	(Geschäftsf.) Fraktionsvorstand, Arbeitsgruppen- oder Arbeitskreisvorsitzende[b]	99	40 (53)	37 (55)	12	10 (15)	8
13. WP	Ausschußvorsitzende	22	10	8	2	2	–
1994-98	Mitglieder der Bundesregierung	18	15	–	3	–	–
	Parlamentarische Staatssekretäre	27	21	–	6	–	–
	insgesamt	171	88	46	24	13	8
	Bundestagspräsidium	6	1	2	1	1	1
	(Geschäftsf.) Fraktionsvorstand, Arbeitsgruppen- oder Arbeitskreisvorsitzende[b]	115	40 (55)	38 (56)	13	10 (14)	14
14. WP	Ausschußvorsitzende	23	9	10	1	2	1
1998-	Mitglieder der Bundesregierung[c]	16	–	12	–	3	–
	Parlamentarische Staatssekretäre	24	–	19	–	5	–
	insgesamt	184	50	81	15	21	16

a zu Beginn der Wahlperiode
b in Klammern einschließlich der Mitglieder des „erweiterten" Vorstandes
c 1 Mitglied der Bundesregierung ist parteilos

Quelle: Amtliches Handbuch des Deutschen Bundestages, 13. und 14. WP (1995, 1999); eigene Zusammenstellung.

3.5.2 Fraktionsführung und Geschäftsführender Vorstand

Die Größe der Vorstände von SPD und CDU/CSU (14. Wahlperiode: 47 bzw. 55 Mitglieder) und der Termin- und Entscheidungsdruck in den Sitzungswochen haben das Entstehen hierarchischer Strukturen auch innerhalb der Vorstände begünstigt – mit Auswirkungen auf das Kommunikationsklima. Grob unterscheiden lassen sich die drei Ebenen 1. des Vorsitzenden und Ersten Parlamentarischen Geschäftsführers, 2. des Geschäftsführenden Vorstandes und 3. des (erweiterten) Vorstandes, wobei im Gesamtvorstand zwischen Funktions- und Amtsträgern, Spitzenvertretern der Partei und wichtiger Verbände und sonstigen Abgeordneten unterschieden werden kann. Weitere Differenzierungen ergeben sich aus der spezifischen Struktur der Fraktionen. Die Strukturreformen der Fraktionen haben jeweils zu gewissen – nur teilweise intendierten – Machtverschiebungen bei der Fraktionsführung geführt. Das Ausmaß der Hierarchisierung aber auch die Fähigkeit zur Koordination und konzeptionellen Bündelung werden dadurch beeinflußt.

Den engsten Führungskreis der CDU/CSU-Fraktion bilden der Vorsitzende und sein erster Stellvertreter (der Vorsitzende der CSU-Landesgruppe), der Erste Parlamentarische Geschäftsführer und der Stellvertreter des Ersten Parlamentarischen Geschäftsführers (CSU). In der Koalition macht dieses Führungsquartett seinen Einfluß durch Teilnahme an (nahezu) allen zentralen Koordinations- und Entscheidungsgremien geltend. Auch bei den Fraktionen der SPD und FDP kooperiert der für die Arbeitsplanung zuständige Erste Parlamentarische Geschäftsführer höchst einflußreich mit dem Vorsitzenden (Ismayr 1992: 123; Schüttemeyer 1997; Petersen 1999). Verantwortlich ist er u.a. für den Ältestenrat, Plenarsitzungen einschließlich Fragestunde und Aktuelle Stunde, die Sitzungen der Fraktion und des Fraktionsvorstandes. Als Sprecher seiner Fraktion im Vermittlungsausschuß nach Art. 77 GG nimmt er bei entsprechenden Mehrheitsverhältnissen eine Schlüsselstellung ein.

Hektik und Zeitdruck in den Sitzungswochen sichern den (führenden) Geschäftsführern, die nicht an der spezialisierten Ausschußarbeit teilnehmen, erheblichen Einfluß, was von vielen Abgeordneten mit Argwohn beobachtet wird (Ismayr 1985a: 32ff.; Hamm-Brücher 1990). Insgesamt gesehen sind sie recht erfolgreich bei ihren Bemühungen, „Reibungsverluste" bei fraktionsinternen Arbeits- und Entscheidungsabläufen wie auch bei der Planung und Strukturierung der Plenarsitzungen zu vermeiden und in Kooperation mit den Vorsitzenden „Effizienz" und „Geschlossenheit" im Innern und vor allem nach außen zu garantieren (Petersen 1999). Allerdings treten in der täglichen Arbeit Kriterien der Transparenz und Partizipation in den Hintergrund. Kritisiert wird in aller Regel nicht die unverzichtbare Koordinations- und Vorbereitungsarbeit als solche, ohne die eine inhaltliche Bündelung und thematische Konzentration der Fraktionsarbeit erschwert würde, sondern die oft als unangemessen und „kontraproduktiv" empfundene „Reglementierung" durch die Geschäftsführer – gegebenenfalls in Abstimmung mit den Vorsitzenden; die Handlungsspielräume der Abgeordneten würden in einer die Kreativität der Arbeit und die Lebendigkeit der Debatten beeinträchtigenden Weise eingeengt. Die drei Parlamentarischen Geschäftsführer der FDP spielen in ihrer Fraktion eine ähnliche Rolle wie ihre Kollegen in den großen Fraktionen. Dies gilt seit der 13. Wahlperiode (1994) tendenziell auch für den Ersten Parlamentarischen Geschäftsführer von Bündnis 90/Die Grünen, während die Geschäftsführer der GRÜNEN in den 80er Jahren schon aufgrund ihrer (durch die Rotation bedingten) kurzen Amtszeit von ein bis zwei Jahren keine vergleichbare „Machtposition" ausbauen konnten (Ismayr 1985b).

Die Stellvertretenden Vorsitzenden der großen Fraktionen (außer dem CSU-Landesgruppenvorsitzenden) sind für die Arbeitsgebiete meist mehrerer Arbeitsgruppen zuständig. Ein Stellvertretender Vorsitzender der großen Fraktionen ist jeweils für die Querschnittsaufgabe „Aufbau Ost" (CDU/CSU) bzw. „Neue Länder" (SPD) verantwortlich. Er koordiniert die Interessen der Abgeordneten aus den neuen Bundesländern und bringt diese über die führenden Fraktionsgremien und in regelmäßigem Kontakt mit dem Kanzleramt durchaus einflußreich in den Willensbildungsprozeß ein.

Je nach persönlicher Konstellation und Gruppenzugehörigkeit kann es in diesem System zu produktiver oder unfruchtbarer Konkurrenz zwischen Arbeitsgruppenvorsitzenden und Stellvertretenden Vorsitzenden kommen. In der Amtszeit des Fraktionsvorsitzenden Wolfgang Schäuble (seit 1991) wurde bei der Unionsfraktion die Stellung der Stellvertretenden Vorsitzenden bei der politischen Koordination und Umsetzung deutlich gestärkt, was in der seit Beginn der 13. Wahlperiode erheblich gestiegenen Bedeutung des Geschäftsführenden Vorstandes bei der politischen Koordination und Initiierung zum Ausdruck kommt. Freilich ist der Einfluß der einzelnen Stellvertretenden Vorsitzenden unterschiedlich und hängt zum Beispiel vom Gewicht der „Interessengruppierungen" der Fraktion ab, die sie im Vorstand repräsentieren.

Bis 1991 nahmen in der SPD-Fraktion die Stellvertretenden Vorsitzenden – 1983 bis 1991 zugleich die Vorsitzenden der Arbeitskreise – und damit auch der Geschäftsführende Vorstand eine starke Stellung in der Fraktion ein. Die Abschaffung der Arbeitskreise im Zuge der vom neuen Fraktionsvorsitzenden Hans-Ulrich Klose im November 1991 durchgesetzten Strukturreform sollte zu einem „weniger bürokratischen Arbeitsstil" und zu einer Stärkung des Vorstandes gegenüber dem Geschäftsführenden Vorstand führen. Zudem sollte es nur wenige Stellvertretende Vorsitzende geben, die sich als politische

Generalisten bewähren sollten (Ismayr 1992: 151f.; Kamm 1993: 560; Lemke-Müller/Matthäi 1993: 569f.). Eine Schwerpunktbildung erwies sich (auch bei zunächst 4 Stellvertretern) jedoch rasch als notwendig – und in der laufenden Wahlperiode ist nach Anzahl der Mitglieder und fachlicher Differenzierung der Stand vor der Reform wieder etwa erreicht. Nach dem Wegfall der Arbeitskreise müssen die Stellvertretenden Vorsitzenden die notwendige Koordination für die in ihren Aufgabenbereich fallenden Arbeitsgruppen nun in informellen Gesprächskontakten mit den AG-Vorsitzenden und Berichterstattern treffen – was wohl weniger transparent als in einem Arbeitskreis abläuft. Von deren Koordinationsleistung im Vorfeld und in den Sitzungen des Vorstands und des Geschäftsführenden Vorstands hängt nun die Fähigkeit zur konzeptionellen Abstimmung in hohem Maß ab. Zudem gibt es derzeit in der SPD-Fraktion kein Gremium, in dem vor der Fraktionssitzung alle wichtigen Funktionsträger zur Abstimmung der Arbeitsergebnisse und Positionen zusammenkommen.

3.5.3 Vorstandssitzungen

Die üblicherweise montags stattfindenden Sitzungen des Geschäftsführenden Vorstands und später des Vorstands werden in Arbeitstreffen der Vorsitzenden mit den zuständigen Geschäftsführern vorbereitet, die bereits Vorarbeit geleistet haben. In den Sitzungen des Geschäftsführenden Vorstandes von SPD und CDU/CSU werden aktuelle Probleme besprochen, auch Grundsatzdiskussionen zu bedeutenderen Themenkomplexen (z.B. Steuerpolitik, Sozialpolitik) geführt; Grundlage bietet der politische Bericht des Vorsitzenden. Dabei werden wichtige Vorentscheidungen getroffen und politische Weichen gestellt. Dies gilt allerdings in höherem Maße für die jeweilige (große) Oppositionsfraktion, da die (Vor-)Entscheidungen der Führungsgremien der Regierungsfraktionen durch Regierungs- bzw. Koalitionsbeschlüsse überlagert werden. Bei der CDU/CSU werden manche Entscheidungen faktisch in noch engeren Zirkeln getroffen. Auch befaßt sich schon der Geschäftsführende Vorstand – ähnlich wie später der Vorstand – mit der Vorbereitung der Plenarsitzungen und der Fraktionssitzung sowie mit Vorlagen aus den Arbeitsgruppen. Insbesondere wenn große Plenardebatten anstehen (z.B. Haushaltsdebatte), beschäftigt die Strukturierung und Rednereinteilung dieses Gremium ggf. intensiv, besonders bei konkurrierenden Rednerwünschen führender Fraktions- und Regierungsmitglieder.

Eine wichtige Rolle spielt die Abklärung konkurrierender Interessen zwischen den Arbeitsgruppen – die in der CDU/CSU allerdings stärker den Vorstand beschäftigt (da dort alle AG-Vorsitzenden vertreten sind). So werden bereits im Geschäftsführenden Vorstand Absprachen über die Behandlung von Initiativen getroffen, etwa über die Rücküberweisung einer Vorlage, über die zwischen beteiligten Arbeitsgruppen kein Konsens hergestellt wurde, sich aber noch Einigungsmöglichkeiten abzeichnen. Wird bei wichtigen Initiativen der Fraktion Einigkeit in diesem Gremium erzielt, in dem ja die Repräsentanten der Fachinteressen wie der Parteiflügel vertreten sind, kann man Korrekturen durch den Gesamtvorstand nahezu ausschließen. In der Praxis hat der Geschäftsführende Vorstand der SPD-Fraktion trotz formaler Schwächung durch die Strukturreform von 1991 erhebliches Gewicht, während jener der CDU/CSU-Fraktion in den letzten Jahren deutlich gestärkt wurde. Somit kommt ihm derzeit in beiden Fraktionen die Funktion eines zentralen Steuerungsorgans zu. Dies hat natürlich auch damit zu tun, daß intensive Besprechungen in diesem – auch in sitzungsfreien Wochen tagenden – Gremium leichter möglich sind als (unter Zeitdruck) in dem sehr viel größeren Gesamtvorstand (vgl. schon Lohmar 1975: 145ff.).

Die Tagesordnungen der Vorstandssitzungen entsprechen meist in etwa denen der Fraktionssitzung des folgenden Tages, deren Vorbereitung die Hauptaufgabe ist. Zu einzelnen Tagesordnungspunkten der Plenarsitzung der laufenden Woche wie auch den Initiativen und Stellungnahmen aus den Arbeitsgruppen bzw. Arbeitskreisen tragen – je nach Gewicht des Themas und der Fachkompetenz der Beteiligten – die AG- bzw. AK-Vorsitzenden oder die Berichterstatter selbst vor. Sie schlagen die in ihrer Arbeitsgruppe bzw. ihrem Arbeitskreis benannten Redner in der Plenarsitzung vor und skizzieren gegebenenfalls auch den inhaltlichen Schwerpunkt. Diese Vorschläge werden in der Regel auch widerspruchslos akzeptiert, es sei denn, konkurrierende Arbeitsgruppen oder führende Fraktions- oder Regierungsmitglieder äußern ebenfalls Redewünsche für die Plenardebatte. Beraten wird auch über das taktische Vorgehen, bei dem auch zu erwartende Reaktionen und Stellungnahmen anderer Fraktionen zu berücksichtigen sind (z.B. Planung Aktueller Stunden, Änderungs- und Entschließungsanträge, Geschäftsordnungsdebatten).

Es wird über Vorlagen der eigenen Fraktion bzw. der Regierung diskutiert, aber auch über Stellungnahmen zu Initiativen des politischen Gegners. Formelle Abstimmungen sind relativ selten und vornehmlich dann zu erwarten, wenn konkurrierende Arbeitsgruppen (Arbeitskreise) die Entscheidung in der Fraktion suchen. Bei Ablehnung durch den Vorstand muß auf Wunsch des Antragstellers die Fraktion entscheiden (vgl. § 20 AO-CDU/CSU). Im Vorstand (wie ggf. zuvor schon im Geschäftsführenden Vorstand) haben Vorlagen meist nur dann eine Chance, akzeptiert zu werden, wenn sich die Arbeitsgruppen zuvor geeinigt haben.

Einzelne Abgeordnete, die bereits in ihrer Arbeitsgruppe unterlegen sind, können kaum damit rechnen, daß der Vorstand ihren Antrag der Fraktionsversammlung zur Annahme empfiehlt (vgl. § 6 FGO-SPD).

In den Vorstandssitzungen der Regierungsfraktion(en) dominieren (ähnlich wie in der Fraktionsversammlung) die Regierungsmitglieder. Deren Berichte stehen in der Regel im Mittelpunkt der Aussprache. Der Fraktionsvorsitzende und – falls anwesend – der Kanzler setzen sich in ihrem politischen Bericht meist dafür ein, daß Kontroversen, die zwischen Vertretern von Arbeitsgruppen (bzw. Arbeitskreisen), Parteiflügeln und auch zwischen Kabinettsmitgliedern ausgetragen werden, nicht in der Fraktionssitzung fortgeführt werden. Vor allem für die Regierungsfraktion(en) trifft Ulrich Lohmars Beobachtung tendenziell auch für die Gegenwart zu, daß die Fraktionsvorstände dabei meist die „Abschirmung vorbereiteter Entscheidungskonzepte in und gegenüber der Fraktion" übernehmen (Lohmar 1975: 154; Schäfer [4]1982: 143). Allerdings werden bei den Regierungsfraktionen Kompromisse nicht selten erst in einem Koalitions- oder Obleutegespräch am Tag der Fraktionssitzung erreicht. Bei „fertigen" Vorlagen geht es dann oft darum, mit welcher Strategie man das Konzept in der Fraktion und gegenüber der Öffentlichkeit vertreten will.

Auch im (erweiterten) Vorstand werden aktuelle Probleme und Grundsatzfragen diskutiert, Aufträge an einzelne Arbeitsgruppen bzw. Arbeitskreise erteilt und Ad-hoc-Arbeitsgruppen eingerichtet – unter Mitwirkung und auf Empfehlung der Betroffenen.

3.6 Die Fraktionsversammlung

Die Fraktionsversammlungen finden in Sitzungswochen an jedem Dienstagnachmittag statt; darüber hinaus gibt es außerordentliche Sitzungen – auch auf Verlangen von Fraktionsminderheiten (z.B. Klausursitzungen zu Schwerpunktthemen). Formell einberufen werden sie vom Fraktionsvorsitzenden (so bei der CDU/CSU und der PDS) oder vom Vorstand (SPD, FDP) bzw. dem Geschäftsführenden Vorstand (Bündnis 90/Die Grünen).

Vorbereitet werden die Fraktionssitzungen – wie dargestellt – von den für die Arbeitsplanung zuständigen Parlamentarischen Geschäftsführern und dem Vorsitzenden, sodann dem Geschäftsführenden Vorstand und schließlich dem Vorstand. Einfluß auf Themen und Verlauf haben zudem die zwischen Vorstands- und Fraktionssitzung plazierten Sitzungen der Landesgruppen, der Arbeitsgruppen- und kreise, der Interessengruppierungen sowie der Obleute- und Koalitionsgespräche.

Die Sitzungen werden vom Vorsitzenden oder – falls dieser verhindert ist – von dessen Stellvertreter geleitet; bei der Fraktion Bündnis 90/Die Grünen wechseln sich die beiden Vorsitzenden in der Sitzungsleitung ab. Die Fraktionssitzungen sind – seit 1990 mit Ausnahmen auch bei Bündnis 90/Die Grünen – nicht öffentlich; nur bei der PDS-Fraktion gilt reguläre Öffentlichkeit. Jedoch lassen die Fraktionen auch andere Personengruppen zu (u.a. Regierungs- und Bundesratsmitglieder, Ministerialbeamte), die allerdings nicht stimmberechtigt sind (Ismayr 1992: 129).

Die Fraktionsversammlungen sind die zentralen Wahl- und Beschlußorgane der Fraktionen. Ihre Entscheidungen werden allerdings – wie dargestellt – auf den verschiedenen Stufen des hierarchisch strukturierten Willensbildungs- und Entscheidungsprozesses präformiert. Da in Bonn/Berlin nur die Sitzungen der Gesamtfraktion auch den „einfachen" Abgeordneten Gelegenheit bieten können, sich über ihre Spezialaufgaben hinaus über Richtung und Kontext der Regierungs- und Fraktionspolitik zu informieren und auf diese einzuwirken, hängt viel davon ab, ob diese Sitzungen Foren des offenen und produktiven Diskurses sind und ob sie in einem partizipations- und kommunikationsfreundlichen Stil ablaufen.

3.6.1 Politischer Bericht und Diskussion

Die Sitzungen der großen Fraktionen werden mit einem Politischen Bericht des Vorsitzenden eröffnet. Zudem gibt der häufig anwesende Bundeskanzler in der großen Regierungsfraktion hin und wieder einen eigenen politischen Bericht – wobei er mit gesteigerter Aufmerksamkeit rechnen kann. Dies gilt auch für den Parteivorsitzenden, sofern dieses Amt nicht ohnehin in Doppelfunktion vom Kanzler oder Fraktionsvorsitzenden ausgeübt wird. In ihren Berichten (die bei der SPD üblicherweise auch schriftlich vorgelegt werden) gehen sie auf wichtige politische Ereignisse ein, gewichten und bewerten Konflikte innerhalb der eigenen Partei (Fraktion) und zwischen den Koalitionspartnern und nehmen zu Auseinandersetzungen mit dem politischen Gegner Stellung. Sie bringen die politischen Leitlinien in Erinnerung und versuchen verständlich zu machen, inwieweit die Ereignisse der letzten Wochen aus der Sicht der politischen Führung Fortschritte oder Rückschläge bei der Erreichung der Regierungs- bzw. Oppositionsziele gebracht haben.

Inhalt und Stil dieser Berichte werden natürlich durch die Regierungs- oder Oppositionsrolle und auch den persönlichen Stil und das Selbstverständnis dieser Spitzenpolitiker geprägt. So hat sich Bundeskanzler Helmut Schmidt in der Fraktion in der Doppelrolle des Staatsmannes mit dem umfassenden Durchblick und des Fachmannes dargestellt, während sein Nachfolger Helmut Kohl, in der Fraktion in schlichter Rhetorik vortragend, – ähnlich wie in öffentlichen Partei- und Wahlveranstaltungen – als populistischer Generalist auftrat. Kohl vermied es zumeist, sich präzise festzulegen und beschränkte sich darauf, in etwa die politische Richtung anzugeben und gelegentlich auch Akzente zu setzen, die Erfolge der Regierung herauszustreichen, Mißerfolge und Konflikte der Regierungsparteien herunterzuspielen, Optimismus und Zuversicht zu verbreiten, Zweifel am Erfolg der von ihm geführten Regierung zu zerstreuen und Einigkeit zu beschwören.

Obwohl in Temperament und persönlichem Auftreten unterschiedlich, sehen die Vorsitzenden der großen Regierungsfraktion(en) ihre Hauptaufgabe darin, dem Bundeskanzler „den Rücken freizuhalten“, die in Kabinettsbeschlüssen, Koalitionspapieren und -gesprächen vereinbarte Regierungspolitik auch in der Fraktion (möglichst geschlossen) durchzusetzen und kritische Minderheiten einzubinden und/oder zu disziplinieren. Die Abgeordneten erfahren die authentische Interpretation der Politik durch den Vorsitzenden und werden mit der offiziösen „Sprachregelung" vertraut gemacht. Neue Aspekte oder vertiefte Einblicke werden den Fraktionsmitgliedern durch diese Berichte des Vorsitzenden kaum vermittelt, der – ebenso wie der Kanzler – üblicherweise auch die „Außenwirkung" dieser politischen Berichte bedenkt.

Zum Ritual dieser Reden gehört:

- Die politischen Erfolge der Regierungspolitik und den Anteil der eigenen Partei daran herauszustreichen, Ergebnisse von Koalitionsgesprächen in günstigem Licht erscheinen zu lassen („Wir machen ausgezeichnete Politik") und die Abgeordneten zu ermuntern, die Regierungs- und Fraktionsbeschlüsse „offensiv" zu vertreten.
- Durch gezielte (polemische) Angriffe auf den politischen Gegner die Fraktion aufzumuntern und von Schwierigkeiten der Koalition abzulenken.
- Durch entschiedene Formulierung der Ziele der eigenen Partei die eigene Verhandlungsposition in Koalitionsgesprächen zu stärken – aber auch die (eigene) Fraktion nötigenfalls auf Kompromisse einzustimmen.
- „Geschlossenheit" der Fraktion nicht nur bei Abstimmungen im Plenum, sondern auch in der Fraktionssitzung zu sichern.
- Tiefgreifende Kontroversen vor allem in einer entscheidungsreifen Phase zu unterbinden.

Bereits im Bericht macht der Vorsitzende (und ggf. auch der Kanzler) deutlich, wo er Diskussionen für schädlich hält, und dies sind oft gerade jene Themen, die in der Öffentlichkeit und vor allem in anderen Fraktionsgremien (Vorstand, Arbeitsgruppe) möglicherweise zu heftigen Auseinandersetzungen geführt haben.

An die politischen Berichte schließt sich meist eine – mitunter sehr ausführliche – Diskussion an, veranlaßt durch tagespolitische Herausforderungen und aktuelle Konflikte der letzten Wochen sowie Stellungnahmen in den politischen Berichten. Zumeist hat sich der Fraktionsvorsitzende (Kanzler, Parteivorsitzende) in seinem politischen Bericht schon auf diese Konfliktstoffe eingestellt, die in der Regel ja schon den Vorstand, die Landesgruppen und andere Fraktionsgremien beschäftigt haben. Reagiert wird in diesen Diskussionen zum einen auf Vereinbarungen von Koalitions- und Regierungsgremien, die ohne entsprechende Einbeziehung der Fraktion erfolgt sind, sowie öffentliche Stellungnahmen von Regierungsmitgliedern und führenden Politikern von Partei und Fraktion, die von bisherigen Fraktions- und Parteibeschlüssen abweichen oder geeignet erscheinen, die Fraktion in einer noch offenen Frage (vorzeitig) festzulegen. Diese Auseinandersetzungen werden zwischen Vertretern verschiedener Parteigruppierungen geführt, z.B. der „Parlamentarischen Linken" und dem „Seeheimer Kreis" in der SPD, dem „Wirtschaftsflügel" und der „Arbeitnehmergruppe" bei der CDU/CSU.

Unmut wird (insbesondere in den Regierungsfraktionen) immer wieder darüber geäußert, daß die Fraktionsführung die Abgeordneten zur Geschlossenheit und zum Verzicht auf die öffentliche Austragung von Konflikten mahnt, während Spitzenpolitiker der Koalition sich mit kontroversen Stellungnahmen öffentlich hervortun und gegebenenfalls auch die Fraktion öffentlich festzulegen suchen.

Die Diskussion im Anschluß an die politischen Berichte schließt der Vorsitzende (der großen Regierungsfraktion) mit einem Statement ab, in dem er die Ergebnisse der Diskussion (pointiert) zusammenfaßt und von der Fraktion bestätigen läßt, in kritischen Situationen auch darauf hinwirkt, den Schluß der Rednerliste durch Mehrheitsbeschluß herbeizuführen.

Die Fraktionssitzungen von Bündnis 90/Die Grünen und der FDP beginnen mit einem Bericht des Parlamentarischen Geschäftsführers aus dem Ältestenrat zur Parlamentarischen Woche. Auf einen Lagebericht des Vorsitzenden wird verzichtet.

3.6.2 Vorbereitung der Plenarsitzungen

Selbstverständlich befassen sich die Fraktionen auf ihren Versammlungen auch mit der Vorbereitung der Plenarsitzungen der laufenden Woche. Den Abgeordneten liegt eine (vorläufige) Tagesordnung der Plenarsitzungen vor, in die bereits die Gesamtdauer der einzelnen Tagesordnungspunkte eingetragen ist. Der für das Plenum zuständige Erste Parlamentarische Geschäftsführer weist auf aktuelle Änderungen hin, auf kurzfristig angesetzte oder noch zu erwartende Aktuelle Stunden und das taktische Vorgehen; bei größeren Debatten (z.B. Haushaltsdebatten) auch auf die zu erwartenden Redner des politischen Gegners, den voraussichtlichen Zeitpunkt ihres Auftritts und mögliche Alternativen bei der thematischen Schwerpunktbildung (und beim Rednereinsatz). Wichtige Merkposten sind u.a. angekündigte oder zu erwartende namentliche Abstimmungen (Zeitpunkt) sowie Geschäftsordnungs- und Entschließungsanträge. Appelle der Parlamentarischen Geschäftsführer zur Verbesserung der Plenarpräsenz gehören fast zum Ritual (Petersen 1999).

Bei der Vorbereitung der Plenardebatten zeigt sich, daß die Dominanz des Ersten Parlamentarischen Geschäftsführers der CDU/CSU-Fraktion (und seines Stellvertreters von der CSU) noch ausgeprägter ist, als bei den anderen Fraktionen. Er geht die Tagesordnung der Plenarsitzung durch und gibt bekannt, wer zu den einzelnen Punkten für die Fraktion sprechen wird und mit welchen Debattenbeiträgen von Regierungs- und Bundesratsmitgliedern zu rechnen ist. Gelegentlich fragt er auch bei AG-Vorsitzenden nach oder bittet diese, noch Redner zu benennen. In der SPD-Fraktionssitzung tragen – je nach Gewicht des Themas – die Stellvertretenden Vorsitzenden, die Obleute oder Berichterstatter das Ergebnis der Beratungen in der Arbeitsgruppe und im Vorstand vor, mit den Empfehlungen für das Abstimmungsverhalten und das taktische Vorgehen im Plenum. Der für die Berichterstattung der jeweiligen Arbeitsgruppe zuständige Abgeordnete gibt auch bekannt, wer für die Fraktion sprechen soll. Bei wichtigeren Themen skizzieren sie (auch hier meist nur sehr knapp) die Argumentationslinien in den vorgesehenen Debattenbeiträgen.

Diskussionen über die Rednerliste (oder gar Kampfabstimmungen) kommen in der Fraktionsversammlung selten vor. Mögliche Kontroversen der beteiligten Arbeitsgruppen und Interessengruppierungen untereinander und zwischen diesen und der Fraktionsführung werden in der CDU/CSU-Fraktion in aller Regel spätestens in der vorausgegangenen Besprechung mit den AG-Vorsitzenden geklärt. Ergänzende Ausführungen von AG-Vorsitzenden (oder anderen Vorstandsmitgliedern) sind bei der CDU/CSU selten. Auch in den Fraktionssitzungen der SPD entzünden sich Diskussionen meist nicht bei der Vorbereitung der Plenardebatten der laufenden Woche. Mittlerweile entscheidet auch bei Bündnis 90/Die Grünen – im Unterschied zur früheren Praxis in den 80er Jahren – die Fraktion nurmehr selten über die Redner für die Plenardebatte; bestimmend ist auch hier in der Regel die Entscheidung des zuständigen Arbeitskreises.

Wenig ratsam und zudem fast aussichtslos ist es für einzelne Abgeordnete, die in ihrer Arbeitsgruppe übergangen wurden oder für die Fraktion zu anderen Themen sprechen wollen, sich in der Fraktionssitzung selbst vorzuschlagen (vgl. Ismayr 1992: 134).

3.6.3 Entscheidungen über Vorlagen und Initiativen

Ausführlich und oft auch kontrovers diskutiert wird über wichtige Gesetzesvorhaben und andere Vorlagen, wobei bei den Regierungsfraktionen meist Gesetzesinitiativen und programmatische Erklärungen der Regierung im Mittelpunkt stehen, bei der Opposition Initiativen aus ihren Arbeitsgruppen oder -kreisen (Gesetzentwürfe, Große Anfragen, Anträge, Änderungsanträge). Die Berichterstattung über die Regierungsentwürfe übernehmen meist die zuständigen Bundesminister selbst, die in den Sitzungen der Regierungsfraktionen dominieren. Anwesende Ministerialbeamte unterstützen die Minister fachlich, beteiligen sich aber nicht an der Diskussion.

Ausführlich begründet haben die beteiligten Bundesminister ihre Initiativen zuvor in Koalitionsgesprächen und meist auch im Vorstand, in wichtigen Fällen auch in zuständigen Arbeitsgruppen (Arbeitskreisen), in einer Landesgruppe oder einer Interessengruppierung der Fraktion. In der Fraktionsversammlung geht es dann vornehmlich darum, einen in kleineren Zirkeln abgestimmten (Kompromiß-)Entwurf „abzusegnen".

Sowohl die sozialliberale Regierung (vor allem unter Kanzler Helmut Schmidt) als auch die christlich-liberale Regierungskoalition (1982-98) konnte bei diesem Vorgehen im allgemeinen mit der Unterstützung der Fraktionsvorsitzenden rechnen, die es als ihre Hauptaufgabe sehen, der Regierung „den Rücken frei zu halten" und Kontroversen in der Fraktionsversammlung zu vermeiden, um nicht nur im Plenum, sondern auch in der Fraktion Geschlossenheit zu demonstrieren. Fraktionsinterne Kritiker haben es dabei schwer, sich Gehör zu verschaffen.

Dem Anliegen zumindest eines Teils der Fraktion, bei Planungen und Vorhaben der Regierung möglichst frühzeitig informiert und einbezogen zu werden, kommen die Kabinettsmitglieder – je nach Selbstverständnis und Interessenlage – in unterschiedlicher Weise entgegen. Manche Minister zeigen sich bei wichtigen Vorhaben selbst daran interessiert, sich rechtzeitig die Unterstützung der Gesamtfraktion zu sichern, mit der Konsequenz allerdings, daß die Fraktion dann verstärkt in die Verantwortung „eingebunden" ist. So warb der Bundesarbeitsminister und frühere CDA-Vorsitzende Norbert Blüm mehrmals um die Zustimmung für Koalitionskompromisse, die teilweise nach zähem Ringen der Interessengruppen der Union, in Arbeitsgruppen der Fraktion(en) und in zahlreichen Kontakt- und Koalitionsgesprächen zustande gekommen waren. Diese Mitwirkung an der politischen Vorentscheidung sichert der Fraktion jedenfalls dann, wenn diese Entscheidung in Kontaktgesprächen der Regierungsvertreter in den Fraktionsgruppen gründlich vorbereitet wurde, eine wirksamere (interne) Mitgestaltung und Kontrolle, als bei Befassung mit fertigen Kabinettsvorlagen. Allerdings tut die Fraktion gut daran, sich ihre „endgültige" Zustimmung im Detail ausdrücklich vorzubehalten, wenngleich die Wirkung solcher Vorbehalte natürlich nicht überschätzt werden darf.

Von der „Fraktionsregie" nicht vorgesehen und erwünscht ist allerdings, daß die Gesamtfraktion zum Schiedsrichter über im Kabinett umstrittene Regierungsvorhaben aufgerufen wird – wie dies gleichwohl gelegentlich geschieht (so beispielsweise wiederholt zwischen Arbeitsminister Blüm und Finanzminister Gerhard Stoltenberg in den 80er Jahren; vgl. Ismayr 1992: 136f.). Vorgesehen ist die frühzeitige Absicherung von Regierungsentscheidungen, aber nicht eigentlich „Mitregierung" der Fraktionsversammlung.

Das Verteilen von „Zensuren" durch den Fraktionsvorsitzenden und entschiedene Interventionen zur Beendigung von Debatten, die im Interesse eines „geschlossenen" Erscheinungsbildes der Fraktion als unerwünscht gelten, fielen in solchen Fällen besonders heftig aus, sind jedoch auch in ganz „normalen" Fraktionssitzungen üblich.

3.6.4 Diskussionen und Appelle zur „Geschlossenheit"

Wie die Diskussionen im Anschluß an die politischen Berichte und zu den Einzelthemen verlaufen, welche Erfolge insbesondere die Vorsitzenden der Regierungsfraktionen mit ihren ritualisierten Appellen zur Geschlossenheit haben, hängt von verschiedenen Faktoren ab. Der Konsensdruck ist dabei in Regierungsfraktionen im allgemeinen größer als in Oppositionsfraktionen (vgl. auch Saalfeld 1995).

Selbstverständlich gibt es zu den verschiedenen Tagesordnungspunkten gelegentlich Nachfragen, Anmerkungen und Akzentuierungen, wobei sich in erster Linie führende Vertreter der zuständigen Gremien zu Wort melden. So wird z.B. neben dem Vorsitzenden der federführenden Arbeitsgruppen der CDU/CSU auch der damit befaßte Obmann oder Berichterstatter (ggf. des Haushaltsausschusses) ergänzende und vielleicht auch kritische Anmerkungen machen.

Kontroverse und vertiefte Diskussionen sowie Kampfabstimmungen entwickeln sich (vor allem in den großen Fraktionen) selten spontan und unerwartet; sie kündigen sich meist in vorbereitenden Fraktionsgremien an und werden oft auch gezielt vorbereitet. Können sich zwei oder mehrere Arbeitsgruppen (bzw. Arbeitskreise) nicht einigen und kann auch der Vorstand nicht erfolgreich vermitteln oder lehnt er eine Vorlage ab, hat die Arbeitsgruppe bzw. deren Vorsitzender dennoch die Möglichkeit, eine Entscheidung der Fraktion herbeizuführen.

Angesichts der starken Dominanz des „Wirtschafts-Flügels“ (PKM) der CDU/CSU in der Regierung (1982-98) und nahezu in allen Fraktionsgremien kann die Arbeitnehmer-Gruppe ihre Interessen in den Koalitions- und Fraktionsgremien nur selten durchsetzen. Sie versucht dann relativ häufig – nach Absprache in ihrem Treffen am Dienstagmittag – ihren Standpunkt in der Fraktionssitzung (und auch öffentlich) zu artikulieren. Nur wenn dies rechtzeitig – ggf. noch vor abschließenden Vereinbarungen in Koalitionsgesprächen – geschieht, hat sie eine gewisse Chance, das Ergebnis zu beeinflussen.

Die Fraktionsvorsitzenden der CDU/CSU-Fraktion bedienten sich in Phasen der Regierungsbeteiligung (vor allem gegenüber dem Arbeitnehmer-Flügel) eines Verfahrens, das die SPD-Fraktionsführung zur Zeit der Regierung Helmut Schmidt gegenüber der „Parlamentarischen Linken“ praktiziert hatte: Kritik an (wichtigen) Initiativen in der „Entwurfsphase“ wird mit dem Einwand begegnet, zunächst einmal sollten die Ergebnisse der Koalitionsgespräche und der Kabinettsbeschluß abgewartet werden. Haben sich die Spitzenpolitiker der Koalition aber einmal geeinigt oder liegt gar ein Kabinettsbeschluß vor, wird davor gewarnt, an dem Ergebnis „wieder“ zu rütteln, da sonst die in Koalitionsgesprächen mühsam zustande gekommenen Abmachungen hinfällig seien und mit ungewissem und wahrscheinlich ungünstigerem Ausgang neu verhandelt werden müsse. Der Konsensdruck zur Akzeptanz ausgehandelter Leitlinien und Entwürfe ist dann besonders stark, wenn in Koalitionsgesprächen in einem „Gegengeschäft“ eine „Paketlösung“ geschnürt wurde. Mit Nachdruck appellieren die Fraktionsvorsitzenden und auch der Kanzler und beteiligte Bundesminister – meist erfolgreich – bereits in der Fraktionssitzung geschlossen zu votieren, da die Abstimmungsergebnisse ja in der Öffentlichkeit bekannt würden. Aus diesem Grunde soll in einer entscheidungsreifen Phase der positive Eindruck in der Öffentlichkeit auch nicht mehr durch kritische Diskussionen beeinträchtigt werden. Kontroversen, so der frühere CDU/CSU-Fraktionsvorsitzende Alfred Dregger, solle man in kleineren Koalitions- und Fraktionsgremien austragen, nicht aber in der Fraktionssitzung, die faktisch eine „öffentliche Sitzung" sei. In der Regel fallen die abschließenden Abstimmungen auch nahezu einstimmig aus.

Kontroverse Diskussionen werden auch des öfteren durch die in der CDU/CSU-Fraktion meist geschlossen auftretende CSU-Landesgruppe ausgelöst. Gegen ihren entschiedenen Widerstand können Entscheidungen kaum durchgesetzt werden. Verweigert ihm sein erster Stellvertreter die Unterstützung, muß der Vorsitzende als Sitzungsleiter sehr viel zurückhaltender agieren, als gegenüber anderen Minderheitsgruppen in der Fraktion.

Sowohl zur Zeit der sozialliberalen Koalition wie auch seit 1982 in der Koalition von CDU/CSU und FDP hatten deren Fraktionsversammlungen des öfteren über Vorlagen zu entscheiden, deren endgültige Fassung erst wenige Stunden oder tags zuvor in der „Großen Koalitionsrunde" beschlossen worden waren (so besonders spektakulär im Fall der Parteispendenamnestie 1984; Ismayr 1992: 139). Wirksamer Protest und Widerstand der Fraktion gegen ein derartiges Vorgehen ist selten und bedarf der Vorbereitung. Viele Abgeordnete sind daran gewöhnt, sich nach Stimm- oder Meinungsführern zu richten. Fällt diese Orientierungshilfe in vorbereitenden Sitzungen aus, wagen es offenbar nur wenige, den Widerstand gegen eine „geschlossen" auftretende Führungsspitze zu artikulieren, da die Folgen schwer kalkulierbar sind.

Die Diskussionen in den Fraktionssitzungen werden beherrscht von den führenden, fachlich zuständigen Vertretern der Arbeitsgruppen und -kreise sowie der Interessengruppierungen und natürlich den Regierungsmitgliedern und einigen Spitzenpolitikern der Fraktion und Partei. Nur bei wenigen führenden Politikern gilt es als selbstverständlich, daß sie in der Fraktion zu allen Themen das Wort ergreifen können. Grundsätzlich haben natürlich alle Abgeordneten das Recht, sich in der Fraktion zu allen Themen zu äußern. „Einfache" und vor allem neue Abgeordnete haben es jedoch schwer, Gehör zu finden, zumal wenn sie abweichende Meinungen zu Themen äußern, die nicht zu ihrem Arbeitsgebiet gehören, und vor allem dann, wenn sie dies nicht in Absprache mit einer Landes- oder Interessengruppe der Fraktion tun. Wer sich als einzelner „querlegt", hat nur dann eine Chance, wenigstens gehört und ernstgenommen zu werden, wenn er dies gut vorbereitet und dosiert tut. Auch wer die nötige Portion Zivilcourage mitbringt, wird es sich wohl überlegen, ob der Anlaß wichtig genug ist und ob seine fachlichen Kenntnisse ausreichen, um nicht von den führenden Experten „abgeschmettert" zu werden. Wer (in den großen Fraktionen) bei Diskussionsbeiträgen diese informellen Spielregeln mißachtet, gerät in Gefahr, nicht ernst genommen zu werden und sich zu isolieren.

Nicht unbedenklich ist es sicherlich, wenn mit dem plausiblen Argument, man wolle die Regierung nicht in Schwierigkeiten bringen, bereits in Fraktionssitzungen der Regierungspartei(en) grundsätzliche Kritik und die Artikulation sachlicher Alternativen erschwert werden. Dies geschieht nicht einmal nur aufgrund befürchteter Mißbilligung durch die Fraktionsführung oder restriktiver Taktik der Diskussionsführung, sondern ist auch bedingt durch den Gruppendruck zur Anpassung, der sich in dem sicher nicht immer unberechtigten Vorwurf ausdrückt, dieser oder jener Abgeordnete wolle sich mit Wortmeldungen in Fraktionssitzungen nur auf Kosten anderer profilieren.

Der frühere Abgeordnete Olaf Schwencke beschreibt die Anpassungserwartungen in der SPD-Fraktion unter der Führung Herbert Wehners folgendermaßen:

„Zunächst gibt es so etwas wie eine Schonfrist, die man dem Anfänger durchaus zugesteht. Nutzt er sie, indem er seine Beiträge erstens knapp und zweitens nicht allzu abweichend von der Mehrheitsauffassung formuliert, kann er damit rechnen, daß man ihm auch später zuzuhören bereit ist und er erst einmal ein grundsätzliches ‚o.k.' erwarten kann. Wer es hingegen wagt, als Neuer schlauer als die Alten zu sein und das auch noch ausführlich begründet, der hat schon verloren; bereits ein paar von ihm nur unglücklich formulierte Sätze können das vielleicht endgültige ‚out' bedeuten. Flugs findet sich nach seinen Auslassungen ein erfahrener Älterer in der Fraktion, der ihn unter dem Beifallgeklopfe der Mehrheit ‚abschmettert'. Wagt er (...) eine Erwiderung, so schwillt der Geräuschpegel der Fraktion noch einmal kräftig an, der Redner kann sich kaum noch verständlich machen, und dann ist es um ihn geschehen: Alles Weitere ist vergeblich, jetzt und künftig! Man hat seine Chance verspielt" (Schwencke 1985: 35; vgl. Lattmann 1981: 20f.).

Entsprechende Erfahrungen haben neue Abgeordnete auch in der CDU/CSU-Fraktion gemacht (Ismayr 1992: 141).

Ähnlich geringe Einflußmöglichkeiten wie der Arbeitnehmer-Flügel der CDU/CSU auf die Regierungspolitik der christlich-liberalen Koalition hatten die Abgeordneten der „Parlamentarischen Linken", die zusammen mit anderen führenden Parteimitgliedern den Leverkusener Kreis bildeten, zur Zeit der sozialliberalen Koalition (1969-82). Die Gruppe der etwa 100 „Kanalarbeiter", konnte sich gegenüber der „Parlamentarischen Linken" regelmäßig durchsetzen.

Der Führungsstil des Fraktionsvorsitzenden Herbert Wehner (1969-83), aber auch die Auftritte des machtbewußten Kanzlers Helmut Schmidt, waren gewiß einem kollegialen, kommunikationsfreundlichen Diskussionsklima nicht eben förderlich und trugen (vor allem in den letzten Jahren der SPD/FDP-Koalition) eher zur Verhärtung der Fronten denn zu einem die politische Arbeit befruchtenden Umgang mit Fraktionsminderheiten bei (Schwencke 1985: 35f. 41; Ismayr 1982a: 36ff.).

Das Klima in den Fraktionssitzungen hatte sich nach dem Wechsel in die Opposition im Jahre 1982/83 unter der Führung des integrationsfähigen Vorsitzenden Hans-Jochen Vogel gewandelt. Auseinandersetzungen zwischen „linken" und „rechten" Abgeordneten wurden seither in der Fraktion vergleichsweise sachlich und eher moderat geführt (vgl. Ehmke 1994: 323ff.). Zwischen den Flügeln wird unter Mitwirkung zahlreicher Abgeordneter der Mitte, die sich keiner Gruppierung eng angeschlossen haben, zu vermitteln versucht. Allerdings bleibt abzuwarten, ob die mit der erneuten Regierungsbeteiligung der SPD (seit Oktober 1998) gewachsenen Gestaltungs- und Karriereerwartungen zu verstärkten Auseinandersetzungen zwischen den Fraktionsflügeln führen werden.

3.7 Koordinationsgremien

Die Formen und Ebenen der Koordination und Kooperation innerhalb und zwischen den Fraktionen sowie zwischen diesen und der Bundesregierung sind äußerst vielfältig und nicht nur für Außenstehende schwer überschaubar. Hinzu kommen zahlreiche Informationskontakte und Abstimmungen mit Regierungen und Fraktionen der Länder, mit Verbänden und Interessenorganisationen von Parteien und die vielschichtigen Formen der Presse- und Öffentlichkeitsarbeit.

3.7.1 Koordinationsgremien der Fraktionen (Obleutebesprechungen)

Neben gemeinsamen Sitzungen von Gremien (Arbeitsgruppen), Berichterstatter-Gesprächen und „übergreifenden" Ad-hoc-Gruppen kommt den regelmäßigen Koordinationsgesprächen der Obleute und anderer Führungskreise große Bedeutung zu. Der Begriff „Obleutebesprechung" oder „Obleute-Gespräch" wird für unterschiedliche Treffen gebraucht.

Regelmäßige Gespräche finden zwischen den Obleuten der einzelnen Ausschüsse statt. Auf Einladung des Ausschußvorsitzenden treffen sich die Obleute regelmäßig in Sitzungswochen zu einem in der Regel festen Termin, um die Tagesordnung der nächsten Sitzungswoche zu besprechen. Darüber hinaus treffen sie ad hoc zusammen, um Verfahren und Inhalte abzustimmen.

Eine zweite Ebene waren bis zu ihrer Abschaffung 1991 Treffen der Funktionsträger der einzelnen Arbeitskreise der SPD-Fraktion (z.B. AK „Sozialpolitik"), in denen die Sitzungen der Arbeitsgruppen und des Arbeitskreises und deren Haltung in der Fraktionssitzung vorbesprochen wurden (Ismayr 1992: 144).

Die CDU/CSU-Fraktion hatte es nach der Abschaffung der Arbeitskreise 1980 für erforderlich gehalten, nach den Sitzungen der Arbeitsgruppen am Dienstagvormittag und vor der Fraktionssitzung (15 Uhr) ein in der Arbeitsordnung nicht vorgesehenes, aber faktisch fest institutionalisiertes informelles Gremium einzuschalten, dem neben den Mitgliedern des Geschäftsführenden Vorstandes (außer den Justitiaren) alle Arbeitsgruppen-Vorsitzenden angehören (im Fraktionsjargon derzeit als „Schäuble-Runde" bezeichnet). Über die wichtige Funktion hinaus, die noch für die Fraktionssitzung relevanten Ergebnisse der AG-Sitzungen abzustimmen und eventuelle Divergenzen auszuräumen oder zu entschärfen, übt dieses Gremium eine gewisse Filterfunktion insbesondere gegenüber der Fraktionssitzung aus. Insgesamt gesehen wächst die Bedeutung dieser Besprechungen mit der Spezialisierung innerhalb der einzelnen Arbeitsgruppen, den entstehenden Kooperationsdefiziten und unter dem häufig entstehenden Druck, noch in der kurzen Zeit bis zur Fraktionssitzung fraktionsinterne Mehrheiten für Kompromiß-Vorlagen zu sichern, die vielleicht erst in „abschließenden" Koalitionsgesprächen am Dienstagvormittag zustande gekommen sind.

Ein ähnliches Gremium – „Sprecher-Konferenz“ genannt – hatte auch die SPD-Fraktion nach Abschaffung der Arbeitskreise (1991) eingeführt – doch wird es seit 1994 nur noch selten einberufen (vermutlich, weil nach bisherigen Erfahrungen eine zu starke Rolle der Geschäftsführer befürchtet wird). Es besteht somit in der SPD-Fraktion kein funktionsfähiges Gremium, in dem vor der Fraktionssitzung alle wichtigen Funktionsträger zur Abstimmung der Arbeitsergebnisse und Positionen zusammenkommen. Von der Koordinationsleistung der Stellvertretenden Vorsitzenden im Vorfeld und in den Sitzungen des (Geschäftsführenden) Vorstands hängt nun die Fähigkeit zur konzeptionellen Abstimmung der spezialisiert erarbeiteten Vorlagen und Stellungnahmen in hohem Maß ab. Generell besteht die Gefahr, daß notwendige Koordination und damit auch konzeptionelle Arbeit eher erschwert, eine Stärkung der Fraktionsversammlung als Ort des offenen und produktiven Diskurses und der konzeptionellen Entscheidungsfindung aber nicht unbedingt erreicht wird (vgl. Lemke-Müller/Matthäi 1993: 583).

Aufgrund entsprechender Erfahrungen hat die SPD-Fraktion im Frühjahr 1996 die bis Herbst 1991 bestehende fraktionsoffene „Obleutebesprechung“ am Mittwochabend (nach den Ausschußberatungen) wieder eingeführt, die eine prospektive Funktion hat(te) und der inhaltlichen wie organisatorischen Abstimmung von Initiativen dient(e). Beteiligt sind neben den Sprechern der den Bundestagsausschüssen korrespondierenden Arbeitsgruppen der Erste Parlamentarische Geschäftsführer und ggf. weitere Mitglieder des Geschäftsführenden Vorstandes. In diesen Treffen erhält man den wohl umfassendsten Überblick über alle in den Arbeitsgruppen der Fraktion laufenden Initiativen. In einem größeren Kreis von Funktionsträgern können hier bei Bedarf noch vor der Ältestenratssitzung und vor den Plenardebatten mögliche Reaktionen im Plenum und in den Massenmedien auf Kabinettsbeschlüsse (Mittwoch) und Beschlüsse der anderen Fraktionen besprochen und abgestimmt werden.

Die Relevanz der Besprechung der Funktionsträger der langjährigen Regierungsfraktion CDU/CSU läßt sich nur dann angemessen einschätzen, wenn man sie vor dem Hintergrund und im Kontext der zahlreichen Koalitionsgespräche sieht, die auf verschiedenen Ebenen ablaufen. Sie sind im Willensbildungs- und Entscheidungsprozeß von Fraktion(en) und Regierung unterschiedlich verortet und gewichtet – je nach Bedeutung des Themas, möglicher Konfliktdynamik zwischen den Koalitionspartnern und objektiv oder aus taktischen Gründen für notwendig gehaltener Eilbedürftigkeit.

3.7.2 Koalitionsgremien

Laufend neue Anforderungen aber auch Lücken in den Koalitionsvereinbarungen zu Beginn der Wahlperiode führten zur Bildung informeller Koalitionsgremien, in denen wichtige (Vor-)Entscheidungen getroffen werden. Obwohl sie in keiner Geschäftsordnung erwähnt werden und ihre Beschlüsse formal nur Empfehlungscharakter haben, kommt diesen Koalitionsgesprächen – so die unverbindlich klingende Bezeichnung – auf allen Ebenen eine wichtige, den Spitzengesprächen in der Großen Koalitionsrunde eine oft entscheidende Rolle zu.

Neben und vor das Bundeskabinett trat in den 70er Jahren und verstärkt zur Zeit der christlich-liberalen Koalition – zumindest phasenweise – als „faktisches Entscheidungszentrum“ das Große Koalitionsgespräch und gelegentlich auch die „Elefantenrunde“ aus den Partei- und Fraktionsvorsitzenden der Koalition (Rudzio 1991: 133, 136; vgl. Schreckenberger 1994: 329ff.). In der großen Koalitionsrunde werden die „großen Linien der Politik“ festgelegt, die wichtigsten Richtungsentscheidungen getroffen. Insbesondere finden Diskussionen und Entscheidungen über all jene Themen statt, bei denen auf einer „unteren“ Ebene keine Klärung herbeigeführt werden konnte. Geht es um konkrete Vorlagen, ist natürlich die formelle Bestätigung des Kabinetts und/oder der Fraktion erforderlich. Die Sitzungen fanden zur Zeit der CDU/CSU-FDP-Koalition (1982-98) regulär in Sitzungswochen am Dienstagmorgen vor der Fraktionssitzung und der Kabinettssitzung (regulär mittwochs) statt.

An den Großen Koalitionsgesprächen sind die Regierungs-, die Fraktions-, und die Parteiebene mit ihren führenden Vertretern beteiligt. Sie sind damit ähnlich zusammengesetzt wie die große Runde bei den Koalitionsverhandlungen zu Beginn der Wahlperiode.

Zum festen Teilnehmerkreis gehörten zur Zeit der christlich-liberalen Koalition (oft in Personalunion) neben dem Bundeskanzler und dem Chef des Bundeskanzleramtes die Vorsitzenden und Generalsekretäre der Parteien sowie die Fraktionsvorsitzenden und Ersten Parlamentarischen Geschäftsführer (einschl. des Vorsitzenden und Geschäftsführers der CSU-Landesgruppe). In vorausgegangenen Wahlperioden gehörten diesem Kreis noch mehrere führende Bundesminister an (üblicherweise in ihrer Doppelfunktion als führende Parteivertreter), in der 13. Wahlperiode (1994-98) nur der Außenminister und stellvertretende FDP-Vorsitzende Klaus Kinkel. Andere Minister nahmen je nach Thematik teil. Diese stark reduzierte personelle Vertretung der Regierungsmitglieder in der Großen Koalitionsrunde hatte die Funktion des Bundeskabinetts als Beratungs- und Entscheidungsgremium weiter geschwächt.

Beteiligt sind führende Parteivertreter auch dann, wenn sie weder Mitglieder des Bundestages noch der Bundesregierung sind (so 1995 der neue FDP-Generalsekretär) (Ismayr 1992: 146ff., 11ff). Der CSU-Vorsitzende und bayerische Ministerpräsident Strauß gehörte diesem Koalitionsgremium nicht an; er brachte seine Ansprüche auf andere Weise zur Geltung. Der Festlegung der CSU-Vertreter in der Koalitionsrunde und im Kabinett dient(e) besonders der monatliche Jour fixe, an dem neben Strauß die CSU-Bundesminister, der Vorsitzende und der Geschäftsführer der CSU-Landesgruppe und führende Landespolitiker der CSU teilnahmen. Auch die konservative Presse vermutete in diesem informellen Gremium, in dem Strauß mit gewohntem Nachdruck die politischen Weichen zu stellen versuchte, eine Art „Nebenregierung". Seitdem der neue CSU-Vorsitzende als Finanzminister in die Bundesregierung eingebunden war (1989-98), hat der – inzwischen nur mehr selten tagende – „Jour Fixe" seine frühere Bedeutung allerdings eingebüßt.

Kamen auch in der großen Koalitionsrunde keine Vereinbarungen zustande, wurden grundlegende Entscheidungen in der „Elefanten-Runde" der Partei- und Fraktionsvorsitzenden von CDU, CSU und FDP getroffen (einschl. dem Landesgruppenvorsitzenden der CSU). Das Gewicht der „Elefantenrunde" hängt selbstverständlich von der jeweiligen personellen Konstellation ab und auch davon, ob alle Parteivorsitzenden in der Großen Koalitionsrunde mitwirken (Ismayr 1992: 146ff.). SPD und Bündnis 90/Die Grünen haben (im Unterschied zur auf Bundesebene üblichen Praxis) einen „Koalitionsausschuß" mit 8 Mitgliedern je Koalitionspartner ausdrücklich in der Koalitionsvereinbarung festgelegt, der „auf Wunsch eines Koalitionspartners zusammentritt" (Koalitionsvereinbarung 1998: 63; Schindler 1994: 451ff.; zur Praxis in den Bundesländern Kropp/Sturm 1998: 112ff.). Dieses ebenfalls die Partei-, Fraktions- und Regierungsebene verklammernde Spitzengremium ist allerdings (anders als seit den

70er Jahren üblich) nicht als regelmäßig tagende Institution gedacht und wurde bisher auch nur in größeren Abständen einberufen – doch bleibt angesichts beachtlicher Koordinationsprobleme die weitere Entwicklung abzuwarten.

Für die Zusammenarbeit der Regierungsfraktionen wichtige Absprachen werden auch in sog. „Kleinen Koalitionsrunden" getroffen. So trafen sich am Freitagmorgen in Sitzungswochen die Fraktionsvorsitzenden und Ersten Parlamentarischen Geschäftsführer der CDU/CSU-FDP-Koalition zu Absprachen – wenn Fragen auf einer „unteren" Ebene und zwischen den Fachleuten (Fachebene) nicht gelöst werden konnten (Fraktionsrunde). Insgesamt gesehen hatte sich das Gewicht seit 1988 aber zur Großen Koalitionsrunde hin verlagert. Um die Abstimmung zwischen den Koalitionspartnern zu verbessern, wurde auf Wunsch von Bündnis 90/Die Grünen auch von den neuen Regierungsparteien eine „Kleine Koalitionsrunde" auf Fraktionsebene geschaffen, die in Sitzungswochen regelmäßig am Dienstagmorgen zusammentritt und inzwischen offenbar eine beachtliche Rolle bei der Koordination der Parlamentsarbeit spielt. (Ihr gehören die Vorsitzenden und die Ersten Parlamentarischen Geschäftsführer der Koalitionsfraktionen sowie der Leiter der SPD-Fraktionsverwaltung an.)

„Koalitionsgespräche" werden auch die zahlreichen Arbeitstreffen der Funktionsträger und Fachleute der einzelnen Politikbereiche genannt, die der Koordination und Entscheidungsvorbereitung (Ausschußsitzungen!) dienen. Grob unterscheiden lassen sich Treffen von Fachleuten „nur" der Regierungsfraktionen von solchen Koalitionsgesprächen, an denen auch Minister, Parlamentarische Staatssekretäre und/oder Ministerialbeamte beteiligt sind. Zumindest aber werden Informationskontakte zu den Ministerien auch dann hergestellt, wenn Regierungsvertreter nicht „offiziell" beteiligt werden.

Regierungs- und Fraktionsebene sind somit auf mehreren Ebenen und in verschiedener Form miteinander verklammert. Die privilegierte Position der Spitzenpolitiker in Regierung, Fraktion und Partei – häufig in Doppelfunktion – wird durch die Beteiligung an der Großen Koalitionsrunde, der Elefantenrunde und der Fraktionsrunde (Kleinen Koalitionsrunde) gestärkt und abgesichert.

4 Organisation und Arbeitsweise des Bundestages

Wie schon in den vorausgegangenen Kapiteln ersichtlich, vollzieht sich ein wesentlicher Teil der Arbeit des Bundestages nicht in den öffentlichen Plenarsitzungen, sondern in ganz überwiegend nicht-öffentlichen Gremien, deren Bedeutung mit der wachsenden Arbeitsfülle und fachlichen Ausdifferenzierung des Bundestages als „Arbeitsparlament“ mehr oder weniger kontinuierlich gewachsen ist. Neben den Fachausschüssen des Bundestages sind dies Institutionen, die vornehmlich Aufgaben als Koordinations- und Lenkungsorgane erfüllen – neben dem Präsidenten, dem Präsidium und vor allem dem Ältestenrat, denen hier eigene Abschnitte gewidmet sind, auch der im Kontext behandelte Geschäftsordnungsausschuß.

Einleitend werden die Konstituierung des Bundestages und die rechtliche und politische Bedeutung seiner Geschäftsordnung erörtert. Danach wird der Frage nachgegangen, inwieweit die Funktionsbedingungen des Fraktionsparlaments auch Zusammensetzung und Wirkungsweise der für die Arbeitsplanung und Sitzungsleitung zuständigen Gremien sowie der Ausschüsse des Bundestages bestimmen. Welches Gewicht kommt bei der Gestaltung der Tagesordnung und der Debatten der Regierungsmehrheit und den Oppositionsfraktionen zu, und welche Rolle spielen dabei die Parlamentarischen Geschäftsführer? Nach welchen formellen und informellen Regeln kommt die Besetzung der Ausschüsse zustande? Welches Gewicht kommt den Ausschüssen im parlamentarischen Willensbildungsprozeß zu? Welche Rolle spielt die Mitwirkung von Ministerialbeamten in den Fachausschüssen? Unterscheiden sich die Ausschüsse hinsichtlich des Diskussions- und Arbeitsstiles und des Abstimmungsverhaltens vom Plenum?

4.1 Konstituierung des Bundestages und Geltung der Geschäftsordnung

Auf Vorschlag der Enquete-Kommission Verfassungsreform wurde 1976 die „parlamentslose Zeit“ durch Neufassung des Art. 39 GG abgeschafft (BGBl I: 2381), um den Bundestag „als ein ständig präsentes und handlungsfähiges Verfassungsorgan auszugestalten“ (Enquete-Kommission Verfassungsreform 1976: 21, 96ff.). Die Wahlperiode endet seither nicht mehr mit dem Ablauf einer bestimmten Frist nach der konstituierenden Sitzung oder mit der Auflösung, sondern mit dem Zusammentritt eines neuen Bundestages. Das Ende der vierjährigen Wahlperiode wird variabel gestaltet. Die Neuwahl findet frühestens 45, spätestens 47 Monate nach Beginn der Wahlperiode statt; spätestens am 30. Tag nach der Wahl muß der Bundestag zusammentreten, auch wenn die Wahlperiode noch nicht abgelaufen ist (Art. 39 Abs. 1, 2 GG; § 1 Abs. 1 GOBT).

Einberufen wird der Bundestag zu seiner ersten Sitzung vom bisherigen Bundestagspräsidenten (oder ggf. einem seiner Stellvertreter), der zuvor mit den Beauftragten der Fraktionen – i.d.R. Parlamentarischen Geschäftsführern – und dem voraussichtlichen Alterspräsidenten den Termin bespricht und versucht, eine Einigung über die Wahl des Bundestagspräsidenten und der Vizepräsidenten zu erzielen und zu klären, ob die Geschäftsordnung der abgelaufenen Wahlperiode unverändert übernommen werden soll. Den Vorsitz in der ersten Sitzung des Bundestages führt nach „allgemein beachtetem Parlamentsbrauch“ (Schäfer [4]1982: 96) zunächst das an Jahren älteste Mitglied des Bundestages (§ 1 GOBT). Der „Alterspräsident“ eröffnet die Sitzung mit einer Ansprache, die dazu beitragen soll, die „Wunden“ des Wahlkampfes zu heilen, indem er an die gemeinsamen Verfassungsgrundsätze und demokratischen Spielregeln erinnert. Dieses ist praktisch seine einzige Amtshandlung. Danach hat er keine Funktion mehr.

Da nach dem Grundsatz der Diskontinuität die GOBT nur für die jeweilige Legislaturperiode gilt, muß alsbald eine Geschäftsordnung beschlossen werden (Art. 40 Abs. 1 GG). Seit der 10. Wahlperiode (1983ff.) erfolgte die Übernahme der GOBT in der ersten Sitzung erst nach einer Debatte zu Änderungsanträgen, die dann mit großer Mehrheit abgelehnt bzw. „vertagt“ wurden. Wiederholt wurden größere

Änderungen erst gegen Ende der Legislaturperiode getroffen und faktisch erst in der folgenden Wahlperiode wirksam.

Traditionell gilt die Geschäftsordnung des Bundestages als „autonome Satzung" (BVerfGE 1, 144, 148), doch ist ihr Rechtscharakter keineswegs unumstritten (Kretschmer 1989: 304ff.). Nach herrschender Lehre kann der Bundestag durch die GOBT nur seine eigenen Angelegenheiten regeln, nicht aber Pflichten für Dritte verbindlich festlegen (Achterberg 1984: 59). Allerdings gelten verpflichtende Regelungen für Personen als zulässig, die „freiwillig in den Internbereich des Bundestages eingetreten sind" (Kretschmer 1986a: 341). Zur Stärkung parlamentarischer bzw. oppositioneller Kompetenzen gegenüber der „Exekutive" reichen Geschäftsordnungsregelungen jedenfalls nicht aus. Wichtige parlamentsrechtliche Regelungen finden sich auch in einer Reihe einfacher Gesetze, zum Teil aufgrund von Ermächtigungen in Vorschriften des Grundgesetzes (z.B. Abgeordnetengesetz). Insbesondere ist eine gesetzliche Regelung dann geboten, wenn Pflichten für Dritte festgelegt werden, so z.B. Informationspflichten der Bundesregierung (z.B. Petitionsausschußgesetz nach Art. 45 c GG; Bücker 1986: 326ff.).

Auf die Festschreibung von Verfahrensregeln sind vor allem parlamentarische Minderheiten angewiesen. Ob hierzu eher die Geschäftsordnung oder ein Gesetz geeignet ist, hängt von der jeweiligen Materie und (partei)politischen Konstellation ab. Über Gesetze entscheidet der Bundestag nicht völlig allein, da auch der Bundesrat (jedenfalls formal) beteiligt ist. Durch ein Verfahrensgesetz kann parlamentarischen Minderheiten „Rechtssicherheit über Wahlperioden hinweg eingeräumt werden" (Kretschmer 1986a: 338), es können aber auch Benachteiligungen „festgeschrieben" werden. Die Geschäftsordnung wiederum steht insoweit mehr als einfaches Gesetzesrecht zur Disposition der (Regierungs-)Mehrheit, als diese in umstrittenen Fällen letztlich über die Auslegung entscheiden kann (§ 127, 128 GOBT). Vor allem aber kann nach der nicht unproblematischen Regelung des § 126 der GOBT im Einzelfall von der Geschäftsordnung abgewichen und das Interesse nicht nur einzelner Abgeordneter, sondern auch kleinerer (Oppositions-)Fraktionen übergangen werden (Bücker 1986: 331).

Bei Änderungen der Geschäftsordnung oder auch gesetzlicher Regelungen zum Parlamentsrecht gilt es gleichermaßen, einen Konsens oder zumindest eine breite parlamentarische Mehrheit anzustreben, besonders dann, wenn Kompetenzen parlamentarischer Minderheiten tangiert sind. Bis zu einem gewissen Grad entspricht dies auch dem Selbstverständnis der Parlamentarier, insbesondere der Mitglieder des Geschäftsordnungsausschusses.

4.2 Präsident und Präsidium

4.2.1 Wahl und Amtsdauer

Der Bundestagspräsident und seine (derzeit 5) Stellvertreter werden bereits in der konstituierenden Sitzung mit den Stimmen der Mehrheit der Mitglieder des Bundestages für die Dauer der Wahlperiode gewählt. Nach der Geschäftsordnung erfolgt die Wahl geheim und in „gesonderten Wahlhandlungen" (Art. 40 Abs. 1 GG; §§ 2 und 49 GOBT). Ergibt sich im ersten und auch in einem zweiten Wahlgang keine absolute Mehrheit für einen Kandidaten, so kommen die beiden Anwärter mit der höchsten Stimmenzahl in die engere Wahl (§ 2 Abs. 2 GOBT).

Bereits seit der Weimarer Republik hat sich der Parlamentsbrauch entwickelt, daß (nur) die jeweils stärkste Fraktion einen Kandidaten für das Amt des Präsidenten vorschlägt, der dann auch gewählt wird. Dies gilt auch, wenn die stärkste Fraktion die Opposition bildet (Kai-Uwe von Hassel 1969, Karl Carstens 1976, Richard Stücklen 1980). Schon seit dem Reichstag der Monarchie werden vor der Wahl des Präsidenten und seiner Stellvertreter in interfraktionellen Gesprächen Vereinbarungen getroffen, die „praktisch die Wahl vorwegnehmen" (Jekewitz 1977: 99f.).

Bisher sind die von der stärksten Fraktion präsentierten Kandidaten stets gewählt worden, zumeist mit einer Mehrheit von über 75% der Abgeordnetenstimmen; erhebliche Unterschiede bei der Stimmenzahl drückten den unterschiedlichen Grad der Akzeptanz aus, beeinträchtigten aber nicht die Entscheidung (vgl. Tab. 4.1).

Widerstand, der eventuell laut zu werden drohte, wurde zumeist „schon im Vorfeld von den Fraktionsspitzen, die die Verhandlungen geführt hatten, ausgeräumt" (Jekewitz 1977: 99; vgl. Schindler 1984: 218f.). Das Personalkalkül der größten Fraktion wird in der Regel auch dann hingenommen, wenn bei der Auswahl nicht die Eignung für das Amt, sondern Karriere-Interessen und partei- und koalitionsinterner Personalproporz ausschlaggebend sind. Die Vertreter jener Fraktionen, die nicht den Präsidenten stellen, gehen (allerdings) nicht ohne „Trumpf" in die Vorgespräche, da ihren Fraktionen mit der Auswahl der Vizepräsidenten gewisse Gegengewichte zur Verfügung stehen. Im Interesse eines breiten Konsens wäre es wohl funktional angemessen, für die Wahl auch formell eine Zweidrittelmehrheit vorzusehen.

Tabelle 4.1: Bundestagspräsidenten 1949-1999: Wahlergebnisse und Amtszeit

WP	Präsident	Amtszeit	abgegeb. Stimmen	Ja-Stimmen	% [a]
1	Erich Köhler, CDU/CSU	07.09.1949-18.10.1950	402	346	86,1
	Hermann Ehlers, CDU/CSU	19.10.1950-06.10.1953	325	201	61,8
2	Hermann Ehlers, CDU/CSU	06.10.1953-29.10.1954	500	466	93,2
	Eugen Gerstenmaier, CDU/CSU	16.11.1954-15.10.1957	409[b]	204[b]	49,9[b]
3	Eugen Gerstenmaier, CDU/CSU	15.10.1957-17.10.1961	494	437	88,5
4	Eugen Gerstenmaier, CDU/CSU	17.10.1961-19.10.1965	504	463	91,9
	Eugen Gerstenmaier, CDU/CSU	19.10.1965-31.01.1969	508	385	75,8
5	Kai-Uwe von Hassel, CDU/CSU	05.02.1969-20.10.1969	457	262	57,3
6	Kai-Uwe von Hassel, CDU/CSU	20.10.1969-13.12.1972	517	411	79,5
7	Annemarie Renger, SPD	13.12.1972-14.12.1976	516	438	84,9
8	Karl Carstens, CDU/CSU	14.12.1976-31.05.1979	516	346	67,1
	Richard Stücklen, CDU/CSU	31.05.1979-04.11.1980	469	410	87,4
9	Richard Stücklen, CDU/CSU	04.11.1980-29.03.1983	515	463	89,9
10	Rainer Barzel, CDU/CSU	29.03.1983-25.10.1984	509	407	80,0
	Philipp Jenninger, CDU/CSU	05.11.1984-18.02.1987	471	340	72,2
11	Philipp Jenninger, CDU/CSU	18.02.1987-11.11.1988	514	393	76,5
	Rita Süssmuth, CDU/CSU	25.11.1988-20.12.1990	475	380	80,0
12	Rita Süssmuth, CDU/CSU	20.12.1990-10.11.1994	650	525	80,8
13	Rita Süssmuth, CDU/CSU	10.11.1994-26.10.1998	669	555	83,0
14	Wolfgang Thierse, SPD	26.10.1999-	666	512	76,9

a Stimmenanteil der Ja-Stimmen für den gewählten Präsidenten in % der abgegebenen Stimmen
b im dritten Wahlgang

Quelle: Schindler 1984: 217ff.; Schindler 1994: 353f.; PlPr 13/1 und 14/1.

Abweichend von der Geschäftsordnung wurde bei der Wahl der Vizepräsidenten bis 1980 jeweils zu Beginn der Legislaturperiode in offener Wahl über alle Vorschläge gemeinsam abgestimmt (gemäß § 126 GOBT). Seit der 10. Wahlperiode (1983) kam hingegen keine interfraktionelle Vereinbarung mehr zustande, da die Koalitionsfraktionen in den Vorgesprächen und im Plenum alle Vorstöße der GRÜNEN und auch der SPD abgelehnt hatten, einen Vizepräsidenten der Fraktion DIE GRÜNEN zu akzeptieren (Ismayr 1992: 158, 592). Auch beim (erneuten) Einzug von Bündnis 90/Die Grünen als drittstärkster Fraktion widersetzten sie sich dem Antrag der SPD-Fraktion, die Zahl der Stellvertreter von 4 auf 5 zu erhöhen, unterstützten nun aber nach einer spektakulären Absprache die Wahl einer von Bündnis 90/Die Grünen gestellten Vizepräsidentin (Antje Vollmer) auf Kosten der SPD-Fraktion, die erstmals seit 1961 nurmehr mit einem Mitglied im Präsidium vertreten und somit gegenüber der Unionsfraktion benachteiligt war (PlPr 13/1; Schindler 1984: 226). Durch Änderung der GOBT wurde der Anspruch jeder Fraktion auf Mitgliedschaft im Präsidium abgesichert (§ 2 Abs. 1 Satz GOBT). Nach der Bundestagswahl 1998 wurde an dieser Regelung festgehalten, nun zuungunsten der CDU/CSU-Fraktion, die nur noch einen Vizepräsidenten stellt, und zum Vorteil der PDS, die erstmals im Präsidium vertreten ist (PlPr 14/1, S. 16ff.).

Eine Abwahl des Präsidenten (oder der Vizepräsidenten) ist in der GOBT nicht vorgesehen und wird vom Geschäftsordnungsausschuß des Bundestages als „systemwidrig" abgelehnt (Härth 1985: 492). Allerdings wird ein Präsident zurücktreten, wenn er nicht nur das Vertrauen anderer Fraktionen verloren hat, sondern aufgrund öffentlich bekannt gewordenen Fehlverhaltens zur Belastung für seine eigene Partei geworden ist (Sommer 1984). Ob sich unerfreuliche Rücktritts-Prozeduren wie im Falle des 1984 zurückgetretenen Präsidenten Rainer Barzel bei einer erwägenswerten Regelung der Abwahl mit 2/3-Mehrheit abkürzen ließen, ist insofern schwer abschätzbar, als auch ein solches Verfahren jedenfalls bei größeren Fraktionen den Entzug der Unterstützung durch die eigene Fraktion voraussetzt. War die Beschädigung der Glaubwürdigkeit und Integrität in anderen Lebensbereichen Anlaß für den Rücktritt Barzels, mußte Philipp Jenninger 1988 nach heftiger Kritik an einer Rede zurücktreten, die er als Repräsentant des Bundestages bei einer Gedenkveranstaltung des Parlaments gehalten hatte (Gedenkveranstaltung 10.11.1988: 7270ff.).

4.2.2 Kompetenzen und Amtsverständnis

Die Kompetenzen des Präsidenten und seiner Stellvertreter haben sich in der parlamentarischen Tradition Deutschlands seit dem Reichstag des Norddeutschen Bundes (1867) ausgebildet und wurden in mehreren Reformschritten erheblich gestärkt (Wermser 1984: 13ff.; Troßmann 1984: 128). Geht man von den zahlreichen, den Präsidenten betreffenden Bestimmungen der GOBT aus, kommt ihm eine herausragende Stellung zu. Dies könnte darüber hinwegtäuschen, daß in der parlamentarischen Praxis der Ältestenrat als zentrales Lenkungsgremium fungiert, und auch dem Präsidium ein über seine wenigen formalen Zuständigkeiten deutlich hinausgehender Einfluß zugewachsen ist. Seine tatsächliche „Macht" hängt wesentlich von dem Einfluß ab, den er als Vorsitzender dieser beiden Gremien geltend machen kann. Zu beachten ist auch, daß ein großer Teil der in der GOBT aufgeführten Befugnisse den die Plenarsitzung leitenden amtierenden Präsidenten betreffen. Aus der gleichgewichtigen Verantwortung für die Plenarsitzungen folgt konsequent die erhebliche Aufwertung, die das Präsidium seit den 60er Jahren faktisch erfahren hat.

In den übrigen Amtsgeschäften läßt sich der Präsident in der Regel nur dann vertreten, wenn er persönlich verhindert ist, doch gehen bei der Wahrnehmung auch dieser Verpflichtungen häufig Besprechungen im Präsidium voraus. Von diesen Aufgaben soll zunächst die Rede sein.

4.2.3 „Repräsentant" der Volksvertretung

Der Präsident „vertritt den Bundestag und regelt seine Geschäfte. Er wahrt die Würde und die Rechte des Hauses" (§ 7 Abs. 1 GOBT). Der Bundestagspräsident ist im staatsrechtlichen und politischen Sinne der Repräsentant der Volksvertretung; er repräsentiert den Bundestag als die „symbolische und offizielle Personifizierung des Parlaments" in seiner „Gesamtheit" (BVerfGE 1, 115f. (27, 152, 157). Das öffentliche Ansehen des Präsidenten hängt natürlich von der Persönlichkeit des Amtsinhabers ab, aber auch davon, welches Gewicht der Volksvertretung im Gefüge der politischen Institutionen beigemessen wird.

Der Präsident vereidigt im Namen des Bundestages den Bundespräsidenten, den Bundeskanzler und die Bundesminister (Art. 64 Abs.

2 GG). Als Vertreter des Bundestages ist er offizieller Adressat und Absender „jeglichen Schriftverkehrs zwischen dem Bundestag einerseits und dem Bundesrat, der Bundesregierung bzw. den einzelnen Ressorts andererseits“ (Ritzel/Bücker: Erl. Id zu § 7 GOBT). Selbstverständlich bedient er sich zur Entgegennahme der Bundestagsverwaltung (Parlamentssekretariat, Präsidialbüro). Er ist verpflichtet, die Beschlüsse des Bundestages auszufertigen bzw. zu vollziehen und weiterzuleiten (vgl. auch §§ 120, 122 GOBT).

Aus seiner Stellung als „Repräsentant“ des Bundestages ergeben sich für den Präsidenten zahlreiche politische und gesellschaftliche Verpflichtungen. So leitet der Präsident (und auch die Vizepräsidenten) gelegentlich Parlamentarierdelegationen auf Auslandsreisen; er empfängt seinerseits ausländische Parlamentariergruppen sowie in- und ausländische Delegationen und Besucher aus Politik, Kultur und Wirtschaft. In Reden und Stellungnahmen die dem Anlaß angemessenen Worte zu finden, auf Parteinahme zu verzichten und das politisch Verbindende zu betonen, ohne ins „Unverbindliche“ abzugleiten, ist sicher nicht einfach und erfordert erhebliches Fingerspitzengefühl. Dies gilt besonders dann, wenn er bei besonderen Anlässen (Gedenktage) als Sprecher des ganzen Hauses fungiert.

Der Präsident vertritt den Bundestag in allen Rechtsstreitigkeiten. In der Praxis wurden in aller Regel (entsprechend den Anträgen des Rechtsausschusses) andere Abgeordnete und gelegentlich Staatsrechtslehrer als Prozeßbevollmächtigte benannt (Ritzel/Bücker, Erl. Ie zu § 7 GOBT).

4.2.4 Hausrecht und Polizeigewalt

Um die Unabhängigkeit des Bundestages zu gewährleisten, wurde bereits im Grundgesetz die Ausübung des Hausrechts und der Polizeigewalt in den Gebäuden des Bundestages dem Präsidenten übertragen (Art. 40 Abs. 2 GG). Bei der Ausübung des Hausrechts ist der Präsident an die (allerdings nur im „Innenverhältnis“ bindende) Hausordnung gebunden, die er im Einvernehmen mit dem Geschäftsordnungsausschuß erlassen hat (§ 7 Abs. 2 GOBT). Sie enthält Regelungen über das Zutrittsrecht und das Verhalten in den Räumen des Bundeshauses. Aufgrund seines Hausrechts und äußerstenfalls seiner Polizeigewalt kann der amtierende Präsident in Plenarsitzungen Ordnungsmaßnahmen gegen Zuhörer sowie gegen Sitzungsteilnehmer durchsetzen, die nicht Mitglieder des Bundestages sind, und gegen die die Ordnungsbefugnis nicht greift (§ 41 Abs. 1 GOBT). Für Sicherheitsaufgaben steht dem Präsidenten ein Hausordnungsdienst zur Verfügung. Vom Hausrecht (juristisch, wenn auch nicht immer in der Praxis) streng zu unterscheiden ist die Polizeigewalt, die eine Ordnungsbefugnis hoheitsrechtlicher Natur beinhaltet. Sie umfaßt alles, was sonst Sache der Polizeibehörden ist; dem Präsidenten wird sie im Bereich des Bundeshauses uneingeschränkt eingeräumt.

4.2.5 Verwaltungsaufgaben und Personalentscheidungen

Dem Bundestagspräsidenten untersteht als oberste Bundesbehörde die Verwaltung des Deutschen Bundestages mit inzwischen etwa 2.700 Personen (Stand 1998). Geleitet wird die Verwaltung allerdings vom „Direktor beim Deutschen Bundestag", dem eigentlichen Verwaltungschef (Voss 1983: 15).

Die Verantwortung für die Tätigkeit der Verwaltung gegenüber dem Parlament als ganzem trägt der Präsident. Bei wichtigen Entscheidungen ist er nach der Geschäftsordnung und darüber hinaus in der parlamentarischen Praxis an die Mitwirkung des Präsidiums bzw. des Ältestenrates gebunden (vgl. § 7 Abs. 3 GOBT).

Als oberste Dienstbehörde ernennt und stellt der Bundestagspräsident die Bundestagsbeamten ein und versetzt sie in den einstweiligen Ruhestand. Diese Kompetenz ist allerdings seit 1969 erheblich eingeschränkt: Soweit Beamte des höheren Dienstes betroffen sind, entscheidet der Präsident im ‚Benehmen' mit seinen Stellvertretern (Präsidium) über Einstellung, Entlassung und Versetzung in den Ruhestand, bei leitenden Beamten ab Ministerialrat mit Zustimmung des Präsidiums. Die Zustimmung des Präsidiums ist auch bei Beförderung und Höhergruppierung leitender Beamter erforderlich (§ 7 Abs. 4 GOBT). In der Praxis ließ sich regelmäßiges Einvernehmen vor allem deshalb herstellen, weil bei der Besetzung von Verwaltungsstellen (zumindest des höheren Dienstes) der Fraktionsproporz als Maßstab gilt und beachtet wird, wobei die GRÜNEN bis 1994 nicht beteiligt waren.

4.2.6 Entscheidungen in Geschäftsordnungsfragen

Die Verpflichtung des Präsidenten, „die Geschäfte zu regeln“ (§ 7 Abs. 1 GOBT), betrifft einmal formale und technisch-organisatorische Aufgaben, die in der Bundesverwaltung erledigt werden. Darüber hinaus hat der Präsident nach der Geschäftsordnung einige Entscheidungen zu treffen, die er in der Praxis meist im Präsidium und oft auch im Ältestenrat bespricht, der den Präsidenten bei der Führung der Geschäfte „unterstützt“ (§ 6 Abs. 2 GOBT). Entscheidungen des Präsidenten werden im Ältestenrat gelegentlich von den betroffenen Fraktionen direkt oder indirekt kritisiert und hin und wieder wird der Geschäftsordnungsausschuß eingeschaltet.

Bei der Wahrnehmung mancher Befugnisse hat der Präsident das „Benehmen“ mit dem Ältestenrat herzustellen, so z.B. bei der Überweisung von Rechtsverordnungen und Vorlagen der Europäischen Union (§§ 92, 93). Wenngleich ein „Einvernehmen“ in diesen Fällen eben nicht erforderlich ist, sind die Präsidenten um einen breiten Konsens bemüht und werden eine Entscheidung in aller Regel jedenfalls nur bei Vorliegen einer breiten Mehrheit treffen. Der Einfluß der Fraktionen, der im Ältestenrat, im Präsidium, aber auch in den verbindlichen Beschlüssen des Geschäftsordnungsausschusses zur Geltung kommt, setzt den Präsidenten bei seinen Entscheidungen der permanenten Kontrolle aus und setzt seinem Entscheidungsspielraum enge Grenzen (Troßmann 1977: 51).

4.2.7 Sitzungsleitung und Ordnungsbefugnis

Um die Würde des Hauses und Ehre und Ansehen seiner Mitglieder wahren zu können, kann der amtierende Präsident in Plenarsitzungen Ordnungsmaßnahmen ergreifen, wobei er sich vom Grundsatz parteipolitischer Neutralität leiten lassen muß. Freilich ist die Einschätzung dessen, was unter „Würde des Hauses“ zu verstehen ist, durchaus nicht einheitlich und ebensowenig ist es die Handhabung des Instrumentariums der Ordnungsmaßnahmen. Kritik an der Amtsführung des Präsidenten ist während der Sitzung zwar untersagt, kann aber im Ältestenrat und im Präsidium zur Sprache gebracht werden, was auch des öfteren geschieht. Sowohl aufgrund von Diskussionen im Ältestenrat wie auch der laufenden Beschäftigung mit Fragen der Sitzungsleitung und mit Ordnungsmaßnahmen im Präsidium werden Maßstäbe entwickelt und gemeinsame Grundsätze (Appelle) formuliert.

Unbestrittene Pflicht des Präsidenten ist es, darauf zu achten und sich dafür einzusetzen, daß die Rechte des Hauses, vor allem gegenüber Bundesregierung und Bundesrat, gewahrt werden (z.B. Berichtstermine, Präsenz von Regierungsmitgliedern). Insbesondere durch die Forderungen der Oppositionsparteien wird er permanent an diese Aufgabe erinnert, bei der ihm der Direktor und die Parlamentsdienste zur Seite stehen. Unabhängigkeit und persönliches Standvermögen spielen bei der Erfüllung dieser Verpflichtung eine gewichtige Rolle. Nahezu alle Amtspflichten des Präsidenten umfaßt die Aufgabe, die Arbeit des Bundestages zu fördern (§ 7 Abs. 1 GOBT).

Nach der Geschäftsordnung leitet der Präsident die Verhandlungen und wahrt die Ordnung des Hauses (Leitungs- und Ordnungsbefugnis). In der Praxis wechseln sich Präsident und Vizepräsidenten alle zwei Stunden in der Leitung der Plenarsitzungen ab, leiten diese also etwa gleich häufig. Kritik an dieser Praxis (auch aus dem Ältestenrat) haben die Präsidenten stets als Einmischung in die Angelegenheiten des Präsidiums zurückgewiesen. Der Präsident führt auch den Vorsitz im Ältestenrat und im Präsidium – wobei er sich nur gelegentlich vertreten läßt – sowie in der Bundesversammlung und im Gemeinsamen Ausschuß nach Art. 53a GG, ggf. auch in Kommissionen des Ältestenrats. Von seiner Fähigkeit, die Diskussion im Ältestenrat und im Präsidium intelligent zu führen und sachkundig zu strukturieren, unparteiisch und ausgleichend zu wirken und im rechten Augenblick Kompromißvorschläge zu unterbreiten, hängt sein Ansehen und sein interner Einfluß als Präsident ab. Als geschickter Sitzungsleiter hat er trotz aller Absprachen der Parlamentarischen Geschäftsführer durchaus einen gewissen Einfluß als „ehrlicher Makler“, natürlich vor allem dann, wenn keine Einigung zwischen den Fraktionen zustande gekommen ist.

Um die Ordnung im Hause zu wahren, kann der amtierende Präsident Sach- und Ordnungsrufe erteilen, das Wort entziehen, Abgeordnete aus Sitzungen ausschließen und bei Zwischenrufen eine nachträgliche Rüge erteilen (§§ 36, 37, 38, 119 Abs. 2 GOBT). Bei strenger Unruhe kann er eine Sitzung unterbrechen oder aufheben.

4.2.8 Das Präsidium

Erheblich aufgewertet wurde seit Beginn der 6. Wahlperiode im Jahre 1969 das Präsidium, dem der Präsident und die Vizepräsidenten angehören. Nach wie vor besitzt das Präsidium rechtlich nur wenige Befugnisse. Neben der Mitwirkung bei Personalentscheidungen und beim Abschluß von Verträgen ist es seit 1972 verpflichtet, über die Einhaltung der Verhaltensregeln durch die Abgeordneten zu wachen (Anl. 1 GOBT). Zudem wurden dem Präsidium mit der Neuregelung der Parteienfinanzierung 1984/89 durch Gesetz neue Aufgaben zugewiesen (§ 23a Parteiengesetz).

In der Parlamentspraxis befaßt sich das Präsidium mit allen wichtigen Aufgaben und Fragen, die dem Präsidenten selbst oder dem amtierenden Präsidenten übertragen sind und entscheidet zwar nicht rechtlich, oft aber faktisch. Die Aufwertung des Präsidiums als kollegiales Beratungsorgan, das regelmäßig und etwa ebensooft tagt wie der Ältestenrat, ergibt sich konsequent aus der abwechselnden Leitung der Plenarsitzungen, die eine gleichgewichtige kollegiale Beratung aller damit zusammenhängender Fragen nach sich zieht.

Diese Übung hat wiederum damit zu tun, daß bei einem parteipolitisch (noch) ambitionierten, jedenfalls aber an eine Partei gebundenen Präsidenten eben doch eine gewisse „parteiliche Optik" vermutet wird, – sicher nicht ohne Grund, wie die Verhandlungsführung mancher Amtsinhaber gelegentlich gezeigt hat. Behandelt und faktisch auch entschieden werden aber auch alle einigermaßen wichtigen Fragen, die in die Entscheidungskompetenz des Präsidenten selbst fallen (Pfitzer 1984: 80). Allerdings werden die meisten der im Präsidium angesprochenen Fragen noch einmal im Ältestenrat besprochen.

Faktisch handelt der Präsident im Präsidium seit 1969 zunehmend als primus inter pares. Vor allem aufgrund ihrer gemeinsamen Verantwortung für die Plenarsitzungen ist den Präsidiumsmitgliedern an einvernehmlichen Regelungen und Absprachen gelegen (Roll 1982: 100). Aber auch bei Entscheidungen, die in den Zuständigkeitsbereich des Bundestagspräsidenten selbst fallen, sind diese meist an einvernehmlichen Voten des Präsidiums interessiert. Trifft der Präsident eine Entscheidung in einer wichtigen Angelegenheit alleine, muß er ggf. mit entschiedener Kritik in der nächsten Sitzung des Ältestenrats und möglicherweise mit Unmutsäußerungen aus den Fraktionen rechnen, zumal dann, wenn seine Entscheidungsbefugnis nicht unumstritten ist.

Angesichts der Bedeutung des Präsidiums als Lenkungsorgan sollte die Mitwirkung aller Fraktionen selbstverständlich sein. Eine Folge des Ausschlusses der GRÜNEN vor 1994 war eine relativ häufige kontroverse Befassung des Ältestenrats mit Fragen, die sich unter anderen Voraussetzungen im Präsidium hätten abklären lassen.

Die regelmäßigen Präsidiumssitzungen haben den Sinn, die Sitzungen des Ältestenrates zu entlasten. Bei entsprechender Vorberatung im Präsidium können manche Erörterungen im Ältestenrat abgekürzt und gelegentlich auch kontroverse Punkte vorab geklärt werden. Bemerkenswert ist, daß sich eben auch „kollektive" Interessen der Präsidiumsmitglieder bilden, die gelegentlich im Ältestenrat und gegenüber den Parlamentarischen Geschäftsführern gemeinsam vertreten werden.

4.2.9 Parteipolitisierung und „kollegiale" Leitung

Im Unterschied zum englischen „Speaker" bleiben die Parlamentspräsidenten und mehr noch deren Stellvertreter als Partei- und Fraktionsmitglieder aktiv, teilweise in herausragenden Ämtern. Sie betreuen „politisch" ihren Wahlkreis, beteiligen sich an Wahlkämpfen und können an Abstimmungen des Bundestages teilnehmen, nicht nur als Direktkandidaten, sondern auch darüber hinaus. Gleichwohl ist im Hinblick auf die Frage der parteipolitischen Profilierung bedeutsamer, ob sich die Präsidenten in dieser Eigenschaft oder als Abgeordnete bzw. Sprecher ihrer Fraktion zu Wort melden. Im Unterschied zu den Vizepräsidenten sprachen Bundestagspräsidenten seit den 60er Jahren allerdings im Plenum nur noch selten zu Fragen, die keinen klaren Bezug zu ihrem Amt hatten (Schindler 1984: 557ff.; Schindler 1994: 680ff.).

Alle bisherigen Amtsinhaber haben diese „Doppelfunktion" ausdrücklich akzeptiert und gerechtfertigt. Seine Stellung stärkt der Präsident nicht dadurch, daß er parteipolitisch ambitioniert auftritt, sondern indem er seine politische Energie darauf verwendet, Ansehen und Glaubwürdigkeit der Volksvertretung in der Öffentlichkeit zu fördern, die zentrale Stellung des Bundestages gegenüber anderen Verfassungsorganen zu behaupten, sich für die Rechte der Opposition und der einzelnen Abgeordneten einzusetzen sowie entsprechende Parlaments- und Verfassungsreformen zu fördern und zu initiieren. Engagiert wahrgenommen, beanspruchen diese Aufgaben die ganze politische Kraft des Präsidenten (Klink 1981: 436). So gesehen, hängt das

Gewicht des Präsidenten bei der Erfüllung dieser Aufgaben wesentlich von dessen Bereitschaft ab, sich in „parteilichen“ Äußerungen zurückzuhalten und das Amt als Höhepunkt der politischen Karriere und nicht als Sprungbrett für vermeintlich höhere politische Ämter in der Exekutive zu verstehen.

Gegenüber Reformkonzepten, die sich am Modell des englischen „Speaker“ orientieren (Wermser 1984), hat die eher kollegiale Regelung des Bundestages den Vorzug, daß das Präsidium bei (nicht auszuschließenden) Fehlbesetzungen des Präsidentenamtes ausgleichend und korrigierend wirken kann. Die Praxis der gleichgewichtigen Beteiligung von Präsident und Vizepräsidenten an der Sitzungsleitung machte die Stärkung des Präsidiums als kollegiales Leitungsorgan erforderlich. Denn sie wird nicht nur deshalb so energisch verteidigt, weil die Vizepräsidenten selbst und deren Fraktionen nicht bereit sind, einen wesentlichen Verlust ihres Einflusses hinzunehmen. Aus Gründen der zeitlichen und physischen Überforderung haben die Präsidenten selbst eine Änderung dieses Verfahrens abgelehnt. Ebensowenig werden die Fraktionen dafür zu gewinnen sein, daß künftig der Präsident allein über die Besetzung der Verwaltungsstellen entscheidet.

Ungeachtet dessen bleiben die Gründe für eine parteipolitische Zurückhaltung des Präsidenten angesichts seiner über die Sitzungsleitung hinausgehenden Aufgaben als Vertreter „des“ Bundestages bestehen. Soweit an eine Ausweitung der rechtlichen und praktischen Kompetenzen der (amtierenden) Präsidenten gegenüber den Vertretern der Fraktionen (Fraktionsführungen, Geschäftsführer) gedacht ist, sollte sie sich primär als „Nebenprodukt“ der Reformbemühungen um eine Stärkung der Rechte der einzelnen Abgeordneten und der parlamentarischen Minderheiten ergeben (vgl. Abschn. 7.2).

Tabelle 4.2: Sitzungen des Präsidiums und des Ältestenrates des Bundestages

	6. WP	7. WP	8. WP	9. WP	10. WP	11. WP	12. WP	13. WP
Präsidium	49	70	85	53	89	88	99	101
Ältrestenrat	104	103	86	53	103	94	87	84
Kommissionen des Ältestenrates	49	65	83	45	150	105	214	202

a keine Angaben

Quelle: Schindler 1984: 230; Schindler 1995.

4.3 Ältestenrat und interfraktionelle Arbeitsplanung

Das formell maßgebliche Koordinations- und Lenkungsorgan des Bundestages ist nicht der Präsident oder das Präsidium, sondern der Ältestenrat. Er wird in Sitzungswochen regelmäßig am Donnerstagmittag vom Präsidenten einberufen. Der Ältestenrat besteht aus den Mitgliedern des Präsidiums und 23 weiteren von den Fraktionen (im Verhältnis ihrer Stärke) zu benennenden Abgeordneten (§§ 6, 12 GOBT). Die dominierende Rolle spielen die Parlamentarischen Geschäftsführer der Fraktionen, die in der Regel alle Mitglieder des Ältestenrats sind (Ismayr 1992: 595). Ein Geschäftsführer jeder Fraktion ist Verhandlungs- und Wortführer bei allen die Arbeitsplanung betreffenden Fragen. Den Gruppen Bündnis 90/Die Grünen und PDS/ LL wurde im ersten gesamtdeutschen Bundestag zugestanden, jeweils ein Mitglied (Parl. Geschäftsführer) in den Ältestenrat zu entsenden, mit dem Vorbehalt allerdings, „daß Einvernehmen durch Konsens der Fraktionen", also auch ohne dessen Einverständnis, hergestellt werden konnte (BT-Drs. 12/149, S. 3); eine entsprechende Regelung galt für den 13. Bundestag (1994-98). Fraktionslose Abgeordnete sind im Ältestenrat nicht vertreten (BVerfGE 80, 188).

Eine personelle Verklammerung besteht nicht nur zwischen Ältestenrat und Präsidium, sondern auch zwischen Ältestenrat und Geschäftsordnungsausschuß. Von den 15 ordentlichen Mitgliedern des Geschäftsordnungsausschusses gehören derzeit 7 dem Ältestenrat an (Stand: 1998/99; Amtl. Handbuch des Bundestages). Nach wie vor ist also die Handhabung der Geschäftsordnung bei einem nur kleinen Kreis von Abgeordneten konzentriert (so schon Loewenberg 1971: 259). An den Sitzungen des Ältestenrats nimmt ein offiziell benannter Vertreter der Bundesregierung teil, um die Abstimmung der Arbeitsplanung von Bundesregierung und Bundestag zu erleichtern. Seit dem 7. Bundestag sind dies Parlamentarische Staatssekretäre oder Minister im Bundeskanzleramt (Franke 1987: 81f.; Schindler 1994: 361).

Der Ältestenrat wirkt als Beratungsorgan intensiv auf die Führung der Geschäfte des Präsidenten und des Präsidiums ein und ist durch Diskussionen und Empfehlungen an der Interpretation und Fortbildung der Geschäftsordnung beteiligt. Seit der 6. Wahlperiode fungiert er auch als Beschlußorgan zur Regelung der „inneren Angelegenheiten" des Bundestages, die zuvor vom 1969 abgeschafften „Vorstand des Bundestages" erfüllt worden sind (Schindler 1984: 226f.).

Vor allem aber werden im Ältestenrat interfraktionelle Vereinbarungen über den Arbeitsplan getroffen oder jedenfalls „abgesegnet". Darin liegt seine Hauptaufgabe. Der Arbeitsplan umfaßt den Zeitplan und vor allem die Festlegung der Tagesordnung und die Gestaltung der Debatten. Bei der Wahrnehmung dieser Aufgaben wie auch bei der Besetzung der Ausschußvorsitze ist er „kein Beschlußorgan" (§ 6 Abs. 2 GOBT). Solche Vereinbarungen kommen nur dann zustande, wenn ein Konsens zwischen den Sprechern aller Fraktionen hergestellt werden kann. Andernfalls bleibt nur die Möglichkeit, nach § 20 Abs. 2 GOBT eine Entscheidung des Plenums herbeizuführen bzw. das „Zugreifverfahren" zu nutzen (vgl. Abschn. 4.4). Dies kommt nur relativ selten vor.

Die wichtigste Aufgabe des Ältestenrates wird darin gesehen, einen „möglichst reibungslosen" Ablauf der Plenarsitzungen zu gewährleisten und zeitraubende Geschäftsordnungsdebatten nach Möglichkeit zu vermeiden. Eine oft kritisierte Konsequenz dieser Bemühungen ist allerdings die „Herrschaft" der Parlamentarischen Geschäftsführer, die allerdings nicht nur im Ältestenrat, sondern mehr noch aufgrund regelmäßiger Vorabsprachen wirksam wird (Petersen 1999). Der Einzug der GRÜNEN in den Bundestag im Jahre 1983 hat diese Absprachen komplizierter gestaltet, aber gleichwohl keine einschneidende Änderung der Praxis bewirkt (zur Entwicklung des Ältestenrats: Franke 1987; Ismayr 1992: 173).

4.3.1 Vereinbarungen über Zeitplan, Tagesordnung und Debattengestaltung

Der Ältestenrat legt jeweils in der Mitte eines Jahres für das kommende Jahr fest, welche Wochen als Sitzungswochen vorgesehen sind. Bei der Festlegung von in der Regel etwa 20 Tagungswochen im Jahr orientiert sich der Ältestenrat seit 1973 an einem 4-Wochen-Turnus, allerdings bei einigen Abweichungen: Auf zwei Tagungswochen folgen zwei sitzungsfreie Wochen. Für die Sitzungswochen gilt folgende Grundstruktur: Montag und Dienstag Fraktionsgremien; Mittwoch Ausschüsse, mittags Plenum (Fragestunde, ggf. Aktuelle Stunde, seit 1988 Regierungsbefragung); Donnerstag ganztägig und Freitagvormittag Plenum.

Die wichtigste Aufgabe des Ältestenrates besteht darin, (interfraktionelle) Vereinbarungen über die Tagesordnung und Debattengestaltung der folgenden Plenarsitzungen herbeizuführen (vgl. § 20 Abs. 1, § 35 GOBT). Oft werden im Anschluß an diesen Tagesordnungspunkt auch über wichtige Vorhaben (z.B. Regierungserklärungen, Debatten zu größeren Themenkomplexen) in den nachfolgenden Sitzungswochen Gespräche geführt. Die für die Tagesordnung zuständigen Parlamentarischen Geschäftsführer geben in diesen Fällen für ihre Fraktion Absichtserklärungen ab, die allerdings noch nicht verbindlich sind. Dem Ältestenrat liegt eine vom Parlamentssekretariat erstellte Liste aller Vorlagen (§ 75 GOBT) vor, die gemäß § 77 GOBT gedruckt und verteilt worden sind.

Die für die Arbeitsplanung zuständigen Ersten Parlamentarischen Geschäftsführer haben bereits in der Geschäftsführer-Besprechung der laufenden Sitzungswoche am Mittwochnachmittag die einzelnen Punkte der Vorlagenliste durchgesprochen und üblicherweise für die meisten Vorlagen ein interfraktionelles Einvernehmen hergestellt. Das Ergebnis wird dem Ältestenrat schriftlich vorgelegt. Im Ältestenrat wird häufig nur mehr „notifiziert", was die Geschäftsführer vereinbart haben (s.a. Roll 1989: 816; Petersen 1999). Der Präsident ruft in der Sitzung des Ältestenrats jede einzelne Vorlage auf, um förmlich festzustellen, auf welche Regelung sich die Geschäftsführer in ihren Vorgesprächen geeinigt haben.

Bei einem meist großen Teil der Vorlagen haben die Geschäftsführer in ihren Vorbesprechungen relativ rasch Einvernehmen über das weitere Verfahren hergestellt. Solche Themen werden dann im Plenum entweder ganz „ohne Aussprache" beraten, oder es werden Kurzdebatten angesetzt, in denen die jeweiligen Ausschuß-Experten den „Fraktionsstandpunkt" darlegen.

Im allgemeinen haben die Geschäftsführer ein gemeinsames Interesse an einer gedeihlichen Zusammenarbeit. Gleichwohl kommt es des öfteren zu Interessenkonflikten und Auseinandersetzungen, wenn diese meist auch in einem eher moderaten Stil ausgetragen werden. Die Verhandlungspartner kennen die parlamentsrechtlichen Möglichkeiten auch der anderen Seite sehr gut (Kabel 1982: 40f.). So wird gelegentlich die Möglichkeit der Regierungsfraktionen ausgespielt, durch Mehrheitsbeschluß die Aufsetzung einer Vorlage auf die Tagesordnung erzwingen zu können (§ 20 Abs. 2 GOBT), obwohl die Nutzung dieses „Instruments" gutem parlamentarischem Stil widerspricht. Auch wenn es im Plenum nur selten zur Ergänzung der Tagesordnung durch Mehrheitsbeschluß kommt, dient dieses nicht unproblematische geschäftsordnungsmäßige Recht als wirkungsvolles Druckmittel beim Aushandeln der Tagesordnung. Außerdem können die Geschäftsführer der „Mehrheit" das Recht der Regierung taktisch nutzen, die ja jederzeit vor dem Plenum eine Regierungserklärung abgeben kann (Art. 43 GG). Die Vertreter der Opposition haben dann allenfalls die Möglichkeit, Zugeständnisse der Regierungsmehrheit über den Zeitpunkt und die Verbindung von Themen zu erreichen.

Die Oppositionsfraktionen und ihre Geschäftsführer befänden sich in einer schwachen Position, räumte ihnen die Geschäftsordnung nicht das Recht ein, die Beratung eigener Vorlagen auch gegen den Willen der Mehrheit durchzusetzen; bis zur GO-Reform 1995 war dies spätestens nach Ablauf von 6 Sitzungswochen möglich, seither bereits nach 3 Zeitwochen (§ 20 Abs. 4 GOBT). Meldet ein Geschäftsführer der Opposition den Anspruch seiner Fraktion an und kann er nicht davon abgebracht werden, wird diesem Anspruch stets schon bei der Aufstellung der Tagesordnung Rechnung getragen. Außerdem kann eine Fraktion 10 Sitzungswochen nach Überweisung einer Vorlage an einen Ausschuß verlangen, daß über den Stand der Beratungen Bericht erstattet und auch eine Debatte angesetzt wird (§ 62 Abs. 2 GOBT). Beachtliches Gewicht kommt schließlich dem Recht der einzelnen Fraktionen zu, die Beratung und Debatte Großer Anfragen veranlassen zu können (§ 102 GOBT). Auf eine starke Inanspruchnahme dieser Minderheitenrechte verzichtet die Opposition allerdings zumeist, um von den Regierungsfraktionen in anderen Fällen Entgegenkommen zu erreichen. So werden schon in den Geschäftsführer-Besprechungen auch bei zunächst kontroversen Punkten im Bewußtsein der Durchsetzungsmöglichkeiten der anderen Seite zumeist Kompromißregelungen gefunden (Kabel 1982: 40f.).

Den Hintergrund der Vereinbarungen der Geschäftsführer und des Ältestenrates bildet der fraktionsinterne Willensbildungsprozeß (vgl. Kap. 3). Die Parlamentarischen Geschäftsführer haben einen von Fall zu Fall unterschiedlichen, insgesamt gesehen aber beachtlichen Verhandlungsspielraum, was das Verfahren betrifft. Inhaltliche Aspekte sind zwar weitgehend ausgeklammert und werden in der Regel allenfalls indirekt berührt. Aber natürlich wirkt es sich auch auf den Inhalt aus, wenn Fragen wie die folgenden geklärt und entschieden werden müssen: Welcher Zeitpunkt für die Behandlung einer Vorlage ist für die eigene

Fraktion am günstigsten? Soll die parlamentarische Behandlung einer Vorlage durch die Nutzung von Mehrheits- oder Minderheitsrechten erzwungen oder jedenfalls die Öffentlichkeit durch eine Geschäftsordnungsdebatte auf die Bedeutung der Vorlage aufmerksam gemacht werden? Ist es wünschenswert, mehrere thematisch verwandte Vorlagen in verbundener Debatte zu beraten? Über welche Vorlagen kann gemeinsam debattiert werden, wo ergeben sich hier Vor- oder Nachteile? Eine Reihe weiterer Fragen betreffen die Gestaltung der Debatten.

Im Ältestenrat ruft der Präsident jede einzelne Vorlage auf, um festzustellen, ob darüber Einvernehmen erzielt wurde. Einer der Geschäftsführer gibt dann knapp das Ergebnis der Geschäftsführer-Besprechung bekannt. In der Regel finden über die Tagesordnung der nächsten Sitzungswoche nur noch zu einzelnen Vorlagen Diskussionen und ggf. auch Auseinandersetzungen statt.

Die Parlamentarischen Geschäftsführer können die Interessenlage ihrer Fraktion meist recht gut einschätzen, müssen aber natürlich auch mit Unmut aus ihrer Fraktion rechnen, weil sie die dort artikulierten Wünsche eben nur partiell durchsetzen können. Probleme treten fraktionsintern immer wieder auf, weil sich Minderheitengruppen oder spezifische Fachinteressen nicht optimal vertreten fühlen.

Die Ersten Parlamentarischen Geschäftsführer der Regierungsfraktionen halten laufenden Kontakt zum Bundeskanzleramt aber auch zu einzelnen Ministerien, sind überdies an den regelmäßigen Koalitionsgesprächen beteiligt und somit in aller Regel über die Interessen der Regierung und zu erwartende Regierungserklärungen, Gesetzentwürfe und andere Vorlagen entsprechend gut informiert. Sie bringen diese Informationen, soweit es ihnen geboten erscheint, meist bereits in die Geschäftsführer-Besprechungen ein. Gleichwohl bleiben natürlich auch Fragen offen. Die Sprecher der Oppositionsfraktionen nutzen nach Bedarf die Anwesenheit des Regierungsvertreters im Ältestenrat, um von diesem „offiziell“ Auskunft zu erbitten. Er informiert auch von sich aus über Vorhaben der Bundesregierung, etwa eine zu erwartende Regierungserklärung. Dabei gehört es zum guten Stil, Termineinwände auch von Sprechern der Opposition an die Regierung weiterzugeben und möglichst zu berücksichtigen.

Regelmäßig befaßt sich der Ältestenrat mit der Überweisung von Regierungsberichten (gem. § 80 Abs. 3 GOBT), Unionsvorlagen (gem. § 93 GOBT) und Rechtsverordnungen (gem. § 92 GOBT), die allerdings im allgemeinen unstrittig ist.

Trotz der Vorbesprechungen der Geschäftsführer kommt es auch bei der „offiziellen“ Aufstellung der Tagesordnung im Ältestenrat des öfteren vor, daß für einzelne Punkte (noch) keine interfraktionelle Vereinbarung zustande kommt, indem einer der für die Tagesordnung zuständigen Parlamentarischen Geschäftsführer widerspricht oder seine Zustimmung vom Ergebnis einer Rücksprache mit seiner Fraktion abhängig macht. Nach Rücksprache mit dem Fraktionsvorsitzenden, dem geschäftsführenden Vorstand bzw. den zuständigen Arbeitskreis- oder Arbeitsgruppenvorsitzenden und Obleuten werden solche Vorbehalte meist zurückgenommen. Nur selten kommt es vor, daß in den Vorbesprechungen und im Ältestenrat für die gesamte Tagesordnung keine Vereinbarung zustande kommt und die Strukturierung der gesamten Debatte erst danach durch die Geschäftsführer erfolgt.

In die schriftlich vorgelegte Tagesordnung werden auch jene Vereinbarungen aufgenommen, die in interfraktionellen Absprachen der Geschäftsführer erst nach der Ältestenratssitzung zustande gekommen sind. So werden z.B. zusätzliche Punkte auf die Tagesordnung gesetzt, andere heruntergenommen und ergänzende Regelungen zur Gestaltung der Aussprache getroffen. Auch im Verlauf der Sitzungswoche, für die die Tagesordnung vereinbart wurde, werden in den Geschäftsführer-Besprechungen recht häufig noch Änderungen vereinbart. Sie kommen insbesondere aufgrund von Voten aus den Arbeitsgruppen und -kreisen sowie dem Fraktionsvorstand zustande. Relativ oft kommen zusätzliche Punkte hinzu, gelegentlich werden auch Tagesordnungspunkte abgesetzt. Neue Vereinbarungen über die Gestaltung der Debatte werden dem Präsidenten und beim Aufruf des entsprechenden Tagesordnungspunktes dem Plenum mitgeteilt, das diesen Regelungen – von ganz seltenen Ausnahmen abgesehen – ebensowenig widerspricht wie den bereits im Ältestenrat getroffenen Vereinbarungen. Die Abgeordneten machen hier keinen Unterschied.

Der Ältestenrat befaßt sich zwar unter Punkt 1 der Tagesordnung mit der laufenden Sitzungswoche, dabei können aber nur ausnahmsweise noch Regelungen für die laufenden Plenardebatten getroffen werden (Ältestenratssitzung: Donnerstagmittag). Diskutiert werden vor allem Vorfälle, die zu Konflikten geführt haben.

Wie schon die intensiven Vorgespräche, so stärken auch die „nachträglichen“ interfraktionellen Absprachen die Stellung der daran beteiligten Parlamentarischen Geschäftsführer. Gewiß gibt es für dieses informelle Verfahren gewichtige praktische Gründe und kaum vermeidbare „Zwänge" im arbeitsteiligen „Fraktionenparlament" (vgl. Petersen 1999). Wenngleich die Geschäftsführer auch im Ältestenrat dominieren, macht es gleichwohl einen Unterschied, ob Regelungen zwischen den Ersten Parlamentarischen Geschäftsführern vereinbart oder von einem größeren Gremium gebilligt werden. Schließlich ist die bei fehlendem Einspruch unterstellte Zustimmung des Plenums zur Tagesordnung in aller Regel nun wirklich nur formaler Art.

4.3.2 Beratungsfunktion in Geschäftsordnungsfragen

Neben der einvernehmlichen Arbeitsplanung hat der Ältestenrat auch die Aufgabe, den Präsidenten bei der Führung seiner Geschäfte zu unterstützen (§ 6 Abs. 2 GOBT). Fast immer geht es dabei um anstehende oder bereits getroffene Entscheidungen des Präsidenten. Im Ältestenrat werden die Auseinandersetzungen der Fraktionen über Verfahrensprobleme und aktuelle Fragen der Geschäftsordnung geführt – und beigelegt (Loewenberg 1971: 250f.). Bei der Wahrnehmung seiner Rolle als „Beratungsgremium" des Präsidenten und des Präsidiums ist zu unterscheiden, ob Aufgaben 1. des Bundestagspräsidenten oder 2. Fragen der Verhandlungsführung und Auslegung der Geschäftsordnung durch die amtierenden Präsidenten in Plenarsitzungen angesprochen werden.

Bei manchen Entscheidungen ist der Präsident ausdrücklich verpflichtet, sich mit dem Ältestenrat „ins Benehmen" zu setzen, so bei der Überweisung von Rechtsverordnungen und Unionsvorlagen (§§ 92, 93 GOBT). Das „Benehmen" gilt auch dann als hergestellt, wenn eine Fraktion sich nicht einverstanden erklärt.

Relativ häufig befaßt sich der Ältestenrat mit konkreten Vorfällen im Plenum der laufenden oder vorausgegangenen Sitzungswoche. Auch kann die Verhandlungsführung des amtierenden Präsidenten im Ältestenrat kritisiert werden, was relativ häufig geschieht. Über umstrittene Entscheidungen der amtierenden Präsidenten wird regelmäßig im Präsidium, aber auch im Ältestenrat gesprochen, wobei allzu häufig (wenn auch nicht durchgehend) Fraktionsinteressen eine maßgebliche Rolle spielen. Der Ältestenrat kann Entscheidungen kritisieren, aufheben kann er sie nicht. Denn nach § 127 Abs. 1 GOBT entscheidet der amtierende Präsident über die Auslegung der Geschäftsordnung für den Einzelfall „im Stuhl". Kommt der Ältestenrat insgesamt oder mit großer Mehrheit zu dem Ergebnis, daß das Verhalten des Präsidenten nicht im Einklang mit der Geschäftsordnung stand, wird dies zumindest auf künftige Entscheidungen „erheblichen Einfluß“ haben (Roll 1989: 821f.).

Angesprochen werden in der Praxis so gut wie alle Geschäftsordnungsfragen, die in Plenardebatten relevant sind. Mitunter informiert der Präsident auch von sich aus über Fragen der Verhandlungsführung, über die im Präsidium diskutiert und möglicherweise ein einvernehmlicher Verfahrensvorschlag erarbeitet wurde.

Kann im Ältestenrat kein Einvernehmen über die Auslegung der Geschäftsordnung erzielt werden, wird der „Ausschuß für Wahlprüfung, Immunität und Geschäftsordnung“ eingeschaltet, der nicht über den Einzelfall befindet, sondern „grundsätzlich“ über die Auslegung der Geschäftsordnung entscheidet (§ 127 Abs. 1 GOBT).

Entscheidungen, die der Bundestagspräsident außerhalb des Plenums nach der Geschäftsordnung treffen kann oder muß, werden selten „in Einsamkeit“ getroffen und dies nicht nur deshalb, weil der Präsident in vielen Fällen den Rat des Direktors und anderer Spitzenbeamter der Bundestagsverwaltung einholt. Er berät sich regelmäßig auch mit seinen Stellvertretern im Präsidium oder informiert bzw. konsultiert den Ältestenrat.

Grundsätzlich kann der Präsident alle Entscheidungen, die er nach der Geschäftsordnung selbst zu treffen hat, auch im Ältestenrat zur Diskussion stellen, und dies geschieht auch in vielen Fällen. Andererseits machen auch die anderen Mitglieder des Ältestenrats von der Möglichkeit Gebrauch, solche Fragen anzusprechen.

Der Geschäftsordnungsausschuß ist ausdrücklich zur Auslegung der Geschäftsordnung berufen (§ 127 Abs. 1 GOBT); ein Auslegungsmonopol begründet diese Neuregelung von 1980 allerdings nicht. Wie ausgeführt, werden (aktuelle) Geschäftsordnungsfragen regelmäßig auch im Ältestenrat und auch im Präsidium erörtert; dabei werden im Ältestenrat auch generelle Vereinbarungen zum parlamentarischen Verfahren getroffen (s.a. Roll 1989: 822). An der Rechtsfortbildung nehmen alle drei Gremien teil, bevorzugt freilich der Geschäftsordnungsausschuß.

4.3.3 Der Ältestenrat als Beschlußorgan

Bei der Wahrnehmung der Selbstverwaltungsaufgaben nach § 6 Abs. 3 GOBT ist der Ältestenrat ein Beschlußorgan, das mit Mehrheit entscheidet. So beschließt er über die Raumverteilung, notwendige Baumaßnahmen, Aufbau und Aufgabenverteilung der Bundestagsverwaltung, Zulassung von Besuchergruppen und Benutzung der Fahrbereitschaft, Abgeordneten-Patenschaftsprogramme und die Konstituierung von Parlamentariergruppen. Zu seinen Aufgaben als Beschlußorgan gehört auch die Aufstellung des Voranschlags für den Haushaltseinzelplan 02 des Bundestages – eine Aufgabe, die insbesondere im Hinblick auf die Reformfähigkeit des Bundestages von großer Bedeutung ist (vgl. BT-Drs. 10/3600).

Um die vielfältigen Selbstverwaltungsaufgaben bewältigen zu können, hat der Ältestenrat seit der 6. Wahlperiode jeweils 8 bis 12 Kommissionen eingerichtet, die – auch aufgrund eigener Initiative – Beschlußvorlagen für den Ältestenrat ausarbeiten (Schindler 1994: 362ff.). Diesen Kommissionen gehören auch Abgeordnete an, die nicht Mitglieder des Ältestenrats sind.

4.4 Ausschüsse

Der Schwerpunkt der parlamentarischen Arbeit in einem „Arbeitsparlament" wie dem Deutschen Bundestag liegt bei den Bundestagsausschüssen sowie den Arbeitsgruppen und Arbeitskreisen der Fraktionen. So stehen den insgesamt 248 Plenarsitzungen der 13. Wahlperiode 2720 Ausschuß- und Unterausschußsitzungen gegenüber, die allerdings meist parallel durchgeführt wurden (Angaben Verwaltung des Bundestages). Nach der GOBT sind die Ausschüsse „vorbereitende Beschlußorgane" des Bundestages (§ 60 GOBT a.F.), jedoch haben ihre Beschlußempfehlungen faktisch zumeist Entscheidungscharakter. Die Ausschüsse, „arbeiten also stets auf die endgültige Beschlußfassung durch das Plenum hin und nehmen damit zugleich einen Teil des Entscheidungsprozesses entlastend vorweg", so konstatierte auch das Bundesverfassungsgericht (BVerfGE 80, 188, 221).

Tabelle 4.3: Ständige Ausschüsse des Deutschen Bundestages 14. Wahlperiode

Nr.	Name des Ausschusses	Mitglieder	Mitglieder der einzelnen Fraktionen					Vorsitzender
			CDU/ CSU	SPD	FDP	B'90/ GRÜNE	PDS	
1	Wahlprüfung, Immunität und GO	15	5	7	1	1	1	E. Simm (SPD)
2	Petitionsausschuß	29	10	13	2	2	2	H. Lüth (PDS)
3	Auswärtiger Ausschuß	40	14	18	3	3	2	H.-U. Klose (SPD)
4	Innenausschuß	40	14	18	3	3	2	Dr. W. Penner (SPD)
5	Sportausschuß	15	5	7	1	1	1	F. J. Beucher (SPD)
6	Rechtsausschuß	31	11	14	2	2	2	Dr. R. Scholz (CDU/CSU)
7	Finanzausschuß	40	14	18	3	3	2	C. Scheel (B`90/GRÜNE)
8	Haushaltsausschuß	42	15	19	3	3	2	A. Roth (CDU/CSU)
	Rechnungsprüfungsausschuß	15	5	7	1	1	1	U. Titze-Stecher (SPD)
9	Wirtschaft und Technologie	40	14	18	3	3	2	M. Wissmann (CDU/CSU)
10	Ernährung, Landwirtschaft und Forsten	26	9	12	2	2	1	P. H. Carstensen (CDU/CSU)
11	Arbeit und Sozialordnung	40	14	18	3	3	2	D. Barnett (SPD)
12	Verteidigungsausschuß	38	14	17	3	2	2	H. Wieczorek (SPD)
13	Familie, Senioren, Frauen und Jugend	31	11	14	2	2	2	C. Hanewinckel (SPD)
14	Gesundheit	31	11	14	2	2	2	K. Kirschner (SPD)
15	Verkehr, Bau- und Wohnungswesen	42	15	19	3	3	2	E. Oswald (CDU/CSU)
16	Umwelt, Naturschutz, und Reaktorsicherheit	38	14	17	3	2	2	C. Matschi (SPD)
17	Angelegenheiten der Neuen Länder	15	5	7	1	1	1	Dr. P. Krüger (CDU/CSU)
18	Menschenrechte und Humanitäre Hilfe	15	5	7	1	1	1	C. Roth (B`90/GRÜNE)
19	Bildung, Forschung und Technikfolgenabschätzung	38	14	17	3	2	2	J. W. Möllemann (FDP)
20	Wirtschaftliche Zusammenarbeit und Entwicklung	26	9	12	2	2	1	R. Kraus (CDU/CSU)
21	Tourismus	15	5	7	1	1	1	E. Hinsken (CDU/CSU)
22	Angelegenheiten der Europäischen Uniona	36	13	16	3	2	2	Dr. F. Pflüger (CDU/CSU)
23	Medien und Kultur	15	5	7	1	1	1	Dr. E. Leonhard (SPD)

Tabelle 4.3: 13. Wahlperiode

Nr.	Name des Ausschusses	Mitglieder	Mitglieder der einzelnen Fraktionen bzw. Gruppen					Vorsitzender
			CDU/CSU	SPD	FDP	B'90/GRÜNE	PDS	
1	Wahlprüfung, Immunität und GO	17	8	6	1	1	1	D. Wiefelspütz (SPD)
2	Petitionsausschuß	32	15	12	2	2	1	C. Nickels (B`90/GRÜNE)
3	Auswärtiger Ausschuß	39	17	14	3	3	2	Dr. K-H. Hornhues (CDU/CSU)
4	Innenausschuß	39	17	14	3	3	2	Dr. W. Penner (SPD)
5	Sportausschuß	17	8	6	1	1	1	E. Nelle (CDU/CSU)
6	Rechtsausschuß	32	15	12	2	2	1	H. Eylmann (CDU/CSU)
7	Finanzausschuß	39	17	14	3	3	2	C.-L. Thiele (FDP)
8	Haushaltsausschuß	41	18	15	3	3	2	H. Wieczorek (SPD)
	Rechnungsprüfungsausschuß	18	9	6	1	1	1	D. Pützhofen (CDU/CSU)
9	Wirtschaft	39	17	14	3	3	2	F. Ost (CDU/CSU)
10	Ernährung, Landwirtschaft und Forsten	32	15	12	2	2	1	P. H. Carstensen (CDU/CSU)
11	Arbeit und Sozialordnung	39	17	14	3	3	2	U. Mascher (SPD)
12	Verteidigungsausschuß	39	17	14	3	3	2	K. Rossmanith (CDU/CSU)
13	Familie, Senioren, Frauen und Jugend	39	17	14	3	3	2	Dr. E. Niehuis (SPD)
14	Gesundheit	32	15	12	2	2	1	Dr. D. Thomae (FDP)
15	Verkehr	39	17	14	3	3	2	Dr. D. Jobst (CDU/CSU)
16	Umwelt, Naturschutz, und Reaktorsicherheit	39	17	14	3	3	2	H.-P. Schmitz (CDU/CSU)
17	Post und Telekommunikation	17	8	6	1	1	1	K. Barthel (SPD)
18	Raumordnung, Bauwesen und Städtebau	32	15	12	2	2	1	W. Dörflinger (CDU/CSU)
19	Bildung, Wissenschaft, Forschung, Technologie und Technikfolgenabschätzung	39	17	14	3	3	2	D. Odendahl (SPD)
20	Wirtschaftliche Zusammenarbeit	32	15	12	2	2	1	Dr. M. Lischewski (CDU/CSU)
21	Fremdenverkehr und Tourismus	17	8	6	1	1	1	H. Saibold (B`90/GRÜNE)
22	Angelegenheiten der Europäischen Union[a]	39	17	14	3	3	2	Dr. N. Wieczorek (SPD)

a Dem Ausschuß gehören zudem elf (nicht stimmberechtigte) Mitglieder des Europäischen Parlaments an.

Quelle: Amtliches Handbuch des Deutschen Bundestages, 13. und 14. WP, Teil 1 (1995, 1999).

Ohne eine fachlich ausdifferenzierte Ausschußstruktur wäre der Bundestag nicht in der Lage, die Vielzahl oft komplizierter Regierungsvorlagen zu fast allen Politik- und Lebensbereichen auch nur einigermaßen angemessen zu verarbeiten. Dies gilt nicht nur für die Beteiligung bei der Gesetzgebung, sondern, damit zusammenhängend, auch für die öffentliche Kontrolle der Regierung und ihres großen Beamtenapparates.

Das Grundgesetz verlangt nur die Bestellung des Auswärtigen Ausschusses, des Verteidigungsausschusses, des Petitionsausschusses (Art. 45a,c GG) und seit 1992 des Ausschusses für die Angelegenheiten der Europäischen Union (Art 45GG neu). Aufgrund einfacher Gesetze oder der GOBT werden außerdem der Haushaltsausschuß und der Ausschuß für Wahlprüfung, Immunität und Geschäftsordnung (BHO und §§ 95, 96 GOBT; § 3 Wahlprüfungsgesetz) eingesetzt, alle übrigen Ständigen Ausschüsse aufgrund interfraktioneller Vereinbarung.

Gab es in der 1. Wahlperiode noch 40 Ständige Ausschüsse, so waren es in der 6. WP nur noch 17; im 14. Bundestag sind es 23 (Tab. 4.3). Etwa seit Mitte der 60er Jahre richtet sich die fachliche Gliederung der Ständigen Ausschüsse weitgehend nach der Organisationsstruktur der Bundesregierung: Jedem Bundesministerium steht ein korrespondierender Fachausschuß gegenüber, der üblicherweise für die Dauer der Wahlperiode eingesetzt wird (Schindler 1984: 565ff.); im Falle des Innenministeriums und des Finanzministeriums sind es je zwei – wobei der Haushaltsausschuß eine Sonderstellung einnimmt (vgl. Abschn. 7.11). Wird ein Ministerium geteilt oder ein neues Ministerium eingerichtet, bildet der Bundestag alsbald einen entsprechenden Ausschuß, so 1986 für „Umweltschutz, Naturschutz und Reaktorsicherheit". Nicht in dieses Schema der Fachausschüsse passen der Ausschuß für Wahlprüfung, Immunität und Geschäftsordnung und der Petitionsausschuß, die ebenfalls für die Dauer der Wahlperiode eingesetzt werden, sowie der EU-Ausschuß und der ebenfalls 1991 (von interessierten Kreisen der Fraktionen) überraschend durchgesetzte „Querschnittsausschuß" für Fremdenverkehr. Zu Beginn der 14. Wahlperiode (1998) kamen mit den Ausschüssen für „Menschenrechte und humanitäre Hilfe" und für „Angelegenheiten der neuen Länder" weitere Ausschüsse mit Querschnittsfunktionen hinzu. Ein Novum stellt zudem die Einrichtung eines „Ausschusses für Kultur und Medien" infolge der Ernennung eines dem Bundeskanzler unmittelbar unterstehenden Staatsministers (Beauftragten) für diesen Aufgabenbereich dar (vgl. Tab. 4.3).

Die zu Beginn der Wahlperiode jeweils neu festgelegte Mitgliederzahl der Ausschüsse richtet sich nach deren Arbeitsbelastung; es können aber auch taktische Erwägungen der Mehrheitsfraktionen eine Rolle spielen. Den kleinsten Ausschüssen gehören derzeit 15 ordentliche Mitglieder an, den größten 42. Hinzu kommen ebenso viele Stellvertreter, die keinem bestimmten ordentlichen Mitglied zugeordnet sind. Sie sind stimmberechtigt, wenn sie ein nichtanwesendes Ausschußmitglied derselben Fraktion vertreten (§ 71 Abs. 1 GOBT).

Von der Möglichkeit, Sonderausschüsse für „einzelne Angelegenheiten" (etwa ein größeres Gesetzgebungsvorhaben) einzusetzen, wurde stets sparsam Gebrauch gemacht (Schindler 1994: 691ff.). Diese Aufgabe wird oft von Unterausschüssen oder Ausschuß-Arbeitsgruppen übernommen.

An Plenums- und Fraktionstagen sollen keine Ausschußsitzungen stattfinden, doch veranlaßt die Arbeitsüberlastung vor allem des Haushaltsausschusses aber auch großer „Gesetzgebungs-Ausschüsse" Präsidium und Ältestenrat häufig, Ausnahmen zuzulassen.

4.4.1 Besetzung der Ausschüsse und Mitgliederstruktur

Die Zusammensetzung der Ausschüsse sowie die Regelung des Vorsitzes ist im Verhältnis der Stärke der einzelnen Fraktionen vorzunehmen (§§ 57 Abs. 1, 12 GOBT). Durch ihre Aufgabenstellung „in die Repräsentation des Volkes durch das Parlament einbezogen", müßten die Ausschüsse „ein verkleinertes Abbild des Plenums sein", so das Bundesverfassungsgericht (BVerfGE 80, 188, 222). Die Fraktionen sind sich weitgehend darin einig, daß die Mehrheit der Regierungsfraktionen auch in den Ausschüssen gesichert sein muß, da andernfalls die Mehrheit im Plenum in allen strittigen Fragen ihre Auffassung durch Änderungsanträge durchsetzen müßte (Troßmann 1979: 113).

Die Benennung der Ausschußmitglieder ist nach § 57 Abs. 2 GOBT Sache der Fraktionen. Das Bundesverfassungsgericht hat in seinem „Wüppesahl-Urteil" (1989) diese Regelung und auch das umstrittene Abberufungsrecht ausdrücklich als verfassungsgemäß anerkannt. Das Benennungsrecht ergebe sich konsequent aus deren Anspruch, „entsprechend ihrem Stärkeverhältnis Abgeordnete in den

Ausschuß zu entsenden" (vgl. § 12 GOBT). Auch sei es „nur folgerichtig, daß nach der im Bundestag geübten Praxis Abgeordnete, die aus ihrer Fraktion ausgetreten oder ausgeschlossen worden sind, regelmäßig von dieser aus den Ausschüssen abberufen werden, in die sie von ihrer bisherigen Fraktion entsandt worden waren" (BVerfGE 80, 188, 223 und 233). Angesichts des Gewichts der Ausschußarbeit im Prozeß parlamentarischer Willensbildung fraglich dürfte allerdings ein Ausschußrückruf wegen eines gelegentlich von der Fraktionslinie abweichenden Stimmverhaltens sein (Kasten 1984: 183f.).

Benennung und Rückruf aus der Fraktion ausscheidender Abgeordneter sind konsequent, wenn man den Funktionsbedingungen des parlamentarischen Regierungssystems entsprechend auch die Ausschüsse proportional zusammensetzen möchte.

Andererseits ist es angesichts der parlamentarischen Bedeutung der Ausschußarbeit nicht gerechtfertigt, fraktionslosen Abgeordneten oder gar Gruppen von Parlamentariern die Mitwirkung in Ausschüssen zu verwehren. Entgegen der bisherigen Regelung sprach das Bundesverfassungsgericht 1989 jedem Abgeordneten das Recht zu, jedenfalls in einem Ausschuß als beratendes Mitglied mit Rede- und Antragsrecht mitzuwirken. Hingegen sei es nicht geboten, auch dem fraktionslosen Abgeordneten ein „notwendigerweise überproportional wirkendes" Stimmrecht zu geben. Er spreche nur für sich selbst, „nicht auch für die Mitglieder seiner Fraktion" (BVerfGE 80, 188, 224). Entsprechend bestimmt die GOBT seit 1989, daß fraktionslose Abgeordnete vom Präsidenten als beratende Ausschußmitglieder benannt werden (§ 57 Abs. 2 GOBT).

Aus dem Grundsatz der Spiegelbildlichkeit der Zusammensetzung von Parlament und Ausschüssen ergibt sich nach Auffassung des Bundesverfassungsgerichts zudem (BVerfGE 84, 304), daß Gruppierungen fraktionsloser Abgeordneter, die sich wegen gleicher Parteizugehörigkeit oder aufgrund eines Wahlbündnisses zusammengeschlossen haben, berechtigt seien, in die Ausschüsse ihrer Stärke entsprechend Mitglieder zu entsenden – was freilich eine erhebliche Ausschuß- und Gruppengröße voraussetzt. Entsprechend war die PDS-Gruppe auch in der 13. Wahlperiode (1994-98) in den Ausschüssen vertreten, nachdem den Gruppen Bündnis 90/Die Grünen und PDS/LL bereits im ersten gesamtdeutschen Bundestag (1990) das Recht eingeräumt worden war, für jeden Fachausschuß ein vollberechtigtes und ein stellvertretendes Mitglied zu benennen (Ismayr 1997).

Die Sitzverteilung wird seit 1980 nach dem Proportionalverfahren Ste. Laguë/Schepers berechnet, das einige Mängel der bisherigen Berechnungsmethoden (d'Hondt bis 1969, Hare/Niemeyer) vermeidet (Schindler 1994: 704ff.).

Über die Anzahl, Größe und Benennung der Ausschüsse sowie über die Abgrenzung der Sachgebiete werden zwischen den Parlamentarischen Geschäftsführern aller Fraktionen Gespräche geführt, auch unter Beteiligung des Präsidiums und weiterer potentieller Mitglieder des Ältestenrats. Kommt in diesem „Vor-Ältestenrat" eine Einigung zustande, ist die Abstimmung im Plenum reine Formsache (Roll 1989: 819; Nachweise: Ismayr 1992: 599). Andernfalls muß über kontroverse Anträge ein Mehrheitsbeschluß herbeigeführt werden, so 1983 und 1987 aufgrund von Änderungsanträgen der neuen Fraktion DIE GRÜNEN (Ismayr 1992: 188f.). Scheinbar formale Fragen wie die Größe von Ausschüssen können sich auf die Präsenz und damit die Arbeitsfähigkeit kleiner Fraktionen spürbar auswirken.

Die Besetzung der Ausschüsse (und damit auch der Fraktions-Arbeitsgruppen) zu Beginn der Wahlperiode ist ein schwieriger und oft konfliktreicher Vorgang. Persönliche Neigungen und Karriereinteressen spielen eine große Rolle, ebenso die Intentionen von Verbänden und Interessengruppierungen der Fraktionen, von Parteiflügeln und regionalen Gliederungen (Landesgruppen); und schließlich ist bei dem Bemühen, diese Interessen zum Ausgleich zu bringen, auch darauf zu achten, daß die fachliche und kommunikative Kompetenz der jeweiligen Ausschüsse gewährleistet ist. Dies ist die Aufgabe der zuständigen Geschäftsführer, die sich ihrerseits auf den Rat bisheriger Obleute und Ausschußvorsitzender stützen.

Die Chancen eines Parlamentsneulings, in der Fraktionshierarchie aufzusteigen, hängen nicht unerheblich davon ab, in welchem Ausschuß er seine Parlamentstätigkeit beginnt und welche Arbeitsgebiete er dort als Berichterstatter betreuen kann. Gibt ihm die Ausschuß-Tätigkeit auch die Möglichkeit, sich öffentlich zu profilieren, so kann dies seine Chancen begünstigen, bei der nächsten Bundestagswahl erneut nominiert und wiedergewählt zu werden.

Die Abgeordneten der großen Fraktionen gehören aufgrund fraktionsinterner Richtlinien meist nur einem Ausschuß als ordentliche Mitglieder und einem weiteren Ausschuß als Stellvertreter an (Ismayr 1992: 189f., 599; z.B. „Leitsätze für die Ausschußbesetzung" der

CDU"). Keinen Ausschußsitz nehmen die Regierungsmitglieder und auch die Parlamentarischen Staatssekretäre ein, die der Regierung faktisch zugerechnet werden; bei den großen Fraktionen verzichten auch weitere führende Mitglieder darauf.

Die Auswahl der Ausschuß-Mitglieder hat jede Fraktion für sich selbst zu besorgen. Letztlich liegt die Entscheidung selbstverständlich bei der Fraktionsversammlung (§ 5 GO-SPD), doch kommt es dort trotz häufiger Konflikte im Vorfeld nur selten zu „Kampfabstimmungen". Eine Besonderheit weist auch hier die Unionsfraktion auf: der Erste Parlamentarische Geschäftsführer der CDU/CSU-Fraktion und der Geschäftsführer der CSU-Landesgruppe klären zunächst die Sitzverteilung zwischen CDU-Teil und CSU-Teil der Fraktion. Die auf sie entfallenden Sitze „besetzen CDU und CSU dann in eigener Zuständigkeit".

Für das komplizierte Verfahren der Verteilung der Ausschußsitze haben die Fraktionen unterschiedliche informelle Regelungen entwikkelt. Die für die Koordinierung zuständigen Geschäftsführer verschaffen sich zunächst einen Überblick über die Wünsche der Fraktionsmitglieder. Bereits vor der Bundestagswahl (SPD) oder unmittelbar danach erhalten die Kandidaten bzw. (neu)gewählten Abgeordneten Fragebogen mit der Bitte, ihre Präferenzen für einen Ausschußsitz (und ggf. für die Mitarbeit in weiteren Gremien) mitzuteilen. Die Büros der Geschäftsführer stellen dann Listen zusammen, die als Grundlage dienen, um Wünsche und Möglichkeiten der Ausschußbesetzung in Einklang zu bringen. Eine wichtige Rolle spielen die Klärungs- und Aushandlungsprozesse in den Landesgruppen; deren Vorsitzende bringen gebündelt die Wünsche und Interessen der Landesgruppen(mitglieder) dem Geschäftsführer nahe. Auch die bisherigen Vorsitzenden der Arbeitsgruppen und -kreise und der Interessengruppen der Fraktion, die diese Funktionen wieder übernehmen wollen, versuchen, ihre Vorstellungen zur Geltung zu bringen.

Bei der SPD, der FDP und dem CSU-Teil der Unionsfraktion liegt die Verantwortung für die Koordinierung der Ausschußbesetzung bei einem Parlamentarischen Geschäftsführer. Oft mühsame Vermittlungs- und Überzeugungsarbeit, „moralischer" Druck und der Einsatz taktischer Hilfsmittel sind in Konfliktfällen notwendig, um „Konsens" zu erzielen bzw. eine Seite zum Einlenken zu bewegen (Auskunft Fraktionsreferenten; vgl. Dexheimer 1982: 273). Der CDU-Teil der Unionsfraktion überträgt die weitergehende Aufgabe der Koordinierung einem informellen „Gremium zur Besetzung der Ausschüsse", im Fraktionsjargon „Teppichhändlergremium" genannt, dem die Vorsitzenden der CDU-Landesgruppen, die Parlamentarischen Geschäftsführer der CDU und die Vorsitzenden der „sonstigen Gruppen" (PKM u.a.) angehören. Ausgehend von der vorliegenden Wunschliste der Abgeordneten wird in mehrtägigen Verhandlungen versucht, die oft schwer zu vereinbarenden Interessen auszugleichen und nach Möglichkeit einen „Konsens" zu erreichen. Daß die Beratungsatmosphäre von Teilnehmern wiederholt als gespannt geschildert wurde und die Verhandlungen sogar mitunter „an den Rand des Abbruchs zu geraten drohten", verwundert nicht (Dexheimer 1982: 270ff.; Ismayr 1992: 193).

Hat die CSU-Landesgruppe den Vorschlag ihres Parlamentarischen Geschäftsführers gebilligt und liegt die Vorschlagsliste des Vorbereitungsgremiums des CDU-Teils vor, ist der Beschluß der Gesamtfraktion meist nur eine Formsache. Bei der SPD-Fraktion befaßt sich der Geschäftsführende Vorstand, danach der (erweiterte) Vorstand und – ggf. nach weiteren Gesprächen und Umsetzungen – die Gesamtfraktion mit dem Vorschlag. Auch bei SPD und FDP kommt es in der Fraktionssitzung, bei der die letzte Entscheidung liegt, in dieser Frage kaum zu „Kampfabstimmungen".

Auch bei den GRÜNEN kam es nur in wenigen Fällen zu Kampfabstimmungen der Fraktion, obwohl es für manche Bereiche (wiederum) mehrere konkurrierende Bewerber gab (Nachweise Ismayr 1992: 600, Anm. 187). Wie auch die heftigen Auseinandersetzungen in der FDP-Fraktion zeigen, kommt bei den kleinen Fraktionen der Entscheidung in jedem Einzelfall noch sehr viel größeres Gewicht zu, da es oft von ein bis drei Abgeordneten abhängt, wie sich die Fraktion in der Öffentlichkeit in einem ganzen Politikbereich darstellt.

4.4.2 Präferenzen der Abgeordneten und Interessenstruktur der Ausschüsse

Welche Kriterien und Motive sind für die Fraktionen und die einzelnen Abgeordneten bei der Ausschußbesetzung ausschlaggebend? Grundsätzlich gilt, daß jeder Abgeordnete in seinen bisherigen Ausschuß zurückkehren kann; daran zeigt sich auch die große Mehrzahl der Abgeordneten interessiert. Da etwa 20 bis 30 Prozent der Abgeordneten Parlamentsneulinge sind, ist dann etwa ein Drittel der Ausschußsitze neu zu besetzen. Wer in einen anderen Ausschuß wechseln möchte, in dem er etwa schon stellvertretendes Mitglied war, genießt Priorität gegenüber neuen Abgeordneten. Das Anciennitätsprinzip hat also großes Gewicht. Allerdings sind auch regionale Gesichtspunkte und die traditionelle Berücksichtigung von Parteiflügeln und Interessengruppen bedeutsam. Nachdrücklicher als früher beanspruchen auch die stärker vertretenen Frauen eine angemessene Vertretung in den Ausschüssen. Bei den Verhandlungen seit 1990/91 kam die spezifische Berücksichtigung der Abgeordneten aus den neuen Bundesländern hinzu.

Bei den meisten Abgeordneten steht die Frage im Vordergrund, ob sie von der Mitarbeit in einem bestimmten Ausschuß eine der Wiederwahl förderliche Resonanz in der (Fach-)Öffentlichkeit und günstige Aufstiegschancen in der Fraktion erwarten. Eine Rolle kann auch die Struktur eines Wahlkreises spielen, den ein Abgeordneter vertritt. Vor allem gilt dies für Abgeordnete, die der „Pflege" des Wahlkreises und der Stärkung ihrer Partei- und Wählerbasis Priorität gegenüber dem Aufstieg in der Fraktionshierarchie einräumen.

Tradition und programmatische Prioritäten bedingen eine unterschiedliche Gewichtung der Ausschüsse in den einzelnen Fraktionen. Die Präferenzen für bestimmte Ausschüsse werden auch darin manifest, daß bei der CDU/CSU mehr als die Hälfte der Abgeordneten dem Parlamentskreis Mittelstand, aber nur etwa ein Fünftel der Arbeitnehmergruppe angehören. Ähnliches gilt für die besondere Verbundenheit der SPD mit den Gewerkschaften (vgl. Kap. 3).

Recht oft bestimmt die berufliche Herkunft die Präferenzen der Abgeordneten für bestimmte Ausschüsse. Das Interesse von Juristen am Rechtsausschuß, Verwaltungsfachleuten am Innenausschuß, Landwirten am Ausschuß für Ernährung, Landwirtschaft und Forsten ist bekannt. Die Zusammensetzung dieser Ausschüsse belegt deren tatsächliche Dominanz, die mit der Motivation dieser Abgeordneten selbst, dem Interesse der Fraktion(sführung) an „fachlicher Kompetenz" (ohne die im Haushalts- und Rechtsausschuß wenig auszurichten ist), aber auch mit der „Verbandsnähe" mancher Berufe zu tun hat (Weber 1981; Ismayr 1992: 215ff.; Müller-Rommel 1988). So verfügen derzeit 27 der 31 Abgeordneten des Rechtsausschusses über eine juristische Ausbildung (Amtl. Handbuch des Bundestages, 1999).

4.4.3 Vorsitzende und Stellvertreter

Die Parlamentarischen Geschäftsführer teilen dem Bundestagspräsidenten die Namen der von ihren Fraktionen benannten Ausschuß-Mitglieder mit (§ 57 Abs. 2 GOBT). Aufgabe der konstituierenden Sitzung ist es primär, den Vorsitzenden und seinen Stellvertreter „nach der Vereinbarung im Ältestenrat" zu „bestimmen" (§§ 58, 6 Abs. 2 GOBT) – was nur ein formales Zur-Kenntnis-Nehmen bedeutet. Denn die Entscheidung treffen die Fraktionen „intern", nachdem in einer „interfraktionellen Besprechung" (wie in den letzten Wahlperioden) oder u.U. auch formell im Ältestenrat eine Vereinbarung über die den Fraktionen entsprechend ihrer Stärke zustehenden Ausschußvorsitze erzielt wurde (Nachweise Ismayr 1992: 600). Dem Parlamentsbrauch entspricht es, daß die Stellvertreter jeweils einer anderen Fraktion angehören als der Vorsitzende.

Können sich die Fraktionen nicht einigen, treffen sie die Auswahl im „Zugreifverfahren" in der Reihenfolge der auf sie entfallenden Rangmaßzahlen; dies wurde erst dreimal praktiziert (1961, 1994, 1998). Da abwechselnd zugegriffen wird, birgt dieses Verfahren für alle Fraktionen Überraschungen und erhebliche Risiken.

Zu den ungeschriebenen Spielregeln gehört es, daß der Opposition der Vorsitz im Haushaltsausschuß zusteht. Bei der Verteilung der Ausschußvorsitze auf die Fraktionen haben sich Gepflogenheiten ausgebildet, die den Verteilungskampf etwas entschärfen. So stellte die SPD regelmäßig den Vorsitz im Innenausschuß und im Ausschuß für Arbeit und Sozialordnung, während den Vorsitz im Wirtschaftsausschuß stets ein CDU/CSU- oder FDP-Abgeordneter innehatte (Schindler 1984: 566ff, Schindler 1994: 694ff.). Allerdings kommt dieser Praxis kein gewohnheitsrechtlicher Rang zu.

Während in manchen Ausschüssen der Vorsitz häufig wechselt, besteht in anderen personelle Kontinuität, wobei sich manche Vorsitzende hohes Ansehen erwerben konnten (Ismayr 1992: 196, 601). Der Ausschußvorsitz prädestiniert als solcher wohl weniger als herausragende Fraktionsämter (z.B. AK/AG-Vorsitz; Parl. Geschäftsführer) für die Übernahme eines Regierungsamtes, doch markiert er keineswegs die Endstation einer Politikerkarriere.

4.4.4 Kompetenzen der Ausschüsse

Die Fachausschüsse haben die Aufgabe, das Plenum angesichts der Vielzahl von Vorlagen zu unterschiedlichen Sachgebieten zu entlasten und die Kompetenz des Bundestages bei der Gesetzgebung und Regierungskontrolle zu stärken. Davon hängt wiederum die Chance der Opposition ab, sich durch Sachkunde und aktuelle Präsenz im Plenum und in den Medien öffentlichkeitswirksam als Alternative zu präsentieren. Als „vorbereitende Beschlußorgane" sind die Ausschüsse zur baldigen Erledigung der ihnen überwiesenen Aufgaben verpflichtet (§ 62 Abs. 1 GOBT).

Überwiesene Vorlagen haben somit nach der GOBT – nicht immer in der Praxis – Vorrang vor anderen Fragen aus dem Geschäftsbereich des Ausschusses (Ritzel/Bücker, Erl. zu § 62). Der Ausschuß kann sich nicht darauf beschränken, dem Plenum nur einen Bericht vorzulegen, sondern ist verpflichtet, dem Bundestag bestimmte Beschlüsse zu empfehlen, die so gefaßt sein müssen, daß der Bundestag abstimmen kann. Nach der Überweisung an die Ausschüsse kann das Plenum erst dann einen Beschluß fassen, wenn Bericht und Beschlußempfehlung des federführenden Ausschusses vorliegen. Ungeachtet der Verpflichtung zur „baldigen Erledigung" kommt es etwa aufgrund überraschend auftretender Kontroversen zwischen den Koalitionspartnern oder mit Arbeitsüberlastung begründeten taktischen Kalküls der Fraktionsmehrheit zu großen Verzögerungen und u.U. auch dazu, daß der Bundestag wegen Ablaufs der Wahlperiode die Vorlage nicht mehr beraten kann (Diskontinuität). Um Mißbrauch vorzubeugen und zu verhindern, daß etwa über einen Gesetzentwurf der Opposition keine öffentliche Debatte geführt werden kann, steht der Minderheit allerdings ein wirksames Druckmittel zur Verfügung. Jede Fraktion (oder 5 v.H. der Abgeordneten) kann 10 Sitzungswochen nach Überweisung einer Vorlage einen Zwischenbericht des Ausschusses verlangen und auch eine Plenardebatte durchsetzen; diese Bestimmung hat vor allem eine präventive Wirkung.

Seit 1969 haben die Ausschüsse das Recht, sich auch mit nicht überwiesenen Fragen aus ihrem Geschäftsbereich zu befassen (§ 62 Abs. 1 GOBT). Sie sollten damit die „Möglichkeit zur Meinungsbildung durch Aussprache und Information" sowie der „laufenden Kontrolle des korrespondierenden Ressorts" erhalten (BT-Drs. 8/3460, S. 94). Das Selbstbefassungsrecht stärkt die Kontrollkompetenz gegenüber Regierung und Ministerialbürokratie im Sinne einer vorhergehenden und begleitenden Kontrolle. In welchem Umfange die Ausschüsse (und damit auch die Oppositionsfraktionen) berechtigt sind, bereits auf politische Planungen der Exekutive und die Vorbereitung von Regierungsentwürfen Einfluß zu nehmen und wo hier die Grenzen parlamentarischer Mitregierung liegen, ist umstritten (Mandelartz 1982: 7ff.). Allzuhoch ist die Gefahr der „Verwischung der Verantwortlichkeit zwischen Regierung und Parlament" (Troßmann/Roll 1981: 129) allerdings in den meisten Ausschüssen nicht einzuschätzen. Zumal in den überwiegend mit Gesetzgebung befaßten Ausschüssen ist die Tendenz zur Einbindung der Opposition (jedenfalls bei wichtigeren Vorhaben) weitaus geringer als das Interesse an der Durchsetzung der eigenen Position. Daß „bisweilen faktisch eine – im Grundgesetz nicht vorgesehene – Gemengelage der Entscheidungsbeteiligung von Regierungsressort und Parlamentsausschuß" entsteht, ist nicht von der Hand zu weisen (Busch 1983: 57). In der Regel gilt diese Einbindung in die Verantwortung aber primär oder fast ausschließlich für die Mehrheitsfraktionen, die in solchen Fällen zumeist aufgrund intensiverer Kooperationskontakte in den Arbeitsgruppen und anderen Fraktionsgremien der Regierung „grünes Licht" gegeben haben (vgl. Kap. 3). Der Schwerpunkt dieser „Entscheidungsbeteiligung" liegt also in den Fraktionen, da die Regierungsmehrheit in der Regel ein Interesse daran hat, sich einen Informationsvorsprung zu sichern.

Jedenfalls stärkt das Selbstbefassungsrecht die Chancen der Ausschüsse, sich durch Anforderung von Informationen, Berichten etc. bereits im Vorfeld der Entscheidungen sachkundig zu machen. Vor allem aber bietet es ihnen die Möglichkeit, nicht nur auf Vorlagen zu reagieren, sondern ihrerseits initiativ zu werden und vor allem durch Erörterung größerer Themenkomplexe „konzeptionell" zu arbeiten.

Um eine Verselbständigung der Ausschüsse gegenüber den Gesamtfraktionen und dem Plenum zu verhindern, wurde ihnen allerdings formell kein eigenes Initiativrecht eingeräumt, auch sind sie nicht berechtigt, dem Bundestag bei nicht überwiesenen Fragen bestimmte Beschlüsse zu empfehlen. Trotz fehlenden Initiativrechts haben Ausschußmitglieder freilich die Möglichkeit, über ihre Fraktionen (Arbeitsgruppen) Vorlagen oder Anfragen zu initiieren.

Selbstverständlich spielt die Möglichkeit, sich eigenständig mit Einzelfragen oder einem größeren Themenkomplex ihres Geschäftsbereichs zu befassen vor allem bei solchen Ausschüssen eine große Rolle, die nur selten mit Gesetzesvorlagen befaßt sind, wie zum Beispiel dem Ausschuß für Bildung, Forschung und Technikfolgenabschätzung. Diese Kompetenzerweiterung ist aber auch bei der Gesetzgebungsarbeit bedeutsam, da sie für die Opposition die Möglichkeiten verbessert, Informationen über zugrundeliegende Konzepte, Wirkungsmöglichkeiten und Expertisen einzuholen. Auch in Ausschüssen, die größtenteils mit dem Abarbeiten einer Vielzahl von Vorlagen beschäftigt sind, können sich Regierungsvertreter und Beamte bei Fragen, die über die Vorlagen hinausgehende politische Entwicklungen und Vorentscheidungen betreffen, jedenfalls nicht mit der Begründung entziehen, der Ausschuß überschreite seine Kompetenzen.

Wie bereits ausgeführt, ist die Arbeitsbelastung der Ausschüsse recht unterschiedlich. Auch sogenannte „Gesetzgebungs-Ausschüsse“ wie z.B. der Innenausschuß oder der Ausschuß für „Arbeit und Sozialordnung“ haben nicht nur mit Gesetzentwürfen zu tun, sondern auch mit einer Fülle anderer Vorlagen. Um wenigstens in einem gewissen Umfang Themenkomplexe im Zusammenhang erörtern zu können, werden thematisch zusammengehörende Vorlagen – soweit dies aus Zeitgründen möglich ist – unter einem Tagesordnungspunkt zusammengefaßt.

4.4.5 Vorbereitung der Ausschußsitzungen

Die Ausschüsse tagen regelmäßig am Mittwoch einer Sitzungswoche. Im übrigen kann der Vorsitzende im Rahmen des vom Ältestenrat festgelegten Zeitplans Ausschußsitzungen selbständig einberufen, „es sei denn, daß der Ausschuß im Einzelfall etwas anderes beschließt“ (§ 60 Abs. 1 GOBT). Er ist zur Einberufung zum nächstmöglichen Termin (innerhalb des Zeitplans) verpflichtet, „wenn es eine Fraktion im Ausschuß oder mindestens ein Drittel der Mitglieder des Ausschusses unter Angabe der Tagesordnung verlangt“ (§ 60 Abs. 2). Jede Fraktion im Ausschuß hat also die Möglichkeit, eine „Sondersitzung“ durchzusetzen, ein spektakuläres Instrument der Opposition, von dem auch gelegentlich Gebrauch gemacht wird. Diese Regelungen haben ihre Bedeutung in Ausnahmesituationen und Konfliktfällen.

Nach der Geschäftsordnung legt der Vorsitzende die Tagesordnung fest, „es sei denn, daß der Ausschuß vorher darüber beschließt“ (§ 61 Abs. 1). Die Praxis sieht anders aus: Die Tagesordnung wird in der

Regel vom Ausschußsekretär auf der Grundlage der überwiesenen (und zu erwartenden) Vorlagen und von Anregungen aus den Arbeitsgruppen vorgeschlagen. Festgelegt wird sie dann in einem in Sitzungswochen regelmäßig stattfindenden Obleutegespräch des Ausschusses, an dem auch der Vorsitzende und der Ausschußsekretär teilnehmen, wobei das Votum der Obleute entscheidend ist. Die Obleute ihrerseits orientieren sich an den Prioritäten und dem Beratungsstand der Arbeitsgruppen. Die Planung der Tagesordnung wird im übrigen wesentlich davon bestimmt, zu welchem Zeitpunkt die Stellungnahmen der mitberatenden Ausschüsse erwartet werden (vgl. § 61 Abs. 3 GOBT). Das Obleutegespräch dient nicht nur der Feststellung der Tagesordnung, sondern auch der organisatorischen und inhaltlichen Vorbereitung der Ausschußsitzung, darüber hinaus auch längerfristigen Planungen der Ausschußarbeit. Gesprochen wird insbesondere über längerfristige Terminplanungen zu einzelnen Vorhaben, über Delegationsreisen, die Befragung von Regierungsvertretern, die Vorbereitung von internen und öffentlichen Anhörungen.

Die Breite und Intensität der Zuarbeit durch die Ausschußsekretariate ist (sehr) unterschiedlich; oft ist sie noch zu stark auf den Vorsitzenden zugeschnitten. Um nicht in parteipolitische Konflikte zu geraten, werden die Ausschußsekretariate nur hin und wieder auch „inhaltlich" tätig.

Oft müssen die mitberatenden Ausschüsse dazu gedrängt werden, ihre Stellungnahme rechtzeitig abzugeben. Fehlt auch nach wiederholter Aufforderung die Stellungnahme eines mitberatenden Ausschusses innerhalb der vereinbarten Frist oder kommt eine Vereinbarung über eine Frist nicht zustande, kann der federführende Ausschuß dem Bundestag Bericht erstatten, frühestens jedoch in der vierten auf die Überweisung folgenden Sitzungswoche (§ 63 Abs. 2 GOBT).

4.4.6 Rolle des Vorsitzenden und Arbeitsstil der Ausschüsse

Zu Beginn der Ausschußsitzung wird (vor Eintritt in die Tagesordnung) je nach Bedarf über die Terminplanung für einen eiligen Gesetzentwurf, den Stand der Vorbereitungen zu einer öffentlichen Anhörung, die Einladung von Sachverständigen und die Frage der Präsenz und Berichterstattung von Regierungsvertretern gesprochen. Auch über eine mitunter notwendige Änderung der Tagesordnung wird zu Beginn entschieden, ggf. auch erst im Verlauf der Sitzung. In der Regel geschieht dies im Konsens. Nach der Geschäftsordnung kann auch durch Mehrheitsentscheid ein Punkt von der Tagesordnung abgesetzt oder die Reihenfolge der Beratung geändert werden. Erweitert werden kann die Tagesordnung aber nur, wenn nicht eine Fraktion im Ausschuß widerspricht (§ 61 Abs. 2 GOBT). Dadurch soll gesichert werden, daß sich auch die oppositionellen Fraktionen im Ausschuß inhaltlich auf Vorlagen und Themen einstellen können – eine unbedingt erforderliche Regelung im Interesse der Opposition.

Der Vorsitzende kann mit Hilfe des Ausschuß-Sekretariats Unterlagen und Informationen der Regierung anfordern; er ist Ansprechpartner der einzelnen Institutionen, Interessengruppen etc. Die Rolle des Vorsitzenden bei der Vorbereitung und Leitung der Ausschußsitzung hängt u.a. davon ab, ob er der großen oder kleinen Koalitionsfraktion oder der Opposition angehört, aufgrund langjähriger Erfahrungen und Verbindungen Ansehen genießt, und ob er sich überwiegend auf die Rolle eines „Moderators“ beschränkt oder sich darüber hinaus im Ausschuß, in der Fraktion und Partei und in der Öffentlichkeit politisch profiliert (s.a. Vetter 1986: 142).

Der persönliche Stil des Vorsitzenden kann das Diskussions- und Arbeitsklima des Ausschusses nicht unerheblich beeinflussen. Als Sitzungsleiter kann er auf den Gang der Verhandlungen einen gewissen Einfluß nehmen. Die gegenüber dem Plenum kleine Zahl zudem einigermaßen regelmäßig präsenter Sitzungsteilnehmer erlaubt auch einen von den Plenardebatten verschiedenen Diskussionsstil. Die Praxis entspricht etwa der Bestimmung der GOBT: Der Vorsitzende erteilt das Wort in der Reihenfolge der Wortmeldungen, wobei er allerdings den Grundsatz von Rede und Gegenrede beachten soll (§§ 59, 28 GG).) Er muß die Sitzungen „gerecht und unparteiisch“ leiten (vgl. § 7 Abs. 1 GOBT), hat aber das Recht, sich an der Debatte wie jedes andere Ausschußmitglied mit inhaltlich-politischen Beiträgen zu beteiligen, ohne den Vorsitz abzugeben. Im allgemeinen machen die Ausschußvorsitzenden von diesem Recht eher zurückhaltend Gebrauch, um ihre Akzeptanz als Sitzungsleiter nicht zu gefährden. Andernfalls müssen sie mit kontroversen Antworten auf ihren Sachbeitrag, aber auch mit offener Kritik an ihrer Verhandlungsführung rechnen, die nicht als parlamentarische Ordnungswidrigkeit gilt (Bernzen 1977: 37).

Die Vorsitzenden haben jederzeit das Recht, das Wort zu ergreifen und können so „steuernd“ in den Ablauf der Beratungen eingreifen.

Sie tun dies allerdings mit unterschiedlicher Intensität. Gerade auch der Opposition angehörende Vorsitzende können ihrer Fraktion am besten dadurch dienen, daß sie Kompromißvorschläge machen, für ausreichende Beratungszeit sorgen, Prüfaufträge an die Verwaltung unterstützen und sich insgesamt als Sprecher der Ausschuß- und Parlamentsinteressen gegenüber bisweilen machtbewußt und „überlegen" auftretenden Regierungsmitgliedern und Ministerialbeamten verstehen – ihre parteipolitischen Ambitionen also im Ausschuß nicht allzu deutlich zum Ausdruck bringen.

Das Interesse an einer Akzeptanz über die Fraktionsgrenzen hinweg ist so ausgeprägt, daß sich die Ausschußvorsitzenden im allgemeinen auch im Plenum eine gewisse Zurückhaltung auferlegen, sowohl was die Häufigkeit als auch was den Stil ihrer Redebeiträge betrifft. Es ist allerdings durchaus üblich, daß sie – wie andere Abgeordnete auch – bestimmte Arbeitsbereiche als Berichterstatter übernehmen, und darüber hinaus haben sie ein gewisses Privileg, zu ausgewählten Themen Stellung zu nehmen.

Der Diskussions- und Arbeitsstil der Ausschüsse ist im allgemeinen fair und kollegial. Die Abgeordneten arbeiten hier in einem überschaubaren Gremium oft seit mehreren Jahren regelmäßig zusammen und führen in kleinen Gruppen Delegationsreisen durch. Nach dem konzentrierten Vortrag eines Berichterstatters oder Ministerialbeamten kann im Ausschuß eine offene Diskussion (ohne Rednerliste) mit üblicherweise knappen Beiträgen geführt werden. Allerdings beteiligen sich – vor allem bei spezielleren Themen – als „Wortführer der Fraktionen" überwiegend die Obleute (bzw. Sprecher) und die zuständigen Berichterstatter sowie die anwesenden Regierungsvertreter und Ministerialreferenten.

Übergreifend informiert sind vornehmlich die Obleute – bei der CDU/CSU allerdings auch die Arbeitsgruppen-Vorsitzenden, die mit ihren Stellvertretern kooperieren und intern auch konkurrieren, bei der SPD teilweise auch die stellv. Obleute. Voraussetzung ist, daß sich diese Führungspersonen in den Sitzungen der Fraktionsgremien, in vorbereitenden Gesprächen mit den Berichterstattern, in Obleute- und Koalitionsgesprächen und ggf. im Kontakt mit dem Ministerium einen Überblick über Entwicklung und Sachstand der einzelnen Vorhaben geschaffen haben.

4.4.7 Spezialisierung: Berichterstatter, Arbeitsgruppen, Unterausschüsse

Angesichts der Komplexität und Vielfalt der zu bewältigenden Aufgaben wurde das System von Fachausschüssen und darüber hinaus eine arbeitsteilige Gliederung der Fraktionen in Arbeitskreise und Arbeitsgruppen erforderlich. Die Expansion und Ausdifferenzierung der Ministerialbürokratie hat dazu geführt, daß auch in den korrespondierenden Fachausschüssen und Arbeitsgruppen die Spezialisierung vorangetrieben und ein Berichterstattersystem entwickelt wurde, um detaillierte Mitarbeit bei der Gesetzgebung und eine sachkundige Kontrolle der Exekutive zu ermöglichen.

Seit der 5. Wahlperiode ist es üblich, nicht mehr wie bisher einen, sondern zwei oder mehrere Berichterstatter zu benennen. Zumindest bei wichtigeren Vorlagen sind 2 bis 4 „offizielle" Berichterstatter die Regel (vgl. § 65 GOBT).

Mit dem Ausbau eines arbeitsteiligen, fraktionsinternen „Berichterstatter-Systems" hatte sich die Parlamentspraxis geändert. In den Arbeitsgruppen der großen Fraktionen werden die Arbeitsgebiete unter den (derzeit) 5 bis 19 ordentlichen Mitgliedern des jeweiligen Ausschusses aufgeteilt. Die Abgeordneten betreuen diese Sachgebiete meist über einen längeren Zeitraum und übernehmen dann in aller Regel für entsprechende Vorlagen die Berichterstattung in der Arbeitsgruppe, ggf. in anderen Fraktionsgremien und dann auch im Ausschuß und im Plenum. Wird im Ausschuß nur ein Berichterstatter benannt oder erfolgt die „offizielle" Benennung erst zu einem späteren Zeitpunkt, ändert dies nichts daran, daß in der Fraktion und im Ausschuß die für das Arbeitsgebiet zuständigen Abgeordneten Vorbereitungen treffen, Informationsgespräche führen und wesentlichen Anteil an der Ausschußdebatte und der Formulierung von Arbeitspapieren und Beschlußvorlagen haben.

Nach der GOBT benennt der Vorsitzende die Berichterstatter, es sei denn, daß der Ausschuß (im Konsens oder mit Mehrheit) darüber entscheidet (§ 65). In der Praxis erfolgt die Benennung der Berichterstatter meist in Absprache mit den Obleuten der Fraktionen und den als Berichterstatter in Frage kommenden Abgeordneten, deren Einverständnis notwendig ist.

Vor allem in arbeitsintensiven „Gesetzgebungs-Ausschüssen" sind die Fraktionen interessiert, Beschlüsse, Kompromißformeln und akute

Verfahrensprobleme in Berichterstatter-Gesprächen vorzuklären, an denen ggf. auch Berichterstatter mitberatender Ausschüsse mitwirken. Diese Praxis setzt voraus, daß grundsätzlich jede Fraktion mit einem Abgeordneten vertreten ist.

Bevor sich der Ausschuß in einer ersten Beratung (Grundsatzaussprache) mit einem Vorhaben befaßt, haben die Berichterstatter oft zahlreiche Gespräche mit Kollegen aus anderen Arbeitsgruppen, Mitgliedern von Parteikommissionen, Regierungsvertretern und Beamten der beteiligten Ministerien, Verbandsvertretern, Fachleuten und Betroffenen geführt und ihren Entwurf oder ihre Stellungnahme in der Arbeitsgruppe und ggf. anderen Fraktionsgremien begründet, zur Diskussion gestellt und „absegnen" lassen. Je nachdem, wie sehr sich die Arbeitsgruppe (Fraktion) bereits im einzelnen festgelegt hat, werden diese fraktionsinternen Arbeitsgespräche während der „Ausschuß-Phase" fortgesetzt. Wichtige Vorhaben werden oft in Ad-hoc-Arbeitsgruppen (Projektgruppen) vorbereitet, an denen die Berichterstatter der beteiligten Arbeitsgruppen und ggf. andere fachlich interessierte Abgeordnete (eventuell auch des Koalitionspartners), sowie Fraktionsreferenten und auch Ministerialbeamte mitarbeiten.

Bereits seit der ersten Legislaturperiode setzen die Ausschüsse bei wichtigen Vorhaben Unterausschüsse und Arbeitsgruppen (Kommissionen) ein, und zwar – je nach Aufgabengebiet – für die gesamte Wahlperiode oder bis zum Abschluß des (Gesetzgebungs-)Vorhabens.

Erst seit 1980 ist die Einsetzung von Unterausschüssen in der Geschäftsordnung geregelt. Demnach kann jeder Ausschuß aus seiner Mitte Unterausschüsse mit bestimmten Aufträgen einsetzen, „es sei denn, daß ein Drittel seiner Mitglieder widerspricht". Die Mitwirkungsmöglichkeit kleiner Fraktionen ist durch ein „Grundmandat" für jede Fraktion formell gesichert (§ 55 Abs. 1 GOBT).

Die Fraktionen nutzen die Möglichkeit, auch Abgeordnete zu benennen, die nicht dem Ausschuß angehören. Auch können mehrere Ausschüsse einen gemeinsamen Unterausschuß bilden, – eine wichtige, der Koordinierung und Kooperation dienliche Regelung, von der aber seither offenbar kaum Gebrauch gemacht wurde (Schindler 1994: 694ff.).

Manche Ausschüsse bevorzugen Arbeitsgruppen anstelle der „förmlichen" Unterausschüsse, da sich deren Zusammensetzung flexibler handhaben läßt und auch die Bindung an den vom Ältestenrat festgelegten Arbeitsplan entfällt.

Diese verschiedenen Formen spezialisierter Vorbereitung und Vorentscheidung führen sicherlich zu einer Entlastung des „Gesamtausschusses“ von Detailarbeit (Sträter 1977: 35). Im günstigsten Falle wird dadurch eine stärkere Konzentration auf die politisch wichtigeren Schwerpunkte ermöglicht, oft freilich ist eine Vorlage (Thematik) ohne genauere Sachkenntnisse nur schwer zu beurteilen. Leicht können Hinweise von Berichterstattern und Ministerialbeamten auf nicht nachprüfbare juristische Barrieren und Vollzugsprobleme „Richtungsdiskussionen“ den Boden entziehen – vor allem, wenn sich diese einig sind. Insbesondere abstimmungsreife Entwürfe oder jedenfalls jene Punkte, auf die sich die Berichterstatter oder der Unterausschuß geeinigt haben, sind im Ausschuß in der Regel kein Thema mehr. Den Empfehlungen der Unterausschüsse und Gruppen wird regelmäßig gefolgt.

Die teilweise Verlagerung der Willensbildung in Subgremien der meist nicht-öffentlichen Ausschüsse und korrespondierende Vorgänge in den Fraktionen beeinträchtigen zweifellos die Transparenz des parlamentarischen Entscheidungsprozesses. Die oft beschworene Gefahr einer „Atomisierung“ des Parlaments findet hier ihren sichtbaren Ausdruck. Die Transparenz leidet nicht nur aus der Sicht der Öffentlichkeit und der Gesamtfraktion, sondern auch im Verhältnis der Ausschußmitglieder zueinander.

Informiertheit und Partizipationschancen der übrigen Abgeordneten hängen jeweils davon ab, welcher Stellenwert einem Thema bei den Vorbereitungen der Arbeitsgruppen und -kreise, in Parteigremien und in den öffentlichen (Fach-)Debatten zukommt, auf die sich der einzelne Abgeordnete, sei es als Ansprechpartner von Verbänden, sei es im Wahlkreis, einzustellen hat.

Übersehen wird oft, daß im Bundestag die „Spezialisten“ keine spezifische „Kaste“ innerhalb der Fraktionen sind, sondern die meisten Abgeordneten mit mehr oder weniger großem Engagement ein Arbeitsgebiet kontinuierlich betreuen und als Berichterstatter, somit als „Spezialisten“ wirken. Wenn Abgeordnete in dieser Rolle oft längere Zeit hindurch mit Ministerialbeamten und Verbandsexperten im direkten Kontakt und in kleinen Arbeitsgruppen zusammenarbeiten, bleibt es oft nicht aus, daß die „Referatsperspektive“ übernommen wird und eine Blickverengung die Folge ist, wenn nicht durch andere Aufgaben für Ausgleich gesorgt wird.

Die Verlagerung wichtiger Vorarbeiten in Berichterstatter- und Arbeitsgruppen erschwert den Vertretern der kleinen Fraktionen im Ausschuß den Überblick, da sie bestenfalls an einem Teil dieser oft auch gleichzeitig tagenden Sitzungen (Gesprächsrunden) teilnehmen können.

4.4.8 *Informationsbeschaffung und wechselseitige Einflußnahme: Die Rolle der Ministerialbürokratie im Ausschuß*

In den Ausschüssen sind regelmäßig Ministerialbeamte anwesend, oft sogar erheblich mehr als Abgeordnete; ganz überwiegend sind es Beamte der Länder, vornehmlich der Landesvertretungen, die sich allerdings an den Beratungen selten beteiligen. Zu den einzelnen Tagesordnungspunkten äußern sich die fachlich zuständigen Beamten des korrespondierenden Bundesministeriums sowie anderer mit der Sache befaßter Ressorts und – je nach Bedeutung und politischer Brisanz des Themas – auch Parlamentarische Staatssekretäre und Minister. Nach Art. 43 Abs. 2 GG haben die Mitglieder der Bundesregierung und des Bundesrates zu allen Ausschußsitzungen Zutritt und müssen jederzeit gehört werden. Dies gilt auch für deren Beauftragte, und dies sind in den Ausschüssen ganz überwiegend Abteilungs- und Referatsleiter.

Der Opposition im Ausschuß steht gegenüber der durch die Ministerialbürokratie argumentativ unterstützten Regierungsmehrheit kein korrespondierendes Druckmittel zur Verfügung. Seinerseits kann ein Ausschuß zwar von Regierungsmitgliedern verlangen, persönlich vor dem Ausschuß zu erscheinen und Rede und Antwort zu stehen. Da die Herbeirufung einen Mehrheitsbeschluß voraussetzt, zu der Regierungsfraktionen nur ausnahmsweise bereit sind, spielt diese verfassungsrechtliche Möglichkeit in der Ausschuß-Praxis eine untergeordnete, allenfalls „präventive“ Rolle. Es sollte daher in der Tat das Zitierrecht den Funktionserfordernissen des parlamentarischen Regierungssystems angepaßt und als Kontrollbefugnis auch „rollenkonform“ in ein Minderheitsrecht umgewandelt werden (Schneider 1984: 369).

In der Regel wird zwischen dem Ausschuß(vorsitzenden) und dem Minister(büro) ausgehandelt, wann und zu welchen Themen der Minister die Politik seines Hauses persönlich vertritt. Im allgemeinen bemühen sich die Minister um ein gutes Verhältnis zu „ihrem“ Ausschuß, vor allem natürlich zur Ausschußmehrheit bzw. „ihrer“ Fraktions-Arbeitsgruppe, um ein günstiges Klima für die Vorlagen ihres Hauses zu schaffen; andererseits nehmen die Ausschüsse üblicherweise auf die Terminkalender der Bundesminister Rücksicht. Auf gute Beziehungen zum Ausschuß besonders angewiesen sind Minister, die in der Regierung eine „Minderheiten-Position" vertreten sowie Minister, die sich als Mitglieder der kleineren Koalitionspartei der Unterstützung des zuständigen Bundestagsausschusses durch kooperatives Verhalten versichern müssen.

Üblicherweise ist nicht die Präsenz der Regierungsmitglieder das Problem und auch nicht ihre grundsätzliche Bereitschaft, dem Ausschuß die Position des Ministeriums zu vermitteln und zu informieren. Recht unterschiedlich sind aber die Qualität der Informationen und die Bereitschaft, Unterlagen zur Verfügung zu stellen. Dies gilt auch für die Parlamentarischen Staatssekretäre und Ministerialbeamten.

Die große Zahl von Ministerialbeamten in den Ausschüssen ist weniger Ausdruck der Kontrollfähigkeit der Abgeordneten, sondern vielmehr der Dominanz der Ministerialbürokratie gegenüber „der" Politik im Prozeß der Politikformulierung und -durchführung sowie der Regierungsmehrheit gegenüber der Opposition. In erster Linie dient deren Mitwirkung der Regierungsmehrheit zur parlamentarischen Absicherung ihrer Politik. Vortrag und Auskünfte der zumeist genau eingearbeiteten und fachlich oft überlegenen Ministerialbeamten sind meist recht ausführlich und detailliert, aber nicht selten auch selektiv im Interesse ihres Ressorts und hängen auch davon ab, ob diese selbst ein Interesse daran haben, den Ausschuß von der Notwendigkeit einer gesetzlichen Regelung zu überzeugen. Die Ministerialbeamten sichern ihre Position vor allem dann geschickt ab, wenn es um die Rechtfertigung von Regierungsentwürfen aus „ihrer" Abteilung bzw. „ihrem" Referat geht. Oft wird die „fachliche" Aussprache überwiegend von den jeweils zuständigen Ministerialbeamten und Berichterstattern geführt.

Recht häufig wird die Regierung auch gebeten bzw. „aufgefordert", über Erfahrungen (Gesetzeswirkungen) zu informieren, wobei besonders Oppositionsabgeordnete ziemlich regelmäßig ihre Erwartung zum Ausdruck bringen, daß auch die Erfahrungen der Länder (und Kommunen) eruiert werden sollten.

Außer den inzwischen zahlreichen, als Parlamentsdrucksachen vorliegenden Regierungsberichten erhalten die Ausschüsse häufig direkt Sachstandsberichte. Es gehört zum „guten Stil", daß der Ausschußvorsitzende Informationswünsche auch von Oppositions-Abgeordneten aufnimmt, die Obleute der Mehrheitsfraktionen die Forderung auch dann unterstützen, wenn sie wenig interessiert sind, und die anwesenden Regierungsmitglieder und Beauftragten ihre grundsätzliche Auskunftsbereitschaft bekunden. Restriktiver verhalten sich die Regierungsfraktionen oft, wenn die Opposition die Regierung auffordern möchte, einen Gesetzentwurf vorzulegen bzw. die Notwendigkeit einer gesetzlichen Regelung zu prüfen, die Regierungsseite aber eine Änderung ablehnt. Als Zugeständnis an die Opposition bietet sich hier wiederum die Anforderung eines Sachstandsberichts („Prüfauftrag") an.

Für die Informationsbereitschaft der Ministerialbürokratie im Ausschuß gilt generell, daß zwar auf konkrete Fragen von Oppositionsabgeordneten (mehr oder weniger brauchbare) Informationen und Antworten gegeben werden, darüber hinausgehende Informationen aber jedenfalls dann oft zurückgehalten werden, wenn sie geeignet erscheinen, regierungskritische Positionen abzustützen und unerwünschte Alternativen zu stärken. Abgeordnete der Regierungsfraktionen sind wiederum auf detaillierte Auskünfte im Ausschuß weit weniger angewiesen als die der Opposition, weil sie von Regierungsvertretern und Beamten in der Arbeitsgruppe, in Koalitionsgremien und auch im direkten Kontakt mit Ministerialbeamten bevorzugt Informationen und Unterlagen erhalten. Dies heißt allerdings nicht, daß Abgeordnete der Regierungsmehrheit darauf verzichten würden, detailliert und auch kritisch nachzufragen – und dies umso weniger, wenn das entsprechende Ministerium von einer anderen Koalitionspartei geführt wird. Je „politischer" oder kontroverser Probleme sind oder erachtet werden, um so mehr wird allerdings auch die Befragung von Beamten und Regierungsvertretern vom Gegensatz „Regierungsmehrheit" und „Opposition" bestimmt. Intensive, bohrende Nachfragen kommen dann vorwiegend von Abgeordneten der Opposition. Vertreter der Mehrheitsfraktionen nutzen statt dessen eher die Möglichkeit, sich in der Arbeitsgruppe (AK) und im direkten Kontakt mit den zuständigen Referenten einen Informationsvorsprung zu sichern und sich mit Materialien versorgen zu lassen.

Die Ministerialbeamten nehmen nicht nur als „Auskunftspersonen" an den Ausschußsitzungen teil, sondern greifen oft selbstbewußt und intensiv in die Diskussion ein und beeinflussen mit Ratschlägen die Entscheidungen der Ausschüsse. Sie sind „Teil des Beratungsgremiums", wie schon Friedrich Schäfer festgestellt hat. „Sie unterstützen

Anregungen, machen auf Bedenken aufmerksam, haben Anlaß, aus den Überlegungen heraus, die in den Ministerien früher schon angestellt worden waren, zu berichten“ (Schäfer [4]1982: 123). Angesichts der weitgehenden Verbindlichkeit der Ausschuß-Beschlüsse ist diese – intern mitunter auch kritisierte – „gleichberechtigte“ Mitwirkung der Beamten an der Debatte nicht unproblematisch. Eine deutliche Selbstbeschränkung wäre wohl nur dann durchsetzbar, wenn über die Fraktionsgrenzen hinweg das Bewußtsein der Abgeordneten für ihren spezifischen Auftrag als demokratisch legitimierte Volksvertreter wachsen und taktische Vorteile der Regierungsmehrheit zurückgestellt würden.

Recht häufig nehmen die Ausschüsse und auch die einzelnen Fraktionen im Ausschuß die Hilfe von Ministerialreferenten bei der Formulierung von Änderungsanträgen, Entschließungen u.ä. in Anspruch. Diese aufgrund gesetzestechnischer und sonstiger fachlicher Erfordernisse oft erbetene „Formulierungshilfe“ wird entweder bis zur folgenden Sitzung oder auch während einer Ausschußsitzung geleistet und kann auch von Oppositionsfraktionen in Anspruch genommen werden. Bei dieser Tätigkeit sind die Beamten zwar nicht an Weisungen ihrer Minister gebunden, doch besteht sehr wohl die Gefahr, daß sich auf dem Wege dieser Mitwirkung unbemerkt Akzentverschiebungen im Sinne der „Referatsperspektive“ ergeben (Lohmar 1975: 75ff.). Im übrigen verpflichtet die Gemeinsame Geschäftsordnung der Bundesministerien (GGO II) die Beamten, Formulierungshilfen, „die ihrem Inhalt nach von Beschlüssen der Bundesregierung abweichen oder über sie hinausgehen“, den beteiligten Ministerien und dem Bundeskanzleramt rechtzeitig, also möglichst vor Zuleitung an die Ausschüsse, zu übersenden (§ 44 Abs. 2 GGO II).

Besonders problematisch ist die Praxis mancher Ausschüsse, die Berichte an das Plenum von den Fachreferenten der Ministerien erstellen zu lassen.

Erforderlich ist eine Beratungs- und Analysekapazität der Ausschüsse und (Oppositions-)Fraktionen, die es ihnen erlaubt, die Formulierungsarbeit bis zu einem gewissen Grad selbst zu übernehmen, sie auf jeden Fall aber besser in die Lage versetzt, die vorgeschlagenen Texte sachkundig zu überprüfen. Die gegenwärtige Ausstattung arbeitsintensiver Ausschüsse reicht hierzu nicht aus. Erst seit der 1989 durchgesetzten Neuregelung wird zur Unterstützung der Mitglieder die Teilnahme eines Fraktionsmitarbeiters jeder Fraktion zu den Ausschußsitzungen zugelassen (vgl. § 57 Abs. 4 GOBT), sinnvollerweise allerdings nur bei Anwesenheit eines Mitgliedes der entsprechenden Fraktion.

Selbstverständlich gehen von den Debatten der Ausschüsse auch Impulse aus. Die beteiligten Regierungsvertreter und Beamten werden hier mit Zielsetzungen, Ideen und Anregungen der Opposition und nicht nur der Regierungsfraktion konfrontiert, die sie ja aus fraktionsinternen Beratungen und Kontaktgesprächen kennen (vgl. auch Sebaldt 1992). Impulse aus der laufenden Ausschußarbeit gehen selbst dann in die Planungs- und Gesetzgebungsarbeit der Ministerien ein, wenn dies von der politischen Führung der Ministerien nicht ausdrücklich verlangt wird; dies gilt – in meist bescheidenem Ausmaß – auch für Forderungen und Vorschläge der Opposition, vor allem dann, wenn sie sich nicht grundsätzlich, sondern eher im Detail oder in der Entschiedenheit des Anspruchs von den Optionen der Regierungsmehrheit unterscheiden. In den Gesetzentwürfen der Regierung bleibt die Aufnahme von Anregungen aus dem „anderen" Lager aber meist unerwähnt, es sei denn, daß taktische Gründe dies erfordern.

4.4.9 Arbeitsweise und Einfluß: Regierungs- und Oppositionsfraktionen im Ausschuß

Für die Opposition unbefriedigend bleibt, daß ihre in den Regierungsentwurf eingearbeiteten Anregungen meist der Regierungsmehrheit und nur selten der Opposition zugerechnet werden.

Ist ein Regierungsentwurf bereits an den Ausschuß überwiesen, bleiben substantielle Anregungen und Forderungen der Opposition in der Regel selbst dann unberücksichtigt, wenn sie in den Ausschußdebatten auch bei einer oder allen Mehrheitsfraktionen auf einiges Verständnis gestoßen sind. Möglicherweise werden sie allerdings – von der Öffentlichkeit unbemerkt – bei einer späteren Novellierung berücksichtigt.

Die Chancen der mitwirkenden Einflußnahme und Kontrolle durch die Oppositionsfraktionen in den Ausschüssen sind dann sehr begrenzt, während die begleitende Kontrolle und „Mitregierung" der Mehrheitsfraktionen sehr viel stärker in Fraktions- und Koalitionsgremien wirksam wird. Der Begriff der parlamentarischen Mitregierung ist insofern mißverständlich, als eben in der Regel nur die Koalitionsfraktionen und hier wiederum vor allem die Fraktionsspitzen gestaltenden Einfluß auf die Politikformulierung und die Entstehung von Gesetzentwürfen auf „Regierungsebene" nehmen können, – es sei denn, die von den Oppositionsparteien gestellten Landesregierungen verfügen über eine Mehrheit im Bundesrat.

Auch der Entscheidungsprozeß der Ausschüsse ist vornehmlich vom Gegenüber von Regierungsmehrheit und Opposition geprägt. Nach einer im allgemeinen kollegial geführten Debatte stimmen die Mehrheitsfraktionen in aller Regel so ab, wie es zuvor in der Fraktion bzw. den Arbeitsgruppen abgesprochen und entschieden worden ist. Dies gilt nicht nur für Gesetzentwürfe von einigem politischen Gewicht, sondern auch für (programmatische) Anträge und andere Vorlagen. Nach den Erfahrungen in den 80er Jahren stimmen die Mehrheitsfraktionen selbst dann im „Block" ab, wenn es nur um eine „alternative" Formulierung geht, auf die sich die Berichterstatter nicht einigen konnten. Besonders ausgeprägt war diese Neigung zur geschlossenen Unterstützung der Regierungs- bzw. Koalitionspolitik in den ersten Jahren der sozialliberalen Koalition und seit 1982/83 (Veen 1976: 85f.; Ismayr 1992: 212ff.). Hingegen hatte in den 60er Jahren die von der Parteiführung betriebene Annäherung der SPD an die Politik der Unionsparteien in den Grundlinien der Außen- und Innenpolitik die Zusammenarbeit in den Ausschüssen begünstigt. Durch diese vertrauliche Kooperation war allerdings offene Kritik an Regierungsentwürfen sowie die Entwicklung und glaubwürdige öffentliche Vertretung eines alternativen Konzepts erschwert worden (Veen 1976: 78).

4.4.10 Diskussionsstil und Abstimmungsverhalten

Die Vorstellung, die Abgeordneten könnten sich im Ausschuß „unbefangen" an die Erörterung einer Vorlage machen, entspricht nicht (mehr) der Wirklichkeit. Am ehesten kann dies noch gelten, wenn sich ein Ausschuß im Rahmen des Selbstbefassungsrechts kontrollierend mit Verwaltungsaktivitäten befaßt. Die Fraktionen haben sich bereits im Vorfeld in den Sitzungen der Fraktions- und Koalitionsgremien weitgehend festgelegt. Allerdings können die Fraktionspositionen von früheren Ausschuß-Debatten mitbeeinflußt worden sein. Denn selbstverständlich prägt die oft langjährige spezialisierte Zusammenarbeit das Urteil der „Spezialisten", die ihrerseits den Fraktionsstandpunkt mehr oder weniger stark beeinflussen. Willensbildung und Entscheidungsfindung stellen in der Regel keinen isolierten Vorgang dar, sondern vollziehen sich oft im Kontext eines mehr oder weniger kontinuierlichen Diskussionsprozesses.

Weitere Differenzierungen sind angebracht: In den Ausschüssen sind Abstimmungsverhalten und Diskussionsverlauf oft deutlicher unterschieden als im Plenum. In den meist kollegial und relativ offen geführten Diskussionen ist verständnisvolles argumentatives Eingehen auf die Positionen der anderen Seite sehr viel selbstverständlicher als in Plenardebatten, wozu die oft langjährige gemeinsame Zusammenarbeit in der „Kleingruppe" und eine lebendige Diskussionen ermöglichende Worterteilung beiträgt (§ 59 GOBT). Auf langatmige, gar persönliche „Generalabrechnungen" und polemisches Rankenwerk wird jedenfalls in den Beratungen der „Gesetzgebungsausschüsse" üblicherweise verzichtet.

Auch gehen einzelne Abgeordnete oder Vertreter einer Koalitionspartei (in Einzelfragen) mitunter auf Distanz zur Regierung oder gegenüber einem Koalitionspartner, was u.U. in kritischen Nachfragen gegenüber den anwesenden Regierungsvertretern und Beamten zum Ausdruck kommt. Vorlagen der Regierungsmehrheit stehen im Ausschuß ohnehin meist erst dann zur Beratung an, wenn im Regierungslager ein Konsens (bzw. Kompromiß) zwischen den Koalitionspartnern erreicht wurde. Sind die Mehrheitsfraktionen im Ausschuß jedoch gezwungen, zu Vorlagen der Opposition Stellung zu nehmen und kann auch in Koalitionsgesprächen keine einheitliche „Linie" erzielt werden, kommen die Positionsunterschiede in den Ausschußdiskussionen deutlicher zum Ausdruck. Eine relativ offene Argumentationsweise wird auch durch die gemeinsame Verbandszugehörigkeit zahlreicher Abgeordneter von Regierungs- und Oppositionsfraktionen in manchen Ausschüssen begünstigt.

Ungeachtet dessen stimmen die Abgeordneten der Mehrheitsfraktionen in den Ausschüssen in aller Regel selbst dann geschlossen im Sinne der Beschlüsse und Abmachungen der Regierung und der sie tragenden Fraktionen ab, wenn einzelne Abgeordnete oder auch die Sprecher einer Fraktion zuvor in ihren Diskussionsbeiträgen Kritik geübt haben und erkennen ließen, daß sie grundsätzlich oder in Einzelfragen den Oppositions-Entwürfen zuneigten. Diese Abstimmung im „Block" wird von den Mehrheitsfraktionen nicht nur bei wichtigen politischen Entscheidungen, sondern meist auch bei relativ unbedeutenden Details und schlichten Formulierungsalternativen praktiziert, sofern sich die Berichterstatter nicht interfraktionell einigen konnten.

Ein differenzierteres Abstimmungsverhalten ist bei den Oppositionsfraktionen zu beobachten, was sicherlich dadurch begünstigt wird, daß sich daraus kaum Konsequenzen ergeben. „Abweichendes" Stimmverhalten einzelner Abgeordneter der SPD-Opposition im Ausschuß (1982-98) kam relativ häufig vor. Mit einem geschlossenen Abstimmungsverhalten „der Opposition" im Ausschuß kann angesichts zweier Oppositionsfraktionen seit 1983 ohnehin nicht selbstverständlich gerechnet werden. In vielen Fällen stimmen die Oppositionsfraktionen gemeinsam – vor allem, wenn es um die Ablehnung von Regierungsentwürfen geht. Oft aber votieren sie auch unterschiedlich, was angesichts der neuen Konstellation seit Oktober 1998 mit „rechts" und „links" von der Regierungskoalition angesiedelten Oppositionsfraktionen noch häufiger zu erwarten ist. (Zum Thema „(Nicht-)Öffentlichkeit der Ausschüsse" siehe Abschn. 7.2.3).

5 Regierungsbildung

Regierungsbildungen sind komplexe, variationsreiche Vorgänge, die sich mit Blick auf die Verfassung nur unzulänglich erschließen. Nach dem Grundgesetz liegt die Regierungsbildung beim Parlament. In der Praxis vollzog der Bundestag aber mit der Wahl des Bundeskanzlers zumeist eine Entscheidung der Wähler für eine bestimmte Koalition und deren bereits vor der Wahl herausgestellten Kanzlerkandidaten. Allerdings hatten sich seit 1983 nur CDU, CSU und FDP jeweils vor der Bundestagswahl auf eine Koalition festgelegt, während die SPD eine formelle Festlegung auf ein Regierungsbündnis mit den GRÜNEN vermied.

Nach der Konstituierung des Bundestages wird in einer der ersten Sitzungen der neuen Legislaturperiode der Bundeskanzler ohne Aussprache gewählt (Art. 63 GG, § 4 GOBT). Obgleich die als wesentliches Strukturmerkmal parlamentarischer Regierungssysteme geltende Abhängigkeit der Regierung vom Vertrauen der Parlamentsmehrheit eine ausdrückliche Wahl des Regierungschefs (oder der gesamten Regierung) als konsequent erscheinen läßt, ist diese nur in wenigen westeuropäischen Verfassungen verankert. Nur noch in Spanien und Irland geht die Wahl des Regierungschefs durch die erste Kammer des Parlaments der Ernennung der Regierung durch das Staatsoberhaupt voraus, wobei im Falle Spaniens die Wahl auch ausdrücklich als Vertrauensvotum für das vom Kandidaten zuvor präsentierte Regierungsprogramm gilt (Barrios [2]1999: 573). Allerdings kann in manchen Ländern (Italien, Griechenland, Belgien) die neue Regierung nur im Amt bleiben, wenn ihr das Parlament nach Abgabe der Regierungserklärung audrücklich das Vertrauen ausgesprochen hat (Ismayr [2]1999b: 18f.).

Daß die Kanzlerwahl nach der GOBT „mit verdeckten Stimmzetteln“ (§ 4), also geheim und damit im Einzelfall vom Wähler nicht überprüfbar erfolgt, kann mit Winfried Steffani als unvereinbar mit dem Kriterium persönlicher Rechenschaftspflicht des Abgeordneten gesehen werden (Steffani 1991). Alle Bundeskanzler mit Ausnahme Helmut Kohls 1982 wurden nach Art. 63 Abs. 1 GG auf Vorschlag des Bundespräsidenten gewählt, mit der in einem ersten Wahlgang erforderlichen absoluten Mehrheit der Mitglieder des Bundestages (Schindler 1984: 113; Schindler 1994: 408). Die Bundespräsidenten haben – wie dies erwartet werden darf – jeweils den Kandidaten vorgeschlagen, der sich aufgrund des Wahlergebnisses bzw. der Koalitionsvereinbarungen auf eine Mehrheit stützen konnte. Angesichts erkennbarer Mehrheitskonstellationen ist dies ein bloß formaler Akt (Schneider 1984: 554). Dem mit einem „moralischen Auftrag des Wählers" begründeten Anspruch des Kandidaten der stärksten Fraktion (CDU/CSU 1969, 1976, 1980), auch ohne mehrheitssichernde Koalitionsabsprache, zum Kanzler vorgeschlagen zu werden, haben sich die Präsidenten (im Interesse handlungsfähiger Regierungen) mit Recht versagt.

Größere Bedeutung könnte das Vorschlagsrecht des Bundespräsidenten allerdings bei einer weiteren Ausdifferenzierung des Mehrparteiensystems erlangen. Allerdings ist der Bundestag nach Ablehnung des Präsidenten-Vorschlags frei, über Kandidaten abzustimmen, die von einer mindestens ein Viertel der Mitglieder des Bundestages umfassenden Fraktion oder einer entsprechenden Zahl von Abgeordneten vorgeschlagen wurden (§ 4 GOBT). Wird auch in einer zweiten Wahlphase von 14 Tagen kein Bundeskanzler gewählt, findet unverzüglich ein neuer Wahlgang statt, in dem gewählt ist, wer die meisten Stimmen erhält (Art. 63 Abs. 4 GG). Wie für alle anderen Wahlgänge gilt auch hier, daß der Bundespräsident einen mit absoluter Mehrheit gewählten Kandidaten ernennen muß (Art. 63 Abs. 1 GG). Erreicht der Gewählte nur die relative Mehrheit, hat der Bundespräsident ihn entweder binnen sieben Tagen zu ernennen oder den Bundestag aufzulösen (Art. 63 Abs. 4). Diese Situation ist bisher noch nicht eingetreten.

Tabelle 5.1: Bundesregierungen 1949-1999

Bundeskanzler	Partei	Amtszeit		Regierungskoalition[a]	parlamentarische Mehrheit Mandate	%	Zahl der Bundesminister	PstS[b]
Konrad Adenauer	CDU	1949-1953	Bundestagswahl	CDU/CSU; FDP; DP	212	51,7	13	
Konrad Adenauer	CDU	1953-1957	Bundestagswahl	CDU/CSU; FDP; DP; GB/BHE	345	67,8	18	
Konrad Adenauer	CDU	1957-1961	Bundestagswahl	CDU/CSU; DP	295	56,8	17	
Konrad Adenauer	CDU	1961-1963	Bundestagswahl	CDU/CSU; FDP	318	61,0	20	
Ludwig Erhard	CDU	1963-1965	Kanzlerwechsel					
Ludwig Erhard	CDU	1965-1966	Bundestagswahl	CDU/CSU; FDP	301	58,1	21	
Kurt Georg Kiesinger	CDU	1966-1969	Koalitionswechsel	CDU/CSU; SPD	468	90,3	20	7
Willy Brandt	SPD	1969-1972	Bundestagswahl	SPD; FDP	268	51,7	15	15
Willy Brandt	SPD	1972-1974	Bundestagswahl	SPD; FDP	284	54,8	17	19
Helmut Schmidt	SPD	1974-1976	Kanzlerwechsel				15	20
Helmut Schmidt	SPD	1976-1980	Bundestagswahl	SPD; FDP	264	51,0	15	20
Helmut Schmidt	SPD	1980-1982	Bundestagswahl	SPD; FDP	282	54,3	16	20
Helmut Kohl	CDU	1982-1983	konstruktives Mißtrauensvotum	CDU/CSU; FDP	291	56,1	16	24
Helmut Kohl	CDU	1983-1987	Bundestagswahl	CDU/CSU; FDP	290	55,8	16	25
Helmut Kohl	CDU	1987-1990	Bundestagswahl	CDU/CSU; FDP	282	54,3	18	27
Helmut Kohl	CDU	1990-1994	Bundestagswahl	CDU/CSU; FDP	398	60,1	19	33
Helmut Kohl	CDU	1994-1998	Bundestagswahl	CDU/CSU; FDP	341	50,7	17	27
Gerhard Schröder	SPD	1998-	Bundestagswahl	SPD; B`90/GRÜNE	345	51,6	15	24

a jeweils Beginn der Wahlperiode und nach Kanzlerwechsel

b Parlamentarische Staatssekretäre (einschl. „Staatsminister“)

Quelle: Schindler 1984: 299, 354, 366f.; Schindler 1994: 407ff.; eigene Berechnung,

Zu Minderheitsregierungen kam es für kurze Zeit nach dem Ausscheiden der FDP aus der Koalition mit der CDU/CSU (1966) und der SPD (1982) sowie dem Abbröckeln der sozialliberalen Regierungsmehrheit 1972 durch den Fraktions- und Parteiwechsel mehrerer Abgeordneter („Patt-Situation"; Lange/Richter 1973: 38ff.). Nach Mehrparteienkoalitionen in den beiden ersten Wahlperioden war nach dem durch Wahlrechtsänderungen und den von Konrad Adenauer taktisch geschickt geförderten (Schwarz 1989: 20f.) Zerfall kleinerer Parteien und der Entwicklung eines bipolaren Koalitions-Systems von drei bzw. vier Parteien die Kleine Koalition der „Normalfall" (Mintzel 1989: 13). Die absolute Mehrheit einer Partei wurde nur einmal erreicht (CDU/CSU unter Adenauer, 1957) und ist auch in absehbarer Zukunft eher unwahrscheinlich. Gering ist die Neigung zur Bildung einer Großen Koalition, müssen die großen Parteien doch damit rechnen, daß Mitglieder und Wähler zu kleineren (ggf. extremen) Parteien abwandern oder außerparlamentarisch opponieren. So gab die nur unter heftigen internen Auseinandersetzungen zustandegekommene „Große Koalition" (1966-69) der rechtsradikalen NPD Auftrieb, die mit 4,3% der Wählerstimmen 1969 vom Einzug in den Bundestag nicht weit entfernt war (Knorr 1975: 77ff.) (vgl. Tab. 5.1).

Zumeist standen die Regierungsbündnisse und künftigen Bundeskanzler aufgrund fester Koalitionsaussagen vor der Wahl und der herausragenden Rolle des Kanzlerkandidaten im Wahlkampf fest, der bei den Sozialdemokraten in der Regel von einem Parteitag auf Vorschlag des Vorstandes nominiert wird, bei den Unionsparteien von der Bundestagsfraktion und/oder den Parteivorständen von CDU und CSU (Schüttemeyer 1998: 113ff.; Niclauß 1988). Zu Mehrheitsbildungen erst nach der Wahl aufgrund von Koalitionsverhandlungen kam es nur 1949, 1961, 1969 und 1998 – mit jeweils wichtigen Weichenstellungen: der (knappen) Wahlentscheidung für Konrad Adenauer, dem als Bewährungsprobe der parlamentarischen Demokratie eingeschätzten „Machtwechsel" 1969 (Schneider 1969) und dem erneuten „Machtwechsel" 1998 (mit der erstmaligen Beteiligung von Bündnis 90/Die Grünen an der Bundesregierung). Nachdem die FDP 1969 den Wahlkampf ohne (klare) Koalitionsaussage geführt hatte, signalisierte der Vorsitzende Walter Scheel wenige Tage vor der Wahl auch öffentlich, daß er einer Koalition mit der SPD den Vorzug geben würde, ohne sich allerdings auf Voten der Fraktion und der zuständigen Parteigremien stützen zu können (Baring 1982: 148ff.). Aufgrund des (überraschend) klaren Wahlergebnisses am 27. September 1998 stimmte der Parteivorstand der SPD bereits am Tag nach der Bundestagswahl für die Aufnahme von Koalitionsverhandlungen mit Bündnis 90/Die Grünen, die bereits vor der Wahl ihr Interesse an einem Regierungsbündnis mit der SPD deutlich bekundet hatten (FAZ vom 29.9.1998; Bergmann 1999). Zu einer Ablösung des bisherigen Kanzlers kam es nur zweimal nach Bundestagswahlen (Kiesinger 1969; Helmut Kohl 1998), ansonsten im Verlauf einer Legislaturperiode nach der Aufkündigung des Regierungsbündnisses durch einen Koalitionspartner und/oder aufgrund des Drucks aus der eigenen Partei (Adenauer 1963, Erhard 1966, Brandt 1974, Schmidt 1982). Dabei spielten Verluste bei Landtags- und auch Kommunalwahlen und die Befürchtung weiterer (durch schlechte Ergebnisse bei Meinungsumfragen signalisierten) Einbrüche in der Wählergunst eine erhebliche Rolle. Zum ersten mal führten die Wähler mit ihrer Wahlentscheidung 1998 einen Machtwechsel herbei (Feist/Hoffmann 1999) mit der Konsequenz, daß alle bisherigen Regierungsparteien in die Opposition wechselten.

5.1 Koalitionsverhandlungen über das Regierungsprogramm

Auch wenn aufgrund öffentlicher Festlegung der Parteien vor der Wahl die Koalitionspartner und der zukünftige Bundeskanzler feststehen, gehen der formellen Regierungsbildung regelmäßig mehr oder weniger eingehende Koalitionsverhandlungen voraus, die mit Koalitionsvereinbarungen abgeschlossen werden. Interne Koalitionsabsprachen waren bereits seit der ersten Regierungsbildung (1949) üblich. Erstmals 1961 kam es unter spektakulären Umständen zu einem förmlichen Koalitionsabkommen zwischen CDU/CSU und FDP, das (in einer nicht-autorisierten Fassung) in der Presse veröffentlicht wurde (Wengst 1985: 11f., Schindler 1984: 370). Seit 1969 bilden förmliche Koalitionsvereinbarungen die Grundlage der Regierungspolitik für die gesamte Legislaturperiode (Kropp/Sturm 1998: 88ff.; vgl. auch Jun 1994: 85ff.).

Dauer, Intensität und Stil der Verhandlungen und der Detaillierungsgrad der Vereinbarungen sind je nach politischer Konstellation und gesellschaftlichen Rahmenbedingungen unterschiedlich; doch haben sich gleichwohl einige charakteristische Merkmale der Koalitionsverhandlungen herausgebildet. Die Koalitionsverhandlungen haben bisher zwischen einer und sieben Wochen gedauert (Schindler 1994: 440; Bergmann 1999: 325). Sehr zügig wurden die Verhandlungen 1980, 1983, 1994 und – trotz des Machtwechsels – 1998 geführt. Lange zogen sich die Verhandlungen 1976 (SPD, FDP) und 1987 (CDU, CSU, FDP) hin, als die große Regierungspartei erhebliche Stimmeinbußen hinnehmen mußte, die kleinere Koalitionspartei FDP aber gestärkt aus den Wahlen hervorgegangen war.

Üblich ist, daß sich die Koalitionsparteien offiziell vornehmen, zunächst über das Sachprogramm und danach erst über Personalentscheidungen zu verhandeln. Sind die Unionsparteien an der Regierungsbildung beteiligt, gehen den eigentlichen Koalitionsgesprächen mehrtägige, konfliktreiche Verhandlungen der Delegationen von CDU und CSU voraus, die über das schon traditionelle „Nachwahlritual" gegenseitiger Schuldzuweisungen hinaus dazu dienen, eine gemeinsame Verhandlungslinie für die Gesprächsrunden mit der FDP zu erarbeiten. Nach den Wahlen 1983 und 1987 verliefen sie spannungsreicher als die nachfolgenden Koalitionsverhandlungen unter Beteiligung der FDP. Bei der Regierungsbildung 1987 gingen die Delegationen von CDU und CSU ohne gemeinsame Zielvorstellungen in wesentlichen Sachfragen in die Verhandlungen mit der FDP. Ungeachtet der Bildung einer Fraktionsgemeinschaft zeigen der Verlauf der Regierungsbildung wie auch der regelmäßigen Koalitionsgespräche, daß sich die CSU als eigenständiger Koalitionspartner versteht.

Den großen Verhandlungsdelegationen gehören üblicherweise (öfter in Personalunion) die Spitzen der Partei, der Regierung und der Fraktion an: Kanzler, Parteivorsitzender, Fraktionsvorsitzender, Generalsekretäre der Parteien, führende Minister und/oder Stellvertretende Parteivorsitzende, erste Parlamentarische Geschäftsführer und ggf. der Landesgruppenchef der CSU (Sandschneider 1987: 204f.). Sie sind somit ähnlich zusammengesetzt wie die im Verlauf der Wahlperiode regelmäßig tagenden Koalitionsrunden. Mehrere Kommissionsmitglieder vertreten Doppelfunktionen, z.B. (stellv.) Parteivorsitzender und Regierungsmitglied oder Fraktionssprecher für ein zentrales Politikfeld; auch die „Interessengruppen" oder Fraktionsflügel der Parteien werden durch Spitzenpolitiker mitvertreten. Die Koalitionsverhandlungen 1998 wurde auf seiten der SPD – nicht unumstritten – vom Parteipräsidium (verstärkt durch den nordrhein-westfälischen Ministerpräsidenten Wolfgang Clement) geführt, während Bündnis 90/Die Grünen durch eine zwölfköpfige Verhandlungskommmission aus Repräsentanten von Partei und Fraktion vertreten wurde, die der Länderrat der Partei einstimmig bestätigt hatte (FAZ vom 5.10.1998; Bergmann 1999: 317).

Zu den einzelnen Sachthemen werden als „Experten" weitere führende Politiker der Regierungsparteien herangezogen (Minister, AG/AK-Vorsitzende und stellv. Fraktionsvorsitzende). Zur detaillierten Vorberatung können zu einzelnen Politikbereichen kleinere Arbeitsgruppen gebildet werden, denen neben Mitgliedern der großen Verhandlungsrunde weitere Experten (Fachminister, AG/AK-Vorsitzende) angehören – ein bei den Verhandlungen 1987 üppig, 1994 hingegen nur bei wenigen Politikfeldern genutzter Weg (Sandschneider 1987: 206; Heinrich 1995: 195).

Generalisierende Aussagen über Rückkoppelungsprozesse zwischen den Koalitionsdelegationen und den Partei- und Fraktionsgremien sowie den Einfluß von Interessen- und Parteigruppierungen sind nur unter Vorbehalt möglich: zu unterschiedlich sind jeweils der Verlauf der Koalitionsgespräche und der Informationsgehalt der Presseberichterstattung. Einige Anhaltspunkte gibt es immerhin. Üblich ist, daß nach ersten Kontakten und Verhaltensabsprachen der Parteivorsitzenden zunächst die Spitzengremien der Parteien (Präsidium, Vorstand) tagen, um nach einer Wahlanalyse die Richtlinien für die Koalitionsverhandlungen zu diskutieren und festzulegen (Nachweise Ismayr 1992: 611). Nach Abschluß der Koalitionsverhandlungen beschließen Präsidium, Vorstand und Bundestagsfraktion über das Verhandlungsergebnis (Koalitionsvereinbarung). Auch im Verlauf der Koalitionsgespräche wird in den Spitzengremien der Partei über den Stand der Verhandlungen informiert und beraten. Die FDP bildete zur inhaltlichen Unterstützung ihrer Verhandlungsdelegation wiederholt Arbeitsgruppen zu großen Politikfeldern, die von führenden Fraktions- und Parteimitgliedern geleitet wurden (Sandschneider 1987: 205; Bermbach 1981: 63).

Bei mehreren Regierungsbildungen wurden Klagen über eine unzulängliche Beteiligung der (großen) Fraktionen und der Partei(basis) laut. Daß der Sachverstand der Fraktion nicht unmittelbar genutzt werde und die Rückkoppelung schwierig sei, stellte 1987 auch der Fraktionsvorsitzende der CDU/CSU mit Bedauern fest (FAZ vom

23.2.1987). Unmittelbar beteiligt werden wenige führende Fraktions- und Parteiexperten (AG/AK- und Kommissionsvorsitzende), von deren Informationsbereitschaft viel abhängt, kaum aber die Fraktionsgremien.

Nach Abschluß der Koalitionsberatungen beschließen Präsidien, Vorstände und Bundestagsfraktionen der beteiligten Parteien über das Koalitionspapier, das damit das Gewicht eines Vertrages gewinnt. Als Druckmittel wirkt die Terminplanung. Wiederholt erst kurz vor der Kanzlerwahl mit dem Koalitionspapier konfrontiert, sahen sich Fraktionen und Parteivorstände zur „Ratifikation" der Ergebnisse veranlaßt. Dies geschah schon mit Rücksicht auf die öffentliche Wirkung auch dann meist nahezu einstimmig, wenn erhebliche Kritik geäußert wurde und Vorbehalte bestehen blieben. Im Unterschied zur bisherigen Praxis lag 1998 die Letztentscheidung über die Koalitionsvereinbarung bei Parteitagen von SPD und Bündnis 90/Die Grünen, die mit großer Mehrheit zustimmten (Süddeutsche Zeitung vom 26.10.1998).

Insbesondere vor Beginn der (eigentlichen) Koalitionsgespräche, aber auch begleitend dazu, versuchen (führende) Politiker durch öffentliche Äußerungen für ihre Partei oder die von ihnen unterstützte Parteigruppierung, Positionen zu fixieren und um Unterstützung für ihre Interessen zu werben. Parteiflügel und Vereinigungen wie auch Interessenverbände suchen teils über ihre Vertreter in der Koalitionsrunde und in den Parteigremien, teils durch öffentliche Resolutionen und Presseerklärungen Einfluß zu nehmen. Je geringer der interne Einfluß, um so mehr sehen sich Gruppierungen darauf verwiesen, durch Mobilisierungsaktionen um Verständnis zu werben und Druck auszuüben.

Unter den Beteiligten bestehen – je nach Interessenlage – recht unterschiedliche Vorstellungen darüber, wie umfassend eine Koalitionsvereinbarung formuliert werden soll. Üblich ist ein Nebeneinander von einigermaßen detailliert geplanten Maßnahmen und mehr oder weniger allgemein gehaltenen Absichtserklärungen und Prüfungsvorbehalten, wobei die meisten Politikfelder – in allerdings recht unterschiedlicher Gewichtung – angesprochen werden. Das „Mischungsverhältnis" variiert: Es hängt u.a. von prinzipiellen Positionsunterschieden (wie z.B. zwischen CSU und FDP in der Rechtspolitik, SPD und FDP in der Wirtschaftspolitik), Gewichtsverschiebungen aufgrund des Wahlergebnisses, öffentlichen Reaktionen, personellen Konstellationen und Profilierungsinteressen ab und auch davon, ob die Verhandlungen – ggf. aufgrund bevorstehender Landtagswahlen wie

1987 – unter Termindruck geraten. Angesichts vielfältiger Einflußfaktoren unterliegen die Verhandlungen einer gewissen „Eigendynamik". So waren die Koalitionsvereinbarungen der letzten Regierung „Schmidt/Genscher" recht detailfreudig, entgegen der erklärten Absicht des Bundeskanzlers (Bermbach 1981: 79). Während der CSU-Vorsitzende und auch der FDP-Generalsekretär nach der Bundestagswahl 1987 verlangt hatten, die Politik der nächsten vier Jahre „genau festzuschreiben", um „unterschiedliche Deutungen und Ansprüche vermeiden zu können" (F.J. Strauß), fielen die Koalitionsvereinbarungen – und entsprechend auch die Regierungserklärung – nur in wenigen Punkten konkret aus (Sandschneider 1987: 211ff). Ähnlich wie 1983 bestanden sie überwiegend aus einer Vielzahl meist vager „Absichtserklärungen, Auftragserteilungen, und Kommissionseinsetzungen (...), bei denen allenfalls gewisse Eckdaten vorgegeben sind" (Süddeutsche Zeitung vom 9.3.1987). Dies gilt tendenziell auch für die Koalitionsvereinbarungen nach der deutschen Vereinigung 1991, 1994 und 1998 (Vorbeck 1991: 384; Heinrich 1995: 201f.; Bergmann 1999: 318, 323).

Koalitionsvereinbarungen sind zwar formell nur eine Angelegenheit der beteiligten Parteien. Angesichts regelmäßiger Berichterstattung und auch Kommentierung in den Massenmedien sind die Koalitionsverhandlungen aber weniger denn je ein bloß interner Vorgang. Offiziell stellt die neue Regierung der Öffentlichkeit ihr Programm freilich erst mit der Regierungserklärung des Bundeskanzlers vor, – nach Neuwahlen in einer der ersten Sitzungen des Bundestages (Schindler 1994: 475).

5.2 Erklärungen zum Regierungsprogramm

Die Erklärungen zum Regierungsprogramm stützen sich wesentlich auf die Koalitionsvereinbarungen und gehen über die darin festgesetzten Ziele und Vorhaben kaum hinaus. Manchmal fallen die entsprechenden Passagen sogar weniger detailliert aus (PlPr 9/5, S. 25). Darüber hinaus enthalten Regierungserklärungen aber auch grundsätzliche Aussagen über Politikverständnis und Wertorientierungen, über Neuorientierung und Kontinuität der Politik oder auch eine Abrechnung mit der Politik früherer Bundesregierungen nach einem „Machtwechsel" (z.B. PlPr 9/121, S. 7213ff.). Über die bloße Ankündigung von Initiativen und Prüfvorhaben hinaus werden (meist in wenigen Sätzen) auch zugrundeliegende Problemlagen angesprochen. Schon fast zum Ritual gehört der Appell an den Leistungswillen und die Ermutigung von Bürgerengagement und Eigeninitiative. Über das Koalitionspapier hinaus werden auch jene Politik- und Problemfelder mit ein paar Sätzen bedacht, die in den Koalitionsgesprächen keine Rolle spielten. Folge der schon traditionellen Bemühungen, kein Ressort und keine relevanten Interessen unbeachtet zu lassen, ist der wachsende Umfang von Regierungserklärungen und ein schon zur Zeit Adenauers beklagtes additives Nebeneinander von Teilpolitiken (Böhret 1983b: 52ff.).

Die (große) Regierungserklärung „entwickelte sich zwischen den Polen der Gesamtschau und der Behandlung einzelner materieller Politiken" (Beyme 1979: 21). Wesentlich kommt es auf die Verknüpfung von Leitgedanken und einzelnen Gestaltungsfeldern sowie Problembereichen und die Benennung von Prioritäten an (Böhret 1983b: 49, 51). Diesen „idealen" Erwartungen können Regierungserklärungen aufgrund der Komplexität der Politik und ihrer Entstehungsbedingungen kaum entsprechen, wie die Kritik von Opposition und Öffentlichkeit an konzeptioneller Dürftigkeit und mangelnder Prioritätensetzung, dem „unorganischen Aneinanderreihen" von Absichtserklärungen und Einzelaussagen, an abstrakten Formulierungen und „Leerformeln" und dem Mangel an konkreten Lösungsvorschlägen zeigt (Beyme 1979: 21). So kritisierte der SPD-Fraktionsvorsitzende Hans-Jochen Vogel an der Regierungserklärung Bundeskanzler Helmut Kohls von 1987, daß vieles verschwommen bleibe, keine Orientierung sichtbar werde und nicht zu erkennen sei, auf welchem „Gesamtprogramm" sie eigentlich beruhe (PlPr 11/4, S. 78ff.).

Wohl am überzeugendsten aufeinander bezogen waren grundlegende, konzeptionelle Überlegungen und Reforminitiativen der Regierungserklärung Brandts von 1969, die besonders in „ihrer moralisch und partizipatorisch mitreißenden Kraft wirksam" waren. Nachdem der recht detaillierte Katalog von Reforminitiativen zum „peinlichen Merkposten für die Opposition" wurde, kam es in den siebziger Jahren zu „einer gewissen Rückkehr zu weniger konkreten Aussagen, um die Abhakliste der Opposition nicht allzu transparent zu gestalten" (Beyme 1979: 30, 36).

5.3 Personalentscheidungen

Der Bundestag kann weder bei der Bestellung noch bei der Entlassung der (gleichwohl parlamentarisch verantwortlichen) Minister rechtsverbindlich mitwirken. Nach Art. 64 Abs. 1 GG liegt die Auswahl der Bundesminister beim Bundeskanzler, der sie dem Bundespräsidenten zur Ernennung und Entlassung vorschlägt. Der Bundespräsident ist bei Erfüllung der gesetzlichen Voraussetzungen verpflichtet, entsprechend dem Vorschlag des Kanzlers zu handeln. Das schließt nicht aus, daß er gegen eine Ministerernennung und -entlassung – auch öffentlich – politische Bedenken äußert und den Kanzler zur Überprüfung seiner Personalvorschläge zu veranlassen sucht. Wollte man indes dem Bundespräsidenten ein eigenes politisches Ermessen zugestehen, so wäre die „Zusammensetzung des Kabinetts zumindest partiell der parlamentarischen Kritik und Kontrolle entzogen" (Schneider 1984: 567). Die Ernennung und auch Entlassung der Parlamentarischen Staatssekretäre schlägt der Kanzler dem Bundespräsidenten im Einvernehmen (!) mit den Bundesministern vor, für die sie tätig werden sollen (§§ 2, 4 ParlStG).

In der Praxis ist der Bundeskanzler in seinem Handlungsspielraum (zumal als Chef einer Koalitionsregierung) bei Personalentscheidungen deutlich eingeschränkt. Politisch ist er „an die Zustimmung der ihn tragenden Kräfte gebunden, die ihn einmal zum Bundeskanzler zu wählen, und zum zweiten im Amt zu halten haben, und die so seine Regierungsfähigkeit parlamentarisch absichern" (Brausewetter 1976: 15). In die Verhandlungen der Koalitionsparteien über Personalfragen werden auch die Stellen der Parlamentarischen Staatssekretäre einbezogen, mitunter sogar herausragende Parlamentsämter (Präsidium).

Schon fast zum Ritual verfestigt hat sich die Vereinbarung der Parteiführer, gleich nach der Wahl zunächst über das Sachprogramm und danach erst über Struktur und personelle Zusammensetzung des Kabinetts zu beraten. Vollständig durchzuhalten ist dies aber nach bisherigen Erfahrungen kaum, zumal Sachfragen oft mit Personal- und Strukturfragen verbunden sind. So begleitete 1972 der Anspruch Helmut Schmidts auf ein „Superministerium" für Wirtschaft und Finanzen die Sachverhandlungen (Lange/Richter 1973: 67), in den Jahren 1983 und 1987 die Frage, ob der CSU-Vorsitzende F.J. Strauß ins Bundeskabinett eintreten werde (Sandschneider 1987: 207) und 1998 die Rolle Oskar Lafontaines und die Vertretung von Frauen im Kabinett (Bergmann 1999: 319ff.).

Bereits unmittelbar nach den Wahlen 1972 wie auch 1987 und 1990 hatte ein führender Politiker der FDP einen weiteren Ministerposten für seine Partei gefordert; das schließliche Ergebnis entsprach diesen Erwartungen. Die in der Regel harten und schwierigen Verhandlungen über Kabinettsposten und Kompetenzverteilung wurden bei den letzten Regierungsbildungen – soweit bekannt – „offiziell" erst in den letzten Tagen vor der Kanzlerwahl (oder sogar danach) geführt. Dies liegt im Interesse des Kanzlers und der Koalitionsspitze, die verhindern wollen, daß die Kabinettsliste öffentlich „zerredet" wird und sich innerparteilicher Widerstand formieren kann. Bei der Regierungsbildung im November 1994 erfolgte nach Vorgesprächen über die Struktur des Kabinetts die Bekanntgabe der Kabinettsliste sogar erst einen Tag nach der Wahl des Bundeskanzlers. Angesichts der knappen Mehrheit von nur 10 Stimmen sollte so verhindert werden, daß „einzelne Abgeordnete aus Unmut über Ressortverteilungen oder persönliche Kränkungen Helmut Kohl ihre Stimme verweigerten" (Heinrich 1995: 196). Hingegen wurde 1998 die Zusammensetzung der Bundesregierung sogar auf Parteitagen der Koalitionsparteien bestätigt, wobei die GRÜNEN eine heftige Debatte über eine Trennung von Amt und Mandat führten. Abweichend von ihren bisherigen Grundsätzen wurde beschlossen, daß auch die Bundesminister von Bündnis 90/Die Grünen ihr Bundestagsmandat behalten konnten. Dies wurde insbesondere damit begründet, daß die angestrebte Möglichkeit des ruhenden Mandats nicht besteht; zudem sollten die Bundesminister nicht gegenüber den Parlamentarischen Staatssekretären geschwächt werden.

Die Personalgespräche werden – zum Teil bilateral – zwischen Kanzler(kandidat), Parteivorsitzenden und anderen Spitzenpolitikern (Fraktionsvorsitzenden) sowie in der Koalitionsrunde geführt. Der entscheidende Verhandlungsschritt zwischen den (künftigen) Koalitionspartnern ist die Festlegung der den Parteien zustehenden Regierungsämter und der Ressortkompetenzen. Die Entscheidung über die Besetzung der Stellen wird (weitgehend) der jeweiligen Partei überlassen (Brausewetter 1976: 11ff.).

Da bei den Regierungsbildungen von 1982 bis 1994 CSU und FDP zusammen je knapp die Hälfte der Minister stellten (1990: 9, 1994: 7), konnte der (designierte) Kanzler und CDU-Vorsitzende nur bei der Besetzung von 8 bis 10 Ministerposten entscheidend mitwirken. Stärker war insoweit 1998 die Position Gerhard Schröders, da sich Bündnis 90/Die Grünen mit drei Ressorts begnügen mußten. Aber auch bei der Auswahl der Bundesminister und Parlamentarischen Staatssekretäre der eigenen Partei muß der Kanzler(kandidat) auf eine angemessene Vertretung der Parteiflügel, Interessengruppierungen (Partei-Vereinigungen, Arbeitsgemeinschaften) und – insbesondere bei der CDU – der regionalen Gliederungen (Landesgruppen) und Konfessionen achten. Mehr als bisher wurden 1998 die Interessen der Frauen(vereinigungen) bei der Kabinettsbildung berücksichtigt. Der designierte Bundeskanzler sieht sich mit Ansprüchen führender und verdienter Spitzenpolitiker seiner Partei und Fraktion (Partei- und Fraktionsvorsitzende und deren Stellvertreter, Ausschuß- und Arbeitsgruppenvorsitzende) auf ein Regierungsamt konfrontiert, die er um so weniger ignorieren kann, je stärker deren Hausmacht und Ansehen in der Partei und Fraktion ist. Ja, er wird seinerseits interessiert sein, potentielle Konkurrenten in die Kabinettsdisziplin einzubinden.

Daß die Persönlichkeit des Kanzlers gleichwohl prägenden Einfluß auf die Zusammensetzung des Kabinetts haben kann, zeigt der Vergleich des sozialdemokratischen Teils der Kabinette Brandts und Schmidts: Willy Brandt band die verschiedenen Strömungen innerhalb der Fraktion in die Regierungsarbeit ein und holte profilierte und auch eigenwillige Persönlichkeiten in sein Kabinett (Jäger 1988: 23, 26). Hingegen war Helmut Schmidt, gestützt vornehmlich auf „Kanalarbeiter" und Gewerkschafter in seiner Fraktion, darauf bedacht, ein homogenes Kabinett pragmatisch orientierter, effizienter und anpassungsfähiger Zuarbeiter zu schaffen (Jäger/Link 1985: 10f.). Insgesamt war der Spielraum der sozialdemokratischen Kanzler bei der Zusammensetzung des Kabinetts etwas größer als bei christdemokratischen Kanzlern (von Adenauer vielleicht abgesehen), da sie es nur mit einem Koalitionspartner zu tun hatten und weniger auf die proportionale Vertretung der Regionen und Interessengruppierungen Rücksicht nehmen mußten als CDU-Kanzler.

Bedeutsam kann für die Regierungsarbeit sein, ob der Kanzler gleichzeitig Parteivorsitzender ist und ob die Vorsitzenden der (anderen) Koalitionsparteien dem Kabinett angehören oder über die Koalitionsrunde und „von außen" Einfluß nehmen. Alle Bundeskanzler außer Helmut Schmidt waren auch Parteivorsitzende; Ludwig Erhard übernahm den Vorsitz allerdings erst wenige Monate vor dem Ende seiner Kanzlerschaft (Haungs 1989: 29f.). Willy Brandt blieb nach seinem Rücktritt als Kanzler Parteivorsitzender und hielt seinem Nachfolger „den Rücken frei". Für Schmidt war dies insofern von

Vorteil, als parteiinterne Kontroversen „nicht unmittelbar - wie in der Regierungszeit Brandts – der mangelnden Führungskraft des Kanzlers angelastet wurden“ (Jäger/Linck 1985: 14); doch erleichterte es dem Bundeskanzler auch, zunehmend auf Distanz zur eigenen Partei zu gehen – mit der Folge der Entfremdung von Teilen seiner Partei. Kohl sah sich seinerseits immer wieder dem Vorwurf ausgesetzt, in seiner Doppelfunktion die spezifischen Interessen seiner Partei gegenüber den Koalitionsparteien nicht angemessen zur Geltung zu bringen. In diesem Zusammenhang wurde ihm vor 1990 auch der Verzicht auf den Parteivorsitz nahegelegt (vgl. Süddeutsche Zeitung vom 23./24.3. 1989). Mit Oskar Lafontaine war bis zu dessen Rücktritt von allen Ämtern schon 5 Monate nach der Regierungsbildung erstmals der Vorsitzende einer großen Partei als Bundesminister in die Regierung eingebunden. Bundeskanzler Gerhard Schröder übernahm nun mit einer gewissen Zwangsläufigkeit auch den Parteivorsitz.

Die Vorsitzenden der Koalitionspartei FDP waren fast immer im Kabinett vertreten, die der CSU nur in 15 der insgesamt 37 Regierungsjahre (Stand: 1998; u.a. Schindler 1994: 443). Die Anforderungen an die Koordinations- und Durchsetzungsfähigkeit des Kanzlers steigen, wenn (wie vom Oktober 1988 bis April 1989) die Vorsitzenden der beiden kleineren Koalitionsparteien dem Kabinett nicht angehören und so bessere Möglichkeiten haben, ihre Eigenständigkeit zu demonstrieren.

Zu Bundesministern werden meist Berufspolitiker (mit langjähriger Erfahrung) bestellt, die zudem in der Regel dem Bundestag angehören. Von den insgesamt 24 Bundesministern, die zur Zeit ihrer Berufung nicht dem Bonner Parlament angehörten, waren die meisten bereits zuvor Bundestagsabgeordnete (10) oder/und in anderen führenden politischen Positionen (Landespolitik) tätig. Zehn Bundesminister bewarben sich später erfolgreich um ein Mandat – fast eine Selbstverständlichkeit (Stand: Ende 1995; Schindler 1994: 388ff.). Die wiederholte Berufung politischer „Quereinsteiger“ durch Kanzler Kohl führte zu erheblichem Unmut in der Fraktion, die sich übergangen sah. Eine wachsende Bevorzugung von politikbereichsspezifisch ausgebildeten Fachleuten ist nicht erkennbar. In den 80er Jahren wurden bevorzugt Berufspolitiker mit juristischer, in den 70er Jahren stärker solche mit wirtschaftswissenschaftlicher Ausbildung berufen. Der Anteil der Volljuristen lag seit 1980 bei ca. 47 Prozent (Ausnahme 1990: 33%; Schindler 1994: 447). Hingegen gehören der rot-grünen Bundesregierung nur 3 Juristen (= 19%) an (Stand: 1998).

Auch die Stellen der Parlamentarischen Staatssekretäre und der „Staatsminister" (so die Bezeichnung im Außenministerium und teilweise im Kanzleramt) werden in die Koalitionsverhandlungen einbezogen. Durch das britische Beispiel angeregt, wurden 1967 die gesetzlichen Voraussetzungen geschaffen, um den Bundesministern Parlamentarische Staatssekretäre an die Seite zu stellen. Sie müssen Mitglieder des Bundestages sein, wobei Ende 1998 – zugunsten des als Staatsminister für Angelegenheiten der Kultur und der Medien ernannten Michael Naumannn – für Parlamentarische Staatssekretäre im Bundeskanzleramt eine Ausnahmeregelung geschaffen wurde (§ 1 ParlStG).

Faktisch gehören die Parlamentarischen Staatssekretäre der Regierung an, verfassungsrechtlich gesehen allerdings nicht (vgl. Art. 62 GG). An die Einführung Parlamentarischer Staatssekretäre wurde vor allem die Erwartung geknüpft, sie sollten die Mitglieder der Bundesregierung in deren politischer Leitungsfunktion unterstützen, laufend Verbindungen zu den parlamentarischen Gremien pflegen und die Minister bei repräsentativen Aufgaben entlasten. Zudem sollte das Amt eine Art „Ministerschule" darstellen (Laufer 1969). Ihre Wirkungsmöglichkeiten innerhalb der Ministerien sind unterschiedlich und hängen u.a. vom Vertrauensverhältnis zum Ressortchef und davon ab, welche Aufgabenbereiche ihnen übertragen werden (§ 14a GOBReg). Nur in wenigen Ministerien haben sie innerministerielle Zuständigkeiten gewinnen können (Rudzio ^{4}1996: 278). Auch ist die Vertretung des Ministers als Leiter einer obersten Bundesbehörde Sache des beamteten Staatssekretärs. Der Schwerpunkt ihrer Arbeit liegt im parlamentarischen Bereich: Sie vertreten ihre Minister regelmäßig in den Fragestunden und häufig in den Bundestagsausschüssen sowie in den Arbeitsgruppen und -kreisen der Koalitionsfraktionen, verstehen sich dabei aber vornehmlich als Regierungsvertreter (Röhring 1977: 439).

Bei der Regierungsbildung 1969 (Brandt/Scheel) wurde erstmals jedem Bundesminister ein Parlamentarischer Staatssekretär beigegeben, am Ende der SPD/FDP-Koalition waren es 20 und seit der christlich-liberalen Koalition (1982) übersteigt ihre Zahl die der Bundesminister erheblich (1994: 27; 1991: 33; vgl. Tab. 5.1). Die Stellenvermehrungen wurden von der jeweiligen Opposition kritisch kommentiert. Aufgrund des engen Spielraums bei der Auswahl der Minister (zumal bei Fortsetzung eines Regierungsbündnisses) besteht unter dem Druck der Konkurrenten um ein Regierungsamt bei Kanzler und

Koalitionsspitze die Neigung, die Zahl der Parlamentarischen Staatssekretäre zu erhöhen. Dies stärkt die Patronagemacht des Kanzlers – auch wenn bei der Ernennung und Entlassung rechtlich das „Einvernehmen“ mit dem Bundesminister erforderlich ist. So hatte Helmut Kohl für den CDU-Teil des Kabinetts (inzwischen) das letzte Wort bei der Personalentscheidung. Da sich die Parlamentarischen Staatssekretäre vornehmlich als Regierungsvertreter verstehen, ist ein beachtlicher Anteil der Regierungsfraktionen in die Regierungsdisziplin eingebunden, allerdings mit leicht abnehmender Tendenz (1987: 15,4%; 1994: 13%; 1998: 11,3%). Die Steuerungsfähigkeit der Regierung gegenüber den eigenen Fraktionen wird dadurch erhöht, deren (interne) Kontrollfähigkeit geschwächt – auch wenn „britische Verhältnisse“ noch fern liegen (Sturm ²1999: 226). Durch die parteipolitisch oft inhomogene Besetzung der politischen Spitze der Ministerien entstehen bemerkenswerte wechselseitige Kontrollmöglichkeiten zwischen den Koalitionsparteien, aber auch eine verstärkte Einbindung in die Verantwortung der Ressortpolitik: Nur in 5 der 17 Ressorts sowie im Bundeskanzleramt gehörten 1994 die Parlamentarischen Staatssekretäre und Staatsminister alle der Partei des jeweiligen Bundesministers an (Amtliches Handbuch der Bundesregierung, 1995, 1999). Mit der Regierungsbildung 1998 wurde diese Praxis gezielt eingeschränkt: nur mehr zwei Parlamentarische Staatssekretäre sind einem Bundesminister der anderen Regierungspartei zugeordnet.

Die Funktion als „Minister-Schule“ hat die Institution des Parlamentarischen Staatssekretärs zunächst in beachtlichem Maße erfüllt. Von 20 Bundesministern in den Jahren 1972 – 1980 waren 13 (= 65 %) zuvor Parlamentarische Staatssekretäre (Schindler 1984: 353). Nach dem Regierungswechsel 1982 blieb der Aufstieg Parlamentarischer Staatssekretäre in das Amt eines Bundesministers hingegen die Ausnahme (Schindler 1988: 327). Nur 4 Parlamentarische Staatssekretäre wurden in der sechzehnjährigen Regierungszeit Helmut Kohls (1982-98) zu Bundesministern befördert – keiner von ihnen gehörte der CDU an (Petersen 1999).

Die Gesamtfraktionen der großen Regierungsparteien werden über die Personalentscheidungen (meist unter Termindruck) informiert, aber nicht wirklich beteiligt. Des öfteren wurde Kritik in Fraktionssitzungen über mangelnde Transparenz des Auswahlprozesses und zu geringe Möglichkeiten geübt, durch Personaldebatten korrigierend Einfluß nehmen zu können. Bei der FDP hingegen entscheidet (nach

Vorabsprachen) die Fraktion – gegebenenfalls in Kampfabstimmungen – über die Besetzung vakanter Ministerposten.

5.4 Konstruktives Mißtrauensvotum, Vertrauensfrage und Bundestagsauflösung

Der Bundestag hat (auch) im Verlauf der regulären Wahlperiode die Möglichkeit, einen Kanzler- und Regierungswechsel herbeizuführen. Er kann dies aber nur dadurch, daß er mit absoluter Mehrheit einen neuen Bundeskanzler wählt („Konstruktives Mißtrauensvotum", Art. 67 GG) – ein nach deutschem Vorbild in zwei westeuropäischen Ländern (Spanien 1978, Belgien 1994) und in den 90er Jahren in mehreren mittelosteuropäischen Staaten eingeführtes Verfahren (Polen, Ungarn und Slowenien; Ismayr [2]1999b: 22). Mit dem Verzicht auf die Verankerung eines nur „destruktiven" Mißtrauensvotums im Grundgesetz (mit der Möglichkeit der bloßen Abwahl eines Bundeskanzlers) wollte der Parlamentarische Rat für stabilere Regierungsverhältnisse sorgen als in der Weimarer Republik (vgl. auch Abschn. 7.4). Tatsächlich beruht die politische Stabilität nicht auf Art. 67 GG, sondern auf der Entwicklung des Parteiensystems und der politischen Kultur.

Das Verfahren des konstruktiven Mißtrauensvotums schließt zwar den Sturz einer Regierung durch eine parlamentarische Mehrheit aus, die ihrerseits nicht bereit oder in der Lage ist, eine Regierung zu etablieren und zu stützen. Doch kann die Bestimmung des Art. 67 GG (jedenfalls längerfristig) nicht verhindern, daß eine Minderheitsregierung „zur politischen Machtlosigkeit" verurteilt ist (Rausch 1981: 280). Mit Recht verweist Konrad Hesse darauf, daß sich die Lage einer Minderheitsregierung unter der Geltung des Art. 67 GG „nur der Form, nicht der Sache nach" von einer gestürzten Regierung unterscheidet, die ihre Geschäfte bis zum Zustandekommen einer neuen Regierung weiterführt. Das konstruktive Mißtrauensvotum kann auf die Bildung „positiver" Mehrheiten hinwirken. Es kann aber politische Krisenlagen weder aufhalten noch beseitigen, möglicherweise sogar dazu beitragen, ihre Lösung zu verschleppen oder zu erschweren (Hesse [20]1995: 267; Brandt 1981).

Ein Kanzler, der die Unterstützung seiner eigenen Partei oder führender Parteieliten verloren hat, wird es letztlich nicht auf ein formelles Mißtrauensvotum ankommen lassen, sondern von sich aus zurücktreten (Ludwig Erhard 1966; Willy Brandt 1974). Kommt nach dem Zerbrechen einer Koalition ein neues, mehrheitsfähiges Regierungsbündnis zustande, ist ein „destruktives" Mißtrauensvotum mit anschließender Kanzlerwahl ebenso wirksam wie ein „konstruktives" Verfahren. Kommt es zu keiner Mehrheitsbildung und auch zu keiner tragfähigen Tolerierungsvereinbarung, sind „Neuwahlen noch immer der beste verfassungsrechtliche Notbehelf" (Hesse [20]1995: 267).

Zwei „konstruktive Mißtrauensvoten" wurden bisher eingeleitet: Nach ihrem knapp gescheiterten Versuch vom 27. April 1972, durch ein konstruktives Mißtrauensvotum die Regierung Brandt/Scheel mit Hilfe von Fraktionswechslern zu stürzen (Müller 1972: 275ff.; Baring 1982: 416ff.), gelang es der Union zusammen mit dem größeren Teil der FDP-Fraktion nach dem Ausscheiden der FDP aus der Koalition mit der SPD (17.9.1982), durch die Wahl Helmut Kohls zum Bundeskanzler die sozialdemokratische Minderheitsregierung Schmidt abzulösen und einen (erneuten) Machtwechsel herbeizuführen (Bohnsack 1983: 5ff.). Angesichts der klaren Festlegung der FDP vor der Bundestagswahl 1980 und in den Koalitionsvereinbarungen auf eine SPD/FDP-Koalition mit Helmut Schmidt als Bundeskanzler hätte nach dem Verständnis des überwiegenden Teils der Bevölkerung einem Koalitionswechsel ohne alsbaldige Neuwahlen die demokratische Legitimation gefehlt.

Bei einer klaren Aussage für eine bestimmte Koalition (und deren Kanzlerkandidaten) im Wahlkampf hat das Wählervotum „den Charakter einer auch den Bundestag politisch bindenden Entscheidung". Durch den Bundestag, so Winfried Steffani, „kann während der anschließenden Wahlperiode nur solange vergleichsweise problemlos entschieden werden, wie der Bundestag dabei innerhalb der Wählergrundentscheidung bleibt" (Steffani 1982: 575). Auch die Parteien waren sich über die Notwendigkeit von Neuwahlen weitgehend einig, doch war aus grundsätzlichen und taktischen Erwägungen zunächst heftig umstritten, ob ein Wählervotum dem Koalitionswechsel vorausgehen oder ob – wie dies in den Koalitionsgesprächen zwischen CDU, CSU und FDP vereinbart wurde – erst eine neue Regierung etabliert werden sollte, die sich nach der Erledigung der unmittelbar anstehenden Aufgaben als „handlungsfähige Regierung zur Wahl stellen" sollte (Bohnsack 1983: 26). Entscheidend war wohl das Interesse am „Kanzlerbonus". Zur Kritik an dem gewählten Verfahren, erst auf Führungsebene zu entscheiden und „dann auf der Grundlage einer neuen Machtwirklichkeit die Wähler zu aktivieren“ (Süß 1986: 51), kam die Kritik am Stil der FDP-Führung hinzu, die es abgelehnt hatte, die Entscheidung für einen Koalitionswechsel vom Votum eines FDP-Sonderparteitags abhängig zu machen (Bohnsack 1983: 31).

Nach dem Grundgesetz ist die Auflösung des Bundestages ein schwieriges und voraussetzungsreiches Unterfangen: Sie ist nur möglich, wenn nach der Konstituierung eines neuen Bundestages oder dem Rücktritt einer Regierung (Art. 69 Abs. 2 GG) kein neuer Bundeskanzler mit absoluter Mehrheit (!) gewählt wird (Art. 63 Abs. 4 GG) oder ein Bundeskanzler die Vertrauensfrage stellt und bei der Abstimmung darüber nicht mehr die Zustimmung der Mehrheit der Mitglieder des Bundestages erhält (Art. 68 GG) – wobei in jedem Fall eine entsprechende Entscheidung des Bundespräsidenten erforderlich ist. Erst einmal hat ein Bundeskanzler die Vertrauensfrage mit der Absicht gestellt, sich der Zustimmung der Koalitionspartner für die weitere politische Arbeit zu versichern (H. Schmidt am 5.2.1982; Schindler 1984: 415f.). Dieses Verfahren – bereits ein Alarmsignal – konnte trotz der Zustimmung aller (!) Koalitionsabgeordneter den Zerfall des Regierungsbündnisses nicht mehr aufhalten.

Zweimal hingegen wurde die Vertrauensfrage gestellt, um von allen Bundestagsparteien angestrebte Neuwahlen einzuleiten: Angesichts der „Patt-Situation“ 1972 (Blischke 1973: 65ff.) und wenige Wochen nach der Wahl Kohls zum Bundeskanzler durch ein konstruktives Mißtrauensvotum (17.12.1982). Unionsparteien und FDP hatten das Angebot abgelehnt, über eine Vertrauensfrage Bundeskanzler Schmidts die Auflösung des Bundestages in die Wege zu leiten (PlPr 9/115, S. 7972ff.), versuchten dann aber ihrerseits – mit Erfolg – über eine Abstimmung nach Art. 68 GG zu einem von der neuen Koalition vereinbarten und in der Regierungserklärung Kohls zugesicherten Termin (6.3.1983) zu Neuwahlen zu gelangen. Die parlamentarische Mehrheit der Koalition, die wenige Wochen zuvor Helmut Kohl zum Kanzler gewählt und tags zuvor den Bundeshaushalt verabschiedet hatte, mußte bekennen, daß sie Kohl kein Vertrauen (mehr) schenke, um anschließend mit ihm als Kanzlerkandidaten in den Wahlkampf zu ziehen (Schindler 1988: 359f.) – ein verfassungsrechtlich problematisches und heftig umstrittenes Verfahren.

Verfassungsjuristen und auch die (grundsätzlich aber ebenfalls an Neuwahlen interessierte) SPD-Opposition verwiesen auf die Gefahr, daß durch dieses Verfahren ein Präzedenzfall geschaffen und es der

Regierung(smehrheit) künftig erleichtert werden könnte, einen für sie günstigen Neuwahltermin zu nutzen, möglicherweise mit dem Ziel, einzelne Abgeordnete, Gruppen und Fraktionen aus dem Bundestag fernzuhalten (Schneider 1984: 609). Eine derart motivierte Anwendung des Art. 68 GG wollte auch das Bundesverfassungsgericht in seinem Urteil als verfassungswidrig ausschließen. Als Indiz gegen einen Formenmißbrauch des Art. 68 GG sah es allerdings die „Einmütigkeit der im Bundestag vertretenen Parteien" an, zu Neuwahlen zu gelangen (BVerfGE 62, 1, 42ff.).

Diese verfassungsrechtliche und -politische Kontroverse wäre vermeidbar gewesen, wäre der Bundestag 1976 der Empfehlung der Enquete-Kommission Verfassungsreform zur Einführung des parlamentarischen „Selbstauflösungsrechts" gefolgt, das ja auch die meisten Länderverfassungen kennen. Dem Bundestag sollte das Recht eingeräumt werden, auf Antrag eines Viertels und mit einer Mehrheit von zwei Dritteln (!) seiner Mitglieder zu beschließen, „die Wahlperiode vorzeitig zu beenden". Die Kommission hatte mit ihrem Vorschlag Wert darauf gelegt, die Minderheitenrechte zu sichern und dem Bundeskanzler und auch der Regierung(smehrheit) insgesamt keine „weitere politische Prämie auf den legalen Machtbesitz" zu gewähren (Enquete-Kommission Verfassungsreform 1976: 104ff.). Wider Erwarten ist ein entsprechender Vorschlag allerdings in der 1991 eingesetzten „Gemeinsamen Verfassungskommission von Bundestag und Bundesrat" gescheitert (Batt 1996: 131f.).

6. Gesetzgebung

Bundesstaatlichem Grundverständnis entsprechend liegt das Recht der Gesetzgebung bei den Ländern, soweit das Grundgesetz nicht dem Bund ausdrücklich oder implizit Gesetzgebungskompetenzen verleiht (Art. 70 GG). Über die ausschließliche Gesetzgebungskompetenz (in einigen „klassischen“ Bereichen) nach Art. 73 GG hinaus konnte der Bund den umfangreichen und durch Verfassungsänderungen noch deutlich erweiterten Katalog der „konkurrierenden Gesetzgebung“ (Art. 72 GG) sowie der „Rahmengesetzgebung“ (Art. 75 GG) weitgehend ausschöpfen. Begründet wurde dies vornehmlich mit der „Wahrung der Einheitlichkeit der Lebensverhältnisse“ (Art. 72 Abs. 3 GG a.F.) – einer Bestimmung, die allerdings 1994 durch Verfassungsänderung abgeschwächt wurde. Obwohl die Länder hier „solange und soweit“ zur Gesetzgebung befugt sind, „als der Bund von seinem Gesetzgebungsrecht keinen Gebrauch macht“ (Art. 72 Abs. 1), verblieben ihnen im Bereich der Gesetzgebung nur wenige Kompetenzen, so vor allem der Bildungs- und Kulturbereich und das Polizei- und Kommunalrecht (Kilper/Lhotta 1996: 102). Hingegen sind die Länder vornehmlich für den Vollzug (auch) der Bundesgesetze zuständig, die sie überwiegend als „eigene Angelegenheiten“ ausführen (Art. 84 GG). Diese Bedingungen des „Verwaltungsföderalismus“ prägen den Gesetzgebungsprozeß des Bundes in hohem Maße. Denn einmal ist der Bundesgesetzgeber bei der Gesetzesfolgenabschätzung auf „Rückmeldungen“ der Länder(verwaltungen) angewiesen. Zum anderen sehen sich Regierung und Parlament(smehrheit) zu möglichst detaillierten gesetzlichen Regelungen veranlaßt, um einen einheitlichen Gesetzesvollzug durch die Länder (und Kommunen) zu gewährleisten.

Änderungen des Grundgesetzes bedürfen einer 2/3-Mehrheit der Mitglieder des Bundestages und der Stimmen des Bundesrates (Art. 79 Abs. 3 GG) und kommen somit nur im Konsens mit der großen Oppositionspartei und mit einer breiten Mehrheit der Länderregierungen zustande. Bis 1998 sind durch 45 verfassungsändernde Gesetze zahlreiche Änderungen des Grundgesetzes beschlossen worden, wobei grundlegende Entscheidungen (Finanzverfassung, Notstandsverfassung) unter den besonderen Bedingungen der „Großen Koalition" (1966-69) durchgesetzt wurden, andere bedeutsame Revisionen erst nach langwierigen Auseinandersetzungen – nicht selten in der Form von „Paketlösungen". Nach der deutschen Vereinigung scheiterten Vorstöße zu grundlegenderen Verfassungsänderungen daran, daß dafür in der paritätisch besetzten „Gemeinsamen Verfassungskommission von Bundestag und Bundesrat" wie auch im Bundestag keine 2/3-Mehrheit erreichbar war. Die Verfassungsänderungen beschränkten sich weitgehend auf eine der europäischen Integration gemäße Anpassung an den Maastrichter Vertrag (Art. 23 GG n.F.) und eine gewisse Stärkung der Länderrechte, während die zahlreichen weitergehenden Änderungsvorschläge der Bonner Oppositionsparteien (Volksentscheid, Stärkung der Parlaments- und Oppositionsrechte, soziale Staatszielbestimmungen) erfolglos blieben (Batt 1996: 97ff.). Eine Ursache hierfür lag wohl darin, daß die 64 Mitglieder dieser Kommission aktive, in den aktuellen Entscheidungsprozeß eingebundene Politiker waren.

Die Übertragung von Hoheitsrechten auf zwischenstaatliche Einrichtungen erfolgt nach Art. 24 GG durch einfaches Gesetz ohne Zustimmung des Bundesrates, was bis 1992 auch für die Europäische Gemeinschaft galt. Aufgrund des unter Druck der Länder (zeitgleich mit der Ratifizierung des Maastrichter Vertrages) eingefügten „Europa-Artikels" des Grundgesetzes (Art. 23 n.F.) bedarf die Übertragung von Hoheitsrechten an Institutionen der Europäischen Union entsprechend der Regelung für Verfassungsänderungen einer 2/3-Mehrheit des Bundestages und des Bundesrates.

6.1 Gesetzesfunktionen und Gestaltungsfähigkeit der Politik

6.1.1 Verrechtlichung und Wandel der Staatstätigkeit

Bestimmte das Interesse an politischer Planung die (wissenschaftliche) Diskussion in der ersten Hälfte der 70er Jahre, so machten in den Jahren danach die Themen „Regierungsüberlastung", „Verrechtlichung“ und „Globalisierung“ Karriere. Der Wandel der Gesetzgebung, der „klassischen“ Funktion des Parlaments, kam dabei aus unterschiedlicher Perspektive in den Blick. Ging es zunächst um durchdachtere konzeptionelle Grundlagen und eine verbesserte Koordinierung der Gesetzgebungsarbeit im Interesse einer „aktiven Politik“ sowie um die Rolle des Bundestages bei der politischen Planung, wurden in den nachfolgenden Diskussionen die Bürokratisierung und die quantitative Zunahme von Gesetzen und Verordnungen wie auch deren Detaillierung und Spezialisierung zum Problem. Von „Normenflut“, „Paragraphendschungel“ und „Gesetzesdickicht“ war und ist die Rede (Nachweise: Voigt 1980; vgl. Beyme 1997a: 19ff.).

Verrechtlichung ist ein wesentliches Entwicklungsmerkmal des demokratischen Rechts- und Sozialstaates (vgl. Art. 20 Abs. 2 GG). Bedingt ist sie durch die Einlösung des Rechtsstaats-, Sozialstaats- und Demokratiegebots und die Ausweitung und Verdichtung der Staatstätigkeit im Zuge der fortschreitenden Technisierung und Industrialisierung seit dem 18. Jahrhundert. Unter „Verrechtlichung“ wird primär die Zunahme der Gesetze und Verordnungen (Normenproduktion) verstanden. Im weiteren Sinne umfaßt sie auch die Bürokratisierung und die Justizialisierung der Politik, die Verrechtlichung in Form von Akten der Rechtssprechung für die die „zunehmende Verlagerung politischer Entscheidungs- und Initiativfunktionen auf die Justiz“, insbesondere die Verfassungsgerichtsbarkeit, kennzeichnend ist (Voigt 1980: 15ff.; Beyme 1997: 300ff.; Helms 1999). Unterscheiden lassen sich nach Jürgen Habermas vier epochale Verrechtlichungsschübe, die vom bürgerlichen Staat zur Zeit des Absolutismus über den bürgerlichen und demokratischen Rechtsstaat zum modernen Sozial- und Interventionsstaat führten, der sich im Rahmen des demokratischen Rechtsstaates entfaltete (hierzu: Habermas 1981: 524ff.). Er wurde insbesondere in der Phase des Wirtschaftswachstums seit den 1950er Jahren und verstärkt seit der sozialdemokratischen Regierungsbeteiligung ab Mitte der 60er Jahre ausgebaut. Der Sozialstaat setzte mit dem Anspruch, soziale Sicherheit und Chancengleichheit für alle zu gewähren, die Linie einer freiheitsverbürgenden Verrechtlichung fort und versucht seinerseits, das ökonomische Handlungssystem zu „zähmen“ (Habermas 1981: 530). Die unter den Produktionsbedingungen des kapitalistischen Industrialismus entstandenen Klassengegensätze machten bewußt, daß zu den bürgerlichen Freiheits- und politischen Teilnahmerechten soziale Teilhaberechte hinzukommen mußten. Seit den 80er Jahren des 19. Jahrhunderts wurden in öffentlicher Verantwortung Systeme kollektiver Sicherung für die verschiedensten Fälle der Erwerbsunfähigkeit geschaffen und darüber hinaus eine rechtliche Absicherung der Arbeitsbedingungen durchgesetzt. Die sozialstaatlichen Leistungen sollten auch die Voraussetzung dafür schaffen, daß alle Bürger gleiche Chancen hätten, ihre politischen Teilhaberechte zu nutzen.

Spätestens seit den 1980er Jahren kann von einem weiteren Verrechtlichungsschub gesprochen werden. Die durch die jüngste Technikentwicklung (Computerisierung, Gentechnologie etc.) bedingten tiefgreifenden ökologischen, ökonomischen und gesellschaftlichen Folgen bedeuten eine neuartige Herausforderung an die Gestaltungsfähigkeit von Politik und Gesetzgeber (vgl. Wolf 1991).

Das Wachstum der Staatsaufgaben beschränkt sich nicht auf den Ausbau sozialer Sicherungssysteme und auch personenbezogener sozialer Dienste. Hinzu kommen vielfältige Infrastrukturleistungen wie z.B. Straßen- und Wohnungsbau, Schulen, Abfallbeseitigung und Förderungsmaßnahmen (Wirtschafts-, Wissenschafts- und Ausbildungsförderung). Sie dienen einmal dazu, die Grundbedürfnisse der Bevölkerung zu befriedigen und wachsenden Ansprüchen gerecht zu werden, zum anderen zur Förderung der Wirtschaft im Interesse eines lange Zeit auch kollektiv erwünschten Wirtschaftswachstums, das – wenngleich seit Mitte der 70er Jahre nicht mehr unumstritten (Eppler 1975) – als Voraussetzung sozialer und politischer Stabilität und als Legitimationsgrundlage gilt. Die Dynamisierung staatlicher Leistungen wurde auch durch das Ziel der „Einheitlichkeit" bzw. „Gleichwertigkeit" der Lebensverhältnisse (Art. 72 Abs.3 GG) verstärkt, das nach der deutschen Vereinigung zumindest längerfristig auch für die neuen Bundesländer Geltung beansprucht. Oft wurden die öffentlichen Hände aufgrund partiellen „Marktversagens" zu Infrastrukturmaßnahmen veranlaßt.

Zwar ist das Aufgabenspektrum des Staates stark angewachsen und hatte eine „Normenflut" und vor allem einen permanenten Ausbau und Machtzuwachs der Leistungsverwaltung und der planenden Verwaltung zur Folge (Luhmann 1981: 99f.; Zimmer 1999). Doch ist gleichwohl der politische Handlungs- und Gestaltungsspielraum durch die ökonomischen Rahmenbedingungen deutlich begrenzt, zumal unter den Bedingungen der durch die Informationstechnik begünstigten Globalisierung der Waren- und Finanzmärkte (Hübner 1998; Hoffmann

1999). Nicht nur auf die Selbstheilungskräfte des Marktes vertrauende „Neoliberale", sondern auch (Keynes'sche) Interventionisten können das im Interesse der Arbeitsplatzsicherung und sozialstaatlicher Leistungsfähigkeit erwünschte Wirtschaftswachstum nur durch „systemkonforme Eingriffe" fördern, die der Stärkung der unternehmerischen Investitionsbereitschaft im Lande dienen oder diese – insgesamt gesehen – zumindest nicht (wesentlich) beeinträchtigen. Hinzu kommt die seit Mitte der 80er Jahre erheblich verstärkte Verlagerung von Rechtssetzungskompetenzen auf die Europäische Union (EU) (vgl. Schmidt 1999; Abschn. 6.4).

Wie eng die Grenzen für eine vorausschauende, gestaltende Politik in den einzelnen Aufgabenbereichen tatsächlich sind, hängt dann aber auch von der Fähigkeit von Parteien, Parlament und Regierung zu konzeptionell durchdachter Prioritätensetzung, der „Steuerungsfähigkeit" der Politik gegenüber der Verwaltung bei der Politikformulierung und -durchsetzung, dem Gewicht korporatistischer Verhandlungssysteme und der Relevanz wissenschaftlicher Politikberatung ab (vgl. Scharpf 1993; Jann 1996).

6.1.2 Funktionswandel des Gesetzes

Das Recht ist nicht das einzige, sicher aber das dominante Steuerungsmedium des demokratischen Rechts-, Sozial- und Interventionsstaates (Mayntz 1979: 55ff.; Voigt 1986: 14ff.).

Das Grundgesetz erkennt das Sozialstaatsprinzip als Verfassungsprinzip an und stellt die Erfüllung der vielfältigen Gestaltungs-, Leistungs- und Planungsaufgaben unter die Gebote der Demokratie und des Rechtsstaats (Art. 20, 28 GG). „Im demokratischen und sozialen Rechtsstaat ... bleibt nicht ein Bereich unbegrenzter, ungebundener, gestaltloser Wohlfahrtspflege, die ein wirksameres Mittel illegitimer Machtausübung wäre als Befehl oder Zwang" (Hesse [20]1995: 95).

Nach dem Grundgesetz verbindet sich das rechtsstaatliche Postulat der Gesetzmäßigkeit der Verwaltung (Art. 20 GG) mit dem demokratischen Anspruch nach gesetzlicher Normierung. Regierung und Verwaltung sollen in ihren Handlungen wesentlich an Gesetze gebunden sein, die durch Beschluß der Volksvertretung und unter deren maßgeblicher Mitwirkung zustande gekommen sind, wobei je nach demokratietheoretischem Ansatz unterschiedliche Erwartungen hinsichtlich einer kommunikativen und partizipatorischen Rückbindung an die Partei- und Wählerbasis geltend gemacht werden.

Eine konstitutionellem Verfassungsdenken entsprungene traditionelle Unterscheidung von „Gesetz im formellen" und im „materiellen" Sinne ist mit der demokratischen Ordnung des Grundgesetzes unvereinbar. Gesetz ist „jede Anordnung der gesetzgebenden Körperschaften im Gesetzgebungsverfahren und in der Form des Gesetzes. Dieser nur scheinbar formelle Begriff läßt sich nicht aufspalten" (Hesse [20]1995: 219; vgl. Schulze-Fielitz/Gößwein 1997: 18). Angesichts der Bindung des Gesetzgebers an die Verfassungsprinzipien (Grundrechte, Staatszielbestimmungen) ist dieser Gesetzesbegriff nicht nurformell (Starck 1970: 175).

Ein selbständiges Verordnungsrecht sieht die Verfassung nicht vor. Nach Art. 80 Abs. 1 GG kann die Bundesregierung, ein Bundesminister oder die Landesregierung durch Gesetz ermächtigt werden, Rechtsverordnungen zu erlassen, doch bedarf es dazu jeweils eines Gesetzes, in dem Inhalt, Zweck und Ausmaß der erteilten Ermächtigung festgelegt werden (Enquete-Kommission Verfassungsreform 1976: 192). Damit ist der Primat des Parlaments im Gesetzgebungsverfahren jedenfalls verfassungsrechtlich gesichert. Die Normierung des Grundlegenden ist Sache des Gesetzgebers, die „vollziehende Gewalt" soll demnach auf ausführende Detailregelungen beschränkt bleiben.

Das Bundesverfassungsgericht betont in seiner ständigen Rechtssprechung, daß der Gesetzgeber alle wesentlichen Entscheidungen selbst zu treffen und zu verantworten hat („Wesentlichkeitstheorie"). Die Bestimmungen des Grundgesetzes über Rechtsverordnungen und völkerrechtliche Verträge (Art. 80 Abs. 1 und Art. 59 Abs. 2 Satz 1) sowie die besonderen Gesetzesvorbehalte seien Ausprägungen dieses allgemeinen Gesetzesvorbehalts (BVerfGE 40, 237, 248ff.; vgl. BVerfGE 33, 125, 158).

Der entscheidende, qualifizierende Unterschied von Gesetz und Verordnung ergibt sich aus dem Verfahren. Gegenüber dem bloßen Verwaltungshandeln kommt dem vom Parlament beschlossenen Gesetz „die unmittelbare demokratische Legitimation zu, und das parlamentarische Verfahren gewährleistet ein höheres Maß an Öffentlichkeit der Auseinandersetzung und Entscheidungssuche und damit auch größere Möglichkeiten eines Ausgleichs widerstreitender Interessen" (BVerfGE 40, 237, 249). Die Qualität dieses Kommunikationsprozesses wird zum Legitimationskriterium.

Die verfassungspolitische Diskussion wird von der Erfahrung bestimmt, daß einerseits die Position des Gesetzgebers und damit auch des Parlaments formal gestärkt wird, andererseits aber die Überlastung mit (überwiegend in der Verwaltung erarbeiteten) Detailregelungen die politische Gestaltungsfähigkeit faktisch einschränkt.

Der Wandel vom Ordnungsstaat zum Sozial- und Interventionsstaat hatte nicht nur eine erhebliche Zunahme gesetzlicher Normierungen zur Folge, sondern auch eine verstärkte Hinwendung zu Maßnahmegesetzen (Denninger 1973: 118). Die vielfältigen neuen Aufgaben des Staates, insbesondere die Notwendigkeit, rasch auf ökonomische und technische Veränderungen reagieren zu müssen, erforderte auch immer speziellere gesetzliche Regelungen (Voigt 1980; Zimmer 1999: 211ff.). „Maßnahmegesetze" sind zum unentbehrlichen politischen Steuerungsmittel geworden. Das Bundesverfassungsgericht hat sich in seiner Rechtssprechung auf diesen strukturell bedingten Funktionswandel des Gesetzes eingestellt und die (teilweise) Abkehr von den Grundsätzen der Allgemeinheit, Abstraktheit und Dauerhaftigkeit in ihrem „klassischen" Verständnis ausdrücklich gebilligt (BVerfGE 25, 371). Maßnahmegesetze zeichnen sich durch ihre konkrete Zweckbezogenheit aus einem bestimmten Anlaß bzw. in einer bestimmten Situation aus (BVerfGE 24, 33, 52). Von ihnen lassen sich noch andere Typen von Leistungsgesetzen unterscheiden, wobei die Abgrenzung fließend ist (Plangesetze, Planungsgesetze, Lenkungs- und Umverteilungsgesetze, Steuerungsgesetze, Richtlinien- oder Rahmengesetze). Ein beachtlicher Teil der Gesetze hat somit instrumentalen Charakter; sie dienen als (politische) Führungs- und Steuerungsmittel (Hill 1982: 31f.).

Die Ausarbeitung von Gesetzen, die der Programmverwirklichung dienen, ist oft mit Unsicherheiten verbunden. Die Einstellungen und Verhaltensweisen der Normadressaten können sich (spätestens) beim Vollzug ändern und sind daher in vielen Fällen nicht zuverlässig einzuschätzen; die Wirtschaftsentwicklung verläuft häufig anders, als sie prognostiziert wurde, die Technikentwicklung und deren gesellschaftliche und ökologische Folgen sind oft schwer vorauszusehen. Bei vielen Gesetzen hängt die Zielverwirklichung von Umständen ab, die während des Gesetzgebungsprozesses noch nicht (hinreichend) bekannt sind. Ein markantes Beispiel sind die Diskussionen über Abgasgrenzwerte angesichts der zu erwartenden technischen Verbesserungen und Anpassungsprozesse der Industrie (z.B. abgasarmes Auto, Kohlekraftwerke) (Wolf 1986).

Die Folge sind häufige Änderungsgesetze, durch die meist mehrere Gesetze geändert werden. Noch während des Gesetzgebungsverfahrens kann sich die Lage derart verändern, daß auch „Nachbesserungen" in der Ausschuß-Phase nicht ausreichen. Ohnehin üblich ist es, daß noch während der parlamentarischen Phase von Seiten der Ministerialverwaltung Korrekturen „nachgeschoben" werden.

Je dichter das Netz rechtlicher Normen geknüpft wird, umso schwieriger wird es angesichts notwendiger arbeitsteiliger Strukturen bei der Gesetzesformulierung, widersprüchliche Regelungen aufzudecken und unbeabsichtigte Folgen und Nebenwirkungen zu vermeiden, die (erst) bei der Durchführung der Programme erkannt werden. Zudem können zu zahlreiche und rasche Novellierungen die Rechtssicherheit gefährden.

„Quantitative Grenzen der Rechtssetzung" werden jedenfalls dort sichtbar, wo die Wahrnehmungsfähigkeit und Befolgungsbereitschaft der Bürger und der Verwaltung überfordert wird. Man kann diese Grenze „nicht überschreiten, ohne der Wirksamkeit des Rechts und seiner Durchsetzung im Bewußtsein der Menschen zu schaden" (Bundesjustizminister J. Schmude, PlPr 9/26/1981, S. 1214; vgl. Kaufmann 1984: 44f.). Die „Vollzugseignung der Rechtsvorschriften und Vollzugsneigung der Adressaten (Bürger, vollziehende Verwaltung) gehen bei wachsender Regelungsdichte und -tiefe zurück" (Böhret 1983a: 80, 93). Die Vielzahl komplizierter Gesetze und sonstiger Regelungen hat zu einer deutlichen Überlastung der Verwaltung beim „Vollzug" geführt und die Aufgabenwahrnehmung erschwert, wenn nicht gefährdet. Die „vollständige und genaue Beachtung aller Gesetze, Richtlinien und Programme", so Böhret, würde inzwischen auf nahezu jedem Verwaltungsgebiet die Tätigkeit der Verwaltung zum Stillstand kommen lassen. „Die Verwaltung selektiert auf der Ebene der Politikdurchführung selbständig, sie nimmt ‚negative' Entscheidungsspielräume wahr, die ihr dem idealen Modell zufolge legitimerweise nicht zustehen. Sie umgeht auf pragmatischer Ebene – nicht zuletzt durch ‚Nichtausführung' und Verzögerung – sanktionslos den im demokratischen Verfahren der Politikformulierung gesetzten (vielleicht zu ausufernden) Willen" (Böhret 1983a).

Die verfassungsgemäße Aufteilung der Kompetenzen zwischen Bund und Ländern begünstigt diese Verselbständigung der „durchführenden" Verwaltung, der der Bundesgesetzgeber durch detailgenaue Regelungen zu begegnen sucht – die wiederum die Folgebereitschaft schwächen können. Um den politischen Willen der Bundesregierung und der sie unterstützenden Fraktionen auch in jenen Ländern adäquat durchzusetzen, in denen konkurrierende politische Parteien den Regierungskurs bestimmen, werden bereits von der Bonner Ministerialbürokratie ins Einzelne gehende Regelungen bevorzugt. „Schließlich führt auch die für die Bundesrepublik typische ‚vertikale Politikverflechtung' tendenziell zu einer Stärkung der Verwaltungen, weil diese zum kooperativen ‚Vollzug' tendieren und weil gleichzeitig die ‚Politik' zur Selbstblockierung neigt" (Böhret 1983b: 20; vgl. Scharpf u.a. 1976).

6.1.3 „Normenflut"

Ist es gerechtfertigt, von einer „Gesetzesflut" zu sprechen? Insgesamt waren mit Stand vom 1. Juli 1997 2059 Gesetze und 3004 Rechtsverordnungen des Bundes in Kraft, mit weit mehr als 80.000 Einzelvorschriften (Hill 1998: 357). Der Bundestag hat in den 13 Wahlperioden von 1949 bis 1998 insgesamt 8408 Gesetzentwürfe behandelt und 5462 Gesetze verabschiedet, durchschnittlich also 112 pro Jahr (Tabellen 6.3 und 6.6). Deutlich über dem Durchschnitt lag die Zahl der Gesetzentwürfe in den Phasen des Neuanfangs: in den beiden ersten Legislaturperioden und in den ersten Jahren der sozialliberalen Koalition, die mit dem Versprechen sozialer Reformen angetreten war, sowie nach der deutschen Vereinigung.

Die Zahl der Rechtsverordnungen übersteigt noch die der Gesetze: Von der 1. bis 13. Wahlperiode wurden 17.487 Rechtsverordnungen erlassen (Statistisches Jahrbuch 1999). Hinzu kommen die zahlreichen, unmittelbar verbindlichen EG/EU-Verordnungen sowie Verwaltungsvorschriften etc.

In einem Jahr wird heute etwa so viel Gesetzesblatt-Text veröffentlicht wie hundert Jahre zuvor in zehn Jahren (Müller/Nuding 1984). Dies ist nicht nur auf die wachsende Zahl der Regelungen, sondern auf die zunehmende Vernetzung zwischen den einzelnen Rechtsnormen (Regelungsdichte) und die immer differenziertere und detailliertere Ausformulierung bestehender und neu hinzukommender Normen (Regelungsintensität) zurückzuführen. Die dichte Vernetzung der (einzelnen) Rechtsnormen findet insbesondere in der großen Zahl von Verweisungen ihren Ausdruck – eine Entwicklung, die von Parlamentariern seit vielen Jahren kritisiert wird, so auch von der Ad-hoc-Kommission Parlamentsreform (BT-Drs. 10/3600, S. 22f.; Müller/Nuding 1984: 82, 86).

Ganz überwiegend handelt es sich um Änderungs- und Anpassungsgesetze, durch die meist mehrere Gesetze geändert werden („Artikelgesetze") – sichtbarer Ausdruck der zunehmenden Vernetzung. So wurden im Zeitraum 1978-82 durch die 208 Änderungsgesetze 798 Gesetze und 4333 Artikel und Paragraphen geändert (Müller/Nuding 1984: 93). Auch durch Änderungsgesetze können grundlegende Neuerungen eingeführt werden. Insofern ist die formale Unterscheidung von Änderungsgesetzen und „neuen" Gesetzen inhaltlich nur bedingt aussagekräftig. Deutlich wird allerdings der durch die technische, ökonomische und soziale Entwicklungsdynamik bedingte Handlungsdruck, dem die Entscheidungsträger nachgeben.

6.1.4 Entlastung des Gesetzgebers und der Bürger?

Enstaatlichung

Die mit dem Ausbau des Sozial- und Interventionsstaates einhergehende Belastung von Gesetzgeber, Verwaltung und Justiz rief zahlreiche Kritiker auf den Plan, die sich nur von einem Abbau staatlicher Aufgaben und Leistungen wirksame Abhilfe versprachen. Publizitätsträchtig thematisiert wurde das Problem von liberaler und konservativer Seite zunächst mit den Schlagworten der „Unregierbarkeit" und – abgeschwächt – der „Regierungsüberlastung" (Hennis/Kielmansegg/Matz 1977, 1979), die sich für die wissenschaftliche Analyse freilich als wenig fruchtbar erwiesen (Beyme 1984). Die Forderung nach (Re-) Privatisierung öffentlicher Aufgaben (Entstaatlichung), die in einzelnen Bereichen mittlerweile durchgesetzt oder eingeleitet wurde, gewann angesichts der „Krise der Staatsfinanzen" eine gewisse Popularität.

Die Grenzen einer Politik der Entstaatlichung sind jedoch relativ eng gesteckt, wenn nicht tiefgreifende negative Auswirkungen bewußt in Kauf genommen werden sollen. Die Konsequenz einer an privatwirtschaftlichem Gewinn als „Quelle des Wohlstands" orientierten Politik bei deutlicher Einschränkung (kompensatorischer) sozialstaatlicher Leistungen können wachsende soziale Ungleichheit und (vor allem längerfristig) eine Reduzierung der Lebensqualität besonders für die einkommensschwachen Schichten der Bevölkerung sein. Als Folge für das politische System ist mit einer sinkenden „Akzeptanz" politischer Entscheidungen und abnehmender Demokratiezufriedenheit bei einem Teil der Bevölkerung zu rechnen, die sich in den 90er Jahren bei einem Teil der Bevölkerung abzeichnet (Rudzio [4]1996; Pikkel/Walz 1997). Dies gilt besonders für die neuen Bundesländer, deren politische Kultur (noch) weitaus stärker als im Westen durch „materialistische" Orientierungen geprägt ist und bei denen eine Zunahme der Demokratiezufriedenheit und des Institutionenvertrauens bis auf weiteres von ökonomischen Verbesserungen und sozialstaatlichen Leistungen abhängen wird (Pollack/Pickel 1998; Gabriel 1999).

Will man diese negativen Folgen vermeiden, dann sind einer Politik der „Privatisierung öffentlicher Dienstleistungen" relativ enge Grenzen gesteckt. Die Grenzen liegen dort, wo der soziale Friede gestört und der Grundkonsens gefährdet ist, der inzwischen eine ökologische Dimension aufweist (vgl. Staatszielbestimmungen „Schutz der natürlichen Lebensgrundlagen"/Umweltschutz im Grundgesetz und in Landesverfassungen). Entstaatlichungsprogramme dürften jedenfalls dann auf Widerstand stoßen, wenn sie eine Zerstörung der natürlichen Lebensgrundlagen begünstigen. Zudem führt die (weitere) Privatisierung und Auslagerung öffentlicher Leistungen nur unter – oft nicht gegebenen – „idealen" Voraussetzungen auch zu (nennenswerten) Entlastungen von Gesetzgebung, Administration und Budget. Häufig kann sich der Staat damit nicht seiner „Gewährleistungsverantwortung" entledigen. Vielmehr ist er verpflichtet „zur Steuerung und Überwachung der Zulieferer bei der Erfüllung von Gemeinschaftsaufgaben neue Vorschriften zu erlassen oder Regulierungsbehörden zu schaffen, die die Privaten beaufsichtigen" (Hill 1998: 357; Schuppert 1997).

Generell dürfte auch die intendierte Entwicklung vom „aktiven Staat", wie er sich seit Ende der 60er Jahre entwickelt hat, zum „aktivierenden Staat" (Alemann u.a. 1999) unter Bedingungen einer Bürgergesellschaft die Rolle des Gesetzgebers verändern. Dieses in Wissenschaft und Politik zunehmend vertretene Konzept setzt darauf, daß in einigen Aufgabenbereichen die Initiative zu gesellschaftlichen Aktivitäten vom Staat ausgeht, ohne daß dieser die Leistungen letztlich auch (allein) erbringen muß (Bandemer/Hilbert 1998: 28). „Unter der politischen Entscheidungsverantwortung der gewählten Repräsentanten kann öffentliche Unterstützung für eigenverantwortliches Engagement im Leistungsprozeß sowie kooperative Aufgabenwahrnehmung organisiert werden" (Blanke/Schridde 1999: 5). Auch ein solcher Ansatz ist allerding nicht unbedingt mit einem Abbau von Rechtsnormen verbunden.

Stärkung der Verordnungskompetenz der Regierung?

Angesichts der wachsenden Zahl meist spezialisierter und detaillierter Gesetze wird ungeachtet der verfassungsrechtlichen Festigung des Gesetzesvorbehalts eine Stärkung der Rechtssetzungsbefugnis (Verordnungskompetenz) der „Exekutive" gefordert, allerdings mit unterschiedlicher Stoßrichtung. Soweit diese Forderung im Kontext der Verrechtlichungsdebatte mit dem Anspruch erhoben wird, das für Bürger und vollziehende Verwaltung immer undurchschaubarer werdende „Normendickicht" aufzulichten, erscheint sie wenig überzeugend. Zumindest ohne zusätzliche „flankierende Maßnahmen" wäre das Ergebnis eine Zunahme der ohnehin überproportial angewachsenen Rechtsverordnungen (vgl. Abschn. 6.1.3).

In eine andere Richtung zielen Vorschläge, durch eine Erweiterung der Verordnungskompetenz der Bundesregierung das Parlament von Detail- und Routinearbeit zu entlasten, damit es sich intensiver den grundlegenden politischen Entscheidungen widmen könne. Das Ziel sei es, den „schleichenden Entmachtungsprozeß" des Parlaments aufzuhalten und dessen verfassungsmäßigen Rang im Ergebnis zu stärken, so die Enquete-Kommission Verfassungsreform (Schlußbericht 1976: 190). In diese Richtung gingen auch Vorstöße von Bundestagspräsident Philipp Jenninger, die „engen Voraussetzungen des Art. 80 Abs. 1 GG so zu lockern, daß eine selbständigere Regelung der Details durch die Regierung möglich" werde. Die Bundestagsarbeit – so die Intention – solle sich „auf bedeutende Gesetze und politische Grundsätze konzentrieren" (Jenninger 1988). In der Enquete-Kommission Verfassungsreform war der (den Intentionen des Bundesverfassungsgerichts deutlich widersprechende) Vorschlag erörtert worden, ein von Ermächtigungen des Gesetzgebers unabhängiges und selbständiges Verordnungsrecht der Regierung für den (schwer abgrenzbaren) Bereich der Leistungsverwaltung einzuführen. Die ambivalenten und für den parlamentarischen Gesetzgeber eher nachteiligen Folgen einer maßgeblichen Verlagerung der Rechtssetzungskompetenzen auf die Regierung – faktisch vor allem auf die Ministerialverwaltung – führten in der Kommission letztlich zu einem Verzicht auf diesen weitergehenden Vorschlag. Hingegen hatte die Kommission empfohlen, die Schrankentrias des Art. 80 Abs. 1 GG auf den „Zweck" zu reduzieren und auf eine ausdrückliche Festlegung von „Inhalt" und „Ausmaß" der gesetzlichen Ermächtigung zum Erlaß von Regierungsverordnungen zu verzichten, u.a. um einer durch die hohe „Aufhebungsquote" von gesetzlichen Ermächtigungen durch das Bundesverfassungsgericht bedingte Überlastung des Parlaments mit gesetzestechnischen Details entgegenzuwirken (Enquete-Kommission Verfassungsreform 1976: 192f.). Um den Vorrang und Vorbehalt des Gesetzes zu gewährleisten, sollten – so ein Vorschlag der Kommission – Regierungsverordnungen allerdings nur in Kraft treten können, „wenn der Bundestag nicht innerhalb von vier Wochen Einspruch erhebt oder auf den Einspruch verzichtet". Unter dieser Voraussetzung, die aus Gründen der demokratischen Legitimation unabdingbar ist, ist aber eine Entlastung nicht zu erwarten. Die Wahrnehmung eines solchen ausdrücklichen Kassationsrechts ist, wenn es vom Parlament ernst genommen wird, „für dieses fast ebenso zeitraubend – und weniger effizient – wie die jetzige Ermächtigungspraxis". Auch wurde die naheliegende Vermutung geäußert, daß durch eine solche Verfassungsänderung die Gewaltenbalance sich zu Lasten des Parlaments verändern würde. „Schließlich wurde die Befürchtung ausgesprochen, die generelle Abschichtung von Detailentscheidungen in Richtung auf den Regierungsapparat führe möglicherweise zu einer Entfremdung zwischen Wählern und Abgeordneten, da diese in den Augen der Bürger nur noch für Grundsatzfragen und damit für Entscheidungen zuständig wären, deren unmittelbare Relevanz im praktisch-politischen Leben nicht immer einsichtig sei" (Enquete-Kommission Verfassungsreform 1976: 195).

Dieser gewichtige Einwand, der die in diesem Kontext nicht ausdrücklich erörterte Frage verminderter kommunikativer Rückbindung berührt, zeigt das Dilemma des Parlaments und besonders der Opposition auf: Einerseits muß es dem Parlament darum gehen, durch grundlegende Erörterungen und Richtungsentscheidungen seine Stellung als zentrales, durch unmittelbare Wahl legitimiertes Verfassungsorgan zu stärken, andererseits ist die konkrete, detaillierte Gesetzesarbeit eine wichtige Informationsbasis und Voraussetzung wirksamer Kontrolle. Ohne die durch Arbeitsteilung ermöglichte fachliche Kompetenz der Abgeordneten wäre „das Parlament" insgesamt und vor allem die Opposition noch weniger in der Lage, die Folgen der von ihm zu verantwortenden Gesetze abzuschätzen.

Insgesamt gesehen ist die vorgeschlagene Kompetenzverlagerung also ein untaugliches Mittel, um die „Normenflut" einzudämmen und die Stellung des Parlaments im Gesetzgebungsprozeß zu verbessern.

Rechts- und Verwaltungsvereinfachung

Scheiden sich an der Frage der „Entstaatlichung" die Geister, so besteht doch weitgehend Konsens, daß Rechtsbereinigung und Verwaltungsvereinfachung angesichts des durch häufige Änderungen (Ergänzungen) unübersichtlich gewordenen Rechtssystems eine Daueraufgabe von Gesetzgeber und Verwaltung sind. Bundes- und Länderkommissionen haben hierzu eine Reihe von Vorschlägen gemacht (Bundesministerium des Innern 1985, 1986; Waffenschmidt-Kommission 1995). Ziel ist es, die Rechtsordnung nach „sachlich überflüssigen, unnötig komplizierten, unklaren und unpraktikablen sowie nach inhaltlich-systematisch zusammengehörenden, aber verstreut liegenden Normen" (Hendler 1983: 62f.) abzusuchen. An gesetzgeberischen Maßnahmen kommen insbesondere Streichungen, Präzisierungen, Zusammenfassungen, verständlichere und praxisgerechtere Normgestaltungen in Betracht. Derartige Korrekturen erfolgen in der Regel in der Form einer Novellierung des einschlägigen Fachgesetzes oder im Zusammenhang mit einem ohnehin anstehenden Rechtssetzungsvorhaben. Um auch diejenigen Vorschläge von Länder- und Kommunalverwaltungen sowie von Verbänden und Bürgern „zügig und zeitnah" umzusetzen, bei denen sich gegenwärtig eine solche Möglichkeit nicht anbietet, werden Rechtsbereinigungsgesetze erlassen (z.B. BT-Drs. 11/4310). So wurden durch das erste Rechtsbereinigungsgesetz mehr als 30 Gesetze geändert (z.B. BT-Drs. 10/3290). Sofern Rechtsbereinigung den erreichten gesetzlichen Normierungsstandard unangetastet läßt, ist die Entlastungswirkung freilich recht begrenzt.

Angestrebt wird allerdings nicht nur eine Vereinfachung des geltenden Rechts. Auch jedes neue Recht soll strengeren Maßstäben für „Qualität und Bedarf" gerecht werden. Seit einem Beschluß der Bundesregierung vom 11.12.1984 ist jeder, der an der Meinungsbildung über ein Regelungsvorhaben beteiligt ist, verpflichtet, nicht nur sich, sondern auch den anderen Beteiligten insbesondere die folgenden Fragen zu stellen:

„1. Muß überhaupt etwas geschehen?
2. Welche Alternativen gibt es?
3. Muß der Bund handeln?
4. Muß ein Gesetz gemacht werden?
5. Muß jetzt gehandelt werden?
6. Ist der Regelungsumfang erforderlich?
7. Kann die Geltungsdauer beschränkt werden?
8. Ist die Regelung bürgernah und verständlich?
9. Ist die Regelung praktikabel?
10. Stehen Kosten und Nutzen in einem angemessenen Verhältnis?"
(Bundesministerium des Innern 1986: 153; Grimm/Maihofer 1988: 420ff.).

Diese Prüffragen zur Notwendigkeit, Wirksamkeit und Verständlichkeit von Rechtssetzungsvorhaben wurden im Auftrag des Kabinetts zu einem wohldurchdachten Fragenkatalog fortentwickelt, der das Problembewußtsein schärfen sollte. Erwartet wurden „Verbesserungen im Detail" und Erfolge bei der Abwehr von Regelungsansprüchen, die an Ressorts von außen herangetragen werden. Nachdem diese „Blauen Prüffragen" „teilweise wegen mangelnder Transparenz, vor allem aber wegen ihrer Sanktionslosigkeit" wenig praktische Bedeutung gewinnen konnten (Hill 1998: 359; Wagner 1998: 421), wurde in der Gemeinsamen Geschäftsordnung der Bundesministerien (§ 40 Abs. 2 GGO II) festgelegt, daß im Anschreiben jeder Kabinettsvorlage dem Bundeskanzleramt ausdrücklich bestätigt werden muß, daß eine qualifizierte Normprüfung stattgefunden hat. „Damit muß der jeweilige Minister gleichsam eine Garantieerklärung abgeben, daß bei der Vorbereitung seines Gesetzesvorhabens die Blauen Prüffragen eingehalten wurden" (Hill 1998: 359). Einem weitergehenden Vorschlag des Sachverständigenrates „Schlanker Staat" zur Einrichtung einer Normprüfungsstelle unter Federführung des Bundeskanzleramtes (Abschlußbericht 1997) wurde bisher nicht gefolgt. Diese sollte die Kompetenz haben, in Fällen unsubstantieller Gesetzesbegründung dem Gesetzesvorhaben die Kabinettsreife abzusprechen (Abschlußbericht 1997; Wagner 1998: 422). Zu bedenken ist in diesem Kontext allerdings, daß auch „symbolische Gesetze" positiv wirksam sein können, indem u.U. ein Konflikt entschärft wird (Beyme 1997a: 330).

Inwieweit diese Neuregelung dazu beitragen wird, die in Politik und Verwaltung dominierenden Selektionskriterien und Aufmerksamkeitsregeln zu verändern, bleibt abzuwarten.

6.2 Gesetzesfolgenabschätzung und Wissenschaftliche Politikberatung

Kritik gilt nicht nur der „Normenflut", sondern auch der „unzulänglichen Qualität" vieler Gesetze (Maihofer 1981). Oft erweisen sich Gesetze als schwer durchsetzbar oder unwirksam – etwa aufgrund mangelnder Verwaltungspraktikabilität oder Bürgerfreundlichkeit; unbeabsichtigte Neben- und Folgewirkungen treten auf. Gewiß lassen sich in einer komplexen, dynamisch sich entwickelnden Industriegesellschaft, zumal unter Bedingungen der Globalisierung und Individualisierung, Zusammenhänge, Folgewirkungen und auch zukünftige Verhaltensweisen der Normadressaten oft nur schwer vorhersehen. Dies gilt insbesondere für solche Gesetze, die unter der Voraussetzung nicht präzise vorhersehbarer technischer Entwicklungen formuliert werden (Wolf 1991; Beck 1991). Auch ist angesichts der komplizierten Entscheidungs- und Umsetzungsverfahren in einem gewaltenteiligen, förderativen, pluralistisch-demokratischen System angesichts vielfältig wirksamer Einflußfaktoren in der Regel nur eine annähernde Umsetzung der Gesetzesbeschlüsse zu erwarten. Erweisen sich Gesetze allzuoft als fehlerhaft, wirkungslos oder undurchführbar, steht freilich die demokratische Legitimation politischer Entscheidungen und das Ansehen des Gesetzgebers auf dem Spiel (Zeh 1984: 7, 541).

Die laufenden Anforderungen des parlamentarischen Alltags bringen es mit sich, daß die Parlamentarier häufig die von ihnen „verabschiedeten" Gesetze zunächst einmal aus den Augen verlieren. Hier zeichnet sich allerdings bei vielen Abgeordneten ein Einstellungswandel ab, wie schon die Empfehlungen der Ad-hoc-Kommission Parlamentsreform (1985) zeigten (BT-Drs. 10/3600). Etwa seit Ende der 60er Jahre wird zunehmend erkannt, daß das Parlament die Kontrolle der Gesetzesdurchführung (Implementation) und der Wirksamkeit nicht der Ministerialverwaltung alleine überlassen sollte (Böhret/Hugger 1979: 245; Kretschmer 1984: 283ff.). Dabei spielen in jüngster Zeit auch Einbußen an Glaubwürdigkeit eine Rolle. Die Gestaltungs- und Kontrollkompetenz des Parlaments hängt mehr denn je von der Fähigkeit der Abgeordneten ab, die (relative) Treffsicherheit und Wirksamkeit gesetzlicher Maßnahmen zu garantieren, dennoch auftretende Wirkungsmängel so früh wie möglich zu erkennen und rasch und verantwortungsbewußt Konsequenzen zu ziehen (Zeh 1998). Daß inzwischen viele Abgeordnete die Bedeutung dieser Aufgabe erkannt haben, kommt in der zunehmenden Zahl parlamentarischer Initiativen zum Ausdruck, durch die (detaillierte) Informationen über Gesetzes- und Programmwirkungen sowie Implementationserfahrungen angefordert und Untersuchungen angeregt wurden (vgl. Bericht des GO-Ausschusses, BT-Drs. 11/5962, S. 9). Nach einer Umfrage (1988) halten 84 Prozent der befragten Spitzenpolitiker des Bundestages die Erfolgskontrolle von Programmen für „sehr nützlich" oder „nützlich" (Tabelle 6.1).

Tabelle 6.1: Beurteilung der Evaluation von Programmen

		Politiker		Beamte	
		Anzahl	%	Anzahl	%
1	sehr nützlich	26	45,6	74	50,7
2	nützlich	22	38,6	44	30,1
3	teils/teils	5	8,8	20	13,7
4	wenig nützlich	3	5,3	6	4,1
5	unnütz	1	1,8	2	1,4
Befragte		57	100,0	146	100,0

Frage: „Die Evaluation (Erfolgskontrolle) von Programmen wird von vielen für notwendig gehalten. Evaluationen wird dabei als die systematische und wissenschaftliche Analyse der Auswirkungen und Ergebnisse von Programmen definiert. Was ist Ihre Ansicht?"

Quelle: Derlien/Mayntz 1988: 28.

Gesetzgebung besteht schon seit längerem ganz überwiegend aus Novellierungstätigkeit; nachträgliche und begleitende Wirkungsanalysen werden von daher begründet. Eine alsbaldige Änderung wird vom Gesetzgeber häufig von vornherein einkalkuliert, nicht nur bei den nur gelegentlich erlassenen „Gesetzen auf Zeit". Es liegt nahe, daß sich der Gesetzgeber bei der Novellierung von Gesetzen auf möglichst zuverlässige Informationen über die bisherige Gesetzeswirkung stützen möchte, um unerwünschte Neben- und Folgewirkungen zu vermeiden, Vollzugs- und Akzeptanzschwierigkeiten berücksichtigen zu können oder gegebenenfalls auf eine (bundes-)gesetzliche Regelung ganz zu verzichten (vgl. „Blaue Prüffragen", Abschn. 6.1.4; Hellstern/Wollmann 1980: 551).

Von Wirkungsanalysen wird weniger eine Reduktion der Gesetze als deren qualitative Verbesserung („Treffgenauigkeit") erwartet. Außerdem sollen sie dazu beitragen, das oft unübersichtliche Dickicht untergesetzlicher Normen zu lichten und kontraproduktive Verwaltungsmaßnahmen zu vermeiden, somit einen Beitrag zur Entbürokratisierung zu leisten (Zeh 1984: 472, 486; Mayntz 1979: 55f.).

Bei neuen gesetzlichen Regelungen ist es erforderlich, deren Wirkungen vorab abzuschätzen (Ex-ante-Evaluation). Gesetzesfolgenabschätzungen unter Berücksichtigung bereits vorhandener und geplanter Rechtsnormen gingen selbstverständlich auch bisher der Formulierung und Verabschiedung von Gesetzen voraus (vgl. Kretschmer 1984). Dies gilt für die maßgeblich beteiligten Parlamentarier und selbstverständlich für die Fachreferenten der Ministerien, die ihren (relativ spezialisierten) Aufgabenbereich oft viele Jahre hindurch kontinuierlich betreuen und sich durch Kontakte zu Wissenschaftlern (Institute, Kommissionen, Kongresse), Verbandsexperten sowie Beamten der Länderministerien und Vollzugsbürokratien in der Regel auf dem laufenden halten. Erfahrungen bei der Gesetzesdurchführung wurden aber häufig eher intuitiv berücksichtigt. Seit einigen Jahren sind Bestrebungen im Gange, dabei „stärker systematisch, intersubjektiv mitteilbar und damit nachprüfbar“ vorzugehen (Zeh 1984: 26; vgl. Böhret 1999; „Blaue Prüffragen“).

Für die zuverlässigere Vorabprüfung der Wirkungen neuer Gesetze vorgeschlagen und in einigen Fällen mit Erfolg erprobt, wurden Praxistest und Planspiel sowie Modellrechnungen. Zumindest die wichtigeren Gesetze sollten vor ihrem Inkrafttreten ganz oder teilweise nach bestimmten Fragestellungen überprüft bzw. in der antizipierten und simulierten Realität getestet werden (Böhret 1983a: 81). Carl Böhret kommt zu dem Ergebnis, daß es zweckmäßig sei, Vorabkontrollen jedenfalls dann durchzuführen, wenn Unsicherheiten über die Auswirkungen der Rechtsnormen bestehen. Zudem sieht er in diesem Verfahren einen wichtigen Beitrag zur Entbürokratisierung (Böhret 1983a: 87; Böhret 1999). Gemäß der Forderung des Sachverständigenrates „Schlanker Staat“ (Abschlußbericht 1997) nach einer konsequenten Gesetzesfolgenabschätzung legt § 40 Abs. 2 der Gemeinsamen Geschäftsordnung der Bundesministerien nun ausdrücklich fest, daß der voraussichtliche Vollzugsaufwand einer Vorschrift für Wirtschaft und Verwaltung in der Begründung des Gesetzes darzustellen ist.

Schließlich ist zu überlegen, ob nicht auch (betroffene) Bürger an Erprobungen und Tests zu beteiligen sind. Dies wäre besonders vor rechtlich normierten Eingriffen in lebensweltliche Bereiche geboten, deren Wirkungen schon deshalb oft höchst ungewiß sind, weil sie zu ihrer Verwirklichung der Mitarbeit des betroffenen Personenkreises bedürfen (vgl. Dienel [4]1997).

Anstöße zu den in den 70er Jahren erheblich angewachsenen Evaluierungen gingen zwar häufig vom Bundestag (Opposition) aus, doch liegt die Realisierung, und damit auch die primäre Chance der Nutzung von Wirkungsanalysen, Begleituntersuchungen (Modellprojekten) und Praxistests bei den Bundesministerien und dort vor allem bei den Fachreferaten, die über die entsprechende personelle Kapazität verfügen.

Die wissenschaftliche Politikberatung der Ministerien expandierte seit den 60er Jahren erheblich; zudem wurde die Datenverarbeitung zügig ausgebaut. Die Ministerien können sich über das eigene fachlich spezialisierte Personal hinaus auf die beachtliche Kapazität nachgeordneter wissenschaftlicher Institute und Ämter stützen, berufen Beiräte und Kommissionen, führen Anhörungen durch und vergeben Gutachten und Forschungsaufträge an „externe" wissenschaftliche Einrichtungen (Murswieck 1984b; Beyme 1997a: 152ff.). Für das Jahr 1992 wurden 294 Beratungsgremien mit insgesamt etwa 2875 Beratern ermittelt. Bei der ressorteigenen Forschung (Bundesforschungseinrichtungen) ergab sich für 1993 eine Anzahl von 54 derartiger Einrichtungen bei einer Mitarbeiterzahl von 15.290 (davon 6.009 Wissenschaftler) und Ausgaben von ca. 3 Mrd. DM (Murswieck 1994b: 109f.; Bundesbericht Forschung 1993).

Ein erheblicher Teil der Gesetzesfolgenabschätzung und -beobachtung wird von den Fachressorts selbst durchgeführt, die in laufendem Kontakt zu Verbandsvertretern und Landesbehörden stehen; die wissenschaftlich-analytische Arbeit übernehmen überwiegend die ressortzugeordneten Forschungseinrichtungen und Dienststellen sowie Regierungskommissionen, außerdem externe Institute. Sowohl bei der Initiierung und Formulierung von Untersuchungsaufträgen, wie auch bei der Verarbeitung der Ergebnisse von Gutachten, Kommissionsberichten, Beiratsvoten etc. liegt der Schwerpunkt bei den Fachreferaten der Ministerien (so einhellig die Beiträge in Hellstern/Wollmann 1984). Zentrale Initiativen zur Programmforschung bleiben die Ausnahme. Innerhalb der Ressorts sind die für die Gesetzesvorbereitung zuständigen Fachreferate auch die maßgeblichen Träger der Evaluierungsfunktion.

Über die Bestellung von Gutachten und Sachverständigen und die Einrichtung von Kommissionen (Beiräten) beschließt formell die Ressortleitung; die Vorbereitung dieser Entscheidungen – insbesondere die Auftragsformulierung – und vor allem die Verarbeitung der Ergebnisse liegt primär bei den Fachreferaten und Abteilungen.

Parlament (Opposition) und Öffentlichkeit müssen davon ausgehen, daß sich Möglichkeiten interessengeleiteter und selektiver „Steuerung" und Verarbeitung der Ressortforschung durch politische Führung und Ministerialbürokratie auf mehreren Ebenen ergeben: bei der Auswahl der Institute und Sachverständigen, der Formulierung von Untersuchungsaufträgen, der Verarbeitung der Ergebnisse und der dosierten und (politisch) gezielten Weitergabe der Beratungsergebnisse und Voten. (Hinzu kommen ggf. laufende Einwirkungsmöglichkeiten.) Durchführung von Projekten der Programmforschung und Nutzung ihrer Ergebnisse hängen wesentlich davon ab, ob sie die Aufmerksamkeit der politischen Führung finden und ob diese vornehmlich an der Absicherung bereits festgelegter Positionen oder an fundierteren Einsichten in Wirkungszusammenhänge und kritischer Prüfung von Handlungsalternativen interessiert ist.

Geht es vor allem darum, durch wissenschaftliche Expertisen (partei)politisch bereits weitgehend festgelegte Positionen abzusichern, um für Referentenentwürfe und Programme koalitionsintern und in der Öffentlichkeit die Durchsetzungschancen zu erhöhen, wird besonders darauf geachtet, daß „nahestehende" bzw. „zuverlässige" Personen und Institute beauftragt werden. Überdies kann der Untersuchungsauftrag so formuliert sein, daß alternative Fragestellungen (weitgehend) ausgeblendet werden. Wird – wider Erwarten – durch Expertisen die Auffassung der Opposition gestützt und geraten diese gar in die Öffentlichkeit, gilt dies auf Seiten der Regierung als „Panne". Solche Untersuchungsergebnisse nützen den Oppositionsfraktionen in der öffentlichen Auseinandersetzung in der Regel mehr als die Präsentation „eigener" Gutachten. Mit welcher Selbstverständlichkeit damit gerechnet wird, daß zumal bei politisch brisanten Fragen vornehmlich solche Institute beauftragt werden, die „zuverlässig" sind, zeigt die scharfe Kritik Bundeskanzler Kohls an der Vergabe dreier Gutachten über die „kurz und langfristigen Wirkungen eines Ausstiegs aus der Kernenergie", die alle die Auffassung der Opposition stützten (Süddeutsche Zeitung vom 5.6.1986).

Je kontroverser und politisch bedeutsamer die zu klärenden Probleme sind, um so mehr ist damit zu rechnen, daß „sachrationale", inhaltlich-problemorientierte Beurteilungen gegenüber strategischen Intentionen in den Hintergrund treten. Der oft selektive, parteitaktische Umgang mit Gutachten und Ergebnissen der Programmforschung, vor allem aber die Erfahrung, wie sehr diese davon abhängen (können), wer wen mit welchem Beratungsauftrag betraut, führt tendenziell zum Verlust an Glaubwürdigkeit (Renn 1985: 113; Steinhausen 1984: 395).

Meist werden die Ergebnisse und Erfahrungen wissenschaftlicher Politikberatung von Regierungspolitikern und Parlamentariern nicht unmittelbar aufgegriffen, sondern erst nach Verwertung für Referentenentwürfe und Planungskonzepte sowie nach Aufbereitung für Regierungsberichte und Antworten auf parlamentarische Anfragen durch die Ministerialreferate. Eine selektive bzw. unvollständige Nutzung der ohnehin meist auf bestimmte Maßnahmen (Gesetzesvorhaben) zugeschnittenen „Ressortforschung“ durch die Verwaltung kann dazu führen, daß Wirkungszusammenhänge verkannt und Lösungsalternativen ausgeblendet werden (Steinhausen 1984: 391; Kempski 1984: 261). Fritz Scharpf kommt aufgrund langjähriger Erfahrungen in der Politikberatung zu der Einschätzung, daß die wissenschaftliche Erforschung der Wirksamkeit vorhandener Programme (Gesetze) und deren kritische Bewertung umso stärker berücksichtigt werde, je verwertbarer sie für die Verwaltung selbst im Rahmen ihres Kompetenzbereichs sei (Scharpf 1984: 402). Entsprechend wird in einer Studie über „Regierungskommissionen“ davon ausgegangen, daß deren Erfolgschancen umso geringer seien, je freier eine Kommission ihr Thema selbst gestalten könne (Kohn 1984: 387).

Insgesamt gesehen hat die Expansion der wissenschaftlichen Politikberatung die Position der Regierung(smehrheit) gegenüber der Opposition gestärkt, vor allem aber die der Ministerialbürokratie gegenüber Abgeordneten und politischer Führung. Die Tendenz zur Fragmentierung der Politik wurde durch diese Entwicklung jedenfalls nicht abgeschwächt. Hucke und Wollmann sehen mit Recht eine die Bemühungen um verbesserte Gestaltungsfähigkeit der Politik konterkarierende Tendenz. Wirkungsanalysen müßten daher vor allem dort ansetzen, wo Wechselwirkungen gesetzlicher und untergesetzlicher Maßnahmen auftreten und mit unerwünschten Neben- und Folgewirkungen gerechnet werden muß; dieser Gesichtspunkt wird auch in den für die Gesetzesvorbereitung verbindlichen „Blauen Prüffragen“ ausdrücklich betont (Hucke/Wollmann 1983: 249f.).

Anstöße für Evaluierungen im Bereich der „Exekutive“ gehen häufig vom Bundestag aus, der in zunehmendem Maße Interesse an (möglichst) zuverlässigen Informationen über Gesetzeswirkungen und Folgenabschätzungen zeigt. So gut wie alle parlamentarischen Informations- und Kontrollinstrumente (Anfragen, Anträge) werden auch dazu genutzt, entsprechende Auskünfte zu verlangen. Wachsende Bedeutung kommt hier der Anforderung von Regierungsberichten zu (vgl. Abschn. 7.16 und Ismayr 1990). Sie werden häufig – ausdrücklich oder implizit – mit dem Ziel verlangt, genaue(re) Kenntnis über die Wirksamkeit von Gesetzen und Förderungsprogrammen sowie Erfahrungen bei der Durchführung zu erhalten und dienen als Arbeitsgrundlage für die Prüfung und Entwicklung gesetzgeberischer Maßnahmen. Druck auf Regierung und Ministerialbürokratie kann vor allem von zeitlich festgelegten (periodischen) Berichtspflichten ausgehen, zumal wenn sie durch Gesetz festgeschrieben sind. Es ist inzwischen öfter der Fall, daß der Bundestag bei Verabschiedung eines Gesetzes die Regierung auffordert, dessen Durchführung und Wirkung (einschließlich der Nebenfolgen) zu beobachten und einmalig zu einem festgesetzten Termin oder periodisch dem Parlament zu berichten (vgl. Abschn. 7.16). Über die gegenwärtige Praxis hinaus wird vorgeschlagen, zu jedem Gesetz eine obligatorische Berichtspflicht festzulegen (Nachweise Hellstern/Wollmann 1984: 59). Wenn die voraussichtlichen Gesetzeswirkungen schwer abschätzbar sind und sich auch Modellvorhaben und Praxistests nicht als Lösung anbieten, kann es auch geboten sein, ein Gesetz von vorneherein nur „auf Zeit" zu erlassen und die Verlängerung von den Ergebnissen einer Erfolgskontrolle abhängig zu machen (Hellstern/Wollmann 1980: 558). Auf berechtigte Skepsis stoßen allerdings weitergehende Vorschläge, Gesetze regelmäßig zeitlich zu befristen. Schwierigkeiten können sich aus der „problematischen Beweislast" ergeben, „ob und wann ein postuliertes Ziel nun eigentlich erreicht ist" (Böhret 1983b: 88; vgl. Kretschmer 1984: 422f.). Außerdem ist es fraglich, ob die parlamentarischen Gremien in der Lage sein würden, den so geschaffenen ständigen Neuberatungsbedarf angemessen – also nicht nur formal – zu bewältigen.

Ähnlich wie in Begründungen zu Gesetzentwürfen und Antworten auf parlamentarische Anfragen bleiben auch in Berichten der Bundesregierung die zugrundeliegenden Informationsquellen häufig mehr oder weniger verdeckt. Der Regierung bzw. Ministerialverwaltung ist es in der Regel überlassen, welche Untersuchungen sie vornimmt, welche Gremien sie beauftragt, welche sie nutzt und wie sie dem

Bundestag berichtet (vgl. Abschn. 7.1 und 7.16). Im allgemeinen wird die Darstellung eingetretener oder erwarteter Wirkungen von dem Willen geleitet, die zugrundeliegende(n) Maßnahme(n) in einem günstigen Licht erscheinen zu lassen. Hinzu kommt, daß insgesamt gesehen die Analysekapazität der Bundestags- und Fraktionsgremien für eine kritisch-distanzierte, systematische Auswertung der – häufig wenig strukturierten – Berichte (bei weitem) nicht ausreicht. Problematisch ist dies vor allem für parlamentarische Minderheiten. Einigen Nutzen können sie am ehesten von Arbeitsergebnissen „unabhängiger" Sachverständigen-Gremien (Beiräte) erwarten, deren Status gesetzlich fixiert ist und deren Gutachten unmittelbar auch dem Bundestag zugehen und veröffentlicht werden. Angesichts des Selektions- und Interpretationsspielraums der Ministerialverwaltung sollten Überlegungen weitergeführt werden, ob nicht – unter Berücksichtigung schwedischer Erfahrungen – sehr viel öfter durch parlamentarischen Auftrag möglichst „unabhängige" Kommissionen mit der Entwicklung und Prüfung von Gesetzen betraut werden sollten (Jahn ²1999: 101ff.; Jann 1981: 395).

Die Auswirkungen der parlamentarischen Berichts- und Evaluierungsforderungen auf den politischen Prozeß sind ambivalent: Einerseits haben sie die Voraussetzungen für verantwortliche Gesetzgebungsarbeit unter den komplexen gesellschaftlichen Bedingungen der Gegenwart verbessert. Andererseits hat der (auch durch diese Vorstöße vorangetriebene) Ausbau der ressortbezogenen Politikberatung die Expertenposition der Ministerialbürokratie und deren Informationsvorsprung gegenüber den Abgeordneten und auch der politischen Führung gestärkt. Zudem wurde die Spezialisierung und Segmentierung (auch) der parlamentarischen Arbeit vorangetrieben, ohne daß diese arbeitsteilige Entwicklung ausgereicht hätte, die Flut an Detailinformationen zu verarbeiten.

Um den Informationsvorsprung der Exekutive auszugleichen, genügt es nicht, deren Berichte und Antworten gründlicher auszuwerten und die hierfür erforderliche personelle Zuarbeit und kommunikationstechnische Ausstattung zu verbessern. Darüber hinaus sollten die Abgeordneten und Fraktionen a) Zugang zu allen Untersuchungsergebnissen, Materialien und Daten erhalten, die den Gesetzentwürfen, Berichten und Antworten der Regierung zugrundeliegen, und b) in der Lage sein, sich unabhängig vom Apparat der Ministerien (aber auch der Verbände) die für eine systematische Folgenabschätzung und -

bewertung erforderlichen Informationen zu verschaffen. Über die traditionellen Wege der Erfahrungsvermittlung (Wahlkreis, Partei, Medien) hinaus benötigen sie zuverlässiges, systematisch erarbeitetes Wissen über Gesetzes- und Programmwirkungen (vgl. Abschn. 7.1; BT-Drs. 11/2206 und BT-Drs. 11/5962, S. 26f.).

Die in den letzten Wahlperioden stark angewachsene Zahl öffentlicher Anhörungen der Bundestagsausschüsse aber auch der Fraktionen dokumentieren ein wachsendes Interesse (vor allem der Opposition) an regierungsunabhängigem Erfahrungs- und Expertenwissen über Wirkungsweise und Auswirkungen geltender Rechtsnormen, die Folgenabschätzung geplanter Gesetze und alternative Lösungsmöglichkeiten. Über die bisherige Praxis hinaus wird vorgeschlagen, häufiger Anhörungen durchzuführen, die sich ausdrücklich mit der Durchführung und Wirkung von Gesetzen und Programmen befassen (Jenninger 1988). Neben dieser Beratungsform bestehen u.a. laufende Informationskontakte der Fraktionen (Arbeitskreise und -gruppen, Abgeordnete) zu Fachverbänden und Wirtschaft, wissenschaftlichen Instituten, mit Experten besetzten Partei-Kommissionen und die – bisher eher bescheidenen – Möglichkeiten von Fraktionen und Ausschüssen, Gutachten einzuholen.

Eine verbesserte Auswertung und Verarbeitung dieser Informationen wie auch der Auskünfte und Materialien von Regierung und Verwaltung setzt – auch nach Auffassung vieler Abgeordneter – einen gewissen Ausbau der Analysekapazität (Personal) voraus; grundsätzlich besteht hierüber weitgehend Einigkeit, während Umfang und Modalitäten – auch innerhalb der Fraktionen – umstritten sind (vgl. Tabelle 7.1). Auch die Realisierung vorliegender Vorschläge zur verbesserten Ausstattung des Bundestages wird nicht zwangsläufig etwas an der sektoralen Problemwahrnehmung ändern; weitere Reformbemühungen mit dem Ziel einer verbesserten konzeptionellen Arbeit müßten hinzukommen. Die Einrichtung von Enquete-Kommissionen beim Bundestag war ein erster und wichtiger Schritt, um komplexe Wechselwirkungen des technisch-gesellschaftlichen Wandels besser zu erfassen und längerfristige Konzepte zu entwickeln. Hingegen bleibt die in den 90er Jahren erfolgte, wenig diskursive Institutionalisierung der Technikfolgenabschätzung insoweit hinter den Erwartungen zurück (vgl. Abschn. 7.20).

Wissenschaftliche Politikberatung kann dem Parlament Hilfestellung leisten und auch bei der Erarbeitung konzeptioneller Alternativen mitwirken; die politischen Weichenstellungen sind Sache der Politiker selbst. Sie werden nur dann auf der Basis empirisch fundierter und konzeptionell durchdachter Handlungsalternativen fallen, wenn nicht parteitaktisch-strategische Überlegungen diskursive Bemühungen um eine verantwortungsbewußte Politik derart überlagern, daß den Problemlagen angemessene Zielentwürfe und Handlungskonzepte entweder nicht entstehen oder so verändert werden, daß sie ihre Stimmigkeit verlieren.

6.3 Der Gesetzgebungsprozeß

Das Grundgesetz bestimmt nur Aufgaben, Befugnisse und Zusammenwirken der an der Gesetzgebung beteiligten Verfassungsorgane (Art. 76-78 GG, 82 GG). Das interne Verfahren regeln die Geschäftsordnungen von Bundesregierung, Bundestag und Bundesrat sowie die Fraktionsgeschäftsordnungen. Will man ein einigermaßen zutreffendes Verständnis des Gesetzgebungsverfahrens gewinnen, sind auch die informellen Vorgänge zu berücksichtigen, die sich dem (wissenschaftlichen) Beobachter allerdings nur teilweise erschließen. Die Praxis wird von rechtlichen Normen nur partiell erfaßt und weicht von diesen oft erheblich ab (vgl. zum Gesetzgebungsprozeß jetzt auch von Beyme 1997a sowie Helms 1997).

6.3.1 Gesetzesinitiativen

Nach Artikel 76 Abs. 1 des Grundgesetzes können Gesetzesvorlagen beim Bundestag „durch die Bundesregierung, aus der Mitte des Bundestages oder durch den Bundesrat eingebracht werden". Was den Bundestag anbetrifft, so sichert diese Formulierung die Gesetzesinitiative als Minderheitenrecht. Die Geschäftsordnung des Bundestages bestimmt, daß Gesetzentwürfe nur von einer Fraktion oder 5 Prozent der Abgeordneten eingebracht werden können (§ 76 Abs. 1). In der Praxis ist dies fast ausschließlich Sache der einzelnen Fraktionen, da Initiativen einzelner Abgeordneter oder fraktionsintern unterlegener Gruppierungen so gut wie chancenlos sind (Stand der Gesetzgebung des Bundes/GESTA, Abschlußbände, 7.-13. WP). Gesetzentwürfe des Bundesrates bedürfen eines Mehrheitsbeschlusses dieses Gremiums.

Gesetzesinitiativen von Regierung und Koalitionsfraktionen

Die meisten Gesetzentwürfe werden nach wie vor von der Bundesregierung eingebracht, die über den entsprechenden Beamtenapparat verfügt. Allerdings ging ihr Anteil von 2/3 der Vorlagen in den 70er Jahren auf nur mehr ca. 54% in der 10. und 11. Wahlperiode (1983-90) und 48% in der 13. Wahlperiode (1994-98) zurück, was vor allem darauf zurückzuführen war, daß auch die neue Fraktion DIE GRÜNEN zahlreiche Gesetzentwürfe vorgelegt hat (10./11. WP: SPD 70/66, GRÜNE 55/71). Noch sehr viel deutlicher wird die Dominanz der Regierung (und Verwaltung) sowie der sie tragenden Fraktionen, wenn man bedenkt, daß zeitweise über 80% und seit der 9. Wahlperiode etwa drei Viertel der vom Bundestag verabschiedeten Gesetzesvorlagen von der Regierung eingebracht worden waren; in der letzten Wahlperiode waren es immerhin noch 71%. Demgegenüber fanden in der 7. und 8. Wahlperiode nur 1,4% bzw. 2,5% der Oppositionsinitiativen eine Mehrheit, in der 10. bis 13. Wahlperiode (1983-98) nur insgesamt fünf (GESTA-Abschlußbände).

Der Anteil der von den Regierungsfraktionen eingebrachten Gesetzesvorlagen lag in der 8. bis 10. Wahlperiode bei etwa 5 bis 8 Prozent, in den drei letzten Wahlperioden (1987-98) bei immerhin 12 bis 14 Prozent (vgl. Tab. 6.3). In aller Regel werden auch diese Entwürfe von der Ministerialverwaltung oder zumindest unter Mitarbeit der zuständigen Referenten ausgearbeitet. Andererseits können Regierungsvorlagen aufgrund politischer Impulse aus den Regierungsfraktionen erstellt worden sein. Die immerhin beachtliche Zahl an Gesetzentwürfen der Regierungsfraktionen – fast immer von beiden Koalitionsparteien gemeinsam eingebracht – kann als Indikator für den Grad an Eigenständigkeit der Mehrheitsfraktionen gegenüber der (von ihnen getragenen) Regierung kaum dienen. Denn schließlich ist es durchaus üblich, daß die Regierung Gesetzentwürfe formell durch „ihre" Fraktionen einbringen läßt, um (aus Zeitgründen) den „ersten Durchgang" im Bundesrat zu vermeiden. Hinzu kommt – insbesondere bei gleicher politischer Konstellation – daß nicht verabschiedete Regierungsentwürfe in der nachfolgenden Wahlperiode aus Gründen der Zeitersparnis formell von den Regierungsfraktionen auf den Weg gebracht werden.

Im übrigen handelt es sich nicht selten um für die Koalition wichtige und/oder fraktionsintern und öffentlich lange Zeit umstrittene Vorhaben. Die Einbringung durch die Fraktionen kann dazu dienen, durch Beteiligung von Vertretern unterschiedlicher Parteiflügel die Fraktion stärker in die Entscheidung „einzubinden".

Die Motive der Zeitersparnis und der Durchsetzbarkeit können auch eine (fragwürdige) Verbindung eingehen: Die Koalitionsspitzen einigen sich nach längeren internen und öffentlichen Auseinandersetzungen in einer (großen) Koalitionsrunde, und da die Zeit drängt, wird der (unter Mitarbeit von Ministerialbeamten erstellte) Kompromißentwurf formal von den Regierungsfraktionen eingebracht, um den ersten Durchgang im Bundesrat zu umgehen und eine rasche Entscheidung herbeiführen zu können. Diese Abkürzung des Verfahrens und der von den Fraktionsspitzen erzeugte (Zeit-)Druck ist oft gar nicht in erster Linie inhaltlich, sondern taktisch begründet. Nicht selten geht es darum, die Risiken eines erneuten Aufbrechens koalitionsinterner Kontroversen aufgrund innerparteilichen Drucks, Interventionen betroffener Verbände und Kritik in den Medien durch Abkürzung des Verfahrens zu mindern. Ein solches den „guten parlamentarischen Sitten" widersprechendes Verhalten kann dazu führen, daß sich die Oppositionsparteien, aber auch die Regierungsfraktionen unter Druck gesetzt und düpiert fühlen.

Die Tatsache, daß ein Großteil der Initiativen von der Regierung stammt und von der Ministerialverwaltung ausgearbeitet wird, ist Ausdruck des engen Zusammenwirkens der Regierung und der sie tragenden Mehrheitsfraktionen im parlamentarischen Regierungssystem und als solche nicht schon Ausdruck eines „Funktionsverlustes" des Bundestages.

Auch aus einem anderen, bereits dargelegten Grund erscheint diese Entwicklung zunächst als selbstverständliche Konsequenz des demokratischen Parlamentarismus: Regierungshandeln basiert im „Gesetzesstaat" im wesentlichen auf gesetzlichen Regelungen. Dienen Gesetze größtenteils als „Steuerungsmittel" der politischen Führung, dann resultiert daraus natürlich das Interesse der Regierung, ihren Einfluß auf die Gestaltung der Gesetze geltend zu machen. Dazu steht ihr ein in den letzten Jahrzehnten permanent angewachsener Verwaltungsapparat zur Verfügung. So gesehen erscheint es zunächst als selbstverständlich, daß die Vorarbeiten und detaillierten Ausarbeitungen von diesem großen und fachlich ausdifferenzierten Mitarbeiterstab übernommen werden. Die entscheidende Frage ist, wie weit die Gestaltungs- und Steuerungsfähigkeit der gewählten Politiker (Abgeordnete, Regierungsmitglieder) gegenüber einer einflußreichen Verwaltung gesichert werden kann, die faktisch politische Funktionen wahrnimmt.

Informelle Impulse zur Gesetzgebung

Entscheidende Impulse zur Gesetzgebung gehen oft nicht nur von den für die Gesetzesinitiative formell zuständigen Staatsorganen aus, sondern auch von Parteigremien, Gewerkschaften, Wirtschaftsverbänden und anderen Interessengruppen, wissenschaftlichen Instituten, Massenmedien, Bürgerinitiativen, den Gerichten (Bundesverfassungsgericht) und den Kirchen.

Die Bundesregierungen wurden bisher stets von mindestens zwei Parteien gebildet. Grundlage ihrer Arbeit sind die der Regierungsbildung vorausgehenden Koalitionsvereinbarungen, die auch die Basis der Regierungserklärungen zu Beginn der Wahlperiode bilden, und die Vereinbarungen (Beschlüsse) der regelmäßig stattfindenden Koalitionsgespräche, an denen die Führungsspitzen von Regierung, Mehrheitsfraktionen und Parteien beteiligt sind. In den regelmäßigen Sitzungen der Großen Koalitionsrunde werden auch maßgebliche Entscheidungen zur Ausarbeitung wichtiger Gesetzentwürfe getroffen und Leitlinien beschlossen – zumeist allerdings nach entsprechenden Vorarbeiten der Ministerialverwaltung und oft auch vorbereitender Arbeitstreffen von Fraktions- und Regierungsmitgliedern sowie Mitarbeitern in unterschiedlicher Zusammensetzung (Zeh 1983: 59).

Selbstverständlich müssen die Verhandlungsführer vor allem in den Koalitionsverhandlungen, aber auch in den Kabinettssitzungen und laufenden Koalitionsgesprächen auf Beschlüsse der Parteitage und anderer Parteigremien und auf die „Stimmung" in der Partei Rücksicht nehmen. Allerdings hängt der tatsächliche Einfluß der Partei(gremien) bei Regierungskoalitionen von zahlreichen Variablen ab: Sind die Koalitionsvereinbarungen einigermaßen präzise und verbindlich ausgefallen, vermag sich eine Bundesregierung unter der Führung eines „starken Kanzlers" erheblichen Handlungsspielraum gegenüber den Parteitagsbeschlüssen zu verschaffen. Angesichts der engen personellen Verflechtung von Regierung und führenden Fraktionsgremien mit den Parteipräsidien und Vorständen ist sie – zumal bei intakter Kooperation mit der Fraktionsführung – ihrerseits in der Lage, ihre Politik unter Hinweis auf die Grenzen der Belastbarkeit der Koalition und die Gefährdung der Regierung auch gegen Widerstände durchzusetzen. Andererseits dient der öffentlich artikulierte Druck der Parteigremien auch dazu, die Durchsetzungschancen gegenüber dem Koalitionspartner zu erhöhen. Entsprechende Erfahrungen sind aus der Zeit der sozialliberalen Regierung wie auch der von 1982 bis 1998 bestehenden christlich-liberalen Koalition bekannt.

Forderungen und Anregungen zur Vorlage von Gesetzentwürfen kommen auch aus Regierungsfrakionen, konkret: den Arbeitsgruppen und -kreisen und hier besonders den Vorsitzenden sowie den mit der Materie vertrauten „Experten". Eine meist wichtige Vermittlerrolle spielen Parlamentarische Staatssekretäre, die auf der politischen Führungsebene Vorschläge und Reaktionen der fachlich korrespondierenden Arbeitsgruppen vermitteln. Zudem stehen die AG- bzw. AK-Vorsitzenden mit der (politischen) Führungsspitze „ihrer" Ministerien in regelmäßigem Kontakt (Derlien/Mayntz 1988). Abgeordnete der Regierungsfraktionen, die als Berichterstatter ein Arbeitsgebiet betreuen, führen regelmäßig Informationsgespräche mit den zuständigen Ministerialreferenten. Manchmal wird noch vor der endgültigen Ausarbeitung eines Referentenentwurfs bei wichtigen Gesetzesvorhaben eine Richtungsentscheidung der Fraktionsversammlung(en) herbeigeführt. Dies braucht allerdings nicht zu bedeuten, daß auch der eigentliche Anstoß von der Fraktion ausging, sondern hat meist die Funktion, die Regierungsfraktionen rechtzeitig „einzubinden" und störende Interventionen im weiteren Verlauf des Gesetzgebungsverfahrens zu vermeiden. Impulse können selbstverständlich auch von formellen Anträgen, Entschließungen, Anfragen etc. der Oppositions- und Regierungsfraktionen ausgehen; entsprechende Initiativen der Koalitionsfraktionen sind allerdings mit Regierung und Verwaltung zumeist abgestimmt. Unter Handlungsdruck können Regierungen auch durch Gesetzentwürfe der Oppositionsfraktionen geraten, vor allem, wenn diese das Interesse der Medien (Fachöffentlichkeiten) finden; diese können dann auch von der eigenen Klientel der Regierungsseite als Hebel zur Interessendurchsetzung genutzt werden (Ismayr 1992: 623, Anm. 136; vgl. Sebaldt 1992a).

Im Gesetzgebungsverfahren bei den Unionsparteien sind besonders einflußreich die „Interessengruppen" der Fraktion, die Arbeitnehmergruppe und vor allem der mit der Mittelstandsvereinigung und dem Wirtschaftsrat der Union eng verbundene „Parlamentskreis Mittelstand" (PKM), dem mehr als die Hälfte der Abgeordneten und die meisten Minister der Union angehör(t)en. Von diesen Gruppen gehen häufig Impulse zur Gesetzgebung aus – auch zur Verhinderung unerwünschter Regelungen. In den Kommissionen von PKM und Mittelstandsvereinigung, in denen als „Experten" zahlreiche Vertreter der einschlägigen Wirtschaftsverbände mitarbeiten, werden oft sehr konkrete Vorschläge entwickelt. Angesichts der starken Vertretung dieser Gruppierungen in Fraktion und Regierung und der engen personellen Verklammerung mit einflußreichen Wirtschaftsverbänden geschieht dies mit guten Erfolgschancen. Hin und wieder werden sogar vollständige „Gesetzentwürfe" vorgelegt.

Vor allem die Großverbände setzen auf allen Ebenen des Willensbildungs- und Entscheidungsprozesses an, um ihre Interessen durchzusetzen: Natürlich läßt sich kaum nachweisen, wie viele Gesetzesentwürfe tatsächlich auf Initiativen von Verbänden zurückzuführen sind und wie viele aufgrund ihrer Interventionen gar nicht erst ausgearbeitet oder frühzeitig modifiziert wurden. Ihre Aktivitäten zielen besonders auf Regierung und Ministerialverwaltung, doch ist auch ihr Einfluß auf die (Koalitions-)Fraktionen nicht zu unterschätzen (vgl. Beyme 1997a: 207ff.; Weber [2]1981). Ähnliches gilt auch für den Einfluß der Wissenschaft, mit deren Ergebnissen sich die Ministerialreferenten in der Regel intensiv (aber auch selektiv) vertraut machen. Besonders eng sind die Kontakte zu den Wissenschafts- und Standesorganisationen der Juristen, deren Empfehlungen nicht selten aufgegriffen werden (Hill 1982: 55).

Impulse zur Rechtssetzung gehen auch von der Rechtsprechung aus, vor allem den Entscheidungen des Bundesverfassungsgerichts, die in den letzten Jahren zunehmend detaillierte Vorgaben für den Gesetzgeber enthielten. Eine Reihe von Entscheidungen des Bundesverfassungsgerichts waren von erheblicher politischer Bedeutung (Landfried 1984; Helms 1999).

Tabelle 6.2: Gesamtzahl der Gesetzesvorhaben (nach Initiatoren)

	8. WP 1976-80		10. WP 1983-87		11. WP 1987-90		12.WP 1990-94		13.WP 1994-98	
	Anz.	%	Anz.	%	Anz.	%	Anz.	%	Anz.	%
Regierungsvorlagen	323	64,0	285	46,6	324	47,2	419	46,8	449	44,3
Gesetzesanträge v. Ländern	71	14,0	144	23,5	136	19,8	179	20,0	235	23,2
Vom Bundesrat zur Einbringung beim BT beschlossene Gesetzentwürfe	53	10,5	61	10,0	51	7,4	96	7,4	151	14,9
BT-Initiativen	111	22,0	183	29,9	227	33,0	297	33,2	329	32,5
Gesetzesvorhaben insges..	505	100,0	612	100,0	687	100,0	895	100,0	1013	100,0

Quelle: Stand der Gesetzgebung des Bundes (GESTA), Abschlußbände 8. bis 13. Wahlperiode.

Tabelle 6.3: Beim Bundestag eingebrachte Gesetzentwürfe (aufgeschlüsselt nach Initiatoren)[a]

	8. WP 1976-80		10. WP 1983-87		11. WP 1987-90		12. WP 1990-94		13. WP 1994-98	
	Anz.	%	Anz.	%	Anz.	%	Anz.	%	Anz.	%
Regierungsvorlagen	322	66,4	280	53,6	321	53,9	407	50,9	443	48,0
BR-Initiativen	52	10,7	59	11,3	47	7,9	96	12,0	151	16,4
BT-Initiativen	111	22,9	183	35,1	227	38,2	296	37,1	329	35,6
SPD-FDP-Koalition	26	5,4								
CDU/CSU-FDP-Koalit.			42	8,0	72	12,1	101	12,6	103	11,2
CDU/CSU	71	14,6	1	0,2	1	0,2	6	0,8	2	0,2
SPD	–	–	70	13,4	66	11,1	72	9,0	68	7,4
FDP	–	–	–	–	–	–	1	0,1	2	0,2
DIE GRÜNEN[b]			55	10,5	71	11,9	41	5,1	73	7,9
PDS[c]							34	4,3	53	5,7
CDU/CSU, FDP, SPD	–	–	12	2,3	15	2,5	36	4,5	15	1,6
CDU/CSU, SPD	–	–	–	–	–	–	1	0,1	4	0,4
CDU/CSU, FDP, SPD, B'90/GRÜNE			–		–	–	3	0,4	7	0,8
SPD, B'90/GRÜNE			–		–	–	–	–	2	0,2
interfraktionell[d]	14	2,9	3	0,6	2	0,3	1	0,1	–	–
Insgesamt beim BT eingebracht	485	100,0	522	100,0	595	100,0	799	100,0	923	100,0

a ab 12. WP gesamtdeutscher Bundestag; die verkürzte 9. WP wurde nicht berücksichtigt.

b ab 4.10. 1990 (11.WP) vereinigungsbedingt B'90/GRÜNE

c ab 4.10.1990 vereinigungsbedingt im Bundestag vertreten; 12. WP: Gruppe PDS/LL.

d Unter „interfraktionell" werden Initiativen *aller* Fraktionen (und Gruppen) gezählt (8.WP: CDU, SPD, FDP; 10./11. WP: CDU/CSU, SPD, FDP, GRÜNE).

Quelle: Schindler 1984: 684ff.; Schindler 1994: 823ff.; Stand der Gesetzgebung des Bundes (GESTA), Abschlußbände 8. bis 13. WP.

Schließlich geht ein Teil der Gesetzes- und Programminitiativen von den Fachreferenten der Ministerien aus, die kontinuierlich den Regelungsbedarf auf ihrem Gebiet überprüfen. Laufend in Kontakt mit Fachverbänden, wissenschaftlichen Einrichtungen, Bundestagsausschüssen etc., nehmen sie ihrerseits Impulse „von außen" auf.

Gesetzesinitiativen der Opposition

Impulse zur Vorlage eines Gesetzentwurfes durch eine Bundestagsfraktion (Opposition) können auf ähnlich vielfältige Weise wie im Falle von Regierungsentwürfen von „außen" an die Fraktion herangetragen werden: Dies kann durch Parteigremien geschehen, etwa durch Parteitagsbeschlüsse, Empfehlungen des Vorstandes, Kommissionen, Beiräte, Arbeitsgemeinschaften (SPD, B'90/GRÜNE) und Vereinigungen (CDU/CSU), die mehr oder weniger eng mit der Fraktion personell verflochten sind. Anstöße kommen auch von wissenschaftlichen Einrichtungen und Organisationen und selbstverständlich von Interessenverbänden, im Falle der Opposition allerdings vornehmlich solchen, die sich ihr verbunden fühlen. Bei den Unionsparteien wirken die mit entsprechenden Interessenverbänden mehr oder weniger eng kooperierenden „Vereinigungen" der Partei (MIT, CDA u.a.) unmittelbar über die Interessengruppierungen der Fraktion (PKM, Arbeitnehmergruppe) auf die Willensbildung der Fraktion ein. Für die Gesetzgebungsarbeit der Fraktion Bündnis 90/Die Grünen bedeutsam sind Anregungen ihr nahestehender Wissenschaftler und Institute (z.B. Öko-Institut in Freiburg), die ihrerseits zum Teil in Verbindung mit Bürgerinitiativen, Umweltschutzverbänden etc. stehen, sowie mancher Bundesarbeitsgemeinschaften (Ismayr 1985b: 310f.). Die Spielarten der Einflußnahme reichen von allgemein formulierten Vorschlägen bis zu präzise ausgearbeiteten „Gesetzentwürfen".

Selbstverständlich drängen sich auch aufgrund der laufenden Befassung mit den einzelnen Politikbereichen und Problemfeldern in den Arbeitsgruppen, Arbeitskreisen und Bundestagsausschüssen „alternative" gesetzliche Regelungen auf. Und schließlich werden Anhörungen der Bundestagsausschüsse und der (Oppositions-)Fraktionen nicht nur beantragt, um vorliegende (Regierungs-)Entwürfe zu prüfen, sondern auch mit der Intention, angesichts wahrgenommener oder vermuteter Probleme Klarheit darüber zu gewinnen, ob ein gesetzlicher Regelungsbedarf besteht. In Verlegenheit kann die Opposition die Regierung (auch) dadurch bringen, daß sie sich auf von ihr bestellte Gutachten beruft oder Vorschläge einer (unabhängigen) Regierungskommission aufgreift, die der Regierung nicht genehm sind.

Meist wirken ein Bündel „äußerer" Einflußfaktoren, sachliche und parteipolitische Motive und Fraktionsinteressen zusammen, bis es zur Entscheidung über die Ausarbeitung und schließlich zur Einbringung eines Gesetzentwurfes durch eine Oppositionsfraktion kommt.

In den letzten vier Wahlperioden (1983-1998) fanden von insgesamt 605 Gesetzentwürfen der Oppositionsfraktionen nur 5 eine parlamentarische Mehrheit (GESTA-Abschlußbände; Nienhaus 1985: 163ff.). Zwar lag der Anteil direkt erfolgreicher Gesetzentwürfe der

Oppositionsfrakionen in früheren Wahlperioden phasenweise (etwas) höher, doch handelte es sich größtenteils um marginale Gesetze (6. WP nach dem „Machtwechsel“ 1969: 16; 7./8. WP: 6/8). Nur 26 oppositionelle Gesetzentwürfe im Zeitraum 1949 bis 1987 (1. WP: 9), die direkt – und ohne mit Entwürfen der Regierung(smehrheit) kombiniert zu werden – erfolgreich waren, wurden als „wichtig“, keiner als „wesentlich“ eingestuft, wobei in die Untersuchung von Martin Sebaldt auch über den Bundesrat eingebrachte Gesetzentwürfe einbezogen wurden, in dem die oppositionellen Parteien zur Zeit der sozialliberalen Koalition die Mehrheit besaßen (Sebaldt 1992b: 258).

Angesichts der engen Verbindung von Mehrheitsfraktionen und Regierung im parlamentarischen Regierungssystem dürfte die sehr geringe Erfolgschance oppositioneller Gesetzentwürfe kaum überraschen, was (längerfristige) indirekte Wirkungen nicht ausschließt. Was aber motiviert dann die Oppositionsfraktionen, sich der ja oft sehr aufwendigen Arbeit an Gesetzentwürfen zu unterziehen, und dies nicht nur ausnahmsweise, sondern in großer Zahl? Warum beschränkt sie sich nicht darauf, in Anträgen die Regierung zum Handeln aufzufordern sowie mit Hilfe anderer öffentlichkeits-wirksamer Kontrollmittel wie Großen Anfragen, Aktuellen Stunden etc. sowie auf Pressekonferenzen Kritik an den Gesetzesvorlagen und Regelungsdefiziten zu üben?

Die Ausarbeitung von Gesetzentwürfen ist für die Oppositionsfraktionen vor allem dann von Interesse, wenn sie nicht nur Kritik an der Regierungspolitik, sondern auch die Formulierung von Alternativen als ihre Aufgabe sehen. Mit Gesetzesvorlagen bringen sie ihren Willen zum Ausdruck, nicht als bloße „Neinsager“ wahrgenommen zu werden, sondern sich der Öffentlichkeit als produktive, sachlich arbeitende und konzeptionell denkende Alternative zur amtierenden Regierung zu präsentieren. Gesetzentwürfe können sich auch insofern als öffentlichkeitswirksame Kontrollmittel eignen, als sie auf ihrem (meist) langen Weg im Gesetzgebungsprozeß immer wieder Gelegenheit geben, die Diskussion in der Öffentlichkeit anzuregen.

Eine Konfrontationsstrategie, wie sie der CSU-Vorsitzende Franz Josef Strauß in seiner Sonthofen-Rede (Mintzel 1977: 398f.) formuliert hatte, ohne damit allerdings in der CDU/CSU-Bundestagsfraktion ungeteilte Zustimmung zu finden, lag der SPD-Fraktion seit dem Regierungswechsel 1982/83 fern, und auch die Arbeit der neuen Fraktion DIE GRÜNEN war ungeachtet mancher Deklarationen des „fundamentalistischen Flügels" der Partei nicht darauf angelegt (Ismayr 1985b: 299ff.).

Nicht zu übersehen ist freilich, daß nicht nur ein großer Teil der Regierungsvorlagen, sondern auch viele Gesetzentwürfe der Oppositionsfraktionen mit Spezialproblemen befaßt sind, die vornehmlich Fachkreise interessieren, von einer breiteren Öffentlichkeit aber kaum wahrgenommen und nur schwer in einen konzeptionell verstehbaren Kontext eingeordnet werden können.

Die Entscheidung, ob ein Gesetzentwurf vorgelegt wird oder anderen parlamentarischen Mitteln der Vorzug gegeben werden soll, hängt vom Einigungsprozeß in der Fraktion, den Optionen einflußreicher Verbände und Gruppen, dem Grad der Thematisierung in Massenmedien und Fachpresse und vor allem der von der Fraktion und Partei erwarteten Öffentlichkeitswirksamkeit ab.

Ein Gesetzentwurf kann auch dann wirksam werden, wenn er – wie üblich – von den Mehrheitsfraktionen abgelehnt wird. Die Opposition kann so die Regierung(smehrheit) zur Vorlage eines Entwurfs provozieren; sie kann die Koalitionsregierung in Verlegenheit bringen und ihre „Handlungsunfähigkeit" aufdecken, indem sie ein koalitionsintern umstrittenes Thema aufgreift. Sie hat jedenfalls die Möglichkeit, die Aufmerksamkeit auf ein Thema zu lenken, indem sie es thematisiert (vgl. auch Sebaldt 1992). Im übrigen stehen Gesetzentwürfe in der Regel nicht isoliert, sondern werden von einer Reihe anderer parlamentarischer Aktivitäten begleitet. Die Wirkung „oppositioneller Gesetzentwürfe" (wie auch sonstiger Aktivitäten) kann allerdings auch sein, daß sie einer Gruppe im „Regierungslager" den Rücken stärken und sie in die Lage versetzen, sich durchzusetzen. Auch kommt es immer wieder vor, daß die Regierungsmehrheit einen Gesetzentwurf inhaltlich teilweise übernimmt und es der Regierung aufgrund ihrer oft privilegierten Medienpräsenz gelingt, dies als Leistung der Regierung zu „verkaufen" (so z.B. beim Gesetz über steuerliche Maßnahmen zur Förderung des schadstoffarmen PKW vom 26.3.1985; Fallstudie: Sebaldt 1992a: 296ff.). Indirekt erfolgreich waren die Oppositionsfraktionen im Zeitraum 1949 bis 1987 mit 125 Initiativen, wobei etwa zwei Drittel als „wichtig" eingestuft wurden (Sebaldt 1992b: 253, 259). Andererseits kann es der Opposition angesichts oft langwieriger Abstimmungsprozeduren von Referentenentwürfen gelingen, mit einem eigenen („alternativen") Entwurf der Regierung zuvorzukommen, und öffentlich „Punkte" zu sammeln.

Gesetzesinitiativen des Bundesrates

Die Gesetzgebungsarbeit der großen Oppositionsfraktionen kann nur dann angemessen eingeschätzt werden, wenn die in manchen Politikbereichen enge Kooperation zwischen Bundestagsfraktion und Länderregierungen sowie den (allerdings weniger einflußreichen) Landtagsfraktionen mit einbezogen wird. Zwischen den politischen Führungen der Länderministerien und der jeweiligen Bundestagsfraktion werden die Inhalte von Gesetzentwürfen oft abgestimmt und es wird abgesprochen, ob ein Gesetzentwurf im Bundestag oder Bundesrat (oder auch in beiden Gremien) präsentiert werden soll. Solche Absprachen können informell in verschiedenen Fraktions-, Regierungs-, und Parteigremien stattfinden. Neben regelmäßigen Kontakten werden Informationsgespräche und Absprachen je nach Bedarf und in unterschiedlicher Zusammensetzung geführt. Ministerialbeamte der Länder – vornehmlich der Landesvertretungen – nehmen regelmäßig an Sitzungen der Arbeitsgruppen bzw. Arbeitskreise der politisch nahestehenden Fraktionen sowie an Ausschußsitzungen des Bundestages teil, während Fraktionsvertreter in die Abstimmungsgespräche der Ländergruppen einbezogen sind, die den Bundesratssitzungen vorausgehen. Will ein Landesministerium einen Gesetzentwurf dem Bundesrat vorlegen, wird der Minister oder Staatssekretär die entsprechende Arbeitsgruppe – nach Möglichkeit persönlich – informieren, Anregungen entgegennehmen und einarbeiten lassen; dies gilt besonders für Oppositionsfraktionen.

Hat eine Partei, die in Bonn/Berlin in der Opposition steht, im Bundesrat die Mehrheit, kann sie „mit dem politischen Gewicht der Ländervertretung oppositionelle Alternativentwürfe in die politische Willensbildung im Parlament" einbringen (Jekewitz 1984: 708). Aber auch die unmittelbar im Bundestag eingebrachten Alternativ-Entwürfe der Opposition zu Regierungsvorlagen haben unter dieser Voraussetzung stärkeres Gewicht, wenn es um zustimmungsbedürftige Regelungen geht. Obwohl die damalige Oppositionspartei SPD bis Frühjahr 1990 auch im Bundesrat in der Minderheit war, fand eine entsprechende Zusammenarbeit zwischen der Bundestagsfraktion und den sozialdemokratischen Länderregierungen statt, wenn Entscheidungen über die Einbringung von Gesetzentwürfen zu treffen waren. Diese Zusammenarbeit gestaltet sich vor allem in jenen Gebieten recht eng, in denen die Bundestagsfraktion auf Informationen der Ministerialbürokratien und auf Kooperation mit den politischen Führungen der Länder angewiesen ist.

Der zunächst geringe Anteil der vom Bundesrat eingebrachten Gesetzentwürfe ist seit der 7. Wahlperiode (1969-72) unter den Bedingungen einer „oppositionellen“ Bundesratsmehrheit der Union auf über 10% angestiegen und blieb auch unter veränderten Mehrheitsverhältnissen etwa auf diesem Niveau (Tabelle 6.3). Auffallend ist, daß sich die Zahl von Gesetzesanträgen der Länder in der 10. Wahlperiode (1983-87) gegenüber der 8. Wahlperiode mehr als verdoppelt hatte (71: 144), während der Bundesrat nur 8 Gesetzentwürfe mehr zur Einbringung beim Bundestag beschlossen hat (53:61). Mehr als die Hälfte der Länder-Anträge in der 10. Wahlperiode stammten von SPD-regierten Ländern. Nur etwa ein Viertel dieser Anträge fanden im Bundesrat eine Mehrheit und konnten im Bundestag behandelt werden, der sie dann – von ganz wenigen Ausnahmen abgesehen (4) – ablehnte. Obwohl die von Sozialdemokraten regierten Länder seit 1982 also überwiegend damit rechnen mußten, daß ihre Anträge von der Mehrheit im Bundesrat abgelehnt würden und im Bundestag somit gar nicht behandelt werden konnten, hielten sie Gesetzentwürfe offenbar für ein wirksames Mittel, um sozialdemokratische Politik öffentlich zu vertreten. Hier gelten ähnliche Motive wie bei Initiativen der Bundestags-Opposition. Daß nach der Veränderung der Mehrheitsverhältnisse 1990/91 der Anteil der Gesetzesanträge sozialdemokratisch geführter Bundesländer bei den vom Bundesrat zur Einbringungen beschlossenen Gesetzentwürfen (147) in der 13. Wahlperiode (1994-98) etwa die Hälfte betrug, dürfte ebensowenig überraschen wie die Tatsache, daß davon nur wenige (8) vom Bundestag beschlossen wurden.

6.3.2 Ausarbeitung von Regierungsvorlagen

Während sich die Zahl der politischen Führungspersonen der Regierung seit dem 19. Jahrhundert nicht wesentlich verändert hat, expandierte die Ministerialverwaltung mit dem Zuwachs öffentlicher Aufgaben beträchtlich: Etwa 25 000 Personen sind in den Verwaltungen der Bundesregierung beschäftigt. Alle Bundesministerien zusammen umfassen etwa 120 Abteilungen mit in der Regel 2 bis 4 Unterabteilungen, in denen jeweils mehrere Fachreferate zusammengefaßt sind (Bund transparent 1996). Hinzu kommen zahlreiche, den Bundesministerien nachgeordnete Behörden. Die politische Führung i.e.S. liegt hingegen bei „nur“ drei bis vier Dutzend Personen: derzeit 16 Regierungsmitgliedern (Kanzler, Bundesminister) und 24 Parlamentarischen Staatssekretären und Staatsministern, unterstützt von einem kleinen Stab enger Mitarbeiter außerhalb der „Linie“ (vgl. Kap. 5). Deren politische „Steuerungsfähigkeit“ ist zwangsläufig eingeschränkt; der (politische) Handlungsspielraum und Einfluß der Ministerialverwaltung bei der Gesetzesvorbereitung und -initiative ist erheblich.

Die Verfassung geht auch für den Bereich der Ministerien (und des Bundeskanzleramtes) von einer klaren Funktionstrennung zwischen „Politik“ und „Bürokratie“ aus, wie sie dem traditionellen Modell der Verwaltungsführung und dem Anspruch demokratischer Legitimation im parlamentarischen Rechtsstaat entspricht. Dem Anspruch nach hätte sich die Ministerialbürokratie als „Instrument der politischen Führung“ zu verstehen und streng auf die pflichtgemäße Ausführung politischer Vorgaben zu beschränken (Böhret 1983a: 11ff.). Formal entspricht diesem Modell die hierarchische Gliederung der Bundesministerien mit dem Minister als (alleiniger) Führungsspitze. Ihre formale Organisationsstruktur beruht auf dem Prinzip der vertikalen Über- und Nachordnung von Mitarbeitern zueinander (Linienorganisation) (Lepper 1981: 117); die Praxis der Verwaltungsführung sieht anders aus. Würden sich Informationsfluß und fachliche Kooperation ausschließlich nach dem in der GGO I festgelegten „Dienstweg“ richten, wäre die Ministerialverwaltung wohl kaum in der Lage, effizient zu arbeiten und die anstehenden Aufgaben zu bewältigen. Formal gilt zwar weiterhin der Dienstweg, doch haben sich daneben allgemein akzeptierte bzw. tolerierte halbformale und informelle Strukturen ausgebildet (Ellwein 1983: 363, 369). So ist es angesichts der dargestellten Aufgabenvielfalt heute üblich, daß Ministerialreferenten bei Vorarbeiten zu Gesetzentwürfen, Verordnungen etc. oder bei der Ausarbeitung von Antworten auf parlamentarische Anfragen mit (stillschweigender) Billigung des direkten Vorgesetzten Kontakt mit Referenten, Unterabteilungsleitern, anderen Abteilungen des eigenen Hauses oder eines anderen Ministeriums oder auch mit Persönlichen Referenten des Ministers oder eines (Parlamentarischen) Staatssekretärs aufnehmen (s.a. Derlien/Mayntz 1988: 15).

Bundesminister sind kaum mehr in der Lage, die vielfältigen Aktivitäten ihres Hauses zu überblicken oder gar regelmäßig persönlichen Kontakt mit allen zuständigen Beamten zu pflegen. Nur in kleineren

Ministerien werden sie noch laufend Kontakt zu seinen Abteilungsleitern halten können. Angesichts der Größe und fachlichen Ausdifferenzierung der Ministerialverwaltung geraten Minister – mehr oder weniger stark – in Abhängigkeit von Informationsbereitschaft und Problembewußtsein ihrer Verwaltung. Die begrenzte Aufnahmefähigkeit der politischen Führung angesichts knapper Zeit und vielfältiger politischer Beanspruchung außerhalb des eigenen Ressorts markiert Legitimations- und Steuerungsdefizite auch und gerade bei der Beteiligung an der Gesetzgebung.

Entwicklung des Referatsentwurfs

Fachliche Kompetenz und Detailwissen liegen auf der Ebene der Fachreferate, denen neben dem Referatsleiter an der Spitze in der Regel noch ein bis vier Beamte des höheren Dienstes (Referenten) sowie weitere Mitarbeiter angehören, welche die Aufgaben des Referates gemäß dem Geschäftsverteilungsplan unter sich aufteilen. Das Referat ist die „tragende Einheit im organisatorischen Aufbau des Ministeriums" (§ 4 GGO I). Alle bisher bekannten Aufgabengebiete sind einem Fachreferat zugewiesen, wobei es im Einzelfall natürlich immer wieder zu Überschneidungen und Kompetenzproblemen kommt (vgl. § 4 GGO I). Die spezialisierte Aufgabenwahrnehmung in einem (einigermaßen) überschaubaren Sachgebiet – oft über viele Jahre hinweg – sichert den Informations- und Kompetenzvorsprung der Referenten, kann allerdings auch zu einer fachspezifischen Blickverengung und gegebenenfalls zu politischem Realitätsverlust führen (Scharpf 1973: 82f.; Müller 1986: 11).

Nicht nur die Ausarbeitung von Gesetzentwürfen und Verordnungen ist Sache der Fachreferate, auch die Mehrzahl der Programminitiativen geht von diesen spezialisierten Basiseinheiten aus (Mayntz 1985: 181), die somit faktisch nicht nur „ausführend", sondern politisch-gestaltend wirken; dies gilt im übrigen auch dann, wenn Referenten ihre Arbeit (partei)politisch neutral und rein „sachrational" beurteilen.

Wie neuere Befragungen eindrucksvoll bestätigen, schätzen leitende Ministerialbeamte heute ihren (politischen) Einfluß auf Vorhaben aus ihrem Zuständigkeitsbereich ganz überwiegend hoch ein und sehen darin einen Vorzug ihres Berufs; 79,2% der 1987 befragten Ministerialbeamten des Bundes gaben an, daß sie einen „großen" bzw. „sehr großen" Einfluß auf Vorhaben in ihrem Zuständigkeitsbereich hätten (Derlien/Mayntz 1988: 27, 32). Nur bei einem Teil der Gesetzes- und Programmentwicklungen werden die zuständigen Fachreferenten von Anfang an aufgrund eines (ausdrücklichen) Auftrages der politischen Führung tätig, besonders bei politisch kontroversen, öffentlichkeitswirksamen und gewichtigen Themen. In der Mehrzahl der Fälle, insbesondere bei Folge- und Anpassungsregelungen, werden die Ministerialreferenten „von sich aus" initiativ (Mayntz 1985: 191f.). Bei der Beurteilung des „Regelungsbedarfs" kommt den Referenten zugute, daß sie ihr Aufgabengebiet meist über einen längeren Zeitraum hinweg betreuen und in regelmäßigem Kontakt mit informierten Vertretern der Fachverbände und der Wissenschaft sowie den zuständigen Beamten der Länderministerien stehen, die ihnen Probleme aus der Praxis vermitteln. Doch nur einen Teil der meist zahlreichen Anregungen können die Referate aufgreifen und bearbeiten, zumal sie durch laufende Arbeiten weitgehend ausgelastet sind.

In einer ersten Phase „konzeptioneller" Vorüberlegungen wird sich der Ministerialreferent anhand vorliegender Erfahrungen Gedanken machen, ob wirklich ein (Änderungs-)Gesetz erforderlich ist, ob Verordnungen oder Verwaltungsvorschriften ausreichen, ob eine dezentrale Lösung vorzuziehen ist und welche Regelungsintensität gegebenenfalls notwendig ist. Ergebnis eines zunehmenden Interesses an einer „Notwendigkeitsprüfung" der Gesetze ist die Verbesserung der „Prüflisten". Durch Regierungsbeschluß vom 11.12.1984 wurde allen Bundesministerien zur Pflicht gemacht, Rechtsetzungsvorhaben, an denen sie beteiligt sind, in jedem Stadium des Verfahrens anhand eines detaillierten Fragenkataloges auf Notwendigkeit, Wirksamkeit und Verständlichkeit zu prüfen („Blaue Prüffragen"). In diesen Zusammenhang gehört auch die 1985 durch Ergänzung der GGO II eingeführte Pflicht, bei der Vorlage von Gesetzentwürfen zu begründen, „worin das Bedürfnis für eine bundesgesetzliche Regelung – bezogen auf das Gesamtvorhaben und die wichtigsten Einzelregelungen – besteht" (Bundesministerium des Innern 1986: 73).

Allerdings konnte die Einführung dieses Fragenkatalogs kaum ausreichen, um für die Referatsarbeit offenbar typische Selektionsmuster grundlegend zu verändern (Hill 1998). Die Aufmerksamkeit der Referate gilt vor allem solchen (Teil-)Problemen, die innerhalb der eigenen Zuständigkeit liegen und die Arbeitskapazität der Einheit nicht überfordern. Hinzu kommt die Neigung, nichts aufzugreifen, „was keine Aussicht hat, höheren Orts bzw. im Parlament akzeptiert zu werden"

(Mayntz 1985: 190). Ergebnis derart selektiver Prozesse sind zahlreiche Einzelinitiativen von meist geringer sachlicher Reichweite, deren (negative) Folgewirkungen für andere Bereiche oft nicht hinreichend abgeschätzt oder erkannt werden. Häufig handelt es sich zudem um Bemühungen zur Anpassung und Fortschreibung des Bestehenden. Politisch-konzeptionelle und übergreifende Problemzusammenhänge erfassende Initiativen werden durch die Vielzahl oft unzureichend koordinierter Einzelinitiativen erschwert (Scharpf 1973: 82f.).

Bei Bedarf werden in der Phase der Vorüberlegungen (informelle) Kontakte zu Referenten und (Unter-)Abteilungsleitern des Hauses oder anderer Ministerien aufgenommen, um die Chancen der Initiative besser abschätzen zu können und sich frühzeitig abzusichern oder um für die Grundentscheidung erforderliche Informationen einzuholen.

Spätestens nachdem er sich über Art und Umfang des Vorhabens klar geworden ist, wird der zuständige Bearbeiter (über den Dienstweg) „offiziell" die Leitung des Hauses unterrichten. Die Entscheidung darüber, ob ein Referentenentwurf ausgearbeitet werden soll, liegt grundsätzlich bei der politischen Führung; je nach politischer Bedeutung und Konfliktlage wird diese auch inhaltliche Ziele vorgeben. Doch können zu diesem Zeitpunkt bereits umfangreiche Informationen gesammelt und Vorarbeiten geleistet worden sein. „Die Ressortleitung erfährt von einem dezentral entwickelten Vorhaben um so frühzeitiger, je größer seine voraussichtliche politische Bedeutung ist; das heißt aber, daß sie manches erst zu Gesicht bekommt, wenn es bereits weitgehend abgestimmt und ausformuliert ist" (Mayntz 1985: 191).

Die Ressortleitung entscheidet je nach Bedeutung des Gesetzesvorhabens und politischer Interessen- und Konfliktlage ohne oder nach Rücksprache mit dem Bundeskanzleramt und betroffenen Ministerkollegen, kann aber auch ein grundsätzliches Votum des Kabinetts bzw. der Koalitionsrunde oder sogar der Regierungsfraktion(en) einholen (Seiler 1981: 244). Nach § 22 GGO II ist das Bundeskanzleramt zu unterrichten, wenn ein „politisch wichtiger Gesetzentwurf ausgearbeitet oder die Arbeit an ihm durch bedeutsame Vorgänge beeinflußt" wird, doch hängt es letztlich vom Minister ab, wann er diese Voraussetzungen für gegeben hält.

Ist die Entscheidung zur Ausarbeitung eines Referentenentwurfes gefallen, wird der „federführende" Ministerialreferent daran gehen, systematisch (weitere) Informationen zu sammeln und aufzubereiten.

Formell stellt ein vom Referat offiziell zugeleiteter „Referentenentwurf" nur einen „unverbindlichen" Vorschlag dar. Tatsächlich wird in den informierten Fachkreisen und, sofern zugänglich, in der öffentlichen Diskussion jedoch davon ausgegangen, daß dieser Referatsentwurf wenn schon nicht in allen Einzelheiten, so jedenfalls in der Zielsetzung die Position der Bundesregierung oder zumindest des Ministers wiedergibt. In der Tat stellt die Vorlage des Referatsentwurfs ein fortgeschrittenes Stadium der Programmentwicklung dar. Ihm gehen häufig eine Reihe von Thesenpapieren und ein wiederholt abgeänderter Vorentwurf voraus, die „informell" auch Verbandsvertretern und den zuständigen AG- und AK-Vorsitzenden der Regierungsfraktionen bekannt sein können.

Zumal Erstkodifikationen die Ausnahme sind, hat sich im zuständigen Referat meist im Zusammenhang laufender Arbeiten, der Sichtung von Fachliteratur und der Interventionen von Interessen- und Parteivertretern bereits einiges Material angesammelt (Leonhardt 1984: 52). Doch müssen meist weitere Informationen eingeholt werden. Das Vorgehen der Ministerialreferenten bei der Informationsbeschaffung ist individuell verschieden und hängt u.a. von der Persönlichkeit des Referenten und seinen hausinternen und externen Verbindungen ab. Jedenfalls wird der Referent (informelle) Kontakte zu Beamten, Arbeitsgruppen und Kommissionen des eigenen Hauses oder anderer Ministerien des Bundes aufnehmen. Nicht immer werden allerdings die nötigen Kontakte rechtzeitig aufgenommen, sei es, um möglichen Kompetenzstreitigkeiten aus dem Wege zu gehen, sei es auch, weil eine frühzeitige Gefährdung des Vorhabens seitens konkurrierender Referate oder Ministerien und damit auch eine Beeinträchtigung der eigenen Profilierungschancen befürchtet wird. Auch schon in dieser Phase werden Informationskontakte mit (Ministerial-)Verwaltungen der Länder gepflegt, vor allem, um Informationen über Vollzugs- und Wirkungserfahrungen zu erhalten und sich rechtzeitig mit deren Erwartungen und Handlungsbereitschaft beim Vollzug vertraut zu machen.

Auch mit den Vertretern von Fachverbänden, die mit „ihren" Referaten oft in laufendem Kontakt stehen, werden meist frühzeitig Gespräche geführt, die über das wechselseitige Informieren hinaus den Charakter von „Verhandlungen" tragen können. Den Interessenvertretern ist natürlich daran gelegen, rechtzeitig Einfluß zu nehmen; die Ministerialreferenten wollen deren Positionen kennenlernen und erwarten verwertbare Informationen aus der Praxis. Zumal die Großverbände auch auf die politische Spitze der Ministerien (Regierungen) von Bund und Ländern und die Bundestagsausschüsse und -fraktionen Einfluß nehmen, ist der Ministerialbürokratie des Bundes daran gelegen, deren Wünsche und ggf. zu erwartende Widerstände frühzeitig einkalkulieren und zum Ausgleich bringen zu können (Weber ^{2}1981: 281ff.; Sebaldt 1996: 680f.).

Zunehmende Bedeutung kommt gerade in dieser Arbeitsphase der wissenschaftlichen Politikberatung zu. Je nachdem, wie ein Referent laufend das Gespräch mit Fachkreisen führt, kann er auch bei Bedarf mit der Informationsbereitschaft von Wissenschaftlern rechnen. Vor allem kann die zum Teil erhebliche Informations- und Arbeitskapazität nachgeordneter Institute und Bundesämter und der stark ausgebauten Dateninformationssysteme genutzt werden (Kevenhörster 1984: 46ff.; Murswieck 1994; König 1994). In dieser Phase ist auch zu entscheiden, ob (wissenschaftliche) Gesetzesfolgenabschätzungen durchgeführt, Kommissionen eingesetzt und/oder externe wissenschaftliche Gutachten eingeholt werden sollen; formell ist dies Sache der Ressortleitung. Generell läßt sich sagen, daß der durch den Ausbau der wissenschaftlichen Beratungskapazität und der Dateninformationssysteme ermöglichte Zuwachs an Spezialwissen und fachlicher Kompetenz die Position der Ministerialverwaltung gegenüber dem parlamentarischen Gesetzgeber erheblich verstärkt hat (vgl. Abschn. 6.2).

Vom Referatsentwurf zum Kabinettsentwurf: Koordinations- und Abstimmungsprozesse

Auf der Grundlage der ermittelten Sachinformationen und Regelungsvorschläge wird der Fachreferent einen Vorentwurf ausarbeiten, den er im eigenen Haus und ggf. mit Kollegen aus anderen Ressorts, aber auch mit externen Kontaktpersonen bespricht, ggf. abändert, vielleicht erneut zur Diskussion stellt, ehe er schließlich einen Referatsentwurf abfaßt.

Um den Entwurf im Hause abzusichern, wird der Referatsleiter auch seinen Abteilungsleiter und ggf. den Staatssekretär und Kabinettsreferenten über den Fortgang und eventuelle grundsätzliche Probleme auf dem laufenden halten. Art und Umfang dieser Unterrichtung können je nach politischer und fachlicher Bedeutung und zu erwartenden politischen Konflikten sowie der persönlichen Beziehung der Referenten (Referatsleiter) zur mittleren Leitungsebene und politischen Führung sehr unterschiedlich sein (u.a. Schulze-Fielitz 1988: 280ff.; Leonhardt 1984).

Der Referatsentwurf wird nun offiziell den anderen Referaten des Hauses zugeleitet. Durch ein Artikelgesetz werden oft eine ganze Reihe von Gesetzen geändert, die häufig auch in den Kompetenzbereich anderer Referate, Abteilungen und Ministerien fallen. Angesichts der Größe und Aufgabenvielfalt mancher Ministerien kann bereits im eigenen Hause ein großer Abstimmungsbedarf entstehen. Die Änderungs- und Ergänzungswünsche anderer Referate und Abteilungen werden geprüft und gegebenenfalls eingearbeitet. Kann zwischen den Referaten – auch durch Vermittlung der (Unter-)Abteilungsleiter – keine Einigung erzielt werden, muß auf einer höheren Ebene entschieden werden (Abteilungsleiterbesprechung, Staatssekretär(e), Minister). Dieser Entwurf des Hauses (Ressortentwurf) wird danach allen beteiligten Ministerien „offiziell" zur Stellungnahme zugeleitet, nachdem manche auch schon bei den Vorarbeiten zum Referatsentwurf „informell" konsultiert worden waren. Nach der GGO I sollen die Ministerien eng kooperieren und dies möglichst frühzeitig (§ 70) und umfassend.

Einige notwendige Beteiligungen nennt die GGO II ausdrücklich. Zu beteiligen sind vor allem: das Justiz- und das Innenministerium, wenn Zweifel bei Anwendung des Grundgesetzes auftreten, das Bundesministerium des Innern, wenn neue Dienststellen geschaffen und wenn Belange der Gemeinden berührt sind, das Umweltministerium, um die Prüfung der Umweltverträglichkeit sicherzustellen. Das Bundesministerium der Finanzen ist nicht nur bei Vorschriften über Steuern und Abgaben, sondern (auch) immer dann einzuschalten, wenn Einnahmen und Ausgaben des Bundes, der Länder und der Kommunen betroffen sind, was bei den meisten Gesetzen der Fall ist (§ 23 GGO II). Bei allen Entwürfen ist rechtzeitig das Bundesministerium der Justiz einzuschalten, um die Prüfung der Rechtsförmlichkeit vorzubereiten – eine bei manchen Fachreferenten offenbar nicht geschätzte Regelung (§ 23 Abs. 3; § 38 GGO II).

Nachdem der Entwurf mit den betroffenen Ressorts abgestimmt ist, in der Praxis häufig aber auch schon früher, werden unter bestimmten Voraussetzungen die beteiligten Fachkreise und Verbände (§ 24 GGO II), Länderministerien und kommunalen Spitzenverbände sowie die Geschäftsstellen der Fraktionen (§ 27) „offiziell" unterrichtet.

Nach § 26 GGO II besteht die Verpflichtung, einen Gesetzentwurf den zuständigen Landesministerien (über die Landesvertretungen beim

Bund) zuzuleiten, wenn durch diesen Entwurf Belange der Länder berührt sind; dies ist meist der Fall. Zwischen den fachlich korrespondierenden Ministerialverwaltungen des Bundes und der Länder bestehen auf vielen Gebieten ohnehin regelmäßige und oft intensive Informations- und Arbeitskontakte, „die sich oft auch in regelmäßigen Arbeitsbesprechungen niederschlagen" (Leonhardt 1984: 55). Schließlich ist die Ministerialbürokratie des Bundes einmal auf die Erfahrungen der für den Gesetzesvollzug meist (mit)verantwortlichen Verwaltungen der Länder (und Kommunen) angewiesen und zum anderen auf deren Bereitschaft, die Durchführung der Gesetze zu unterstützen (Zeh 1984: 485ff.; Zeh 1998).

Die in vielen Bereichen intensive Steuerung der Kommunen durch Bundes- und Landesgesetze und durch zentrale Planung sowie das Gewicht der Gemeinden und Kreise bei der Durchführung von Gesetzen erfordert eine stärkere Berücksichtigung der kommunalen Erfahrungen und Interessen bei der Bundesgesetzgebung. Seit 1975 gilt die Bestimmung der GGO II: „Vorbereitende Entwürfe zu Gesetzen, durch die Belange der Gemeinden und Gemeindeverbände berührt werden, sollen (!) den auf Bundesebene bestehenden kommunalen Spitzenverbänden möglichst frühzeitig zugeleitet werden" (§ 25; Leidinger 1980: 162ff.). Den Länderministerien wie auch den kommunalen Spitzenverbänden dürfen die Ressortentwürfe „formell" erst dann zugeleitet werden, wenn die zu beteiligenden Bundesministerien Gelegenheit zur Stellungnahme erhalten und keinen Widerspruch eingelegt haben.

Die Informationskontakte und Gespräche in dieser Entwicklungsphase des Gesetzentwurfs – oft die Fortsetzung bereits früher begonnener „informeller" Konsultationen – laufen selbstverständlich nicht nach festen Regeln ab. Praktiker der Entwurfsarbeit weisen darauf hin, daß es bei kleineren Gesetzgebungsvorhaben oft möglich ist, die Abstimmung mit den Bundesressorts und den Ländern schriftlich abzuwickeln. Meist sei es aber erforderlich, die Änderungs- und Ergänzungswünsche in Besprechungen der beteiligten Referenten zu klären (Leonhardt 1984: 56).

Wurden neue Informationen bedacht und die eingegangenen Änderungswünsche geprüft und ggf. eingearbeitet, erhalten die anderen Ressorts, sofern die Zeit ausreicht, den Entwurf noch einmal mit einer letzten Äußerungspflicht. Bevor der Gesetzentwurf der Bundesregierung zur Beratung und Beschlußfassung zugeleitet wird, hat das Bundesministerium der Justiz zu prüfen, ob der Entwurf in seiner letzten Fassung den Erfordernissen der Rechtsförmlichkeit genügt (§ 38 GGO II). Der

Gesetzentwurf wird nun mit Begründung als Kabinettsvorlage an den Chef des Bundeskanzleramtes gesandt (§ 40 Abs. 1 GGO II; § 21 GOBReg), der u.a. für die Planung der Kabinettssitzungen zuständig ist. Diese Vorlage wird dann auf einer der nächsten Kabinettssitzungen behandelt.

Gestaltungsspielraum der Ministerialbürokratie

Der große Spielraum der Fachreferate bei der Initiierung und Entwicklung von Gesetzesvorhaben und Verordnungen schafft nicht nur für den Bundestag gravierende Kontroll- und Führungsprobleme. Auch für die Mitglieder der Bundesregierung stellt sich die Frage, ob der „Primat der Politik" noch gesichert ist.

Angesichts vielfältiger (zeitlicher) Beanspruchung in Parlament, Parteigremien, Präsenz in den Medien, Auslandsreisen etc. kann der Minister nur einen Teil der Vorgänge in seinem Hause überblicken. Zwar wird er sich bei wichtigen oder/und umstrittenen Vorhaben regelmäßig über den Stand der Entwicklung informieren lassen; bei mehr oder weniger zahlreichen Vorhaben ist er gleichwohl auf die (oft selektiv und unvollständig) vermittelten Informationen der Ministerialverwaltung angewiesen (Böhret 1983a: 18). Häufig werde versucht, so Thomas Ellwein, „den Minister für die eigene Entscheidung zu gewinnen, indem man ihn einseitig oder unvollständig informiert" (Ellwein 1983: 300). Erst recht gilt dies für die Informierung von Bundestagsausschüssen und Fraktionsarbeitskreisen.

Die auf ihrem Informationsvorsprung und der Komplexität vieler Fragen beruhende politische Macht der Ministerialverwaltung macht sich vor allem bei solchen Gesetzesvorhaben bemerkbar, die im Windschatten der politischen Auseinandersetzung und öffentlichen Aufmerksamkeit liegen. Doch ist die politische Führung hier vor Überraschungen nie sicher: Scheinbar politisch unbedeutende Vorhaben, die man „sachrational" und ohne Prüfung möglicher Alternativen auf politischer Ebene entscheiden zu können glaubt, können unversehens politische Sprengkraft entwickeln.

Koordinationsprobleme und konzeptionelle Politik

Eine wichtige Vermittlungs- und Koordinationsfunktion sowohl in horizontaler als auch in vertikaler Richtung erfüllen die Abteilungs-

und Unterabteilungsleiter. Einmal ist es ihre Aufgabe (vor allem bei Divergenzen zwischen den beteiligten Referaten), Entwürfe mit anderen Abteilungen des Hauses und anderen Ressorts abzustimmen, wozu auch die Abteilungsleiterkonferenzen unter Vorsitz des Staatssekretärs dienen. Gegenüber der politischen Leitung sollen sie die Initiativen und Arbeitsergebnisse der Referate vertreten, und in umgekehrter Richtung erfüllen sie die nicht minder wichtige Aufgabe, den Referenten die Intentionen der politischen Spitze nahezubringen und zu verdeutlichen, was „politisch machbar" ist. Dabei haben sie zwischen „sachlichen" und politisch-strategischen Kriterien und Handlungsmotivationen abzuwägen.

Die dominierende Stellung der spezialisierten Fachreferate hat die viel beklagte Fragmentierung der Entwurfsarbeit und einen Hang zu möglichst perfekten Detailregelungen gefördert. Die notwendige horizontale Abstimmung der Vorhaben zwischen den beteiligten Referaten und (besonders bei Divergenzen) den Abteilungs- und Unterabteilungsleitern führt meist nicht zu einer perspektivischen Erweiterung des Konzepts, sondern dazu, daß Regelungsteile herausgenommen und der Gesetzentwurf den Einwänden entsprechend zurechtgestutzt wird (Müller 1986: 13ff.). Darin wird eine Ursache für die oft beklagte „Zerschneidung sachlicher Rechtszusammenhänge" (Hugger 1983: 58), den unübersehbar gewordenen „Paragraphendschungel" und das häufige Eintreten unvorhergesehener Folge- und Nebenwirkungen gesehen.

Die naheliegende Abhilfemöglichkeit, komplexere Gesetzesvorhaben in ad-hoc eingerichteten (bereichs- und ressortübergreifenden) Arbeits- und Projektgruppen zu entwickeln, wurde nur in einigen Fällen genutzt. Eine (zu) seltene Ausnahme stellt nach wie vor die Erarbeitung von Gesetzentwürfen in „unabhängigen" Kommissionen dar, die in spezifischer Weise in Schweden üblich ist (Jahn ²1999; Jann 1981). Schließlich wäre auch daran zu denken, „parallele" Konzepte durch „Planungszellen" entwickeln zu lassen (Dienel ⁴1997). Die Erarbeitung alternativer Entwürfe durch „unabhängige" Einrichtungen empfiehlt sich umso mehr, als nicht nur dem Parlament, sondern auch den Regierungsmitgliedern in aller Regel nur ein Entwurf – als der „einzig richtige" von der Ministerialbürokratie präsentiert wird (u.a. Ellwein 1983: 380f.). Da die politische Führung bei einer konzeptionell abgestimmten Entscheidungsfindung und der Formulierung politischer Zielvorgaben jedenfalls bis zu einem gewissen Grad auf die fachliche wie konzeptionelle Vorarbeit in den Ministerien angewiesen ist, erweist es sich als gravierender Mangel, daß ihr ohne ausdrücklichen eigenen Wunsch nur selten Entwürfe (Problemanalysen) mit mehreren alternativen Möglichkeiten zur eigenen Auswahl angeboten werden.

Dieses Verhalten mag (partei)politisch geprägt sein, mit Arbeitsüberlastung begründet werden, oder mit einem (überholten) Glauben an die einzig richtige Lösung zu tun haben: Es beeinträchtigt die Lern- und Gestaltungsfähigkeit der Politik und erschwert eine längerfristig angelegte „aktive Politik" (Scharpf 1973; Mayntz 1985: 193; Böhret 1990).

Der Hauptgrund für diese Entwicklung liegt wohl darin, daß die Minister eben nicht nur als Ressortchefs und Kabinettsmitglieder fungieren, sondern sich in Parlament und Fraktionsgremien, in Koalitionsgesprächen und in der Parteiarbeit, bei Wahlkämpfen und im Kampf um optimale Medienpräsenz an aktuellen Anlässen und dem öffentlichen Stimmungswandel orientieren müssen. Kurzfristige partei- und wahltaktische Überlegungen, koalitionspolitische Rücksichten und Zwänge überlagern und konterkarieren immer wieder längerfristig angelegte Konzepte und Programme. Solche politischen Aufmerksamkeitskriterien bestimmen sowohl die „Initiativen der politischen Leitung wie den Anlaß ihres Eingreifens in laufende Prozesse der Programmentwicklung, während generelle und explizite Zielvorgaben und Prioritätensetzungen wesentlich seltener vorkommen" (Mayntz 1985: 192).

Tabelle 6.4: Bedeutungsverlust des Bundestages zugunsten der Exekutive (in %)

	insgesamt	Abgeordnete nach Parteizugehörigkeit				
		CDU	CSU	SPD	FDP	GRÜNE
bedeutsam	76	73	61	81	73	91
weniger bedeutsam	16	18	26	12	23	4
gibt es nicht	8	9	13	8	3	4
Anzahl der Befragten	325	121	23	128	30	23

Frage: „In der öffentlichen Diskussion über die Stellung des Bundestages wird häufig von einem Bedeutungsverlust des Parlaments zugunsten der Exekutive gesprochen. Als Beispiele werden genannt: Die Zunahme der Rechtsverordnungen oder die ungenügenden Einflußmöglichkeiten des Bundestages im Planungsbereich. Halten Sie diese Problematik für bedeutsam, weniger bedeutsam oder gibt es sie Ihrer Meinung nach nicht?"

Quelle: Herzog u.a. 1990: 111.

6.3.3 Der Regierungsentwurf

Die politischen Weichen werden bei wichtigeren Vorhaben oft nicht im Kabinett, sondern in der ebenfalls regelmäßig tagenden großen Koalitionsrunde unter Beteiligung von Spitzenpolitikern der Regierungsfraktionen gestellt (vgl. Kap. 3). Auf formelle Abstimmungen wird im Kabinett in aller Regel verzichtet.

Der „starke Mann“ im Kabinett ist nach der Geschäftsordnung und meist auch in der Praxis neben dem Kanzler der Finanzminister. Eine herausgehobene Stellung bei den Kabinettsberatungen haben auch der Justizminister und der Innenminister. Legt der Finanzminister bei finanzwirksamen Gesetzen ausdrücklich Widerspruch ein und findet er dabei die formelle Unterstützung des Kanzlers, kommt die Regelung nicht zustande. Entsprechendes gilt, wenn Justizminister oder Innenminister gegen einen Gesetz- oder Verordnungsentwurf Widerspruch wegen dessen Unvereinbarkeit mit geltendem Recht einlegen (§ 26 GOBReg.). Eine derartige Kraftprobe noch bei der „Schlußabstimmung“ im Kabinett kommt äußerst selten vor, da die Meinungsverschiedenheiten, die zwischen Finanzminister und Ressortkollegen recht häufig auftreten, in aller Regel im Vorfeld ausgeräumt oder in der Koalitionsrunde oder durch Parteinahme des Kanzlers faktisch entschieden werden. Gleichwohl ist diese Regelung präventiv wirksam.

Die Kabinettsvorlage muß mit einer Begründung versehen sein, die meist in einem Allgemeinen Teil (I) auf bisherige Erfahrungen und die Ziele des Entwurfs eingeht, und in einem zweiten Teil die Gesetzesbestimmungen im einzelnen erläutert (§ 40 GGO II).

Dem Gesetzentwurf ist eine Übersicht, das sog. Vorblatt, voranzustellen, aus dem sich Zielsetzung und Problemlösung, mögliche Alternativen und die voraussichtlichen Kosten rasch ersehen lassen. Die klar formulierte Forderung der GGO II, in der Begründung und im Vorblatt alternative Lösungsmöglichkeiten darzustellen und (eingehend) die Gründe zu erläutern, die zu ihrer Ablehnung geführt haben (§ 40 Abs. 3 und 5 GGO II), wird in der Praxis meist ignoriert. „Alternativen: Keine“ – heißt es meist lapidar im Vorblatt, selbst bei Gesetzentwürfen, die bereits in der Vorbereitungsphase zwischen Parteien und Verbänden heftig umstritten waren. Erwähnt werden Gesetzentwürfe von Bundestagsfraktionen, des Bundesrates und gelegentlich auch einzelner Länderregierungen; eine gründliche Darstellung alternativer Entwürfe, ein eingehendes Abwägen von Vor- und Nachteilen kommt aber nur selten vor. Mehr als ein (relativ) pauschaler Hinweis auf Finanzierungs-, Vollzugs- oder Verfassungsprobleme ist den Erläuterungen kaum zu entnehmen.

Auch andere Lösungsmöglichkeiten, die den Referenten in vielen Fällen in der Vorbereitungsphase begegnen, werden im Vorblatt so gut wie nie und in der Begründung selten und meist nur andeutungsweise erwähnt. Der Leser – auch der nichtspezialisierte Entscheidungsträger – hat aufgrund solcher Hinweise kaum die Möglichkeit, sich ein zuverlässiges Bild von anderen Vorschlägen zu machen. Daß in den Begründungen zu den Gesetzentwürfen fast nie auf Alternativen wirklich informierend und argumentativ eingegangen wird, ist aus der Sicht des Parlaments und der (Fach-)Öffentlichkeit höchst unbefriedigend und sollte auch vom Kabinett nicht als selbstverständlich hingenommen werden.

Der Gesetzestext als solcher ist schließlich oft nur mehr den jeweiligen Spezialisten unter den Abgeordneten verständlich. Auch auf dem Gesetzentwurf zugrundeliegende Gutachten, Informationsmaterialien, Stellungnahmen von Kommissionen und Beiräten wird nur selten (genauer) eingegangen. Genauere Informationen über wissenschaftliche Wirkungsanalysen enthalten die Begründungen nur selten. Meist wird nur allgemein konstatiert, daß sich ein Gesetz bewährt oder auch nicht bewährt habe, und es werden Ziele und Vorzüge der vorgesehenen Neuregelungen herausgestellt. Noch am ehesten wird etwas über Vollzugsprobleme in den Länder- und Kommunalverwaltungen berichtet, die von Ministerialbeamten der Länder zur Sprache gebracht worden sind und in den Stellungnahmen des Bundesrates eine Rolle spielen (vgl. § 40 Abs. 2 GGO II). Nur selten erfährt man, mit welchen Interessengruppen im Vorfeld kooperiert wurde; Stellungnahmen von Fachkreisen und Verbänden bleiben meist unerwähnt. Es entsteht der Eindruck, daß die Spuren der Informationsbeschaffung und regierungsinternen Materialselektion und Entscheidungsfindung oft mehr oder weniger bewußt im Dunkeln gelassen werden. Dieses ziemlich düstere Bild hellt sich etwas auf, wenn man die Regierungsberichte in die Analyse miteinbezieht, die in der parlamentarischen Ausschußphase der Gesetzgebung oft eine Rolle spielen (vgl. Abschn. 6.2 und 7.16).

Unbefriedigend sind häufig auch die von der GGO II verlangten Angaben über die finanziellen Auswirkungen von Gesetzen (§ 40 Abs. 2 GGO II). Die voraussichtlichen Kosten für die Haushalte der

Länder und Kommunen sowie weitere Folgekosten für Verbraucher und Wirtschaft werden oft nicht hinreichend beachtet oder „heruntergespielt". Allerdings fallen diese Fragen – jedenfalls soweit die Länder betroffen sind – nicht unter den Tisch, sondern werden in aller Regel vom Bundesrat bereits in seiner ersten Stellungnahme aufgegriffen. Wie sich die Neuregelung (1998) auswirken wird, wonach der voraussichtliche Vollzugsaufwand für Wirtschaft und Verwaltung in der Begründung zum Gesetz darzustellen ist, bleibt abzuwarten (§ 40 Abs. 2 GGO II).

Kaum befriedigen konnten bisher in der Regel auch die Angaben über die in der Umweltverträglichkeitsprüfung abzuschätzenden Auswirkungen auf die Umwelt (§ 40 Abs. 2 GGO II). Relativ häufig wird auf Bemühungen zur Verbesserung der Vollzugseignung und Bürgerfreundlichkeit eingegangen.

Anlaß zur Kritik ist schließlich auch die Lesbarkeit der Entwürfe. (BT-Drs. 10/3600, S. 23). Mit den genannten Einschränkungen verschafft das Vorblatt meist einen raschen Überblick über die Zielsetzung und die Grundzüge der vorgeschlagenen Lösung. Schwierigkeiten ergeben sich aber, sobald man sich mehr als oberflächlich mit dem Gesetz vertraut machen möchte. Die meisten Gesetze sind Artikelgesetze, durch die oft eine ganze Reihe von Gesetzen geändert werden. Oft erschweren zudem zahlreiche Verweisungen den „Durchblick". Synopsen werden in der gedruckten Fassung jedoch nur sehr selten vorgelegt, auf Wunsch allerdings den zuständigen Ausschüssen in der „parlamentarischen" Phase nachgeliefert (vgl. § 48 Abs. 2 GGOII).

6.3.4 „Erster Durchgang" im Bundesrat

Von der Regierung beschlossene Gesetzentwürfe leitet das Bundeskanzleramt zunächst dem Bundesrat zu (§ 42 GGO II). Der Bundesrat ist berechtigt (!), innerhalb von 6 Wochen dazu Stellung zu nehmen. Hat die Bundesregierung (ausnahmsweise) eine Vorlage bei der Zuleitung als eilbedürftig bezeichnet, kann sie den Gesetzentwurf bereits nach 3 Wochen beim Bundestag einbringen; sie hat die Stellungnahme des Bundesrates dann unverzüglich nachzureichen (Art. 76 Abs. 2 GG). Wegen häufiger Terminnot des Bundesrates war im Jahre 1968 die normale Frist von ursprünglich 3 auf 6 Wochen verlängert worden. Da bei wichtigen Vorhaben spätestens nach dem Kabinettsbeschluß die öffentliche Auseinandersetzung meist voll im Gange ist, kann es dem Bundestag als dem „eigentlichen" Gesetzgeber jedoch kaum zugemutet werden, noch länger auf die formelle Einbringung zu warten. Andererseits mindern kurze Fristen die bisher ohnehin (zu) geringe Chance der Landesparlamente, auf die Politik der Regierungen und Ministerialverwaltungen der Länder wirksam Einfluß zu nehmen (Klatt 1986a: 3ff.).

Nur selten kommt es vor, daß der Bundesrat gegen einen Entwurf „keine Einwendungen" erhebt oder ihn vollständig ablehnt. Freilich können weitgehende Änderungswünsche und Vorschläge zur Überarbeitung einer Ablehnung gleichkommen. Dies ist besonders dann des öfteren der Fall, wenn die im Bundestag oppositionellen Parteien im Bundesrat über die Mehrheit verfügen, so zur Zeit der sozialliberalen Koalition und seit 1990/91, mit Ausnahme weniger Monate nach dem Regierungswechsel 1998.

Fast immer legt der Bundesrat (schon) im ersten Durchgang eine ins Detail gehende, meist umfangreiche Stellungnahme mit zahlreichen Änderungsvorschlägen, Anregungen und Einwänden vor (die freilich oft eher gesetzestechnischer und verwaltungspraktischer Art sind). Dies ist insofern überraschend, als die Stellungnahmen meist von jenen Ministerialreferenten der Länder ausgearbeitet werden, die schon bei den Vorarbeiten des Referentenentwurfs konsultiert wurden. Vor allem die bedeutenderen Einwände (Änderungsvorschläge) sind den Verfassern der Referentenentwürfe oft schon seit längerem bekannt, wie manchen Formulierungen in den „Gegenäußerungen" der Bundesregierung zu entnehmen ist.

In den ressort- und fachbezogen arbeitenden Ausschüssen des Bundesrates, die sich zunächst mit dem Regierungsentwurf befassen, sitzen die Beamten der Länder (wieder) den Ministerialreferenten der federführenden Bundesministerien gegenüber, die die Entwürfe ausgearbeitet haben und dann später auch die Gegenäußerungen der Bundesregierung vorbereiten werden. Denn die den Ausschüssen angehörenden Mitglieder der Landesregierungen lassen sich meist von ihren Beamten vertreten und nehmen an deren Sitzungen nur teil, wenn politisch (besonders) gewichtige Vorlagen behandelt werden (§ 11 Abs. 2 GOBRat). Eingehende Vorarbeiten werden – schon aus Zeitgründen – in den Landesministerien geleistet. Neben den Fachreferenten der Landesministerien nehmen auch Beamte der Landesvertretungen teil, die oft über vielfältige Informationskontakte, insbesondere zu den ihnen nahestehenden

Regierungs- und Parlamentsgremien verfügen und meist einen Überblick über mehrere Politikbereiche haben; sie leisten wichtige Koordinierungsarbeit (Oberthür 1989: 394, Westerath 1989: 337ff.).

Über ihre Haltung bei der Beschlußfassung im Plenum des Bundesrates entscheiden die Länderregierungen meist in ihren Kabinettssitzungen. Die Sitzungsteilnehmer haben sich dann bei den einzelnen Punkten der Tagesordnung nach den Weisungen und Empfehlungen ihrer Landesregierung zu richten. Mitunter gibt ihnen die Landesregierung auch „freie Hand“, damit sie sich noch kurzfristig mit anderen Ländern abstimmen können. Diese Kabinettsbeschlüsse werden nach Vorlage der Beratungsergebnisse der Ausschüsse in Referentenbesprechungen und Staatssekretärskonferenzen vorbereitet und faktisch zum größten Teil (vor)entschieden. Selbst legt die Landesregierung das Abstimmungsverhalten bei „hochpolitischen Angelegenheiten“ fest, „in Fällen grundsätzlicher oder weitreichender Bedeutung für das Land sowie in den zwischen den Landesressorts umstritten gebliebenen Fragen“ (Reuter 1991: 244).

Nur bei politisch bedeutsamen bzw. umstrittenen Fragen kommt es vor, daß bereits vor den Beratungen der Bundesratsausschüsse eine geschlossene Haltung der Landesregierung erarbeitet wird und entsprechende Weisungen oder Beratungsrichtlinien erteilt werden (Dülz 1989: 377).

Die Ministerialbeamten können die Inhalte der Stellungnahmen zu Gesetzentwürfen (und Verordnungen) in jenen Bereichen weitgehend selbständig bestimmen, die sich der Aufmerksamkeit der Politiker entziehen. Die Auswirkungen daraus resultierender gesetzlicher Regelungen können gleichwohl recht folgenreich sein. Selbst eine Reihe scheinbar (nur) marginaler „rechtstechnischer“ oder verwaltungspraktischer Änderungen können (ungeahnte oder kalkulierte) kumulative Wirkungen erzeugen.

Von Vorteil für den Bundestag, aber auch für die Regierungsmitglieder und die Öffentlichkeit, ist sicherlich, daß die Erfahrungen der Länder über Gesetzeswirkungen und Vollzugsprobleme auf diese Weise „öffentlich“ in den Gesetzgebungsprozeß einfließen. (Für die Erfahrungen der Kommunen gilt dies freilich nur teilweise.) Die Ausschüsse des Bundestages erhalten so Kenntnis von Problemen und Regelungsalternativen im Detail, die sie den Begründungen der Gesetzentwürfe meist nicht entnehmen können. Allerdings argumentieren häufig auch die Vertreter der Länderbürokratien insofern aus einer eingeschränkten Verwaltungsperspektive, als sie selbst durch Erlaß von Verwaltungsvorschriften, Richtlinien, etc. die Art der Ausführung von Bundesgesetzen mitzuverantworten haben (Zeh 1984). Jedenfalls hat sich der Bunderat mit seinen Stellungnahmen weit von der ursprünglichen Absicht des Art. 76 Abs. 2 GG entfernt, den Ländern (durch den Bundesrat) „frühzeitig Gelegenheit zu allgemeinen politischen Stellungnahmen und damit zu Hinweisen auf die wahrscheinliche spätere Einstellung im sog. zweiten Durchgang zu geben" (Jekewitz 1984: 704).

Mit entschiedenem Widerspruch des Bundesrates muß die Bundesregierung bereits in dieser Phase des Gesetzgebungsprozesses rechnen, wenn erhebliche Kosten und Verwaltungsaufwendungen der Länder, Gemeinden und Gemeindeverbände zu erwarten sind, wenn die Länder eine (weitere) „Aushöhlung" der Länderkompetenzen befürchten, oder der Bundesrat im Gegensatz zur Bundesregierung ein Gesetz für zustimmungsbedürftig hält. Besonders in diesen Fragen geben häufig die gemeinsamen Länderinteressen den Ausschlag, verbünden sich parteipolitisch verschieden zusammengesetzte Länderregierungen. Vor allem die Frage der Zustimmungsbedürftigkeit von Gesetzen hat allerdings häufig auch eine strategische Rolle bei der Durchsetzung parteipolitischer Positionen gespielt.

Die verstärkte „Parteipolitisierung" zur Zeit der sozialliberalen Koalition, als die im Bundestag in der Opposition stehende CDU/CSU im Bundesrat über eine zunächst knappe und später bequeme Mehrheit verfügte, hat auch die Stellungnahmen im „ersten Durchgang" und die Reden im Plenum des Bundesrates geprägt und ihnen erhebliches politisches Gewicht verliehen. Mit Blick auf die zwar deutlich gestiegene, aber doch vergleichsweise kleine Zahl von Gesetzen, die schließlich am Einspruch des Bundesrates gescheitert sind, läßt sich der damalige Einfluß der Unionsmehrheit im Bundesrat nicht angemessen einschätzen. Im Hinblick auf die (bei wichtigen Gesetzen) vom Willen der Oppositionsparteien geprägte Haltung der Bundesratsmehrheit wurden bereits bei der Vorbereitung der Kabinettsentwürfe die teils über interne Informationskanäle vermittelten, teils bereits öffentlich artikulierten Einwände der unionsregierten Länder berücksichtigt (Abromeit 1982: 462ff.). Die parteipolitische Fraktionierung war in diesen Jahren besonders augenfällig, da eine Reihe wichtiger Vorhaben auf den geschlossenen Widerstand der Unionsmehrheit im Bundesrat stießen. Eine ähnliche Situation ergab sich phasenweise nach dem Verlust der Mehrheit für die konservativ-liberale Koalition seit 1990/91 bis zum Regierungswechsel 1998.

Vor den Sitzungen des Bundesrates treffen sich seit 1969 regelmäßig die Ländergruppen der von den Unionsparteien („B-Länder") sowie der SPD geführten Regierungen („A-Länder") zu Abstimmungsgesprächen, um ihr Votum zu den einzelnen Tagesordnungspunkten abzustützen. Die Ländergruppen kooperieren (mehr oder weniger) eng mit der Regierungsmehrheit auf der einen und der Bundestagsopposition auf der anderen Seite. Dies zeigt sich (auch) darin, daß die Vertreter der jeweiligen Bundestagsfraktionen zu diesen Absprachen hinzugezogen werden. Vor allem in den letzten Jahren der sozialliberalen Koalition mußte die Regierung stets damit rechnen, daß die Vertreter der unionsregierten Länder im Bundesrat bei Abstimmungen einen festen Block bildeten und bei den zahlreichen zustimmungsbedürftigen Gesetzen die Regierungsmehrheit zu weitgehenden Zugeständnissen zwingen oder ein Scheitern des Gesetzes bewirken konnten. In vielen Fällen wurde die Haltung der Unionsparteien bereits im Vorbereitungsstadium der Gesetzgebung antizipiert. Seit 1990/91 ist die parteipolitische Konstellation im Bundesrat aufgrund verschiedenartiger Regierungskonstellationen in den Ländern allerdings vielfältiger und komplizierter geworden – was Absprachen erschwert.

Deutlicher noch als in den Stellungnahmen des Bundesrates kommt die parteipolitische Stoßrichtung der Kritik an Gesetzentwürfen seit 1969 in Debattenbeiträgen im Bundesrat zum Ausdruck – wenngleich dies meist in der in diesem Gremium üblichen moderaten Tonlage geschieht. Erst recht gilt dies für die Phase „gleichgerichteter" Mehrheiten in Bundestag und Bundesrat (1982-90), in der die (sozialdemokratische) Minderheit ihre kritische Position bei kontroversen und für die Regierungsmehrheit politisch wichtigen Fragen in den Stellungnahmen des Bundesrates kaum wiederfinden konnte. Hin und wieder kamen allerdings auch bei kontroversen Gesetzentwürfen Bündnisse zwischen sozialdemokratisch regierten Ländern und einer von der Union geführten Landesregierung zustande; insbesondere die CSU-Regierung in Bayern nimmt nicht ungern die Gelegenheit wahr, ihre Eigenständigkeit gegenüber der Schwesterpartei CDU zu demonstrieren (Brathuhn 1989: 322ff.).

Die Stellungnahme des Bundesrates wird vom Präsidenten dem Bundeskanzler und vom Bundeskanzleramt dem federführenden Ministerium zugeleitet (§ 45 Abs. 2 GGO II). Dort arbeitet der zuständige Referent eine meist ins Einzelne gehende Gegenäußerung aus, die der Stellungnahme entsprechend gegliedert ist (§ 45 Abs. 3 GGO II). Vollständige Ablehnung der Vorschläge ist selten. In der Gegenäußerung wird in aller Regel einigen Änderungsvorschlägen ganz oder teilweise zugestimmt, zahlreiche andere – und dies sind meist die politisch wichtigeren – werden abgelehnt; gelegentlich wird auch die Prüfung einer Empfehlung im weiteren Gesetzgebungsverfahren zugesagt.

Der Gesetzentwurf der Regierung darf nicht mehr geändert, nur das Vorblatt zum Entwurf kann neu gefaßt werden. Zusammen mit der Gegenäußerung der Bundesregierung wird er dem Präsidenten des Bundestages zugeleitet (§ 46 GGO II). Es steht der Bundesregierung allerdings frei, den Gesetzentwurf später oder – was selten vorkommt – gar nicht einzubringen.

6.3.5 Entwicklung von Gesetzentwürfen der Fraktionen (Opposition)

Auf die meist enge Verbindung von Mehrheitsfraktionen und Regierung bei der Erarbeitung von Gesetzentwürfen wurde bereits hingewiesen. Der folgende Versuch, das übliche Verfahren der Entwicklung von Gesetzesvorlagen durch Fraktionen nachzuzeichnen, bezieht sich vornehmlich auf Oppositionsfraktionen.

Gesetzentwürfe der Fraktionen werden zunächst in den zuständigen Arbeitsgruppen (bzw. Arbeitskreisen) ausgearbeitet. Spätestens, nachdem in Vorgesprächen von Berichterstattern, Obleuten bzw. Vorsitzenden der „federführenden" und vielleicht auch anderer Arbeitsgruppen (Arbeitskreise) die Vorüberlegungen Gestalt angenommen haben, wird sich die Arbeitsgruppe bzw. der Arbeitskreis (FDP, Bündnis 90/Die Grünen) damit befassen und entweder sogleich oder erst nach weiteren Sondierungen für die Ausarbeitung eines ersten Entwurfs entscheiden. Da Gesetzentwürfe meist die Aufgabengebiete mehrerer Arbeitsgruppen bzw. -kreise betreffen, werden des öfteren „übergreifende" ad-hoc-Arbeitsgruppen gebildet.

Vorbedingung des Erfolges ist üblicherweise, daß zumindest in der zuständigen Arbeitsgruppe eine rechtzeitige Abstimmung erreicht und „grünes Licht" für die Ausarbeitung eines Entwurfs gegeben wird. Rechtzeitige Informierung auch der anderen betroffenen Arbeitsgruppen ist der angemessene und zumeist auch erfolgversprechendere Weg. In welcher Phase der Gesetzesvorbereitung Gespräche mit wem und in welcher Offenheit und Intensität geführt werden, hängt von persönlichen Ambitionen, wechselseitiger Wertschätzung, oft ausgeprägten Konkurrenzsituationen und Kompetenzansprüchen sowie dem Arbeitsstil und Selbstverständnis von Abgeordneten in herausgehobener Stellung ab und selbstverständlich auch von Absprachen von Parlamentarier-Gruppen und Interessengruppierungen. Jedenfalls erfordert die Entwicklung eines Gesetzentwurfs Abstimmungsgespräche auf mehreren Ebenen. Dazu dienen auch die regelmäßig stattfindenden und für den Willensbildungsprozeß der großen Fraktionen bedeutsamen „Obleute-Gespräche" (vgl. Abschn.3.7.1).

Die Entscheidung über die Entwicklung eines „oppositionellen" Gesetzentwurfes hängt auch davon ab, ob die nötige Vorbereitungsarbeit geleistet werden kann. Möglicherweise kann die gleiche Wirkung auch mit einem Programm oder Forderungskatalog in Form eines Antrages erreicht werden. Die laufenden Anforderungen des Parlaments- und Fraktionsbetriebs, die Mitarbeit in Parteigremien und die „Betreuung" des Wahlkreises erlauben es einem Abgeordneten kaum, sich über längere Zeit überwiegend einem Gesetzesvorhaben zu widmen. Für das Arbeitsgebiet einer Arbeitsgruppe steht meist nur ein wissenschaftlicher Mitarbeiter (Fraktionsreferent) zur Verfügung, dem neben zahlreichen laufenden Verpflichtungen nur begrenzte Zeit für größere Entwicklungsaufgaben und konzeptionelle Arbeit bleibt. Die Arbeitsgruppen sind also auf Informationen und Vorarbeit von „außen" angewiesen, selbstverständlich nicht nur aufgrund der beschränkten Arbeitskapazität, sondern auch im Interesse der partei- und verbandspolitischen Rückkoppelung und Absicherung. Langjährige Regierungsparteien verfügen vor allem in den ersten Jahren nach dem Regierungswechsel über gute Kontakte zu zahlreichen Referenten der Bundesministerien, die auch für die Gesetzgebungsarbeit genutzt werden.

Qualität und Zuverlässigkeit der offiziell erbetenen Informationen sind allerdings von Referat zu Referat recht unterschiedlich. Je „politischer" und umstrittener ein Arbeitsgebiet ist, umso pauschaler und vorsichtiger sind üblicherweise die Auskünfte, sei es aus Loyalitätsgründen, parteipolitischer Nähe zur Führung des Ministeriums oder mit Rücksicht auf die eigene Karriere. Auch parteipolitisch der Opposition nahestehende Beamte halten sich in solchen Fällen oft zurück.

In den einzelnen Politikbereichen unterschiedlich, aber insgesamt gesehen (sehr) bedeutsam, ist die fachliche Unterstützung der Entwurfsarbeit durch die Bürokratien jener Bundesländer, deren Regierungen von der gleichen Partei gestellt werden. Ministerialbeamte dieser Länder stellen Arbeitsmaterialien und Gutachten zur Verfügung, leisten rechtstechnische Hilfe und formulieren Stellungnahmen. Besonders wichtig ist, daß auch die Opposition auf diesem Wege Informationen über die Wirkung von Gesetzen und Erfahrungen der Vollzugspraxis erhält.

Die Arbeitsergebnisse von Parteigremien – seien es nun programmatische Konzepte oder konkrete Regelungsentwürfe – und auch die zugrundeliegenden Stellungnahmen, Gutachten und sonstigen Materialien können die Grundlage für einen Gesetzentwurf der Fraktion bilden oder werden jedenfalls in die Fraktionsarbeit einfließen.

Öffentliche Anhörungen der Ausschüsse werden überwiegend bei der Befassung mit Regierungsentwürfen durchgeführt, doch kann die Auswertung der Stellungnahmen, Gutachten und Protokolle von den Fraktionen auch bei der eigenen Gesetzgebungsarbeit genutzt werden. Oppositionsfraktionen führen häufig auch eigene öffentliche Anhörungen mit Verbandsvertretern und Wissenschaftlern durch. Dies geschieht einmal, um auf der Basis der eingegangenen Stellungnahmen und einer kritischen Befragung zu besser fundierten Entscheidungen zu kommen, zum anderen, um die (Fach-)Öffentlichkeit zu mobilisieren und das Interesse für die eigene Arbeit zu wecken. Außerdem führen die mit der Entwicklung des Entwurfs befaßten Abgeordneten (Berichterstatter) meist zahlreiche Informationsgespräche mit (nahestehenden) Instituten, Organisationen, Wissenschaftlern, Verbandsvertretern, etc.; Sachverständige werden zu internen Informationssitzungen der Arbeitsgruppen (Arbeitskreise) eingeladen. Auch Gutachten werden eingeholt. Insgesamt sind die den Fraktionen (und Abgeordneten) zur Verfügung stehenden Mittel für wissenschaftliche Politikberatung jedoch bescheiden im Vergleich zu den Ressourcen, die die Regierung einsetzen kann.

Andererseits drängen sich bestimmte Interessengruppierungen der Parteien und (nahestehende) Verbände mit Gutachten und manchmal auch ausgearbeiteten Gesetzentwürfen geradezu auf, was der Unabhängigkeit der Entscheidung nicht eben förderlich ist. Kommissionsberichte der Regierung und von dieser eingeholte Expertisen können (ebenfalls), sofern überhaupt verfügbar, nur teilweise genutzt werden, weil die Fragestellung nicht selten auf die Interessen der Ministerialbürokratie zugeschnitten ist und der Regierungs(mehrheit) nahestehende Sachverständige in der Regel bevorzugt werden.

Hat die „federführende“ Arbeitsgruppe den Gesetzentwurf gebilligt (vgl. z.B. § 16 FGO-SPD), kann der Entwurf in den Sitzungen des Geschäftsführenden Vorstandes und danach des Vorstandes behandelt werden. Konnte eine Einigung mit anderen beteiligten Arbeitsgruppen (oder Arbeitskreisen) erzielt werden, steht einer Entscheidung des Vorstandes und schließlich der Fraktion (meist) nichts mehr im Wege. Andernfalls wird sich der Geschäftsführende Vorstand um eine Abklärung der Interessen bemühen und – falls sich Kompromißmöglichkeiten abzeichnen – den Antrag zurück überweisen. Besteht der betreffende AG-Vorsitzende darauf, wird die Vorlage im Vorstand meist abgelehnt bzw. zurückverwiesen. In diesem Fall muß auf Wunsch der Arbeitsgruppe die Fraktion entscheiden. Dies ist selbstverständlich auch dann der Fall, wenn – was selten vorkommt – der Vorstand einen gemeinsamen Beschluß der betroffenen Arbeitsgruppen ablehnt.

Einzelne Abgeordnete, die bereits in ihrer Arbeitsgruppe unterlegen sind, haben kaum eine Chance, daß ihr Antrag vom Vorstand zur Annahme empfohlen oder in der Fraktionssitzung angenommen wird. Minderheiten, die sich in ihrer Arbeitsgruppe nicht durchsetzen, werden daher kaum mit einem Gesetzentwurf (Änderungsvorschlag) in die Fraktion gehen, es sei denn, sie finden Unterstützung in anderen Arbeitsgruppen oder bei einer Fraktionsgruppierung.

In der Fraktionssitzung begründet der „federführende“ AG-Berichterstatter, der Obmann oder AG-Vorsitzende die Gesetzesvorlage. Zu wirklich kontroversen Diskussionen kommt es in der Regel nur, wenn zwischen den Arbeitsgruppen oder -kreisen keine Einigung erzielt werden konnte, oder Interessengruppierungen, Landesgruppen oder Fraktionsflügel die Auseinandersetzung in der Fraktion suchen.

6.3.6 Einbringung, erste Beratung und Überweisung

Ist eine Gesetzesvorlage beim Präsidenten eingegangen, wird veranlaßt, daß sie gedruckt und an die Mitglieder des Bundestages, des Bundesrates und an die Bundesministerien verteilt wird (§ 77 GOBT).

Gesetzentwürfe werden traditionell in drei Beratungen (Lesungen) behandelt. Nur bei Verträgen (Art. 59 Abs. 2 GG) begnügt sich der Bundestag in der Regel mit zwei Beratungen (§ 78 Abs. 1 GOBT).

Bei der ersten Beratung von politisch einigermaßen bedeutsamen Gesetzentwürfen findet meist auch eine Plenardebatte statt, besonders häufig in den 70er Jahren (10./11./13. WP: 62%/59%/48%). Überwiegend wird eine Debattenrunde festgelegt; bei verbundenen Debatten kann auch eine größere Aussprache vereinbart sein.

Auch wenn der von der Fraktion benannte Sprecher in seinem Redebeitrag nur auf die „Grundsätze der Vorlage" eingehen soll, erfordert dies doch, daß die Fraktion sich eine Meinung gebildet und intern grundsätzlich über ihre Haltung verständigt hat, will sie nicht als zerstritten, entscheidungsunfähig oder inkompetent gelten. Die Parlamentarischen Geschäftsführer werden also im Ältestenrat einer Aufsetzung auf die Tagesordnung nach Möglichkeit nur zustimmen, wenn sich die Fraktionsgremien mit dem Gesetzentwurf befaßt haben und die Haltung der Fraktion (einigermaßen) geklärt und vermittelbar ist.

Im Ältestenrat und meist schon zuvor in den Besprechungen der ersten Parlamentarischen Geschäftsführer wird vereinbart (§ 6 Abs. 1 GOBT), wann ein Gesetzentwurf im Plenum beraten werden soll, ob eine Plenardebatte vorgesehen ist (§ 79 GOBT) und ob die Vorlage in dem seit 1988 praktizierten vereinfachten Überweisungsverfahren behandelt werden soll (§ 80 Abs. 4 GOBT, eingefügt Nov. 1990). Obwohl solche Vereinbarungen die Übereinstimmung aller Sprecher der Fraktionen im Ältestenrat voraussetzen, kommt es immer wieder vor, daß eine Fraktion unter Druck gerät. So geschieht es nicht selten, daß eine Fraktion bereits zu einem Zeitpunkt öffentlich „Farbe bekennen" muß, zu dem sie sich (möglicherweise) über ihre Haltung noch nicht im Klaren ist, sei es, daß die möglichen Alternativen noch nicht hinreichend zur Sprache gekommen sind, sei es auch, daß sich die Fraktionsflügel noch nicht einigen konnten.

Für Oppositionsfraktionen können Gesetzentwürfe ein probates Mittel sein, die Koalitionsparteien in Verlegenheit zu bringen und unter Handlungs- und Einigungsdruck zu setzen. Andererseits können Oppositionsfraktionen durch die große Zahl von Regierungsvorlagen unter Druck geraten, zu denen sie sich äußern müssen.

Bei politisch für wichtig gehaltenen und bereits im Vorfeld von Interessenverbänden, Parteien, Bürgerinitiativen und Massenmedien diskutierten Regierungsvorlagen sind selbstverständlich auch in den

Fraktionen nicht nur die Ausschuß-Experten, sondern je nach Spezialisierung, Relevanz und öffentlichem Interesse auch andere Abgeordnete der betreffenden Arbeitsgruppen/Arbeitskreise und sonstigen Fraktionsgruppierungen und -gremien an der Diskussion beteiligt. Wenn sich eine Fraktion bis zur ersten Lesung (intern) noch nicht geeinigt hat, liegt dies dann nicht unbedingt am Zeitdruck, es sei denn, die Fassung des Regierungsentwurfs wurde kurzfristig gegenüber dem zuvor diskutierten Referentenentwurf wesentlich geändert.

In den vielen Fällen politisch für weniger wichtig gehaltener Regierungsvorlagen sind aber vor der offiziellen Einbringung des Gesetzentwurfs meist nur die Experten der Arbeitsgruppen (Ausschüsse) und ggf. die Obleute mit dem Vorhaben oder jedenfalls der zu regelnden Materie vertraut. Arbeitsgruppen bzw. Arbeitskreise und Fraktion folgen dann in der Regel dem Urteil des Berichterstatters. Besonders schwierig ist es für kleine Oppositionsfraktionen, zu der großen Zahl von Vorlagen der Regierungsmehrheit und auch der konkurrierenden Oppositionspartei bereits vor der ersten Beratung die Haltung der Fraktion zu klären und im Plenum eine überzeugende Stellungnahme abzugeben.

Nach der Geschäftsordnung soll der Gesetzentwurf am Schluß der ersten Beratung in aller Regel nur *einem* Ausschuß überwiesen werden. In der Praxis werden meist mehrere Fachausschüsse mit der Behandlung des Gesetzentwurfs beauftragt, einer davon federführend, die anderen mitberatend (§ 80 Abs. 1 GOBT). Einmal betreffen die Vorlagen meist mehrere Politikbereiche (vgl. „Artikelgesetze"); zudem empfiehlt sich zur Vermeidung unerwünschter Neben- und Folgewirkungen von Gesetzen eine möglichst frühzeitige Abstimmung. Bei Regierungsvorlagen ist meist jener Ausschuß federführend, aus dessen korrespondierendem Ministerium der Gesetzentwurf stammt. Das Plenum folgt regelmäßig den Überweisungsvorschlägen des Ältestenrates oder danach getroffenen interfraktionellen Vereinbarungen.

Ist eine Fraktion mit dem Überweisungsvorschlag nicht (mehr) einverstanden oder lehnt sie eine Überweisung ganz ab, muß förmlich abgestimmt werden. Seit 1983 kam dies – im Unterschied zu den vorausgegangenen Wahlperioden – mehrmals vor (Fallsammlungen 8.-13. WP). Welcher Ausschuß federführend mit einer Vorlage befaßt ist, ist durchaus keine bloße Formalität und kann gelegentlich sogar ausschlaggebend sein. Denn der federführende Ausschuß soll zwar die Stellungnahmen der mitberatenden Ausschüsse berücksichtigen, doch liegt die Entscheidung letztlich bei ihm.

6.3.7 Die Ausschußphase

Generell läßt sich sagen, daß die Einflußnahme der Mehrheitsfraktionen auf die Formulierung von Regierungsentwürfen umso erfolgversprechender ist, je früher sie einsetzt. Geht ein Gesetzentwurf an die Ausschüsse, haben sich die Fraktionen oder jedenfalls deren „zuständige“ Gremien (Arbeitsgruppe, Vorstand) schon weitgehend festgelegt. Bei politisch bedeutsamen oder umstrittenen Gesetzesvorhaben haben die – unterschiedlich beteiligten – Koalitions-, Fraktions- und Parteigremien in (teils internen) Verhandlungsprozessen sowie in öffentlicher Auseinandersetzung mit oppositionellen Gruppierungen spätestens bis zur ersten Lesung Position bezogen. Sehen sich die Regierungsfraktionen – was des öfteren geschieht – mit kurzfristig präsentierten Kompromißregelungen der „Koalitionsrunde“ konfrontiert, führt dies zwar mitunter zu Unmutsäußerungen in der Fraktion, recht selten aber zu grundlegenden Änderungen oder gar zur Ablehnung der vorgeschlagenen Regelung im weiteren Verlauf des Gesetzgebungsverfahrens. Denn dies würde (nach dem Selbstverständnis der Fraktionen) bedeuten, nicht nur die „eigene“ Regierung, sondern auch die an „großen“ Koalitionsgesprächen beteiligten Fraktionsspitzen zu desavouieren. Wann hier die Grenzen des Zumutbaren überschritten sind, hängt nicht nur vom Selbstbewußtsein der Fraktionen und ihrer Sensibilität, sondern auch von den Reaktionen der Parteigliederungen und -gruppierungen und der Massenmedien ab. So brachte erst die fast einhellige, vehemente Kritik der Partei- und Wählerbasis die allgemein als ungerecht empfundene Steuerbefreiung für Flugbenzin zu Fall (Süddeutsche Zeitung vom 22.6.1988). Die Regierungsfraktionen hatten unter massivem Druck ihrer Führung dieser Regelung ebenso zugestimmt wie einer auch im Lager der Koalition aus energie- und umweltpolitischen Gründen für unvertretbar gehaltenen „Erdgassteuer“ (Süddeutsche Zeitung vom 10.10.1988).

Bei spezielleren Gesetzen erfolgt die Festlegung faktisch auf der Ebene der Arbeitsgruppen, vornehmlich in Arbeitskontakten der zuständigen Berichterstatter, Ministerialbeamten und nahestehenden Fachkreisen. Dem Wunsch der Arbeitsgruppen der Koalitionsfraktionen, über Regierungsvorhaben frühzeitig informiert und daran konzeptionell beteiligt zu werden, entspricht bei einem Teil der Regierungspolitiker und -beamten die Neigung, die Koalitionsfraktionen rechtzeitig „einzubinden". Andere neigen dazu, in der Entwicklungsphase von Gesetzentwürfen der Regierung (auch) die Regierungsfraktionen nur selektiv zu informieren und sie mit „fertigen" Entwürfen zu konfrontieren, können sie sich doch erfahrungsgemäß darauf verlassen, daß diese es sich schon nicht leisten werden, einen offiziell auf den Weg gebrachten Entwurf (grundsätzlich) in Frage zu stellen.

In den Ausschuß-Beratungen werden an etwa 2/3 der Gesetzentwürfe meist – mehr oder weniger zahlreiche – Änderungen vorgenommen, die freilich selten darauf abzielen, die politische Zielsetzung der Vorlagen in Frage zu stellen. So sind in der 10. und 11. Wahlperiode etwa zwei Drittel (65,9% bzw. 64,2%) der verkündeten Gesetze durch Ausschuß-Anträge geändert worden; die (unveränderten) völkerrechtlichen Verträge nicht mitgerechnet, sind es etwa 9 von 10 Gesetzen (Stand der Gesetzgebung/GESTA, Abschlußbände). Häufig geht es dabei um zwischenzeitlich notwendig gewordene Anpassungen an die Rechtslage sowie an technische und ökonomische Entwicklungen, die Korrektur gesetzestechnischer Mängel und die (nachträgliche) Berücksichtigung verwaltungspraktischer Erfahrungen mit geltenden Regelungen; ferner um „punktuelle inhaltliche Verfeinerungen i.S. von sozial stärker differenzierender Einzelfallgerechtigkeit" (Schulze-Fielitz 1988: 313). Vor allem die zwischenzeitlich notwendig gewordenen Anpassungsänderungen werden häufig durch Ministerialbeamte in die Wege geleitet (oder verhindert), die den Entwurf abgefaßt haben und nun an den Beratungen der zuständigen Ausschüsse und Arbeitsgruppen und ggf. auch an Berichterstatter- und Koalitionsgesprächen (intensiv) beteiligt sind.

Ein erheblicher Teil der Änderungen beruht auf Vorschlägen und Anregungen des Bundesrates, fast immer solchen, denen sich die Bundesregierung in ihrer „Gegenäußerung" angeschlossen oder deren Prüfung sie im weiteren Verlauf des Gesetzgebungsverfahrens des Bundestages zugesagt hat. Auf diesem Wege fließen somit Erfahrungen der Länderverwaltungen über Gesetzeswirkungen und Vollzugsprobleme öffentlich nachvollziehbar in den Gesetzgebungsprozeß ein. Oft handelt es sich dabei um Fragen verwaltungspraktischer und gesetzestechnischer Art, während sich die Bundesregierung (und folglich auch meist der Ausschuß) gewichtigen, gar politisch richtungsändernden Einwänden in der Regel versagt. Auch für die vier letzten Wahlperioden zutreffend ist die Feststellung Schulze-Fielitz', daß nur ganz selten „ein Änderungsvorschlag des

Bundesrates, dem die Bundesregierung ausdrücklich zugestimmt hat, nicht auch vom federführenden Ausschuß aufgenommen" wird (Schulze-Fielitz 1988: 230). Da diese Gegenäußerungen maßgeblich von dem für die Entwurfsabfassung zuständigen Beamten formuliert werden, kommt auch hierin der starke Einfluß der Verwaltung zum Ausdruck.

Was über die arbeitsteilige Struktur der Fraktions- und Ausschußberatungen sowie die organisatorischen Bemühungen um Koordination der Arbeit (Obleute-, Koalitionsgespräche) ausgeführt wurde, gilt grundsätzlich auch für die Gesetzesberatungen. Bevor sich die Ausschüsse erstmals mit einer überwiesenen Vorlage (inhaltlich) befassen, haben die Fraktionen ihre Argumentations- und Verhandlungslinie in den vorausgegangenen Arbeitsgruppen- und Arbeitskreis-Sitzungen weitgehend festgelegt. Inwieweit bereits zu diesem Zeitpunkt über Änderungsanträge und das Abstimmungsverhalten zu den einzelnen Punkten der Vorlage intern entschieden wurde, hängt u.a. davon ab, wieviele Sitzungen für die Ausschußberatungen und ggf. „zwischengeschaltete" Anhörungen vorgesehen sind. Insbesondere die mitberatenden Ausschüsse befassen sich oft nur in einer Sitzung mit dem Entwurf, bei weniger bedeutsamen Anpassungsgesetzen nicht selten auch federführende Ausschüsse.

Die Hauptlast der Vorbereitungs- und Koordinierungsarbeit innerhalb der Fraktionen und zwischen den Koalitionspartnern wie auch in den Bundestagsausschüssen liegt bei den „zuständigen" Berichterstattern und Vorsitzenden bzw. Obleuten der beteiligten Fraktions-Arbeitsgruppen. Auf Fraktions- und Koalitionsebene sind sie im Gespräch mit Fachleuten und Verbandsvertretern, Mitgliedern von Parteikommissionen und Fraktionsgruppierungen und insbesondere mit Regierungsvertretern und -beamten und erarbeiten Änderungsanträge und Stellungnahmen zum Entwurf; dies kann in Einzelgesprächen sowie in Berichterstatter-, Obleute- und (kleinen) Koalitionsgesprächen mit unterschiedlicher Beteiligung geschehen.

Vor allem bei speziellen und/oder politisch wenig umstrittenen Anpassungsgesetzen bleibt die Arbeit in vielen Fällen weitgehend den AG-Berichterstattern überlassen, deren Änderungs- und Abstimmungsempfehlungen sich die Fraktions-Kollegen in der vorbereitenden Arbeitsgruppe (Arbeitskreis) und im Ausschuß normalerweise anschließen – auch ohne genauere Kenntnis der Materie. In den Arbeitsgruppen und -kreisen der Regierungsfraktionen sind sie (und ggf. deren Vorsitzende) nicht selten als einzige (einigermaßen) in der Lage, mit den anwesenden Ministerialreferenten „fachlich“ kompetent über Details des Gesetzentwurfs zu diskutieren und zu „verhandeln“. Auch die Diskussionen und Verhandlungen im Bundestagsausschuß (Unterausschuß) werden dann vornehmlich von Berichterstattern, Obleuten und Ministerialbeamten geführt.

Bei bedeutenden und/oder politisch umstrittenen Gesetzentwürfen (z.B. umfangreichen Reformvorhaben), die seit längerem Fraktionsgremien und Parteigliederungen, Interessengruppen und Öffentlichkeit beschäftigen, erweitert sich üblicherweise der Kreis der informierten und beteiligten Abgeordneten. Vorarbeiten liegen dann oft bei besonderen (Ad-hoc-)Arbeitsgruppen der Fraktion oder Koalition.

Auch noch in dieser Phase können entscheidende Absprachen in Obleute- und Koalitionsgesprächen unter Beteiligung führender Fraktionsmitglieder und ggf. Minister getroffen werden. Hat die Regierung (Verwaltung) den Entwurf – unter Zeitdruck – nicht gründlich genug beraten, sind neue Fakten zu berücksichtigen oder sind – ggf. unter dem Einfluß von Interessengruppen oder Medienkritik – erneut Konflikte zwischen Fraktionsflügeln und Koalitionspartnern aufgebrochen, können im Regierungslager neue Prozesse des Aushandelns einsetzen. Die – gerade bei wichtigen Reformvorhaben – offenbar zunehmende Praxis, ad hoc in „großen“ Koalitionsrunden oder gar Spitzengesprächen der Parteivorsitzenden an den zuständigen Fraktionsgremien vorbei folgenreiche Änderungen zu vereinbaren und die Koalitionsfraktionen in den beteiligten Ausschüssen faktisch weitgehend festzulegen, hat auch bei Abgeordneten der Regierungsparteien mitunter erheblichen Unmut erzeugt, bislang freilich ohne nachhaltige Auswirkungen. Ein spektakulärer Beispiel waren die erst in einer fortgeschrittenen Phase der Ausschußberatungen erfolgten umfangreichen Koalitionsbeschlüsse zum Gesundheitsreformgesetz (PlPr 11/111/25.11.1988). Setzt sich die politische Führung der Koalition zudem mit der Forderung durch, daß ungeachtet der neuen „Beschlußlage“ der bisherige Zeitplan für die Verabschiedung des Gesetzentwurfs eingehalten werden soll, ist mit zusätzlicher Belastung der Ausschüsse und mangelnder Sorgfalt bei der (Detail-)Beratung und Folgenabschätzung zu rechnen. Die in solchen Fällen genutzte Möglichkeit von Sondersitzungen (parallel zu Plenarsitzungen) sind ein nur unzulänglicher Ausweg.

Insbesondere für mitberatende Ausschüsse ist es kaum möglich, sich in der Kürze der Zeit angemessen mit der „Neufassung“ des Gesetzentwurfs zu befassen. So verwundert es nicht, wenn bei derart unter Zeitdruck zustandegekommenen Gesetzen nicht hinreichend auf Neben- und Wechselwirkungen geachtet wird.

Die Oppositionsparteien haben die zunehmend geübte Praxis, mit der Mehrheit der Koalitionsfraktionen Gesetzesvorlagen in den Ausschüssen und (ggf. mit Hilfe des § 20 Abs. 2 GOBT) auch im Plenum „durchzupeitschen", zwar heftig kritisiert, konnten aber wenig ausrichten. Mögen diese Fälle auch quantitativ nicht übermäßig ins Gewicht fallen, so handelt es sich doch um politisch bedeutsame (Reform-) Gesetze mit weitreichenden Folgen. Im übrigen reicht ja schon bei „normalem" Ablauf der Gesetzesberatungen die Zeit für eine gründliche Beratung sowohl konzeptioneller Alternativen als auch detaillierter Regelungsvorschläge und eine genaue Abschätzung der Folgewirkungen selten aus. Besonders bei der Beratung überwiesener Gesetzentwürfe kann von einer parlamentarischen Mitregierung der Oppositionsfraktionen kaum die Rede sein. Nicht nur werden deren Gesetzentwürfe regelmäßig abgelehnt (vgl. Tab. 6.6), sie haben auch nur wenig Aussicht, daß wenigstens einige ihrer Vorschläge bei der „Überarbeitung" von Regierungsentwürfen berücksichtigt werden. Änderungsvorschläge der Oppositionsfraktionen haben nur dann eine bescheidene Chance, von der Ausschuß-Mehrheit akzeptiert zu werden, wenn sie marginale Fragen (Formulierungsänderungen) betreffen und sich die Berichterstatter interfraktionell darauf einigen konnten. Selbst bei relativ unbedeutenden Details stimmen die Koalitionsfraktionen im Ausschuß fast durchweg geschlossen ab, und zwar so, wie sie es zuvor in den Fraktions- und Koalitionsgremien (Arbeitsgruppen) abgesprochen haben. Dies schließt indirekte Wirkungen oder die spätere informelle Berücksichtigung oppositioneller Vorschläge allerdings nicht aus.

Im Lager der Opposition ist allerdings ein (deutlich) differenzierteres Abstimmungsverhalten zu beobachten. Auch kommt (nach eigenen Beobachtungen des Verfassers in der 10. Wahlperiode) „abweichendes" Stimmverhalten einzelner SPD-Abgeordneter im Ausschuß relativ häufig vor. Die beiden Oppositionsfraktionen SPD und Bündnis 90/Die Grünen – votierten in vielen Fällen gemeinsam, oft aber auch unterschiedlich. Angesichts der neuen Konstellation seit 1998 ist mit gemeinsamen Voten der neuen Oppositionsfraktionen CDU/CSU und FDP einerseits und der PDS andererseits kaum zu rechnen.

Tabelle 6.5: Kontaktierte Personen und Gruppen (in %)

			Parteien			
	MdB	MdL	CDU/CSU	SPD	FDP	GRÜNE
Parteifreunde auf Bundes-/Landesebene	95	83	90	83	95	80
Ministerialbeamte	77	75	79	72	74	71
Verbandsvertreter	65	71	75	65	74	52
Bundes-/Landespolitiker anderer Parteien	76	64	66	64	84	76
Parteifreunde aus dem Wahlkreis	66	64	73	57	53	64
Bürger	62	64	71	55	58	64
Journalisten	79	55	62	58	74	76
Wissenschaftler	67	43	46	51	58	64
Gewerkschaften	52	44	34	57	47	60
Unternehmensvertreter	48	31	38	36	47	16
Bürgerinitiativen	28	31	27	28	26	56

Frage: „Mit welchen Personen oder Personengruppen haben Sie innerhalb der letzten vier Wochen über Ihr wichtigstes Themengebiet gesprochen?"

Quelle: Puhe/Würzburg 1989: 80.

Die Ablehnung ihrer Änderungsanträge muß durchaus nicht dazu führen, daß die Oppositionsfraktionen nun ihrerseits dem Koalitionsentwurf rundweg die Zustimmung versagen. Unterschiedliche Abstimmungsvarianten sind zu beobachten: Eine oder beide/alle Oppositionsfraktion(en) im Ausschuß lehnen Einzelregelungen ab, stimmen dem Entwurf aber insgesamt zu oder üben Stimmenthaltung; oder aber es werden einzelne Regelungen unterstützt, der Gesamtentwurf aber abgelehnt. Der lange Zeit hohe Anteil einstimmig oder mit breiter Mehrheit beschlossener Gesetze ist also kaum auf eine entsprechende Berücksichtigung oppositioneller Vorstellungen in den Ausschußberatungen zurückzuführen. Vor allem im Blick auf die Reaktionen der betroffenen Klientel und der Öffentlichkeit, aber auch aus inhaltlichen Gründen stimmte die Opposition von ihr kritisierten Regierungsentwürfen häufig dann zu, wenn Leistungsverbesserungen intendiert und/oder die angestrebten Regelungen – etwa im Umweltschutzbereich – als „Schritt in die richtige Richtung" angesehen wurden. Im übrigen zeigt sich, daß Einstimmigkeit oder weitgehender Konsens ganz überwiegend bei völkerrechtlichen Verträgen sowie zahlreichen Änderungsgesetzen erreicht wurde, bei denen es um Anpassungen an eine sich ändernde Rechtslage, Verwaltungspraxis und ökonomische Entwicklung ging, die als „marginal" angesehen wurden. Dabei hat es die Opposition ja nicht selten mit der Anpassung von

Gesetzen zu tun, die zur Zeit der eigenen Regierungsbeteiligung erlassen wurden. Der Anteil der einstimmig verabschiedeten Gesetze hat von der 7. bis zur 9. Wahlperiode abgenommen (7. WP: 70,5%; 9. WP: 51,1%) und ist, bedingt vor allem durch die neue Fraktion DIE GRÜNEN, seit der 10. Wahlperiode stark zurückgegangen. (11. WP: 17,3% der vom Bundestag verabschiedeten Gesetze; vgl. Tab. 6.6; Nienhaus 1985: 165f.). Der Anstieg der einstimmig verabschiedeten Gesetze in den 90er Jahren dürfte vornehmlich durch die große Zahl von Vertragsgesetzen bedingt sein (13. WP: 28%; vgl. Tab. 6.7). Diese Zahlen dürften tendenziell auch das Abstimmungsverhalten in den Ausschüssen wiedergeben. Der hohe Anteil konsensualer Gesetzgebung in der ersten Hälfte der 70er Jahre dürfte auf einen damals breiten „sozialstaatlichen" Konsens zurückzuführen sein (Scharpf 1987).

Die Vorstellung, in den (meist) nichtöffentlichen Ausschüssen fände in einem diskursiven Verfahren über die Fraktionsgrenzen hinweg eine (vornehmlich „sachrationale") „Suche nach der besten Lösung" statt, wird insbesondere der Praxis der Gesetzesberatungen – zumal in der politischen Situation der 80er Jahre – kaum gerecht. Wie ausgeführt, wurden die Fraktionspositionen ja im „Vorfeld" der Koalitions- und Fraktionsberatungen weitgehend fixiert. Gewiß: In den meist kollegial geführten Diskussionen ist ein verständnisvolles, argumentatives Eingehen auf die Darstellung der anderen Seite – und auch kritische Distanz zu Aspekten der eigenen Vorlage – selbstverständlicher als in Plenardebatten. Am Abstimmungsverhalten der Koalitionsabgeordneten ändert dies freilich kaum etwas.

Informationen und „Formulierungshilfen" der anwesenden Ministerialbeamten können zwar auch der Opposition zugute kommen und zur „Versachlichung" beitragen. In erster Linie dient ihre nahezu gleichberechtigte, fachlich oft überlegene Mitwirkung aber der argumentativen Unterstützung der Regierungsmehrheit – während die Oppositionsabgeordneten bis 1990 weitgehend auf sich allein gestellt blieben, sich seither immerhin jeweils auf einen Fraktionsmitarbeiter stützen können (§ 57 Abs. 4 GOBT).

Entwürfe der Regierung(smehrheit) werden im Ausschuß wie im Plenum oft gemeinsam mit Gesetzentwürfen oder (programmatischen) Anträgen der Oppositionsfraktionen behandelt, deren Zahl seit 1983 (angesichts der Aktivitäten zweier Oppositionsfraktionen) erheblich angestiegen ist (Ismayr 1991b). Dies begünstigt Diskussionen über konzeptionelle Alternativen auch im Ausschuß. Im

Unterschied zu den Regierungsentwürfen verweist das „Vorblatt" zu den Beschlußempfehlungen und Berichten der Ausschüsse häufig auf Alternativen.

Neben der Annahme oder Ablehnung von Gesetzentwürfen in der Ausschußfassung wird dem Bundestag in der Beschlußempfehlung des federführenden Ausschusses nicht selten eine Entschließung empfohlen. Entschließungen sind ein geeignetes Mittel, um das vorgeschlagene Gesetz in einen größeren politischen Erfahrungs- und Handlungszusammenhang hineinzustellen und ggf. öffentlich sichtbar zu machen, daß es angesichts komplexer und schwer erfaßbarer Wirkungszusammenhänge nur einen Schritt in einem unabgeschlossenen, dynamischen Willensbildungs- und Entscheidungsprozeß darstellt. Durch Entschließungen sollen Bund und Länder u.a. aufgefordert werden, bestimmte Maßnahmen zu ergreifen, Verwaltungsvorschriften zu erlassen oder zu korrigieren, auf der Ebene der EU und international zu intervenieren, Entwicklungen zu beobachten und dem Bundestag darüber zu berichten (!) und zu prüfen, ob weitere gesetzgeberische Schritte erforderlich sind (Ismayr 1991b). Indem beispielsweise auf der Grundlage angeforderter Wirkungsanalysen weitere gesetzliche Regelungen und Maßnahmen bzw. Korrekturen in Aussicht gestellt werden, kann der Opposition und Skeptikern aus den eigenen Reihen die Zustimmung erleichtert, aber auch erwarteter öffentlicher Kritik die Spitze genommen werden.

Ob durch Entschließungen signalisiert oder nicht: Künftiges (gesetzgeberisches) Handeln kann auch durch die Gesetzes-Vorschläge der Opposition und die Ausschußdiskussion hierüber angeregt werden – wenngleich eine spätere Berücksichtigung von Regelungsalternativen selten der Opposition als Verdienst angerechnet wird.

Die Einflußmöglichkeiten der Oppositionsparteien auf die Gesetzgebung verbessern sich entscheidend, wenn „ihre" Landesregierungen im Bundesrat über die Mehrheit verfügen, wie dies seit 1990/91 der Fall ist (Ausnahme: Oktober 1998 bis März 1999). Auch unter dieser Voraussetzung scheinen Änderungen an Gesetzentwürfen aufgrund „oppositioneller" Anträge im Ausschuß eher bescheiden zu sein (schon Schulze-Fielitz 1988). Wieweit die Regierung(smehrheit) den Oppositionsparteien entgegenzukommen bereit ist, hat sie vor allem in ihrer Zustimmung zu den Empfehlungen des Bundesrates im „ersten Durchgang" zum Ausdruck gebracht, spätestens bei der Vorbereitung der Ausschuß-Arbeit in Fraktions- und Koalitionsgremien. Durch Berücksichtigung von Optionen der („oppositionellen") Bundesratsmehrheit bei der Entwicklung der Regierungsentwürfe werden diese oft schon frühzeitig „bundesratsreif" gemacht oder es wird ganz auf die Vorlage verzichtet. Insoweit kann der Gesetzgebungsprozeß konkordanzdemokratische Züge annehmen.

6.3.8 Plenum: Zweite und dritte Beratung und Schlußabstimmung

Die abschließenden Beratungen im Plenum können frühestens am zweiten Tag nach Verteilung der Beschlußempfehlung und des Berichts des federführenden Ausschusses erfolgen (§ 81 GOBT). Diese ohnehin knappe Mindestfrist wird des öfteren im interfraktionellen Einvernehmen unterschritten – ein weiteres Indiz für den Zeitdruck, unter dem Abgeordnete häufig Entscheidungen treffen (Fallsammlungen über die Anwendung der GOBT). Bei den zahlreichen Gesetzentwürfen, die als Finanzvorlagen behandelt werden, muß außerdem vor einer abschließenden Beratung der Bericht des Haushaltsausschusses vorliegen. Bei Finanzvorlagen aus der Mitte des Hauses erhält die Bundesregierung zudem Gelegenheit zur Stellungnahme; erst wenn diese eingegangen oder eine Frist von vier Wochen verstrichen ist, kann die Vorlage auf die Tagesordnung gesetzt werden (§ 96 GOBT).

In der Regel werden Termin und Debattenregelung interfraktionell zwischen den Parlamentarischen Geschäftsführern ausgehandelt und im Ältestenrat vereinbart. Im Unterschied zu den vorausgegangenen Wahlperioden haben die Fraktionen der christlich-liberalen Koalition seit 1983 in mehreren Fällen (auch) für abschließende Beratungen durch Mehrheitsbeschluß den Zeitpunkt durchgesetzt – gegen eine heftig protestierende Opposition (gem. § 20 GOBT; vgl. Fallsammlung über die Anwendung der GOBT). Wie ausgeführt, sah sich die Opposition angesichts kurzfristiger Änderungen durch Koalitionsbeschlüsse bei den Ausschußberatungen zeitlich unter Druck gesetzt. Die Opposition hatte die Aufsetzung auf die Tagesordnung mit der Begründung abgelehnt, daß eine sachgemäße Beratung der durch Koalitionsbeschlüsse erst kurzfristig geänderten Vorlagen in den Ausschüssen nicht mehr möglich gewesen und u.a. notwendige Sachverständigen-Anhörungen unterbunden worden seien.

Tabelle 6.6: Vom Bundestag verabschiedete Gesetze (nach Initiatoren, Abstimmungsverhalten)

	8. WP 1976-80		10. WP 1983-87		11. WP 1987-90		12. WP[a] 1990-94		13. WP 1994-1998	
	Anz.	%	Anz.	%	Anz.	%	Anz.	%	Anz.	%
vom BT verabschiedet	354	100,0	320	100,0	369	100,0	507	100,0	566	100,0
Regierungsvorlagen	288	81,4	237	74,1	267	72,4	346	68,3	403	71,2
BR-Initiativen	15	4,2	32	10,0	15	4,1	28	5,5	36	6,4
BT-Initiativen	39	11,0	42	13,1	68	18,4	92	18,1	102	18,0
SPD-FDP-Koalition	16	4,5								
CDU/CSU-FDP-Koalition			31	9,7	53	14,4	57	11,2	79	14,0
CDU/CSU	9	2,5	–	–	–	–	–	–	–	–
SPD	–	–	–	–	1	0,3	2	0,4	1	0,2
B'90/GRÜNE[b]			–	–	–	–	–	–	1	0,2
PDS[c]							–	–	–	–
CDU/CSU, SPD	–	–					–	–	3	0,5
CDU/CSU, SPD, FDP	–	–	11	3,4	12	3,3	31	6,1	12	2,1
CDU/CSU, SPD, FDP, B'90/GRÜNE			–	–			2	0,4	6	1,1
interfraktionell[d]	14	4,0	–	–	2	0,5	–	–	–	–
Vereinigung von Initiativen (BReg/BT, BReg/BR, BT/BR)	12	3,4	9	2,8	19	5,1	41	8,1	25	4,4
Annahme in namentlicher Abstimmung	17	4,8	23	7,2	26	7,0	31[e]	6,1	43[e]	7,6
Einstimmig verabschiedet	219	61,9	50	15,6	64	17,3	170[f]	33,5	159[f]	28,1
Verkündete Gesetze	339		320		366		493		551	

a ab 12. WP gesamtdeutscher Bundestag

b bis 3.10.1990: DIE GRÜNEN.

c ab 4.10.1990 vereinigungsbedingt im Bundestag vertreten; 12. WP: Gruppe PDS/LL

d Unter interfraktionell werden Initiativen aller Fraktionen (und Gruppen) gezählt.

e Nicht berücksichtigt sind namentliche Abstimmungen im Vermittlungsverfahren.

f Darunter hoher Anteil der seit der 12. WP zahlreicheren Vertragsgesetze.

Anm.: Die Differenz in der Addition der Einzelzahlen zur Gesamtsumme ist durch Vereinigungen und Abspaltungen von Gesetzentwürfen zu erklären.

Quelle: Schindler 1984: 684ff.; Schindler 1994: 823ff.; Stand der Gesetzgebung des Bundes (GESTA), Abschlußbände 12. und 13. Wahlperiode (1995, 1999).

Tabelle 6.7: Gesetzentwürfe: Beratung und Aussprache

	12. Wahlperiode 1990-94			13. Wahlperiode 1994-98		
	GE[a]	Verträge[b]	insgesamt	GE[a]	Verträge[b]	insgesamt
Gesetzentwürfe insgesamt	746	160	906	797	222	1019
Beim BT eingebracht	641	158	799	703	220	923
1. Beratung	610	157	767	669	220	889
davon mit Aussprache	284	31	315	324	8	332
Beratung und Schlußabstimmung	–	–	–	–	–	–
2. Beratung	532	4	536	572	5	577
davon mit Aussprache	435	4	439	383	2	451
3. Beratung	355	2	357	347	5	352
davon mit Aussprache	3	–	3	6	–	6
2. Beratung und Schluß abstimmung	3	147	150	–	214	214
davon mit Aussprache	3	31	34	–	23	23
2. und 3. Beratung	1	–	1	–	–	–
davon mit Aussprache	1	–	1	–	–	–
1., 2. und 3. Beratung	1	–	1	1	–	1
davon mit Aussprache	1	–	1	1	–	1

a Gesetzentwürfe ohne Verträge (GESTA: Sachgruppen A bis O)
b GESTA-Sachgruppe X (= Völkerrechtliche Vereinbarungen)
c Zahlenabweichungen bedingt durch Zusammenberatungen

Quelle: Verwaltung des Deutschen Bundestages; Zusammenstellung auf Anfrage des Verfassers.

Eine nur mündliche Berichterstattung kommt höchst selten vor, doch werden die schriftlichen Ausschußberichte des öfteren vor Beginn der Aussprache durch einen Berichterstatter korrigiert oder ergänzt. Da meist zwei und bei Fragen von einigem politischem Gewicht alle Fraktionen formell mit einem Berichterstatter vertreten sind, ist in der Regel gewährleistet, daß die Fraktionen ihre Rolle im Ausschuß (einigermaßen) angemessen dargestellt sehen, zudem sind nachträgliche Korrekturen möglich. Nach § 28 Abs. 2 der Geschäftsordnung können Antragsteller und Berichterstatter vor Beginn und nach Schluß der Aussprache das Wort ergreifen, die Berichterstatter auch jederzeit während der Debatte.

In der Praxis werden die zweite und dritte „Lesung" von Gesetzentwürfen üblicherweise unter einem Tagesordnungspunkt zusammengefaßt. Meist wird eine allgemeine Aussprache geführt, in der auch auf Änderungs- und Entschließungsanträge eingegangen werden kann (Fallsammlung/GOBT). In der 13. Wahlperiode wurde bei 577 in zweiter Lesung behandelten Gesetzesvorlagen über 451 (= 78%) eine Debatte geführt.

Auf eine Debatte wird bei der abschließenden Behandlung im Plenum seit 1983 seltener verzichtet als in früheren Wahlperioden, setzt dies doch das Einverständnis zweier Oppositionsfraktionen voraus. Bei den ohne Debatte beschlossenen Gesetzen handelt es sich um Verträge und meist um spezielle Anpassungsgesetze von marginaler Bedeutung. Allerdings reicht die Beratungszeit nicht selten nur für eine kurze Fachaussprache in einer Debattenrunde. Aus Gründen der Zeitökonomie und der Schwerpunktbildung wird nach Möglichkeit über thematisch ähnliche Gesetzentwürfe und öfter auch Regierungsberichte, Anträge, Große Anfragen u.a. eine verbundene Debatte durchgeführt; dadurch wird es leichter möglich, Gesetzentwürfe als „Alternativen" zu diskutieren, in einen größeren politischen Zusammenhang einzuordnen und eher „konzeptionell" zu argumentieren.

Nach der allgemeinen Aussprache folgen Einzelberatungen und Abstimmungen der zweiten Lesung. Gegenstand ist der Gesetzentwurf in der Ausschußfassung, oder – falls der Ausschuß unveränderte Annahme vorgeschlagen hat – der eingebrachte Gesetzentwurf. Der Präsident ruft die einzelnen Bestimmungen mit den darauf bezogenen Änderungsanträgen und schließlich die vom Ausschuß empfohlene Entschließung auf, läßt darüber abstimmen und gibt jeweils das Ergebnis bekannt. Je nach Interessenlage und politischer Brisanz wird über jede einzelne Detailregelung oder auch gemeinsam über mehrere oder alle Teile der Vorlage abgestimmt. Die Geschäftsordnung gibt hierzu die Möglichkeit (§ 81). Änderungsanträge zu stellen ist eine der ganz wenigen Möglichkeiten, die nach der Geschäftsordnung dem einzelnen Abgeordneten geblieben sind (§ 82). Faktisch sind jedoch auch Änderungsanträge fast ausschließlich ein Instrument der Fraktionen, vornehmlich der Opposition. Wohl wissend, daß sie regelmäßig abgelehnt werden, dienen Änderungsanträge (neben eigenen Gesetzentwürfen und Entschließungsanträgen) den Oppositionsfraktionen vor allem dazu, ihre politischen Vorstellungen nunmehr öffentlich zu dokumentieren und der Mehrheit entgegenzusetzen; meist handelt es sich ja um wichtigere Anträge, mit denen sie sich zuvor schon im Ausschuß nicht durchsetzen konnten. „Entweder handelt es sich um die generelle Ablehnung eines Gesetzes oder wesentliche Kernbestandteile, oder um symbolkräftige punktuelle Einzelregelungen. Vereinzelt wird so auch der (vergebliche) Einsatz für eine bestimmte Wähler-Klientel oder für bestimmte Interessen demonstriert" (Schulze-Fielitz 1988: 352).

Von den Mehrheitsfraktionen oder interfraktionell eingereichte Änderungsanträge sind selten; sie dienen dazu, bisher nicht erkannte Mängel und zweifelhafte politische Entscheidungen im letzten Augenblick zu korrigieren.

Angesichts der (meist) raschen Folge zahlreicher Abstimmungen über Änderungsanträge und Detailregelungen oft mehrerer komplizierter Vorlagen haben nicht speziell eingearbeitete Abgeordnete oft große Schwierigkeiten, sich zurechtzufinden; sie sind darauf angewiesen und verlassen sich darauf, daß die Spezialisten und Stimmführer den „Durchblick" haben.

Werden alle Teile eines Gesetzentwurfes in 2. Lesung abgelehnt, was (bei Oppositionsentwürfen) öfter der Fall ist, unterbleibt eine dritte Beratung; die Vorlage gilt dann insgesamt als abgelehnt (§ 83 Abs. 3 GOBT). So entfiel in der 13. Wahlperiode bei immerhin fast 40% der Gesetzentwürfen die dritte Lesung (vgl. Tab. 6.7).

Obwohl nach der Geschäftsordnung formal getrennt, werden 3. Beratung und Schlußabstimmung in der Praxis üblicherweise als Einheit gesehen (§§ 84, 86). Sie folgen meist unmittelbar auf die Abstimmungsprozedur der zweiten Beratung. Mit den Worten „Wir treten in die dritte Beratung ein und kommen zur Schlußabstimmung" leitet der Präsident die Schlußabstimmung über den Gesamtentwurf und gegebenenfalls (getrennt davon) über eine Entschließung ein. Wurden in zweiter Beratung Änderungen beschlossen, ist dies nur möglich, wenn zwei Drittel der anwesenden Abgeordneten so beschließen, was häufig der Fall ist. Ansonsten kann frühestens am zweiten Tag nach Verteilung der Drucksachen mit den beschlossenen Änderungen beraten und abgestimmt werden (§ 84 GOBT). Nur bei wenigen Gesetzen findet eine *separate* dritte Beratung statt.

6.3.9 „Zweiter Durchgang“ im Bundesrat, Vermittlungsverfahren und Ausfertigung

Nach ihrer Annahme durch den Bundestag leitet der Bundestagspräsident die Gesetze „unverzüglich“ dem Bundesrat zu.

Haben die im Bundesrat vertretenen Länderregierungen Bedenken, kann der Bundesrat mit der Mehrheit seiner Stimmen den mit je 16 Mitgliedern des Bundestages und des Bundesrates besetzten Vermittlungsausschuß anrufen (Art. 77 Abs. 1 GG), was in bisher 658 Fällen – überwiegend bei zustimmungsbedürftigen Gesetzen – geschah (1.-13. WP). Daß davon vornehmlich bei unterschiedlichen Mehrheitsverhältnissen in Bundesrat und Bundesregierung (häufig aufgrund parteipolitischer Absprachen) Gebrauch gemacht wurde – so zur Zeit der sozialliberalen Koalition (1969-82) und seit 1990/91 – dürfte kaum überraschen. Zumeist einigte sich der Vermittlungsausschuß auf Änderungen, die dann in aller Regel auch von Bundestag und Bundesrat angenommen wurden. Endgültig gescheitert sind am Votum des Bundesrates nur relativ wenige Gesetzesvorlagen: nach Versagen der Zustimmung insgesamt 59 (darunter allerdings sehr gewichtige), aufgrund eines Einspruchs 9 (Bundesrat 1999: 291).

Bei nicht zustimmungsbedürftigen Gesetzesbeschlüssen des Bundestages kann der Bundesrat (nach erfolgloser Anrufung des Vermittlungsausschusses) binnen zwei Wochen einen Einspruch einlegen, den der Bundestag mit absoluter Mehrheit zurückweisen kann – was zumeist geschieht; dabei können nur kurze Erklärungen abgegeben werden. Ein durch mindestens 2/3 der Stimmen des Bundesrates beschlossener Einspruch bedürfte zudem einer 2/3-Mehrheit des Bundestages – und könnte zu einer entschiedenen Mitregierung der Opposition oder einer Blockade der Regierungspolitik führen (Art. 77 Abs. 4 GG). Tatsächlich war im Vorfeld des „Machtwechsels“ 1982 durch die Koalitionsaussage der FDP zugunsten der CDU in Hessen eine derartige Möglichkeit auch in greifbare Nähe gerückt (Laufer/Münch 1998: 174f.).

Zustimmungsgesetze kommen hingegen nur zustande, wenn der Bundesrat ausdrücklich zustimmt (Art. 77 Abs. 4 GG). Er verfügt hier über ein absolutes Veto und ist, bedenkt man seine Mitgestaltungsmöglichkeiten über den Vermittlungsausschuß, nahezu gleichberechtigt an der Gesetzgebung beteiligt. Zwar kann er zustimmungsbedürftige Gesetze auch sofort ablehnen, was nur selten geschieht. Änderungen kann er in dieser Phase nur durch Anrufung des Vermittlungsausschusses erreichen. Wird der Vorschlag des Vermittlungsausschusses auf Änderung oder Aufhebung eines Gesetzes vom Bundestag angenommen, hat der Bundesrat zu beschließen. Sieht der Vorschlag eine Bestätigung des vom Bundestag beschlossenen Gesetzes vor oder lehnen Bundestag oder Bundesrat den Einigungsvorschlag ab, hat der Bundesrat über den ursprünglichen Gesetzentwurf zu entscheiden (Reuter 1991). Bei ablehnenden Entscheidungen des Bundesrates oder des Bundestages ist es auch möglich, daß nacheinander Bundesrat, Bundestag und Bundesregierung den Vermittlungsausschuß in derselben Sache anrufen, jedoch jedes dieser Verfassungsorgane nur einmal; in einigen Fällen ist dies praktiziert worden. Der Vermittlungsausschuß tagt vertraulich; seine Mitglieder sind nicht rechenschaftspflichtig, doch gibt es in der Praxis vielschichte Formen der Rückbindung zu den entsprechenden Gremien (Kilper/Lhotta 1996: 126ff.).

Zustimmungsbedürftig sind Gesetze nur dann, wenn das Grundgesetz dies ausdrücklich vorschreibt, so bei Grundgesetzänderungen, Gesetzesbeschlüssen, die das Finanzaufkommen der Länder betreffen oder in deren Verwaltungshoheit eingreifen. Entgegen den Erwartungen des Parlamentarischen Rates liegt der Anteil der Zustimmungsgesetze bereits seit der 3. Wahlperiode bei deutlich über 50 Prozent; darunter sind zudem die wichtigeren Gesetze. Ermöglicht – wenn auch nicht intendiert – wurde dies durch die Regelung des Art. 84 Abs. 1 GG, wonach die Zustimmung dann erforderlich ist, wenn Bundesgesetze die Ausführung durch die Landesbehörden betreffende Regelungen enthalten, was im Interesse einer wirkungsvollen und „einheitlichen" Durchsetzung häufig geschieht (Posser ²1994: 1145). Bundesratsfreundliche Urteile des Bundesverfassungsgerichts haben diese Entwicklung begünstigt (z.B. BVerfGE 37, 363, 379; vgl. Ismayr 1992: 320). Hinzu kommt, daß insbesondere mit dem – inzwischen leicht modifizierten – Anspruch der „Einheitlichkeit der Lebensverhältnisse" (Art. 72 Abs. 3 GG a.F.) durch mehrere Grundgesetzänderungen mit breiter Zustimmung des Bundesrates die Gesetzgebungskompetenzen des Bundes erheblich ausgeweitet wurden.

Während mit der Aushöhlung der Länderkompetenzen bei der Gesetzgebung die Landesparlamente geschwächt wurden, können die Länderregierungen über den Bundesrat und auch auf informellen Wegen verstärkt auf die Bundespolitik Einfluß nehmen. Über den föderativen Verlust dieser unitarisierenden Entwicklung besteht weitgehend Einigkeit (Abromeit: 1982: 471). Zudem wirkt die Zustimmungsbedürftigkeit von Gesetzen bei entsprechenden Mehrheitsverhältnissen im Bundesrat insgesamt prophylaktisch, da die Bundesregierung oft schon in der Entwurfsphase oder nach vorliegender Stellungnahme des Bundesrates im „ersten Durchgang" die zu erwartende oder bereits artikulierte Haltung der Bundesratsmehrheit berücksichtigen wird, es sei denn, sie kann auf deren Einstellungsänderung im Verlauf des Gesetzgebungsverfahrens aufgrund öffentlichen Drucks rechnen.

Um in Kraft treten zu können, muß das Gesetz unverzüglich vom Bundespräsidenten ausgefertigt (unterzeichnet) und im Bundesgesetzblatt verkündet werden (Art. 82 GG). Aus politischen Gründen darf der Bundespräsident nach allgemeiner und praktizierter Auffassung die Ausfertigung nicht verweigern, aus rechtlichen Gründen kann er dies dann, wenn ein Gesetz verfassungsrechtlich nicht korrekt zustande gekommen ist (Beyme [8]1996: 288).

6.4 Die Beratung von EU-Vorlagen im Bundestag

Die Entwicklung der Europäischen Gemeinschaft hat zu einer umfangreichen Verlagerung von Rechtssetzungskompetenzen auf die Gemeinschaft (EG/EU) geführt. Vorangetrieben wurde dieser Prozeß in jüngster Zeit vor allem durch die Einheitliche Europäische Akte (1986/87), den die Europäische Union begründenden Vertrag von Maastricht (1992/93) sowie den Vertrag von Amsterdam (1997), der 1999 in Kraft getreten ist (Schmidt 1999). „Die Entscheidungen der EU-Institutionen sind auf ein Niveau angestiegen, das der Regelungsdichte der legislativen Akte vieler Mitgliedstaaten, die damit ihren legislativen Raum für EG-Impulse öffnen, gleichkommt oder sie sogar übertrifft" (Wessels [2]1999: 734; vgl. Rometsch/Wessels 1996). Die durch diese Entwicklung bedingten Kompetenzeinbußen der nationalen Parlamente führten zu einem von Politikern wie Wissenschaftlern seit langem beklagten „schwerwiegenden demokratischen Defizit" (Steffani 1978; Uterwedde 1990: 123), das seit der Einheitlichen Europäischen Akte durch beachtliche Kompetenzzuwächse des Europäischen Parlaments bei der Rechtssetzung - gegenüber dem als legislativem Entscheidungsorgan noch immer dominierenden Rat - und verstärkte Informations- und Mitwirkungsrechte der nationalen Parlamente im Kontext des „Maastrichter Vertrages" allerdings abgemildert wurde (Wessels [2]1999: 724ff.).

Die schon bisher große Zahl der dem Bundestag zugeleiteten EG/EU-Vorlagen ist (nach der 1986 beschlossenen Zielsetzung zur Vollendung des Binnenmarktes) in der 11. Wahlperiode (1987-90) auf 2413 angestiegen und blieb in den 90er Jahren etwa auf diesem Niveau (13. WP 1994-98: 2070). Ob sich die Einführung von Prüfkriterien bei der Normsetzung in einem Protokoll zum Amsterdamer Vertrag „über die Anwendung der Grundsätze der Subsidiarität und der Verhältnismäßigkeit" als wirksam erweisen wird, bleibt abzuwarten, erscheint aber nach entsprechenden nationalen Erfahrungen eher unwahrscheinlich (EU-Vertrag [4]1998: 203ff.; Hill 1998). Politische Bedeutung und (Wechsel-)Wirkungen der einzelnen EU-Vorlagen sind oft schwer einzuschätzen. Das Schwergewicht liegt bei der EU-„Gesetzgebung", wobei Verordnungen, Entscheidungen und Richtlinien zu unterscheiden sind. Verordnungen des Rats der EU haben allgemeine und unmittelbare Geltung in jedem Mitgliedstaat und sind in allen ihren Teilen verbindlich; sie sind legislative Rechtsakte entsprechend nationalen Gesetzen (oder Verordnungen). Entscheidungen sind für diejenigen Mitgliedstaaten, Unternehmen und Individuen verbindlich, die sie bezeichnen. Richtlinien setzen für alle oder bestimmte Mitgliedstaaten verbindliche Ziele fest, überlassen jedoch „den innerstaatlichen Stellen die Wahl der Form und der Mittel" (Art. 189 EG-Vertrag). Bei der Umsetzung der – oft detaillierten – EG/EU-Richtlinien durch Gesetze (und Verordnungen) der Mitgliedstaaten ergaben sich nicht selten Schwierigkeiten. Dies ist insoweit auch verständlich, als den nationalen Parlamentariern eine wirkungsvolle Einflußnahme bei der Abfassung der Richtlinien bis in die jüngste Zeit versagt blieb, während sie den Bürgern ihres Landes gegenüber die Verantwortung für deren Inhalt übernehmen (Bleckmann 1990: 83ff.). Unionsvorlagen gemäß § 93 GOBT sind überdies alle Vorhaben im Rahmen der EU, die für die Bundesrepublik Deutschland von Interesse sein könnten, wie z.B. Mitteilungen der Kommission, Grünbücher und Weißbücher, laufende Unterrichtungen über Entwicklungen im Rat von EU und Euratom sowie von Ratsbeschlüssen und Unterrichtungen des Europäischen Parlaments.

Durch die Bestimmungen der zeitlich mit der Ratifizierung des Maastrichter Vertrages beschlossenen Art. 23 (n.F.) und Art. 45 des Grundgesetzes wurde neben dem Bundesrat auch die Stellung des Bundestages gegenüber der Bundesregierung im europapolitischen Willensbildungsprozeß deutlich gestärkt. Für die Übertragung von

Hoheitsrechten an Institutionen der EU ist seither eine 2/3-Mehrheit der Mitglieder des Bundestages und der Stimmen des Bundesrates erforderlich (Art. 23 Abs. 1 GG). Die Bundesregierung hat den Bundestag „umfassend und zum frühestmöglichen Zeitpunkt über alle Vorhaben im Rahmen der Europäischen Union, die für Deutschland von Interesse sein können" (§ 3 EUZBBG) zu unterrichten und dessen Stellungnahmen zu EU-Vorlagen (vor ihrer Mitwirkung an Rechtssetzungsakten der EU) zu „berücksichtigen", was bisher schon aus Zeitgründen nur sehr begrenzt der Fall war (Ismayr 1992: 329; Töller 1995: 65ff.). Im „Gesetz über die Zusammenarbeit von Bundesregierung und Deutschem Bundestag in Angelegenheiten der Europäischen Union" (Ausführungsgesetz zu Art. 23 GG = EUZBBG vom 12.3. 1993; EU-Vertrag 1998: 368ff.) wird das Verfahren präzisiert und in einer Ressortabsprache über die Unterrichtung des Bundestages sowie in der Verfahrensordnung des EU-Ausschusses detailliert festgelegt. Die Bundesregierung ist gemäß § 4 dieses Gesetzes verpflichtet, insbesondere alle Verordnungen und Richtlinien der EU bereits im ersten Entwurfsstadium dem Bundestag zu übersenden, über die Planungen der Beratungen dieser Entwürfe auf europäischer Ebene zu informieren und ihren eigenen Standpunkt in den Verhandlungen zu erläutern (§ 4 EUZBBG). Innerhalb der knappen Frist von 5 Sitzungstagen nach Zuleitung erteilt die Bundesregierung einen schriftlichen Bericht, der auf Wunsch des EU-Ausschusses mündlich zu ergänzen ist. In der Praxis liegen diese Aufgaben beim Bundesministerium für Wirtschaft, das für die Bundesregierung in der EU-Politik wesentliche Koordinationsaufgaben übernommen hat. Ergänzend hinzu kommen die regelmäßige Berichterstattung von Mitgliedern der Europäischen Kommission sowie Informationen durch die mitwirkungsberechtigten Mitglieder des Europäischen Parlaments im EU-Ausschuß (EU-Ausschuß 1998: 21).

Das nationale Parlament soll so frühzeitig in die Beratungen einer europapolitischen Vorlage eintreten können, daß diese noch inhaltlich beeinflußt werden kann. „Denn am Ende eines oft jahrelangen Abstimmungs- und Kompromißfindungsprozesses zwischen den europäischen Verhandlungspartnern ist aktive parlamentarische Mitgestaltung kaum mehr möglich" (EU-Ausschuß 1998: 20). Nach früherer Überweisungspraxis hatte der EG-Ministerrat häufig bereits über eine EG-Vorlage entschieden, wenn sich der Fachausschuß des Bundestages oder das Plenum damit befaßte, sei es wegen knapper Terminierung, sei es auch, daß der federführende oder/und mitberatende Ausschuß wegen Überlastung mit anderen Vorlagen oder mangelndem Interesse an der Materie sich erst verspätet damit befaßt hatte. So waren etwa zwei Drittel der EG-Vorlagen, mit denen sich das Plenum in den Jahren 1980 bis 1986 befaßte, zum Zeitpunkt ihrer Beratung durch das Plenum bereits verkündet und in Kraft getreten (Hänsch 1986: 191ff.), was ein beträchtliches Legitimationsdefizit signalisiert.

Mit dem Amsterdamer Vertrag wurde neben einer schnelleren Unterrichtung über legislative Vorhaben eine Selbstbindung des Rates der EU festgelegt, frühestens 6 Wochen nach Vorlage durch die Kommission zu entscheiden, um den nationalen Parlamenten ein Minimum an Zeit für Beratungen und Interventionen zu sichern (Protokoll über die Rolle der einzelstaatlichen Parlamente in der EU, in: EU-Vertrag [4]1998: 209; Pöhle 1998: 78). Die Regelung des Artikel 23 Abs. 3 GG präzisierend legt § 5 des Gesetzes über die Zusammenarbeit von Bundesregierung und Bundestag (EUZBBG) fest, daß die Bundesregierung vor ihrer Zustimmung zu Rechtssetzungsakten der EU dem Bundestag Gelegenheit zur Stellungnahme geben muß. „Die Frist zur Stellungnahme muß so bemessen sein, daß der Bundestag ausreichend Gelegenheit hat, sich mit der Vorlage zu befassen. Die Bundesregierung legt die Stellungnahme ihren Verhandlungen zugrunde." Ist eine zeitgerechte Befassung des Bundestages nicht möglich, so kann die Bundesregierung dem Rechtsakt in Brüssel nicht zustimmen und muß einen sogenannten Parlamentsvorbehalt im Ministerrat der EU einlegen – was sich in der Praxis bewährt hat. Nachdem der Bundestag Gelegenheit zur Stellungnahme hatte, kann die Bundesregierung in der folgenden Sitzung des Ministerrates den Parlamentsvorbehalt aufheben und unter Berücksichtigung der Stellungnahme die Verhandlungen fortsetzen (EU-Ausschuß 1998: 11). Die Ressorts haben dem Bundestag unverzüglich über die Willensbildung der Bundesregierung, über den Verlauf der Beratungen, über die Stellungnahmen des Europäischen Parlaments und der Kommission, über die Stellungnahmen der anderen Mitgliedstaaten sowie über die getroffenen Entscheidungen einschließlich der Art der Berücksichtigung der Beschlüsse des Bundestages (wie auch ggf. des Bundesrates) zu berichten (§ 4 EUZBBG; vgl. Ressortabsprache, Stand 1995, in: EU-Ausschuß 1998).

Bei der Behandlung von EU-Vorlagen in den Ausschüssen ist der prozessuale, begleitende Charakter der Einflußnahme und Kontrolle aufgrund des überaus komplexen und oft langwierigen Rechtssetzungverfahrens besonders ausgeprägt, wodurch es oft zu mehrfachen Beratungen kommt. Die Beratungsgrundlage ändert sich ständig, so daß es häufig zu mehrfachen Beratungen durch das nationale Parlament und seine Ausschüsse kommt. Die Mehrheitsverhältnisse bedingen auch bei der Behandlung von EU-Vorlagen, daß üblicherweise keine förmlichen Stellungnahmen mit einer Bindungswirkung im Sinne des Art. 23 Abs. 3 GG beschlossen werden, welche die Bundesregierung bei den Verhandlungen zu „berücksichtigen" hat. Bei regelmäßiger Präsenz von Regierungsvertretern entsteht in EU-Fragen häufig eine Dialogsituation, wobei der EU-Ausschuß Signale und Meinungsbilder ohne vorangegangene förmliche Abstimmung versendet, die der Bundesregierung als Orientierungshilfe und oft auch als Argumentationsstütze dienen und – so die Einschätzung im EU-Ausschuß – „erhebliches politisches Gewicht" besitzen (EU-Ausschuß 1998: 48). Allerdings beschänken sich die Regierungsfraktionen auch in EU-Angelegenheiten üblicherweise darauf, der Regierung „den Rücken zu stärken". Die bisherige Praxis bewertend konstatiert eine Broschüre des EU-Ausschußsekretariats, zutreffend auch für andere Ausschüsse, die sich mit EU-Vorlagen befassen: „Die Ausschußmehrheit wird daher den Verhandlungsspielraum der Bundesregierung einschränkenden Stellungnahmen in aller Regel nur dann zustimmen, wenn es ihr angesichts des Inhalts und der Bedeutung der betreffenden EU-Vorlagen unabdingbar erscheint" (EU-Ausschuß 1998: 29).

Die Europapolitik rechtzeitig durch richtunggebende, konzeptionell-anregende und korrigierende Aktivitäten in Abstimmung mit Europa-Parlamentariern mitzugestalten, ist für den Bundestag angesichts zunehmender Kompetenzen der EU und eingeschränkter Wirkungsmöglichkeiten des Europäischen Parlaments dringender geboten denn je, sollen weitere Legitimationsverluste vermieden werden (BVerfGE 89, 155ff.). Die Konzentration der EU-Angelegenheiten in einem als Querschnittsausschuß angelegten Europaausschuß soll dies begünstigen. Der seit langem geforderte, nach mehreren Vorstufen (Europakommisssion 1983, Unterausschuß für Fragen der EG des Auswärtigen Ausschusses) erstmals im September 1991 eingesetzte Europaausschuß konnte allerdings die in ihn gesetzten Erwartungen nicht erfüllen, da ihm selten führende Beratungszuständigkeiten übertragen wurden (EU-Ausschuß 1998: 6). Erst der mit Beginn der 13. Wahlperiode eingerichtete „Ausschuß für Angelegenheiten der Europäischen

Union" (EU-Ausschuß) konnte aufgrund der neuen (verfassungs)rechtlichen Bestimmungen (1992/93; Art. 23 und 45 GG; EUZBBG) und der erst im Dezember 1994 beschlossenen Änderung der GOBT wirkungsvoll arbeiten. Die Einsetzung des EU-Ausschusses liegt nicht mehr im Belieben des Bundestages, sondern ist mit Art. 45 GG vorgeschrieben. Die derzeit 36 Mitglieder des EU-Ausschusses sind in der Regel zugleich Mitglieder eines Fachausschusses des Bundestages, weshalb der EU-Ausschuß am Mittwochnachmittag tagt, um vormittags die Teilnahme an anderen Fachausschüssen zu ermöglichen. Dem EU-Ausschuß gehören (gem. § 93a Abs. 6 GOBT) entsprechend dem Stärkeverhältnis der Fraktionen im Europäischen Parlament (EP) zudem 11 mitwirkungsberechtigte Mitglieder des EP an, welche in den Sitzungen des EU-Ausschusses die Beratung bestimmter Verhandlungsgegenstände anregen, Auskünfte erteilen und Stellung nehmen können, allerdings über kein Stimmrecht verfügen. Schon aus Termingründen ist deren Präsenz zwar gering, doch kommt es nach Beobachtungen im Ausschuß über die Kenntnis gegenseitiger Anliegen „nicht selten zu einer gegenseitigen Verstärkung gemeinsam getragener Positionen" (EU-Ausschuß 1998: 16).

Der EU-Ausschuß ist einmal „Integrationsausschuß", in dem richtungweisende Stellungnahmen des Bundestages zur Entwicklung der europäischen Integration vorbereitet werden (und befaßte sich somit federführend mit der Beratung des Ratifikationsgesetzentwurfs zum Amsterdamer Vertrag). Zudem ist er als Querschnittsausschuß mit Vorhaben befaßt, die unterschiedliche Politikfelder vereinen. Schließlich wird er – typischerweise mitberatend – als Fachausschuß für europäische Angelegenheiten bei Vorlagen tätig, die integrationspolitische Bedeutung haben. Gegenstand der Erörterung im EU-Ausschuß ist das in der Entwicklung begriffene EU-Recht, während die Umsetzung bereits verabschiedeter EU-Richtlinien Sache der zuständigen Fachausschüsse ist. Um angesichts der oft knappen Terminierung eine zeitnahe Behandlung von EU-Vorlagen zu ermöglichen, kann der Bundestag nach Art. 45 GG durch Plenarbeschluß den EU-Ausschuß ermächtigen, für eine bestimmte EU-Vorlage die Rechte des Bundestages gegenüber der Bundesregierung wahrzunehmen, eine einzigartige Ausnahmeregelung. Die Rechte des Bundestages, über eine Angelegenheit der EU jederzeit selbst zu beschließen, bleiben allerdings unberührt (§ 93a Abs. 2 GOBT). Vor Abgabe einer nach Art. 23 GG zu „berücksichtigenden" Stellungnahme gegenüber der Bundesregierung muß der EU-Ausschuß eine Stellungnahme der beteiligten Fachausschüsse einholen. Der Bundestag hat von dieser Möglichkeit einer Einzelermächtigung bisher allerdings keinen Gebrauch gemacht, da die Kompliziertheit des Verfahrens offenbar der angestrebten Beschleunigung parlamentarischer Meinungsbildung entgegensteht. Vereinzelt genutzt wurde hingegen die Möglichkeit nach § 93a Abs. 3 Satz 2 GOBT, auch ohne gesonderte Ermächtigung durch das Plenum verbindliche Stellungnahmen zu EU-Vorlagen gegenüber der Bundesregierung abzugeben, wenn das Einvernehmen mit den beteiligten Fachausschüssen hergestellt wurde.

EU-Vorlagen (Unionsvorlagen) werden unmittelbar dem EU-Ausschuß zugeleitet. Nach § 93 Abs. 3 GOBT legt der Vorsitzende des EU-Ausschusses dem Bundestagspräsidenten in Abstimmung mit den Fachausschüssen einen Überweisungsvorschlag für die eingegangenen Unionsvorlagen und für sonstige von den Ausschüssen zum Verhandlungsgegenstand erklärten Unionsdokumente (u.a. Entwürfe von Berichten, Gutachten, Unterrichtungen etc.) vor. Entwickelt wird der Überweisungsvorschlag durch das beim EU-Ausschußsekretariat angesiedelte Europabüro, das als Verteilstelle für EU-Vorlagen fungiert und überdies Abgeordneten und Verwaltungsmitarbeitern Auskünfte zum Inhalt und Verfahrensstand von EU-Vorlagen gibt. Der Präsident überweist die Unionsvorlagen und -dokumente im Benehmen mit dem Ältestenrat an einen Ausschuß federführend und an andere beteiligte Ausschüsse zur Mitberatung, wobei in der Regel dem Vorschlag des EU-Ausschußvorsitzenden gefolgt wird.

„Öffentlich" ist dieses Verfahren nur minimal, indem die Titel der EU-Vorlagen in eine Sammelübersicht aufgenommen werden, „die verteilt wird und aus der ersichtlich ist, welchen Ausschüssen die Vorlagen überwiesen sind" (§ 93 Abs. 4 GOBT). Als Bundestagsdrucksache wird eine EU-Vorlage nur verteilt, wenn es der EU-Ausschuß bei seinem Überweisungsvorschlag beantragt und der Ältestenrat zustimmt, wenn es im Ältestenrat vereinbart wird, oder wenn der federführende Ausschuß eine über die Kenntnisnahme hinausgehende Beschlußempfehlung vorlegt (§ 93 Abs. 4 GOBT).

Unter dem ständig wiederkehrenden Tagesordnungspunkt „Unterrichtung durch die Bundesregierung über bevorstehende Sitzungen der Ministerräte (der EU)" wird der Ausschuß durch die Regierung im Vorfeld einer vorgesehenen Ratsentscheidung informiert und hat die Möglichkeit, „der Bundesregierung – ohne daß ein förmlicher Beschluß ergeht – Hinweise für ihre Verhandlungsführung und ihr Abstimmungsverhalten im Rat und seinen Arbeitsgruppen mit auf den Weg zu geben" (EU-Ausschuß 1998: 32). Institutionelle Fragen spielen innerhalb der gesamten Aktivitäten des EU-Ausschusses eine herausragende Rolle.

Seiner Funktion als Querschnittsausschuß entsprechend nehmen regelmäßig Vertreter unterschiedlicher Ministerien an Ausschußsitzungen teil. Eine gewichtige Rolle spielen zudem die Unterrichtungen durch Mitglieder der EU-Kommission, häufig unter Beteiligung der (mit)zuständigen Fachausschüsse. Die Unterrichtungen finden abweichend von der sonst üblichen Praxis in aller Regel öffentlich statt.

Als nützliches Forum des informellen Informations- und Erfahrungsaustausches fungiert die 1989 gegründete Konferenz der Europa-Ausschüsse (COSAC) der nationalen Parlamente der EU-Staaten, der mit der vertraglichen Verankerung im Protokoll zum Amsterdamer Vertrag größeres Gewicht beigemessen wird. Deren Vorschläge und Initiativen – so die Intention – binden allerdings „in keiner Weise die einzelstaatlichen Parlamente und präjudizieren in keiner Weise deren Standpunkt" (EU-Vertrag ^{4}1998: 209). Eine stärkere Institutionalisierung dieses nicht wirklich repräsentativ zusammengesetzten Gremiums, in das der Bundestag 4 Mitglieder und der Bundesrat 2 Vertreter entsendet, hat der Bundestag bisher abgelehnt, da er eine Verkomplizierung und mögliche Renationalisierung des Entscheidungsprozesses der EU befürchtet (Pöhle 1998: 77ff.).

Nur für einen kleinen Teil der EU-Vorlagen geben die federführenden Ausschüsse eine Beschlußempfehlung ab – in der 13. Wahlperiode (1994-98) bei knapp acht Prozent (158 von 2070 Vorlagen). Zumeist werden diese (gemeinsam mit anderen Vorlagen) auch auf die Tagesordnung des Plenums gesetzt, doch wird auf eine Aussprache dazu meist verzichtet (13. WP: in 4 von 5 Fällen). Beschränkt sich der Ausschuß – wie üblich – auf Kenntnisnahme, wird dies im Plenarprotokoll lediglich als „amtliche Mitteilung" vermerkt. Das Plenum folgt regelmäßig der Ausschußempfehlung. Änderungsanträge dazu sind bei EU-Vorlagen sehr selten (13. WP: 2). Eine bisher noch nicht genutzte Sonderstellung kommt (auch) hier dem EU-Ausschuß zu. Ist er bei einer EU-Vorlage mitberatend beteiligt, kann er zur Beschlußempfehlung des federführenden Ausschusses einen Änderungsantrag stellen, was insbesondere kurzfristig erforderliche Aktualisierungen ermöglichen soll.

Inwieweit die dargestellten Neuregelungen angesichts umfangreicher Kompetenzübertragungen und bei einer sukzessiven Erweiterung der EU tatsächlich zu einer dauerhaften, legitimationsfördernden Stärkung der Rolle des Bundestages im europapolitischen Willensbildungsprozeß führen wird, bleibt abzuwarten und bedarf weiterer Untersuchungen. Immerhin wurden wichtige verfahrensrechtliche Voraussetzungen für frühzeitigere, vertiefte Information und Einflußnahme geschaffen und durch Einrichtung des EU-Ausschusses ein entwicklungsfähiges europapolitisches Forum eingerichtet.

Deutlich verstärkt wurde durch Einfügung des Art. 23 GG n.F. auch die Verpflichtung der Bundesregierung, bei Vorlagen der Europäischen Union die Stellungnahme des Bundesrates zu berücksichtigen, wenn Länderinteressen berührt sind; sofern im Schwerpunkt Gesetzgebungsbefugnisse der Länder betroffen sind, soll dies sogar „maßgeblich" geschehen. Geht es im Schwerpunkt ausschließlich um Gesetzgebungsbefugnisse der Länder, soll die Wahrnehmung der Rechte Deutschlands als Mitglied der EU – so im Ministerrat – auf einen vom Bundesrat benannten Vertreter der Länder übertragen werden; dabei ist die „gesamtstaatliche Verantwortung" zu wahren (Fischer 1993: 39ff.). Analog der Entwicklung für die innerstaatliche Rechtssetzung wurde der Kompetenzverlust der Länder durch einen Einflußgewinn der Länderregierungen über den Bundesrat zu kompensieren versucht, was den komplexen europapolitischen Entscheidungsprozeß noch komplizierter gestaltet.

Neben dem für die Flut von EG/EU-Vorlagen (1957-1998: 7.101) zuständigen EU-Ausschuß des Bundesrates besteht seit 1988 für eilige Angelegenheiten eine „Europakammer" aus je einem Regierungsmitglied jedes Landes (Art. 52 Abs. 3a GG: seit 1992), deren Beschlüsse als Bundesratsbeschlüsse gelten. Mit 24 EG/EU-Vorlagen in der 12. und zwei in der 13. Wahlperiode (1994-98) wurde sie allerdings nur restriktiv eingesetzt (Bundesrat 1999: 292).

7 Kontrolle und Kommunikation

7.1 Einleitung: Informationsrechte und Kontrollpraxis

Der politische Willensbildungsprozeß ist durch vielfältige und komplexe Kontrollvorgänge geprägt. Deren Wirksamkeit und legitimatorische Kraft hängt in hohem Maße davon ab, ob sie transparent sind und ein Mitdenken und Reagieren der Bürger in Gang setzen. Kontroll- und Kommunikationsfunktion sollen daher im Zusammenhang behandelt werden.

Parlamentarische Kontrolle reicht von der nachträglichen Überprüfung exekutiven Handelns (im traditionellen Verständnis dieses Begriffs) bis hin zur frühzeitigen Einwirkung auf Programmentwicklungen und Initiativen der Regierung (Steffani 1989: 1325ff.; Schulze-Fielitz 1988: 292ff.).

Die Vielschichtigkeit des Kontrollprozesses ist bedingt:

- durch die Verbundenheit von Regierung und Mehrheitsfraktionen im parlamentarischen Regierungssystem bei partiell unterschiedlicher Interessenlage der Koalitionsparteien
- den starken Ausbau von Ministerialbürokratie und Vollzugsverwaltungen,
- die Kompetenzverteilung im föderalistischen System,
- die Zusammensetzung und parteipolitische Orientierung des Bundesrates,
- das ausgeprägte politische Gewicht des Bundesverfassungsgerichts,
- veränderte Partizipationsansprüche der Bürger
- und strukturelle Veränderungen der Politikvermittlung in der „Mediengesellschaft“ (Sarcinelli 1998).

Angesichts der enormen Arbeits- und Informationskapazität der Ministerien und ihrer permanenten Einwirkung auf den Willensbildungsprozeß des Bundestages sind nicht nur nachträgliche, sondern vor allem auch „vorgängige“ und „begleitende“ (laufende) Kontrolle erforderlich; dies wird – auch von verfassungsrechtlicher Seite – weithin anerkannt (Meyn 1982: 26; Krebs 1984: 4ff., 120ff.). Soll parlamentarische Kontrolle wirksam werden, kann sie nicht erst dann einsetzen, wenn Programme in Abstimmung mit Großverbänden, Wirtschaft und Vollzugsverwaltungen entwickelt oder gar umgesetzt sind. Ohne begleitende Kontrolle bliebe das Parlament „weithin auf bloße Ratifikation langfristiger politischer Planungen und relativ folgenlose Nachprüfung des Regierungshandelns beschränkt" (Klatt 1986b: 68). Nachträgliche Wirkungskontrollen gewinnen aus parlamentarischer Sicht in dem Maße an Bedeutung, als sie der vorgängigen Initiative zur Korrektur von Programmen und der begleitenden Überprüfung von Novellierungsvorhaben dienen.

Ausdruck dieser Kontrollkompetenz sind:

- die im Grundgesetz festgelegte Einrichtung der Ausschüsse für auswärtige Angelegenheiten, Verteidigung und für Angelegenheiten der EU,
- das den Ausschüssen eingeräumte Selbstbefassungsrecht,
- das Institut des qualifizierten Sperrvermerks,
- die frühzeitige Informierung der Berichterstatter des Haushaltsausschusses aus allen Fraktionen
- und vor allem die Rechte einer parlamentarischen Minderheit, kurzfristig zu aktuellen Themen eigener Wahl Anfragen einzureichen und Plenardebatten durchzusetzen.

Umstritten ist allerdings, wie über die prüfende, kritisierende und anregende Einwirkung hinausgehende Formen „mitwirkender Kontrolle" oder „Mitregierung" in der Phase gouvernementaler Planung und Programmentwicklung einzuschätzen sind (Thaysen 1976; Mandelartz 1982: 7ff.). Durch frühzeitige Einbindung des Parlaments in Entscheidungen der Regierung – so wird aus verfassungsrechtlicher wie politischer Sicht gewarnt – begebe sich das Parlament der Möglichkeit, später kritisch von Regierungsvorlagen und -handlungen abzurücken (z.B. Vitzthum 1978: 336f.). Hier ist allerdings zwischen Oppositionsfraktionen und den über unmittelbare Mitwirkungs- und Sanktionsmöglichkeiten verfügenden Regierungsfraktionen zu differenzieren. Problematisch ist es jedenfalls, wenn auch die Oppositionsfraktionen – auf informellen Wegen und über die Ausschüsse – in größerem Umfang derart mitregieren, daß Alternativen ausgeblendet und der Öffentlichkeit kritisches Mitdenken und Einwirken erschwert wird. Kommunikative Kontrolldefizite gehen zu Lasten der Innovations- wie Artikulationsfähigkeit (siehe Abschn. 7.2). Möglichkeiten (frühzeitiger) aktiver Mitgestaltung bestehen für die Opposition freilich in der Regel nur dann, wenn sie sich auf „ihre“ Mehrheit im Bundesrat stützen kann. Ansonsten bleibt sie auf indirekte öffentlichkeitswirksame Einwirkungsmöglichkeiten verwiesen.

Das Zusammenwirken von Regierungsfraktionen und Bundesregierung und deren wechselseitige Beeinflussung „auf ein gemeinsames Ziel“ ist für das parlamentarische Regierungssystem charakteristisch (Bäumlin 1966: 247). Vielfältige – vornehmlich interne und informelle – Wege wechselseitiger Einwirkung, Überprüfung und Mitentscheidung auf der Ebene von Fraktions-, Koalitions- und Parteigremien konnten in den Abschnitten „Gesetzgebungsprozesse“, „Fraktionen“ und „Ausschüsse“ aufgezeigt werden. Hierzu gehören u.a.:

- Versuche der Obleute und Berichterstatter, im direkten Kontakt mit „zuständigen“ Ministerialbeamten oder über die politische Leitung des Ministeriums Detailänderungen eines Referenten(vor)entwurfs durchzusetzen
- Einflußnahmen von Interessengruppierungen von Fraktion und Partei auf „ihre“ Mitglieder in der Regierung und Fraktion
- die Mitwirkung von Spitzen der Fraktion an politischen Weichenstellungen der Koalition in „großen“ Koalitionsrunden.

Andererseits wirken nicht nur Regierungsmitglieder, sondern auch (beauftragte) Ministerialbeamte von Bund und Ländern in Fraktionsgremien, Ausschüssen und im direkten Kontakt auf den parlamentarischen Willensbildungs- und Entscheidungsprozeß ein. Diese Einwirkung reicht bis hin zur „Bearbeitung“ der Regierungsfraktionen in der Fraktionsversammlung vor der „entscheidenden“ Beschlußfassung durch Minister und Kanzler und der Formulierung von Ausschußberichten und Redemanuskripten für die Debattenredner der Koalitionsfraktionen. Wie bereits oben dargestellt, ergeben sich faktische Einschränkungen koalitionsinterner Kontrolle und Mitgestaltung aufgrund segmentierter Arbeitsstrukturen und vor allem eines hierarchischen Informations- und Einflußgefälles, das seinen deutlichsten Ausdruck in Abschottungsversuchen „Großer Koalitionsrunden“ findet. Nach oft langwierigen Verhandlungen (ad hoc) zustandegekommene Kompromisse der Regierungs- und Fraktionsspitzen gewinnen nicht selten „Sachzwangcharakter“ (vgl. Abschn. 6.3.3).

Zu differenzieren ist auf gouvernementaler Ebene zwischen politischer Führung (Kanzler, Minister, Parl. Staatssekretäre) und (politisch wirkender) Ministerialbürokratie. Die Kontrolle einer dominierenden, fachlich ausdifferenzierten und durch umfangreiche wissenschaftliche Beratungskapazität unterstützten Ministerialverwaltung ist nicht nur eine Aufgabe der Oppositionsfraktionen und (einzelner) Abgeordneter, sie bedeutet auch und in besonderer Weise eine gemeinsame Herausforderung für Koalitionsfraktionen und Regierung. Das Dilemma ist offensichtlich: Je weniger die Koalitionsfraktionen in der Lage sind, ihr kreatives Potential zu aktivieren und zumindest bei politisch bedeutsamen Fragen politisch gestaltend zu wirken, um so mehr bleiben die Regierungsmitglieder auf Vorgaben „ihrer" Verwaltung verpflichtet und um so schwieriger ist es, politische Querschnittsaufgaben verantwortlich wahrzunehmen. Nicht nur die Entwicklung von Gesetzentwürfen, sondern auch die Darstellung der Regierungserfolge und -positionen in Berichten, Antworten auf Anfragen etc., durch die künftige „staatsleitende" Entscheidungen mitbestimmt werden, liegt ja in der Hand der Ministerialbeamten.

7.1.1 Praxis öffentlicher Kontrolle

Die in diesem Kapitel behandelten formellen Kontrollinstrumente erfüllen meist mehrere Funktionen, freilich mit unterschiedlicher Akzentuierung: Sie dienen dazu, Regierung und Verwaltung zu veranlassen, Sachinformationen zu unterbreiten, Absichten, Prioritäten und Defizite der Regierungspolitik offenzulegen, Regierungs- und Verwaltungshandeln im Detail wie konzeptionell zu überprüfen und (öffentlich) der Kritik auszusetzen und – nicht zuletzt – alternative Positionen zu präsentieren und zu begründen. Entscheidendes Kriterium ihrer Wirksamkeit ist die öffentliche Resonanz: Von der Fähigkeit der Abgeordneten und Fraktionen, in Massenmedien, Parteien, Interessengruppen und Bürgerinitiativen diskutierte Themen und Probleme zu artikulieren und informierend, kritisierend und konzeptionell anregend am öffentlichen Diskurs teilzunehmen, hängen Wirksamkeit und demokratisch legitimierende Kraft parlamentarischer (oppositioneller) Kontrolle und Gestaltung wesentlich ab. (Der Zusammenhang von Kontroll-, Artikulations- und Willensbildungsfunktion ist evident.) Insofern hat Kontrolle keinen „Eigenwert": Ihre Aufgabe ist es, staatlich-politische Willensbildungs- und Entscheidungsprozesse transparent zu machen und eine informierte, kritische und reflektierte Teilnahme möglichst vieler Bürger an (gemeinwohlorientierten) Diskussionen über Regierungspolitik und parlamentarische Positionen anzuregen (vgl. Einleitungskapitel).

Die durch das Grundgesetz und einfache Gesetze, vornehmlich aber die Geschäftsordnung des Bundestages festgelegten Kontrollbefugnisse stehen überwiegend Fraktionen bzw. fünf Prozent der Abgeordneten zu (§§ 75, 76 GOBT). Wichtige Verfahrenskompetenzen bleiben freilich weiterhin der Parlamentsmehrheit vorbehalten – ungeachtet dessen, daß die Funktion öffentlichkeitswirksamer Kontrolle weitgehend bei der Opposition liegt. Dies gilt insbesondere für das Zitierrecht (Art. 43 Abs. 1 GG), Entschließungen, die Anforderung von Regierungsberichten und die Befugnisse des Petitionsausschusses.

Wie im folgenden nachgewiesen werden kann, werden die formellen Kontrollinstrumente ganz überwiegend von den Oppositionsfraktionen und -gruppen des Bundestages genutzt, wobei diese – ungeachtet mancher Gemeinsamkeiten zwischen SPD und GRÜNEN auf der Ebene des Plenums – formell regelmäßig getrennte Vorstöße unternahmen. Mit der Präsenz zweier – auch konkurrierender – Oppositionsfraktionen (seit 1983) hat sich nicht nur die Zahl der Anfragen, Anträge, Aktuellen Stunden und Anhörungen beträchtlich erhöht; auch die Breite und Intensität der Kontrollaktivitäten hat zugenommen. Wie im Kapitel 6 dargestellt, werden auch die zahlreichen Gesetzesinitiativen der Oppositionsparteien vornehmlich als öffentlichkeitswirksame Kontrollmittel wirksam. Die Gefahr, daß wichtige Fragen ausgeblendet werden, ist angesichts mehrerer, nicht nur taktisch sondern auch inhaltlich konkurrierender Oppositionsparteien sehr viel geringer. Geht man von der großen Zahl und inhaltlichen Vielfalt der Kontrollaktivitäten und dem breiten thematischen Spektrum der Plenardebatten aus, hat sich die Problemwahrnehmungsfähigkeit des Bundestages seit dem Einzug der Fraktion DIE GRÜNEN in den Bundestag (1983) gegenüber den vorausliegenden Jahren deutlich verbessert; insbesondere gilt dies für die Befassung mit ökologischen Fragen und Technikfolgen (Ismayr 1985b: 32ff.; Brettschneider 1996: 121; Kranenpohl 1999: 152ff.).

Ungeachtet zahlreicher, auch öffentlich ausgetragener Koalitionskonflikte wurden die Kontrollinstrumente von den Regierungsfraktionen fast immer gemeinsam eingesetzt und insofern zur Profilierung gegenüber dem Koalitionspartner kaum genutzt (siehe Abschn. 7.5, 7.6, 7.13). Können sich die Koalitionsparteien nicht einigen, wird eben darauf verzichtet. Unterschiedliche Akzentuierungen kommen dann allenfalls in Plenardebatten und (öffentlichen) Ausschußverhandlungen zum Ausdruck (Untersuchungsausschüsse, öffentliche Anhörungen, Petitionsausschuß). Die Koalitionsparteien nutzen die öffentlichkeitswirksamen Kontrollinstrumente nur selten zur Informationsbeschaffung und Kontrolle der Regierungspolitik. Dies gilt selbst für die Fragestunde. In der Regel geht es darum, der Regierung(sseite) Gelegenheit zu geben, ihre Politik in günstigem Lichte darzustellen, oppositionellen Initiativen zuvorzukommen und Fehlentwicklungen und Schwächen der Oppositionsparteien und der von ihnen getragenen Landesregierungen sichtbar zu machen. Sie nehmen somit öffentlich eine „Kontrollaufgabe" gegenüber der Opposition und ihr nahestehenden Verbänden (z.B. Gewerkschaften) wahr, kaum aber gegenüber der „eigenen" Regierung. Koalitionskonflikte werden in Fraktions- und Koalitionsgremien und häufig auch über die Massenmedien ausgetragen, kommen bei der „nach außen" gerichteten parlamentarischen Arbeit aber kaum zum Ausdruck; hier dominiert „Blockdenken", wird Geschlossenheit demonstriert (vgl. Kap. 3). Auch (öffentliche) Verwaltungskontrolle seitens der Regierungsfraktionen ist eher die Ausnahme und betrifft weniger die Ministerialbürokratie als nachgeordnete Behörden. Entsprechend gelten Kritik und Kontrollaktivitäten seitens der Oppositionsfraktionen nicht nur der „Exekutive", sondern – gegebenenfalls mit Abstufungen – dem Regierungslager insgesamt.

Interfraktionelle Vorstöße kommen auch bei den „klassischen" Kontrollinstrumenten gelegentlich vor, betreffen aber in der Regel entweder humanitäre oder formale Angelegenheiten. Häufig auch von Regierungsfraktionen (formal) unterstützt werden hingegen Anforderungen von Regierungsberichten und Prüfaufträge der Ausschüsse. Eine Sonderstellung nehmen ihrer Zielsetzung nach und unter bestimmten Voraussetzungen auch in der Praxis Enquete-Kommissionen ein.

Von fraktionellen oder ad-hoc entstehenden Abgeordneten-Gruppen werden die geschäftsordnungsmäßigen Kontrollmöglichkeiten selten genutzt. Einzelnen Abgeordneten verblieben nach der GO-Reform von 1980 unabhängig von ihrer Fraktion nur wenige durch Fraktionsgeschäftsordnungen und interne Reglements zudem weiter eingeschränkte Rechte (vgl. Abschn. 2.1). In der Praxis des Fraktionenparlaments werden nicht einmal diese Möglichkeiten ausgeschöpft, wie insbesondere die „Verplanung" der Fragestunden durch die Fraktionen (Arbeitsgruppen) zeigt (vgl. Abschn. 7.7). Kritik an dieser Einengung des Kontroll- und Kommunikationsspielraums einzelner Abgeordneter und abweichender Minderheiten durch zahlreiche Abgeordnete aus allen Fraktionen, wie sie in mehreren Vorstößen der „Interfraktionellen Initiative Parlamentsreform" und auch in Vorschlägen der Ad-hoc-Kommission Parlamentsreform zum Ausdruck gebracht wurde, hat bisher nur bescheidene Änderungen bewirkt.

Wirksame Kontrolle des Regierungs- und Verwaltungshandelns setzt voraus, daß die Parlamentarier/Fraktionen – auch der Opposition – jederzeit in der Lage sind, die für die kritische Überprüfung von Programmen und die Erarbeitung alternativer Konzepte erforderlichen Informationen zu beschaffen und zu verarbeiten. Tatsächlich sehen sich die Abgeordneten einem Verwaltungsapparat gegenüber, der über einen beträchtlichen Vorsprung bei der Informationsgewinnung und -verarbeitung verfügt: Über 25 000 Mitarbeiter der Bundesministerien und des Kanzleramts, die sich auf die Zuarbeit zahlreicher nachgeordneten Behörden auf Bundesebene, eine umfangreiche wissenschaftliche Beratungskapazität und kontinuierliche Informationskontakte zu Vollzugsbürokratien und Verbandsexperten stützen können (Bundeshaushaltsplan 1996). Selbst auf seinem Spezialgebiet stehen einem Abgeordneten meist mehrere fachlich spezialisierte Ministerialbeamte gegenüber. Zudem hat sich mit dem zügigen Ausbau der Datenbanken eine (bereits in den 70er Jahren festgestellte) „neue Qualität des Informationsvorsprungs" (Dobiey 1974: 318f.) der Ressorts entwickelt, die eine parlamentarische „Informationskrise" signalisierte, ja eine weitere „Entmachtung der Kontrolleure" befürchten ließ. Das Gewicht „synthetischer Informationen" wächst, durch Datenspeicherung und -verarbeitung bedingte Selektionsprozesse bei der Planung und Programmentwicklung können sich auch inhaltlich auswirken (Kevenhörster 1984: 77ff.). Nachprüfung und Verarbeitung der – oft „gezielt" mit Quellenmaterial und Statistiken angereicherten – Gesetzentwürfe, Antworten und Berichte der Bundesregierung werden erschwert. Die Anforderungen an Parlamentarier und Regierungspolitiker bei der Überprüfung und Verarbeitung der Vorlagen und Informationen aus der Ministerialverwaltung steigen (Lange 1988: 92). Hinzu kommt, daß die – entgegen manchen Erwartungen – fortbestehende Tendenz der Segmentierung bei der gouvernementalen Planung und Informationsverarbeitung an konzeptionellen Alternativen orientierte parlamentarische Gestaltung und Kontrolle erschwert.

Angesichts dieser Entwicklung ist sowohl eine Fortentwicklung der Informationsrechte der Abgeordneten und Fraktionen wie auch der Ausbau ihrer Analysekapazität erforderlich und seit den 80er Jahren auch vorangetrieben worden (PARLAKOM-Studie 1985/86). Abgeordnete aus allen Fraktionen – besonders natürlich der Opposition – wollen es nicht länger hinnehmen, „daß die zu Kontrollierenden in der Regel Inhalt und Ausmaß der Informationen bestimmen", mittels derer sie von den Abgeordneten kontrolliert werden sollen. Teils werden politisch wichtige Informationen vorenthalten oder „geschönt", teils sehen sich die Abgeordneten „gezielt" mit einer Flut von irrelevanten Informationen eingedeckt, die sie nicht angemessen verarbeiten können. Für eine „gezielte Auswahl und Verarbeitung von Informationen, für eine wirkliche Kontrolle oder gar die Erarbeitung von Alternativen" fehlen häufig die nötige Zeit und auch eine angemessene wissenschaftliche Zuarbeit (vgl. die „Selbstverständnis-Debatten" des Bundestages, besonders PlPr 10/85/20.9.1984).

7.1.2 Informationsrechte

Die rechtlichen Kompetenzen „des" Bundestages, besonders aber von (oppositionellen) Minderheiten und einzelnen Abgeordneten, sich die für ihre Kontroll-, und Gesetzgebungstätigkeit erforderlichen Informationen aus dem Bereich der „Exekutive" zu verschaffen, reichen nicht aus. Als entscheidendes „Handikap" erweist sich, daß die Informations-, Inspektions- und Kontrollrechte des Bundestages im Organisationsteil des Grundgesetzes nur unzureichend abgesichert sind. Besonders gilt dies für parlamentarische Minderheiten und einzelne Abgeordnete. Versuche, deren Kompetenzen durch Änderungen der Verfassung nachhaltig zu stärken, sind insbesondere am Widerstand der jeweiligen Bundesregierung und der Führung der Koalitionsfraktionen gescheitert (vgl. Abschn. 7.13, 7.14, 7.19). Weitergehende Regelungen der Geschäftsordnung des Bundestages können aber Regierung, Verwaltung und andere Verfassungsorgane rechtlich nicht binden, politisch nur dann, wenn die Mehrheitsfraktionen voll dahinterstehen oder/und die Regierung befürchten muß, bei Mißachtung dieser Regelungen öffentlich Ansehen und Unterstützung zu verlieren. Ihre Wirkung hängt davon ab, ob die jeweilige parlamentarische Gruppierung öffentlich Druck erzeugen kann.

Kompetenzprobleme ergeben sich schon beim „klassischen" Zitier- und Fragerecht. So steht das Recht zur Herbeirufung (Art. 43 Abs. 1 GG) von Regierungsmitgliedern nur der parlamentarischen Mehrheit zu, was insbesondere für die Arbeit der Oppositionsabgeordneten in den Ausschüssen nachteilig ist (Stern 1980: 52; Bonner Kommentar, zu Art. 43 GG; vgl. Abschn. 7.3).

Die Verpflichtung der Bundesregierung zur Beantwortung von Fragen einzelner Abgeordneter und parlamentarischer Minderheiten ist im Organisationsteil des Grundgesetzes nicht ausdrücklich verankert (vgl. Abschn. 7.5, 7.6, 7.7). Zwar hat das Bundesverfassungsgericht – ausgehend von allgemeinen Verfassungsgrundsätzen (Art. 20 GG) und Funktionsbedingungen des parlamentarisch-demokratischen Regierungssystems – das Frage- und Interpellationsrecht des Parlaments und die verfassungsrechtliche Pflicht der Mitglieder der Bundesregierung anerkannt, „auf Fragen Rede und Antworten zu stehen und den Abgeordneten die zur Ausübung des Mandats erforderlichen Informationen zu verschaffen" (BVerfGE 57, 1, 5; vgl. BVerfGE 70, 324, 355; Isensee/Kirchhof 1987: 341, 384). Dies schließe eine angemessene Beteiligung am geheimen Wissen der Regierung ein. Allerdings werden die spezifischen Aufgaben und Informationsprobleme der Oppositionsfraktionen nicht angemessen gewürdigt. „Grundsätzlich" wird zwar anerkannt, daß auch parlamentarischen Minderheiten und den einzelnen Abgeordneten (gem. ihrem Status nach Art. 38 Abs. 1 GG) die für eine angemessene Wahrnehmung ihrer Arbeit erforderlichen Informationen von der Regierung nicht vorenthalten werden dürfen. Für die Praxis bleibt dies jedoch ohne größere Bedeutung, solange es der Bundesregierung überlassen bleibt, unter Hinweis auf (selbstdefinierte) Geheimschutz-Interessen oder einen nicht ausforschbaren „Kernbereich exekutiver Eigenverantwortung" Informationen zu verweigern und – was sehr viel häufiger der Fall ist – aus welchen Gründen auch immer selektiv und ungenau zu informieren, ohne eine Nachprüfung durch Akteneinsicht gewärtigen zu müssen (BVerfGE 67, 100, 139).

Derzeit kann die Vorlage von Akten der Bundesregierung nur durch eine (qualifizierte) parlamentarische Minderheit von Untersuchungsausschüssen sowie durch Mehrheitsbeschluß (!) des Petitionsausschusses (Abschn. 7.13, 7.14) durchgesetzt werden. Nach wie vor hat der Bundestag keinen unmittelbaren Zugang zu den Datenbanken der Bundesregierung. Um eine weitere Gewichtsverschiebung zugunsten der Ministerien zu verhindern, ist es an der Zeit, den Abgeordneten den Zugriff auf die Datenbanken der Regierung zu sichern und ihnen darüber hinaus ein generelles Einsichtsrecht in die Akten von Bundesregierung und Behörden einzuräumen, wie dies inzwischen in mehreren Landesverfassungen gesichert ist (z.B. Schleswig-Holstein, Brandenburg, Sachsen). Abgeordneten des Bundestages wird versagt, was in anderen Ländern sogar allen Bürgern zugestanden wird (so z.B. in Schweden; vgl. Jann 1981: 379; Jahn ^{2}1999). Obwohl sich mehrere Kommissionen und drei von vier Abgeordneten (74%) für eine „verstärkte Informationspflicht der Regierung gegenüber dem Parlament" aussprechen, konnten bisher selbst bescheidene Vorschläge zur Stärkung der Informationsrechte von parlamentarischen Minderheiten und Abgeordneten nicht realisiert werden (Ismayr ^{2}1999d; Ismayr ^{2}1999e). In diesen Zusammenhang gehört auch die Forderung, den Abgeordneten alle bei der Vorbereitung von Gesetzentwürfen der Bundesregierung verwendeten Materialien (wie Berichte, Sachverständigengutachten, Anhörungsprotokolle etc.) zugänglich zu machen (Vorschläge der Ad-hoc-Kommission Parlamentsreform BT-Drs. 3600/1.7.1985, S. 13f. und der „Interfraktionellen Initiative Parlamentsreform", BT-Drs. 11/2206/27.4.1988). Angesichts der unbefriedigenden verfassungsrechtlichen Lage dürfte eine nachdrückliche Stärkung der Informations- und Kontrollbefugnisse parlamentarischer Minderheiten und der einzelnen Abgeordneten allerdings nur durch entsprechende Verfassungsänderungen erreichbar sein. Dies gilt insbesondere für ein allgemeines Akteneinsichtsrecht für alle Abgeordneten, eine Sicherung von Informations- und Inspektionsrechten für Enquete-Kommissionen und Untersuchungsausschüsse (auch gegenüber Privaten) und die Verpflichtung der Bundesregierung, auf Fragen von Abgeordneten und Minderheiten umfassend Auskunft zu geben. Entsprechende Vorschläge der Opposition in der „Gemeinsamen Verfassungskommission von Bundestag und Bundesrat" (1993) wurden allerdings verworfen.

Auch ein wesentlich verbesserter Zugriff auf die Informationsbestände der „Exekutive" reicht freilich nicht aus, ist deren Auswahl und Zusammenstellung doch durch gouvernementale bzw. administrative Zielsetzungen und Fragestellungen geprägt. Insbesondere gilt dies für Planungsdaten. Darüber hinaus müssen Abgeordnete und Fraktionen in der Lage sein, sich auch unabhängig vom Apparat der Ministerien die für eine (öffentlichkeits)wirksame Kontroll- und Gesetzgebungsarbeit erforderlichen Informationen zu verschaffen. Dies geschieht durch (inzwischen) zahlreiche Ausschuß- und Fraktionsanhörungen, die darüber hinaus als Foren politischer Kontrolle und Initiative wirksam werden (können). In vergleichsweise eher bescheidenem Umfang werden auf Ausschuß- und Fraktionsebene von externen wissenschaftlichen Einrichtungen Gutachten eingeholt und auch Untersuchungsaufträge vergeben (Bundeshaushaltsplan, EPL 02). Es bestehen laufende Informationskontakte zu Verbandsexperten, wissenschaftlichen Instituten, Partei-Kommissionen und zum Wahlkreis. Schließlich haben die Abgeordneten die Möglichkeit, über den wissenschaftlichen Dienst auf den Informationsbestand von ca. 2000 externen Datenbanken zurückzugreifen, von denen allerdings viele allenfalls für eine gelegentliche Nutzung durch den Bundestag infrage kommen (IT-Rahmenkonzept 1998: 204).

7.1.3 Ausbau der Analysekapazität

Für die kritische Überprüfung, Auswertung und konzeptionell durchdachte Nutzung von Regierungs- und Verbandsinformationen reicht die den Abgeordneten, Ausschüssen und Fraktionen verfügbare Analysekapazität trotz beachtlicher Verbesserungen seit den 70er Jahren noch nicht aus. In dieser Beurteilung sind sich die Parlamentarier weitgehend einig. In der Untersuchung von Dietrich Herzog u.a. (1990) hielten 71% der befragten Abgeordneten eine „bessere Personal- und Sachmittelausstattung" für vordringlich (35%) oder dringlich (36%). Verbesserungen sind nur bei einer angemessenen Erhöhung der Zahl wissenschaftlicher Mitarbeiter von Abgeordneten, vor allem aber von Ausschüssen (Ausschußsekretariaten) und Fachdiensten zu erwarten. Nur unter dieser Voraussetzung besteht auch Grund zu der Hoffnung, daß die mit dem Projekt PARLAKOM seit Mitte der 80er Jahre in Gang gekommene informations- und kommunikationstechnische Ausstattung des Bundestages nicht in erster Linie neue Abhängigkeiten mit sich bringen, sondern eine raschere Problemwahrnehmung und kritische Überprüfung von Regierungsvorlagen und -informationen ermöglichen wird. Auf der Grundlage der umfangreichen PARLAKOM-Studie (1985/86) hatte der Ältestenrat beschlossen, ein „gemeinsames Informations- und Kommunikationssystem für das Parlament, seine Fraktionen und die Büros der Abgeordneten in Bonn und im Wahlkreis aufzubauen“ (Beschlüsse abgedruckt im IT-Rahmenkonzept 1998: 28ff.). Inzwischen sind alle Abgeordneten-Büros in Bonn/Berlin und im Wahlkreis entsprechend mit Personalcomputern ausgestattet. Über die im Internet verfügbaren Informationen hinaus kann über ein hausinternes „Intranet“ auf weitere Informationssysteme zugegriffen werden. Neben den bereits zugänglichen Parlamentsmaterialien (DIP/“Dokumentations- und Informationssystem für Parlamentarische Vorgänge“) sollen künftig u.a. angeboten werden: ein „Verfolgungssystem für parlamentarische Initiativen“, ein Tickerdienst (mit Meldungen der Presseagenturen), Daten der Bundestagsbibliothek, die Pressedokumentation und ein „Dokumentations- und Informationssystem für Vorgänge in den parlamentarischen Auschüssen“ (mit den entsprechenden Auschußmaterialien) (IT-Rahmenkonzept 1998). Für eingehendere Recherchen in externen Datenbanken wurden zudem mehrere Abfragestellen eingerichtet. In jedem Fall sind die Voraussetzungen der Informationsspeicherung zu berücksichtigen, um den Wert dieser Informationen für die parlamentarisch-politische Arbeit angemessen einzuschätzen. Viele Informationen sind „synthetischer Natur“, haben somit keine Entsprechung in der Realität. Des weiteren sind Informationen oft interessengebunden, ohne daß der Interessenbezug dabei auf den ersten Blick deutlich wird. Die Kanalisations- und Filtermacht von großen Informationsanbietern hat deutlich zugenommen. Neue Abhängigkeiten könnten am ehesten durch laufenden Diskurs zwischen Abgeordneten und Sachverständigen (Wissenschaftler, sachkundige Bürger) vermieden werden – so die PARLAKOM-Folgenabschätzung 1985 (PARLAKOM-Studie 1985; Lange 1988).

Ihrer Kontroll- und Gestaltungsaufgabe werden Abgeordnete und Fraktionen nur dann gerecht, wenn sie zur Erarbeitung, kritischen Überprüfung und kommunikativen Vermittlung konzeptioneller Politikentwürfe und Alternativen fähig sind. Sie sollten in der Lage sein, Regierungsvorlagen und -informationen nicht nur punktuell, sondern auch hinsichtlich komplexer Wirkungszusammenhänge zu überprüfen. Initiativen zur Stärkung der Informationsrechte und der Beratungskapazität sowie zur Verbesserung kommunikativer Rückkoppelung zwischen Parlamentariern und Bürgern sollten dies berücksichtigen.

Deutlicher als in früheren Jahren wird seit den 80er Jahren erkannt, daß die Wirksamkeit parlamentarischer Kontrolle – insbesondere seitens der Opposition – von der Resonanz bei Bürgern und

Tabelle 7.1: Bewertung möglicher Ziele einer Parlamentsreform (Angaben in %)

Reformziele	„Vordringlich" Insgesamt	„Vordringlich" Abgeordnete nach Parteizugehörigkeit CDU	CSU	SPD	FDP	GRÜNE	„Dringlich" Insgesamt	„Dringlich" Abgeordnete nach Parteizugehörigkeit CDU	CSU	SPD	FDP	GRÜNE	„Weniger dringlich" Insgesamt	„Weniger dringlich" Abgeordnete nach Parteizugehörigkeit CDU	CSU	SPD	FDP	GRÜNE
1. Stärkung der Stellung des einzelnen Abgeordneten	39	37	29	42	37	41	33	35	17	33	37	41	28	28	54	25	27	18
2. Stärkung der Stellung der Opposition	17	2	–	31	3	61	34	19	8	55	23	39	49	80	92	14	73	–
3. Bessere Personal- und Sachmittelausstattung des Parlaments	35	31	46	40	37	9	36	34	29	38	47	22	30	34	25	22	17	70
4. Verstärkte Informationspflichten der Regierung gegenüber dem Parlament	30	10	13	44	30	83	44	52	25	44	47	17	26	38	63	12	23	–
5. Verbesserung der Selbstdarstellung des Bundestages in der Öffentlichkeit	37	50	50	29	23	13	38	34	46	37	57	30	26	16	4	35	20	57
6. Größere Transparenz parlamentarischer Willensbildungs- und Entscheidungsprozesse	39	32	25	41	47	74	43	45	42	47	37	22	18	24	33	12	17	4

Quelle: Herzog u.a. 1990: 126.

Öffentlichkeit abhängt. So haben auch die Ausschüsse für Auswärtiges und für Verteidigung öffentliche Anhörungen durchgeführt, Enquete-Kommissionen haben „vor Ort“ Erfahrungen gesammelt, über Berichte und Sammelübersichten des Petitionsausschusses wurden sehr viel häufiger als früher Debatten geführt.

7.2 Parlamentarische Kommunikation und Öffentlichkeit

Demokratische Legitimation staatlichen Handelns setzt Transparenz des Entscheidungsprozesses und stete wechselseitige Kommunikation zwischen Parlament und Bürgern voraus. Sie hängt von der Fähigkeit der Abgeordneten und Fraktionen ab, die von Parteigliederungen, Interessengruppen, Bürgerinitiativen, Kirchen, Publizistik etc. entwikkelten Meinungen, Interessen und politischen Positionen wahrzunehmen, zu aggregieren und zu artikulieren und auf dieser Grundlage gemeinwohlorientiert konzeptionelle Alternativen in öffentlicher Debatte so zu begründen und zu vermitteln, daß kritisches Mitdenken, Kontrolle und Mitwirkung der Bürger begünstigt werden. Tatsächlich wird der Prozeß kommunikativer Politikvermittlung und Basisrückkoppelung seit jeher als defizitär angesehen (Loewenberg ^{2}1971: 504). Die Verbesserung der Kommunikationsfähigkeit des Bundestages wurde zum Dauerthema der Parlamentsreform. Kommunikationsfördernde Vorschläge zur Vitalisierung und diskursiven Fundierung parlamentarischer Debatten und zur Öffnung parlamentarischer (und gouvernementaler) Willensbildungsprozesse standen immer wieder auf der Tagesordnung (z.B. Oberreuter ^{2}1978; Ismayr 1982a; Ismayr ^{2}1999d).

7.2.1 Massenmedien und Politikvermittlung

Eine angemessene Einschätzung der Kommunikationsfähigkeit des Bundestages ist nur möglich, wenn das System der Massenmedien berücksichtigt wird. Von dessen Vermittlungsleistung hängen das Parlament und das demokratische politische System insgesamt in hohem Maße ab. Als verfassungsrechtlich höchste Legitimationsinstanz und dem Anspruch nach zentrales Forum des politischen Diskurses konkurriert das Parlament mit anderen politisch agierenden Institutionen um die Aufmerksamkeit der Massenmedien. Die Selektionsmechanismen sind bekannt: Einen hohen Aufmerksamkeitsgrad erzielen Krisen und Konflikte, die „Rituale" des Regierungshandelns und politische Prominenz; Personalisierung und Aktualitätssucht sind dominierende Merkmale (Sarcinelli 1993: 35ff.; Weischenberg 1990: 101ff.). Wird in den wenigen überregionalen Tageszeitungen und teilweise auch in großen Regionalzeitungen vergleichsweise ausführlich über parlamentarische Aktivitäten berichtet, wirken sich die Mechanismen der Nachrichtenselektion und -strukturierung bei den vielen kleineren Zeitungen, den Boulevardblättern, beim Hörfunk und spezifisch beim Fernsehen zuungunsten einer politisch fundierten Parlamentsberichterstattung aus (Schulz 1987: 134). Berichtet wird über das Parlamentsgeschehen vor allem dann, wenn zu gewichtigen gesellschaftlichen Problemen (z.B. Gesundheitsreform, Steuerreform) oder aktuellen und skandalträchtigen Ereignissen heftige parteipolitische Konflikte ausgetragen werden, wenn Generaldebatten anstehen, die eine aktuelle Bilanzierung der (Regierungs-)Politik erwarten lassen, Spitzenpolitiker das Wort ergreifen, persönliche Attacken geführt werden oder vorausgehende Kontroversen innerhalb des Regierungslagers oder in einer Oppositionspartei das Interesse am Argumentations- und Abstimmungsverhalten wecken (vgl. auch Czerwick 1998).

Zu bedenken ist dabei, daß das Fernsehen für viele Bürger das primäre oder gar einzige politische Informationsmedium ist und für die Mehrzahl von ihnen nach wie vor das glaubwürdigste (Noelle-Neumann/Köcher 1997: 401f.). Die spezifische „visuelle" Vermittlungsweise des Fernsehens bedingt eine reduzierte Realitäts- und Politikwahrnehmung bei jenen Zuschauern, die sich nicht zusätzlich durch hinreichende Zeitungslektüre informieren. Die Folge ist eine wachsende Wissenskluft – eine demokratischen Transparenz- und Partizipationsansprüchen zuwiderlaufende Tendenz (Saxer 1988: 279ff.).

Wie verschiedene Untersuchungen nachweisen, hat die Kommerzialisierung des Fernsehens den Trend zur Informationsverflachung noch deutlich verstärkt. Zudem verlieren die politischen und kulturellen Informationssendungen der öffentlich-rechtlichen Rundfunkanstalten einen erheblichen Teil ihrer sonst üblichen Zuschauer (Marcinkowski 1998: 176). Ohne diesen Verlust durch ein entsprechendes Programmangebot zu ersetzen, senken die kommerziellen Anbieter den Informationswert der Nachrichtensendungen durch weitere Popularisierung und Boulevardisierung (Krüger 1996). Deren Parlamentsberichterstattung ist marginal.

Der Trend ist bedenklich: Während einerseits politische Aufgaben komplexer und die Verfahren der Problembewältigung komplizierter werden und immer mehr Kompetenz verlangen, wird Politik von einem offenbar zunehmenden Teil der Bevölkerung primär in personalisierter, ritualisierter und verkürzter Form wahrgenommen.

Auf Wirkung und Wahlerfolg bedacht, haben sich Institutionen und Politiker auf die (veränderte) Mediensituation eingestellt und betreiben zunehmend professionell und in wachsendem Umfang Öffentlichkeitsarbeit (Pressekonferenzen und -mitteilungen, abgesprochene Interviews). Dabei gehört neben der Vermittlung politischer Inhalte das Inszenieren mediengerechter Ereignisse, das „Besetzen" von Begriffen und die Produktion identitätsstiftender Slogans, Sprachmuster und optischer Symbole zum Alltagsgeschäft (Sarcinelli 1998). Die Abhängigkeit zwischen Medien und Politik ist wechselseitig. Ausdruck eines „symbiotischen" Verhältnisses von Politik und Medien in Bonn/Berlin sind die zahlreichen Informationszirkel für Hintergrundgespräche zwischen Politikern und Journalisten mit abgestuften Zugangschancen (Martenson 1989: 273ff.).

Der Ausbau der Öffentlichkeitsarbeit hat den durch die Eigengesetzlichkeiten des Fernsehens mitverursachten Trend zur Gouvernementalisierung und Hierarchisierung sowie die Benachteiligung der Opposition gegenüber dem Regierungslager noch verstärkt. Denn die Bundesregierung verfügt mit dem Presse- und Informationsamt und den Pressestellen der Ministerien über einen umfangreichen Apparat der Informationsbeschaffung und Politikvermittlung und zudem über privilegierte Darstellungsmöglichkeiten auf der Bundespressekonferenz. Hingegen ist über den Wahlkreis hinaus nur ein verhältnismäßig kleiner Teil der Bundestagsabgeordneten bekannt.

7.2.2 Die Plenardebatten: Struktur und Reformaspekte

Im Plenum des Bundestages wird über ein breites Spektrum von Themen debattiert. Es stellt sich jedoch die Frage, ob die wichtigen Themen in angemessener Weise zur Sprache kommen und ob dies rechtzeitig geschieht.

Unmut wird seit langem in der Öffentlichkeit und auch von Abgeordneten über das gewohnte Debattenritual geäußert. Kritik an „Elefantenparaden", „abgecheckten Rednerlisten", „breiter Selbstdarstellung der Regierungsmitglieder", „unproduktivem Schlagabtausch", „steriler Fachsprache", „vorgefertigten Meinungsschablonen" wurde auch in Selbstverständnis-Debatten des Bundestages immer wieder geübt. Plenardebatten liefen „allzu routiniert, steril und langweilig ab". Vor allem werde allzu selten auf den Debattenbeitrag des Vorredners wirklich vital und doch argumentativ eingegangen (z.B. PlPr 10/85; PlPr 11/184).

Dieses Debattenritual beruht aber keineswegs auf bloßer Bequemlichkeit oder mangelnder rhetorischer Fähigkeit. Es beruht auf vorgegebenen Strukturen und der nur zögerlichen Bereitschaft, daran etwas zu ändern. Bedingt ist dies zunächst einmal durch den Ablauf der Sitzungswochen: Ein Großteil der Themen und Vorlagen wird donnerstags in ganztägigen Mammutsitzungen abgewickelt. Dies wirkt sich negativ aus: Nicht nur für den Debattenverlauf, sondern auch hinsichtlich der Medienberichterstattung und der öffentlichen Resonanz.

Die (breitere) öffentliche Wahrnehmung der Debatten wird besonders durch die Generaldebatten („Elefantenrunde" bei der Haushaltsdebatte, Regierungserklärungen) bestimmt und schon deutlich weniger durch die größeren Politikfeld- und Querschnittsdebatten, in denen oft eine Reihe wichtiger Vorlagen in verbundener Aussprache beraten werden (bedeutendere Gesetzentwürfe, Große Anfragen, Berichte etc.). Allenfalls von Fachzirkeln beachtet werden in der Regel die zahlreichen kurzen Spezialdebatten, in denen die zuständigen Ausschuß-Spezialisten in konzentrierter Form die Position der Fraktion im Ausschuß zusammenzufassen versuchen. Sie bestimmen den Ablauf der Plenartage in hohem Maße. Hinzu kommen im Plenum besondere Formen öffentlicher Kontrolle und Debatte (Fragestunde, Aktuelle Stunde, Regierungsbefragung).

Zu beachten ist zudem, daß die Anlässe für Plenardebatten äußerst vielfältig sind. Zentrale Aufgabe des Bundestages ist natürlich die Beratung von Gesetzentwürfen und des Bundeshaushalts. Hinzu kommen aber in großer Zahl selbständige Anträge, Regierungserklärungen, Große Anfragen und Entschließungsanträge, Regierungsberichte, Berichte von Untersuchungsausschüssen, Enquete-Kommissionen und des Petitionsausschusses, EU-Vorlagen und anderes.

Zu unterscheiden ist dabei,

- in welchem Stadium der Beratung sich eine Vorlage befindet,
- ob in der Sache Beschlüsse gefaßt werden können,
- ob die Vorlage von der Regierung(smehrheit) oder einer Oppositionsfraktion eingebracht wurde.

Plazierung, Gesamtdauer und Struktur der Debatten werden zwischen den Parlamentarischen Geschäftsführern ausgehandelt und im Ältestenrat formell „vereinbart“ (§ 35 Abs. 1 GOBT). Nicht selten kommt es auch erst danach zu einer „interfraktionellen Vereinbarung“ zwischen den Geschäftsführern. Dieses Vorgehen entlastet zweifellos das Plenum von zeitraubenden Verfahrensdebatten. Kommt keine Vereinbarung zustande und setzt sich die Koalition durch Mehrheitsbeschluß (gem. § 20 Abs. 1 GOBT) durch, führt dies im Plenum regelmäßig zum Eklat. Über die Aushandlungsprozesse der Geschäftsführer erfährt die Öffentlichkeit in der Regel kaum etwas. Die Verhandlungspartner kennen die parlamentsrechtlichen Möglichkeiten auch der jeweils anderen Seite sehr gut. So werden schon in den Geschäftsführer-Besprechungen (auch bei zunächst kontroversen Punkten) im Bewußtsein der Durchsetzungsmöglichkeiten der anderen Seite Kompromißregelungen gefunden (Ismayr 1992: 172ff.; Kabel 1982: 29ff.; Petersen 1999).

Insgesamt wurde die kommunikative Chancengleichheit der Opposition(sfraktionen) seit der „Kleinen Parlamentsreform“ 1969/70 durch Regelungen in der Geschäftsordnung und durch interfraktionelle Vereinbarungen in kleinen Schritten auch tatsächlich verbessert. So wurde erst 1969 das Prinzip von „Rede und Gegenrede“ ausdrücklich in der Geschäftsordnung des Bundestages verankert und festgelegt, daß nach der Rede eines Regierungsmitgliedes eine abweichende Meinung zu Wort kommen solle (§ 28 Abs. 1 GOBT). Seit der Präsenz einer zweiten Oppositionsfraktion 1983 ließ sich die „Wechselrede“ zudem angemessener realisieren.

Die Auswirkungen der jederzeitigen Redebefugnis von Regierungs- und Bundesratsmitgliedern nach Art. 43 Abs. 2 GG wurden seit der 7. Wahlperiode (1972-76) dadurch gedämpft, daß jeweils zu Beginn der Wahlperiode ein exakter Schlüssel für die Aufteilung der Redezeit für Koalition (Regierung, Koalitionsfraktionen) und Oppositionsfraktion(en) vereinbart wird. Die Redezeit der Regierungsmitglieder wird dabei der Koalition zugerechnet, die der Bundesratsmitglieder je nach Parteizugehörigkeit zugeordnet („Bonner Stunde“, 14. WP: Koalition 35 Min., CDU/CSU-Fraktion 21 Min., FDP 7 Min., PDS 5 Min.). Überlange Beiträge der Redeprivilegierten gehen somit auf Kosten der eigenen Fraktionsmitglieder.

Mit dieser Regelung wurde dem engen Verbund von Regierung und Koalitionsfraktionen Rechnung getragen, aber auch der Tatsache, daß es nicht *die* Opposition, sondern ggf. mehrere eigenständige Oppositionsfraktionen gibt, die auch untereinander konkurrieren.

Allerdings begünstigt das Redeprivileg des Art. 43 Abs. 2 GG die Regierung(sseite) nach wie vor und sollte daher (auch für Bundesratsmitglieder) verfassungsrechtlich jedenfalls soweit eingeschränkt werden, daß es nicht mehr jederzeit genutzt werden kann. Denn nach wie vor dient diese Regelung Regierungsmitgliedern (und phasenweise auch Mitgliedern des Bundesrates) dazu, bei Fernsehübertragungen zur besten Zeit zu sprechen – zum Nachteil der Opposition, aber auch jener Parlamentarier der Koalition, die nicht zur „Spitze“ gehören. Zudem kann die Regierung oppositionelle Initiativen durch geschickt terminierte Regierungserklärungen „abfangen“ oder in ihrer Wirkung abschwächen (Ismayr 1992: 548).

Phasenweise wurde die Reformdiskussion auf die Frage einer „Verlebendigung“ der Debatten durch kürzere Redezeiten verkürzt. Schrittweise wurde eine Standardredezeit von 10 Minuten erreicht. Durch die Kumulation überlanger Reden bei Fernsehdebatten wurde die Wirkung dieser Reform aber abgeschwächt. Bei den zahlreichen Kurzdebatten sind die Redner andererseits gehalten, fachlich in konzentrierter Form den Fraktionsstandpunkt darzustellen.

Nach wie vor sind die Redechancen von Funktionsträgern und „einfachen“ Abgeordneten (trotz verkürzter Redezeiten) sehr unterschiedlich. So kam etwa die Hälfte der Abgeordneten in der 10. Wahlperiode zwischen ein- und neunmal zu Wort, während die zwanzig Politiker mit den meisten Plenarauftritten zwischen 46 und 85 mal sprachen. Das Übergewicht nicht nur von Redeprivilegierten, sondern auch von Abgeordneten mit herausragenden Funktionen ist bei Debatten, die vom Fernsehen übertragen werden, noch sehr viel ausgeprägter als im parlamentarischen „Alltag“ (Ismayr 1992: 351).

Neben der Nutzung des Redeprivilegs gilt die weitgehende Verplanung der Plenardebatten und die zu seltene Bereitschaft zu argumentativer Auseinandersetzung in freier Rede als Ursache mangelnder Vitalität, Kreativität und Überzeugungskraft vieler Plenardebatten. In der Praxis bestimmen die Fraktionen die Redner, „die im Plenum die Auffassung der Fraktion zu vertreten haben“ (§ 3 FGO-SPD). Die Auswahl der Redner für Fachdebatten liegt vornehmlich bei den zuständigen Arbeitsgruppen, die in erster Linie die zuständigen Berichterstatter oder die Vorsitzenden benennen. Bei Generaldebatten und bei Kontroversen zwischen Arbeitsgruppen und Interessengruppierungen der Fraktion wird meist im Vorstand und spätestens in der Besprechung der zuständigen Geschäftsführer mit den Sprechern der Arbeitsgruppen vor der Fraktionssitzung ein Ausgleich hergestellt. In der Fraktionsversammlung selbst wird nur selten über Rednerlisten und Debattenstruktur diskutiert und abgestimmt.

Zu mehr Spontaneität und einer Bereicherung des argumentativen Spektrums können vor allem jene Vorschläge und Regelungen führen, die mit der Verbesserung der Kommunikationsfähigkeit (auch intern) den Partizipationsspielraum der einzelnen Abgeordneten gegenüber dem Fraktionsreglement erweitern wollen. Dieser Zusammenhang erschwerte lange Zeit die Durchsetzung. Doch wurde nach jahrelangen vergeblichen Bemühungen 1990 endlich eine flexible und diskussionsfreundliche Regelung für Zwischenfragen und Kurzinterventionen in die GOBT aufgenommen (§ 27 Abs. 2), die 1995 noch etwas verbessert wurde. Der Präsident kann nun im Anschluß an einen Debattenbeitrag das Wort für eine Zwischenbemerkung von höchstens drei Minuten erteilen, auf die der Redner noch einmal antworten darf. Auch während eines Redebeitrages kann der Präsident das Wort nicht nur zu Zwischenfragen, sondern auch zu Zwischenbemerkungen erteilen, wie bisher allerdings nur mit Zustimmung des Redners (§ 27 Abs. 2 GOBT). Oft wird inzwischen eine Mischform aus Frage und Bemerkung praktiziert. Seit 1985 werden Zwischenfragen (in der Regel) nicht mehr auf die Redezeit angerechnet. Jahrzehntelang hatte man das lähmende Ritual der Ablehnung von Zwischenfragen unter Hinweis auf die begrenzte Redezeit in Kauf genommen.

Wie die Praxis der letzten Jahre zeigt, haben diese Regelungen zweifellos dazu beigetragen, daß einige Debatten vitaler und auch argumentativer geführt wurden. Kurzinterventionen erfolgen wie Zwischenfragen vom Saalmikrophon aus – was durch die kreisrunde Sitzanordnung des neuen Bonner Plenarsaales begünstigt wurde. Gegenüber der hierarchisch-gouvernementalen Struktur des alten Hauses wurden wichtige bauliche Voraussetzungen für eine Verbesserung des Diskussionsklimas geschaffen. An diesem Konzept wurde grundsätzlich auch bei der Neugestaltung des Plenarsaals im Berliner Reichstagsgebäude – dem neuen Sitz des Bundestages – festgehalten: Die Sitze der Abgeordneten bilden einen Dreiviertelkreis. Ihnen gegenüber sind das erhöhte Präsidentenpodest und die Regierungs- und Bundesratsbank in Form einer flachen, nach innen gekrümmten Ellipse angeordnet (Kaiser 1999). Hierdurch wird freiere Rede in Kurzbeiträgen von Saalmikrophonen aus begünstigt.

Auch künftig hängt die oft geforderte und selten eingelöste Praxis der freien Rede von der Begabung, aber auch von strukturellen Bedingungen ab. Übrigens sind etwa 80% der verlesenen Reden von Regierungsmitgliedern und Abgeordneten der Mehrheitsfraktionen von Ministerial- und Fraktionsreferenten vorgefertigt. Dies prägt auch den Stil – nicht nur der spezialisierten Beiträge. Eine Ursache der gängigen Praxis sind knappe Terminierung und Hektik in den Sitzungswochen.

Nun ist die freie Rede kein „Wert an sich". Die erwartete Exaktheit von Informationen und die konsistente Entwicklung von Argumentationszusammenhängen machen des öfteren den Rückgriff auf ein Manuskript erforderlich. Doch sollte die Fähigkeit und Bereitschaft kultiviert werden, dies auch beiseite legen zu können, um anregend und argumentativ auf den politischen Kontrahenten einzugehen. Allzuoft bleibt es jedoch bei ein paar Seitenhieben, wenngleich diskursive Elemente aufgrund der etwas aufgelockerten Debattenstruktur doch stärker erkennbar sind. Die Fähigkeit zur freien Rede kann sich freilich nur dann entwickeln, wenn hierbei auftretende rhetorische Pannen nicht übermäßig „ausgeschlachtet" werden und sich die Auseinandersetzung weniger darauf konzentriert, persönliche Widersprüche aufzuzeigen, sondern stärker konzeptionell, inhaltlich und zukunftsbezogen orientiert ist. Insbesondere bei Fernsehübertragungen kann die gewiß nicht unbegründete Furcht, am einzelnen Wort gemessen zu werden, das Bedürfnis nach rhetorischer Absicherung verstärken. Auch stellt das Risiko, vor einem Millionenpublikum „einzubrechen", eine Barriere dar. Hinzu kommen jene „Sachzwänge", die von der Tagespresse ausgehen. Deren Redakteure wollen die Reden schriftlich, und zwar möglichst frühzeitig. Ohne Erfolg wurde daher wiederholt eine wechselseitige Verpflichtung der Fraktionen vorgeschlagen, über ihre Pressestellen den Medien vorweg keine Manuskripte zur Verfügung zu stellen.

Bei den Vorschlägen der Reforminitiativen geht es in aller Regel nicht darum, die für das Funktionieren des parlamentarischen Regierungssystems unerläßlichen Aufgaben der Fraktionen in Frage zu stellen (Hamm-Brücher 1990). Die verbesserte Wahrnehmung der Kommunikations- wie auch der Kontrollfunktion durch den Bundestag hängt von der Bereitschaft ab, in der parlamentarischen Praxis den kommunikativen Spielraum der einzelnen Abgeordneten zu erweitern und Fraktionshierarchien abzuflachen. Dies auch, um sie stärker für ihre Arbeit zu motivieren und die Vielfalt an Fähigkeiten zu bestmöglicher Entfaltung kommen zu lassen. Selbstverständlich kann damit keine Rückkehr zu Vorstellungen des klassisch-altliberalen Parlamentarismus gemeint sein. Wer sich generell darüber beklagt, daß Parlamentsreden heute für die breite Öffentlichkeit bestimmt sind und „zum Fenster hinaus" gehalten werden, verkennt die demokratisch legitimierende Kommunikationsfunktion des Parlaments. Dies gilt aber auch für jene, die sich mit der bisherigen Praxis zufrieden geben oder gar Reden im Stil fraktionell abgestimmter Deklarationen grundsätzlich für angemessen halten.

Sich sachbezogen und argumentativ mit Vorrednern auseinanderzusetzen, hat im demokratischen Parlamentarismus vor allem den Sinn, Entscheidungen rational nachvollziehbar zu machen und in den öffentlichen Diskussionszusammenhang zu stellen. Zugleich soll jene Aufmerksamkeit erzeugt werden, die man für „Fraktionsverlautbarungen" nicht in gleicher Weise aufzubringen vermag und für den sachlich beziehungslosen Schlagabtausch nicht erhoffen sollte.

In Reformvorstößen ist immer wieder der Anspruch formuliert worden, daß Debatten insgesamt gesehen vital(er), argumentativ(er) und weniger deklaratorisch und „positionell" geführt werden sollten. Dies ist auch unter der Voraussetzung geboten, daß Debatten anläßlich eines Gesetzentwurfes in zweiter und dritter Beratung kaum mit der Intention geführt werden (können), das Abstimmungsverhalten des politischen Kontrahenten zu beeinflussen. Leichter möglich wäre dies aber

- bei Aussprachen über Berichte der Bundesregierung, von Enquete-Kommissionen, Großen Anfragen u.ä. und
- bei häufiger durchzuführenden zeitoffenen, weniger vorstrukturierten Grundsatzdebatten ohne Vorlagen. Sie wurden immer wieder vorgeschlagen – aber kaum realisiert.

Um das öffentliche Interesse an vertieften Plenardebatten zu wichtigen Themen zu erhöhen und die Glaubwürdigkeit des Bundestages zu verbessern, wurde im Rahmen einer Parlamentsreform im September 1995 eine „Plenar-Kernzeit" eingeführt. In Sitzungswochen sollen jeweils in einer Kernzeit am Donnerstagvormittag zwischen 9.00 und 13.00 Uhr, die von anderen Terminen freizuhalten ist, bei möglichst vollbesetztem Haus ein oder zwei wichtige Themen behandelt werden; das öffentlich-rechtliche Fernsehen überträgt diese Debatten zumeist. Ob sich diese grundsätzlich sinnvolle Regelung in der Praxis dauerhaft bewähren wird, ist nach ersten, noch recht unterschiedlichen Erfahrungen schwer einzuschätzen. Bisher wurde die Begrenzung auf ein oder höchstens zwei Themen zu selten eingehalten, und die Festlegung der Themen erfolgte oft so kurzfristig, daß eine Programmvorschau des Fernsehens und damit eine rechtzeitige Orientierung des Publikums nicht mehr erfolgen konnte.

Die Verbesserung der kommunikativen Kompetenz des Bundestages setzt allerdings voraus, daß auch Minderheitsmeinungen in der fraktionsinternen Diskussion, aber auch im Plenum und ggf. in öffentlichen Ausschüssen nicht nur ausnahmsweise und unter stark erschwerten formalen und psychologischen Bedingungen artikuliert werden können. Im Interesse der Funktionsfähigkeit des parlamentarischen Systems ist es geboten, für die Freiheit der Rede und der Abstimmung in der parlamentarischen Praxis unterschiedliche Maßstäbe anzulegen. Gewiß sollten auch gelegentliche Abstimmungsniederlagen nicht schon als Gefährdung der Regierungsfähigkeit angesehen werden. Grundsätzlich ist freilich ein legitimes Interesse der Regierung und der sie stützenden Fraktionen anzuerkennen, sich in der Regel auf Entscheidungen verlassen zu können, für die in den Regierungsfraktionen Mehrheiten zustande gekommen sind. Erleichtert werden sollte aber die Möglichkeit, auch abweichende Gründe und Positionen vorzutragen. Dies ist im Interesse demokratischer Repräsentation und Legitimation besonders bedeutsam vor allem dann, wenn diese Positionen von keiner anderen Fraktion, sehr wohl aber außerhalb des Parlaments in relevantem Umfang artikuliert werden. Besonders augenfällig war dies gegen Ende der 70er und Anfang der 80er Jahre der Fall (Ismayr 1982a: 43ff.). Es geht also nicht in erster Linie um die Einlösung individueller Selbstverwirklichungsansprüche, sondern um die Verbesserung demokratischer Rückbindung.

Die Glaubwürdigkeit parlamentarischer Debatte und parlamentarischer Arbeit leidet darunter, wenn inhaltliche und/oder taktisch-strategische Kontroversen zwischen Koalitionspartnern oder Interessengruppierungen einer Fraktion (Partei) öffentlich ausgetragen oder jedenfalls bekannt werden – im Plenum aber der Eindruck der Geschlossenheit der Lager erweckt wird. Oder wenn andererseits in adversativen Scheingefechten die Tatsache verwischt wird, daß sich die zuständigen Spitzenpolitiker über die Parteigrenzen hinweg in langwierigen Aushandlungsprozessen wesentlich geeinigt haben (vgl. Vermittlungsausschuß; Verfassungsänderungen). Solche Eindrücke entstehen nicht durchgehend – aber sie prägen den Stil parlamentarischer Debatten noch allzuoft.

Zu bedenken ist auch der Zusammenhang zwischen fraktionsinterner Kommunikationsfreiheit und Plenum. Begründet werden Praxis und Anspruch der Geschlossenheit auch damit, daß die Abgeordneten gleichberechtigt an der fraktionsinternen Willensbildung beteiligt seien. Die genauere Untersuchung des Willensbildungsprozesses hat jedoch gezeigt, daß die Mitwirkungschancen in den hierarchisch strukturierten Fraktionen bis hin zur Fraktionsversammlung nach wie vor sehr unterschiedlich sind (vgl. Kap. 3).

Die genannten Ansprüche und Mechanismen wirken sich auch auf die Themenstruktur des Plenums aus. So hatte gegen Ende der 70er und Anfang der 80er Jahre die weitgehende Ausgrenzung grundlegender Kritik und Alternativen der Ökologie- und Friedensbewegung aus parlamentarischen Debatten den Bundestag geschwächt und die parlamentarische Demokratie an den Rand einer Glaubwürdigkeitskrise geführt. Mit dem Einzug der GRÜNEN als neuer, konkurrierender Fraktion im Jahre 1983 und der (in der Opposition leichter möglichen) programmatischen Neuorientierung der SPD ist die Palette der Themen, Inhalte und politischen Strömungen dann breiter und vielfältiger geworden. In der neuen Konstellation seit der Bundestagswahl 1994 stellte sich dies ähnlich dar. Darüber hinaus kommt es aber auf den erkennbaren Zusammenhang von parlamentarischer Kommunikation und politischer Problemlösungsfähigkeit an (Niedermayer 1997: 118ff.). Die Wahrnehmung deutlicher Defizite hat die Parteienkritik der letzten Jahre erheblich bestimmt. Neuere Beispiele sind die bei langjähriger Diskussion verschleppten Entscheidungen zur Steuerreform und Rentenreform. Dies liegt sicherlich an der noch stärkeren Verlagerung wichtiger Entscheidungen in informelle und ganz überwiegend nichtöffentliche Aushandlungs- und (Vor-)Entscheidungsgremien außerhalb des Bundestages.

Nach wie vor wird die öffentlich nachvollziehbare Wahrnehmbarkeit im übrigen durch die unübersichtliche Struktur und die Überladung der Plenardebatten erschwert.

7.2.3 Transparenz und Kompetenz

Auf das Plenum beschränkte Reformen reichen nicht aus, um erhöhten Responsivitätserwartungen gerecht zu werden.

Als Ursache mangelnder Öffentlichkeitswirksamkeit des Bundestages gilt seit jeher auch die unzureichende Transparenz des Willensbildungsprozesses. Der Schwerpunkt der politischen Aktivitäten liegt bei den zahlreichen nicht-öffentlich beratenden Fraktionsgremien, Koalitionsgesprächen und Ausschüssen (sowie zahlreichen informellen Gruppen). (Von der seit 1969 bestehenden Möglichkeit der Ausschüsse, für bestimmte Verhandlungsgegenstände die Öffentlichkeit zu beschließen (§ 69 GOBT), wurde kaum Gebrauch gemacht.) In diesen Gremien und nicht im Plenum fallen die Entscheidungen im Wege teils diskursiver, teils positioneller und strategischer Beratungen. Insgesamt ist allerdings seit der 10. Wahlperiode (1983-87) die Bereitschaft zu regulärer oder jedenfalls häufigerer Öffentlichkeit der Ausschüsse gestiegen. Etwa zwei Drittel der Oppositions-Abgeordneten halten „mehr öffentliche Ausschußsitzungen" für eine „wirklich wichtige" Parlamentsreformmaßnahme (Herzog u.a. 1990: 127). Besonders von politikwissenschaftlicher Seite wird sie seit langem gefordert (Oberreuter 1975: 88; Steffani 1971: 267f.). Die Praxis hat sich aber bisher kaum geändert. Angesichts der Bedeutung, die der steten wechselseitigen Kommunikation zwischen Parlamentariern und Bürgern für die demokratische Legitimation des politischen Systems zukommt, ist in der Tat die reguläre Nicht-Öffentlichkeit der politisch bedeutsamen Ausschüsse problematisch. Als „maßgebliche Faktoren der politischen Willensbildung" (BVerfGE 80, 188, 219) müßten sie bei einer funktional angemessenen Auslegung des Art. 42 GG schon heute in der Regel öffentlich tagen (Thaysen 1988: 100). Faktisch wird ja zumeist bereits in der Ausschußphase nach fach- und beschlußorientierten Diskussionen entschieden. Eine verfassungsrechtliche Normierung wäre – nach dem Beispiel Schleswig-Holsteins (Art. 17 LVSchlH) – angemessen.

Die Öffentlichkeit nicht nur über die Entscheidungen zu informieren, sondern die Willensbildungsprozesse selbst zu öffnen und die Bürger laufend Einblick nehmen zu lassen in das parlamentarische Geschehen ist eine selbstverständliche Konsequenz gewachsener Repräsentations- und Legitimationsansprüche. Mit Recht wird darauf hingewiesen, daß das Argument, man müsse die Beratungen von Verbandseinflüssen abschirmen, an den Tatsachen vorbeigeht: Interessierte Fachkreise und Verbände gewinnen durchaus Einblick und wissen Einfluß zu nehmen – übrigens schon zuvor in der Fraktion. Allerdings ist auch nicht auszuschließen, daß die Präsenz von Verbandsvertretern den Druck auf einzelne Abgeordnete erhöhen könnte (Arndt 1994: 9ff.).

Tabelle 7.2: Bewertung einzelner Reformvorschläge im Bereich der Öffentlichkeitsfunktion von Abgeordneten des Bundestages (in %)

"Wirklich wichtig"	Insgesamt	nach Parteizugehörigkeit				
		CDU	CSU	SPD	FDP	GRÜNE
Mehr Publizität des Bundestages	43	57	52	37	37	5
Mehr öffentliche Ausschußsitzungen	36	6	25	62	20	87
Erweiterte Zuständigkeiten des Petitionsausschusses	40	24	8	56	43	68
Mehr aktuelle Debatten	58	50	58	63	47	82
Übertragung aller Plenardebatten durch Rundfunk und Fernsehen	28	22	13	33	23	59
Verbesserte Parlamentsberichterstattung in den Medien	79	84	96	78	70	55

Frage: „Im folgenden haben wir einzelne Elemente aufgelistet, die in eine Parlamentsreform Eingang finden könnten. Bitte nennen Sie uns diejenigen Maßnahmen, die Sie persönlich für wirklich wichtig oder eher nicht so wichtig halten."

Quelle: Herzog 1990: 127.

Erfahrungen mit öffentlichen Ausschußsitzungen und Anhörungsverfahren sprechen dafür, daß sich die Abgeordneten in öffentlichen Ausschußsitzungen nicht wesentlich anders verhalten als sonst im Ausschuß (so vor allem die langjährigen Erfahrungen im bayerischen Landtag) (de With 1985). Polarisierend wirken könnten allerdings Fernsehübertragungen, mit denen aber im normalen Ausschuß-Alltag kaum zu rechnen ist. Ein Vorteil wird darin gesehen, daß die kollegiale Atmosphäre und der vergleichsweise sachliche Diskussionsverlauf das Verständnis für parlamentarische Arbeitsvorgänge fördern würde. Seltener zu hören ist inzwischen das Standardargument, Öffentlichkeit werde die Kompromißfindung erschweren. Bekanntlich fallen die wichtigeren Entscheidungen zuvor in den Fraktionen, und auch nach einem facettenreichen Diskussionsverlauf wird – von marginalen oder parteipolitisch kaum festgelegten Fragen abgesehen – schließlich das in der Fraktion abgesprochene Votum in der Regel durchgehalten. Dies gilt vor allem bei entscheidungsreifen (Gesetz-)-Entwürfen und hier vornehmlich für die Regierungsfraktionen.

Nach der Bundestagswahl 1994 endlich aufgegriffen wurden Vorschläge zur Neugestaltung der parlamentarischen Beratungen, wie sie zunächst von der Enquete-Kommission Verfassungsreform im Jahre 1976 skizziert und in den 80er Jahren weiterentwickelt wurden. Im September 1995 wurden durch Ergänzung der Geschäftsordnung des Bundestages (§ 69a) „Erweiterte öffentliche Ausschußberatungen" ermöglicht. Dieses Verfahren sieht anstelle einer spezialisierten Fachdebatte in zweiter Lesung als Schlußberatung eine gemeinsame öffentliche Aussprache der Mitglieder des federführenden und der mitberatenden Ausschüsse vor. Im Plenum erfolgt dann nur mehr die formelle Abstimmung über die Beschlußempfehlung des Ausschusses, sofern nicht ausnahmsweise eine Minderheit von einem Viertel der Ausschußmitglieder zusätzlich eine Plenardebatte verlangt (§ 69 Abs. 5 GOBT; vgl. PlPr 13/55/21.9.1995; Lemke-Müller 1996: 3ff.; Marschall 1996).

Grundsätzlich ist dieses Konzept geeignet, Kommunikationsfähigkeit, Transparenz und Effizienz sowie die Beteiligungschancen der Abgeordneten gleichermaßen zu erhöhen. Manche fachliche Darlegungen von Fraktionsspezialisten könnten im Konsens der Fraktionen aus dem Plenum herausverlagert werden. Sie wären, in offener Diskussion geführt, für die interessierte Öffentlichkeit besser nachvollziehbar als spezialisierte Kurzdebatten im Plenum. Zudem könnten mehr Raum und erhöhte öffentliche Aufmerksamkeit für vertiefte Plenardebatten zu wichtigen Themen geschaffen werden.

Ob sich diese Wirkung einstellen wird, hängt vom Interesse der Beteiligten an diesem Verfahren ab und ist derzeit – nach erst wenigen erweiterten öffentlichen Ausschußsitzungen – noch nicht abschätzbar. Koordinations- und Terminfragen erweisen sich nach ersten Erfahrungen als Hindernis oder werden als Ausrede genutzt, zumal neben dem Einvernehmen mit den mitberatenden Ausschüssen auch das „Benehmen" (Informierung) mit dem Ältestenrat erforderlich ist.

7.2.4 Parlamentsberichterstattung – Parlamentskanal

Über Änderungen der eigenen Arbeits- und Debattenstruktur hinaus hat der Bundestag nur bescheidene Möglichkeiten, auf Art und Umfang der Parlamentsberichterstattung Einfluß zu nehmen. Dies gilt auch für das Fernsehen. ARD und ZDF entscheiden selbst darüber, welche Debatten sie in welchem Umfang „live" übertragen und inwieweit sie Ausschnitte in Nachrichten- und Magazinsendungen verwenden.

Bemerkenswert ist dabei, daß „das Plenum in den Printmedien überwiegend, in den elektronischen Medien fast ausschließlich Gegenstand der Berichterstattung ist". Öffentliche Ausschußsitzungen fanden mit 47% einen publizistischen Niederschlag, „von allen nicht-öffentlichen hingegen nur 17,6%" (Mayntz 1993: 363, 365). In den letzten Jahren wurde etwa ein Fünftel der Plenardebatten von ARD und ZDF direkt übertragen (Ismayr 1992: 362). Mit Rücksicht auf das Nachmittagsprogramm und die Werbesendungen blendet sich das Fernsehen aus Debatten in aller Regel spätestens gegen 16:00 Uhr aus. Dies begrenzt deutlich die Öffentlichkeitswirkung (Einschaltquote ca. 1%).

Die gouvernementale Orientierung des Fernsehens wirkt sich selbst bei der Auswahl von Debatten für Direktübertragungen überraschend eindeutig aus: Regierungserklärungen mit Aussprachen werden häufig, Aktuelle Stunden hingegen höchst selten übertragen – obwohl diese als „fernsehgerecht" gelten (Ismayr 1992: 400). Hinzu kommt, daß ein Dominieren der Regierung und der Fraktionsspitzen, aber auch Monologisieren und problemverkürzender Schlagabtausch in den vom Fernsehen übertragenen Debatten häufig besonders ausgeprägt sind. Trotz der genannten Auswirkungen kommt ein Ausschluß nicht in Betracht. Es wäre im Sinne demokratisch legitimierender Kommunikation keineswegs systemgerecht, Publizität einzuschränken, um „Fensterreden" zu vermeiden. Wollte man weniger Debatten live übertragen, würde dies die hierarchischen Tendenzen nur verstärken.

Besonders angesichts der veränderten Medienstruktur ist darüber hinaus ein eigener Parlamentskanal zu empfehlen, auf dem alle Plenardebatten und ggf. sonstige öffentliche Sitzungen (Anhörungen, Erweiterte Ausschußberatung) unbearbeitet und ungekürzt übertragen werden sollten. Gefordert wurde dies seit langem ohne Erfolg (Mayntz 1992: 478ff.; Marschall 1997: 279ff.), doch konnten erst mit dem seit 1997 gemeinsam von ARD und ZDF betriebenen Spartenkanal „Phoenix" entsprechende Voraussetzungen geschaffen werden, der – neben weiteren Informations- und Dokumentationssendungen aus Politik, Wirtschaft und Kultur – täglich etwa sieben Stunden live sendet. Dieser „Ereignis- und Dokumentationskanal" reicht über einen reinen Parlamentskanal allerdings weit hinaus. Übertragen werden sämtliche Bundestagsdebatten (bis etwa 20 Uhr, gelegentlich auch darüber hinaus) sowie manche öffentlichen Ausschußsitzungen (Anhörungen). Hinzu kommen Live-Übertragungen von Plenardebatten anderer Parlamente des In- und Auslandes sowie von Parteitagen, Gewerkschaftskongressen, Kirchentagen etc. Live-Sendungen werden durch einführende Worte, erläuternde Reportagen, Dokumentationen und Interviews u.a. ergänzt, um ein besseres Verständnis der Zusammenhänge und Hintergründe zu erreichen. Hilfreich ist eine ausführliche Zusammenfassung der wichtigsten Übertragungen des Tages am (späten) Abend, nachdem in den Hauptprogrammen von ARD und ZDF seit längerem auf zusätzliche Sondersendungen mit Ausschnitten und zusammenfassenden Berichten aus dem Bundestag weitgehend verzichtet wird. Der öffentlichen Wahrnehmung der Parlamentsarbeit abträglich wäre es allerdings, wenn – wie von manchen befürchtet – mit dem Angebot von Phoenix (weitere) Einschränkungen der Parlamentsberichterstattung in den Hauptprogrammen der öffentlich-rechtlichen Fernsehsender einhergehen würden.

Negativ wirkt sich nicht nur „intern" sondern auch hinsichtlich der Medienberichterstattung und der öffentlichen Resonanz aus, daß die Plenardebatten auf wenige Tage konzentriert sind. Oft längere nachrichtenarme Phasen wechseln mit parlamentarischen „Hochleistungszeiten". Auch die überregionale Presse ist kaum in der Lage, diese Informationsfülle angemessen zu vermitteln, und selbst interessierte Bürger sind fast hoffnungslos überfordert. Eine bessere „Streuung" der Plenarsitzungen und der Parlamentsarbeit insgesamt wäre erforderlich – und wohl auch zumutbar.

7.3 Herbeirufungen

Ein klassisches Kontrollrecht ist die Herbeirufung von Regierungsmitgliedern durch das Parlament. Aus der Epoche der konstitutionellen Monarchie übernommen, ist es auch unter veränderten verfassungspolitischen Bedingungen unverzichtbar (Schneider 1984: 365). Das verfassungsmäßige Recht des Bundestages und seiner Ausschüsse, die Anwesenheit jedes Mitgliedes der Bundesregierung verlangen zu können (Art. 43 Abs. 1 GG), hat dazu beigetragen, die Geltung des Prinzips von Rede und Gegenrede zu sichern und das „trotz der Gewaltenteilung notwendige Maß an gegenseitiger Beteiligung von Bundestag und Bundesregierung gewährleistet" (Thaysen 1976: 58). Dem Zitierrecht steht das Recht von Regierung und Bundesrat gegenüber, jederzeit an den Sitzungen des Bundestages und seiner Ausschüsse teilzunehmen und gehört zu werden (Art. 43 Abs. 2 GG). Beide Kompetenzen sind im Kontext zu sehen.

Mit der Möglichkeit, nicht nur den Bundeskanzler, sondern auch einzelne Minister zitieren zu können, wird deren spezifische Verantwortung gegenüber dem Parlament anerkannt. Wird ein Regierungsmitglied durch Mehrheitsbeschluß herbeigerufen, ist es verpflichtet persönlich zu erscheinen.

Anträge auf Herbeirufung durch das Plenum können nach der Geschäftsordnung Fraktionen oder fünf Prozent der Abgeordneten stellen (§ 42 GOBT). In den Ausschüssen ist hierzu jedes einzelne Mitglied berechtigt (§ 68 GOBT). Beschlossen werden kann eine Herbeirufung aber nur mit Mehrheit, was ihre Wirkung als parlamentarisches Kontrollmittel gewiß einschränkt, da die Regierungsmehrheit in der Regel ein Interesse daran hat, solche Vorstöße der Opposition abzuwehren. Die verhältnismäßig geringe Zahl von Herbeirufungen dürfte darin eine Ursache haben.

Seit der ersten Wahlperiode sind 64 Anträge gestellt worden, also durchschnittlich nur etwa einer pro Jahr (Stand: 1998, Ende 13. WP), wobei ein merklicher Anstieg in den 80er Jahren seit der Präsenz der GRÜNEN im Bundestag auffällt (Schindler 1994: 464f.). Wie zu erwarten kamen fast alle Anträge aus den Reihen der Opposition (mit nur einer Ausnahme). Immerhin 18 Anträge sind mit Mehrheit beschlossen worden, was aber nur ausnahmsweise durch Zustimmung auch der Regierungsfraktionen bedingt war. Da Anträge – frühestens zu Beginn der Sitzung – spontan gestellt werden können, das Plenum aber meist nur schwach besetzt ist, sind „Zufallsmehrheiten" der Opposition durchaus möglich, denn über den Antrag muß sofort abgestimmt werden (Ismayr 1992: 651). Begründet wird die übliche Ablehnung durch die Mehrheitsfraktionen regelmäßig mit wichtigen Verpflichtungen des betreffenden Regierungsmitgliedes und damit, daß dessen Parlamentarischer Staatssekretär anwesend sei und ggf. Stellung nehmen werde.

Wie ist das – gelegentliche – Interesse von Oppositionsfraktionen an Herbeirufungen motiviert? Ausschlaggebend ist wohl, daß die Regierung Rechtfertigungszwängen und öffentlicher Kritik ausgesetzt wird, wenn zuständige Mitglieder bei Plenardebatten über zentrale politische Themen fehlen. Solche Anträge können in Einzelfällen durchaus spektakuläre Wirkung bringen. Herbeirufungen werden durchweg nur bei wichtigen politischen Anlässen praktiziert - insbesondere dann, wenn es um Prioritätensetzung geht und der Koalitionszusammenhalt auf dem Prüfstand steht. Insgesamt 18 mal (ca. 30% der Fälle) wurde daher bis Ende 1998 die Präsenz des Bundeskanzlers beantragt, so beispielsweise 1984 beim Thema „Ergänzungsabgabe", das im Wahlkampf 1982/83 eine große Rolle gespielt hatte und bei dem die Glaubwürdigkeit der Regierung auf dem Spiel stand (PlPr 10/111), und im Vorwahlkampf 1998 zum Thema „Arbeitslosigkeit" (PlPr 13/213).

Fast einhellig wird von der Staatsrechtslehre zwar die Auffassung vertreten, daß die herbeigerufenen Regierungsmitglieder verpflichtet sind, den Abgeordneten der jeweiligen Gremien Rede und Antwort zu stehen (Bodenheim 1980: 41; Schneider 1984: 366). In der Praxis der Plenardebatten ist dies jedoch - im Unterschied zu den Ausschüssen - kaum von Bedeutung. Die Entscheidung darüber, ob sie für die Regierung selbst Stellung nehmen oder dies einem anderen - bereits als Redner vorgesehenen - Regierungsvertreter überlassen, haben sich die Herbeigerufenen in der Regel selbst vorbehalten (Ismayr 1992: 652, Anm. 216).

Es ist inzwischen üblich, daß die zuständigen Regierungsmitglieder bei wichtigen Debatten ihre Abwesenheit den Parlamentarischen Geschäftsführern mitteilen und begründen. In den Vorabsprachen der Geschäftsführer wird dies angesprochen. Kann dies überzeugend begründet werden, werden die Oppositionsfraktionen schon vorab ihr Einverständnis bekunden.

Die indirekte, präventive Wirkung gelegentlicher Herbeirufungen ist nicht minder wichtig als die öffentliche Resonanz und der tatsächliche Erfolg. Die bloße Existenz dieses Kontrollinstruments „soll, dem Damoklesschwert vergleichbar, das gewünschte Regierungsverhalten gewährleisten" (Thaysen 1974: 460). Es müßte gleichwohl eine selbstverständliche Konsequenz der Funktionsverlagerung im parlamentarischen Regierungssystem sein, die Herbeirufungsbefugnis in ein Minderheitenrecht umzuwandeln und einem Viertel der anwesenden Abgeordneten dieses Recht einzuräumen (Kißler 1976: 157; Schneider 1984: 369).

7.4 Mißbilligungs- und Entlassungsanträge

Neben dem Verfahren des konstruktiven Mißtrauensvotums (Art. 67 Abs. 1 GG), das sich allein gegen den Bundeskanzler richten kann (siehe Kap. 5.4), hat der Bundestag auch die Möglichkeit, durch Mehrheitsbeschluß die Entlassung einzelner Bundesminister zu fordern und das Verhalten von Regierungsmitgliedern oder auch der gesamten Bundesregierung ausdrücklich zu mißbilligen. Damit ist allerdings unter den Voraussetzungen des parlamentarischen Regierungssystems kaum zu rechnen. Fände ein solcher Antrag auf Entlassung eines Ministers eine parlamentarische Mehrheit, wäre dies für den Bundeskanzler zwar rechtlich nicht zwingend, er würde aber bei Mißachtung eines solchen Mehrheitsvotums einen (weiteren) Vertrauensverlust riskieren und möglicherweise seine eigene Stellung gefährden.

Bis einschließlich der 13. Wahlperiode (1949-98) wurden 21 Mißbilligungsanträge und 13 Entlassungsanträge gegen Bundesminister gestellt. Auch die Mißbilligungsanträge richteten sich meist gegen einzelne Bundesminister, nur bei 4 Anträgen war der Bundeskanzler betroffen, einmal die Bundesregierung als ganze (Schindler 1994: 464f.).

Mißbilligungs- und vor allem Entlassungsanträge sind ein spektakuläres öffentlichkeitswirksames Druckmittel in der Hand der Opposition – auch wenn sie bisher stets abgelehnt oder auf andere Weise (z.B. durch Rücknahme) erledigt wurden. Erwartungsgemäß kamen alle bisherigen Anträge von Oppositionsfraktionen. Plenardebatten, die im Zusammenhang eines Entlassungs- oder Mißbilligungsantrags geführt werden, finden in der Regel gesteigerte Aufmerksamkeit in den Medien, freilich nur, so lange davon verhältnismäßig sparsam Gebrauch gemacht wird. Dies war bisher der Fall. Will die Opposition einen Abnutzungseffekt vermeiden, kann sie sich mit „einfachen" Rücktritts- bzw. Entlassungsforderungen begnügen, über die nicht abgestimmt wird, oder andere (parlamentarische) Mittel wählen, um auf die Öffentlichkeit einzuwirken. Bei der Frage nach dem taktischen Nutzen eines formellen Entlassungs- oder Mißbilligungsantrags muß die Opposition in Rechnung stellen, daß sie damit die Regierungsmehrheit zu einem förmlichen Akt der Solidarisierung mit einem politisch angeschlagenen Minister zwingt und so dessen Abgang eher erschwert. So stellten sich Sprecher der Regierungsmehrheit in der Plenardebatte demonstrativ hinter Bundesfinanzminister Theo Waigel, dessen Entlassung die Oppositionsfraktionen gefordert hatten (Frankfurter Allgemeine Zeitung vom 5.6.1997; PlPr 13/177). Ähnliche Erfahrungen wurden in den 80er Jahren bei mehreren Entlassungsanträgen gegen den auch koalitionsintern umstrittenen Bundesinnenminister Friedrich Zimmermann gemacht (Ismayr 1992: 652, Anm. 228).

Erst in der parlamentarischen Praxis seit den 60er Jahren hat sich die „zunächst in der Minderheit befindliche Auffassung durchgesetzt, daß die Bundesminister dem Bundestag gegenüber verantwortlich sind, der durch Mißbilligungs- und Entlassungsvoten diese Verantwortlichkeit auch geltend machen kann" (Wengst 1984: 551, Anm. 232). Inzwischen verweist auch in der Staatsrechtslehre die „überwiegend vertretene Ansicht" auf den Umstand, daß solche Kritikformen nicht nur traditioneller Bestandteil der parlamentarischen Kontrolle seien, sondern Art. 65 Satz 1 und 2 GG ausdrücklich von „(eigener) Verantwortung" des Bundeskanzlers und der Bundesminister spricht, die weitgehend leerlaufen müßte, wenn das Parlament nicht in der Lage wäre, ihr auch außerhalb des „konstruktiven Mißtrauensvotums" politisches Gewicht zu verschaffen (Schneider 1984: 601).

7.5 Große Anfragen

Das Fragerecht gehört zu den „klassischen" Kontrollkompetenzen von Parlament und Abgeordneten (vgl. Abschn. 7.1). Die Geschäftsordnung des Bundestages enthält spezifische Regelungen für Große und Kleine Anfragen, die Fragestunde sowie schriftliche Einzelfragen und schließlich die Aktuelle Stunde. Diese Instrumente dienen einmal dazu, Informationen zu beschaffen, die Abgeordnete für ihre Gesetzgebungs- und Kontrolltätigkeit in Ausschüssen und Plenum benötigen. Sie dienen aber auch „unmittelbar" der Kontrolle der Regierung(smehrheit), indem sie die Möglichkeit eröffnen, sich vor der Öffentlichkeit kritisch mit der Regierungspolitik auseinanderzusetzen und Alternativen zu präsentieren und so die Regierungsmehrheit veranlassen, ihre Position zu begründen. Die Fraktionen nutzen diese Kontrollinstrumente auch dann, wenn sie die nötigen Informationen bereits anderweitig beschafft haben und sich möglicherweise auch über die Haltung der Regierung im Klaren sind, weil sie eben auch dazu dienen, die öffentliche Auseinandersetzung zu suchen.

Tabelle 7.3: Anzahl der Anfragen, Fragestunden, Aktuellen Stunden und Regierungsbefragungen

	1.WP 1949-53	2.WP 1953-57	3.WP 1957-61	4.WP 1961-65	5.WP 1965-69	6.WP 1969-72	7.WP 1972-76	8.WP 1976-80	9.WP 1980-83	10.WP 1983-87	11.WP 1987-90	12.WP 1990-94	13.WP 1994-98	1.-13. WP
Große Anfragen	160	97	49	35	45	31	24	47	32	175	145	98	156	1094
Kleine Anfragen	355	377	411	308	488	569	480	434	297	1006	1419	1328	2070	9542
Mündliche Fragen	392	1069	1536	4786	10733	6966	12925	11826	4971	7028	4134	4215	3417	73998
– davon dringliche Fragen	–	–	–	33	198	135	74	49	13	41	42	57	34	676
schriftliche Fragen	–	–	–	–	–	4107	5572	11641	9413	15836	16117	16661	14905	94252
Fragestunden	16	44	96	178	223	176	168	135	79	142	107	121	k.A.	1485
Aktuelle Stunden	–	–	–	2	17	8	20	9	12	117	126	103	103	517
Berichte aus Kabinettssitzungen/ Regierungsbefragungen	–	–	–	–	–	–	10	–	–	3	32	44	41	130

Quelle: Schindler 1984: 750ff.; Schindler 1994: 938ff.; Sach- und Sprechregister des Deutschen Bundestages.

Als Mittel der Informationsbeschaffung und öffentlichkeitswirksamen Kontrolle und Initiative sind die verschiedenen Formen der Anfrage allerdings unterschiedlich geeignet. So gut wie nie geht es um „bloße" Information über Sachverhalte. Auch scheinbar ganz nüchterne Informationsfragen werden in aller Regel aus „politischem" Interesse gestellt; sie können sich in nachfolgenden politischen Auseinandersetzungen als Sprengsatz erweisen.

Diese und andere Kontrollinstrumente werden auch in derselben Angelegenheit neben- und nacheinander genutzt, wobei einmal das Schwergewicht bei der Informationsbeschaffung, das andere mal bei der Stimulierung einer öffentlichen Debatte liegen kann. So wird beispielsweise versucht, durch eine Einzelfrage und/oder eine Kleine Anfrage Informationen zu erhalten und die Regierung ggf. zu veranlassen, sich „festzulegen", um diese Auskunft dann in einer Aktuellen Stunde und/oder einer Großen Anfrage und der durch sie veranlaßten Plenardebatte zu nutzen.

Unter den öffentlichkeitswirksamen Informations- und Kontrollmitteln ist im parlamentarischen „Alltag" die Große Anfrage wohl das bedeutendste. Die Große Anfrage ist in besonderer Weise geeignet, die Regierung zu veranlassen, zu größeren Themenkomplexen politisch grundsätzlich und auch detailliert Stellung zu nehmen. Für die Wirksamkeit dieses Instrumentes entscheidend ist, daß die Oppositionsfraktionen innerhalb von drei Wochen eine Plenardebatte erzwingen können.

7.5.1 Verfahren

Eine Große Anfrage an die Regierung kann jede Fraktion oder eine entsprechende Anzahl von Abgeordneten richten. Sie kann mit einer kurzen Begründung versehen werden, was in der Regel geschieht (§§ 100, 75, 76 GOBT). Der Präsident (Präsidialamt) leitet die Große Anfrage dem Bundeskanzleramt zu und fordert die Bundesregierung auf, sich zu erklären, ob und wann sie antworten werde (§ 101 GOBT). Parlamentarische Geschäftsführer und Ältestenrat planen aufgrund der Ankündigungen der Ministerien (Vorlagenlisten) die Plenardebatten ein. Auf Verlangen einer Fraktion muß eine Große Anfrage nach Eingang der Antwort, oder wenn die Bundesregierung überhaupt oder für die nächsten drei Wochen die Beantwortung der Großen Anfrage ablehnt, auf die Tagesordnung gesetzt werden (§§ 101, 102 GOBT).

Man wird der Bedeutung dieses Minderheitenrechts nicht gerecht, wenn man die relativ seltenen Fälle zum Maßstab nimmt, in denen das Plenarprotokoll die Aufsetzung einer noch nicht beantworteten Anfrage auf die Tagesordnung vermerkt (Fallsammlungen zur GOBT). Denn einem entsprechenden Verlangen von Oppositionsfraktionen wird üblicherweise bereits bei der Aufstellung der Tagesordnung Rechnung getragen. Gegen das ausdrückliche Votum der anderen Fraktionen werden Plenardebatten über Große Anfragen nur gelegentlich durchgesetzt. In den Beratungen der Geschäftsführer hat dieses Minderheitenrecht sicherlich Gewicht (Ismayr 1992: 653, Anm. 240). Doch verfügen die Geschäftsführer der Regierungsfraktionen über meist recht wirksame Druckmittel, um in den Verhandlungen mit ihren Kollegen von der Opposition einen Kompromiß auszuhandeln. Zwar muß die Aussprache über Große Anfragen eröffnet werden, die Mehrheit hätte aber die Möglichkeit, sie auf eine Runde zu begrenzen (§ 23 GOBT). Da es hier meist um bedeutsame Themen geht und die Oppositionsfraktionen in der Regel eine umfassende Debatte anstreben, spielen Zugeständnisse bei der Vereinbarung der Redezeit und der zeitlichen Plazierung der Debatte eine wichtige Rolle.

In der Praxis wird die Drei-Wochen-Frist nur selten eingehalten. Meist geht die Antwort der Bundesregierung erst nach mehreren Monaten ein. Der Bundestagspräsident ist ermächtigt, diese Frist auf Wunsch der Bundesregierung im Einvernehmen mit den Fragestellern zu verlängern, was meist geschieht. Den (oppositionellen) Fragestellern ist meist an präzisen Antworten gelegen; sie wollen sich nicht mit pauschalen Erklärungen „abspeisen" lassen, die sich mit knapper Zeit für Recherchen rechtfertigen ließen.

Seit der 10. Wahlperiode (1983-87) kam es zu einem sprunghaften Anstieg der Großen Anfragen, der auch einen Bedeutungszuwachs induzierte (vgl. Tab. 7.3). Wie zu erwarten, wird das Kontroll- und Kommunikationsmittel der Großen Anfrage vor allem von der Opposition genutzt. Der Anteil der Oppositionsfraktion(en) lag seit der 6. Wahlperiode stets zwischen 70 und 80%, seit der 10. Wahlperiode sogar darüber (13. WP: 90%; Tab. 7.4). Wie nachdrücklich Große Anfragen als Instrumente der Auseinandersetzung zwischen Opposition und Regierungsmehrheit verstanden werden, zeigt sich darin, daß seit 1969 die jeweiligen Koalitionsfraktionen Große Anfragen nur gemeinsam gestellt haben (Schindler [3]1984: 751; Schindler 1994: 940ff.). Keine „Bündnisse" kamen hingegen zwischen den beiden Oppositionsfraktionen SPD und GRÜNE zustande. Stimuliert wurde eine größere Nutzung der Interpellationen seit 1983 durch die neue Fraktion DIE GRÜNEN.

Tabelle 7.4: Große Anfragen: Anzahl und Anteil der Fraktionen

eingebracht von	8. WP 1976-80		9. WP 1980-83		10. WP 1983-87		11. WP 1987-90		12. WP 1990-94		13. WP 1994-98	
	Anz.	%	Anz.	%	Anz.	%	Anz.	%	Anz.	%	Anz	%
CDU/CSU	33	70,2	24	75,0	–	–	–	–	–	–	–	–
SPD	–	–	–	–	61	34,9	57	39,3	55	56,1	80	51,3
FDP	–	–	–	–	–	–	–	–	–	–	–	–
B'90/GRÜNE[a]					87	49,7	68	46,9	13	13,3	47	30,1
PDS[b]					–	–	–	–	16	16,3	13	8,3
SPD, FDP	14	29,8	8	25,0	–	–	–	–	–	–	–	–
CDU/CSU, FDP	–	–	–	–	27	15,4	18	12,4	11	11,2	15	9,6
CDU/CSU. SPD, FDP	–	–	–	–	–	–	1	0,7	1	1,0	–	–
CDU/CSU, SPD, FDP, B'90/GRÜNE					–	–	–	–	1	1,0	1	0,6
CDU/CSU, SPD, FDP, B'90/GRÜNE, PDS[b]									1	1,1	–	–
einzelne Abgeordnete	–	–	–	–	–	–	1	0,7	–	–	–	–
insgesamt	47	100	32	100	175	100	145	100	98	100	156	100

a bis 3.10.1990: DIE GRÜNEN; 12. WP als „Gruppe"

b Gruppe der PDS ab 4. Oktober vereinigungsbedingt im Bundestag vertreten, 12. WP: PSD/LL

Quelle: Schindler 1988: 646; Schindler 1994: 940; Unterlagend des Sach- und Sprechregisters des Deutschen Bundestages.

7.5.2 Themenstruktur und Kontrollintentionen

Große Anfragen betreffen meist größere und politisch bedeutende Themenkomplexe; allerdings ist mit wachsender Zahl der Interpellationen die Thematisierung ganzer Politikbereiche (z.B. Deutschlandpolitik, Bildungspolitik) vergleichsweise seltener geworden (Schindler 1994: 945ff.; Chronik Deutscher Bundestag 1996). Die Großen Anfragen (besonders der Opposition) zielen darauf ab, die politischen Zielvorstellungen der Regierung(smehrheit) und Gesamtkonzepte zu den angesprochenen Problemfeldern offenzulegen und der Kritik auszusetzen, aber auch faktische Handlungsgrundlagen und die Wirkung bisheriger Programme zu erkunden. Was die Intention und Wirkung angeht, ist zwischen der (von der Verwaltung ausgearbeiteten) schriftlichen Antwort der Regierung und der späteren Plenardebatte zu unterscheiden. Jedenfalls soweit es die Fragen der Fraktionen und die schriftlichen Antworten der Regierung anbetrifft, geht es in der Praxis nicht (mehr) nur um „globale Grundsatzinformationen" (Kißler 1976: 172), sondern um durch detaillierte (Sach)Informationen überprüfbare politische Konzepte. Große Anfragen sind in eine Vielzahl von (häufig etwa 30 bis 60) Einzelfragen gegliedert, die von den Ministerien auch einzeln beantwortet werden. Diese Praxis trägt der Tatsache Rechnung, daß politische „Richtungskontrolle" ohne fundierte Kenntnis der zugrunde liegenden Daten und Sachverhalte nicht überzeugend geleistet werden kann.

Kontrollwirkungen gehen fast ausschließlich von Interpellationen der Oppositionsfraktionen aus. Von den Koalitionsfraktionen werden Große Anfragen vor allem zu dem Zweck eingereicht, der Regierung(smehrheit) Gelegenheit zu geben, ihre Leistungen ins rechte Licht zu rücken und für Konzepte und Maßnahmen zu werben. Sie werden mit den Ministerien von den Fraktionsarbeitsgruppen oft bis ins Detail abgesprochen; nicht selten gehen die Impulse auch von der Regierung aus (wenn es beispielsweise gilt, einen genehmen Kommissionsbericht öffentlichkeitswirksam zur Geltung zu bringen). Wirklich problematisch ist die – von der jeweiligen Opposition kritisierte – Praxis, daß an die Ministerien gerichtete Fragen zuvor von diesen „geliefert" wurden.

7.5.3 Plenardebatten und Öffentlichkeit

Seit 1969 werden Große Anfragen fast immer schriftlich beantwortet. Eine Plenardebatte dazu kommt häufig erst mehrere Wochen später zustande. Dies bringt die Oppositionsfraktionen oft in eine mißliche Lage. Gelingt es ihnen angesichts der laufenden Arbeitsbelastungen nicht sogleich, sich gründlich damit zu befassen und öffentlich darauf zu reagieren, dominiert in den Massenmedien die Regierung mit ihren Äußerungen.

Tabelle 7.5: Thematische Schwerpunkte Großer Anfragen

	CDU/CSU-FDP				SPD				DIE GRÜNEN[a]				PDS[g]		Insgesamt			
	10. WP	11. WP	12. WP	13. WP	10. WP	11. WP	12. WP	13. WP	10. WP	11. WP	12. WP	13. WP	12. WP	13. WP	10. WP	11. WP	12. WP	13. WP
Sicherheit/Militär/Rüstung	–	–	–	–	3	6	1	3	16	4	–	2	1	1	19	10	3[b]	6
Internationales/Dritte Welt	2	3	1	2	4	7	3	8	8	8	2	11	2	–	13	20[c]	9[d]	21
Umwelt/Energie/Verkehr	4	3	2	2	13	11	16	12	31	17	5	6	3	–	48	31	26	20
Ökonomie/Arbeit	8	4	3	8	12	3	4	14	5	9	1	2	2	2	25	17[e]	10	26
Landwirtschaft	2	1	1	–	–	1	1	5	3	1	1	–	1	–	5	3	4	5
Soziales/Gesundheit/ Bildung/Forschung/Kultur	8	2	3	1	17	20	15	17	16	19	1	12	3	5	41	41	23	38[f]
Bürgerrechte	–	–	–	–	4	3	1	–	6	2	1	–	–	–	10	5	2	–
Öffentlicher Sektor/Justiz	3	5	1	3	8	5	10	19	2	8	1	11	1	7	12	18	13	40
Deutsche Einheit	–	–	–	–	–	–	4	–	–	–	1		3		–	–	8	–
insgesamt	27	18	11	0	61	56	55	0	87	68	13	0	16	0	175	145	98	156

a ab 12.WP: BÜNDNIS 90/DIE GRÜNEN
b einschließlich einer gemeinsamen Anfrage von CDU/CSU, SPD und FPD
c einschließlich einer interfraktionellen Anfrage
d einschließlich einer gemeinsamen Anfrage von CDU/CSU, SPD, B90/GRÜNE und PDS/LL
e einschließlich einer gemeinsamen Anfrage von CDU/CSU, SPD und FDP
f einschließlich einer gemeinsamen Anfrage von CDU/CSU, SPD, FDP und B90/GRÜNE
g in der 12. WP: PDS/LL

Quelle: Unterlagen des Sach- und Sprechregisters des Deutschen Bundestages; eigene Zusammenstellung.

Große Anfragen sind neben eigenen Gesetzentwürfen das wohl wichtigste Instrument der Opposition im parlamentarischen Alltag zur Durchsetzung größerer Plenardebatten zu selbstgewählten Themen (Ismayr 1992: 374; Witte-Wegmann 1972: 126). Dies ist wohl das Hauptmotiv der Opposition, wenngleich das durch die zahlreichen Einzelfragen belegte Interesse an Informations- und Bewertungsgrundlagen für die öffentliche Auseinandersetzung nicht zu vernachlässigen ist. Meist wird über eine Große Anfrage gemeinsam mit anderen Vorlagen zum selben Themenkomplex eine „verbundene Aussprache" geführt. Dies fördert die Ausweitung der Debatte ins politisch „Grundsätzliche", wobei auf fachliche Details zwar in der Regel nicht verzichtet wird, die Redner brauchbare Einzelinformationen aber eher sporadisch und taktisch-selektiv aufgreifen und einsetzen.

An die Fachausschüsse können Große Anfragen nicht überwiesen werden. Allerdings werden von den Fraktionen häufig Entschließungsanträge eingebracht, die teilweise an die Ausschüsse überwiesen werden – sofern die Antragsteller zustimmen (§ 88 Abs. 2 GOBT; vgl. Abschn. 7.17).

7.6 Kleine Anfrage

Im Unterschied zu den Großen Anfragen werden Kleine Anfragen (§ 104 GOBT) nur schriftlich beantwortet. Sie können nicht als Verhandlungsgegenstand auf die Tagesordnung gesetzt werden (§ 75 Abs. 3 GOBT) und sind somit auch kein Instrument zur Durchsetzung von Plenardebatten. Wie die Einzelfragen (§ 105 GOBT) dienen sie aber häufig zur inhaltlichen Vorbereitung von Großen Anfragen, Anträgen und anderen Vorlagen und selbstverständlich können die Antworten in Plenar- und Ausschußdiskussionen über andere Vorlagen aufgegriffen werden.

Auch Kleine Anfragen (nach § 105 GOBT) können nur von einer Fraktion oder einer entsprechenden Zahl von Abgeordneten eingereicht werden, wobei die fraktionsinterne Behandlung unterschiedlich ist. In der Praxis sind dies üblicherweise die Fraktionen (vgl. Tab. 7.6). Anlaß für fraktionsinterne Konflikte sind Kleine Anfragen verhältnismäßig selten. Die Initiative (und Erarbeitung) liegt in der Regel bei wenigen Abgeordneten, die faktische Entscheidung bei der zuständigen Arbeitsgruppe (bzw. dem Arbeitskreis). Formell gelten die auch für andere Vorlagen festgeschriebenen fraktionsinternen Abstimmungsprozeduren bis hin zur Beschlußfassung durch die Fraktionsversammlung. Seit 1991 unterscheidet die Fraktionsgeschäftsordnung der SPD allerdings zwischen Kleinen Anfragen mit dem Zusatz „Fraktionsvorsitzende/r und Fraktion der SPD", über deren Einbringung die Fraktion beschließt, und Kleinen Anfragen einzelner Abgeordneter, die mit Zustimmung der zuständigen Arbeitsgruppe (!) über die Geschäftsführung eingebracht werden – wovon mittlerweile häufig Gebrauch gemacht wird (§ 6 Abs. 1, 2 FGO-SPD; Tab. 7.6). In Phasen der Regierungsbeteiligung wird die Prüfung durch die Parlamentarische Geschäftsführung größeres Gewicht erhalten. Nach wie vor dienen Kleine Anfragen weder zur Demonstration abweichender Positionen noch zur „Aufweichung" der Fraktionslinie.

Tabelle 7.6: Kleine Anfragen: Anzahl und Anteil (nach Fraktionen der Fragesteller)

eingebracht von	8. WP 1976-80 Anz.	%	9. WP 1980-83 Anz.	%	10. WP 1983-87 Anz.	%	11. WP 1987-90 Anz.	%	12. WP 1990-94 Anz.	%	13. WP 1994-98 Anz	%
CDU/CSU	366	84,3	232	78,1	–		1	0,1	–	–	5	0,2
SPD	–	–	21	7,1	145	14,4	192	13,5	371	26,9	168	8,1
FDP					–	–	–	–	–	–	1	0,1
B'90/GRÜNE[a]					820	81,5	1206	85,0	321	23,2	926	44,7
PDS[b]									664	48,1	783	37,8
CDU/CSU, SPD	–	–	–		–		1	0,1	2	0,1	–	–
SPD, FDP	55	12,7	37	12,4	–		–		–	–	–	–
CDU/CSU, FDP	–	–	–	–	40	4,0	13	0,9	10	0,7	13	0,6
CDU/CSU, SPD, FDP	13	3,0	7	2,4	1	0,1	4	0,3	12	0,9	–	–
CDU/CSU, SPD, FDP, B'90/GRÜNE[a]					–	–	2	0,1	2	0,1	–	–
Abgeordnete der SPD, CDU/CSU, B'90/GRÜNE					–	–	–	–	–	–	1	0,1
Abgeordnete der CDU/CSU	–	–	–	–	–	–	–	–	–	–	1	0,1
Abgeordnete der SPD	–	–	–	–	–	–	–	–	–	–	168	8,1
Abgeordnete der CDU/CSU, SPD, B'90/GRÜNE, FDP					–	–	–	–	–	–	4	0,2
insgesamt	434	100	297	100	1006	100	1419	100	1382	100	2070	100

a bis 3.10.1990: DIE GRÜNEN; 12. WP als „Gruppe"

b Gruppe der PDS ab 4. Oktober vereinigungsbedingt im Bundestag vertreten, 12. WP: PSD/LL

Quelle: Schindler 1988: 646; Schindler 1994: 940; Unterlagen des Sach- und Sprechregisters des Deutschen Bundestages.

Die Bearbeitung der Anfragen liegt bei den zuständigen Fachreferenten der Bundesministerien. Der Bundestagspräsident fordert die Bundesregierung (gem. § 104 Abs. 2 GOBT) auf, die Fragen innerhalb von 14 Tagen schriftlich zu beantworten.

Reicht diese Frist nicht aus, kann er sie im Benehmen (!) mit dem Fragesteller verlängern (§ 104 Abs. 2 GOBT), was häufig geschieht. Jedenfalls bieten Kleine Anfragen die Möglichkeit, in wenigen Wochen Antwort auf Informationsfragen zu erhalten und die Regierung zu Stellungnahmen herauszufordern und ggf. Festlegungen zu veranlassen. Den Ministerien steht für Kleine Anfragen somit mehr Zeit zur Verfügung als zur Beantwortung von Einzelfragen (gem. § 105 GOBT), aber erheblich weniger als für die Bearbeitung Großer Anfragen. Angesichts der (relativ) knappen Beantwortungsfrist verzichten die Ministerien in der Regel auf komplizierte interministerielle Abstimmungsprozeduren, eine Tatsache, die bei der Rezeption der Antworten zu bedenken ist.
Seit 1969 sind die Kleinen Anfragen ganz eindeutig zum Kontroll- und Informationsinstrument der Opposition geworden. Die Koalitionsfraktionen haben seit 1972 Kleine Anfragen fast immer gemeinsam eingebracht und versagen es sich, Kleine Anfragen öffentlich zur Profilierung gegenüber dem Koalitionspartner zu nutzen. Der Anteil der von den Koalitionsfraktionen gestellten Kleinen Anfragen ging seit 1987 auf weniger als 1% zurück.

Im Unterschied zu den Mehrheitsparteien gab es zwischen den Oppositionsfraktionen (jedenfalls formell) bei den Kleinen Anfragen keine Kooperation, ungeachtet gemeinsamer Auskunfts- und Kontrollinteressen in einigen Sachgebieten. Den sprunghaften Anstieg der Kleinen Anfragen seit 1983 hatte die Fraktion DIE GRÜNEN bewirkt, welche die Ministerien im Zeitraum 1983 bis 1990 mit 2026 Kleinen Anfragen „eindeckten" (= 83,5% aller Anfragen; 13. WP: B'90/GRÜNE 44,7%, PDS 37,8%). Eine derartige Vielfalt von Einzelaktivitäten, die in der Fraktion meist gar nicht mehr allgemein wahrgenommen werden, stärkt nicht eben die Konzentration auf das Wesentliche – was fraktionsintern auch immer wieder kritisiert wurde (Ismayr 1985b: 316). Allerdings kommt den zahlreichen Kleinen Anfragen eine nicht zu unterschätzende kommunikative Wirkung im Verhältnis von „Basis" und Abgeordneten zu: Denn viele dieser Kleinen Anfragen werden „von unten" (regionale Gliederungen der Partei, Bürgerinitiativen, nahestehende Institute etc.) angeregt. Gleichwohl befaßt sich nur etwa jede siebte Kleine Anfrage mit regionalen (selten

„lokalen") Problemen (13. WP: 14%), wobei es fast nie um bloß regionale Belange geht. Tendenziell zutreffend ist nach wie vor Witte-Wegmanns Feststellung aus den 70er Jahren, daß andererseits auch „große politische Grundsatzprobleme" selten seien (Witte-Wegmann 1972: 157) – zumindest für die neuere Entwicklung allerdings mit der Einschränkung, daß viele der angesprochenen Einzelfragen im Kontext großer politischer „Grundsatzentscheidungen" Gewicht haben.

Die bereits in den 70er Jahren festgestellte Vielfalt der in Kleinen Anfragen angesprochenen Themen ist seit den 80er Jahren noch bunter geworden (Witte-Wegmann 1972: 150; Schindler 1994: 942f.). Gleichwohl lassen sich Schwerpunkte ausmachen, die sich im Laufe der Zeit verschoben haben. Seit der Präsenz der GRÜNEN fielen die meisten Anfragen in die Kompetenz des Umweltministeriums (11. WP: 220) und des Verkehrsministeriums (11. WP: 192), nach der deutschen Vereinigung betreffen sie hingegen das Innenministerium und das Finanzministerium (Schindler 1994: 942f.; Chronik 1996: 482f.).

Entscheidend für die Wirkung einer solchen Vielzahl von Kleinen Anfragen zu Spezialproblemen ist, ob die Antworten der Bundesregierung für umfassendere (weiterführende) oppositionelle Initiativen wie Große Anfragen und Gesetzentwürfe genutzt werden, vor allem aber, ob im Kontext anderer parlamentarischer Aktivitäten (Plenum!) öffentlichkeitswirksam Problemzusammenhänge sichtbar gemacht werden können. Die Schwierigkeit, angesichts permanenten Zeitdrucks die vielfältigen Einzelaktivitäten wieder konzeptionell zu bündeln, sind in den Fraktionen immer wieder angesprochen worden.

Die Tatsache, daß Kleine Anfragen nicht auf die Tagesordnung des Plenums gesetzt werden, muß die öffentliche Wirkung nicht beeinträchtigen. In Plenardebatten zum entsprechenden Themenkomplex, die durch andere Vorlagen veranlaßt wurden, ggf. auch in einer Aktuellen Stunde, kann auf die Antworten zu Kleinen Anfragen Bezug genommen werden.

Die Art der Beantwortung der Kleinen Anfragen (wie auch anderer Fragen) durch die verschiedenen Ministerialreferate und Ressorts ist so unterschiedlich, daß eine generalisierende Beurteilung kaum möglich ist. Die Ministerialbürokratie, so die vorsichtige Einschätzung Friedrich Schäfers, sei „um eine befriedigende Antwort bemüht, durch die nicht mehr gesagt wird, als gesagt werden muß" ([4]Schäfer 1982: 235). Aus der Sicht der Oppositionsfraktionen bleibt die Regierung/Verwaltung zu häufig Antworten schuldig oder antwortet ausweichend. Besonders karg und unbefriedigend fallen Antworten aus, die den Bereich der inneren und äußeren Sicherheit betreffen. Der Opposition bleibt dann nur die Möglichkeit, mit weiteren (etwas anders formulierten) Kleinen Anfragen „nachzuhaken“, was des öfteren geschieht, oder sich anderer parlamentarischer Kontrollmittel und/ oder informeller Kontakte zu bedienen.

Für die Kleinen Anfragen der Koalitionsfraktionen gilt, was schon zu den „Großen Anfragen“ gesagt wurde: Deren Anfragen sind häufig zwischen den Experten der Koalitionsfraktionen („Berichterstatter-Gesprächen“) und den zuständigen Ministerialbeamten, ggf. unter Beteiligung der Obleute und des Parlamentarischen Staatssekretärs, abgesprochen, wobei die „Initiative“ bei den Abgeordneten oder beim Ministerium liegen kann.

Kleine Anfragen haben eine Kontroll- und vor allem Initiativwirkung, wohl nicht nur aufgrund der öffentlichen Wahrnehmung. Es darf angenommen werden, daß Ministerialreferenten, die häufiger mit der Beantwortung „informierender Fragen“ (Witte-Wegmann 1972: 152) befaßt sind, die sich auf konkrete Erfahrungen beziehen, für Probleme nach und nach sensibilisiert werden. Dies wird sich – zumindest längerfristig – auch auf ihre parlamentsbezogene Arbeit auswirken. Wie folgenreich diese Anstöße wirklich sind, läßt sich allerdings nur vermuten. So dürfte die Konfrontation mit der Flut von „ungewohnten“ Fragen und Erfahrungen in den zahlreichen Anfragen der Fraktion DIE GRÜNEN seit 1983 bei Ministerialreferenten nicht wirkungslos geblieben sein, deren „Außenkontakte“ sich primär auf Vertreter traditioneller Interessenverbände bezogen hatte.

7.7 *Fragestunde und schriftliche Einzelfragen*

Nur wenige geschäftsordnungsmäßige Kompetenzen sind nach der Geschäftsordungsreform dem einzelnen Abgeordneten verblieben (vgl. Kap. 2). Vor allem ist dies das Recht, kurze Einzelfragen zur mündlichen oder schriftlichen Beantwortung an die Bundesregierung zu richten (§ 105 GOBT). Von diesem Recht haben die Abgeordneten seit Einführung der Fragestunde 1952 (nach britischem Vorbild) zunehmend Gebrauch gemacht (zur Entwicklung der Fragestunden vgl. Witte-Wegmann 1972: 161ff.). Der Anteil der 1969 im Zuge der „Kleinen Parlamentsreform“ eingeführten Fragen zur schriftlichen

Beantwortung stieg seit Mitte der 80er Jahre auf ca. 80% aller eingereichten Fragen (13. WP: 14.905 von 18.529); hinzu kommt, daß auch ein Teil der Fragen für die Fragestunde u.a. aus Zeitgründen nur schriftlich beantwortet wird (Ismayr 1992: 387).

In Sitzungswochen findet seit der 13. Wahlperiode regulär eine Fragestunde zu 120 Minuten statt (mittwochs in der Mittagszeit im Anschluß an die Regierungsbefragung); zuvor waren es seit 1973/74 zwei Fragestunden zu je 90 Minuten. Jeder Bundestagsabgeordnete ist berechtigt, je Sitzungswoche bis zu 2 Fragen zur mündlichen Beantwortung und im Monat 4 Fragen zur schriftlichen Beantwortung an die Bundesregierung zu richten (Anlage 4 der GOBT).

Formell liegt das Informations- und Kontrollmittel der mündlichen und schriftlichen Fragen also beim einzelnen Abgeordneten. Tatsächlich ist es den Fraktionsführungen bis zu einem gewissen Grad gelungen, die Frageaktivitäten der einzelnen Abgeordneten zu „koordinieren“ und auch zu „kontrollieren“. Nach der Geschäftsordnung des Bundestages sind Fragen beim Parlamentssekretariat einzureichen, wo sie auf ihre Zulässigkeit geprüft werden. Nach fraktionsinternen Regelungen werden Fragen für die Fragestunde über den zuständigen Parlamentarischen Geschäftsführer bzw. das Fraktionsbüro eingereicht, die sie an das Parlamentssekretariat weiterleiten. Dadurch ist eine zusätzliche „Sicherung“ eingebaut, um für die Fraktionsführung unliebsame Überraschungen zu vermeiden. Aus der Sicht einer am „reibungslosen Ablauf der Plenarwochen“ interessierten Fraktionsführung mag dies verständlich sein, doch ist andererseits bedenklich, daß nicht einmal dieses originäre Recht des einzelnen Abgeordneten der „Vorprüfung“ des Fraktionsmanagements entzogen ist.
Wichtige Themenkomplexe für die Fragestunden werden in den Arbeitsgruppen der Fraktionen (vor allem der Opposition) systematisch vorbereitet. Zur kontinuierlichen „Betreuung“ und Koordination benennen die Arbeitsgruppen Beauftragte für die Fragestunde. Selbstverständlich hat eine Strategie für die Fragestunde für die jeweilige (große) Oppositionsfraktion eine sehr viel größere Bedeutung als für die Mehrheitsfraktionen. Bei wichtigeren Themen werden – insbesondere von der Opposition – aufeinander abgestimmte Hauptfragen und – nach Möglichkeit – auch Zusatzfragen vorbereitet. Es ist inzwischen die Regel, daß Fragestunden (mindestens) ein bis zwei Schwerpunktthemen aufweisen, zu denen bis zu etwa einem Dutzend Hauptfragen und zahlreiche Zusatzfragen gestellt werden.

Tabelle 7.7: Mündliche und schriftliche Fragen (13. Wahlperiode)

	insgesamt		Abgeordnete der Koalition insgesamt		CDU/CSU		FDP	
	Anzahl	%	Anzahl	%	Anzahl	%	Anzahl	%
mündliche Fragen[a]	3629	19,6	713	19,6	545	15,0	168	4,6
schriftliche Fragen	14905	80,4	3138	21,1	2791	18,7	347	2,3
insgesamt	18534	100,0	3851	20,8	3336	18,0	515	2,8

	Abgeordnete der Opposition insgesamt		SPD		B'90/GRÜNE		PDS		fraktionslose Abgeordnete	
	Anz.	%	Anz.	%	Anz.	%	Anz.	%	Anz.	%
mündliche Fragen[a]	2911	80,2	2282	63,0	493	13,6	131	3,6	5	0,1
schriftliche Fragen	11767	78,9	9339	62,7	1726	11,6	630	4,2	72	0,5
insgesamt	14678	79,2	11621	62,7	2219	12,0	761	4,1	77	0,4

a einschließlich 34 „dringliche Fragen" gem. Anl. 4, Ziff. 9 GOBT (CDU/CSU 6; SPD 5; B'90/GRÜNE 23)

Quelle: Sach- und Sprechregister des Deutschen Bundestages.

Vornehmlich bei fraktionsintern vorbereiteten Schwerpunktthemen zeigt sich, daß die Fragestunde durchaus nicht (mehr) den „einfachen" Abgeordneten überlassen bleibt, sondern auch hier bei wichtigeren und aktuellen Themen führende Fraktionsmitglieder (u.a. AG-Vorsitzende, Obleute) beteiligt sind. Der Abgeordnete mit seinen Einzelanliegen sieht sich dann nicht selten aus der Fragestunde abgedrängt und auf die schriftliche Beantwortung verwiesen. Andererseits bietet sich für die Mitglieder der beteiligten Fraktionsarbeitsgruppen bei „systematischer" Vorbereitung eine bessere Chance, über den Lokalteil der Tagespresse hinaus von Massenmedien und Öffentlichkeit wahrgenommen zu werden.

Im Zuge dieser Entwicklung bestimmen die Mechanismen des Fraktionenparlaments – wenn auch weniger ausgeprägt als bei Plenardebatten – auch die Fragestunde. Einzelfragen werden zwar häufig auch von Abgeordneten der Regierungsfraktionen gestellt, immerhin ein Fünftel (1994-98) bis etwa ein Drittel der Fragen (1983-94). Neben (kritischen) Informationsfragen zu Einzelaspekten und regionalen Belangen sind darunter viele Fragen, die der Regierung Gelegenheit geben, die „gemeinsame" Mehrheitsposition zu erläutern. Bei Zusatzfragen geht es häufig darum, der Regierung „Schützenhilfe" zu leisten. Nicht nur an kritischer Distanz zur Regierung, sondern auch zur Ministerialverwaltung fehlt es allzu oft. Gängige Praxis ist, daß sich Abgeordnete aus dem Regierungslager Fragen vorformulieren lassen und auch von den Ministerien „angeregte" Fragen und Zusatzfragen stellen. Übliche Frontstellungen zwischen Regierungsmehrheit und Opposition beherrschen also immer dann die Fragestunde, wenn es um wichtigere bzw. aktuelle Probleme geht, die auch Gegenstand weiterer parlamentarischer (Kontroll-)Aktivitäten sind.

Wie aber ist unter diesen Voraussetzungen die (öffentliche) Informations- und Kontrollwirkung der Fragestunde einzuschätzen? Anders als bei Großen und Kleinen Anfragen stehen der Bundesregierung für die Beantwortung von Einzelfragen nur wenige Tage zur Verfügung. Fragen für die Fragestunde müssen bis spätestens Freitag 10:00 Uhr vor den Sitzungswochen beim Parlamentssekretariat eingereicht werden, dringliche Fragen spätestens am vorhergehenden Tage bis 12:00 Uhr mittags (Anl. 4 GOBT). Verbessert wurde 1989 die bisher restriktive Regelung für dringliche Fragen, deren Zahl auch seither gestiegen ist (12./13 WP: 57/34). Bei „offensichtlich dringendem öffentlichen Interesse" sollen sie vom Präsidenten zugelassen werden, der eine Zurückweisung begründen muß.

Beantwortet werden mündliche Fragen meist von einem Parlamentarischen Staatssekretär (mitunter auch einem beamteten Staatssekretär), vom zuständigen Bundesminister nur in seltenen Ausnahmefällen – was immer wieder Anlaß für Kritik war. Anlaß für erhebliche Unzufriedenheit bei vielen Abgeordneten mit dem Verlauf der Fragestunde ist die oft „herablassende und ausweichende Nichtbeantwortung von sachlich berechtigten Fragen" (so der Abgeordnete H. Müller; PlPr 11/28, S. 1898). Die fehlende „Waffengleichheit" wird hier eklatant deutlich. Auf die Frageform verpflichtet, können Abgeordnete ihre Argumente zudem nur indirekt vortragen, während die Regierungsvertreter ihre Position direkt begründen können.

Die Abgeordneten fragen nach konkreten Sachinformationen (Daten); überwiegend aber zielen die Fragen darauf ab, die Regierung zu veranlassen, ihre Bewertung von politischen Entwicklungen und Äußerungen sowie ihre Handlungsabsichten und laufenden Planungen offenzulegen und zu erläutern. Dies gilt auch für die Fragen zur schriftlichen Beantwortung, wenn der Anteil der „reinen" Informationsfragen hier auch etwas größer ist und die schriftlichen Antworten oft detaillierter sind. Geht es um politisch „unangenehme" Fragen, sind auch die schriftlichen Antworten oft lapidar und ausweichend.

Fragen zur schriftlichen Beantwortung sind in weit höherem Maße als die mündlichen Fragen das Medium des „einzelnen" Abgeordneten. Eine systematische Abstimmung der Fragen ist nicht erkennbar; allerdings werden überwiegend Fragen gestellt, die den einzelnen Abgeordneten in seiner Rolle als Experten (Berichterstatter) seiner Arbeitsgruppe beschäftigen. Der Anteil lokal- und regionalspezifischer Fragen aus den Wahlkreisen der Abgeordneten ist (wider Erwarten) verhältnismäßig gering.

Trotz der genannten Probleme würde man die Wirkung der mündlichen und schriftlichen Fragen aber unterschätzen, würde man nicht die indirekte Kontrollwirkung mitbedenken. Unmittelbar wahrgenommen werden Fragen überregional allenfalls bei Schwerpunktthemen in den Fragestunden (unter Beteiligung politischer Prominenz). Sonstige mündliche oder schriftliche Einzelfragen finden – von Ausnahmen abgesehen – nur in der Lokalpresse im Wahlkreis der Abgeordneten Resonanz.

Eine indirekte Kontrollwirkung ergibt sich dadurch, daß die Antworten der Regierung/Verwaltung im Rahmen anderer parlamentarischer und öffentlicher Aktivitäten aufgegriffen und genutzt werden können. So können Oppositionsabgeordnete die Glaubwürdigkeit ihrer Aussagen erhöhen, wenn sie diese mit „offiziellen“ Daten der „Exekutive“ abstützen können. Aufgrund der Antworten läßt sich – trotz häufiger Ausweichmanöver – feststellen, wo die Schwachstellen der Regierung liegen, und mitunter gelingt es ja auch, die Regierung/Verwaltung auf eine Position „festzunageln“.

7.8 Aktuelle Stunde

Mit der 1965 eingeführten Aktuellen Stunde schuf sich der Bundestag die Möglichkeit, rasch aktuelle Themen aufgreifen und darüber eine politische Debatte mit Kurzbeiträgen führen zu können. Während die Regierung jederzeit durch Regierungserklärungen Stellung nehmen und eine Debatte auslösen konnte und die Regierungsfraktionen nach der Geschäftsordnung immerhin die Möglichkeit besitzen, eine Plenardebatte durch Mehrheitsbeschluß durchzusetzen, blieb der Opposition nur der Weg, durch (abgestimmte) Fragen in der Fragestunde die Regierung zu aktuellen Stellungnahmen herauszufordern. Auf die Frageform verpflichtet, können Abgeordnete ihre Argumente nur indirekt vortragen, während die Regierungsvertreter ihre Position direkt begründen können. Anlaß für die Einführung der Aktuellen Stunde war öffentliche und interne Kritik an der mangelnden Aktualität und Spontaneität der Debatten des Bundestages, der so Gefahr lief „sich seiner kommunikativen Funktion zu begeben und das Interesse der Öffentlichkeit zu verlieren" (Lichtenberg 1986). Denn in den Medien dominierten (schon damals) der Bundeskanzler und führende Minister, die sich in Pressekonferenzen und Interviews „unmittelbar" der Öffentlichkeit präsentierten. Die Einführung Aktueller Stunden wurde auch in den Medien als ein Mittel begrüßt, parlamentarische Debatten wieder aktueller, lebendiger und interessanter zu gestalten und das Parlament wieder zum zentralen Ort politischer Auseinandersetzung zu machen.

Tabelle 7.8: Aktuelle Stunden: Anzahl und Antragsteller

	4. WP 1961-65	5. WP 1965-69	6. WP 1969-72	7. WP 1972-76	8. WP 1976-80	9. WP 1980-83	10.WP 1983-87	11.WP 1987-90	12.WP 1990-94	13.WP 1994-98
CDU/CSU	–	1	8	18	8	4	13	16	10	2
SPD	2	3	–	1	1	6	48	39	51	35
FDP	–	10	–	–	–	–	7	8	5	8
GRÜNE[a]							42	60	11	35
PDS[b]								–	21	15
CDU/CSU, SPD	–	2	–	–	–	–	1	–	–	–
CDU/CSU, FDP	–	–	–	–	–	–	2	2	4	4
CDU/CSU, SPD, FDP	–	1	–	1	–	2	1	–	1	–
CDU/CSU, SPD, FDP, GRÜNE[a]							2	–	–	1
SPD, FDP	–	–	–	–	–	–	–	1	–	–
SPD, B'90/ GRÜNE							–	–	–	1
SPD, B'90/ GRÜNE, PDS[b]								–	–	1
einzelne Abgeordnete	–	–	–	–	–	–	1	–	–	–
insgesamt	2	17	8	20	9	12	117	126	103	103

a ab 12. WP: BÜNDNIS 90/DIE GRÜNEN
b ab 3.10.1990 (11. WP) vereinigungsbedingt im Bundestag vertreten; 12. WP: Gruppe PDS/LL.

Quelle: Schindler 1994: 963; Unterlagen des Sach- und Sprechregisters des Deutschen Bundestages.

Aktuelle Stunden kommen aufgrund interfraktioneller Vereinbarung im Ältestenrat oder auf Verlangen einer Fraktion (oder 5% der Abgeordneten) zustande (Anl. 5 GOBT). Seit der Geschäftsordnungsreform

1980 können parlamentarische Minderheiten Aktuelle Stunden auch unabhängig von einer vorausgegangenen Fragestunde durchsetzen, was die Nutzung erheblich erleichterte. Zuvor konnten sie dies nur, wenn sie sich mit einer Antwort eines Vertreters der Bundesregierung auf eine mündliche Anfrage nicht zufrieden geben wollten „unmittelbar nach Schluß der Fragestunde“ – eine weiterhin bestehende Möglichkeit. Die seither häufige Durchführung Aktueller Stunden (1983-98: 449) war nach dem Machtwechsel 1982/83 durch die Konkurrenz zweier Oppositionsfraktionen und das große Interesse der Fraktion DIE GRÜNEN an diesem „spontan“ einsetzbaren, öffentlichkeitswirksamen Kontrollinstrument motiviert (Tab. 7.8).

Das Gegenüber von Opposition(sfraktionen) und Regierung(smehrheit) bestimmte die Praxis der Aktuellen Stunden fast durchgängig. Profilierungsversuche des kleineren Koalitionspartners durch eigenständig beantragte Aktuelle Stunden spielten bisher nur eine geringe Rolle.

Im Zeitraum 1983 bis 1998 haben die Koalitionsfraktionen 81 (18%) der insgesamt 449 Aktuellen Stunden verlangt, davon nur 12 gemeinsam (CDU/CSU 41, FDP 28; vgl. Tab. 7.8). Dies geschah allerdings kaum mit dem Ziel, die „eigene“ Regierung kritisch zu „begleiten“, sondern die Erfolge der Regierungspolitik herauszustreichen und sich – oft vehement – mit oppositionellen Positionen auseinanderzusetzen. So wurden in der 10. Wahlperiode auf Verlangen der CDU/CSU-Fraktion drei Aktuelle Stunden mit dem Ziel durchgeführt, die wirtschaftspolitischen Erfolge der Regierung öffentlichkeitswirksam zu präsentieren (Ismayr 1992: 659). Die zahlreichen Koalitionskonflikte, über die die Medien berichteten, fanden in den Aktuellen Stunden der Regierungsparteien kaum ihren Niederschlag.

Die Oppositionsfraktionen verzichteten im Interesse eigener Profilierung darauf, Aktuelle Stunden (formell) gemeinsam zu beantragen.

In Aktuellen Stunden darf der einzelne Abgeordnete nicht länger als 5 Minuten sprechen (§ 106 GOBT), um einen „lebendigen“ Austausch von Argumenten zu ermöglichen. Regierungs- und Bundesratsmitglieder können auf diese Regelung nicht verpflichtet werden (Art. 43 GG), halten sich aber annähernd daran. Durch den Verzicht auf Anträge und Entscheidungen in der Sache soll der Diskussionsprozeß möglichst offen gehalten werden (Anl. 5). Die Dauer der Aussprache ist auf eine Stunde beschränkt, wobei die Redezeit der Regierungs- und Bundesratsmitglieder nicht angerechnet wird (Ismayr 1992: 391, 660).

Aktuelle Stunden sollten – so die Erwartung bei ihrer Einführung – spontane, nicht im Detail vorbereitete Debatten auch unter Beteiligung „einfacher“ Abgeordneter sein. Tatsächlich dominieren seit jeher die führenden Fraktionsmitglieder (AG-Vorsitzende, Stellv. Fraktionsvorsitzende). Die Gründe liegen auf der Hand: Geht es um ein zentrales Thema bzw. einen brisanten politischen Vorgang, bei dem die Glaubwürdigkeit der Regierung auf dem Spiele steht – ein von der Opposition gern gewählter Anlaß – dann treten die Spitzenpolitiker an; werden speziellere Probleme behandelt, haben Abgeordnete, die nicht in diesen Themenbereich eingearbeitet sind, oft Schwierigkeiten, sich von einem Tag auf den anderen darauf einzustellen und entsprechend vorzubereiten.

Häufig geht es bei Aktuellen Stunden um die Thematisierung aktueller Vorfälle im In- und Ausland, um brisante Entscheidungen und politische Äußerungen. Teils werden sie zum Anlaß genommen, eine politische Neubewertung oder jedenfalls Akzentuierung vorzunehmen, oft aber auch nur, um für die eigene Beurteilung bekannter Probleme erneut Aufmerksamkeit zu finden. Um im wöchentlichen Wettbewerb um die Plazierung Aktueller Stunden mithalten zu können, werden sie mitunter zu Themen verlangt, deren Aktualität kaum erkennbar ist. Dazu neigen vor allem Regierungsfraktionen, da das Reservoir aktueller Themen, die der Regierung genehm sind, begrenzt ist.

Tabelle 7.9: Thematische Schwerpunkte Aktueller Stunden (10./13. WP)

Themen	Anzahl 10. WP	Anzahl 13. WP
Außenpolitik, Internationales, Menschenrechte	17	23
Sicherheitspolitik	18	2
Ökonomie, Arbeit	24	28
Ökologie, Umwelt	24	13
Soziales, Gesundheit, Wohnungsbau, Berufsausbildung	14	28
Sonstige	20	9

Quelle: Sach- und Sprechregister des Deutschen Bundestages; eigene Zusammenstellung.

Was Aktuelle Stunden für Oppositionsfraktionen vor allem attraktiv macht, ist die Möglichkeit, in jeder Sitzungswoche aktuelle Debattenthemen selbst bestimmen und so politische Akzente setzen zu können. Die Massenmedien berichten – verglichen mit „normalen“ Debatten – über Aktuelle Stunden regelmäßig und vergleichsweise ausführlich. Aktualität der Themen, pointierte Debattenbeiträge, rascher „Schlagabtausch" und auch die politische Prominenz vieler Redner kommen dem journalistischen Selektionsinteresse entgegen. Dies gilt vor allem für das „Unterhaltungsmedium" Fernsehen, in dem die Attraktivität politischer Informationssendungen in hohem und angesichts steigender Konkurrenz kommerzieller Anbieter verstärktem Maße vom „Unterhaltungswert" abhängt. Kurzdebatten in der Form der Aktuellen Stunde „mit ihrem gefragten Ping-Pong-Effekt" (Appel 1985: 17) gelten als besonders fernsehgerecht. Zu diesen Erwartungen im Widerspruch steht freilich die Tatsache, daß Live-Übertragungen von Aktuellen Stunden seltene Ausnahmen sind, während Regierungserklärungen größtenteils übertragen werden. (In den Jahren 1977 bis einschl. 1986 wurden nur 4 (!) der insgesamt 138 Aktuellen Stunden live gesendet (Ismayr 1992: 400).) Dies gilt für ARD und ZDF nach wie vor, während die Übertragung fast aller Plenardebatten durch Phoenix nun allerdings auch Aktuelle Stunden einschließt.

Die Chancen für einen politisch fruchtbaren Diskurs werden nur zum Teil genutzt. Allzuoft sind kurzatmige Polemik und die Neigung zu pauschalen Schuldzuweisungen stärker ausgeprägt als die Bereitschaft (und vielleicht auch Fähigkeit), kritisch argumentierend aufeinander einzugehen. Nicht nur aus diesen Gründen bleibt die argumentative Durchdringung für den „anspruchsvollen" Zuhörer oft unbefriedigend. Es eignen sich auch nicht alle Themen dafür, nach nur kurzer Vorbereitung in Kurzbeiträgen abgehandelt zu werden. Manche Aktuellen Stunden geraten bei Dominanz der „Experten" der betroffenen Ausschüsse auch zu komprimierten Fachdebatten – und verfehlen auf diese Weise die Öffentlichkeit.

7.9 Kabinettberichterstattung und Befragung der Bundesregierung

Seit Jahrzehnten war – nicht nur von der Opposition – kritisiert worden, daß die Bundesregierung über Kabinettssitzungen nicht zunächst vor dem Plenum des Bundestages berichtete, sondern an der Volksvertretung vorbei in der Bundespressekonferenz oder mit Einzelinterviews von Kabinettsmitgliedern den Weg in die Öffentlichkeit suchte. Um den auch dadurch bedingten Publizitätsvorsprung der Regierung in den Massenmedien zu verringern, wurde seit vielen Jahren eine regelmäßige Berichterstattung der Bundesregierung vor dem Parlament gefordert, und phasenweise auch praktiziert (1973/74; 1985; Schindler 1994: 984ff.). Nach entsprechenden Forderungen der „Interfraktionellen Initiative Parlamentsreform" (Abg. Hamm-Brücher u.a.), wurde eine „Befragung der Bundesregierung" seit 1988 erprobt und 1990 in der Geschäftsordnung des Bundestages verankert (§ 106, Anl. 7), die einige Mängel der bisherigen Regelungen zu vermeiden suchte (Ismayr 1992: 397). Vom Bundestagspräsidenten wurde sie zutreffend als „Mischung aus politischer Fragestunde und Berichterstattung aus dem Kabinett" angekündigt (PlPr 11/99/12.10.1988). Die Regierungsbefragung findet regelmäßig mittwochs – nach der Kabinettssitzung – um 13.00 statt und soll in der Regel 30 Minuten dauern. (Oft reicht die Zeit nicht aus; die nachfolgende Fragestunde wird dann entsprechend verkürzt.) Zu Beginn erhält ein Mitglied der Bundesregierung auf Verlangen bis zu 5 Minuten das Wort, was zumeist geschieht. Wesentlich ist, daß die Abgeordneten nicht nur Fragen zur vorausgegangenen Kabinettssitzung, sondern zu allen Bereichen der Verantwortlichkeit der Regierung stellen können. Die Regierungsbefragung ist zwar besonders auf die Kabinettssitzung bezogen, setzt diese aber nicht unbedingt voraus.

Wesentliche Voraussetzung des Gelingens ist einmal, daß der Bundeskanzler oder ein Stellvertreter und die von Themen der Kabinettssitzung betroffenen Minister anwesend sind und die übrigen Ressorts zumindest durch Parlamentarische Staatssekretäre vertreten werden. Zweitens ist es erforderlich, daß alle Fraktionen bereits vorweg über die Kabinettssitzung so informiert werden, daß sie gezielt fragen können. Jedenfalls bei neuen Informations- und Beschlußlagen sind die Oppositionsabgeordneten nicht nur gegenüber der Regierung, sondern häufig auch gegenüber den in Arbeitsgruppen und sonstigen Fraktionsgremien informierten Abgeordneten der Regierungsmehrheit benachteiligt (schon: Schäfer 1985: 28). Nach der jetzigen Praxis der Regierungsbefragung werden wenigstens die Themen der Kabinettssitzung kurzfristig mitgeteilt. Zum Dritten kommt es darauf an, daß Regierungsvertreter nicht bereits vor der Regierungsbefragung Mitteilungen an die Presse geben oder gar vor der Bundespressekonferenz berichten (PlPr 11/115; PlPr 11/199).

Im Unterschied zur derzeitigen Regelung sollte der Präsident auch die Möglichkeit haben und nutzen, „oppositionellen" Wortmeldungen

Priorität einzuräumen. Denn einmal dominiert das „Regierungslager" bei der bisherigen Praxis, zwischen den Fraktionen zu wechseln; zum anderen dienen viele Fragen aus den Reihen der Regierungsfraktionen vornehmlich der Abstützung der Regierungsposition. Eine oft ausweichende und oberflächliche Beantwortung von Fragen wird dadurch begünstigt. Durch dieses Verhalten wohl mitbedingt, schwächt andererseits die als „beschämend gering" beklagte Präsenz der Abgeordneten die öffentliche Wirkung der Regierungsbefragungen und darüber hinaus die Glaubwürdigkeit von Reforminitiativen dieser Art (Parl. Geschäftsführer G. Jahn, PlPr 11/184).

7.10 Regierungserklärungen

Beim Stichwort „Regierungserklärungen" denkt man zunächst an jene umfassenden Darstellungen des Regierungsprogramms zu Beginn der Wahlperiode oder nach einer Regierungsneubildung (vgl. Kap. 5). Daneben werden aber auch im Verlauf der Wahlperiode durch den Bundeskanzler und – immer häufiger – auch durch Bundesminister Regierungserklärungen zu einzelnen Themenkomplexen abgegeben. Sie sind ein wichtiges Instrument der öffentlichen Darstellung und Durchsetzung der Regierungspolitik. Nach Art. 43 Abs. 1 GG kann die Regierung „jederzeit" vor dem Bundestag eine Erklärung abgeben. In der Praxis ist es üblich, daß sie (nach vorheriger Abstimmung mit der Koalitionsfraktion) eine Regierungserklärung im Ältestenrat ankündigt. Es ist ein selbstverständliches Gebot der Fairneß, daß auch die Oppositionsfraktionen die Möglichkeit haben, sich auf die Debatte einzustellen.

Insgesamt 353 Regierungserklärungen gab es bisher; seit 1983 deutlich mehr als zuvor. Themen der Regierungserklärungen sind überwiegend Fragen der Internationalen Beziehungen, der Außen- und Sicherheitspolitik, der EG- und Deutschlandpolitik sowie der Wirtschaftsbeziehungen – selbstverständlich unter besonderer Berücksichtigung der Auswirkungen auf die Entwicklung in der Bundesrepublik. Regierungserklärungen werden nun häufiger auch zu „innenpolitischen" Themen abgegeben (13. WP: ca. 30%). Regierungserklärungen dienen dazu, „Handlungsfähigkeit" zu demonstrieren, die internationale Präsenz und Akzeptanz zu unterstreichen, politische Themen wie auch den Zeitpunkt ihrer Erörterung im Plenum zu bestimmen. Sie sind geeignet, der Regierungsmehrheit einen medienwirksamen Aktionsvorsprung zu sichern. So kann die Regierungs(smehrheit) der Aussprache über eine Große Anfrage oder eine andere parlamentarische Initiative der Opposition mit einer Regierungserklärung zuvorkommen und die Gewichte zu ihren Gunsten verschieben. Das „Gesetz des Handelns" wird dann in der öffentlichen Perzeption bei der Regierung liegen.

Tabelle 7.10: Regierungserklärungen[a]

Wahlperiode	1.	2.	3.	4.	5.	6.	7.	8.	9.	10.	11.	12.	13.	1.-13.
Bundeskanzler	25	7	4	7	16	14	20	19	13	25	24	19	16	209
Bundesminister	2	8	4	3	8	11	18	3	3	24	14	16	30	144
insgesamt	27	15	8	10	24	25	38	22	16	49	38	35	46	353

a einschließlich Bericht zur Lage der Nation

Quelle: Schindler 1984: 426ff.; Schindler 1994: 474ff.; Sach- und Sprechregister des Deutschen Bundestages.

Meist sind Regierungserklärungen Anlaß für eine „große", oft mehrstündige Debatte, an der sich vornehmlich führende Fraktionsmitglieder sowie Regierungsmitglieder beteiligen. Auf die Regierungserklärung antwortet regelmäßig der Fraktionsvorsitzende der großen Oppositionsfraktion oder einer seiner Stellvertreter.

Von den Massenmedien werden Regierungserklärungen und die Plenardebatten dazu stark beachtet. Die großen Tageszeitungen berichten meist darüber, häufig an bevorzugter Stelle. Nach einer Untersuchung des Verfassers zur Presseresonanz auf die 14 Regierungserklärungen des Jahres 1986 wurde zumeist (78%) auf Seite 1 berichtet, häufig als „Aufmacher" (44%). Die Regierung beherrschte etwa im Verhältnis 3 : 1 gegenüber der Opposition die Schlagzeilen, während in den Berichten selbst die Gewichtung unterschiedlich war. Neben einer mehr oder weniger ausgeprägten „gouvernementalen" Orientierung wirken sich die politischen Grundorientierungen der Zeitungen, aber auch journalistisches Interesse am „Spektakulären" korrigierend oder verstärkend aus.

Stark ausgeprägt ist das Interesse des Fernsehens an Regierungserklärungen: ARD und ZDF übertrugen Regierungserklärungen und die Debatten dazu sehr viel häufiger als Aktuelle Stunden, obwohl die Erklärungen selbst in ihrem oft „amtlichen" Zuschnitt nicht eben „fernsehgerecht" sind. So wurden in den Jahren 1977 bis 1986 57 (65,5%) der insgesamt 87 Regierungserklärungen vom Fernsehen live übertragen, aber nur 4 Aktuelle Stunden (Ismayr 1992: 400).

Regierungserklärungen sind auch ein Mittel des Kanzlers, widerstrebende Koalitionspartner und Fraktionsflügel auf eine gemeinsame Linie der Regierungspolitik festzulegen. Dieser „Einigungszwang" nach außen wirkt sich um so stärker aus, als häufig auch über Entschließungsanträge abgestimmt werden muß. In der 13. Wahlperiode (1994-98) wurden immerhin 55 Entschließungsanträge zu Regierungserklärungen eingereicht, davon 42 (76%) durch die Oppositionsfraktionen (Unterlagen Sach- und Sprechregister des Bundestages). Entschließungsanträge zu Regierungserklärungen haben sich zu einem Mittel entwickelt, unmittelbar mit Sachanträgen auf die Darstellung der Regierungsposition zu reagieren und so die eigene politische Intention prägnanter zu akzentuieren. Oft bereits zuvor bekannt, sind sie ein nicht unwirksames Mittel im Kampf um die Aufmerksamkeit der Medien. Über die Entschließungsanträge kann unmittelbar nach der Aussprache abgestimmt werden, was nicht selten namentlich geschieht. Manche Entschließungsanträge werden an die Ausschüsse überwiesen, beschäftigen das Plenum also nochmals zu einem späteren Zeitpunkt.

7.11 Parlamentarische Haushaltsberatung und Finanzkontrolle

Historisch gesehen kann die Durchsetzung des parlamentarischen Steuerbewilligungs- und Budgetrechts als der vielleicht entscheidende Schritt auf dem Wege der „Parlamentarisierung" westlicher Regierungssysteme angesehen werden (Hirsch 1968: 13ff.; Zunker 1977: 271). Auch im Regierungssystem der Bundesrepublik liegt der Primat der Budgetgestaltung auf den ersten Blick beim Parlament: Der Haushalt wird durch ein Parlamentsgesetz beschlossen, Haushaltsdebatten finden parlamentsintern und öffentlich große Beachtung, der Haushaltsausschuß gilt als einflußreichster Bundestagsausschuß. Tatsächlich aber ist eine stark gouvernementale Prägung des Haushalts unbestreitbar, wie Einblicke in die Praxis aber auch schon die einschlägigen Verfassungsbestimmungen zeigen.

Nach Art. 110 GG wird zwar der Haushaltsplan durch das Haushaltsgesetz festgestellt, doch gibt es erhebliche Unterschiede zum üblichen Gesetzgebungsverfahren. Die Vorlage des Haushaltsentwurfs und Haushaltsplans ist ausschließlich Sache der Bundesregierung. Über diese Führungsfunktion hinaus stärkten weitere, bereits vom „Parlamentarischen Rat" beschlossene Verfassungsbestimmungen (Art. 109 bis 115 GG) und die Haushaltsreform der „Großen Koalition" die Stellung der Bundesregierung.

So kann der Bundesminister der Finanzen „im Falle eines unvorhergesehenen und unabweisbaren Bedürfnisses" Haushaltsüberschreitungen der Verwaltung bewilligen – eine Bestimmung, deren extensiver Auslegung und Nutzung allerdings das Bundesverfassungsgericht entgegengetreten ist (Art. 112 Abs. 2 GG; BVerfGE 45, 1, 4ff.). Nach Art. 113 GG bedürfen Gesetze, „welche die von der Bundesregierung vorgeschlagenen Ausgaben erhöhen oder neue Ausgaben des Haushaltsplans in sich schließen oder für die Zukunft mit sich bringen", der Zustimmung der Bundesregierung. Daß diese Bestimmung bisher so gut wie nie zur Anwendung gelangte (und allenfalls eine gewisse präventive Wirkung entfaltete), überrascht angesichts der stabilen Mehrheitsverhältnisse im Bundestag nicht. Anträge der Opposition können durch die parlamentarische Mehrheit politisch wirkungsvoller zurückgewiesen werden. Versuchen aber Regierungsfraktionen Mehrausgaben durchzusetzen, werden die Regierung und vor allem der Finanzminister ihre Einflußmöglichkeiten in den Fraktions- und Koalitionsgremien sowie in informellen Gesprächszirkeln nutzen – und sich gegebenenfalls dem Druck beugen, um politisch zu überleben.

Über diese Kompetenzen hinaus hat die von der „Großen Koalition" beschlossene Haushalts- und Finanzreform (1967, 1969) die Stellung von Regierung und (planender) Verwaltung noch erheblich gestärkt. Angesichts einer stark angewachsenen Staatstätigkeit (Infrastruktur- und Sozialleistungen, Wirtschaftsförderung), die zu einem hohen Anteil der öffentlichen Haushalte am Bruttosozialprodukt führten (1986: 46,8%; 1996: 52,4%), wuchsen dem Bundeshaushalt nun zusehends (neue) wirtschaftspolitische, insbesondere konjunkturpolitische Steuerungsfunktionen zu. Mit der Neufassung des Art. 109 GG unterliegen die öffentlichen Haushalte dem Anspruch, die Konjunkturentwicklung zu berücksichtigen und den „Erfordernissen des gesamtwirtschaftlichen Gleichgewichts Rechnung zu tragen" (Art. 109 Abs. 1 GG). Nach dem Stabilitätsgesetz sind dies Geldwertstabilität, hoher Beschäftigungsstand, außenwirtschaftliches Gleichgewicht sowie das Wachstumsziel. Mit dem „Stabilitätsgesetz" wurden der Regierung eine Reihe von Einwirkungsmöglichkeiten zur Verfügung gestellt, um eine antizyklische Konjunkturpolitik betreiben zu können (Mutius 1984: 158f.).

Beträchtliche Schwierigkeiten bewirken für Parlament und Öffentlichkeit die Jährlichkeit und die spezielle, ressortmäßige Gliederung des Haushaltsplans. Kosten und finanzielle Folgewirkungen über mehrere Jahre sich erstreckender, ressort-übergreifend wirksamer Programme sind oft schwer zu überblicken und abzuschätzen (Boldt 1973: 537). Das Stabilitätsgesetz bestimmt nun seither, daß Bund und Länder aus struktur- und konjunkturpolitischen Gründen ihrer Haushaltswirtschaft eine 5-jährige Finanzplanung zugrunde zu legen haben; der Finanzplan ist jährlich der Entwicklung anzupassen (Art. 109 Abs. 3GG).

Der Finanzplan kann zwar der Orientierung dienen, ist für die gesetzgebenden Körperschaften aber nicht verbindlich und wird auch von der Regierung unter dem Druck aktueller Ereignisse (laufend) angepaßt und fortentwickelt. Gleichwohl hat sich mit der „exekutivisch" angelegten Haushaltsreform der bestimmende Einfluß, insbesondere des Finanzministers und der (ressortspezifisch) planenden Verwaltung bei der Budgetgestaltung noch verstärkt (Schuppert 1984: 227; Tomuschat 1980: 8). Allerdings darf der (kurzfristige) Handlungsspielraum der Regierung auch nicht überschätzt werden. Regierung und Parlament sind an die gesetzlich und international festgelegten Verpflichtungen in ähnlicher Weise gebunden. Bei der jährlichen Aufstellung des Haushaltsplans engen gesellschaftlich, ökonomisch und politisch bedingte „Zwänge", Rücksichtnahmen und Unsicherheiten bei Konjunktur- und Steuerprognosen (Hofmeier 1997: 9) den Entscheidungsspielraum der Regierung und des Bundestages in ähnlicher Weise ein. Nur ein kleiner Teil des Haushalts steht als „freie Manövriermasse" zur Verfügung. Ein Großteil der Ausgaben beruht auf gesetzlichen und vertraglichen Verpflichtungen.

7.11.1 Entwicklung des Haushaltsplans

In dem Maße, wie von Bundesregierung und Mehrheitsfraktionen gemeinsam zu verantwortende politische Prioritätsentscheidungen fehlen, erweitert sich auch der Durchsetzungsspielraum des Finanzministers und der Haushaltsabteilung seines Hauses, die Bedarfsanmeldungen der Ministerien vornehmlich nach eigenen (fiskalischen) Kriterien zurechtzustutzen.

Bei der Entwicklung eines neuen Haushaltsplans findet zunächst eine Grobplanung des Finanzministeriums statt, der zu einem festgelegten Zeitpunkt die Voranschläge der Ministerien (Einzelpläne) und anschließend Verhandlungen zwischen den „Haushaltsbeauftragten" der Fachministerien und den Fachreferenten der Haushaltsabteilung des Finanzministeriums folgen (vgl. Horst 1995: 245ff.). Insgesamt gesehen ist der Einfluß der Ministerialverwaltung bei der Haushaltsaufstellung noch weitreichender als bei anderen Vorgängen (Gesetzesvorbereitung).

Dem Finanzminister kommt bei der Aufstellung des Haushalts und besonders bei der Beschlußfassung im Kabinett eine rechtliche Sonderstellung zu (Korff 1975: 106; Horst 1995: 233f.). Nach der Geschäftsordnung der Bundesregierung kann er bei Haushaltsbeschlüssen und darüber hinaus bei allen Fragen von finanzieller Bedeutung (z.B. Gesetzesvorlagen) Widerspruch einlegen (§ 26 Abs. 1). Eine Regelung kommt dann nur zustande, „wenn sie von der Mehrheit sämtlicher Bundesminister beschlossen wird und der Bundeskanzler mit der Mehrheit gestimmt hat". Die Finanzminister haben von ihrem Widerspruchsrecht bisher nur selten Gebrauch gemacht; als „Druckmittel" in den Verhandlungen dürfte es aber durchaus nicht wirkungslos sein.

Wie stark die Stellung eines Finanzministers wirklich ist, hängt von seiner Persönlichkeit und insbesondere davon ab, ob und inwieweit er die Unterstützung des Bundeskanzlers hat, wie stark sein Rückhalt in der Fraktion und Partei ist; dies wiederum hat mit seinem Prestige in der Öffentlichkeit und der Anerkennung einer „Gesundung" der Finanzen als Voraussetzung privaten und öffentlichen Wohlstandes in der veröffentlichten Meinung zu tun.

Soweit es um die Realisierung politisch gewichtiger und/oder in der Koalition umstrittener Vorhaben geht, werden richtunggebende Entscheidungen auch schon im Vorfeld des Kabinettsbeschlusses in Koalitionsrunden, im Kabinett und ggf. auch unter Mitwirkung von Fraktionsgremien (Vorstand) der Mehrheitsparteien getroffen. Über die koalitionsinternen Streitfälle hinaus, gehen die Finanzbürokratie und oft auch der Finanzminister an die Voranschläge der Ressorts mit einer fiskalischen Meßlatte heran. Ungeachtet der an alle Ministerien gerichteten Aufforderungen zur Sparsamkeit und Wirtschaftlichkeit fungiert der Finanzminister möglicherweise aber nur dem äußeren Anschein nach als „neutraler Sparkommissar", während er tatsächlich interessenspezifische Prioritäten setzt (so Finanzminister Gerhard

Stoltenberg in den 80er Jahren mit seiner Unterstützung der Konzepte des Wirtschaftsflügels der Koalitionsparteien) (Ismayr 1992: 407).

Nach der Beschlußfassung durch das Kabinett leitet die Bundesregierung den Haushaltsplan in Gesetzesform (Haushaltsgesetz und Haushaltsplan) dem Bundesrat zu und bringt ihn gleichzeitig – um zeitliche Verzögerungen zu vermeiden – beim Bundestag ein (Art. 110 Abs. 1 GG). Der Bundesrat ist berechtigt, innerhalb von 6 Wochen zu den Vorlagen Stellung zu nehmen, macht von diesem Recht aber (anders als bei üblichen Gesetzesvorlagen) nur zurückhaltend Gebrauch. Die weitere Mitwirkung des Bundesrates entspricht formal der des üblichen Verfahrens bei nicht-zustimmungsbedürftigen Gesetzen. Gleichzeitig wird der fortgeschriebene Finanzplan vorgelegt. Der Haushaltsentwurf sollte so rechtzeitig eingebracht werden, daß die erste Beratung unmittelbar nach der Sommerpause in der ersten Septemberhälfte erfolgt und die 2. und 3. Beratung des Bundestages sowie der 2. Durchgang im Bundesrat noch vor der Weihnachtspause abgeschlossen werden können. Dazwischen liegen intensive Beratungen des Haushaltsausschusses.

Der Bundestag hat diesen Zeitplan in aller Regel eingehalten (Rüttger 1982: 165ff.; Ismayr 1992: 407). Dies war nur möglich, weil die Mitglieder des Haushaltsausschusses schon vor der offiziellen Übersendung des Haushaltsgesetzentwurfs informiert wurden, die u.U. erst im August erfolgt. An die Rede des Bundesfinanzministers zur Einbringung schließt sich eine mehrtägige Debatte an, wobei die Generalaussprache der Spitzenpolitiker („Elefantenrunde") das stärkste Gewicht hat. Nach der Haushaltsdebatte wird der Haushaltsgesetzentwurf sowie der Entwurf des Finanzplans an den Haushaltsausschuß überwiesen; die Fachausschüsse können nur gutachtlich Stellung nehmen (§ 95 GOBT). Von dieser Möglichkeit machen die meisten Fachausschüsse Gebrauch.

7.11.2 Der Haushaltsausschuß

In allen Phasen der Haushaltsgestaltung und -kontrolle ist der Haushaltsausschuß beteiligt: Bei der Aufstellung und Feststellung des Haushalts, beim Haushaltsvollzug und bei der nachträglichen Kontrolle. Der Haushaltsausschuß nimmt nach der Geschäftsordnung funktional gesehen und im Bewußtsein seiner Mitglieder – im Fraktionsjargon „Haushälter" genannt – eine Sonderstellung unter den Ständigen Ausschüssen ein (Rausch [6]1981: 115). Er ist traditionell auch einer der größten Bundestagsausschüsse; von seinen derzeit 42 ordentlichen Mitgliedern gehören 15 gleichzeitig dem Rechnungsprüfungsausschuß an, einem Unterausschuß des Haushaltsausschusses. Bei der fraktionsinternen Verteilung der Ausschußsitze gibt es regelmäßig mehr Bewerbungen als Sitze (Gerster 1984: 10). Nach parlamentarischer Übung stellt die große Oppositionsfraktion den Vorsitzenden, ihr vielleicht wichtigstes Parlamentsamt.

Wo es bei Parlamentsentscheidungen (auch) um Finanzmittel geht, muß der Haushaltsausschuß eingeschaltet werden. An den Haushaltsausschuß sind alle Haushaltsvorlagen zu überweisen. Alle Vorlagen, die geeignet sind, auf die öffentlichen Finanzen des Bundes oder der Länder erheblich einzuwirken, müssen neben dem Fachausschuß auch dem Haushaltsausschuß überwiesen werden (§ 96 GOBT). Ergibt die Prüfung des Haushaltsausschusses, daß die Vorlage Auswirkungen auf den laufenden Haushalt hat, muß er zugleich mit dem Bericht an den Bundestag einen Vorschlag zur Deckung der Mehrausgaben oder Mindereinnahmen vorlegen. Damit erhält der Haushaltsausschuß gewichtige Einflußmöglichkeiten bei allen Entscheidungen mit finanziellen Folgewirkungen.

Bei den Abgeordneten aller Fraktionen unumstritten ist, daß die Arbeit des gesamten Ausschusses auf einem „Spar- bzw. Konsolidierungskonsens" beruht (Sturm 1985: 256). Bei den Haushältern (insbesondere der Regierungsfraktionen) hat der Finanzminister, wenn er sich dafür stark macht, Verbündete in dem Bemühen, den Haushaltsrahmen einzuhalten und Ansprüche von Fachministerien und Fachausschüssen abzuwehren. Daß bei dieser Zielsetzung „Sparen zur Mentalität" werden kann und die angemessene inhaltliche Wahrnehmung von Problemlagen leicht zu kurz kommt, ist eine auch von Haushältern eingestandene Erfahrung (Gerster 1984: 13; Sturm 1985: 256).

Gemeinsame Aufgabe und auch vergleichbare Erfahrungen bei der Abwehr von Ansprüchen ihrer Fraktionskollegen aus Fachausschüssen verbinden „über Partei- und Fraktionsgrenzen hinweg" (Gerster 1984: 13). Immer wieder auftretende Konflikte mit Fachausschüssen müssen in übergreifenden Fraktions- und Koalitionsgremien (ggf. unter Beteiligung von Regierungsmitgliedern) ausgetragen werden, da nur auf diesem Wege Haushaltsumschichtungen und Überschreitungen der Eckwerte in nennenswertem Umfang durchsetzbar sind. Wie stark die Durchsetzungsfähigkeit der Haushaltspolitiker in den Fraktions- und Koalitionsgremien (wie auch im Kabinett) ist, hängt davon ab, welchen (programmatischen) Stellenwert in der Gesamtpartei und im öffentlichen Bewußtsein das Ziel einer Begrenzung bzw. Reduzierung der Staatsverschuldung besitzt und welche Bündnispartner die Haushälter in der Fraktion finden. Diese Charakterisierung erfaßt allerdings nur einen Teilaspekt der komplexen Realität. Denn auch Haushälter haben die gesamte Politik in ihrem Wahlkreis zu vertreten, gehören Parteigruppierungen an und vertreten Verbandsinteressen; so sind in der Haushaltsgruppe der CDU/CSU-Fraktion Mitglieder des im „Parlamentskreis Mittelstand" organisierten Wirtschaftsflügels zahlreich vertreten. Prioritäten wurden auf diesem Wege durchaus gesetzt.

7.11.3 Arbeitsweise und Entscheidungsprozeß

Das Arbeitsklima des Haushaltsausschusses gilt als besonders gut und kollegial (Sturm 1985: 252f.).

Das Berichterstatter-System des Haushaltsausschusses ist dem anderer Ausschüsse ähnlich, weist aber auch einige Besonderheiten auf. Einmal ist die Spezialisierung noch weiter vorangetrieben, zum anderen sind die Informations- und Arbeitskontakte der Berichterstatter zur Ministerialbürokratie besonders intensiv (Ismayr 1992: 410; Horst 1995: 290f.). Mit dem Haushaltsentwurf befassen sich die Berichterstatter nicht erst nach dessen Einbringung. Bereits zu einem frühen Zeitpunkt informiert nach langjähriger Tradition der Finanzminister den Haushaltsausschuß über Trends und Schwerpunkte des geplanten Haushaltsentwurfs. Allerdings erhalten die Haushalts-Arbeitsgruppen der Regierungsfraktionen einen gewissen Informationsvorsprung (Gerster 1984: 15; Sturm 1985: 250f.).

Bereits in der Phase der Erarbeitung des Haushaltsplans führen die Berichterstatter Gespräche mit den Referenten der Haushaltsabteilung des Finanzministeriums und Vertretern „ihres" Fachressorts, die frühzeitig die Unterstützung der Haushälter suchen, um bestimmte Kürzungen durch das Finanzministerium abzuwenden. Frühzeitige Informationskontakte zu den Ministerien sind erforderlich, um überhaupt (einigermaßen) informiert und sachkompetent kontrollieren und vielleicht auch mitgestalten zu können. Allerdings besteht auch die Gefahr, daß Abgeordnete allzusehr die Ministerialperspektive übernehmen und eingebunden werden, zumal wenn Vorinformationen (auch an Oppositionsabgeordnete) mit der „Auflage“ gegeben werden, sie zeitweise vertraulich zu behandeln.

Bereits ein paar Wochen vor der offiziellen Einbringung des Haushalts durch den Bundesfinanzminister erhalten die Berichterstatter den Haushaltsentwurf, um sich auf die koalitions- und fraktionsinternen Haushaltsvorberatungen und die Haushaltsdebatte (1. Beratung) vorbereiten zu können. Nach der Ausschußüberweisung des Haushaltsentwurfs suchen – mehr noch als sonst – Referenten und Abteilungsleiter von Bundes- und Landesministerien sowie Vertreter von Bundesbehörden, Interessengruppen, betroffenen Arbeitsgruppen der Fraktion(en) und ggf. auch der Fraktionsführung in Sitzungen und Einzelgesprächen (Mit-)Berichterstatter für Änderungen an den Einzelplänen zu gewinnen.

Nach (genauer) Prüfung der Haushaltsansätze und Sondierung der Änderungsmöglichkeiten finden in den Ministerien detaillierte Berichterstattergespräche statt, an denen neben dem Berichterstatter und den Mitberichterstattern führende Beamte des jeweiligen Fachressorts mitwirken. Kommen die Berichterstatter und Mitberichterstatter zu einem gemeinsamen Änderungsvorschlag, wird im Ausschuß fast immer so beschlossen. Nach dem Berichterstattergespräch werden in einer schriftlichen Vorlage für den Ausschuß die Änderungsanträge zusammengestellt (Gerster 1984: 25f.). Bevor der Haushaltsausschuß damit befaßt ist, werden die Einzelpläne und Berichterstattervorschläge in den fachlich betroffenen Arbeitsgruppen und Arbeitskreisen und in den Fachausschüssen diskutiert, die in gutachterlichen Stellungnahmen Änderungsvorschläge unterbreiten, und – vor allem in den Haushalts-Arbeitsgruppen der Fraktionen – hinsichtlich ihrer Stimmigkeit und ihrer Konsequenzen für den Gesamthaushalt geprüft. Den Abschluß bildet eine „Bereinigungssitzung“ des Haushaltsausschusses, in der alle bis dahin noch offenen Beschlüsse gefaßt werden müssen. Daß die Beratungen unter erheblichem Zeitdruck standen, wird danach regelmäßig erklärt, doch bieten sich offensichtlich keine plausiblen Abhilfemöglichkeiten, soll der Haushalt (einigermaßen) rechtzeitig verabschiedet werden und seine Aktualität behalten.

7.11.4 Informationsmöglichkeiten

Primäre Informationsquelle der Haushälter (Berichterstatter) sind die Bundesministerien, von denen sie eine Fülle von Informationen erhalten, auch wenn sie der Opposition angehören. Allerdings ist es für die Berichterstatter oft schwer, dahinterzukommen, wo verschleiert wird und wo – im Hinblick auf erwartete Kürzungen – die Bürokratie „Sparkassen angelegt“ und „versteckt“ hat (Sturm 1985: 258); schließlich stehen sie dem Beamtenapparat eines ganzen Ministeriums gegenüber. Die sicher wichtige „Kunst, die richtigen Fragen zu stellen“, reicht allein nicht aus. Wichtig ist, Kontakte zu politisch nahestehenden und erfahrenen Ministerialbeamten zu nutzen. Aufgrund solcher Kontakte und auch aus Zeitgründen sind offenbar nur wenige Haushälter – insbesondere wohl der Opposition – bemüht, Informationen außerhalb der „Exekutive“ zur Entwicklung von „Gegensachverstand“ heranzuziehen (Sturm 1985: 250f.). Favorisiert werden dabei Kontakte zu Interessengruppen und Parteigremien.

Auf „unabhängigen“ wissenschaftlichen Sachverstand stützen sich die Haushälter nur in bescheidenem Umfang (Sturm 1985: 250; Horst 1995: 324ff.). Daß dies immerhin zunehmend als Defizit erkannt wird, zeigen die Forderungen nach zeit- und parlamentsnahen Beratungen durch den Bundesrechnungshof und einem Ausbau der parlamentarischen Hilfsdienste.

Die vom Haushaltsausschuß beschlossenen Veränderungen am Gesamtvolumen des Haushalts nehmen sich (jedenfalls auf den ersten Blick) relativ bescheiden aus; Veränderungen von Details bilden üblicherweise den Schwerpunkt (Sturm 1985: 260ff.; Sturm 1988). Zumindest größere Änderungen sind im Ausschuß üblicherweise nur durchsetzbar, wenn sie nicht nur von den Mehrheitsfraktionen in Ausschuß und Parlament, sondern auch von der Regierung getragen werden. Jedenfalls soweit es um Mehrausgaben geht, gehen die „Impulse“ für „politisch gestaltende“ Haushaltsbeschlüsse üblicherweise nicht vom Haushaltsausschuß, sondern von Fachministerien und Fachausschüssen aus. Besonders in Zeiten „knapper Kassen“ kann der koalitionsinterne Einfluß der Haushälter allerdings beträchtlich sein, wo es um die Verhinderung oder zumindest Eindämmung von Beschlüssen geht, die Mehrausgaben zur Folge haben.

Ungeachtet des spezifischen Selbstverständnisses der Haushälter werden – wie im Fraktionenparlament üblich – auch die fraktionsintern getroffenen (Vor-)Entscheidungen im Haushaltsausschuß von der Regierungsmehrheit üblicherweise durchgesetzt (Sturm 1985: 262f.).

7.11.5 Haushaltsvollzug

Abweichend vom traditionellen Rollenverständnis wirkt der Bundestag auch beim Haushaltsvollzug mit. Die begleitende Kontrolle der Regierungstätigkeit durch Aktivitäten der Ausschüsse (Nachfragen, Prüfaufträge, Berichtsanforderungen) bezieht selbstverständlich die finanzielle Seite mit ein. Wichtigstes Instrument der begleitenden Kontrolle des Haushaltsausschusses ist der qualifizierte Sperrvermerk. Nach § 22 BHO kann „in Ausnahmefällen" durch „Sperrvermerk bestimmt werden, daß die Leistung von Ausgaben und Verpflichtungsermächtigungen der Einwilligung des Bundestages bedarf" (Tomuschat 1980: 13). Der Haushaltsausschuß kann die Freigabe bewilligter, aber noch gesperrter Mittel „von der Vorlage eines besseren Konzeptes abhängig machen" (Gerster 1984: 29). Diese Möglichkeit der Einflußnahme wird zunehmend genutzt, insbesondere bei Beschaffungsprogrammen, die Haushaltsmittel auch in künftigen Jahren binden. So wurden für 1996 im Einzelplan des Wirtschaftsministeriums bei 10 Titeln qualifizierte Sperrvermerke angebracht. Der Versuch, aus Gründen der Gewaltenteilung auf die Kontrolle beim Haushaltsvollzug zu verzichten, hätte zur Folge, „daß in Wirklichkeit keine Gewalt mehr geteilt, sondern die des Bundestages zum Verschwinden gebracht würde" (Boldt 1973: 543).

7.12 Bundesrechnungshof und Parlament

Grundsätzlich sind sich die Fraktionen weitgehend darin einig, daß die dem Bundestag obliegende Budgethoheit eine effektive Kontrolle des Haushaltsvollzugs erfordert, aber gerade hier Anspruch und Wirklichkeit weit auseinanderklaffen (Abg. Friedmann, PlPr 10/134). Zu diesem Zweck wurde der Rechnungsprüfungsausschuß eingerichtet, der freilich auf umfangreiche „fachliche" Zuarbeit angewiesen ist. Für diese Aufgabe reicht aber die Kapazität der parlamentarischen Hilfsdienste bei weitem nicht aus. Hier ist der Bundestag in erster Linie auf die Mithilfe des formell unabhängigen Bundesrechnungshofes angewiesen, der „verstärkt Beratungsaufgaben für Parlament und Regierung übernommen hat“ (Wedel 1997: 9).

Von ihm wird auf parlamentarischer Seite erwartet, daß er Prüfersuchen des Bundestages – insbesondere des Haushaltsausschusses – „soweit wie möglich“ vorrangig berücksichtigt (PlPr 10/136). Trotz der erwünschten Nähe zum Bundestag (Haushaltsausschuß) ist der Bundesrechnungshof rechtlich gesehen allerdings kein „Hilfsorgan“ des Bundestages. Nach der Verfassung berichtet der Bundesrechnungshof (BRH) jährlich der Bundesregierung, dem Bundestag und dem Bundesrat; seine Mitglieder besitzen richterliche Unabhängigkeit (Art. 114 Abs. 2 GG). Grundsätzlich sind sich alle Fraktionen in der Beurteilung einig, daß eine wirksame Mithilfe des Rechnungshofes bei der parlamentarischen Haushalts- und Finanzkontrolle nicht nur eine deutliche personalpolitische Abkoppelung von der „Exekutive“, sondern auch rechtliche (und parteipolitische) Unabhängigkeit voraussetzt.

7.12.1 Nachträgliche Finanzkontrolle

Die „abschließende“ Phase im „Haushaltskreislauf“ bildet das parlamentarische Entlastungsverfahren auf der Grundlage der Jahresrechnung des Finanzministers und dem Bericht des Bundesrechnungshofes, der jährlich im Herbst vorgelegt wird (Diederich u.a. 1990: 140f.; Schäfer [4]1982: 261). Die Steuerungsleistung und politische Wirkung dieser nachträglichen Haushaltskontrolle wird fast durchweg gering eingeschätzt, was u.a. darin begründet ist, daß die sachliche Befassung damit und die formelle Entlastung durch das Plenum meist viel zu spät erfolgen. Ein weiterer Grund für die meist geringe öffentliche Resonanz liegt darin, daß es über Prüfungsbemerkungen im Rechnungsprüfungsausschuß und auch im Plenum bisher kaum parteipolitische Kontroversen gegeben hat. Bei der (nachträglichen) Verwaltungskontrolle wird die Konfliktlinie zwischen Regierungslager und Opposition partiell durchbrochen (Korff 1981: 400). Es spricht allerdings manches dafür, daß Prüfungskriterien des Rechnungsprüfungs- und Haushaltsausschusses denen des Rechnungshofes ähnlich sind, der seinerseits bemüht ist, sich politischer Bewertungen zu enthalten (Wittrock 1985: 262).

7.12.2 Erfolgskontrollen

Am Kriterium der „Ausgewogenheit und Objektivität" orientiert, will der Bundesrechnungshof „Problemtransparenz und Entscheidungshilfe" (Wittrock 1985: 265) vermitteln, nicht aber politische Zwecksetzungen bewerten. Im Rahmen der Wirtschaftlichkeitsprüfungen werden häufiger als früher Erfolgskontrollen (Effektivitätskontrollen) durchgeführt, doch sollte der Bundesrechnungshof dies nach den Erwartungen des Haushaltsausschusses „mehr noch als bisher" tun (PlPr 10/148, S. 11012). Insbesondere bei technischen Großprojekten (Tornado, Schneller Brüter, Eurofighter, u.a.) sind angesichts der geforderten Spezialkenntnisse und der Komplexität die Kontrollschwierigkeiten evident. Auch wenn – wie vorgeschlagen – mehr Mitarbeiter mit technischer und wirtschaftswissenschaftlicher Vorbildung eingestellt und externer Sachverstand stärker genutzt würde, wäre es angesichts der Vielfalt der Programme und Aktivitäten weder wünschenswert noch realisierbar, den Bundesrechnungshof zur „Super(evaluations)behörde" auszubauen, die in der Lage wäre, flächendeckend Erfolgskontrollen (Wirkungsanalysen) durchzuführen.

Auch „nachträgliche" Finanzkontrolle muß nicht wirkungslos sein. Zwar kann der BRH die Prüfung nach seinem Ermessen beschränken und Rechnungen ungeprüft lassen (§ 89 Abs. 2 BHO), doch erzeugt (gerade) die Unvorhersehbarkeit und Unberechenbarkeit seiner Aktivitäten präventive Wirkung. Auch spätere Kritik wird, zumal wenn sie vom Rechnungsprüfungsausschuß aufgegriffen wird und „Betroffene" dem Ausschuß Rede und Antwort stehen müssen, „faktische Vorwirkungen für künftiges Verwaltungshandeln" entfalten (Wittrock 1982: 214f.). Allerdings blieben „Empfehlungen" (Kritik und Anregungen) des Bundesrechnungshofes, denen die „Exekutive" im Verlauf des Prüfungsverfahrens gefolgt sind, bisher im Schatten öffentlicher Aufmerksamkeit. Von der Möglichkeit, in den „Jahresbericht" auch Feststellungen und Empfehlungen über spätere oder frühere Haushaltsjahre aufzunehmen, wird immerhin zunehmend Gebrauch gemacht (§ 97 Abs. 3 BHO; z.B. BT-Drs. 13/8550).

7.12.3 Beratung der Abgeordneten

Für mindestens ebenso wichtig wie eine Intensivierung der Ex-post-Evaluierung (Erfolgskontrolle) gilt eine Schwerpunktverlagerung auf (haushaltsmäßig gewichtige) Vorgänge, „die nicht abgeschlossen, sondern noch beeinflußbar sind" (Abg. Kleinert; PlPr 10/136, S. 10139) und eine gegenwartsnahe Beratung des Bundestages, die er gemäß § 88 Abs. 2 der Bundeshaushaltsordnung leisten kann (!). In der Praxis erfolgt die Beratung überwiegend aufgrund der Initiative des Haushalts- bzw. Rechnungsprüfungsausschusses, denen der Bundesrechnungshof regelmäßig nachkommt. Die gegenwärtige Regelung ist allerdings für die Oppositionsfraktionen nicht befriedigend, da sie gutachterliche Stellungnahmen des Bundesrechnungshofes nur mit Unterstützung der Ausschußmehrheit veranlassen können. Die Rechte der Oppositionsfraktionen sollten dadurch gestärkt werden, daß eine Minderheit von Abgeordneten einen Prüfungsauftrag an den Bundesrechnungshof erzwingen kann. Über die schriftlichen Gutachten hinaus beraten die Vertreter des Bundesrechnungshofs die Ausschüsse bereits bei der Aufstellung des Bundeshaushalts in weitem Umfang, doch gelten Intensität und Qualität der Beratungen bei den Fraktionsvertretern nach wie vor als (sehr) verbesserungsbedürftig.

Nach § 99 BHO kann der Bundesrechnungshof „über Angelegenheiten von besonderer Bedeutung" dem Bundestag sowie der Bundesregierung und dem Bundesrat wiederkehrende Mängel benennen – ein (öffentlichkeits)wirksames Mittel, von dem noch zu selten Gebrauch gemacht wird. Der Bundesrechnungshof hat so die Möglichkeit, die bei einer Reihe von Prüfungsverfahren getroffenen Feststellungen „zu allgemeinen Aussagen zusammenzufassen, damit wiederkehrende Mängel des Verwaltungshandelns erkannt und Möglichkeiten zur Abhilfe geschaffen werden" (BT-Drs. 10/3847; vgl. BT-Drs. 14/220).

7.12.4 Öffentliche Wirkung

Die Intensivierung frühzeitiger Prüfungen und Beratungen kann die „Effizienz" der Finanzkontrolle erhöhen und ist zudem der wichtigste Schritt zu einer besseren Öffentlichkeitswirksamkeit. Allerdings finden die Pressekonferenzen des Bundesrechnungshofes in der Bundeshauptstadt anläßlich des Jahresberichts stärkere öffentliche Beachtung als die Finanzkontrolle des Parlaments. Es wurde daher vorgeschlagen, daß der Präsident des Bundesrechnungshofes den Jahresbericht sowie Sonderberichte im Plenum des Bundestages erläutern sollte und sich daran inhaltlich geführte Debatten anschließen (Wittrock 1985: 262).

7.13 Untersuchungsausschüsse

Die Einschätzung von Untersuchungsausschüssen (UA) schwankt in Wissenschaft und Politik nicht unerheblich: Sind sie für die einen das „schärfste parlamentarische Kontrollinstrument" (z.B. Witte-Wegmann 1972: 115) wird ihre Wirkung von anderen als recht begrenzt angesehen (Stadler 1984: 197). Diese Spannweite der Beurteilung hat sicherlich damit zu tun, daß die einen von den rechtlichen Möglichkeiten und verfassungspolitischen Erfordernissen, andere von der parlamentarischen Praxis ausgehen – und dabei u.U. je spezifische Erfahrungen zugrunde legen. Die Einschätzung der Wirksamkeit von Untersuchungsausschüssen und die unterschiedliche Stoßrichtung von Reformbemühungen hängen wiederum davon ab, ob sie in erster Linie als Forum der „Wahrheitsermittlung" oder als Mittel des politischen Kampfes gesehen werden (Steffani 1979b: 182ff.).

7.13.1 Auftrag und Funktionen

Nach Art. 44 Abs. 1 GG hat der Bundestag das Recht und auf Antrag eines Viertels seiner Mitglieder auch die Pflicht, einen Untersuchungsausschuß einzusetzen, der in öffentlicher Verhandlung die erforderlichen Beweise erhebt. Der Bundestag gehört somit zu den wenigen westeuropäischen Parlamenten, in denen ein Untersuchungsausschuß förmlich von einer qualifizierten Minderheit durchgesetzt werden kann. Untersuchungsausschüsse können sich mit sämtlichen Vorgängen befassen, die in die Verantwortung der Bundesregierung sowie des Bundestages selbst fallen. Im Rahmen der Bundeskompetenz können sie auch zur Aufklärung von Vorgängen (Mißständen) in außerstaatlichen Bereichen eingesetzt werden (Damkowski 1987: 82).

In der parlamentarischen Praxis liegt der Schwerpunkt dieses parlamentarischen Hilfsorgans eindeutig bei der Untersuchung von Mißständen im Bereich von Bundesregierung und Verwaltung (Enquete-

Kommission Verfassungsreform 1976: 122). Von einer Ausnahme abgesehen waren alle Untersuchungsausschüsse (auch) „Mißstandsenqueten“ (Schindler [3]1984: 624ff.; Thaysen 1988: 20f.). Mit der Entscheidung für die Einrichtung von Enquete-Kommissionen (1969), die sich ebenfalls auf Art. 44 GG stützen, wurde eine institutionelle Differenzierung vorgenommen. Für die Untersuchung komplexer Sachzusammenhänge und die Vorbereitung umfangreicher Gesetzesvorhaben standen nun eigene Gremien zur Verfügung (vgl. Kap. 7.17). Die Charakterisierung als Mißstands-Enqueten darf freilich nicht den Blick dafür verstellen, daß in mehreren Fällen die Untersuchungen auch mit der Intention durchgeführt wurden, Verbesserungen zu bewirken. Folglich wurden Vorschläge zur Korrektur von Verwaltungsdefiziten sowie Gesetzesvorschläge unterbreitet; von mehreren Untersuchungsausschüssen aus jüngster Zeit wurden solche Vorschläge in den Untersuchungsaufträgen ausdrücklich verlangt (z.B. „Flick“, „Transnuklear“, „HIV-Infektion“, „Kommerzielle Koordinierung“) (Schindler 1994: 747ff.; Chronik 1996: 458ff.).

Die unterschiedliche Einschätzung der Funktion von Untersuchungsausschüssen, aber auch das mangelnde Interesse der jeweiligen Regierungsmehrheit an einer Stärkung der Minderheitsrechte, sind die Gründe dafür, daß eine bereits seit den 50er Jahren geforderte Reform des Untersuchungsverfahrens immer wieder in Ansätzen stecken geblieben ist und ein seither von zahlreichen Gremien gefordertes Verfahrensgesetz für Untersuchungsausschüsse noch immer fehlt. Die Geschäftsordnung des Bundestages enthält keine spezifischen Regelungen für Untersuchungsausschüsse. Die UAe wurden in den letzten Wahlperioden vom Bundestag regelmäßig verpflichtet, ergänzend zu Art. 44 GG die „IPA-Regeln“ als besonderes Geschäftsordnungsrecht anzuwenden. Die Interparlamentarische Arbeitsgemeinschaft (IPA) hatte 1968 Verfahrensgrundsätze beschlossen und auf dieser Grundlage einen Gesetzentwurf „über Einsetzung und Verfahren von Untersuchungsausschüssen“ erarbeitet, der allerdings nicht verabschiedet wurde. Die seither angewandten IPA-Regeln haben aber die Verfahrensprobleme nicht lösen können. Ein 1985 eingebrachter, aber ebenfalls (knapp) gescheiterter Entwurf eines Verfahrensgesetzes wird zur Auslegung herangezogen, soweit die IPA-Regeln nichts vorsehen.

Aufgabe von Untersuchungsausschüssen ist die „Aufklärung von Sachverhalten“, die Tatsachenermittlung (§ 1 IPA-Regeln). Weitgehend einig sind sich die Bundestagsparteien in der Einschätzung, daß das

Untersuchungsverfahren kein gerichtsähnliches Verfahren ist. Im Unterschied zum Gerichtsverfahren gehe es hier nicht um die Feststellung verwerfbarer Schuld. Die Aufklärung tatsächlicher Vorgänge erfolge mit parlamentarischen Mitteln zum Zwecke einer politischen Bewertung (so die Enquete-Kommission Verfassungsreform 1976: 126). In der Praxis nimmt nicht erst das Gesamtparlament, sondern der Untersuchungsausschuß selbst politische Bewertungen vor. Die Berichte an den Bundestag (Plenum), zu denen Untersuchungsausschüsse verpflichtet sind, enthalten regelmäßig nicht nur Sachverhaltsfeststellungen, sondern auch politische Bewertungen und oft auch Verbesserungsvorschläge (z.B. zur Gesetzgebung). Darin steckt kein Risiko. Die auch für Untersuchungsausschüsse üblichen Rückkoppelungsprozesse zu den Fraktionsgremien sichern weitgehend die Einhaltung der „Fraktionslinie“. Andere Organe sind an die Tatsachenfeststellungen, Bewertungen und Empfehlungen der Untersuchungsausschüsse nicht gebunden, wenngleich ein Mehrheitsvotum jedenfalls gegenüber der „Exekutive“ erhebliches Gewicht hat (Plagemann 1977: 244).

Politische Kontroversen treten meist nicht erst auf, wenn politische Schlußfolgerungen gezogen werden, sondern bestimmen häufig das Verfahren der Sachverhaltsaufklärung selbst (Thaysen 1988: 30; Kipke 1985: 88). In der Praxis sind UAe fast durchweg Instrumente des politischen Kampfes, vornehmlich zwischen Regierungsmehrheit und Oppositionsfraktionen. Wie die eindeutige Dominanz von Mißstandsenqueten zeigt, erfolgt bereits die Auswahl des Untersuchungsgegenstandes unter dem Gesichtspunkt, ob man der anderen Seite „etwas am Zeuge flicken“ kann und welche Vorteile von einem UA für das eigene politische Lager zu erwarten sind. Wie andere parlamentarische Mittel, wird auch dieses potentiell „schärfste Schwert“ unter den Kontrollinstrumenten der Minderheit unter dem Gesichtspunkt parteipolitischer Profilierung eingesetzt, mitunter auch ganz gezielt im Interesse der Stimmenmaximierung bei Bundestags- und Landtagswahlen, wofür die beiden letzten UAe in der 10. Wahlperiode beredte Beispiele sind („Neue Heimat“; „U-Boot-Pläne“; vgl. Tab. 7.11). Dies schließt gemeinwohlorientierte Intentionen selbstverständlich nicht aus.

Tabelle 7.11: Untersuchungsausschüsse (4.-13. Wahlperiode)

WP	Untersuchungsausschuß	Antragsteller	Einsetzung Datum	Sitzung	Ausschußbericht (BT-Drs.)	Vorsitzender
4	FIBAG-Ausschuß	SPD	21.03.1962	21	IV/512 IV/639	M. Hogen (CDU/CSU)
	Telefon-Abhöraffäre	SPD	23.10.1963	91	IV/2170	H. Schmitt-Vokkenhausen (SPD)
5	HS-30-Ausschuß [a]	FDP	16.03.1967	99	V/4527	H.J. v. Merkatz (CDU/CSU)
	Nachrichtendienste	SPD	13.11.1968	194	V/4208	M. Hirsch (SPD)
6	Pan-International-Ausschuß	CDU/CSU	01.10.1971	139	VI/3830	W. Rawe (CDU(CSU)
7	Steiner/Wienand-Ausschuß	CDU/CSU	15.06.1973	43	7/1803	F. Schäfer (SPD)
	Guillaume-Ausschuß	CDU/CSU	06.06.1974	105	7/3246	W. Wallmann (CDU/CSU)
8	Abhörfall eines Telefongesprächs mit F.J. Strauß	CDU/CSU	26.01.1978	69	8/3835	W. Althammer (CDU/CSU)
9	Fall Rauschenbach	CDU/CSU	09.10.1981	57	– [b]	H.-J. Jentsch (CDU/CSU)
10	Flick-Spenden-Affäre	SPD	19.05.1983	8	10/5079	M. Langer (CDU/CSU)
	Spionageabwehr während der Amtszeit von BM Zimmermann	SPD	03.10.1985	162	10/6584	G. Jahn (SPD)
	Neue Heimat	CDU/CSU, FDP	05.06.1986	219	10/6779	W. G. Hüsch (CDU/CSU)
	U-Boot-Pläne	DIE GRÜNEN; SPD	10.12.1986	255	– [b]	W. Penner (SPD)
11	U-Boot-Pläne	SPD; DIE GRÜNEN	02.04.1987	8	11/8109	H. Eylmann (CDU/CSU)
	Atomskandal „Transnuklear"	CDU/CSU, FDP; SPD; DIE GRÜNEN	21.01.1988	55	11/7800	H. Bachmaier (SPD)
12	Kommerzielle Koordinierung	SPD; B'90/GRÜNE	06.06.1991	28	12/3462 12/3920 12/4500	F. Vogel (CDU/CSU)
	Treuhandanstalt	SPD	30.09.1993	179	12/8404	O. Schily (SPD)
	HIV-Infektion	SPD; CDU/CSU, FDP	29.10.1993	186	12/6700 12/8591	G. Scheu (CDU/CSU)

WP	Untersuchungs-ausschuß	Antragsteller	Einsetzung Datum	Sit-zung	Ausschuß-bericht (BT-Drs.)	Vorsitzender
13	Plutonium	B'90/GRÜNE; SPD; CDU/CSU, FDP	11.05.1995	35	13/10800	G. Friedrich (CDU/CSU)
	DDR-Vermögen	SPD	28.09.1995	58	13/10900	V. Neumann (SPD)

a HS-30 ist ein Panzertyp

b Untersuchungsverfahren war bis zum Ende der Wahlperiode nicht abgeschlossen.

Quelle: Schindler 1984: 618ff.; Schindler 1994: 742ff.; Unterlagen des Sach- und Sprechregisters des Deutschen Bundestages.

Als Instrumente öffentlichkeitswirksamer Kontrolle werden UAe auch meist von Oppositionsparteien gefordert und durchgesetzt: Von den bisher 32 Untersuchungsausschüssen wurden 25 von einer Oppositionsfraktion beantragt, in vier Fällen kam der Antrag von einer Regierungsfraktion, dreimal wurde er von Oppositions- und Regierungsfraktionen gestellt (Stand 1998; vgl. Schindler 1994: 742ff.).

7.13.2 Erfahrungen

Wenn Untersuchungsausschüsse auch in erster Linie als Instrumente der politischen Auseinandersetzung dienen, muß dies – zumal in der Phase der Beweiserhebung – durchaus nicht bedeuten, daß die Fronten strikt zwischen Regierungsmehrheit und Opposition(sparteien) verlaufen. Hierfür gibt es mehrere Gründe: Das Verhalten der Zeugen ist oft schwer kalkulierbar, bei Durchsicht von Akten können unerwartete Vorgänge zu Tage gefördert werden und die Interessenlage verändern.

So können die Positionen im Verlaufe des Untersuchungsverfahrens wegen einzelner Untersuchungsthemen möglicherweise mehrfach wechseln (Enquete-Kommission Verfassungsreform 1976: 123). Gewiß verhalten sich die Mehrheitsparteien bei Untersuchungen, die sich gegen Regierungsmitglieder richten insoweit solidarisch und versuchen das ihre zu tun, um zu verhindern, daß „ihre“ Regierung politisch für Mißstände verantwortlich gemacht wird. Dieses Interesse drückt sich regelmäßig in der Bewertung von Vorgängen aus, bestimmt aber in der Regel auch die Auswahl der Auskunftspersonen, die Fragen an die Zeugen und die Beweiswürdigung. Zu differenzieren ist aber zwischen politischer Führung und Verwaltung. Regierungsfraktionen zeigen sich von Fall zu Fall bereit, Fehlentwicklungen im Verwaltungsapparat aufzudecken und Neuregelungen vorzuschlagen. Am ehesten kann dies dann erwartet werden, wenn nachgeordnete Behörden betroffen sind oder wenn ein Verwaltungsskandal in frühere Wahlperioden zurückreicht und sich die Gefahr verringert, daß (allein) die „eigene" Regierung politisch dafür verantwortlich gemacht wird (Kipke 1985: 150). Während eine gewisse Bereitschaft vorhanden ist, Strukturdefizite im (nachgeordneten) Bereich der Verwaltung aufzudecken, wird politische Verantwortlichkeit von Mitgliedern der „eigenen" Regierung selbst dann negiert, oder – falls dies öffentlich nicht vermittelbar ist – zumindest heruntergespielt, wenn Fehlverhalten öffentlich nachgewiesen wurde.

Auch innerhalb des Regierungslagers ist – zumal bei der Sachverhaltsaufklärung – eine „abgestufte" Solidarität zu beobachten, je nachdem, ob es sich um Mitglieder der eigenen Partei oder eines Koalitionspartners handelt. Liegt der „Machtwechsel" noch nicht allzu lange zurück, kann die Regierungsmehrheit nicht selten Ermittlungen und Vorwürfen der Opposition dadurch begegnen, daß sie Untersuchungen über frühere Regierungen in die Wege leitet. (Dies kann durch eine Ergänzung des Untersuchungsauftrages geschehen, die sich gegebenenfalls durch Androhung eines zusätzlichen Untersuchungsausschusses durchsetzen läßt.) Dieses Vorgehen kann der „Objektivierung" der Sachverhaltsaufklärung vor dem Forum der Öffentlichkeit dienen, aber auch dazu führen, daß (auf dem Wege informeller Aushandlungsprozesse) ein Verfahren abgeblockt wird und Mißstände „vertuscht" werden. Ein gemeinsames „unter den Teppich kehren" kann allerdings schwierig und politisch gefährlich werden, wenn eine konkurrierende neue Oppositionspartei, die noch nie in der Regierungsverantwortung stand, „unbelastet" den Finger auf die Wunden legen und die Öffentlichkeit mobilisieren kann. Diese Konkurrenzsituation hat sich seither bei allen Untersuchungsausschüssen ausgewirkt. Zwar kann die kleinere Oppositionsfraktion eigenständig keinen Untersuchungsausschuß durchsetzen, sie kann aber sehr wohl öffentlich Druck ausüben. Kompliziert wurde die Situation (bis zum „Machtwechsel" 1998) auch dadurch, daß die FDP schon bisher an der Regierung beteiligt und somit die Interessenlage der Regierungsparteien nicht deckungsgleich war.

Diese komplexe Konstellation und Interessenlage bestimmte die Untersuchungsverfahren in allen vier Untersuchungsausschüssen der

10. Wahlperiode (1983-87), wobei vor allem die Arbeit des „Flick-Ausschusses“ und des UAs „Neue Heimat“ erhebliche öffentliche Resonanz fanden und die politische Kultur in der Bundesrepublik wohl nachhaltig beeinflußt haben (Ismayr 1992: 430f.; Tab. 7.11).

Die partiell unterschiedliche Interessenlage zwischen den Oppositionsfraktionen und – öffentlich weniger ausgeprägt – zwischen den Koalitionspartnern relativiert nicht unerheblich das – freilich nach wie vor dominierende – Gegenüber von (kontrollierenden) Oppositionsfraktionen und Regierungsmehrheit. Die unterschiedliche Interessen- und Konfliktlage kommt allerdings bei den Oppositionsfraktionen offener und markanter zum Ausdruck – wie die Vorlage je eigener Sondervoten deutlich macht.

Die Tatsache, daß die Regierungsfraktionen mit ihrer Mehrheit einen Ausschußbericht beschließen (dessen politische Bewertungen zumindest von den Oppositionsfraktionen nicht mitgetragen werden), und es auch in der Vergangenheit nur selten zu konsensualen Voten kam, ist für die Wirkung von Untersuchungsausschüssen in der Öffentlichkeit nicht entscheidend; sie ist nicht einmal ein Maßstab dafür, ob gründliche Sachverhaltsaufklärung geleistet wurde.

Die Wirkung von Untersuchungsausschüssen hängt – wie die anderer Kontrollinstrumente – von der Resonanz in der Öffentlichkeit ab, oder konkreter: der Vermittlungs- und Kommentierungsleistung der Massenmedien. Entscheidend sind Art und Umfang der Berichterstattung in den Massenmedien und eigene journalistische Recherchen.

Begleiten die Massenmedien das Untersuchungsverfahren wach und kritisch und decken sie Verschleierungs-, Verschleppungs- und sonstige Manipulationsversuche auf, können Lernprozesse auch bei widerstrebenden Abgeordneten des UAs in Gang gesetzt werden. Die parteipolitische Konfliktsituation der Untersuchungsausschüsse kann unter der Voraussetzung kritisch-begleitender Medienberichterstattung durchaus der Aufklärung von Sachverhalten dienen. „Schiedsrichter“ ist die Öffentlichkeit. Immerhin wird der „feststellende“ Teil der Ausschußberichte, den üblicherweise das Ausschußsekretariat formuliert – auch von Oppositionsfraktionen ganz oder teilweise mitgetragen, auch wenn diese in ihren Sondervoten zu anderen politischen Bewertungen und Vorschlägen kommen. Für die öffentliche Kontrollwirkung entscheidend ist die Chance der Bürger, sich aufgrund sachgemäßer und problemorientierter Medienberichterstattung ein Urteil bilden zu können. Voraussetzung hierfür ist eine Stärkung der Minderheitenrechte bei der Beweiserhebung und das (nach den IPA-Regeln) jedem Ausschußmitglied (!) zustehende Recht, der Öffentlichkeit einen eigenen Bericht vorzulegen, der Sachverhaltsfeststellungen, Bewertungen und Lösungsvorschläge enthalten kann (vgl. Rotter 1979: 115ff.).

Die Frage, wie die Reaktionen der Öffentlichkeit einzuschätzen sind, läßt sich nicht generalisierend beurteilen (Rotter 1979: 127). Der Zwang zur objektiven Sachverhaltsaufklärung, zum Eingeständnis politischer Fehlleistungen und schließlich zur Formulierung und Durchführung erforderlicher Innovationen hängt von der Aufmerksamkeit, dem Grad der Informiertheit und dem Erwartungsdruck der Öffentlichkeit (Massenmedien, Aktivbürger) ab. Wirkungen sind vor allem dann zu erwarten, wenn sich – durch öffentliche Berichterstattung alarmiert – Unmutsäußerungen an der „Basis“ der Partei häufen und Meinungsumfragen Stimmeneinbußen bei bevorstehenden Bundestags- und Landtagswahlen signalisieren. Die „ausschlaggebende politische Bedeutung der Untersuchung ergibt sich aus dem Vorgang der Ermittlung selbst, als der ‚Informationsveranstaltung‘ für die Öffentlichkeit und der politischen Auseinandersetzung vor deren Augen“. Die kritische Durchleuchtung des Untersuchungsgegenstandes wird nicht primär dem Parlament überlassen, was letztlich einer Depolitisierung Vorschub leisten könnte (Kipke 1985: 92).

7.13.3 Einsetzung, Zusammensetzung und Vorsitz

Nach der Verfassung muß der Bundestag auf Antrag eines Viertels seiner Mitglieder einen Untersuchungsausschuß einsetzen (Art. 44 GG). Kleinere Fraktionen können einen Antrag stellen (§§ 75, 76 GOBT) und hierüber auch eine Plenardebatte erzwingen, durchsetzen können sie aber einen UA nur mit Unterstützung von Abgeordneten einer anderen Fraktion.

Im Antrag auf Einsetzung eines UA muß der Untersuchungsgegenstand hinreichend bestimmt sein. Zwar sind ausdrücklichen Änderungen des Untersuchungsgegenstandes durch die Mehrheitsfraktionen enge Grenzen gesetzt (BVerfGE 49, 88), doch haben diese (faktisch) die Möglichkeit, gegen die eigene Regierung gerichtete Untersuchungen auszuweiten und sie so in ihrer Wirkung abzuschwächen; in der Praxis geschieht dies auch. Hingegen kann Minderheiten die Veränderung eines eigenen Untersuchungsauftrages verwehrt werden. Ihnen bleibt als Hebel gegenüber einer „unwilligen" Mehrheit nur die „Androhung" eines neuen Untersuchungsausschusses. So beanstandete die Regierungsmehrheit Teile des Untersuchungsauftrages des U-Boot-Ausschusses als verfassungswidrig und schränkte die Beweiserhebung stark ein – lehnte aber eine entsprechende Änderung dieser Passagen ab (PlPr 11/6141, S. 134). Es wäre daher geboten, in einem Verfahrensgesetz der antragstellenden Minderheit das Recht einzuräumen, den Untersuchungsauftrag jedenfalls insoweit zu ändern, als dessen „Kern" unberührt bleibt. Änderungen gegen den Willen der Antragsteller sollten hingegen ausgeschlossen werden (so der Entwurf der SPD-Fraktion in der 11. und 12. Wahlperiode: BT-Drs. 12/1436).

Auch Vorstöße für ein neues Verfahrensgesetz gehen davon aus, daß Untersuchungsausschüsse (wie alle anderen Ausschüsse) nach dem Stärkeverhältnis der Fraktionen zusammengesetzt sind. Allerdings sah ein interfraktioneller Gesetzentwurf in der 10. und 11. Wahlperiode (BT-Drs. 11/1896) vor, daß der zum Vorsitzenden gewählte Abgeordnete im UA nicht stimmberechtigt sein sollte. In der Konsequenz dieses Ansatzes liegt es, daß der Gesetzentwurf dem Vorsitzenden weitreichende Kompetenzen einräumt: Insbesondere sollte es ihm obliegen, die Reihenfolge der Vernehmung der Betroffenen, Zeugen und Sachverständigen zu bestimmen und deren Vernehmung zu eröffnen. Konsequent wäre es dann allerdings, für die Wahl des Vorsitzenden eine 2/3-Mehrheit vorzusehen und so eine breitere Vertrauensbasis zu schaffen.

7.13.4 Beweiserhebung

Im Grundgesetz ist das Recht des Untersuchungsausschusses, die erforderlichen Beweise zu erheben, nicht ausdrücklich als Minderheitenrecht ausgestaltet – ein bemerkenswerter Rückschritt gegenüber Art. 34 der Weimarer Reichsverfassung (Steffani 1979b: 194ff.). Seitdem nach den IPA-Regeln verfahren wird, gilt allerdings ein Minderheitenrecht: Demnach sind Beweise zu erheben, „wenn sie von den Antragstellern, einem Viertel der Ausschußmitglieder (oder den Betroffenen) beantragt werden, es sei denn, daß sie offensichtlich nicht im Rahmen des Untersuchungsauftrages liegen" (§ 12). Will die Mehrheit einen entsprechenden Beweisantrag verhindern, kann sie dies u.U. mit der Begründung tun, daß dies außerhalb des Untersuchungsauftrages liegt; häufiger werden von ihr andere Verfahrensentscheidungen genutzt (z.B. Vertagung, Reihenfolge der Vernehmung). Welche taktischen Möglichkeiten einer entschlossen agierenden Ausschuß-Mehrheit nach der gegenwärtigen Rechtslage zur Verfügung stehen, hat die Praxis im U-Boot-Untersuchungsausschuß gezeigt (BT-Drs. 11/6141).

Die Beweiserhebung umfaßt die Vernehmung von Zeugen, Betroffenen und Sachverständigen, die Heranziehung von Akten sowie die Einholung von Auskünften, Stellungnahmen und Berichten.

Eine wirksame Kontrolle der „Exekutive" setzt voraus, daß dem UA alle beanspruchten Akten vorgelegt werden und er auch die Möglichkeit hat, sie „vor Ort" einzusehen. Wegen der Verweigerung von Akten hat es aber in der Vergangenheit immer wieder Kontroversen zwischen Ausschuß(minderheit) und Regierung, aber auch zwischen Untersuchungsausschüssen und Gerichten gegeben. Die Weigerung der Bundesminister der Wirtschaft und der Finanzen, die durch einstimmigen (!) Beschluß des „Flick"-Untersuchungsausschusses angeforderten Akten vollständig herauszugeben, hatte 1983 eine Organklage der Fraktionen der SPD und der GRÜNEN zur Folge, der stattgegeben wurde. Das Bundesverfassungsgericht bestätigte in einem Grundsatzurteil, daß das Recht auf Aktenvorlage Verfassungsrang habe und zum „Wesenskern" des Untersuchungsrechts gehörte, weil Akten ein „besonders wichtiges Beweismittel bei der Untersuchung politischer Vorgänge" seien. Es liege daher nicht im Ermessen der Bundesregierung zu bestimmen, was sie als die Aktenherausgabe hinderndes Wohl des Bundes oder eines Landes ansieht (BVerfGE 67, 132, 138).

Einschränkend vertritt das Bundesverfassungsgericht die Auffassung, daß sich die Kontrollkompetenz des Bundestages „grundsätzlich nur auf bereits abgeschlossene Vorgänge" beziehe. Diese Auffassung ist praxisfern, denn allenfalls weit zurückliegende Vorgänge können als völlig abgeschlossen betrachtet werden (vgl. Damkowski 1987: 38). Sinnvollerweise kann allenfalls gerechtfertigt sein, laufende Beratungen innerhalb des Kabinetts bzw. der Regierungsspitze (Koalitionsgespräche, Kabinettsausschüsse) im Interesse einer freien Willensbildung gegen Einblicke von außen zu schützen. Davon abgesehen müßten aber alle Akten, die den Beamten von Ministerien und nachgeordneten Behörden zugänglich sind, auch von Untersuchungsausschüssen geprüft werden können.

In der Konsequenz der Entscheidung des Bundesverfassungsgerichts sind auch Gerichte, die u.U. parallel ermitteln, zur Herausgabe von Akten verpflichtet. Allerdings haben die Forderungen der „Flick"-, „Neue Heimat"- und „U-Boot"-Untersuchungsausschüsse gegenüber parallel ermittelnden Gerichten sowie Unternehmen, Akten, Geschäftsunterlagen und Urkunden herauszugeben, zu einer Reihe gerichtlicher Verfahren geführt, bis hin zur erneuten Anrufung des Bundesverfassungsgerichts. In seinem Urteil vom 1. Oktober 1987 bestätigte das Bundesverfassungsgericht grundsätzlich, daß sich die parlamentarischen Untersuchungsbefugnisse (Beweiserhebungsrechte) zumindest auch auf solche privaten Unternehmen erstreckt, die „in erheblichem Umfang aus staatlichen Mitteln gefördert oder steuerlich begünstigt werden und besonderen gesetzlichen Bindungen unterliegen" (BVerfGE 77, 363, 381f.; vgl. Engels ^{2}1991: 40ff.). Die Beschlagnahmung von Unterlagen der „Neuen Heimat" war somit zulässig.

Die Beweisaufnahme ist in der Regel außerordentlich arbeitsaufwendig. Beispielsweise haben die Akten des „Flick"-Untersuchungsausschusses einen Gesamtumfang von mehr als 100.000 Blatt, die des Untersuchungsausschusses „Neue Heimat" gar von mehreren Millionen Blatt. Einen großen Teil der Untersuchungszeit nimmt in der Regel die Vernehmung der Zeugen und Sachverständigen in Anspruch. So haben von den 85 Sitzungen des „Flick"-Untersuchungsausschusses 66 Sitzungen der Beweisaufnahme der Vernehmung von 49 Zeugen gedient. Einen ähnlichen Umfang hatte in den letzten Jahren der „Treuhand"-Untersuchungsausschuß. Die IPA-Regeln kennen den Status des Betroffenen und räumen diesem eine Reihe von Sonderrechten ein, doch haben es die Untersuchungsausschüsse in der Praxis bisher abgelehnt, betroffenen Personen diesen Status einzuräumen – so jüngst im Fall Schalck-Golodkowski (UA „Kommerzielle Koordinierung"; Chronik 1996: 458ff.). Allerdings wurden mitunter gewisse Sonderrechte zugestanden, so in den UAn „Flick" und „Neue Heimat" (Ismayr 1992: 440). Im U-Boot-Untersuchungsausschuß wurde die Sachaufklärung u.a. dadurch erheblich erschwert, daß die HDW-Vertreter, gegen die auch gerichtlich ermittelt worden war, für sich das Auskunftsverweigerungsrecht (nach § 55 StPO) in Anspruch nahmen. Ob ihnen dieses Recht (auch nach Einstellung des Verfahrens) zustand, war zwischen der Ausschußmehrheit und Opposition umstritten. Kein einziger Zeuge aus dem Bereich der betroffenen Firmen konnte bis Herbst 1989 vernommen werden (BT-Drs. 11/6141, S. 63, 130ff.).

Im Unterschied zu den Beratungen und der Beschlußfassung erfolgt die Beweiserhebung in öffentlicher Sitzung. Die Öffentlichkeit kann mit 2/3 Mehrheit der stimmberechtigten Mitglieder ausgeschlossen werden.

7.13.5 Untersuchungen des Verteidigungsausschusses

Der Bundestag ist nicht befugt, Untersuchungsausschüsse auf dem Gebiet militärischer Verteidigung einzusetzen. Die Untersuchungskompetenz wurde hier dem Verteidigungsausschuß übertragen, wohl primär aus Gründen der Geheimhaltung sicherheitspolitischer Maßnahmen (Kipke 1985: 71). Entscheidet er sich, eine Angelegenheit zum Gegenstand einer Untersuchung zu machen, hat er die Rechte eines Untersuchungsausschusses. Auf Antrag eines Viertels seiner Mitglieder ist er dazu verpflichtet (Art. 45a GG) (Berg 1982: 224). Mit bisher 12 Untersuchungsverfahren hat der Verteidigungsausschuß von dieser Möglichkeit nur sehr sparsam Gebrauch gemacht (Stand: 1999; Schindler 1994: 758). Die Gründe liegen wohl in einem langjährigen „Grundkonsens" in verteidigungspolitischen Fragen, der unter den Mitgliedern des Verteidigungsausschusses noch deutlicher ausgeprägt war, als in der jeweiligen Gesamtfraktion.

Seit der 8. Wahlperiode hat sich schrittweise die (Rechts-)Auffassung durchgesetzt, daß die Öffentlichkeit bei der Beweiserhebung – auch in militärischen Angelegenheiten – zugelassen werden kann und daß dies auch geschehen sollte, sofern nicht „Sicherheitsinteressen" entgegenstehen (Hucko 1979: 307). Die Praxis scheint sich der anderer Untersuchungsausschüsse anzunähern.

7.13.6 Kontrollwirkungen

Aufgrund ihrer thematisch und zeitlich begrenzten Aufgabenstellung sind Untersuchungsausschüsse nur begrenzt als Mittel umfassender politischer Richtungskontrolle und konzeptioneller Politik geeignet. Mit einem wirksamen Kontrollinstrumentarium ausgestattet, sind sie aber durchaus in der Lage, über die kontrovers geführte Aufklärung von Mißständen hinaus die Folgen politischer Entscheidungen zu untersuchen und durch Impulse im Bereich von Verwaltung und Gesetzgebung innovativ zu wirken. Die grundsätzlich gegebenen Chancen ließen sich durch Stärkung der Minderheitenrechte im Untersuchungsverfahren erheblich verbessern.

Typisch ist der folgende Ablauf: Ein spektakulärer Vorfall (Skandal) führt zur Aufdeckung von Mißständen im Regierungs- und Verwaltungsapparat. Im Verlauf der Untersuchung werden organisatorische Probleme, Wirkungsmängel von Verwaltungsmaßnahmen oder auch Defizite der Gesetzgebung offenbar. Die Fraktionen im Untersuchungsausschuß kommen zu teils gemeinsamen, überwiegend aber unterschiedlichen Bewertungen und machen im Mehrheitsbericht und in abweichenden Berichten Verbesserungsvorschläge, die in (alternativen) parlamentarischen Initiativen (Anträgen, Gesetzentwürfen) und Debatten ihren Niederschlag finden und auch öffentlich diskutiert werden.

Die Wirkung dieser Regelungsalternativen in der öffentlichen Diskussion und im Entscheidungsprozeß ist von Fall zu Fall unterschiedlich. Reaktionen von Ministerien und nachgeordneten Behörden erfolgen mitunter schon aufgrund öffentlicher Kritik im Verlauf des Verfahrens; Nachwirkungen können aber auch erst Jahre danach zu greifbaren Ergebnissen führen. Jedenfalls läßt sich der „Erfolg" von Untersuchungsausschüssen nicht daran ablesen, ob (ausnahmsweise) Änderungsvorschläge in einem „Konsensbericht" von allen Fraktionen unterstützt werden.

7.14 Der Petitionsausschuß

7.14.1 Petitionsrecht im Wandel

Als Kontrollgremium eigener Art fungiert der Petitionsausschuß des Bundestages. In jedem Jahr wenden sich zahlreiche Bürger mit Beschwerden, Anregungen und Vorschlägen an die Volksvertretungen von Bund und Ländern. Allein beim Bundestag gingen 1997 20.066 Einzelpetitionen sowie 431.433 Massenpetitionen (zu 14 Themen) ein (Bericht des Petitionsausschusses, 1998). Das Grundgesetz sichert jedermann (!) das Grundrecht zu, sich schriftlich mit Bitten und Beschwerden an die zuständigen Stellen (Behörden, internationale Stellen) oder an die Volksvertretung zu wenden (Art. 17 GG). Inhaltlich unterscheidet sich diese Verfassungsbestimmung kaum vom Art. 126

der Weimarer Reichsverfassung (1919), der ebenfalls das Petitionsrecht als Grundrecht normiert und seinerseits auf § 159 der Paulskirchenverfassung (1848) aufbaut (Vonderbeck 1975: 179).

Dem Petitionsrecht kommt im parlamentarisch-demokratischen Rechtsstaat der Bundesrepublik mit seiner ausgebauten Verwaltungsgerichtsbarkeit eine gewandelte, aber gleichwohl nicht zu unterschätzende Bedeutung zu. Dies gilt gegenüber dem monarchischen Konstitutionalismus für die individualrechtliche Seite des Bitt- und Beschwerderechts wie auch seine Bedeutung für die politische Willensbildung und parlamentarische Kontrolle.

Viele an den Bundestag gerichtete Beschwerden haben mit aus dem Rahmen fallenden Einzelfällen zu tun, die in Gesetzen und Verwaltungsvorschriften nicht bedacht wurden, sowie mit Handlungen oder Unterlassungen der Verwaltung, die als ungerecht oder unzuträglich angesehen werden. Petitionen an die Parlamente können in solchen Fällen noch einen Ausweg bieten, weil sie weder an Verfahrensvorschriften noch an Fristen gebunden sind. Die Funktion der parlamentarischen Petitionsinstanzen wird daher gerne als „Notrufsäule“ oder „Kummerkasten der Nation“ bezeichnet. Als Barriere kann sich allenfalls auswirken, daß Petitionen schriftlich einzureichen sind.

Das Petitionsrecht bietet dem Einzelnen nicht nur die Möglichkeit, in eigener Sache (und für andere) Beschwerden über unrechtmäßiges und unzweckmäßiges Handeln oder Unterlassen der Verwaltung, sondern auch „Bitten“ vorzubringen. Von dieser Möglichkeit, sich mit Anregungen und Vorschlägen – vor allem zur Gesetzgebung – an die Volksvertretung zu wenden, machen die Bürger vielfältigen Gebrauch. Unter den 20.066 Petitionen des Jahres 1997 waren nach Angaben des Petitionsausschusses 7560 (37,7%) Eingaben zur Bundesgesetzgebung (1988: 594 = 4,5%). Mehrere Tausend Petitionen zu einem Gesetzesvorhaben sind dabei nur als eine Eingabe berücksichtigt. So gingen 1996 alleine 93.441 Petitionen mit der Forderung zur „Verschärfung des Sommersmoggesetzes“ ein (Bericht des PA 1997: 67). Gerade Massen- und Sammelpetitionen haben häufig ein Aktivwerden des Gesetzgebers zum Ziel.

Diese „gemeinwohlorientierte“ Seite des Petitionsrechts gewinnt seit dem Aufkommen der Bürgerinitiativen zunehmend an Bedeutung. Bereits die Enquete-Kommission Verfassungsreform hat diese Bedeutung des Petitionsrechts für die Mitgestaltung der Bürger in öffentlichen Angelegenheiten hervorgehoben. Die legitime Chance von Bürgerinitiativen und Gruppen, durch Sammel- und Massenpetitionen ihre Anliegen öffentlich bewußt zu machen und „Druck" auf die Volksvertretung auszuüben, wird in der verfassungsrechtlichen Literatur anerkannt (Vitzhum 1985: 28f.). Dieses Recht wird auch von keiner Bundestagsfraktion grundsätzlich in Zweifel gezogen, doch gibt es deutliche Unterschiede hinsichtlich der Frage, wie „politisch motivierte" Petitionen generell zu behandeln sind.

7.14.2 Aufgaben und Befugnisse des Petitionsausschusses

Für die Behandlung der an den Bundestag gerichteten Bitten und Beschwerden ist nach Art. 45c GG der Petitionsausschuß (PA) zuständig, dem derzeit 29 Abgeordnete angehören (Tab. 7.11). Seit der Reform des Petitionsrechts (1975) besitzt der PA ein Zuständigkeitsmonopol. Der Präsident muß alle Petitionen dem PA überweisen (§ 109 GOBT). Dieser ist allerdings verpflichtet, zu allen Petitionen, die einen Gegenstand der Beratung in einem Fachausschuß betreffen, eine Stellungnahme einzuholen (§ 109 GOBT); in der Praxis sind dies vornehmlich Gesetzentwürfe.

Die Bundesregierung und die Behörden des Bundes sind verpflichtet, dem PA zur Vorbereitung von Beschlüssen über Beschwerden (!) „Akten vorzulegen, Auskunft zu erteilen und Zutritt zu ihren Einrichtungen zu gestatten".

Bedeutsam ist, daß der Ausschuß dieses Recht unmittelbar gegenüber den Bundesbehörden geltend machen kann. Das zuständige Regierungsmitglied ist „zu verständigen". Die neuen Befugnisse wurden nur teilweise genutzt.

In einigen Fällen – seit den 80er Jahren offenbar häufiger als früher – werden Regierungsvertreter vor den Ausschuß geladen (1997: 7; Vitzthum/März 1986: 217). Jedoch werden nur hin und wieder auch Akten angefordert (so z.B. von Versicherungsträgern); Erkundungen vor Ort erfolgen im Berichtsjahr nur ein oder zwei mal (Jahresberichte). Auf die Anhörung von Petenten und Sachverständigen wird fast ganz verzichtet. Gewiß hat bereits die Existenz dieser wichtigen Informationsrechte die Auskunftsbereitschaft von Regierungsmitgliedern und Beamten verbessert. Eine häufigere Nutzung dieser Rechte unterbleibt aber vor allem wegen der zeitlichen Belastung der Abgeordneten und der Mitarbeiter des Ausschußdienstes – was Ausschußmitglieder auch öffentlich bedauern (so in der Plenardebatte PlPr 10/222, S. 17141).

Die Erwartungen in eine Beschleunigung der Petitionsverfahren haben sich nur teilweise erfüllt. In manchen Politikbereichen müssen die Petenten nach wie vor zu lange auf einen Bescheid warten und reagieren verärgert. Neben der Überlastung des Ausschußdienstes liegt dies auch daran, daß manche Behörden und Ministerien und auch viele Fachausschüsse den PA zu lange auf Stellungnahmen warten lassen. Für den PA steht das Ansehen des Parlaments und seine eigene Glaubwürdigkeit auf dem Spiel.

Die Mitglieder der Oppositionsfraktionen im PA sind auf die Zustimmung der Ausschußmehrheit angewiesen, wenn sie das Informationsinstrumentarium des „Befugnisgesetzes" nutzen wollen. Die Bereitschaft der Mehrheitsfraktionen nimmt wohl in dem Maße ab, je deutlicher es sich um politisch brisante Anliegen handelt. Daher wird seit den 70er Jahren von der jeweiligen Opposition eine Ausgestaltung als Minderheitenrecht gefordert (Befugnisse auf Verlangen eines Viertels der Ausschußmitglieder). Zu den immer wieder diskutierten (und zwischen Mehrheit und Minderheit umstrittenen) Reformwünschen gehört auch das Recht, dem Petitionsbescheid ein Minderheitenvotum hinzuzufügen sowie die Verpflichtung, die Minderheitenmeinung entsprechend im Jahresbericht zu berücksichtigen.

Petitionen unterliegen nicht dem Grundsatz der Diskontinuität. Der PA muß also alle Petitionen wieder aufgreifen, die in der abgelaufenen Wahlperiode nicht mehr abschließend behandelt wurden. Der PA tagt in der Regel am Ausschußtag (Mittwoch) morgens vor den anderen Ausschüssen – „um in einer bis anderthalb Stunden dreißig oder mehr Petitionen ‚durchzuziehen' ", die im Vorfeld eingehend(er) bearbeitet wurden (Nickels 1997: 6).

Das Prestige des Ausschusses ist zwar gewachsen, doch bietet die mühevolle (Detail-)Arbeit in diesem von vielen Abgeordneten nach wie vor als „unpolitisch" eingeschätzten Gremium nur bescheidene Möglichkeiten, sich innerhalb der Fraktion zu profilieren. Immerhin bestätigte sich die langjährige Erfahrung, daß sich Parlamentsneulinge zunächst im PA zu bewähren haben, „damit sie beschäftigt sind und sich die Hörner abstoßen" (Orgaß, zit. nach Vonderbeck 1975: 179) seit der 10. Wahlperiode nur (mehr) für die

CDU/CSU-Fraktion. Von ihren 15 (10) ordentlichen Mitgliedern im PA waren in der 13. Wahlperiode (1994-98) 12 (6) „neue" Abgeordnete, bei der SPD von 12 (13) Mitgliedern nur 5 (6) (Angaben 1994/95; in Klammern für 1998/99). Dies könnte Ausdruck dafür sein, daß nicht nur die GRÜNEN, sondern auch die SPD ein „politischeres" Verständnis des PA entwickelt und dieses Gremium auch als politischen Seismographen versteht und in seiner kommunikativen Vermittlungsfunktion zwischen Bürgern und politisch-administrativen Institutionen höher einschätzt. Bündnis 90/Die Grünen gaben bei ihrem erneuten Einzug in den Bundestag 1994 dem Vorsitz im PA sogar den Vorzug vor dem möglichen Vorsitz im Umweltausschuß. Über mögliche parteipolitische Unterschiede hinaus wird dabei auch das unterschiedliche Rollenverständnis von Regierungsfraktionen und Opposition deutlich.

7.14.3 Verfahren und Erfolgsrate

Die Tätigkeit des Ausschusses setzt eine entsprechende Vorarbeit der „Unterabteilung Petitionen und Eingaben" (Ausschußdienst) voraus, dem administrativen Hilfsdienst des Petitionsausschusses. Diese Unterabteilung ist in das Ausschußsekretariat und 4 Eingabereferate mit insgesamt etwa 70 Mitarbeitern gegliedert, deren Aufgabengebiete jeweils mehreren Ministerien entsprechen. Der PA verfährt nach den „Grundsätzen des Petitionsausschusses über die Behandlung von Bitten und Beschwerden" (Verfahrensgrundsätze).

Aufgabe des Ausschußdienstes ist es insbesondere, die behandelbaren Petitionen daraufhin zu überprüfen, „ob wegen Lücken, Mängeln oder Härten Veranlassung zum Erlaß oder zur Änderung von Rechtsnormen besteht" bzw. ob das Verhalten der Verwaltung zu beanstanden ist. In der Regel holt er Stellungnahmen der betroffenen Ministerien ein, bei Beschwerden nötigenfalls auch anderer Behörden (§§ 1, 2 Befugnisgesetz). Entspricht die zuständige Stelle dem Anliegen des Petenten, teilt der Vorsitzende ihm dies mit. Der Ausschußdienst erstellt ein Verzeichnis der positiv erledigten Eingaben. Seit 1983 gilt, daß sämtliche Petitionen dem Ausschuß vorgelegt und vom Plenum beschlossen werden. Dies ändert aber nichts daran, daß der Ausschuß diese Petitionen (angesichts der Arbeitsfülle) kaum zur Kenntnis nimmt.

Nur über sachlich bzw. politisch schwierige Fälle berät und beschließt der Ausschuß einzeln, über alle anderen Petitionen wird im Ausschuß gesammelt abgestimmt, ein rein formaler Akt. Der PA berichtet dem Bundestag über die von ihm behandelten Petitionen mit einer Beschlußempfehlung in Form monatlicher Sammelübersichten (§ 112 Abs. 1 GOBT); über sie wird fast immer pauschal und ohne Aussprache abgestimmt. Außerdem erstattet der PA dem Bundestag jährlich einen schriftlichen Bericht, in dem die Schwerpunkte der Arbeit dargestellt werden (Tätigkeitsbericht). Der Vorarbeit des Ausschußdienstes kommt also erhebliches Gewicht zu.

Die Erfolgsrate der Petitionen war zwar nach der Reform 1995 deutlich angestiegen, ist aber mit durchschnittlich etwa 10% in den letzten Jahren (1994/97) noch immer bescheiden. Nicht entsprochen wurde in vier Berichtsjahren 23.719 Petitionen, was immerhin 37% der inhaltlich geprüften Eingaben entspricht (Tätigkeitsberichte des PA 1994-1999). Eine große Anzahl von Eingaben wird regelmäßig durch Rat, Auskunft, Verweisung oder/und Materialübersendung erledigt (1994/97: 39%). Entscheidungs- oder Weisungsrechte gegenüber Regierung oder Verwaltung bestehen nicht. Der Bundestag verfügt aber über das Petitionsüberweisungsrecht (aus Art. 17 GG) und damit über ein „zusätzliches", nicht unwirksames Kontrollmittel gegenüber Regierung und Verwaltung. Eine Petition kann der Regierung zur „Berücksichtigung" oder „Erwägung" überwiesen werden, wenn das Anliegen berechtigt und Abhilfe notwendig oder wünschenswert erscheint. Zu häufig, so wird auch in jüngsten Tätigkeitsberichten des PA (1997) beklagt, sei die Bundesregierung dem Votum des Petitionsausschusses nicht gefolgt und habe es nicht umgesetzt (BT-Drs. 13/8000, S. 9). Solche Voten zu ignorieren heißt, nicht nur die Anliegen der Opposition, sondern eben auch der Mehrheitsfraktionen mißachten. Die Zahl der zur Berücksichtigung überwiesenen Petitionen war bisher gering (durchschnittlich 0,3% im Zeitraum 1994-97). Besonders bei „politischen" Petitionen zu (parteipolitisch) kontroversen Themen ist die Bereitschaft der Ausschußmehrheit erwartungsgemäß gering, auf diesem Wege Druck auf „ihre" Regierung auszuüben. Häufiger entscheidet sich der Ausschuß für die unverbindlichere Form und überweist die Petition als „Material" (1994/97: 4,2%).

Durch Petitionen von Bürgern bekommen Parlament und Regierung ihrerseits „Einblick in die Schwierigkeiten und Unzulänglichkeiten bestimmter gesetzlicher Regelungen oder des administrativen

Handelns und erfahren, wo den Bürger der Schuh drückt". Das Petitionsrecht erweist sich insofern als „Hilfe parlamentarischer Kontrolle" (Hesse [20]1995: 202).

Zunächst einmal ist es Aufgabe des PA, Abhilfe bei fehlerhaftem Verwaltungshandeln im Einzelfall zu schaffen. Anknüpfend am Einzelfall kann die Verwaltungskontrolle des PAs häufig aber sehr viel weiter reichen: Denn das Parlament erhält dabei auch Einsicht in allgemeine Schwierigkeiten und Unzulänglichkeiten der „Exekutive" beim Gesetzesvollzug (Bearbeitungsstaus, organisatorische Mängel, mangelhafte Zusammenarbeit zwischen Behörden). Hinzu kommt die Gesetzeskontrolle: Das Parlament erhält vielfältige Informationen über unerwünschte (Neben-)Wirkungen und Härten der von ihm beschlossenen Gesetze. (Natürlich erfahren die Abgeordneten davon oft auch im Wahlkreis.) Voraussetzung einer stärkeren Berücksichtigung dieser Erfahrungen bei der Gesetzgebungsarbeit ist allerdings, daß Petitionen und Impulse des PA in den Fraktionsarbeitsgruppen und Fachausschüssen deutlicher wahrgenommen werden, als dies offenbar meist der Fall ist.

Die Zahl der Petitionen (ohne Masseneingaben) ist seit der deutschen Vereinigung deutlich angestiegen. Sie lag seit 1990 bei jährlich etwa 20.000, wobei in den neuen Bundesländern – problembedingt – erheblich mehr Bürger(innen) vom Petitionsrecht Gebrauch machten als in den alten (1997: 399 Eingaben gegenüber 186 auf eine Million Bürger; BT-Drs. 13/10500, S. 67). Regelmäßig die meisten Petitionen betreffen den Geschäftsbereich des Bundesministeriums für Arbeit und Sozialordnung, in den letzten Jahren etwa ein Drittel (1997: 6390 = 38%). Dabei geht es um die Anrechnung bestimmter Zeiten als Versicherungszeiten, die Höhe der zu berechnenden Renten, die Gewährung von Beihilfen in Krankheitsfällen. Weitere Schwerpunkte liegen in den Bereichen „Finanzen", „Verteidigung", „Inneres", „Gesundheit" und „Umwelt". Wie zahlreiche Beispiele in den Jahresberichten des PA zeigen, geben Petitionen nicht nur Anlaß, in Härtefällen Verwaltungsentscheidungen (im Einzelfall) zu korrigieren. Regierung, Verwaltung und Gesetzgeber erhalten auf diesem Wege häufig Kenntnis von Mängeln und Lücken in Gesetzen, Rechtsverordnungen und Verwaltungsvorschriften. In einigen Härtefällen konnte der PA die zuständigen Behörden zu einer anderen Ermessensentscheidung bewegen, in anderen Fällen eine Überprüfung und Korrektur von Vorschriften und Richtlinien der Verwaltung und auch Gesetzesänderungen herbeiführen. Eine wichtige „Nebenwirkung" der Petitionen ist also ihr Beitrag zur Gesetzesfolgenabschätzung und Erfolgskontrolle. Diese unmittelbaren Rückmeldungen und Impulse von seiten der Bürger sind weder durch Anfragen bei der Verwaltung noch durch professionelle Wirkungsanalysen zu ersetzen, die zudem ja nur für einzelne Bereiche angesetzt werden können.

7.14.4 Massenpetitionen und Politisierung

Durch Petitionen werden häufig Gesetzgebungsdefizite aufgedeckt. Besonders gilt dies für „politische" Petitionen, deren Zahl und Bedeutung seit dem Aufkommen der Bürgerinitiativen erheblich gewachsen ist. Aktivbürger tragen gemeinsam mit anderen Anliegen u.a. zur Gesetzgebung an PA und Parlament heran, nutzen das Petitionsrecht zur Mitwirkung und Mitgestaltung, zur gemeinsamen Durchsetzung „politischer" Forderungen. Ausdruck dieser Entwicklung ist die Zunahme von Sammelpetitionen und Massenpetitionen. Sammelpetitionen sind Unterschriftensammlungen mit demselben Anliegen; unter Massenpetitionen versteht der PA Eingaben in größerer Zahl mit demselben Anliegen, deren Text ganz oder im wesentlichen übereinstimmt („Verfahrensgrundsätze"). In der Statistik werden tausende von Massenpetitionen jeweils nur als eine Petition gezählt. Seit den 80er Jahren sind die Zahl und das Themenspektrum der Massenpetitionen deutlich angestiegen. Schwerpunkte waren u.a. Umwelt- und Naturschutz, Friedens- und Sicherheitspolitik und Themen des Strafrechts, in den 90er Jahren vermehrt sozialpolitische Anliegen (z.B. BT-Drs. 13/10500; PlPr 13/243, S. 22586). Die Themen lassen erkennen, daß Großverbände (Wirtschaftsverbände, Gewerkschaften) meist direktere Wege der Einflußnahme wählen, Massenpetitionen also häufig von Bürgerinitiativen und Umweltschutzorganisationen getragen sind.

Das Recht von Bürgerinitiativen, durch eine Vielzahl gleich- oder ähnlich gerichteter Petitionen ihre Anliegen öffentlich bewußt zu machen und politischen „Druck" auf die Volksvertretung(en) auszuüben, wird zwar von keiner Bundestagspartei grundsätzlich in Zweifel gezogen. Es gibt jedoch deutliche Unterschiede in der Bewertung dieser Aktivitäten. Vertreter der bisherigen Mehrheitsfraktionen CDU/CSU und FDP sehen die zentrale Aufgabe des PA in der Bearbeitung punktuelle Mängel signalisierender Einzelpetitionen. Sie verstehen ihn nach wie vor in erster Linie als „Kummerkasten der Nation" und möchten Tausenden von Massenpetitionen keinen größeren Stellenwert einräumen als dem privaten Anliegen eines einzelnen Bürgers (Abg. L. Berger, PlPr 10/222, S. 17140). Der Anspruch der „Gleichgewichtigkeit" wird auch von den bisherigen Oppositionsfraktionen SPD und Bündnis 90/Die Grünen (1982-1998) nicht grundsätzlich in Zweifel gezogen; sie sehen aber in der bisherigen Praxis eine Benachteiligung jener Petenten, die mit anderen gemeinsam ein Ziel verfolgen. Nach Auffassung der Opposition würdigten die Regierungsparteien den PA nicht gebührend als „parlamentarischen Seismographen", als „Brücke zwischen Bürger, Parlament/Regierung und Öffentlichkeit" – somit also in seiner kommunikativen und partizipatorischen Bedeutung (Abg. Vahlberg, PlPr 10/69, S. 4860f.). Die Anerkennung als politisches Mitwirkungsrecht (auch in der rechtswissenschaftlichen Literatur; Vitzthum/März 1986: 225) mindert gleichwohl nicht die Bedeutung des Petitionsrechts für den hilfesuchenden Einzelpetenten. Wenn PA und Bundestag einen Weg finden, auch (politische) Massen- und Sammelpetitionen im parlamentarischen Willensbildungs- und Entscheidungsprozeß angemessen zu berücksichtigen und die Petenten sich ernst genommen sehen, dient dies der Verbesserung der Kommunikation zwischen Bürgern und Volksvertretung und somit der „Vitalisierung" der parlamentarischen Demokratie. Ob dies in Zukunft besser als in den letzten Jahren gelingen wird, hängt davon ab, ob der Petitionsausschuß einen Weg finden wird, Probleme, Erfahrungen und Impulse aus der Praxis, von denen er durch Petitionen Kenntnis erhält, den Fachausschüssen und Fraktionsgremien nahezubringen.

7.14.5 Minderheitenrechte

Selbstverständlich darf das Bemühen, Massen- und Sammelpetitionen in ihrer quantitativen Gewichtung und inhaltlich-politischen Bedeutung gerecht zu werden, nicht dazu führen, den zahlreichen Einzelpetitionen, die private Sorgen und Hilferufe ausdrücken, die gebührende Aufmerksamkeit zu entziehen. Wenigstens darin sind sich alle Bundestagsparteien einig. Vielmehr geht es darum, private Einzelpetitionen und „politische" (Massen-)Petitionen in der dem jeweiligen Anliegen angemessenen Weise zu bearbeiten. Der einzelne Petent, der sich über die Maßnahme einer Behörde beschwert, erwartet u.U. Diskretion und Persönlichkeitsschutz (weshalb die Sammelübersichten auch nur den Wohnsitz, nicht den Namen des Einsenders anführen). Den Initiatoren politischer Massenpetitionen hingegen wird daran gelegen sein, ihr Anliegen öffentlich bewußt zu machen. Daß es sich hier um öffentliche Belange handelt, kann auch im Verfahren seinen Ausdruck finden, so in der Durchführung öffentlicher Ausschußsitzungen. Entgegen dem Wunsch oppositioneller Abgeordneter (PlPr 13/194, S. 17489) hat die Regierungsmehrheit im Ausschuß bisher jedoch „Erweiterte öffentliche Ausschußberatungen“ abgelehnt, die seit 1995 möglich sind (§ 69a GOBT). Für den Petitionsausschuß „besteht hier die Möglichkeit einer verstärkten Öffentlichkeitsarbeit, nicht zuletzt im Interesse der Bürgerinnen und Bürger“, stellt der Tätigkeitsbericht 1997 fest (BT-Drs. 13/10500, S. 13).

Zudem kommt es darauf an, die rechtlichen Befugnisse des PAs besser zu nutzen, vor allem häufiger vor Ort Erkundungen vorzunehmen, Petenten, Zeugen und Sachverständige anzuhören. Voraussetzung ist hierfür gewiß eine angemessene personelle Ausstattung des Ausschußdienstes, doch dies allein genügt nicht. Oft gehen die Ermittlungsinteressen der Opposition und von Teilöffentlichkeiten über die der „Regierungsseite“ im Ausschuß hinaus. Geboten ist daher, daß das bereits 1975 von der damaligen Opposition geforderte Minderheitenrecht eingeführt wird, wonach von den Möglichkeiten des Befugnisgesetzes bereits auf Verlangen eines Viertels seiner Mitglieder Gebrauch gemacht werden muß. Überdies sollten Minderheiten im Ausschuß die Möglichkeit erhalten, der Antwort des PA (Petitionsbescheid) ein Minderheitenvotum hinzuzufügen. Auch sollte der Petitionsausschuß bei Anliegen von öffentlichem Interesse häufiger Petenten anhören und Abordnungen von Massenpetitionen empfangen. Darüber hinaus hatte die SPD in der „Gemeinsamen Verfassungskommission von Bundestag und Bundesrat“ vorgeschlagen, bei Massenpetitionen von mindestens 50.000 Stimmberechtigten den Petitionsausschuß verfassungsrechtlich zur Anhörung zu verpflichten (Antrag vom 14.1.1993). Zudem sollten „Massenpetitionen gemeinsam mit dem Bericht des Petitionsausschusses im Bundestag und seinen Ausschüssen beraten“ werden. Das gegenwärtige Verfahren ist für die Oppositionsfraktionen und auch die Petenten unbefriedigend.

7.14.6 Institution eines „Bürgerbeauftragten"?

Die meisten westlichen Demokratien haben sich mittlerweile für die Institution eines Bürgerbeauftragten nach skandinavischem Vorbild entschieden. Inzwischen gibt es „Ombudsman"-Institutionen in mehr als 50 Ländern – zumeist auf gesamtstaatlicher Ebene (Kempf/Mille 1992; Ismayr ^{2}1999a).

Für diese Institution, die auch in Ergänzung zum Petitionsausschuß möglich ist, spricht vor allem, daß sich die Bürger an eine – öffentlich bekannte – Persönlichkeit wenden können. Von Vorteil kann auch ihre parteipolitische Unabhängigkeit sein, wo sie gewährleistet ist, doch markiert dies auch die Grenzen ihres Einflusses in „politischen" Fragen.

Entscheidend für den Verzicht des Bundestages auf die Bestellung eines Bürgerbeauftragten auf Bundesebene ist die Befürchtung, dies könne zur weiteren Entfremdung zwischen Bürgern und Abgeordneten führen. Viele Abgeordnete verstehen sich selbst als „Mittler" zwischen Bürgern (vor allem ihres Wahlkreises), politischen Institutionen und Verwaltung. Diesem Anliegen der Abgeordneten kommt auch die Regelung der Geschäftsordnung entgegen, daß Abgeordnete, die eine Petition überreichen, auf ihr Verlangen den Ausschußverhandlungen mit beratender Stimme zugezogen werden (§ 109 Abs. 2 GOBT). Der jüngst vorgelegte Antrag der Fraktion Bündnis 90/Die Grünen zur Bestellung einer oder eines Bürgerbeauftragten versucht diesem begründeten Einwand Rechnung zu tragen. Der Petitionsausschuß soll in seinen Kompetenzen nicht beschnitten, sondern gestärkt werden. Er „behält in jedem Falle auch gegenüber dem Bürgerbeauftragten das Recht, alle an ihn gerichteten Eingaben in eigener Zuständigkeit zu bearbeiten und zu entscheiden" (BT-Drs. 13/3578). Vorgeschlagen wird die Wahl eines (neutralen, parteipolitisch unabhängigen) Bürgerbeauftragten mit einer Mehrheit von zwei Dritteln der Mitglieder des Bundestages als „Hilfsorgan des Bundestages".

Der PA soll entlastet werden, indem alle Petitionen zunächst dem Bürgerbeauftragten zugeleitet werden, der versuchen soll, eine einvernehmliche Lösung mit den Behörden zu erreichen und hierüber in regelmäßigen Abständen den PA unterrichtet. Wird keine einvernehmliche Lösung erreicht oder handelt es sich um Petitionen, die „unmittelbar auf die Änderung eines Gesetzes gerichtet sind", entscheidet allein der Petitionsausschuß. Der Stärkung des parlamentarischen Kontrollrechts könnte – wie in anderen Ländern – die Befugnis des/der Bürgerbeauftragten dienen, „unabhängig von einer Petition von Amts wegen tätig zu werden". Die Möglichkeit zur aktiven Kontrolle entfalte vor allem präventive Wirkung und stärke neben der Autorität des Bürgerbeauftragten – so die Erwartung – „auch die Stellung, Kompetenz und Kontrollfunktion des Abgeordneten und des Petitionsausschusses", zumal ein Abgeordneter nach diesem Entwurf den Bürgerbeauftragten unmittelbar mit der Sachaufklärung beauftragen könne (BT-Drs. 13/3578/24.1.1996).

Diesem Vorstoß waren bisher nicht realisierte Vorschläge vorausgegangen, neben dem Wehrbeauftragten weitere Ombudsmänner/frauen für bestimmte Sachgebiete zu bestellen – so eines „Beauftragten für die Kriegswaffenkontrolle" (SPD-Entwurf 1985; BT-Drs. 10/3342) oder eines „Beauftragten für Kinder- und Jugendfragen" (Vorschlag u.a. des Kinderschutzbundes, 1986). Anstelle eines „Kinderbeauftragten" hat der Bundestag 1988 die „Kommission zur Wahrung der Belange der Kinder" gebildet, der es allerdings nur in bescheidenem Umfang gelang, auf einzelne Problembereiche öffentlich aufmerksam zu machen (Ismayr 1992: 462). Zudem wird seit 1990 der Bundesbeauftragte für den Datenschutz mit absoluter Mehrheit vom Bundestag gewählt. Auf Anforderung des Bundestages und der Bundesregierung hat der Bundesbeauftragte Gutachten zu erstellen und Berichte zu erstatten. Minderheitenansprüche wären hier angemessen, konnten aber nicht durchgesetzt werden.

7.15 Der Wehrbeauftragte

Die demokratische Kontrolle des Militärapparates bedeutet für alle parlamentarischen Demokratien eine permanente Herausforderung. In der Bundesrepublik stellte sich mit der Entscheidung für die Wiederbewaffnung erst wenige Jahre nach dem Zweiten Weltkrieg diese Frage mit besonderer Schärfe. Wie konnte sichergestellt werden, daß sich die Streitkräfte als stärkstes Gewaltpotential im Staat mit ihrer hierarchischen Befehlsstruktur in die Ordnung des parlamentarisch-demokratischen Rechtsstaates einfügten und sich nicht (erneut) zum Staat im Staate entwickelten (Bonner Kommentar, zu Art. 45b GG).

Tabelle 7.12: Die Wehrbeauftragten des Deutschen Bundestages

Name	Partei	Amtszeit	Wahlergebnis (Anteil der Ja-Stimmen in %)
Helmut von Grolmann	–	1959-1961	88,2
Hellmuth Guido Heye	CDU	1961-1964	durch Akklamation
Matthias Hoogen	CDU	1964-1970	59,3
Fritz Rudolf Schulz	FDP	1970-1975	53,7
Karl Wilhelm Berkhan	SPD	1975-1980	90,1
Karl Wilhelm Berkhan	SPD	1980-1985	91,6
Willi Weiskirch	CDU	1985-1990	84,5
Alfred Biehle	CSU	1990-1995	55,9
Claire Marienfeld-Czesla	CDU	1995-	71,0

Quelle: Schindler 1994: 1209; eigene Ergänzungen.

Um den Primat der Politik zu gewährleisten, wurde die Befehls- und Kommandogewalt über die Streitkräfte durch Art. 65a GG dem parlamentarisch verantwortlichen Bundesminister der Verteidigung übertragen und damit der politischen Richtlinienkompetenz des Bundeskanzlers zugeordnet. Nach Art. 47 der Weimarer Reichsverfassung lag der Oberbefehl beim Reichspräsidenten. Zudem wurden mit der Wehrverfassung 1956 zwei spezifische Kontrollinstitutionen geschaffen, die ausschließlich der parlamentarischen Kontrolle des Verteidigungsressorts und der Streitkräfte dienen: der Verteidigungsausschuß (nach Art. 45a GG), der auch die Rechte eines Untersuchungsausschusses hat, und der/die Wehrbeauftragte des Bundestages.

7.15.1 Struktur des Amtes

Mit dem Wehrbeauftragten (WB) des Bundestages wurde die Institution eines „Ombudsmans" nach skandinavischem Vorbild für ein spezifisches Aufgabengebiet in die Verfassung eingeführt (Busch [4]1991). Mit der Neufassung des Wehrbeauftragten-Gesetzes (1982) hat sich die herrschende Rechtsauffassung durchgesetzt, daß der Wehrbeauftragte bei der Wahrnehmung aller seiner Aufgaben – also auch dem Grundrechtsschutz – als „Hilfsorgan des Bundestages" handelt. Diese Klarstellung hat seine verfassungsrechtliche Position gefestigt. Wie die Jahresberichte erkennen lassen, bestehen bei einem Teil der Militärs jedoch auch heute noch Vorbehalte und mangelndes Verständnis für die Arbeit des Wehrbeauftragten.

Das Gesetz über den Wehrbeauftragten bestimmt, daß dieser tätig wird:

- auf Weisung des Bundestages oder des Verteidigungsausschusses zur Prüfung bestimmter Vorgänge (§ 1 Abs. 2) sowie
- nach pflichtgemäßem Ermessen auf Grund eigener Entscheidung, wenn ihm bei der Wahrnehmung seines Truppeninspektionsrechts (§ 3 Nr. 4), durch Mitteilung von Bundestagsabgeordneten, Eingaben von Soldaten oder auf andere Weise Umstände bekannt werden, die auf eine Verletzung der Grundrechte der Soldaten oder der Grundsätze der Inneren Führung schließen lassen (§ 1 Abs. 3).

Von sich aus kann der WB also nur auf einem eingegrenzten Teilgebiet Aktivitäten entwickeln. Überprüfungen auf dem Gebiet der Rüstung, der Verteidigungsplanung und des Haushalts sind ihm verwehrt (Berkhan 1986: 80).

Der Wehrbeauftragte wird ohne Aussprache in geheimer Wahl durch die Mehrheit der Mitglieder des Bundestages gewählt. Wählbar ist jeder Deutsche, der das Wahlrecht zum Bundestag besitzt und das 35. Lebensjahr vollendet hat (§ 14 Wehrbeauftragten-Gesetz). Seine Amtszeit beträgt 5 Jahre, Wiederwahl ist möglich. Offenbar soll durch diese Regelung Kontinuität über die jeweilige Wahlperiode hinaus gesichert werden. Bisher haben acht Wehrbeauftragte amtiert, nur einer wurde wiedergewählt (Karl Wilhelm Berkhan amtierte von 1975-1985). Formell abberufen (§ 15 Abs. 4) wurde bisher noch kein WB, doch haben die beiden ersten WB ihre Entlassung verlangt (1961, 1964), nachdem sie offensichtlich das Vertrauen der Mehrheit des Bundestages verloren hatten (§ 15 Abs. 3,5).

Der Wehrbeauftragte ist weder Beamter noch Abgeordneter, sondern „Amtsträger sui generis“. Er wird von einem leitenden Beamten unterstützt, der zugleich sein Vertreter ist. Die der Bundestagsverwaltung angegliederte Dienststelle des Wehrbeauftragten besteht aus einem Referat für Grundsatzangelegenheiten und 5 Eingabereferaten mit derzeit 64 Mitarbeitern. Sehr rege ist der Personalaustausch zwischen dieser Dienststelle und dem Verteidigungsministerium bzw. der Bundeswehrverwaltung. Dem Vorteil der Vermittlung von Erfahrungen und verbesserter Einblicke ins Verteidigungsressort steht der Nachteil gegenüber, daß aus Kontrollierten „Kontrolleure auf Zeit“ werden – mit der zu erwartenden Folge ressortspezifischer Blickverengung und einem entsprechenden Verständnis für „Sachzwänge" (Busch [2]1985: 43).

7.15.2 Eingaben an den Wehrbeauftragten

Der WB und seine Mitarbeiter erhalten auf vielfältige Weise Kenntnis über Grundrechtsverletzungen und Probleme der Inneren Führung (wozu auch Personal- und Fürsorgeangelegenheiten gerechnet werden), die ihn zur Ausübung seiner Kontrolltätigkeit befähigen: durch Eingaben von Soldaten, Hinweise anderer Personen und Organisationen, Presseberichte, Abgeordnete und nicht zuletzt durch Truppenbesuche (Jahresberichte des Wehrbeauftragten, z.B. BT-Drs. 13/700).

Große Bedeutung als „Erkenntnisquelle" kommt hierbei den Eingaben (Beschwerden) der Soldaten an den WB zu. Nach § 7 des Wehrbeauftragten-Gesetzes hat jeder Soldat „das Recht, sich einzeln ohne Einhaltung des Dienstweges (!) unmittelbar an den Wehrbeauftragten zu wenden". Der WB ist somit kraft spezialgesetzlicher Regelung eine zusätzliche Petitions- und Beschwerdeinstanz, die sich ausschließlich mit Beschwerden von Soldaten der Bundeswehr befaßt. In der Öffentlichkeit und auch in der Bundeswehr selbst herrscht der Eindruck vor, als liege hier seine eigentliche und ausschließliche Aufgabe. Verhältnismäßig wenigen ist bekannt, daß sein eigentlicher Verfassungsauftrag die Unterstützung des Parlaments bei der Ausübung der Kontrolle über die Streitkräfte ist (so WB Weiskirch im Jahresbericht 1986).

Seit 1985 stieg die Zahl der Eingaben von ca. 6000 auf etwa 10.000 an und ging – im Zuge der Truppenreduzierung – seit 1992 auf 6122 im Jahre 1998 zurück. Die Jahresberichte legen allerdings den Schluß nahe, daß die Zahl der Petitionen sehr viel höher läge, würde nicht die Angst vor Benachteiligungen und Repressalien (z.B. Versagen des Wochenendausgangs) durch ihre Vorgesetzten viele Soldaten davon abhalten, eine Eingabe oder Beschwerde einzureichen. Ob es sich bei den z.T. gravierenden Verletzungen der Grundrechte und der Prinzipien der Inneren Führung um (unerfreuliche) Ausnahmen, um die „Spitze eines Eisbergs" oder um die für den militärischen Bereich eben übliche Praxis handelt, wird je nach politischer Optik in den Debatten über den Jahresbericht unterschiedlich beurteilt.

Erscheint das Vorbringen berechtigt, erhält der zuständige Truppenteil oder die zuständige Dienststelle die Eingabe übersandt und hat so Gelegenheit, „von sich aus Mißverständnisse zu klären und Mißstände zu beseitigen“. Bei Angelegenheiten von grundsätzlicher Art sowie politischer Bedeutung, wendet sich der Wehrbeauftragte zumeist unmittelbar an den Bundesminister der Verteidigung; dies ist insbesondere dann der Fall, wenn Eingaben zu einem Problemkomplex verdichtet auftreten (Berkhan 1986: 83).

Unter den weiteren Informationsquellen kommt den Truppenbesuchen eine herausragende – von den Wehrbeauftragten aber unterschiedlich genutzte – Rolle zu. Eine wichtige Voraussetzung seiner Informations-, Inspektions- und Kontrolltätigkeit ist das Recht des Wehrbeauftragten, vom Bundesminister der Verteidigung und allen ihm unterstellten Dienststellen und Personen Auskunft und Akteneinsicht (!) zu verlangen (§ 3 Nr.1 WehrbG). Eine wirkungsvolle Bearbeitung dieser Eingaben wäre ohne diese Befugnis kaum denkbar, und auch die zahlreichen Informationsgespräche des Wehrbeauftragten und seiner Mitarbeiter finden hier ihre Rechtsgrundlage. Die seit 1982 gesicherte Befugnis des WB, Petenten, Zeugen und Sachverständige anzuhören, hat sich „als sehr hilfreich erwiesen“ (BT-Drs. 10/1061).

Weisungen kann der WB dem Bundesminister der Verteidigung und den zuständigen Stellen aus dessen Geschäftsbereich nicht erteilen, er hat aber die Möglichkeit, ihnen (gemeinsam mit den Überprüfungsergebnissen) Anregungen und Wünsche zuzuleiten – eine in der Praxis nicht unwirksame Regelung (§ 3 WehrbG; Berkhan 1986: 82). In dem Maße, wie die Anregungen des WB über die Korrektur von Einzelfällen hinausgehen, hängt deren Durchsetzung von der Unterstützung ab, die der WB beim Verteidigungsausschuß und den (Mehrheits-)Fraktionen findet.

7.15.3 Wehrbeauftragter und Parlament

Der WB ist unbeschadet dessen, daß ihm der Bundestag oder dessen Verteidigungsausschuß Weisungen zur Prüfung bestimmter Vorgänge erteilen können, von Weisungen frei (§§ 1, 5 WehrbG).

Bei der Ausgestaltung dieses parlamentarischen Hilfsorgans nicht hinreichend Rechnung getragen wurde bisher der Tatsache, daß in unserem Regierungssystem die parlamentarische Kontrolle, zu deren Unterstützung der WB aufgerufen ist, primär bei der Opposition liegt. In der Konsequenz dieser Entwicklung würde es liegen, für die Wahl des WB eine 2/3-Mehrheit der Abgeordneten des Bundestages vorzusehen und somit sicherzustellen, daß nur eine Persönlichkeit gewählt wird, die auch das Vertrauen der Opposition besitzt. Der Wehrbeauftragte ist somit (jedenfalls zum Zeitpunkt seiner Wahl) parteipolitisch dem Koalitionslager verbunden und diesem in einer Weise verpflichtet, die seinen Handlungsspielraum einengen kann. Daß er selbst kein Mandat innehaben darf, ändert an dieser Bindung kaum etwas. Alle WB – mit Ausnahme des ersten Amtsinhabers – waren bisher Abgeordnete der Regierungsfraktionen (mit z.T. langjähriger „wehrpolitischer" Erfahrung).

Nicht bewahrheitet hat sich längerfristig gesehen allerdings die Einschätzung, der WB werde als „Majoritätsassistent" fungieren (Th. Eschenburg). Zu einem Instrument der Opposition hat er sich freilich auch nicht entwickelt.

Wie der Petitionsausschuß hat auch der WB dem Bundestag jährlich einen schriftlichen Gesamtbericht zu erstatten (z.B. BT-Drs. 14/500). Hierüber findet üblicherweise eine Plenardebatte statt, an der außer den Sprechern der Fraktionen sowohl der WB wie auch der Bundesminister der Verteidigung als „Kontrollierter" das Wort ergreift. Dies hat sich günstig auf die Publizität des Jahresberichts ausgewirkt. Der WB und seine Mitarbeiter nehmen regelmäßig und aktiv an den Sitzungen des Verteidigungsausschusses teil und pflegen intensive Kontakte zu den Mitgliedern der korrespondierenden Fraktionsgremien.

Von der Möglichkeit, dem Wehrbeauftragten Weisungen zur Prüfung bestimmter Vorgänge (§ 1 Abs. 2 WehrbG) zu erteilen, hat der Verteidigungsausschuß nur selten Gebrauch gemacht (Schindler 1994: 1205). Diese Fälle betrafen überdies Vorgänge, „die sämtlich den Schutz der Grundrechte der Soldaten oder der Grundsätze der Inneren Führung zum Gegenstand hatten" (Busch [4]1991: 71f.). Nicht genutzt wurde hingegen die Chance, den WB mit der Überprüfung von Vorgängen auf anderen Gebieten des Verteidigungsministeriums, z.B. Rüstungssektor, Verteidigungsplanung/Haushalt zu beauftragen. Restriktiv dürfte sich auswirken, daß die Weisungskompetenz nicht als Minderheitenrecht ausgestaltet ist, die Opposition also nur dann ihr Interesse an einer Sache öffentlich signalisieren kann, wenn sie die Unterstützung der Regierungsmehrheit im Ausschuß findet.

Die Beschränkung des Wehrbeauftragten auf seinen engeren Kompetenzbereich erleichterte eine breite parlamentarische und außerparlamentarische Anerkennung der Tätigkeit des Wehrbeauftragten. Soweit es um kritikwürdiges Führungsverhalten und die soziale Lage der Soldaten ging, war grundsätzliche Einigung über die Fraktionsgrenzen hinweg möglich. So wurden die Beschlußempfehlungen des Verteidigungsausschusses zum Bericht des Wehrbeauftragten regelmäßig mit großer Mehrheit gefaßt und vom Plenum angenommen. Wird im Rahmen dieser Thematik (seitens der Opposition) Kritik geübt, gilt sie nicht dem WB, sondern – gestützt auf dessen Bericht – dem Verteidigungsminister. Diese Situation hatte sich allerdings seit 1983 insofern geändert, als die Sprecher der Fraktion DIE GRÜNEN die Plenardebatten über den Bericht des Wehrbeauftragten zum Anlaß nahmen, grundsätzliche Kritik am verteidigungspolitischen Konzept der Regierung(smehrheit) zu üben – bis hin zu jüngsten Forderungen von Bündnis 90/Die Grünen und PDS nach Abschaffung der Wehrpflicht (PlPr 13/12139ff.).

7.16 Berichte der Bundesregierung

Wachsende Bedeutung als Informations- und Kontrollmittel wie auch als Evaluierungs- und Planungsinstrument kommt seit Mitte der 60er Jahre den Berichten der Bundesregierung zu. Mit dem Ausbau des Sozialstaates und bei zunehmenden umwelt- und technologie-politischen Anforderungen wurden die Regierungsberichte zahlreicher und auch differenzierter. Sie stellen eine Reaktion auf die Komplexität (neuer) gesellschaftlicher Problemlagen dar.

Regierungsberichte werden jedenfalls formell größtenteils auf Veranlassung des Bundestages erstattet, nach einer Untersuchung des Verfassers für die 10. Wahlperiode (1983-87) nur etwa jede zehnte auf Initiative der Bundesregierung (Ismayr 1990: 553ff.). Anfang 1999 waren nach einer Liste des Parlamentssekretariats 50 von 138 „Berichtspflichten" der Bundesregierung gegenüber dem Bundestag gesetzlich fixiert; 88 beruhten auf einem „schlichten" Parlamentsbeschluß, der die Bundesregierung nicht rechtlich, wohl aber faktisch bindet (Übersicht 1999). Grundlage der Beschlüsse sind meist Beschlußempfehlungen von Fachausschüssen, manchmal auch Anträge. Sie kommen zustande, wenn Ausschüsse und Fraktionsgremien bei der Befassung mit Gesetzentwürfen und anderen Vorlagen Erfahrungs- und Informationsdefizite feststellen oder auch konzeptionelle Planungsalternativen vermissen.

Verlangt der Bundestag durch Mehrheitsbeschluß einen Bericht, kann sich die Regierung dieser „Verpflichtung" faktisch nicht entziehen. Will sie aber einen Beschluß verhindern, wird sie dies in der Regel im Kontakt mit den Regierungsfraktionen auch erreichen.

Etwa die Hälfte der Berichte werden periodisch zugeleitet. In der Übersicht des Parlamentssekratariats von 1999 war bei 80 Fällen bestimmt, daß der Bericht in einem festgelegten Turnus von meist ein (28) oder zwei Jahren (21 Fälle) vorzulegen sei. Für 48 Berichte wurde nur eine einmalige Vorlage verlangt, teils mit (32), teils ohne (16) bestimmte Terminvorgaben. Möglichst genaue zeitliche Festlegungen stärken die Kontrollchancen der Opposition. Die Regierung hat dann nur eingeschränkte Möglichkeiten, den Zeitpunkt der Vorlage nach (wahl-)taktischen Erwägungen zu bestimmen.

Etwa die Hälfte der Berichte befassen sich mit bestimmten gesetzlichen Regelungen und Programmen. Von diesen „Maßnahmenberichten" lassen sich „Politikbereichsberichte" unterscheiden, die sich dem Aufgabengebiet eines Ministeriums widmen (Agrarbericht, Städtebaubericht) oder als „Querschnittsberichte" (ressortübergreifend) ein umfangreiches Politikfeld erfassen (Subventionsbericht, Energiebericht) (Ismayr 1990; Derlien 1975). Politikbereichsberichte werden – überwiegend aufgrund einer gesetzlichen Verpflichtung – meist periodisch vorgelegt.

Tabelle 7.13: Berichte der Bundesregierung nach Initiative und Berichtstyp

WP	Gesetzliche Verpflichtung			Bundestags-beschluß			Regierungs-initiative			insgesamt		
	P/Q[a]	M[b]	insgesamt	P/Q[a]	M[b]	insgesamt	P/Q[a]	M[b]	insgesamt	P/Q[a]	M[b]	insgesamt
6.	22	13	35	19	50	69	15	4	19	56	67	123
8.	32	25	57	25	79	104	12	4	16	69	108	177
10.	38	21	59	38	77	115	12	4	16	88	102	190

a Politikbereichs- und Querschnittberichte

b Maßnahmenberichte

Anm.: Nicht berücksichtigt wurden die auf Beschluß des Bundestages vierteljährlich vorzulegenden „Berichte über über- und außerplanmäßige Ausgaben" sowie der jährliche „Bericht zur Lage der Nation"

Quelle: Schindler 1984: 449ff.; Schindler 1988: 381ff.

In nicht wenigen Fällen ist eine typologische Zuordnung schwierig, da mit der zunehmend gebotenen Berücksichtigung von Wirkungszusammenhängen mit anderen Regelungen und Handlungsfeldern die Grenzen fließend werden.

Berichte werden häufig mit dem Ziel angefordert, genaue(re) Kenntnis über Erfahrungen beim Vollzug und über die Wirksamkeit und mögliche Nebenwirkungen von Gesetzen und (Förderungs-)Programmen sowie über veränderte gesellschaftliche Rahmenbedingungen zu erhalten. Sie dienen so als „Arbeitsgrundlage für die Prüfung und Entwicklung gesetzgeberischer Maßnahmen" (z.B. BT-Drs. 10/1354). Darüber hinaus enthalten sie – oft auf ausdrücklichen Wunsch des Bundestages – eine Abschätzung der bisherigen und zu erwartenden Entwicklung und Handlungsvorschläge für Gesetzgeber und Verwaltung.

Welchen Nutzen können die Ausschüsse aus den Berichten ziehen und inwieweit stärken sie die Oppositionsfraktionen bei der Wahrnehmung ihrer Kontrollaufgabe? Insbesondere für die Opposition hängt der Nutzen der Berichte davon ab, ob Informationsteil und politische Bewertungen und Rechtfertigungen ersichtlich voneinander getrennt sind, ob die Herkunft der Informationen klar erkennbar ist und ob (bei der Erarbeitung evident gewordenen) alternativen Konzepten und Lösungsmöglichkeiten Raum gegeben wurde.

Die Bandbreite des Berichtswesens reicht von der nüchternen Darstellung der tatsächlichen Entwicklung (in bestimmten Teilbereichen) bis hin zur Absicherung und Begründung der Regierungsposition. Vor allem die „Politikbereichsberichte" dienen der Darstellung von Zielsetzungen, Aktivitäten (Maßnahmen) und Erfolgen der Regierungspolitik und lassen nicht allzuviel Raum für Informationen über Mißerfolge bei der Umsetzung oder über Alternativen – es sei denn, sie wurden von „unabhängigen" Kommissionen verfaßt. Die präsentierten Befunde können gleichwohl auch der Opposition dienen. So kommt es vor, daß die Opposition aufgrund der gleichen Datenbasis zu anderen politischen Optionen und Lösungsvorschlägen gelangt.

Regierungsintern können „Politikbereichsberichte" als Einfluß- und Koordinierungsmittel dienen, „sei es innerhalb des einzelnen Ministeriums aus der Sicht der politischen Leitung oder des federführenden Querschnittsreferats, sei es interministeriell" (Hellstern/Wollmann 1984: 59). Insbesondere (umfassende) Politikbereichsberichte bieten Basis und Anlaß für programmatisch und konzeptionell orientierte große Plenardebatten, oft verbunden mit anderen Vorlagen.

Anders einzuschätzen sind viele „Maßnahmenberichte“, bei denen die Erfolgs- und Wirkungskontrolle in den Vordergrund tritt. Je nach Einschätzung ihres politischen Stellenwertes werden „sachrationale“ Analyse- und Beurteilungskriterien von Ministerial- und Vollzugsverwaltung und auch wissenschaftlicher Politikberatung bestimmend.

Der Ausbau des Berichtswesens ist eine Reaktion auf den Kompetenzzuwachs der „Exekutive“ – und trägt seinerseits dazu bei, den Informationsvorsprung der Ministerialverwaltung zu erhöhen. Die Wirkung ist ambivalent. Berichtsanforderungen haben (gemeinsam mit anderen Initiativen) eben auch dazu beigetragen, den Ausbau der wissenschaftlichen Politikberatung auf Regierungsebene voranzutreiben. Expertenposition und Informationsvorsprung der Ministerialverwaltung gegenüber dem Parlament und der politischen Führung wurden im Laufe dieser Entwicklung gestärkt (Hellstern/Wollmann 1984). Meist bleibt es ja der Regierung bzw. der Ministerialverwaltung überlassen, an welche Bundesämter, Institute etc. sie Forschungsaufträge vergibt, und wie diese formuliert sind; ob Kommissionen, Beiräte oder Arbeitsgruppen eingerichtet werden und wie diese zusammengesetzt sind, welche Informationskontakte mit Länderverwaltungen, Verbänden etc. aufgenommen und schließlich welche Informationen den Berichten zugrunde gelegt werden (vgl. Murswieck 1994). In manchen Fällen werden die Informationsquellen offengelegt, oft werden sie nur angedeutet, nicht selten bleiben sie auch ganz im Dunkeln. Im allgemeinen wird die Darstellung von dem Willen geleitet, die Wirkung von Gesetzen und Programmen in einem für die Regierung günstigen Licht erscheinen zu lassen. Dies gilt natürlich vor allem dann, wenn das zu beurteilende Gesetz unter der nämlichen Regierung erarbeitet wurde. Aber auch wenn dies nicht der Fall ist, muß angesichts der relativen Kontinuität der Ministerialverwaltungen auf der Referatsebene davon ausgegangen werden, daß in vielen Fällen ein „Eigeninteresse“ von Referenten an „ihrem“ Gesetzentwurf die Darstellung mitbestimmt.

Da Regierungsberichte nur durch Mehrheitsbeschluß veranlaßt werden können, hat die Opposition nur eingeschränkte Möglichkeiten, damit „Druck“ auszuüben. Allerdings fällt es den Regierungsfraktionen in der Regel nicht schwer, einem Berichtsbegehren der Opposition zuzustimmen. Vor allem gilt dies natürlich für die – hier nicht behandelten – Berichte, die unmittelbar an die Ausschüsse gehen (vgl. Abschn. 4.4.7). Einmal gibt es über die Fraktionsgrenzen hinweg gemeinsame (Informations-)Interessen gegenüber „der“ Bürokratie von Bund, Ländern und Gemeinden. Betreiben Regierungsfraktionen die Anforderung eines Berichts, spielt häufig das Interesse an einem Kompetenznachweis und wirksamer Selbstdarstellung vor den Fachöffentlichkeiten eine (wichtige) Rolle. Auch für Abgeordnete der Koalition gibt es gute Gründe, ihre Kenntnisse über Vollzug und Wirkung von Gesetzen und Programmen zu verbessern: Da die Ausführung von Bundesgesetzen überwiegend eigene Angelegenheit der Länder ist (Art. 83, 84 GG), darf ein Interesse der Regierungsparteien an der Überprüfung des Vollzugs vor allem in Ländern mit anderen politischen Mehrheitsverhältnissen vorausgesetzt werden.

Druck auf Regierung und Ministerialverwaltung kann vor allem von zeitlich festgelegten (periodischen) Berichtspflichten ausgehen. Inzwischen kommt es öfter vor, daß der Bundestag bei Verabschiedung eines Gesetzes die Bundesregierung auffordert, die Durchführung und Wirkung von Gesetzen und Förderungsmaßnahmen (einschließlich Neben- und Folgewirkungen) zu beobachten und innerhalb einer bestimmten Frist dem Parlament zu berichten. Teils werden einmalige Termine festgelegt, teils eine regelmäßige Berichterstattung gefordert oder gesetzlich festgeschrieben. Die Intensivierung der Wirkungs- und Erfolgskontrolle ist auch ein wichtiges Anliegen der Initiativen zur Parlamentsreform. So schlug Bundestagspräsident Philipp Jenninger eine obligatorische Berichtspflicht vor: Zu jedem Gesetz habe die Bundesregierung „obligatorisch nach einer bestimmten Zeit (z.B. zwei oder drei Jahre) über Erfahrungen beim Vollzug, Grad der Zielerreichung und Wirkungsweise der Normen zu berichten. Die Beschlußempfehlung des Ausschusses zum Gesetz enthält regelmäßig – entweder als Vorschrift im Gesetz selbst oder als gesonderte Entschließung – den Zeitpunkt, zu dem der Bericht vorzulegen ist.“ Auf der Grundlage dieses Berichts könnten die Ausschüsse dann „Vollzugshearings“ durchführen (Jenninger 1988; Zeh 1984: 30).

Einigen Nutzen kann die Opposition am ehesten von Gutachten „unabhängiger“ (Regierungs-)Kommissionen erwarten, deren Status und Berichtspflicht gesetzlich abgesichert ist. Die Regierung kann in diesen Fällen zwar Stellung nehmen, ist aber verpflichtet, diese Gutachten (unverändert) zu veröffentlichen. So sieht sich die Regierung regelmäßig mit dem Jahresgutachten des „Sachverständigenrates zur Begutachtung der gesamtwirtschaftlichen Entwicklung“, den Gutachten der Monopolkommission und des „Sachverständigenrates für

Umweltfragen" konfrontiert. Diesen Kommissionen stehen ein eigener Mitarbeiterstab und erhebliche Mittel zur Vergabe von Forschungsaufträgen zur Verfügung. Liegt ein Regierungswechsel noch nicht allzu lange zurück, sieht sich die amtierende Regierung mit Gutachten (Berichten) von Kommissionen konfrontiert, deren Mitglieder von früheren Regierungen benannt worden waren (Ismayr 1992: 679).

Regierungsberichte sind eine oft mühsame und zeitraubende Lektüre. Sie sind „zum Teil zu lang, zu wenig strukturiert und fachlich überfrachtet" (Jenninger 1988; Zeh 1984) und sollten „in Aufbau, Darstellung und Sprache stärker auf die Bedürfnisse der parlamentarischen Arbeit zugeschnitten werden" – so die Ad-hoc-Kommission Parlamentsreform zu Recht (BT-Drs. 10/3600: 14). Ihre Intention und mithin ihr Nutzen für die Abgeordneten ist unterschiedlich: Oft ist nur schwer nachvollziehbar, auf welche Informationen aus Gesprächen mit Vollzugsbeamten und Verbandsvertretern, Expertisen etc. sich Erfahrungsberichte stützen, wie diese gewichtet werden und wie zuverlässig das präsentierte Zahlenmaterial ist.

Gleichwohl ist eine systematische Auswertung und gründliche Befassung von Nutzen und auch für die Opposition unverzichtbar, und sei es auch nur, um sich mit den „Basisdaten" der Regierung(smehrheit) vertraut zu machen und in der parlamentarischen und öffentlichen Diskussion besser bestehen zu können. Die Auswertung der Berichte läßt vielfach noch zu wünschen übrig, u.a. deshalb, weil den Fraktionen und vor allem den einzelnen Abgeordneten eine dafür ausreichende Analysekapazität fehlt. Die Abgeordneten selbst sind überfordert, wenn sie – stets unter Zeitdruck – sich neben ihren sonstigen Aufgaben auch noch mit zahlreichen Berichten befassen sollen. Erschwert wird die Auswertung durch die Parlamentarier auch dadurch, daß die Berichte nach keinem einheitlichen Grundschema abgefaßt, sondern „außerordentlich vielgestaltig" sind (Zeh 1984). Eingehend(er) befaßt sich ein Abgeordneten in der Regel nur mit Berichten, die ein Sachgebiet betreffen, für das er als „Berichterstatter" seiner Arbeitsgruppe zuständig ist. Die Auswertung größerer Berichte übernehmen oft Ad-hoc-Arbeitsgruppen der „fachlich" beteiligten Abgeordneten unter Mithilfe von Fraktionsmitarbeitern und – bei den Regierungsparteien – von Ministerialbeamten. Ob und wie gründlich sich Fraktionsgremien, Ausschüsse und schließlich auch das Plenum mit Berichten befassen, hängt von der augenblicklichen „politischen" Einschätzung eines Berichtes, dem Zusammenhang mit eigenen Initiativen und der fachlichen Kompetenz ab. Tatsache ist jedenfalls, daß Regierungsberichte in „arbeitsintensiven" Ausschüssen oft auf die lange Bank geschoben werden (Ismayr 1992: 679).

Nur ein Teil der Berichte wird auf die Tagesordnung des Plenums gesetzt. Viele werden gem. § 80 Abs. 3 GOBT vom Präsidenten nach Vereinbarung im Ältestenrat unmittelbar an die Ausschüsse überwiesen. Bei mehr als der Hälfte der Berichte sehen die Ausschüsse von einer Berichterstattung an das Plenum ab, was seit 1982 möglich ist. Gleichwohl befaßt sich der Bundestag keineswegs nur „intern" mit Regierungsberichten.

Über die meisten Politikbereichs- und Querschnittsberichte aber auch über viele Maßnahmenberichte werden große Plenardebatten geführt, meist in Verbindung mit Großen Anfragen, Gesetzentwürfen und Anträgen. Manche Berichte sind aufgrund ihrer eigenen politischen Bedeutung Anlaß für eine Debatte (z.B. umfassend beim Agrarbericht). Viele erhalten ihr politisches Gewicht allerdings (erst) im Kontext anderer parlamentarischer Aktivitäten.

Die Forderung, eine allgemeine Berichts- und Evaluierungspflicht für Gesetze vorzuschreiben (Hellstern/Wollmann 1984: 39) ist grundsätzlich angemessen. Nutzbringend wäre dies freilich nur unter der Voraussetzung, daß sich sowohl die Darstellung der Berichte als auch die parlamentarische „Auswertungskapazität" verbesserte. Ohnehin bleibt es auch bei besserer Ausstattung mit Mitarbeitern und Sachmitteln Aufgabe der Abgeordneten selbst, die Bewertung vorzunehmen.

7.17 Selbständige Anträge und Entschließungsanträge

Vielfältig eingesetzte Medien politischer Kontrolle und Initiative sind Sachanträge in Form von selbständigen Anträgen und Entschließungsanträgen, mit denen ein „schlichter" Parlamentsbeschluß herbeigeführt werden kann (Ismayr 1991b; Kabel 1989). Neben der Beteiligung an der Gesetzgebung steht den Fraktionen somit ein weiteres Mittel zur Verfügung, um „staatsleitende" Entscheidungen des Parlaments in die Wege zu leiten.

Rechtlich sind solche Beschlüsse für Regierung und Verwaltung nach herrschender Meinung der Staatsrechtslehre zwar nicht bindend. Die Regierung wird aber in aller Regel einen Beschluß, der von den mit ihr verbundenen Fraktionen oder gar dem gesamten Parlament getragen wird, als politisch verpflichtend anerkennen. Bei der Umsetzung verbleiben der Exekutive allerdings mehr oder weniger große Spielräume, um – bei deklaratorischer Anerkennung – einen Beschluß zu unterlaufen und zu verschleppen, wenn nicht entsprechend „nachgehakt" wird. Nur ein kleiner Teil der Anträge führt freilich zu einem politisch verpflichtenden Parlamentsbeschluß. In der Praxis werden Sachanträge ganz überwiegend von den Oppositionsfraktionen gestellt – und von den Mehrheitsfraktionen zumeist abgelehnt.

Die Geschäftsordnung des Bundestages unterscheidet drei Arten von Anträgen zur Sache: Selbständige Anträge sowie Entschließungsanträge und Änderungsanträge, die als unselbständige Vorlagen nur zusammen mit einem Verhandlungsgegenstand auf die Tagesordnung gesetzt werden können, auf den sie sich beziehen (§ 75 Abs. 1 d, 2 b,c GOBT). Sachanträge unterscheiden sich sowohl hinsichtlich des Gegenstandes wie des parlamentarischen Verfahrens von Geschäftsordnungsanträgen, die aktuell auf den im Plenum „zur Beratung stehenden Verhandlungsgegenstand oder auf die Tagesordnung" Bezug nehmen müssen (§ 29 Abs. 1 GOBT). Allerdings haben auch manche selbständigen Anträge Verfahrensfragen zum Gegenstand, wobei es vor allem um organisatorische Regelungen von einiger Dauer geht (z.B. Einsetzung von Ausschüssen). Ganz überwiegend befassen sich selbständige Anträge jedoch mit politischen Sachfragen. Durch die Geschäftsordnung inhaltlich nicht eingeschränkt, sind sie vielfältig nutzbar. Mit Entschließungsanträgen haben die Fraktionen die Möglichkeit, zu Berichten und Erklärungen der Regierung, zu Großen Anfragen und Gesetzentwürfen und weiteren Vorlagen auch schriftlich Stellung zu nehmen und einen Beschluß herbeizuführen (§ 88 GOBT). Über die in der Geschäftsordnung ausdrücklich angeführten Verhandlungsgegenstände hinaus (§ 75 Abs. 2 c), zu denen ein Entschließungsantrag eingereicht werden kann, wurden in der parlamentarischen Praxis die Einsatzmöglichkeiten noch erweitert (Ismayr 1992: 683f.).

Anträge und Entschließungsanträge müssen von einer Fraktion oder einer entsprechenden Anzahl von Abgeordneten unterzeichnet sein (§§ 75, 76 Abs. 1 GOBT). Zur Artikulation von Positionen, die von der Fraktionslinie abweichen, werden sie von Abgeordneten kaum genutzt.

Die Zahl der (selbständigen) Anträge und Entschließungsanträge (EA) ist seit der Präsenz zweier Oppositionsfraktionen (1983) erheblich gestiegen (Ismayr 1992: 490). In der 13. Wahlperiode (1994-98) kamen 85% (991) der 1165 Anträge und 86% (441) der 514 Entschließungsanträge von der Opposition (Angaben Sach- und Sprechregister des Deutschen Bundestages). Die Koalitionsfraktionen stellen Anträge und Entschließungsanträge fast immer gemeinsam, während es zwischen den Oppositionsfraktionen nur höchst selten eine förmliche Kooperation gab.

Die Chancen der Oppositionsfraktionen sind gering, für Sachanträge eine Mehrheit zu finden. (So fanden von den 47 oppositionellen Anträgen des Jahres 1986, über die das Plenum einen Beschluß faßte, nur 5 eine parlamentarische Mehrheit; keiner der 116 Entschließungsanträge der Oppositionsfraktionen wurde angenommen.) Am ehesten haben oppositionelle Anträge eine Chance, auch von der Mehrheit akzeptiert zu werden, wenn es um humanitäre oder formale Fragen geht (Nachweise: Ismayr 1992: 490, 684).

Nicht selten wird ein oppositioneller Antrag selbst dann abgelehnt und ihm gegebenenfalls ein Koalitionsantrag entgegengesetzt, wenn in der Sache kaum Meinungsunterschiede bestehen und dies – vor allem im Ausschuß – auch artikuliert wird. Möglichkeiten der „Mitregierung" eröffnen sich für die Oppositionsfraktionen durch (formelle) Sachanträge also kaum, solange für das „Regierungslager" die Mehrheit im Bundestag und Bundesrat gesichert ist. Gleichwohl sind sie – primär für die Opposition – ein unverzichtbares Mittel öffentlichkeitswirksamer Kontrolle und Einflußnahme.

Den beiden Antragsformen kommt eine je spezifische Funktion im parlamentarischen Willensbildungsprozeß zu. Anträge können – wie andere selbständige Vorlagen (§ 75 Abs.1 G0BT) – unabhängig von einem Verhandlungsgegenstand auf die Tagesordnung gesetzt werden. Auf Verlangen der Antragsteller muß dies spätestens dann geschehen, wenn seit der Verteilung der Drucksache mindestens drei Wochen vergangen sind (§ 20 Abs. 4 GOBT; Neuregelung seit 1995). Gegen mögliche Versuche der Mehrheit, ihre Behandlung auf die lange Bank zu schieben, sind Minderheiten somit geschützt. Minderheitsfraktionen können auf diesem Wege Debatten zu selbstgewählten Themen durchsetzen (§ 25 Abs. 2 GOBT), und sie tun dies auch in erheblichem Umfang.

Teils wird ein Beschluß über den Antrag bereits im Anschluß an eine erstmalige Plenarberatung gefaßt, oft erfolgt aber auch eine Überweisung an – in der Regel mehrere – Ausschüsse. Die Fraktionsgremien müssen sich also häufig vor einer erstmaligen Plenarberatung auch fremder Anträge über Argumentationsrichtung und Stimmverhalten Klarheit verschafft haben. Oft bleibt die Abklärung Sache der Spezialisten (Berichterstatter) in den Arbeitsgruppen und -kreisen. Im übrigen stehen selbstverständlich auch Anträge nicht isoliert da; sie lassen sich aufgrund bisher geführter Diskussionen in Fraktionsgremien und Fachausschüssen „einordnen“. Der interne Abstimmungsprozeß erfolgt ähnlich wie bei Gesetzentwürfen.

Meist wird bei der erstmaligen Behandlung im Plenum auch eine Debatte geführt (1986: 84%), überwiegend in Verbindung mit anderen Vorlagen, wobei sich kürzere und ausführlichere Debatten etwa die Waage halten; nicht selten finden auch bei abermaliger Beratung nach Vorlage der Beschlußempfehlung Debatten statt.

Auch Entschließungsanträge können an Ausschüsse überwiesen werden, allerdings nur, wenn die Antragsteller nicht widersprechen (§ 88 Abs. 2 GOBT; Ritzel/Bücker, Erl. zu §§ 75, 88 GOBT). In der Regel werden Entschließungsanträge von den Oppositionsfraktionen dazu eingesetzt, dem „Regierungslager“ mit eigenen Zielvorstellungen und Handlungskonzepten gegenüberzutreten und es zu zwingen, unmittelbar Farbe zu bekennen. Inhaltlich beziehen sie sich ja überwiegend auf Vorlagen, die Fraktionsgremien und Regierung schon seit einiger Zeit beschäftigen. Überweisungen an die Ausschüsse kommen daher insgesamt nicht allzu oft vor, recht häufig allerdings bei Großen Anfragen und zunehmend auch bei Regierungserklärungen. Entschließungsanträge können somit eingesetzt werden, um sich auch in den Ausschüssen mit dem Inhalt von Großen Anfragen und Regierungserklärungen zu befassen, auf die sie sich beziehen. Zu den insgesamt 156 Großen Anfragen der 13. Wahlperiode wurden 111 Entschließungsanträge eingebracht, von denen 33 an die Ausschüsse überwiesen wurden (Unterlagen Sach- und Sprachregister des Bundestages; vgl. Abschn. 7.5, 7.10).

Anträge und Entschließungsanträge dienen den Oppositionsfraktionen dazu, im Zusammenhang Defizite der Problembewältigung aufzuzeigen, die Öffentlichkeit mit eigenen, alternativen Ziel- und Handlungskonzepten vertraut zu machen und die Bundesregierung zum Handeln aufzufordern. In etwa 9 von 10 Anträgen wird die Bundesregierung mit manchmal mehr oder weniger allgemein gehaltenen, oft aber recht detaillierten Forderungen konfrontiert. In vielen Fällen wird die Vorlage eines Gesetzentwurfs oder eine andere (konkrete) Einzelmaßnahme gefordert, oft auch ein ganzes Bündel rechtlicher und administrativer Maßnahmen (Nachweise Ismayr 1992: 492, 685).

Für die Fraktionen gilt es von Fall zu Fall abzuwägen, ob ein Antrag/Entschließungsantrag oder die Vorlage eines eigenen Gesetzentwurfs vorzuziehen ist. Vorteilhaft für die antragstellende Fraktion ist nicht nur, daß sie die rechtstechnische Arbeit der erheblich besser ausgestatteten Ministerialverwaltung überlassen kann. Dieses Vorgehen bietet bei manchen Problemfeldern auch den Vorteil, daß die rechtlichen Regelungsanforderungen in den Zusammenhang komplexer Ziel- und Handlungsprogramme hineingestellt werden können. In Form von Anträgen werden nicht selten ausgearbeitete Programme/Konzepte – meist als Alternativen zur Regierungspolitik – präsentiert, verknüpft mit einem Maßnahmenbündel. Problemanalyse und konzeptionelle Darlegungen werden teilweise in Form ausführlicher Begründungen hinzugefügt, oft aber werden sie auch dem geforderten Maßnahmenkatalog vorangestellt und sind somit Teil des Beschlusses.

Ein ansehnlicher Teil der Anträge ist außenpolitischen Fragen gewidmet. Angesichts der eingeschränkten Mitwirkungsmöglichkeiten des parlamentarischen Gesetzgebers an der Außenpolitik verwundert es nicht, daß viele Sachanträge darauf abzielen, die Bundesregierung in ihrem außen- und sicherheitspolitischen Kurs gegenüber anderen Staaten und bei internationalen Verhandlungen festzulegen. Der Bundestag ist hierbei keinen restriktiven Verfassungsbestimmungen und -auslegungen unterworfen.

In den selbständigen Anträgen und Entschließungsanträgen der Regierungsfraktionen sind kritische Akzente nicht nur gegenüber der Regierung, sondern auch gegenüber der Verwaltung selten. Jedenfalls haben sie die taktische Funktion, Vorstöße aus dem Lager der Opposition „abzufangen“ und gegenüber der Öffentlichkeit gleichwohl das Gesicht zu wahren.

Insgesamt gesehen sind Anträge und auch Entschließungsanträge insbesondere für die Oppositionsfraktionen ein wichtiges Mittel, um alternative Konzepte und Handlungsprogramme zu unterbreiten und die Regierungsmehrheit zu veranlassen, sich nicht nur in der Debatte damit auseinanderzusetzen, sondern auch durch ihr Abstimmungsverhalten öffentlich Farbe zu bekennen. Dabei wird seit der 10. Wahlperiode zunehmend das Druckmittel namentlicher Abstimmungen eingesetzt (vgl. Saalfeld 1995: 55ff.).

7.18 Öffentliche Anhörungen der Ausschüsse

Die Ausschüsse des Bundestages können seit 1952 öffentliche Anhörungen („Hearings") von „Sachverständigen, Interessenvertretern und anderen Auskunftspersonen" (§ 70 GOBT) durchführen. In großem Umfang genutzt wird dieses wichtige Informations- und Kontrollmittel seit dem Regierungswechsel 1982/83 (Schindler 1994: 716ff.; 10. bis 13. WP: 966). Daneben werden nach wie vor viele nicht-öffentliche Anhörungen durchgeführt. Inzwischen werden bei Vorlage oder zur Vorbereitung größerer Gesetzentwürfe, aber auch zur Prüfung und Entwicklung anderer Vorhaben (Programme, Konzepte) regelmäßig „Hearings" veranstaltet, vornehmlich auf Initiative der Opposition. Diese Entwicklung war nur möglich, weil die Durchführung öffentlicher Anhörungen im Rahmen der „Kleinen Parlamentsreform" (1969) als Minderheitenrecht gesichert wurde – eine „im westeuropäischen Vergleich einzigartige Besonderheit" (Döring 1996: 51). Bei überwiesenen Vorlagen ist der federführende Ausschuß auf Verlangen eines Viertels (!) seiner Mitglieder dazu verpflichtet (§ 17 Abs. 2 GOBT). Eine gewisse Rolle spielt auch das seither gesicherte „Selbstbefassungsrecht" (Lohmar 1975: 97f.) – jedenfalls bei Ausschüssen, die nur wenig mit Gesetzgebung zu tun haben. Allerdings ist bei nicht überwiesenen Verhandlungsgegenständen ein Mehrheitsbeschluß erforderlich. Kleinere Fraktionen können allein keine Hearings durchsetzen (§ 70 Abs. 1 GOBT). So ist die deutliche Zunahme der öffentlichen Anhörungen seit 1983 nur indirekt auch auf Initiativen der Fraktion DIE GRÜNEN zurückzuführen.

Tabelle 7.14: Öffentliche Anhörungen von Ausschüssen und Enquete-Kommissionen

Wahlperiode	1.-4.	5.	6.	7.	8.	9.	10.	11.	12.	13.
Zahl der öffentlichen Anhörungen	8	58	80	76	70	51	165	235	301	319
Zahl der behandelten Themen	8	28	48	51	53	41	141	185	252	

Quelle: Schindler 1988: 483ff.; Schindler 1994: 716; Verwaltung des Deutschen Bundestages.

Angesichts des privilegierten Zugangs der Mehrheitsfraktionen zu Informationen der „Exekutive" ist es nicht verwunderlich, daß öffentliche Anhörungen überwiegend von der Opposition initiiert werden.

Nur teilweise geschieht dies durch formellen Antrag, häufig verständigen sich die Fraktionen in den vorbereitenden Gesprächen der Obleute im Ausschuß, eine Anhörung durchzuführen (Ismayr 1992: 680, Anm. 813). Das Minderheitenrecht wirkt als „Druckmittel" im voraus. Öffentliche Anhörungen spielen allerdings auch als Instrument „konkurrierender" Interessen der Koalitionsparteien und der in den Ausschüssen unterschiedlich repräsentierten Parteiflügel und Fachinteressen der Mehrheitsfraktionen eine Rolle. Den „eigenen" Themen Gewicht in der Konkurrenz mit anderen Ausschüssen zu verleihen, ist ein nicht zu unterschätzendes Motiv. Die „Entwicklung der Hearings zum legislatorischen Regelfall" macht diesen Kritikpunkt in der Tat „obsolet" (Schüttemeyer 1989: 1154).

Zu unterscheiden ist zwischen den grundsätzlich gegebenen Möglichkeiten und den faktischen Schwierigkeiten bei der Durchführung von Hearings (im konkreten Einzelfall). Grundsätzlich ist die Institution der öffentlichen Anhörung geeignet, durch Sachaufklärung den Informationsvorsprung der Ministerien gegenüber „dem" Parlament und der Regierungsmehrheit gegenüber der Opposition zu verringern und die Abgeordneten in die Lage zu versetzen, sich unabhängig von der Ministerialbürokratie handlungsrelevante Informationen zu verschaffen. Daran sollte allen Abgeordneten – ja selbst den Regierungsmitgliedern gelegen sein, denen sich eine zusätzliche Gelegenheit bietet, sich von Informationen und Vorlagen der Verwaltung ein Stück unabhängiger zu machen. Die Publizität der Anhörungen soll die Intentionen der ansonsten in Ministerien und Fraktionen „intern" Einfluß nehmenden Interessenvertreter (Verbände, Wirtschaft) offenlegen, die Kontroll- und Einflußchancen der Opposition verbessern und die (öffentliche) Thematisierung neuer Problemlagen begünstigen (Weber [2]1981: 328).

Die tatsächlichen Wirkungen öffentlicher Anhörungen sind offenbar recht unterschiedlich und hängen von einer Reihe von Faktoren ab. Wesentlich ist, in welchem Stadium des Willensbildungs- und Entscheidungsprozesses sie durchgeführt werden. Etwa zwei Drittel der Anhörungen befassen sich mit überwiesenen Gesetzentwürfen (10. WP: 66 %; 12. WP: 60%). Etwa jeder vierte wird in einem Hearing behandelt. Von den als Schlüsselentscheidungen eingestuften Gesetzen kamen seit der 5. Wahlperiode fast zwei Drittel (64%) nach einem Hearing zustande (Beyme 1997a: 239). Hinzu kommen Anhörungen, in denen auf der Grundlage von Anträgen,

Berichten etc. (auch) die Notwendigkeit gesetzgeberischer Maßnahmen geprüft werden soll.

Bei der Beratung von Regierungsentwürfen sind die Regierungsparteien häufig mehr oder weniger auf deren Rechtfertigung und auf die Abschirmung von Kritik festgelegt. Nach Möglichkeit wird die „Strategie" bei der Befragung der Anhörpersonen von den Obleuten und Berichterstattern abgesprochen. Hinsichtlich des Grades fraktionsinterner Festlegung, aber auch der Beteiligung der Abgeordneten spielt zudem eine Rolle, ob es sich um bedeutsamere und/oder seit längerem umstrittene Gesetzentwürfe handelt oder um „Spezialgesetze", für die sich nur eine Fachöffentlichkeit interessiert.

Grundsätzlich offener ist die Befragungssituation bei problem- und erfahrungsorientierten Anhörungen, die auf der Grundlage von Berichten, Gutachten und Anträgen und im Rahmen des Selbstbefassungsrechts durchgeführt werden. Bei rechtzeitiger Befassung des Bundestages mit „neuen" Problemlagen können Informationen und Argumente der Sachverständigen wirksam werden; dies kann den Entscheidungs- und Steuerungsspielraum „der Politik" erhöhen. Solche Anhörungen können die Grundlage (späterer) legislativer Aktivitäten bilden. Sie spielen zum Teil eine wichtige Rolle bei der programmatischen Willensbildung der Parteien, der öffentlichen Thematisierung zu wenig beachteter Fragen und dienen auch dazu, die Wirkung bisheriger Regelungen zu bilanzieren (z.B. Holtz 1984). Die meisten Anhörungen werden von „Gesetzgebungsausschüssen" veranstaltet. Aber auch alle anderen Ausschüsse haben (inzwischen) Hearings veranstaltet.

Von größter Bedeutung ist, welche Sachverständigen eingeladen werden. Kommt eine Anhörung auf Verlangen einer Minderheit zustande, müssen auch die von ihr genannten Auskunftspersonen gehört werden; dies sichert die Geschäftsordnung ausdrücklich zu. Wird allerdings, wie in der Praxis üblich, deren Zahl begrenzt, richtet sich die Zahl der von den Fraktionen zu benennenden Anhörpersonen nach deren Stärkeverhältnis (§ 70 Abs. 2 GOBT). Die Fraktionen wünschen dann häufig die Anhörung solcher Sachverständiger, von denen sie (bis zu einem gewissen Grad) die Bestätigung ihrer Position erwarten; entsprechende Interessen spielen auch bei der Auswahl der Verbände eine Rolle, doch ist der Spielraum des Ausschusses hier insofern eingeschränkt, als er bei entsprechenden Themen an einer Reihe von Spitzenverbänden und Fachverbänden kaum vorbeigehen kann. Den

Verbänden und Organisationen bleibt es weitgehend selbst überlassen, welche Repräsentanten sie entsenden, wobei deren Zahl in der Regel beschränkt ist (Erhebung der Bundestagsverwaltung, 1987).

Hat sich die Regierungsmehrheit auf einen Gesetzentwurf oder ein politisches Konzept einmal festgelegt, läßt sie sich in der Regel auch durch Kritik in öffentlichen Anhörungen allenfalls zu marginalen Änderungen bewegen. Unwägbarkeiten bleiben allerdings. Zu für die Regierung unangenehmen Überraschungen kann es vor allem bei kurzfristig und (mit der entsprechenden Klientel) unzulänglich abgestimmten Gesetzesvorhaben kommen. So wurde beispielsweise die 1986 im Rahmen der Sicherheitsgesetze vorgesehene „Kronzeugenregelung“ von den Sachverständigen (auch der Juristen-Vereinigungen) fast einhellig abgelehnt (vgl. Helms 1997: 139ff.). Gebietet die zu beurteilende Regelung nicht die Einladung von Verbänden des Wirtschafts- und Arbeitssystems, sondern von Juristen-Vereinigungen (z.B. Deutscher Richterbund), kulturellen Vereinigungen und Kirchen, Kommunal- und Wohlfahrtsverbänden, die sich nicht nur oder in erster Linie als Interessenvertreter verstehen, sind die Reaktionen weniger vorhersehbar.

Die Zahl der Verbandsvertreter überwiegt häufig. Der gezielten Informations- und Erkenntnisgewinnung eher hinderlich ist insbesondere die große Zahl von Vertretern der Fachverbände der Wirtschaft (die schon auf der Ebene der Referate intensiv „einwirken“). Mit Recht empfahl die Ad-hoc-Kommission Parlamentsreform 1985, die Zahl der Interessenvertreter zu verringern und statt dessen interessierte und sachkundige Bürger zu beteiligen (Bericht, BT-Drs. 10/3600, S. 14).

Durch öffentliche Befragung und „Konfrontation“ von Interessenvertretern mit Sachverständigen erhalten Abgeordnete und die interessierte Öffentlichkeit immerhin die Möglichkeit, sich ein einigermaßen zutreffendes Bild über die Reaktionen der Interessengruppen zu machen und offenzulegen, welche Interessen und Argumente unberücksichtigt geblieben sind (Weber ^{2}1981: 328; Appoldt 1971: 26, 62).

Selbstverständlich hängt der Erfolg von Anhörungen auch von der sachlichen Vorbereitung der Abgeordneten und der „Querschnittsorientierung“ der Ausschüsse ab. In der Regel sind mitberatende Ausschüsse beteiligt, hin und wieder führen zwei Ausschüsse ein Hearing auch gemeinsam durch. Zumal es meist um größere Themenkomplexe geht, sind neben den zuständigen Obleuten meist mehrere Spezialisten (Berichterstatter) jeder Fraktion befaßt. Vorbereitet werden die Anhörungen von Arbeits- bzw. Berichterstatter-Gruppen der Ausschüsse und vor allem der Fraktionen, die ihre Informationskontakte nutzen. Vor- und Nachteile des spezialisierten „Berichterstatter-Systems“ wirken sich selbstverständlich auch hier aus. Der Erfolg öffentlicher Anhörungen hängt auch davon ab, ob sich über den Kreis der zuständigen „Spezialisten“ hinaus auch andere Abgeordnete (zumindest der beteiligten Ausschüsse) soweit vorbereiten, daß sie die Ausführungen der Auskunftspersonen kritisch abwägen können. Die organisatorische Vorbereitung liegt beim Ausschuß-Sekretariat. In aller Regel werden an die Anhörpersonen Fragen- und/oder Themenkataloge verschickt. Für die fachliche Vorbereitung ist wichtig, daß die Fragenkataloge rechtzeitig den Auskunftspersonen zugehen und deren schriftliche Stellungnahmen frühzeitig vorliegen (was oft nicht der Fall ist) (Ritzel/Bücker, Erl. zu § 70 GOBT). Alle Ausschußmitglieder erhalten die vorliegenden Stellungnahmen vor der Anhörung. Nur bei einem Teil der Anhörungen erhalten sie aber schon vorab angemessene Auswertungen der Stellungnahmen. Dies wäre aber schon bei der Vorbereitung hilfreich.

Fragen stellen bei den Anhörungen ganz überwiegend die Obleute und Berichterstatter des federführenden Ausschusses. Diskussionen der Abgeordneten untereinander und auch Zwischenrufe sind unüblich. Die „Unmittelbarkeit des Vortrages und die Möglichkeit, aufkommende Fragen sofort klären zu können“ (Schäfer [4]1982) ist ein Vorzug des Hearings. Der kritische Vergleich unterschiedlicher Positionen und Einschätzungen erleichtert die Urteilsbildung (Rausch [6]1981: 116ff.), allerdings nur unter der Voraussetzung, daß die Abgeordneten Zeit und Engagement aufwenden (können), um sich damit intensiv auseinanderzusetzen. Zudem sind sie auf freiwillige Informationen angewiesen. Trotz vorheriger Stellungnahmen ist es üblich, daß die Interessenvertreter und Sachverständigen Gelegenheit zu kurzen Statements erhalten, die sich (auch bei knapper Redezeit) oft über mehrere Stunden erstrecken und von weniger spezialisiert eingearbeiteten Zuhörern hohe Konzentration erfordern. Politiker und Publikum fühlen sich durch die Beiträge der als Sachverständige geladenen Wissenschaftler einerseits oft fachlich überfordert, andererseits vermissen sie häufig entscheidungsrelevante Impulse. Dies liegt wohl auch daran, daß für Wissenschaftler nicht selten die Bestätigung einmal vertretener Hypothesen bzw. ihres fachwissenschaftlichen Renommées Vorrang vor den Erfordernissen wissenschaftlicher Politikberatung hat. Anstatt die für Enscheidungsalternativen wirklich bedeutsamen Fakten vorzutragen und zu gewichten, verlieren sie sich zuweilen in fachliche Einzelfragen, die der politischen Erkenntnisgewinnung wenig dienen. Zumindest fachlich weniger eingearbeitete Abgeordnete, befinden sich dann angesichts einer Vielzahl teils widersprüchlicher, teils konzeptionell schwer einzuordnender Fachinformationen in einem Zustand gesteigerter Orientierungslosigkeit. Sie bleiben darauf angewiesen, sich auf das Urteil ihrer Meinungsführer in der Fraktion (und Regierung) zu verlassen. Am Thema „Waldsterben" wurde dieses Problem in den 80er Jahren exemplarisch sichtbar: Politiker können und dürfen aber nicht erst dann handeln, wenn „letzte Sicherheit" besteht, welchen Anteil die als umweltbelastend erkannten Substanzen an der Erkrankung der Wälder haben.

Neben zahlreichen internen Informations- und Fachgesprächen der Arbeitsgruppen und Berichterstatter mit Sachverständigen und Verbandsexperten führen die Fraktionen auch selbst öffentliche Anhörungen (sowie Kongresse) durch, in größerem Umfang allerdings nur die Oppositionsparteien. Diese ebenfalls „Hearings" genannten Veranstaltungen haben sich für die Oppositionsfraktionen (inzwischen) zu einem häufig genutzten Mittel der Informations- und Erkenntnisgewinnung und der öffentlichkeitswirksamen Kontrolle entwickelt. So veranstaltete die SPD-Fraktion in der 10. Wahlperiode (1983-87) etwa 30 bis 40 Hearings, die Fraktion DIE GRÜNEN etwa doppelt so viele (hierzu Ismayr 1992: 485ff.).

Ähnlich vielfältig wie auf der Ebene der Fachausschüsse sind auch Anlässe und thematisches Spektrum der Fraktions-Anhörungen. Sie bieten sich für eine Oppositionsfraktion besonders dann an, wenn sie sich frühzeitig die für ihre Willensbildung wichtigen Informationen über Sachalternativen verschaffen will. Eine zentrale Aufgabe der Fraktionsanhörungen wird – über die Wissens- und Erfahrungsvermittlung für die Fraktion und Partei hinaus – darin gesehen, ein öffentliches Forum für jene Gruppierungen und Positionen zu bilden, die von Parlament und Medien wenig beachtet werden. Um Bewußtsein in der Gesamtfraktion für wichtige Probleme zu schaffen und den Kontakt zu Initiativen etc. zu beleben, werden Anhörungen auch in Fraktionsschwerpunktsitzungen eingebaut.

7.19 Enquete-Kommissionen

Ist der Bundestag strukturell in der Lage, sich kompetent mit längerfristigen Querschnittsproblemen zu befassen und Gestaltungsalternativen zu entwickeln? Vermag er insbesondere auch angesichts neuer technologie- und umweltpolitischer Herausforderungen die Weichen zu stellen? Welchen Beitrag können hier Enquete-Kommissionen leisten, die seit 1969 zur Vorbereitung von Entscheidungen über umfangreiche und bedeutsame Sachkomplexe eingesetzt werden können? Neben einer Verbesserung der Gesetzgebungsarbeit und Kontrolle wird zunehmend auch die Bedeutung von Enquete-Kommissionen (EKn) für die Stärkung der Kommunikations- und Repräsentationsfunktion des Parlaments gesehen.

Insgesamt wurden bisher 26 Enquete-Kommissionen eingerichtet, die sich mit 16 Themenkomplexen befaßten. In bisher zwölf Fällen wurde in der folgenden Wahlperiode erneut eine Enquete-Kommission zum gleichen Themenkomplex eingerichtet, weil die Arbeit noch nicht abgeschlossen war oder mit erweiterter Thematik fortgeführt werden sollte. Waren es bis zur 10. Wahlperiode (1983-87) zwei oder drei EKn, kamen seither vier oder fünf in einer Wahlperiode zustande. Thematischer Schwerpunkt waren in den beiden letzten Jahrzehnten neue Technologien und ihre ökonomischen, sozialen und ökologischen Folgen (vgl. Vierecke 1994). Von den 20 seit 1979 eingesetzten EKn hatten 11 primär technikbezogene Aufgabenstellungen, doch wird dieses Beratungsinstrument des Parlaments nach wie vor auch für andere Themenkomplexe genutzt (vgl. Tab. 7.15). Alle Kommissionen waren bisher mit umfangreichen und bedeutsamen Sachkomplexen befaßt, wie die Geschäftsordnung dies vorsieht.

Der Bundestag ist zur Einsetzung von EKn verpflichtet, wenn ein Viertel seiner Mitglieder dies verlangt (§ 56 Abs. 1 GOBT). (Eine kleine Fraktion ist somit auf Unterstützung aus anderen Fraktionen angewiesen.) Obwohl nicht erforderlich, wurden auch in diesen Fällen Plenarbeschlüsse herbeigeführt, fast immer mit großer Mehrheit. Gegen den ausdrücklichen Willen der Mehrheit wurde bisher nur eine einzige EK durchgesetzt, die von der SPD-Opposition beantragte EK „Strukturreform der gesetzlichen Krankenversicherung" (PlPr 11/16/ 4.6.1987). Denn ohne hinreichende Bereitschaft auch der anderen großen Fraktion zur konstruktiven Mitarbeit können EKn ihre spezifischen Arbeits- und Wirkungsmöglichkeiten kaum entfalten.

Tabelle 7.15: Enquete-Kommissionen des Deutschen Bundestages

	Enquete-Kommission	Antragsteller	Einsetzungstermin/Sitzung des Bundestages	Mitglieder (MdBs; Sachverständige)	Vorsitzender	Bericht der Kommission[a]
6. WP	Auswärtige Kulturpolitik	1) CDU/CSU	18. März 1970	5:4	B. Martin (CDU/CSU)	VI/3825 (Z)
		2) Auswärtiger Ausschuß	39. Sitzung			
	Fragen der Verfassungs-	1) C.O. Lenz und CDU/CSU				
	reform	2) SPD, FDP	8. Oktober 1970			
		3) Rechtsausschuß	70. Sitzung	7:12[b]	F. Schäfer (SPD)	VI/3829 (Z)
7. WP	Auswärtige Kulturpolitik	interfraktionell	22. Februar 1973		B. Martin (CDU/CSU)	
		CDU/CSU, SPD, FDP	17. Sitzung	5:5	M. Schulze-Vorberg (CDU/CSU)	7/4121
	Verfassunfgsreform	interfraktionell	22. Februar 1973			
		CDU/CSU, SPD, FDP	17. Sitzung	7:14 [b]	F. Schäfer (SPD)	7/5924
	Frau und Gesellschaft	1) CDU/CSU	8. Nov. 1973			
		2) JFG-Ausschuß[c]	64. Sitzung	5:5	U. Schleicher (CDU/CSU)	7/5966 (Z)
8. WP	Frau und Gesellschaft	interfraktionell	5. Mai 1977			
		CDU/CSU, SPD, FDP	25. Sitzung	5:5	U. Schleicher (CDU/CSU)	8/4461
	Zukünftige Kernenergie-	1) SPD, FDP				
	politik	2) CDU/CSU	29. März 1979			
		3) FT-Ausschuß[d]	145. Sitzung	7:8	R. Ueberhorst (SPD)	8/4341
9. WP	Neue Informations- und	1) SPD, FSP	9. April 1981		C. Schwarz-Schilling	
	Kommunikationstechniken	2) Innenausschuß	31. Sitzung	9:7	(CDU/CSU)	9/2442 (Z)
	Jugendprotest im	1) SPD, FDP	26. Mai 1981			9/1607 (Z)
	demokratischen Staat	2) FJG-Ausschuß[e]	38. Sitzung	7:5	M. Wissmann (CDU/CSU)	9/2390
	Zukünftige Kernenergiepolitik		26. Mai 1981			9/2001 (Z)
		SPD, FDP	38. Sitzung	7:8	H.B. Schäfer (SPD)	9/2130 (Z)
						9/2438[f]
10. WP	Chancen und Risiken der	1) SPD				
	Gentechnologie	2) DIE GRÜNEN	29. Juni 1984			
		3) FT-Ausschuß[d]	78. Sitzung	9:8	W.-M. Catenhusen (SPD)	10/6775

	Enquete-Kommission	Antragsteller	Einsetzungstermin/Sitzung des Bundestages	Mitglieder (MdBs; Sachverständige)	Vorsitzender	Bericht der Kommission[a]
10. WP (Forts.)	Einschätzung und Bewertung von Technikfolgen; Gestaltung von Rahmenbedingungen der technischen Entwicklung	1) CDU/CSU, FDP, DIE GRÜNEN 2) SPD 3) FT-Ausschuß[d]	14. März 1985 126. Sitzung	9:8	J. Bugl (CDU/CSU)	10/5844 10/6801 (Z)
11. WP	Gefahren von AIDS und wirksame Wege zu ihrer Eindämmung	1) SPD 2) CDU/CSU, FDP 3) DIE GRÜNEN 4) JFFG-Ausschuß[g]	8. Mai 1987 11. Sitzung	9:8	H.-P. Voigt (CDU/CSU)	11/2495 (Z) 11/7200
	Strukturreform der gesetzlichen Krankenversicherung	1) SPD 2) DIE GRÜNEN	4. Juni 1987 16. Sitzung	9:9	K. Kirschner (SPD)	11/3267 (Z) 11/6880
	Vorsorge zum Schutz der Erdatmosphäre	1) CDU/CSU, FDP 2) DIE GRÜNEN 3) UNR-Ausschuß[h]	16.Oktober 1987 34. Sitzung	11:9[i]	B. Schmidbauer (CDU/CSU)	11/3246 11/7220 11/8030
	Gestaltung der technischen Entwicklung; Technikfolgenabschätzung und -Bewertung	1) DIE GRÜNEN 2) SPD 3) FDP 4) FT-Ausschuß[d]	5. Nov. 1987 36. Sitzung	9:8	J. Rüttgers (CDU/CSU)	11/4606 11/4607
	Zukünftige Bildungspolitik	1) SPD 2) DIE GRÜNEN 3) BW-Ausschuß[j]	9. Dez. 1987 48. Sitzung	9:8	E. Kuhlwein (SPD)	11/5349 (Z) 11/7820
12. WP	Schutz der Erdatmosphäre	1) CDU/CSU, FDP 2) CDU/CSU, SPD, FDP, B'90/GRÜNE	25. April 1991 23. Sitzung	13:13[k]	K. Lippold (CDU/CSU)	12/2400 (Z) 12/8300 (Z) 12/8350 (Z) 12/8600

	Enquete-Kommission	Antragsteller	Einsetzungstermin/Sitzung des Bundestages	Mitglieder (MdBs; Sachverständige)	Vorsitzender	Bericht der Kommission[a]
12. WP (Forts.)	Schutz des Menschen und der Umwelt – Bewertungskriterien und Perspektiven für umweltverträgliche Stoffkreisläufe in der Industriegesellschaft	1) SPD 2) UNR-Ausschuß[h]	14. Februar 1992 77. Sitzung	13:13[l]	E. Schwanhold (SPD)	12/5812 (Z) 12/8260
	Aufarbeitung von Geschichte und Folgen der SED-Diktatur	1) SPD 2) B'90/GRÜNE 3) CDU/CSU, FDP 4) CDU/CSU, SPD, FDP	12. März 1992 82. Sitzung	16:11	R. Eppelmann (CDU(/CSU)	12/7820
	Demographischer Wandel – Herausforderungen unserer älter werdenden Gesellschaft an den einzelnen und die Politik	1) SPD 2) CDU/CSU, FDP	2. Dez. 1992 124. Sitzung	16:11	A. Fuchs (SPD)	12/7876 (Z)
13. WP	Schutz des Menschen und der Umwelt – Ziele und Rahmenbedingungen einer nachhaltigen zukunftsträchtigen Entwicklung	CDU/CSU, SPD, B'90/GRÜNE, FDP	1. Juni 1995 41. Sitzung	11:11[m]	E. Schwanhold (SPD) M. Caspers-Merk (SPD)	13/11200
	Demographischer Wandel – Herausforderungen unserer älter werdenden Gesellschaft an den einzelnen und die Politik	CDU/CSU, SPD, B'90/GRÜNE, FDP	1. Juni 1995 41. Sitzung	11:11[m]	W. Link (CDU/CSU)	13/1146 (Z)

	Enquete-Kommission	Antragsteller	Einsetzungstermin/Sitzung des Bundestages	Mitglieder (MdBs; Sachverständige)	Vorsitzender	Bericht der Kommission[a]
13. WP (Forts.)	Überwindung der Folgen der SED-Diktatur im Prozeß der deutschen Einheit	1) CDU/CSU, B'90/GRÜNE, FDP 2) SPD 3) WIG-Ausschuß[n]	22. Juni 1995 44. Sitzung	11:11[m]	R. Eppelmann (CDU/CSU)	13/11000
	Zukunft der Medien	1) SPD, B'90/GRÜNE 2) PDS 3) CDU/CSU, FDP 4) WIG-Ausschuß[n]	7. Dez. 1995 77. Sitzung	11:11[m]	S. Mosdorf (SPD)	13/11004
	Sogenannte Sekten und Psychogruppen	1) SPD 2) WIG-Ausschuß[n]	9. Mai 1996 104. Sitzung	11:11[m]	O. Schätzle (CDU/CSU)	13/10950

a Nummer der Bundestagsdrucksache; (Z) = Zwischenbericht
b davon sieben vom Bundesrat benannte Ländervertreter
c Ausschuß für Jugend, Familie und Gesundheit
d Ausschuß für Forschung und Technologie
e Ausschuß für Familie, Jugend und Gesundheit
f Bericht über Stand der Arbeit
g Ausschuß für Jugend, Familie, Frauen und Gesundheit
h Ausschuß für Umwelt, Naturschutz und Reaktorsicherheit
i ab 7. Dezember 1988 elf Sachverständige
j Ausschuß für Bildung und Wissenschaft
k Hinzu kommen von den Gruppen der PDS/LL und B'90/GRÜNE jeweils ein Abgeordneter als nichtstimmberechtigtes Mitglied
l Hinzu kommen von den Gruppen der PDS/LL und B'90/GRÜNE jeweils ein Abgeordneter und ein von ihnen ernannter Sachverständiger als nichtstimmberechtigtes Mitglied
m Hinzu kommen von der Gruppe der PDS ein Abgeordneter und ein von ihr ernannter Sachverständiger als nichtstimmberechtigtes Mitglied
n Ausschuß für Wahlprüfung, Immunität und Geschäftsordnung

Quelle: Schindler 1984; 641ff.; Schinder 1994: 769ff.; Sach- und Sprechregister des Deutschen Bundestages.

7.19.1 Aufgaben und Zielsetzungen

Aufgabe von Enquete-Kommissionen ist es, Bestandsaufnahmen über Auswirkungen technischer und ökonomischer Entwicklungen sowie rechtlicher und politischer Maßnahmen vorzunehmen, künftige Regelungs- und Entwicklungsmöglichkeiten aufzuzeigen und Empfehlungen für politische Entscheidungen zu erarbeiten (§ 56 GOBT). Diese in der Beschlußempfehlung des entsprechenden Ausschusses bzw. im Einsetzungs-Antrag formulierte allgemeine Aufgabenbestimmung wird regelmäßig ergänzt durch einen Katalog genauer umrissener Arbeitsaufträge, die allerdings keinen abschließenden Charakter haben (vgl. Schindler 1994: 776ff.). So erhielt die EK „Vorsorge zum Schutz der Erdatmosphäre" die Aufgabe, „eine Bestandsaufnahme über die globalen Veränderungen der Erdatmosphäre vorzunehmen und den Stand der Ursachen- und Wirkungsforschung festzustellen sowie mögliche nationale und internationale Vorsorge- und Gegenmaßnahmen zum Schutz von Mensch und Umwelt vorzuschlagen", spezifiziert in 13 „insbesondere" zu bearbeitenden Einzelpunkten (BT-Drs. 11/971). Die Aufgabenstellungen sind nach und nach präziser geworden, lassen aber der jeweiligen Kommission genügend Spielraum, Schwerpunkte zu biiden und inhaltlich Akzente zu setzen. Dies ist auch erforderlich, geht es doch im Unterschied zu herkömmlichen Untersuchungsausschüssen, nicht primär um die Aufklärung „abgeschlossener" Sachverhalte, sondern darum, komplexe Entwicklungen zu erfassen und zukunftsgerichtete Gestaltungsvorschläge zu erarbeiten. Die Kommissionen selbst entwickeln auf der Grundlage dieser Vorgaben ein genaueres Arbeitsprogramm.

Enquete-Kommissionen sind nach Zusammensetzung, Kompetenz und Funktion Ausschüsse besonderer Art. Hier arbeiten Wissenschaftler und andere Sachverständige (Verbandsvertreter) gleichberechtigt mit Abgeordneten zusammen. Dies gilt für die Beratungen (Antragsrecht, Sondervoten), wie auch für die Abstimmungen.

Enquete-Kommissionen sind als die wohl intensivste Form direkter Politikberatung angelegt, die es auf Bundesebene gibt (Thienen 1987: 87). Ein unmittelbarer Informations- und Gedankenaustausch wird ermöglicht, wechselseitige kommunikative Lernprozesse können in Gang gesetzt werden – und zwar nicht nur ad hoc, sondern über einen längeren Zeitraum hinweg.

7.19.2 Zusammensetzung, Ausstattung und Kompetenzen

Die Stärke der Kommissionen und die Zahl von Abgeordneten und Sachverständigen wird jeweils von den Fraktionen ausgehandelt und – meist aufgrund einer Beschlußempfehlung des federführenden Ausschusses – vom Plenum festgelegt. Die Anzahl der Kommissionsmitglieder liegt seit der 10. Wahlperiode stets bei mindestens 17. Von wenigen Ausnahmen abgesehen (Verfassungsreform; Kernenergiepolitik) wurden die Kommissionen entweder paritätisch besetzt oder es überwogen knapp die Parlamentarier.

Die Fraktionen können aushandeln, welche Sachverständigen berufen werden sollen, doch wird in der Praxis durchweg entsprechend der Ausnahmeregelung der Geschäftsordnung verfahren (§ 56 Abs. 2 Satz 2). Demnach „benennen die Fraktionen die Mitglieder im Verhältnis ihrer Stärke" und nutzen – besonders bei politisch brisanteren Themen – die Möglichkeit, der eigenen politischen Position nahestehende Sachverständige auszuwählen. Als Sachverständige werden überwiegend Wissenschaftler berufen, doch gehörten den meisten Kommissionen auch Verbandsexperten an. Werden sie als „Lobbyisten" empfunden, so z.B. der Vorwurf der SPD-Opposition gegenüber dem Vorstandsmitglied der Daimler-Benz AG in der 2. EK „Schutz der Erdatmosphäre", kann dies die Kommissionsarbeit erheblich beeinträchtigen (PlPr 12/243, S. 21659). Bei den Wissenschaftlern ist der Grad der Unabhängigkeit unterschiedlich. Gerade ihre Nähe zu bestimmten Großverbänden und Wirtschaftsinteressen kann den Ausschlag dafür gegeben haben, daß sie von einer Fraktion benannt worden sind.

Den Vorsitz der ersten Kommission einer Wahlperiode erhält die größte Fraktion, die anderen Fraktionen werden entsprechend ihrer Stärke bei weiteren Kommissionen berücksichtigt.

Grundsätzlich sind EKn ein geeignetes Instrument, um unabhängig von der „Exekutive" Wissensgrundlagen und Handlungsalternativen zu erarbeiten. Ob und inwieweit dies gelingt, hängt insbesondere von der Zusammensetzung, der politischen Konstellation und Interessenlage, aber auch von der personellen und sächlichen Ausstattung ab.

Durch fundierte Kenntnisse auf einem Spezialgebiet empfehlen sich Wissenschaftler noch nicht hinreichend für die Kommissionstätigkeit. Umfang und Komplexität der Thematik fordern darüber hinaus umfassenderes Zusammenhangwissen, (politisches) Problembewußtsein und Lernfähigkeit. Detailinformationen lassen sich auch auf anderem Wege beschaffen. Diese Voraussetzungen werden bei der Auswahl nicht immer hinreichend beachtet.

Um ihren – meist höchst anspruchsvollen – Auftrag in angemessener Zeit bewältigen zu können, benötigen EKn ein gut ausgestattetes Sekretariat. Für die 13. Wahlperiode wurde die Zahl der wissenschaftlichen Mitarbeiter für alle Kommissionen auf fünf festgelegt (BT-Drs. 13/1762). Leitung und administrative Aufgaben der Sekretariate werden weiterhin von Mitarbeitern der Bundestagsverwaltung wahrgenommen (Hoffmann-Riem/Ramcke 1989: 1269f.).

Mit dem eigenen Wissensstand und Erfahrungshorizont ihrer Mitglieder allein können sich EKn nicht zufrieden geben. Vielfältige, teils traditionelle, teils neue Wege der Informationsgewinnung werden eingeschlagen; die ganze Palette herkömmlicher Formen der Politikberatung gehört dazu. Es werden „externe" Gutachten von wissenschaftlichen Instituten bestellt, Stellungnahmen von Behörden, Einzelpersonen, Unternehmen und betroffenen Personenkreisen eingeholt, interne und öffentliche Anhörungen mit Wissenschaftlern, Verbandsvertretern, Regierungsvertretern und betroffenen Gruppen durchgeführt. Oft werden auch Erkundungen „vor Ort" im In- und Ausland vorgenommen. Die Akzente können hierbei eher bei der Informationsgewinnung oder der Mitwirkung an einem öffentlichen Kommunikationsprozeß liegen. Dies hängt wesentlich vom Thema, aber auch vom Selbstverständnis der Kommission ab. Expertenanhörungen und die Bestellung von Gutachten können dazu dienen, erforderliche Spezialkenntnisse zu gewinnen oder auch alternative Konzepte und Szenarien zu erarbeiten („Parallelgutachten"). (Bei manchen Themen könnte es auch sinnvoll sein, durch „Planungszellen" parallel Bürgergutachten erarbeiten zu lassen (Dienel [4]1997).) So hat beispielsweise die EK „Schutz der Erdatmosphäre" (1992-94) 24 Anhörungen mit annähernd 500 Wissenschaftlern, Regierungs- und Verbandsvertretern durchgeführt, 35 Einzelstudien vergeben und Informationsreisen in 10 asiatische und amerikanische Staaten durchgeführt. Um die Arbeitsfülle bewältigen zu können und das Kommissionsplenum nicht mit Spezialfragen zu überlasten, haben bisher alle EKn mehrere Arbeitsgruppen oder Unterkommissionen gebildet.

Nach wie vor ist der rechtliche Status von EKn umstritten, nachdem in der „Gemeinsamen Verfassungskommission" 1993 die von den SPD-Mitgliedern beantragte Verfassungsregelung nicht die erforderliche Zweidrittelmehrheit fand. Ihre Befugnisse sind nicht gesichert. Artikel 44 des Grundgesetzes (Untersuchungsausschüsse) können sie nach herrschender Rechtsauffassung nicht zugeordnet werden, da ihnen auch Sachverständige angehören. Umstritten ist auch die Anwendbarkeit von Art. 43 GG (Zitierung und Zutritt von Regierungsmitgliedern). Die Bundesregierung hat das Zitierrecht bisher nicht ausdrücklich anerkannt. Gewiß: Sie hat sich auch bisher offensichtlich dem Auskunftsverlangen der Kommissionsmehrheit formell nicht widersetzt und auch ihre Vertreter bei Sitzungen von EKn teilnehmen lassen. Die Qualität dieser Auskünfte ist aber recht unterschiedlich. Ähnlich wie bei Fachausschüssen werden Informationen – je nach Interessenlage der Ministerien – zum Teil selektiv gegeben (Ismayr 1992: 207ff.).

Auch wenn Auskunftsansprüche nach Art. 43 Abs. 1 GG ausdrücklich anerkannt würden, reichte dies in keiner Weise aus, zumal Informationsansprüche gegenüber Behörden und Privatpersonen nicht abgedeckt wären. Um ihrer anspruchsvollen Aufgabe (einigermaßen) gerecht werden zu können, müßten EKn ähnliche Auskunfts- und Kontrollrechte wie Untersuchungs- und Petitionsausschüssen gesetzlich garantiert werden. Da es dabei um die Außenwirkung geht, können diese Rechte nicht durch die Geschäftsordnung des Bundestages, sondern nur durch ein Verfahrensgesetz auf verfassungsrechtlicher Grundlage gesichert werden. Die EKn „Verfassungsreform" hatte daher dringend empfohlen, in einem neu einzufügenden Art. 44 GG EKn das Recht einzuräumen, „alle für ihren Auftrag erforderlichen Beweise zu erheben", und in einem Verfahrensgesetz weitreichende Befugnisse – auch gegenüber „Privaten" – festzulegen. Insbesondere sollten sie gegenüber Behörden Anspruch auf Auslieferung von Akten und Urkunden und auf schriftliche und mündliche Auskünfte (auch bestimmter Bediensteter) haben. Um diese Befugnisse auch im Konfliktfall durchsetzen zu können, sollten ihr wirksame Sanktionsmöglichkeiten eingeräumt werden, gegenüber Dritten in modifizierter Form. Angesichts der Bedeutung von Unternehmens- und Verbandsaktivitäten für die gesellschaftliche Entwicklung hielt die EK Verfassungsreform es für zwingend erforderlich, EKn mit entsprechenden Befugnissen auch gegenüber Privatpersonen und Gesellschaften auszustatten. Der Anspruch auf Aktenvorlage und Auskunft gegenüber Privaten sollte sich auch auf Gegenstände beziehen, „die dem Berufs-, Steuer-, Bank-, oder Geschäftsgeheimnis unterliegen". Andernfalls blieben diese Befugnisse in wichtigen Bereichen wirkungslos. Zum

Schutz von Individualrechten und um Mißbrauch zu verhindern, sollte rechtlich gewährleistet werden, daß „solche Informationen nicht in der Form von Einzelerkenntnissen über bestimmte Personen oder Wirtschaftsbetriebe in die Beratungen der Enquete-Kommissionen“ eingeführt würden, „sondern nur in der Form von Zusammenfassungen, Statistiken und Übersichten“. So hatte die EK „Schutz der Erdatmosphäre I“ keine Möglichkeit, ihre Forderung gegenüber der Industrie durchzusetzen, die sich weigerte, ihre Produktions- bzw. Verkaufszahlen von Treibgas (FCKW) offenzulegen (BT-Drs. 11/3246, S. 47). Aufgrund der fehlenden Befugnisse wurde in mehreren Fällen auf die Einsetzung zunächst vorgesehener EKn verzichtet (Rehfeld 1981: 255f.).

Wenn ein Befugnisgesetz bisher nicht erreichbar war, so einmal deshalb, weil die jeweilige parlamentarische Mehrheit offenbar der Ansicht war, daß die Stärkung dieses Instrumentes in erster Linie der Opposition zugute käme. Besonders gilt dies natürlich für die Ausgestaltung von Minderheitenrechten in Verfahrensfragen. Geht man allerdings von der bisherigen Praxis bei der Beantragung aus, zeigten sich die Regierungsparteien kaum weniger an diesem Gremium interessiert als die Opposition. Von den bisher 26 EKn wurden 7 interfraktionell (oder nahezu gemeinsam) beantragt, 13 zunächst von Oppositionsfraktionen und 6 von Regierungsfraktionen.

Fast alle Einsetzungsbeschlüsse wurden mit großer Mehrheit gefaßt, nachdem in einem mitunter mühsamen Aushandlungsprozeß ein Kompromiß erreicht wurde. Bedingt ist dies oft durch die Vorlage weiterer Einsetzungsbeschlüsse, da keine Fraktion ein Interesse daran haben kann, daß zwei Kommissionen nebeneinander herarbeiten. Aber auch aufgrund fehlender Verfahrensrechte sehen sich die beantragenden Minderheiten veranlaßt, sich auf Kompromisse bei der Ausgestaltung und Zielformulierung der Kommission einzulassen. Da es sich bisher jeweils um gesellschaftlich bedeutsame Themenkomplexe handelte, kann es sich andererseits die Koalition (ggf. auch die Opposition) nicht leisten, in der Öffentlichkeit den Eindruck zu erwecken, das Thema interessiere sie nicht.

Üblich ist, daß bei Vorlage mehrerer Anträge zunächst eine Ausschußüberweisung erfolgt und nach interfraktionellen Absprachen die Beschlußempfehlung des federführenden Ausschusses dann mit breiter Mehrheit angenommen wird.

Minderheitenrechte beziehen sich bisher nur auf die Einsetzung einer Enquete-Kommission. Im Verfahren selbst wird mit Mehrheit entschieden; die Minderheit ist auf deren Fairneß angewiesen. Diese „Verfahrensherrschaft“ der Mehrheit ist oft kritisiert worden. Minderheitenrechte in Verfahrensfragen, wie sie für Untersuchungsausschüsse teils gelten, teils gefordert werden, sollten ähnlich auch für EKn in einem Verfahrensgesetz verankert werden (Ismayr 1992: 423ff.). Insbesondere müßten die angestrebten Informationsbefugnisse nicht nur der Kommission als ganzer, sondern einer Minderheit von einem Viertel oder Fünftel der Kommissionsmitglieder zustehen. Dies könnte dem Verfahren insgesamt zugute kommen, weil ergebnisorientiert arbeitende Abgeordnete der Regierungsfraktionen u.a. bei der Entscheidung über die Wahrnehmung von Informationsbefugnissen weniger in Gefahr gerieten, die Kommissionsarbeit der Koalitionsräson unterordnen zu müssen.

7.19.3 Arbeits- und Lernprozesse

Eine wichtige Voraussetzung für den Erfolg einer EK ist, daß Parteien und Regierung bei ihrer Einsetzung noch nicht eindeutig Position bezogen haben. So trat die EK „Gentechnologie“ zu einem Zeitpunkt zusammen, als die Regierung(smehrheit) selbst noch unsicher war. Die offene Entscheidungssituation ermöglichte eine relativ offene Diskussion. In der ersten EK „Schutz der Erdatmosphäre“ und auch in der EK „Mensch und Umwelt“ bewirkten schockierende Forschungsberichte über die globalen Folgen von Umweltbelastungen eine produktive Zusammenarbeit; ihre „großartigen“ Leistungen wurden von beiden Seiten des Hauses hervorgehoben.

Zur inhaltlichen und taktischen Vorbereitung und Begleitung von Kommissionssitzungen werden auf Fraktionsebene Arbeitsgruppen (AKe) eingerichtet, in denen nicht nur Abgeordnete, sondern auch die „zugeordneten“ Sachverständigen der Kommission sowie Vertreter nahestehender Organisationen und parteinahe Wissenschaftler mitarbeiten (vgl. Kretschmer 1983: 262f.). Sie tagen üblicherweise vor den Kommissionssitzungen.

Ihren spezifischen Beitrag im politischen System können EKn nur leisten, wenn sie (ungeachtet ihrer Einbindung in den parlamentarischen Prozeß) tendenziell diskurs- und problemlösungsorientiert arbeiten. Wie bisherige Erfahrungen zeigen, ist dies auch bis zu einem gewissen Grad möglich, aber nur bei bestimmten Bedingungskonstellationen.

Haben hingegen Regierungsmehrheit und Opposition(sfraktionen) bereits im Vorfeld eindeutig Position bezogen, ist damit zu rechnen, daß der Spielraum für die Erarbeitung und ernsthafte Erörterung konzeptioneller Alternativen relativ eng ist (z.B. 2. EK „Schutz der Erdatmosphäre"). Die Möglichkeit der von den Fraktionen benannten Sachverständigen, zu einer sachlich-diskursiven Auflockerung politisch fixierter Positionen beizutragen, ist unter solchen Voraussetzungen recht begrenzt. In dem Maße, wie aufgrund parteipolitischer Festlegungen die Durchsetzung der Fraktions- bzw. Regierungsposition und somit instrumentell-strategische Argumentations- und Verhaltensmuster auch für die Abgeordneten der Kommission verhaltensbestimmend werden, sehen sich auch die Sachverständigen „gezwungen", Verbündete zu suchen. Ihre Wirkungschance hängt dann davon ab, ob und inwieweit sie sich inhaltlich und taktisch auf Vorabsprachen, das Schnüren von Verhandlungspaketen und Gegenleistungen in einem Prozeß des „Aushandelns" einlassen (Hoffmann-Riem 1988: 72ff.). Selbstverständlich begünstigt die regelmäßige Präsenz der Abgeordneten in Bonn/Berlin Vorabsprachen und gemeinsame Festlegungen. Wissenschaftler können unter solchen Bedingungen in Rollenkonflikte geraten; nicht so sehr, weil sie wert- und entscheidungsorientiert mitwirken, sondern insofern sie ihre Unabhängigkeit preisgeben. Dies ist insbesondere dann der Fall, wenn sich die „Sachverständigen" dafür hergeben oder vereinnahmen lassen, die (bereits vorab fixierte) Position „ihres" politischen Lagers „wissenschaftlich" abzustützen (Ueberhorst 1985: 385; Ismayr 1996a: 37ff.). Die jeweilige politische Seite beruft sich dann in der Diskussion in erster Linie auf ihre jeweiligen Wissenschaftler.

Mitarbeit in einer EK bedeutet für die beteiligten Sachverständigen immer auch, sich auf die parlamentarisch-parteipolitischen Arbeits- und Wirkungsbedingungen einzulassen. Dazu gehört, daß die beteiligten Abgeordneten eben unter Zeitdruck stehen, und nur für wenige die Mitarbeit in einer EK Priorität hat. Aktuelle Orientierungen und kurzfristiger Vorteilsgewinn des parlamentarischen Alltags können den längerfristig angelegten Auftrag der EK überlagern. Grundsätzlich kritische Positionen oder ungewohnte Sichtweisen haben es schwerer, rezipiert zu werden als solche, die dem Vorverständnis der Parlamentarier entsprechen. (Hoffmann-Riem 1988: 72f.). Pragmatische Reduzierung ist die Folge. Mehr noch als bei Gutachten und Anhörungen werden Sachverständige „nicht nur nach den optimalen, sondern vielmehr nach den auch noch vertretbaren Sachargumenten gefragt“ (Kretschmer 1983: 267).

Sachorientiertes Erarbeiten der Informationsgrundlagen und wechselseitiges Lernen fallen vornehmlich in die Anfangsphase. Allgemein hat sich gezeigt, „daß mit dem Näherrücken des Kommissionsgeschehens an politische Entscheidungsnotwendigkeiten tendenziell diese oftmals lange Zeit kognitiv ausgerichteten Kommunikationsprozesse zunehmend in politisch-positionelle übergeführt werden“ (Thienen 1987: 87). Verstärkt wird diese Tendenz dadurch, daß die Abstimmungen über den Bericht gegen Ende der Wahlperiode, also in Wahlkampfzeiten, erfolgen.

Das Bemühen um Konsens ist selbst bei solchen EKn ausgeprägt, deren Spielraum durch parteipolitische Richtungsvorgaben eingeengt ist. Der Konsens ist freilich kein „Wert an sich“ und für eine EK nur auf der Basis zunächst erarbeiteter und diskursiv freigelegter Wissensgrundlagen, normativer Positionen und möglichst auch alternativer Szenarien erstrebenswert. Wie die Erfahrung zeigt, kann Konsenssuche zur Unzeit auch dazu dienen, Probleme zu verbergen oder zu bagatellisieren, den Erkenntnishorizont einzuengen sowie Gestaltungsalternativen auszublenden (z.B. EK „Jugendprotest“; Böhr/ Busch 1984: 87; Plöhn 1985).

Zu gegensätzlichen Voten kommt es vor allem dort, wo die Parteien bereits öffentlich Position bezogen haben. Ein markantes Beispiel aus jüngster Zeit sind die Abstimmungen über die unterschiedlichen Handlungsempfehlungen zum 2. Zwischenbericht und zum Schlußbericht der zweiten EK „Schutz der Erdatmosphäre“, bei denen die Koalitions- und Oppositionsabgeordneten mit „ihren“ Sachverständigen jeweils geschlossen abstimmten.

In Abstimmungen unterlegene Minderheiten haben häufig von der Möglichkeit Gebrauch gemacht, ihre Position in Sondervoten darzulegen, die in die Berichte mit aufgenommen wurden. Obwohl bis heute rechtlich nicht abgesichert, bilden sie seit Bestehen dieser Institution ein wirksames Druckmittel, um die Mehrheit zu Kompromissen zu bewegen. Zudem stellen sie ein wichtiges Mittel dar, um kontroverse Standpunkte und Sichtweisen öffentlich zu begründen und zur Diskussion zu stellen. In der Regel geht es um kontroverse Handlungsempfehlungen – während der Berichtsteil meist einvernehmlich verabschiedet wird.

7.19.4 Parlamentarische Umsetzung und öffentliche Resonanz

Die aufgabenbedingte Sonderstellung und die nicht eben ausgeprägte Integration der EKn in die segmentierte, aktualitäts- und ressortbezogene Arbeitsorganisation von Parlament und Fraktionen erschwerte die Rezeption ihrer Arbeitsergebnisse und die Umsetzung ihrer Vorschläge. Neben den oft nur selektiv wahrgenommenen Berichten selbst bleibt eine Fülle ergiebigen Materials (Gutachten, Anhörungsprotokolle etc.) auf parlamentarischer Ebene oft weitgehend ungenutzt. Dies gilt selbst dann, wenn diese von der Kommission (nahezu) gemeinsam getragen werden. Selbst bei einmütig vorgeschlagenen Regelungen ist nach bisherigen Erfahrungen damit zu rechnen, daß sie von den Fraktionen ignoriert werden, wenn nicht im Verlauf der Kommissionsarbeit im Kontakt mit den zuständigen Ausschüssen und ggf. den Fraktionsführungen der „Mehrheit" erfolgreich um Unterstützung geworben wurde. Diese Aufgabe liegt insbesondere bei den die Kommissionsarbeit begleitenden Arbeitsgruppen der Fraktionen, sowie – ihrem Fachausschuß gegenüber – den einzelnen Kommissionsmitgliedern. Die laufende Beratung in den Parlaments- und Fraktionsgremien findet aber nur in bescheidenem Umfang statt; oft erfolgt sie „allenfalls durch den schriftlichen Kommissionsbericht" (Thienen 1987: 100).

Erschwert wird die Rezeption insbesondere durch zwei Faktoren: Einmal durch die „ressortübergreifende" längerfristige Themenstellung, zum anderen dadurch, daß die Tätigkeit der Kommission (und der korrespondierenden Arbeitsgruppen) auf die jeweilige Legislaturperiode begrenzt ist. Die zumeist erst am Ende der WP vorgelegten Berichte können dann erst von Plenum und Fachausschüssen des neuen Bundestages (eingehender) beraten und in die gesetzgeberische Arbeit aufgenommen werden. Ob und mit welchem Einsatz dies geschieht, hängt u.a. von „Themenkonjunkturen" ab. Meist liegt es dann bei einzelnen, persönlich engagierten Abgeordneten, die Impulse weiterzutragen und sich für die Umsetzung einzusetzen. Die 1989 neu in die Geschäftsordnung aufgenommene Regelung, daß EKn ihre Berichte so rechtzeitig vorzulegen haben, „daß bis zum Ende der WP eine Aussprache darüber im Bundestag stattfinden kann", hat bisher wenig bewirkt (§ 56 Abs. 4).

Mit ihrer Aufgabe, durch konzeptionelle Bearbeitung komplexer, zukunftsprägender Problemlagen die Gestaltungs- und Kontrollkompetenz „des" Parlaments (und mithin der Opposition) zu stärken, sehen sich EKn ressort- und aktualitätsbezogen arbeitenden Parlaments- und Fraktionsgremien gegenüber, die auf längerfristige „Querschnittsprobleme" nicht im erforderlichen Maße eingestellt sind. Eine Sensibilisierung der Fachausschüsse für „Querschnittsprobleme" ist angesichts der „Zwänge" üblicher Sitzungswochen schwierig. Erfolgversprechend könnten aber Klausurtagungen der besonders betroffenen Ausschüsse unter „Federführung" der EK und (möglichst) unter Beteiligung der Fraktionsführungen mit Anhörungen, Vorträgen, Symposien etc. sein. Dabei kommt es darauf an, daß Vermittlungsaktivitäten dieser Art nicht erst nach Vorlage von Kommissions-Berichten, sondern „begleitend" durchgeführt werden (Ulrich 1987: 22). Hier sind die entsprechenden Arbeitsgruppen und -kreise der Fraktionen und Parteien gefordert. Allerdings gibt es bei thematisch engagierten Kommissionsmitgliedern auch die nicht unbegründete Befürchtung, daß eine zu frühe Rückbindung u.U. die innovative Kraft einer Kommission hemmen und die „Schrittmacherfunktion" gefährden könnte. Es werde versucht, so die Einschätzung von Beteiligten, sich an die „Spitze der Bewegung zu setzen", und die Fraktion „nach und nach darauf einzustimmen". Welches Vorgehen erfolgversprechender ist, hängt von je spezifischen Bedingungen ab.

Die Wirkung von EKn läßt sich nicht nur an den „internen" Reaktionen des Bundestages ablesen. Einmal ist – von der wohl ambivalent zu beurteilenden – Situation auszugehen, daß sich die Ministerien das Wissen für ihre Argumentationen und Begründungen zunutze machen. Zum anderen ist die kommunikative, bewußtseinsbildende Funktion von EKn nicht zu unterschätzen: ihre stimulierende Wirkung auf die öffentliche Diskussion, die dazu beitragen kann, längerfristig die Aufmerksamkeit von Fachöffentlichkeiten (Wissenschaft, Verbände) und Massenmedien auf ein Thema zu lenken und ihrerseits Impulse der öffentlichen Kontroversen aufzunehmen. Davon können (längerfristig) Rückwirkungen auf die EK selbst, aber auch auf die politischen Institutionen ausgehen.

Ob vornehmlich Wissenschaft und Fachöffentlichkeit angesprochen werden oder auch Massenmedien und breite Bevölkerungskreise hängt von den Themen und auch davon ab, inwieweit sich die EKn bereit zeigen, ihre Arbeit transparent zu machen, öffentlich in Lernprozesse einzutreten und Impulse von Bürgern und Initiativen aufzunehmen. Hierzu dienen Gespräche mit Betroffenen vor Ort, öffentliche Symposien und Anhörungen, breit gestreute Umfragen, benutzer- und medienfreundliche Publikationen von Berichten und Materialien sowie Öffentlichkeitsarbeit. Der immense Umfang der meisten Berichte und das teilweise Fehlen parlaments- und publikumsfreundlicher Zusammenfassungen erschweren die parlamentarische Umsetzung wie die öffentliche Rezeption.

Der Bundestag ist immer auch in seiner Kommunikationsfunktion angesprochen, ohne daß es dabei stets um den unmittelbaren Rückbezug zur Gestaltungs- und Gesetzgebungsaufgabe von Parlament und Regierung gehen muß. Geht es doch auch darum, an exponierter Stelle mit dem Bewußtmachen von Problemlagen zur Fortentwicklung der demokratischen politischen Kultur beizutragen und im Gespräch mit betroffenen und engagierten Bürgern Verständnis dafür zu entwickeln, wo die Gestaltungschancen und Notwendigkeiten staatlicher Politik liegen und wo Verbände, Wirtschaft, Wissenschaft und Bürger Verantwortung tragen und herausgefordert sind, die Folgen ihres Handelns im Kontext vernetzter Problemlagen zu beurteilen (Beck 1988: 256ff.).

7.20 Institutionalisierung der Technikfolgenabschätzung

Mit den Enquete-Kommissionen hat sich der Bundestag ein wichtiges Instrument geschaffen, um seine Gestaltungs-, Kontroll- und Kommunikationsfähigkeit zu verbessern. Nach bisherigen Erfahrungen dürfte die Einsetzung von Enquete-Kommissionen allerdings nicht ausreichen, um das Parlament in die Lage zu versetzen, *frühzeitig* die komplexen Folgen technischer Entwicklungen zu erkennen und beizeiten politische Handlungsoptionen zu entwickeln und umzusetzen. Insbesondere ihre zeitliche Befristung erschwert dies. Sie sind „ihrer Bestimmung nach prinzipiell ungeeignet, legislaturperiodenübergreifende technische Entwicklungsprozesse einem permanenten Analyse- und Bewertungsverfahren zu unterziehen" (Ulrich 1987: 21). Seit Anfang der 70er Jahre wird (auch) in der Bundesrepublik die Diskussion über die Einrichtung einer ständigen Beratungskapazität für Technikfolgenabschätzung (TA) beim Bundestag geführt (Böhret/Franz 1988; Westphalen [3]1997; Ismayr 1992: 517ff.). Sie wurde mitgeprägt durch Erfahrungen des 1972 gegründeten „Office of Technology Assessment" (OTA) beim amerikanischen Kongreß, der allerdings 1996 seine Tätigkeit wegen fehlender Finanzierung einstellen mußte (Büllingen 1987: 26ff.; Bimber 1996). Einem Antrag der oppositionellen CDU/CSU-Fraktion zur Einrichtung eines „Amtes zur Bewertung technologischer Entwicklungen beim Deutschen Bundestag" (BT-Drs. 7/468/16.4.1973) waren eine Reihe weiterer Vorstöße gefolgt (Böhret/Franz 1986). Fast immer ging es dabei um eine (kleine) Lösung beim Bundestag. Die Initiativen gingen von der Opposition aus und scheiterten am Widerstand der Regierungsfraktionen, insbesondere deren Führungen.

In der 10. Wahlperiode (1985) konnten sich die Fraktionen immerhin auf die Einsetzung einer Enquete-Kommission „Einschätzung und Bewertung von Technikfolgen" einigen, die u.a. Vorschläge erarbeiten sollte, ob und ggf. in welcher Form „die Aufgabe der Abschätzung und Bewertung beim Deutschen Bundestag langfristig weitererfüllt werden kann" (BT-Drs. 10/2937). Hierzu legte sie überraschend einen von allen Kommissionsmitgliedern unterstützten Bericht vor, in dem sie dringend die alsbaldige Einrichtung einer ständigen Beratungskapazität zur vorausschauenden Analyse und Bewertung von Technikfolgen empfahl (BT-Drs. 10/5844/14.7.1986). Dabei hatte sie sich für eine „parlamentsinterne" Lösung entschieden, weil sie bessere Voraussetzungen für eine kontinuierliche Kommunikation und Kooperation zwischen Wissenschaft und Parlament, und damit die Umsetzung der Beratungsergebnisse biete. Sie hoffte, die Organisationsform für einen neuartigen TA-Prozeß gefunden zu haben.

Die vorgeschlagene neuartige Organisationslösung sollte TA-Prozesse ermöglichen, die den Bedürfnissen und Aufgaben des Parlaments gerecht werden, den „Primat der Politik" sichern, aber auch eine „ausreichende operationale Autonomie der wissenschaftlichen Arbeit" gewährleisten (BT-Drs. 10/5844). Vorgesehen waren eine entsprechend den Regelungen für Enquete-Kommissionen zusammengesetzte „Kommission zur Abschätzung und Bewertung von Technikfolgen" und eine etwa 30 Wissenschaftler umfassende ständige „Wissenschaftliche Einheit", deren Leiter im Rahmen der Vorgaben der Kommission „in hoher Selbständigkeit und alleiniger Verantwortung den wissenschaftlichen Beratungsprozeß organisierieren" sollte (BT-Drs. 10/5844, S. 21). Das Arbeitsprogramm sollte von der Kommission in enger Absprache mit den Ausschüssen und dem Leiter der Wissenschaftlichen Einheit festgelegt werden. Außerdem waren Beiräte aus Abgeordneten der entsprechenden Ausschüsse und Vertretern betroffener und relevanter Gruppen (z.B. Verbände, Bürgerinititativen) vorgesehen, welche die „Bearbeitung von einzelnen Programmfeldern konzeptionell und beratend begleiten" sollten. Sie sollten dazu beitragen, die Erkenntnisse des Beratungsprozesses in die Ausschüsse zu transferieren und Transparenz parlamentsintern, aber vor allem auch gegenüber der Öffentlichkeit herzustellen (BT-Drs. 10/5844, S. 21f.; vgl. BT-Drs. 11/4606).

Die langjährige Diskussion über die Institutionalisierung einer ständigen Beratungskapazität für Technikfolgen-Abschätzung ist von der Erfahrung bestimmt, daß der Bundestag gegenüber dem Sachverstand der Ministerien, aber auch von Wirtschaft und Wissenschaft „ins Hintertreffen geraten" ist (BT-Drs. 10/5844).

Gegenüber einem engeren „technologiepolitischen" Kontrollanspruch wurde die Forderung nach einer eigenen TA-Beratungskapazität zunehmend mit der umfassenden Gestaltungsaufgabe des Bundestages begründet. Angesichts weitreichender ökologischer, ökonomischer und gesellschaftlicher Folgewirkungen neuer Technologien ist „die" Politik und in besonderer Weise das Parlament als höchstrangiges Verfassungsorgan herausgefordert, Verantwortung zu übernehmen (BT-Drs. 11/4806, S. 5f.). Dabei geht es nicht darum, die Entwicklung (allseitig) durch Regulierungen im Detail zu „steuern": Aufgabe des Parlaments ist es, im Dialog mit der Öffentlichkeit politisch Weichen zu stellen, die „Rahmenbedingungen des technisch-gesellschaftlichen Wandels langfristig mitzugestalten". Die vorgeschlagenen Einrichtungen und Verfahren zur Technologiefolgenabschätzung und -bewertung sollen die Kompetenz des Bundestages stärken, sich kompetent mit technikbezogenen Querschnitts-Themen zu befassen, ressortübergreifend und zukunftsorientiert Gestaltungskonzeptionen und -optionen zu entwickeln, die der Komplexität und den vielschichtigen Wirkungszusammenhängen so gut wie möglich gerecht werden (BT-Drs. 10/5844, S. 10). Sie ist somit ein im Vergleich zur herkömmlichen Politikberatung äußerst anspruchvolles Vorhaben. Ihrem Anspruch nach sollen sich deren Arbeiten deutlich von (technischen) Machbarkeits- und Risikostudien unterscheiden (BT-Drs. 10/5844, S. 10f.; Büllingen 1987: 39).

Voraussetzung dieses TA-Konzeptes ist, daß Technikentwicklung nicht als eigendynamischer Prozeß begriffen wird. Es gehe für das Parlament darum, politische Handlungsspielräume für die Gestaltung des technisch-gesellschaftlichen Wandels zu identifizieren und zu erweitern. Nicht nur um vorausschauende Technikkontrolle geht es dabei, sondern besonders auch um Anstöße wünschbarer Technikentwicklungen. Bei ihrem Institutionalisierungs-Vorschlag ließ sich die TA-Enquete-Kommission von der Einsicht leiten, daß ein umfassender, antizipierender und entscheidungsorientierter TA-Prozeß a) als intensiver Kommunikations- und Interaktionszusammenhang zwischen Politik, Wissenschaft (Kommission, Ausschüsse) und Öffentlichkeit angelegt sein muß und b) eine dauerhafte, von „Exekutive", Wirtschaft und organisierten Interessen möglichst unabhängige (wissenschaftliche) Beratungseinrichtung beim Bundestag erforderlich ist (BT-Drs. 10/5844, S. 16; Ulrich 1987: 24).

Selbstverständlich soll die TA-Einrichtung auf das vorhandene Netz von Forschungseinrichtungen zurückgreifen. Für die spezifischen Bedürfnisse des Parlaments müßten aber eigene wissenschaftliche Kapazitäten vorhanden sein, um „vorhandenes Wissen bündeln und aufbereiten sowie Untersuchungen der das Parlament interessierenden Probleme in die Wege leiten und aktiv ausgestalten" zu können (Thienen 1986: 356). Die Alternative zu einem Ausbau der eigenen Analysekapazität des Bundestages (bzw. der Fraktionen) ist, daß die Abgeordneten in zunehmendem Maße auf das selektive Informationsangebot von Ministerien, Wirtschaft und Verbänden angewiesen bleiben (Ulrich 1987: 22).

Im Unterschied zum klassisch-dezisionistischen Beratungsmodell einer (strikten) funktionalen Trennung von wissenschaftlicher Informationserstellung und politischer Auftragsvergabe und -bewertung wurde entsprechend dem „pragmatistischen" Modell davon ausgegangen, daß für TA-Prozesse politische Wert- und Zielsetzungen für die Erstellung von Informationen mit konstitutiv sind (Habermas 1970: 126f.). „Der Vorschlag der Kommission strebt gerade durch die Verdichtung der Kommunikation zwischen Beratern und Beratenen an, die Chancen dafür zu erhöhen, daß wissenschaftlichen Problemwahrnehmungen und -definitionen in der Beratung Geltung verschafft werden kann" (Thienen 1986: 356f.).

Die in der 11. Wahlperiode (1987) eingerichtete Enquete-Kommission Technikfolgen-Abschätzung und -bewertung sprach sich ebenfalls dafür aus, „zur Ergänzung und innovativen Weiterführung parlamentarischer Beratungsprozesse eine neue organisatorische Form von Technikfolgen-Abschätzung zu institutionalisieren" (BT-Drs.

11/4606: 17), konnte sich aber auf keinen Institutionalisierungs-Vorschlag einigen. Im Unterschied zur TA-Enquete der 10. Wahlperiode setzte sie sich mehrheitlich für ein ausschließlich aus Parlamentariern bestehendes Lenkungsgremium ein. Damit soll der Primat der Politik und die Anbindung an den parlamentarischen Willensbildungsprozeß gewährleistet und eine „institutionalisierte Vermischung der spezifischen Methodik, Zielsetzung und Verantwortlichkeit beider Bereiche" vermieden werden. Als „Überprivilegierung" ausdrücklich abgelehnt wurde der Vorschlag, dem Lenkungsgremium das Recht zu Beschlußempfehlungen an das Plenum zu selbstgewählten Themen einzuräumen (BT-Drs. 11/4606: 13).

Gegen die Stimmen der Opposition entschieden sich die Regierungsfraktionen CDU/CSU und FDP Ende 1989 für eine „kleine Lösung" (BT-Drs. 11/5489; PlPr 11/176/16.11.1989). Demnach übernimmt der bestehende Bundestagsausschuß für Forschung und Technologie die Initiierung und politische Steuerung von Technikfolgenanalysen im Rahmen der ihm als Ausschuß zustehenden Kompetenzen. Er wurde in „Ausschuß für Forschung, Technologie und Technikfolgen-Abschätzung" umbenannt (seit der 14. WP „Ausschuß für Bildung, Forschung und Technikfolgenabschätzung" = BFT). Gemäß dem neu in die GOBT aufgenommenen § 56a obliegt es ihm, „Technikfolgenanalysen zu veranlassen und für den Deutschen Bundestag aufzubereiten und auszuwerten. Er kann mit der wissenschaftlichen Durchführung von Technikfolgenanalysen Institutionen außerhalb des Deutschen Bundestages beauftragen," wovon häufig Gebrauch gemacht wird. Den Beratungsauftrag erhielt seither das mit TA-Analysen vertraute „Institut für Technikfolgenabschätzung und -Systemanalyse" (ITAS; bis 1995 Abteilung für Angewandte Systemanalyse) des Kernforschungszentrums Karlsruhe, zunächst für eine Probephase von 3 Jahren, 1993 und 1995 jeweils für weitere 5 Jahre (TAB-Brief Nr. 15, 1998). Das 1990 in Bonn eingerichtete „Büro für Technikfolgenabschätzung beim Deutschen Bundestag" (TAB) ist kein Gremium des Bundestages, sondern „eine besondere organisatorische Einheit" des ITAS, die keiner fachlichen Weisung des Forschungszentrums Karlsruhe unterliegt, bei der Durchführung seiner wissenschaftlichen Arbeit aber auch gegenüber dem Bundestag „autonom" ist. In ihm sind neben dem Leiter derzeit 8 Wissenschaftler verschiedener Disziplinen beschäftigt (Stand: 1999). Aufgrund einer positiven Einschätzung des Modellversuchs hatte der Bundestag am 4.

März 1993 einstimmig beschlossen, die Beratungskapazität in eine ständige Einrichtung zu überführen (PlPr 12/143). Der Bundestag – so die Begründung zum Antrag der Fraktionen – benötige eine geeignete Beratungskapazität, um seiner Verantwortung und Aufgabe als Gesetzgeber und Kontrollorgan gegenüber der Bundesregierung gerecht zu werden. Mit der Einrichtung einer TA-Beratungs- und Forschungskapazität habe der Bundestag seine Möglichkeiten erheblich verbessert, eigenständige Beiträge zur Diskussion über Bewertung und Gestaltung der politischen Rahmenbedingungen für technologierelevante Entwicklungen zu leisten (BT-Drs. 12/4193, S. 3, 11; TAB 1996).

Die Hauptziele politikberatender Technikfolgen-Abschätzung bestehen darin,

- „die Potentiale neuer wissenschaftlich-technischer Entwicklungen zu analysieren und die damit verbundenen gesellschaftlichen, wirtschaftlichen und ökologischen Chancen auszuloten,
- die rechtlichen, wirtschaftlichen und gesellschaftlichen Rahmenbedingungen der Realisierung und Umsetzung wissenschaftlich-technischer Entwicklungen zu untersuchen,
- die potentiellen Auswirkungen der zukünftigen Nutzung neuer wissenschaftlich-technischer Entwicklungen vorausschauend und umfassend zu analysieren und Möglichkeiten für eine strategische Nutzung der Chancen des Technikeinsatzes und die Vermeidung oder Abmilderung seiner Risiken aufzuzeigen und auf dieser Grundlage
- alternative Handlungs- und Gestaltungsoptionen für politische Entscheidungsträger zu entwickeln."

Das Konzept geht somit deutlich über die „Frühwarnung" von technikbedingten Risiken hinaus. Ausgehend von einem „konstruktiven Verständnis von Technikfolgen-Abschätzung", das zur wachsenden Akzeptanz der Technikfolgenanalyse im Bundestag beigetragen haben soll (Paschen 1998: 608), geht es „um das vorausschauende Abwägen von Chancen und Risiken und um die Gestaltung neuer technischer Entwicklungen und ihrer Rahmenbedingungen" (TAB 1996: 6f.).
Aufgaben des TAB sind

- die Konzeption und Durchführung von Projekten der Technikfolgen-Abschätzung im Auftrage des „Ausschusses für Bildung, Forschung und Technikfolgenabschätzung"

- die Beobachtung und Analyse wichtiger wissenschaftlich-technischer Trends und damit zusammenhängender Entwicklungen sowie die Auswertung wichtiger TA-Projekte im In- und Ausland (Arbeitsbereich Monitoring)
- die Teilnahme an und die Förderung der Diskussion über konzeptionelle Fragen der Technikfolgenabschätzung (Arbeitsbereich Konzepte und Methoden) und jeweils die parlamentsorientierte Aufbereitung und Vermittlung der Untersuchungsergebnisse (TAB 1996: 8f.).

Bis Anfang 1999 hat das TAB 14 TA-Projekte durchgeführt, überwiegend zu umweltpolitisch bedeutsamen Themen wie „Hausmüllentsorgung und Müllvermeidung", „Grundwasserschutz und Wasserversorgung", „Umwelttechnik und wirtschaftliche Entwicklung", „Umweltschutzziele und Normung" und „Verlagerung von Straßenverkehr auf umweltfreundliche Verkehrsträger". Einen zweiten Schwerpunkt bildete (mit 3 TA-Projekten) die Gentechnik (Meyer 1997: 349). Hinzu kommen Monitoring-Aktivitäten zu 9 Themen sowie eine Studie „Forum für Wissenschaft und Technik". Durch das TAB erhalten die Ausschüsse die Möglichkeit, sich unabhängig von Interessengruppen, Parteien und Ministerialverwaltung über TA-Angelegenheiten beraten zu lassen. Seine Aufgabe ist die „ausgewogene" Präsentation und Vermittlung der Ergebnisse von Technikfolgen-Abschätzung. „Die Vielfalt wissenschaftlicher und oftmals widersprüchlicher Konzepte und Resultate und die Pluralität widerstreitender gesellschaftlicher Gruppierungen sollen ausgewogen dargestellt, aber keine Prioritäten gesetzt und keine dezidierten Empfehlungen gegeben werden" (Bulmahn 1998, Vorsitzende des BFT-Ausschusses; vgl. Paschen 1998: 608). Vielmehr sollen unterschiedliche Bewertungen offengelegt und alternative Handlungsoptionen entwickelt und in einer für die parlamentarische Arbeit angemessenen Weise präsentiert werden. Bei der Durchführung der TA-Projekte greift das TAB durch Vergabe von oft zahlreichen Unteraufträgen in erheblichem Umfang auf externen Sachverstand zurück, wobei auch die Möglichkeit von Parallel- und Kommentargutachten genutzt wird (Meyer 1997: 355ff.).

Anträge zur Durchführung eines TA-Prozesses können von einer Fraktion im BFT-Ausschuß oder in anderen Fachausschüsses des Bundestages gestellt werden. Über diese Anträge entscheidet mehrheitlich der BFT-Ausschuß nach Anhörung des Leiters des TAB; ein

Minderheitenrecht war nicht durchsetzbar. Auch ist er für die Abnahme der TA-Projekte und die Freigabe der TAB-Berichte zuständig, die in der Regel als Bundestags-Drucksachen mit einer ergänzenden Stellungnahme des BFT-Ausschusses veröffentlicht werden. Bei den Antragstellern dominierte der BFT-Ausschuß, gefolgt vom Umweltausschuß. Die TA-Projekte wurden bisher „immer als Arbeitspakete beschlossen, was den Ausgleich unterschiedlicher parlamentarischer Interessen und die Berücksichtigung divergierender politischer Prioritäten ermöglicht. Ausnahmen bilden die Projekte „Neue Werkstoffe" und „Multimedia", die durch Monitoring-Aktivitäten des TAB angeregt wurden" (Meyer 1997: 351). Im Vordergrund standen bisher Fragestellungen, die auf politische Entscheidungshilfen abzielten (Bulmahn 1998: 30).

Der federführend zuständige BFT-Ausschuß setzt eine (derzeit fünfköpfige) ständige Berichterstattergruppe ein, in der jede Fraktion mit einem Ausschußmitglied vertreten ist. Sie ist für alle die Technikfolgenabschätzung betreffenden Aufgabenstellungen des Ausschusses und für die Kommunikation mit dem TAB zuständig. Zu mehreren TA-Projekten wurden daneben weitere spezifische Berichterstattergruppen auch aus interessierten Mitgliedern anderer betroffener Ausschüsse gebildet. Mit den Berichterstattergruppen finden im Verlauf der TA-Projekte wiederholt Diskussionen und Rückkoppelungen statt.

Eine unmittelbare parlamentarische Wirksamkeit der TA-Berichte ist nur vereinzelt nachweisbar, doch wird insgesamt ein zunehmender Einfluß von TA-Berichten auf die parlamentarischen Beschlußfassungen konstatiert (Bulmahn 1998: 30; Meyer 1997: 360). So wird gerne auf die Studie zum Raumtransportsystem SÄNGER verwiesen, wobei sich der Bundestag in einem Beschluß mit großer Mehrheit einer Entscheidungsoption der TAB-Studie anschloß (1993), sowie auf einen Zwischenbericht zum „Multimedia"-Projekt, der zur Einsetzung der Enquete-Kommission „Zukunft der Medien in Wirtschaft und Gesellschaft" führte. Allerdings haben bei den meisten TA-Projekten des TAB die beteiligten Ausschüsse lediglich „Kenntnisnahme" beschlossen, „und damit den parlamentarischen Beratungsprozeß offiziell beendet" (Paschen 1998: 611). Nur in Einzelfällen wird in Plenar- und Ausschußberatungen auf TAB-Untersuchungen ausdrücklich Bezug genommen oder ist deren Wirkung bei der Formulierung parlamentarischer Anfragen oder bei anderen parlamentarischen Aktivitäten erkennbar – doch liegt noch keine systematische Evaluation der TA-

Prozesse vor (Meyer 1997: 360). Restriktiv wirkt sich aus, daß nur wenige Parlamentarier (als Berichterstatter) mit TA-Prozessen befaßt sind, die sich zudem über einen langen Zeitraum erstrecken, daß in der Regel mit Querschnittsthemen befaßte TA-Projekte „mit der Überweisung an einen federführenden Ausschuß tendenziell wieder in Einzelaspekte zerlegt werden" und daß bei Regierungs- und Oppositionsfraktionen bereits vollzogene Positionen zu einer selektiven Wahrnehmung von TA-Ergebnissen führen (Meyer 1997: 361; vgl. Petermann 1984: 87f.). Diese Restriktionen erschweren die parlamentarische Nutzung wie auch die öffentliche Wahrnehmung.

Zwar gilt die Arbeit des TAB als nützlich und hat Anerkennung bei allen Fraktionen gefunden (Meyer 1997: 363). Jedoch erschwert die Anlage als Verfahren externer Politikberatung Lernprozesse zwischen Parlamentariern und Wissenschaftlern verschiedener Disziplinen, wie sie in Enquete-Kommissionen begünstigt werden. Sie ist auch kaum geeignet und organisatorisch darauf angelegt, einen „Dialog mit der Öffentlichkeit" in Gang zu setzen. „Bislang gelang es nur, den Meinungsaustausch unter wissenschaftlichen und wenigen politischen Experten zu organisieren" (Bulmahn 1998: 30). Hatte das Konzept aus der 10. Wahlperiode immerhin Beiräte aus Abgeordneten und Vertretern relevanter und betroffener gesellschaftlicher Gruppen (z.B. Verbände, Bürgerinitiativen) vorgesehen, um das „partizipative Moment" zu stärken und „Offenheit gegenüber außerparlamentarischen Problem- und Fragestellungen" zu gewährleisten, ist das derzeitige TA-Verfahren zu wenig diskursiv angelegt (instrumentelles Modell) (Paschen 1998: 604.). Im Unterschied zum Institutionalisierungs-Vorschlag von 1985 wurde zu wenig beachtet, daß der Erfolg parlamentarischer TA-Prozesse nicht nur an der direkten Umsetzung durch die politischen Institutionen zu messen ist, sondern daß es auch auf die indirekt und mittelfristig wirksamen (wechselseitigen) Lernprozesse ankommt, die im Dialog von Politikern und kritischer Öffentlichkeit (Massenmedien, Verbände, Bürgerinitiativen, Fachöffentlichkeiten) in Gang gesetzt werden. Dabei ist die Intensität der Rückkoppelung zu jenen Kreisen einer aktiven Öffentlichkeit besonders bedeutsam, die nicht primär Partikularinteressen vertreten, sondern vor allem gemeinwohlorientiert wirken (Dierkes 1986: 144ff.; Petermann 1994).

Entsprechend sollten Reformüberlegungen auch die Erfahrungen der dänischen und niederländischen TA-Institutionen berücksichtigen, die „Technikfolgenabschätzung als einen allgemeineren und ‚offenen' Prozeß" auffassen, in den die Öffentlichkeit einzubeziehen ist und der zum Ziel hat, die öffentliche Diskussion über Fragen des technischen Wandels zu fördern und gesellschaftlichen Konsens in diesen Fragen zu erreichen (diskursives Modell) (Paschen 1998: 604f.; vgl. Vig/ Paschen 1998).

8 Rückblick und Ausblick

Abschließend sollen noch einmal wichtige Strukturmerkmale parlamentarischer Willensbildung zusammengefaßt werden. Zudem gilt es, Kriterien und Ziele bisheriger und intendierter Parlamentsreformen im Zusammenhang zu erörtern.

8.1 Strukturen parlamentarischer Willensbildung

Die tatsächliche Stellung des Bundestages im Prozeß politischer Willensbildung ist vor allem bestimmt:

- durch die Expansion der Staatstätigkeit und damit der Bürokratie,
- die Konkurrenzbedingungen im Parteien- und Verbändestaat,
- die auch stark parteipolitisch geprägte Mitwirkung der Länder an der Gesetzgebung des Bundes
- und den Wandel der Politikvermittlung in der Mediengesellschaft.

In der Realität ist der Bundestag ein fachlich und nach Partei- und Gruppeninteressen ausdifferenziertes und hierarchisch strukturiertes Arbeits- und Fraktionenparlament mit äußerst vielschichtigen formellen und informellen Kooperations- und Kommunikationsbeziehungen.

8.1.1 Arbeitsteilung und Koordination

Um der Vielfalt und Komplexität der Gesetzgebungs- und Kontrollaufgaben unter Bedingungen des demokratischen Rechts- und Sozialstaates gerecht zu werden, haben Bundestag und Fraktionen strikt arbeitsteilige Strukturen ausgebildet, wobei die Kompetenzverteilung der Fachausschüsse und der korrespondierenden Arbeitsgruppen der Fraktionen weitgehend der Ressortgliederung der Bundesregierung entspricht. Innerhalb der Ausschüsse und Arbeitsgruppen bzw. -kreise ist die fachliche Spezialisierung weit vorangeschritten. In ihrer Arbeitsgruppe oder im Arbeitskreis übernehmen die Abgeordneten meist für längere Zeit ein oder mehrere Sachgebiete, für die sie dann im entsprechenden Fachausschuß und in der Fraktion zuständig sind. Die meisten Abgeordneten fungieren somit in ihrer Fraktion als „Spezialisten" wobei die Anerkennung als „Experte" von Kompetenz, kontinuierlichem Engagement und der internen und öffentlichen Aufmerksamkeit für das jeweilige Fachgebiet abhängt. Hinzu kommt eine teilweise Verlagerung der spezialisierten Arbeit in kontinuierlich oder adhoc eingesetzte Sub-Gremien der Ausschüsse und Arbeitsgruppen bzw. -kreise. Die Auswirkungen dieser grundsätzlich (wenn auch nicht in all ihren konkreten Ausformungen) unverzichtbaren Arbeitsteilung sind ambivalent. Arbeitsteilige Strukturen dieser Art sind die Voraussetzung dafür, daß jedenfalls die fachlich „zuständigen" Abgeordneten jene Sachkenntnisse erwerben können, die erforderlich sind, um Regierungsvorlagen, die Begründungen der Ministerialbürokratie und Vorstöße von Interessengruppen kritisch zu prüfen und wirksam zu kontrollieren. Sie dienen der Entlastung des jeweils übergeordneten Gremiums und ermöglichen in günstigen Fällen eine stärkere Konzentration auf politisch wichtige Schwerpunkte. Andererseits hat diese Entwicklung auch negative Folgen: Die enge Kooperation von Fachleuten der Fraktion(en) bzw. der Koalition mit Beamten im direkten Kontakt und in kleinen Gruppen führt nicht selten dazu, daß sich die Ministerialperspektive oder jedenfalls eine fachlich oder interessenspezifisch verengte Sichtweise durchsetzt und zudem die Transparenz des Entscheidungsprozesses leidet. Auf Details und Interessen des eigenen Arbeitsbereichs fixiert, kann leicht der Blick für Alternativen und Zusammenhänge verlorengehen. Eine „Atomisierung" der Willensbildung wird vor allem dann gefördert, wenn unter permanentem Zeitdruck und mangelnder politischer Aufmerksamkeit für die anstehende Thematik entsprechende Informationsgespräche und Diskussionen über den Kreis der „zuständigen" Spezialisten hinaus weder in den Fraktionsgremien noch im Ausschuß geführt werden.

Bei ihren Bemühungen, über zahlreiche formelle und informelle Gremien auf Parlaments-, Fraktions- und Koalitionsebene und in Kooperation mit Partei-, Bundesrats- und Ländergremien die vielfältig nebeneinander her laufenden Tätigkeiten zu koordinieren, sind die Fraktionen nur teilweise erfolgreich. Zum Teil erhebliche Mängel zeigen sich, wenn es darum geht, längerfristig konzeptionell zu arbeiten und die Einzelaktivitäten entsprechend abzustimmen. Neben Schwierigkeiten der Folgenabschätzung und praktischen Kooperationsproblemen unter Zeitdruck werden solche Bemühungen oft auch durch ein taktisch-strategisches Verhalten konterkariert, das sich vornehmlich am tagespolitischen Bedarf orientiert und primär auf Machterhalt und Stimmenmaximierung abzielt.

8.1.2 Abgeordnete im Fraktionenparlament

Der Ausbau arbeitsteilig organisierter Fraktionen ging einher mit der schrittweisen Erweiterung ihrer Kompetenzen gegenüber den einzelnen Abgeordneten, denen nach der GOBT nur wenige Rechte geblieben sind, die zudem durch die Fraktionsgeschäftsordnungen und in der parlamentarischen Praxis weiter eingeschränkt werden (Kap. 2). Bedingt ist diese Entwicklung nicht nur durch die wachsende Aufgabenfülle, sondern auch durch die Wirkungsbedingungen im parlamentarisch-demokratischen Parteienkonkurrenzsystem, in dem eine erfolgreiche Bundestagskandidatur an den Parteien vorbei faktisch so gut wie ausgeschlossen ist. Infolgedessen hat sich in der Praxis der Anspruch eines möglichst „geschlossenen" Auftretens der Fraktionen „nach außen" weitgehend durchgesetzt. Inwieweit dieser Anspruch und die dargestellte Praxis demokratietheoretisch begründet und durch die Verfassung gedeckt sind (Art. 21, 38 und 20 GG), ist allerdings umstritten.

In der Tat können die Wähler erwarten, daß die Abgeordneten die von ihrer Partei bekundeten (grundlegenden) Zielvorstellungen auch in der parlamentarischen Praxis jedenfalls insoweit mittragen, als sie nicht bereits vor der Wahl öffentlich andere Positionen bezogen haben. Grundlegende Positionswechsel von Abgeordneten, Parteigliederungen und erst recht der Gesamtpartei (bzw. der Fraktion) bedürfen jedenfalls intensiver Diskurse mit der Partei- und Wählerbasis. Allerdings zeigt sich in der Praxis, daß die Festlegungen der Parteien in Wahlprogrammen und Erklärungen führender Politiker vor der Wahl meist sehr allgemein gehalten sind und bereits in den Koalitionsverhandlungen modifiziert, ggf. konkretisiert und auch grundlegend verändert werden (Kap. 5). Das auf dieser Grundlage meist auch noch recht allgemein formulierte Regierungsprogramm wird im Verlauf der Wahlperiode in einer Vielzahl von Sitzungen und Aktivitäten von Regierungs-, Koalitions- und Fraktionsgremien (unter einflußreicher Vor- und Mitarbeit von Ministerialbeamten und auch Fraktionsmitarbeitern) konkretisiert und fortentwickelt. Bei einer allerdings starken Verflechtung mit Parteifunktionen kommen der Regierung und den Fraktionen (besonders bei der Opposition) gegenüber den Beschlußorganen und dem „Apparat" der Partei eine oft dominierende Rolle bei der Politikformulierung und -durchsetzung zu. Dies gilt nicht nur für die gesetzgeberische Tätigkeit und die Umsetzung von Programmen. Auch die als Leitanträge vorgelegten programmatischen und konzeptionellen Parteitagsentwürfe werden zu einem beachtlichen Teil in den Ministerien und in den Arbeitskreisen der Fraktionen formuliert, die mit Mitarbeitern erheblich besser ausgestattet sind, als die Parteizentralen. Ob auf diesem Wege die vielfältigen politischen Positionen und Interessen der Bürger(gruppen) angemessen artikuliert und berücksichtigt werden, wurde – jedenfalls phasenweise begründet – immer wieder angezweifelt. Angesichts dieser Entwicklung soll nach den Vorstellungen vieler Abgeordneter vor allem gegenüber Regierung und Fraktion(sführungen) die Schutzfunktion des Art. 38 Abs. 1 GG zur Geltung gebracht werden. Dabei kann es freilich nicht in erster Linie um die Einlösung individueller Selbstverwirklichungsansprüche von Abgeordneten gehen, sondern um die Stärkung kommunikativer Rückbindung und demokratischer Verantwortlichkeit politischen Handelns (Abschn. 2.1). Praxis und Anspruch der „Geschlossenheit" werden auch damit gerechtfertigt, daß die Abgeordneten gleichberechtigt an der fraktionsinternen Willensbildung beteiligt seien. Die genauere Untersuchung des Willensbildungsprozesses zeigt jedoch, daß die Mitwirkungschancen in den hierarchisch strukturierten Fraktionen bis hin zur Fraktionsversammlung nach wie vor sehr unterschiedlich sind. Entspricht die grundsätzliche Anerkennung der Fraktionssolidarität durchaus dem Selbstverständnis der meisten Abgeordneten, wird doch von vielen Kritik an einem oft zu großen Anpassungsdruck und (mitunter) problematischen Methoden des Fraktionsmanagements zur Sicherung fraktionsinterner Geschlossenheit geübt.

Will ein Abgeordneter initiativ werden, muß er sich zunächst um Unterstützung in der eigenen Fraktion bemühen, wobei er sich auf die komplexen Willensbildungsstrukturen und mehrstufigen Arbeits- und Informationswege einzustellen hat. Wer in der Fraktion aufsteigen will, tut gut daran, die eingespielten Rituale von der Arbeit in der

„Kleingruppe" bis hin zur Fraktionsversammlung und zum Plenum zu beachten. Die Mitwirkungs- und Einflußmöglichkeiten eines Abgeordneten hängen u.a. von seinem Status innerhalb der Fraktionshierarchie, seinem Rückhalt in Fraktions-, Partei- und Interessengruppierungen und nicht zuletzt davon ab, ob er für ein bestimmtes Thema zuständig und als Experte anerkannt ist. Nur wer auf seinem Arbeitsgebiet und durch solidarisches Handeln in der Arbeitsgruppe bzw. im Arbeitskreis oder auch in einer Landesgruppe oder Interessengruppierung der Fraktion Anerkennung erworben hat und bereit ist, deren Vorhaben in der Regel mitzutragen, kann seinerseits mit Unterstützung rechnen. Die Erwartungshaltung der Kollegen in der „Kleingruppe" hat dabei ihre eigene Qualität und kann sich vom „Gruppendruck zur Anpassung" in der Gesamtfraktion" unterscheiden. Vor allem neue und (zunächst) „abweichende" Positionen haben in aller Regel nur dann eine Chance, im Vorstand und in der Fraktionsversammlung Gehör zu finden, wenn sie von einer Abgeordneten-Gruppierung der Fraktion vertreten werden (Abschn. 2.1).

Entgegen dem Anspruch gleicher Mitwirkungschancen in der Fraktion wird insbesondere in Regierungsfraktionen „Geschlossenheit" des öfteren durch einen zwischen Regierung(smitgliedern) und Fraktionsführung (und ggf. auch der Parteispitze) abgestimmten appellativen Druck hergestellt. Zudem werden die regulären Arbeits- und Koordinationsmechanismen nicht selten durch Weichenstellungen der Großen Koalitionsrunde außer Kraft gesetzt. Der oft eindringliche Appell, dort (häufig erst kurz zuvor) zustandegekommene Kompromißlösungen nicht mehr in Frage zu stellen, um die eigene Führungsspitze nicht bloßzustellen, findet in den meisten Fällen Gehör. Allerdings wird immer wieder darüber Unmut zum Ausdruck gebracht, daß die Fraktionsführung die Abgeordneten zur Geschlossenheit und zum Verzicht auf abweichende Äußerungen in der Öffentlichkeit mahnt, während sich Spitzenpolitiker der Koalition mit kontroversen Stellungnahmen profilieren.

Da interne Voten und Stellungnahmen bekannt würden, solle – so die oft und nachdrücklich geäußerte Erwartung der Fraktions- und Regierungsspitze – nicht nur im Plenum, sondern bereits in der Fraktionssitzung möglichst geschlossen abgestimmt und bei fraktions- oder koalitionsintern nach wie vor umstrittenen Vorlagen in einer entscheidungsreifen Phase auf kontroverse Diskussionen am besten verzichtet werden. Durch diesen Druck zur internen Geschlossenheit auch im Argumentationsverhalten können erhebliche Kommunikations- und Beteiligungsdefizite entstehen, da nur die Fraktionssitzungen allen Abgeordneten die Gelegenheit bieten können, sich über ihre Spezialaufgaben hinaus über Richtung und Kontext der Regierungs- und Fraktionspolitik aus erster Hand zu informieren und auf diese im Diskurs einzuwirken.

8.1.3 Gestaltungs- und Kontrollchancen von Oppositions- und Regierungsfraktionen

Bei vielen strukturellen Gemeinsamkeiten der Fraktionen hängen die Informations- und Einflußchancen der Abgeordneten und damit auch ihr „Selbstverständnis" doch wesentlich davon ab, ob sie einer (großen oder kleinen) Regierungs- oder Oppositionsfraktion angehören. Regierungs- und Oppositionsfraktionen wirken bei der Gesetzgebung, Initiative und Kontrolle unterschiedlich mit, wie im einzelnen gezeigt werden konnte. Dabei wird öffentlich-kritische Kontrolle der Regierung(smehrheit) und auch der Ministerialbürokratie vornehmlich durch die Opposition(sfraktionen) ausgeübt, während die über die Entscheidungsmöglichkeit verfügende Parlamentsmehrheit vor allem auf vornehmlich internen und informellen Wegen kontrolliert und dabei mit weitaus größeren Erfolgsaussichten als die Opposition auch auf die Entwicklung von Gesetzentwürfen und Programmen der Regierung/Verwaltung und auf deren eigentlich „vollziehende" Tätigkeit einzuwirken vermag.

Kontrollinitiativen

Die formellen Kontrollinstrumente werden ganz überwiegend von den Oppositionsfraktionen genutzt, wobei seit der Präsenz zweier auch untereinander konkurrierender Oppositionsfraktionen in der 10. Wahlperiode (1983) die Anzahl der Kontrollinitiativen erheblich angestiegen ist und diese auch vielfältiger eingesetzt werden. So haben die Oppositionsfraktionen in den drei letzten Wahlperioden (1987-98) 87% der Großen Anfragen und 98% der Kleinen Anfragen eingereicht sowie vier von fünf Aktuellen Stunden verlangt; auch von den selbständigen Anträgen kommen etwa 80% von den Oppositionsfraktionen.

Die Kontrollinitiativen erfüllen meist mehrere Funktionen, allerdings mit unterschiedlicher Gewichtung. Sie dienen dazu Regierung und Verwaltung zu veranlassen, Sachinformationen zu unterbreiten, Defizite, Absichten und Prioritäten der Regierungspolitik offenzulegen, Regierungs- und Verwaltungshandeln im Detail konzeptionell zu überprüfen und (öffentlich) der Kritik auszusetzen und, nicht zuletzt, alternative Positionen zu präsentieren und zu begründen. Entscheidendes Kriterium ihrer Wirksamkeit ist die öffentliche Resonanz. Dies gilt auch für Gesetzentwürfe der Opposition, die nur selten angenommen werden, allerdings indirekte Wirkung entfalten können. Sie dienen fast ausschließlich als Mittel öffentlich-kritischer Alternativenbildung und werden ähnlich eingesetzt wie Sachanträge in Form von selbständigen Anträgen oder Entschließungsanträgen.

Von den Koalitionsfraktionen werden Kontrollmittel und Gesetzentwürfe mit dieser Intention kaum genutzt. Dies gilt selbst für die Fragestunden und Regierungsbefragungen. Überdies werden sie von den Mehrheitsfraktionen fast immer gemeinsam eingesetzt und dienen insofern kaum der Profilierung gegenüber dem Koalitionspartner. Können sich die Koalitionspartner auf eine Kontrollinitiative oder die Vorlage eines Gesetzentwurfes nicht einigen, wird eben darauf verzichtet. Unterschiedliche Akzentuierungen kommen allerdings gelegentlich in Plenardebatten und (öffentlichen) Ausschußverhandlungen zum Ausdruck (Untersuchungs- und Petitionsausschuß, Hearings). In der Regel geht es den Koalitionsfraktionen darum, der Regierung(sseite) Gelegenheit zu geben, ihre Politik in günstigem Lichte zu präsentieren und für Konzepte und Maßnahmen zu werben, oppositionellen Initiativen zuvorzukommen und Fehlentwicklungen und Schwächen der Oppositionsparteien sowie der von ihnen getragenen Landesregierungen zu kritisieren.

Als bedenkliche Kontrollrestriktion wird beklagt, daß Vorlagen und Anfragen bis hin zu Zusatzfragen in der Fragestunde und der Regierungsbefragung zwischen den Spezialisten bzw. Arbeitsgruppen der Regierungsfraktionen und den „zuständigen" Ministerialbeamten oft bis ins Detail abgesprochen werden. Wenn, von der jeweiligen Opposition kritisiert, allzu häufig ausweichende und auch herablassende Antworten auf sachlich berechtigte Fragen gegeben werden können, hat dies auch damit zu tun, daß Abgeordnete der Koalition es oft zu sehr an kritischer Distanz gegenüber „ihrem" Ministerium fehlen lassen und allzu selten gegenüber ihren Kollegen von der Opposition Solidarität in Verfahrens- und Stilfragen üben (Abschn. 7.5-7.9).

Bei den öffentlichen, nach „außen" gerichteten parlamentarischen Aktivitäten der Koalitionsabgeordneten dominiert „Blockdenken", wird Geschlossenheit zwischen Regierungsfraktionen und „Exekutive" wie auch zwischen den Koalitionspartnern in einem Maße demonstriert, das der Dynamik der oft konfliktreichen Prozesse des Aushandelns und der Interessendurchsetzung nicht entspricht, die ja nicht nur „intern" in Fraktions- und Koalitions- und Parteigremien, sondern – vor allem zwischen Spitzenpolitikern der Koalition – häufig auch über die Massenmedien ausgetragen werden. Auch eine öffentliche Kritik an Handlungen der Ministerialbürokratie durch Abgeordnete der Regierungsfraktionen – so über den Rechnungsprüfungs- und Petitionsausschuß sowie in Untersuchungsausschüssen – ist eher die Ausnahme; stärker betroffen sind allerdings Vollzugsverwaltungen.

Interaktionen und Willensbildungskonstellationen im „Regierungslager"

Ein enges Zusammenwirken und wechselseitige Beeinflussung von Regierungsfraktionen und Regierung liegen gewiß in der Konsequenz des parlamentarischen Regierungssystems, das auch von den Abgeordneten als Faktum weitgehend anerkannt wird – bei normativ nach wie vor unterschiedlichen Parlamentarismus-Vorstellungen. Die Vielfalt und Eigenart dieser – vornehmlich internen und oft auch informellen Wege wechselseitiger Überprüfung, Einwirkung und Mitentscheidung im direkten Kontakt von Funktionsträgern der Fraktionen und der Ministerien aufzuzeigen, war ein Anliegen dieser Arbeit. Sie reichen von unterschiedlich erfolgreichen Versuchen der Berichterstatter und der Arbeitsgruppen- oder Arbeitskreisvorsitzenden gegenüber der politischen Führung des Ministeriums oder den zuständigen Ministerialbeamten (Detail-)Änderungen eines Referenten(vor)entwurfs durchzusetzen oder Initiativen zu entwickeln über Einflußnahmen von Interessengruppierungen der Fraktion und Partei bis hin zur laufenden Mitwirkung der Fraktions- und Parteispitze in der Großen Koalitionsrunde, dem (jedenfalls phasenweise) wichtigsten politischen Steuerungsorgan der Koalition. Andererseits wirken nicht nur die Regierungsmitglieder höchst einflußreich in den Fraktions- und Parlamentsgremien mit, sondern auch zahlreiche Ministerialbeamte.

Faktische Einschränkungen koalitionsinterner Mitgestaltung und Kontrolle ergeben sich aufgrund segmentierter Arbeitsstrukturen und vor allem eines hierarchischen Informations- und Einflußgefälles, das seinen deutlichsten Ausdruck in Abschottungsversuchen und ad-hoc getroffenen und gegenüber Fraktion und Kabinett durchgesetzten Kompromissen und Weichenstellungen großer Koalitionsrunden findet.

Generell läßt sich sagen, daß die Einflußnahme der Mehrheitsfraktionen auf Vorhaben der Regierung um so erfolgversprechender ist, je früher sie einsetzt. Ist ein Gesetzentwurf erst einmal eingebracht, sind über die von der Regierung selbst (z.B. in der Äußerung zur Stellungnahme des Bundesrates) zugestandenen Anpassungen und ggf. „nachgeschobene" Voten der „Koalitionsrunde" hinaus grundlegende Änderungen durch die Mehrheitsfraktionen selten. Denn dies würde nach dem Selbstverständnis der Fraktionen bedeuten, die eigene Regierung und darüber hinaus an den großen Koalitionsgesprächen beteiligte Mitglieder der Fraktionsspitze zu desavouieren. Anpassungsänderungen werden häufig durch Ministerialbeamte in die Wege geleitet, die den Entwurf abgefaßt haben und nun an den Beratungen der zuständigen Ausschüsse und Arbeitskreise und ggf. auch an Berichterstattergesprächen und „kleinen" Koalitionsgesprächen (intensiv) beteiligt waren.

Hat die Regierung (Verwaltung) den Entwurf – unter Zeitdruck – nicht gründlich genug beraten, sind neue Fakten zu berücksichtigen oder sind – ggf. unter dem Einfluß von Interessengruppen oder der Medienkritik nach der Einbringung eines Gesetzentwurfs – erneut Konflikte zwischen Fraktionsflügeln und Koalitionspartnern aufgebrochen, können im Regierungslager neue Prozesse des Aushandelns einsetzen. Die – gerade bei wichtigen Reformvorhaben – offenbar zunehmende Praxis, ad hoc in „großen" Koalitionsrunden oder gar Spitzengesprächen der Parteivorsitzenden an den zuständigen Fraktionsgremien vorbei folgenreiche Änderungen zu vereinbaren und die Koalitionsfraktionen in den beteiligten Ausschüssen faktisch weitgehend festzulegen, hat auch bei Abgeordneten der Regierungsparteien mitunter erheblichen Unmut erzeugt, bislang freilich ohne nachhaltige Auswirkungen.

Mitregierung der Opposition?

Die Oppositionsfraktionen haben nicht nur bei eigenen Initiativen kaum Chancen, von den Regierungsfraktionen unterstützt zu werden. Auch bei der Beratung von Gesetzentwürfen und anderen Vorlagen der Regierung(smehrheit) in den Ausschüssen kann von einer parlamentarischen Mitregierung der Oppositionsfraktionen kaum die Rede sein. Während bei den Oppositionsfraktionen ein differenziertes Abstimmungsverhalten zu beobachten ist, stimmen die Koalitionsfraktionen selbst bei relativ unbedeutenden Details in den Ausschüssen fast durchweg geschlossen ab, entsprechend ihren fraktions- und koalitionsinternen Absprachen. Der lange Zeit hohe, seit der Präsenz zweier Oppositionsfraktionen aber stark zurückgegangene Anteil einstimmig oder mit breiter Mehrheit beschlossener Gesetze ist daher kaum auf eine entsprechende Berücksichtigung oppositioneller Vorstellungen in den Ausschußberatungen zurückzuführen. Sind Leistungsverbesserungen auch für die eigene Klientel vorgesehen oder wird ein Vorhaben als „Schritt in die richtige Richtung“ gesehen, stimmt die Opposition häufig auch von ihr (partiell) kritisierten Regierungsentwürfen zu.

Die Einflußmöglichkeiten der Bonner Oppositionsparteien verbessern sich allerdings entscheidend, wenn sie auf „ihre“ Mehrheit im Bundesrat setzen und bereits bei der Entwicklung zustimmungsbedürftiger Gesetze Einwände geltend machen und die Grenze ihrer Kompromißbereitschaft signalisieren können. Ist der Regierung an der Realisierung eines Vorhabens unbedingt gelegen, wird sie sich schon bei der Entwicklung eines Gesetzes veranlaßt sehen, (mögliche) Einwände und Optionen der Opposition zu berücksichtigen. Änderungen an Gesetzentwürfen aufgrund „oppositioneller“ Anträge im Ausschuß scheinen hingegen auch unter diesen Voraussetzungen eher bescheiden zu sein. Wenn entsprechende Aushandlungs- und Anpassungsprozesse – wie häufig – intern und wenig transparent und diskursiv ablaufen, wird das kritische Potential des Parteienwettbewerbs geschwächt. Die Zurechenbarkeit von Verantwortlichkeit wird erschwert, eine längerfristig angelegte, konzeptionelle Politik auf diesem Wege aber noch keineswegs begünstigt

8.1.4 Bürokratisierung parlamentarischer Willensbildung?

Die dargestellten Beschränkungen der Informations- und Inspektionsrechte der Minderheiten (Fraktionen und Abgeordnete) und die noch immer nicht zufriedenstellende eigenständige Analyse- und Beratungskapazität von Ausschüssen und einzelnen Abgeordneten führen zu einer Verlagerung der Gestaltungskompetenz a) auf die Regierungsmitglieder und die Spitzen der Fraktion (und ggf. Partei) – verstärken also die Hierarchisierung und b) auf die Ministerialbürokratie, die sich zunehmend wissenschaftlicher Politikberatung bedient.

Wie durchgängig gezeigt werden konnte, prägt die mit der Ausweitung und Verdichtung der Staatstätigkeit einhergehende Expansion einer zunehmend spezialisierten Ministerialbürokratie die Arbeits- und Wirkungsweise des Bundestages in hohem Maße. Die Ministerialbürokratie nimmt nicht nur vollziehende Aufgaben wahr, sondern ist erheblich an der Politikformulierung beteiligt. Wirksam wird sie besonders bei der Entwicklung von Gesetzen und Verordnungen, wobei sie über einen beachtlichen Selektions- und Gestaltungsspielraum vor allem in jenen Bereichen verfügt, die sich erhöhter politischer Aufmerksamkeit bei Politikern und Öffentlichkeit entziehen.

In der Hand der Ministerialbeamten liegt zudem die Darstellung von Regierungserfolgen und -positionen in den zahlreichen Berichten und Antworten auf Anfragen, durch die künftige „staatsleitende" Entscheidungen mitbestimmt werden. Schließlich sind sie regelmäßig auch in Bundestagsausschüssen und Enquete-Kommissionen sowie in Arbeitsgruppen und -kreisen der (Mehrheits-)Fraktionen und in Koalitionsgremien durch beratende Mitwirkung und Formulierungshilfe einflußreich und faktisch oft gleichberechtigt beteiligt. Daneben wirken sie bei der Abfassung eines beachtlichen Teils von Redemanuskripten der Koalitionsabgeordneten für Bundestagsdebatten mit.

Bei der Entwurfsarbeit und Folgenabschätzung stehen die beteiligten Ministerialbeamten frühzeitig mit Länderbürokratien und Vertretern organisierter Interessen in Kontakt. Sie können sich außerdem auf die Zuarbeit zahlreicher nachgeordneter Behörden, eine umfangreiche interne und externe wissenschaftliche Beratungskapazität und zügig ausgebaute Datenbanken stützen. Der Ausbau wissenschaftlicher Politikberatung hat auch mit dem erhöhten und wohlbegründeten Interesse an einer fundierte(ren) Folgenabschätzung und Wirkungskontrolle bei der Gesetzgebung und anderen staatlichen Aktivitäten zu tun, die sich in zahlreichen Berichtsanforderungen des Bundestages, aber auch in Anfragen und Entschließungen manifestiert. Mit wachsendem Kontrollansprüchen, so die ambivalente Situation, wurden auch die Expertenposition und der Informationsvorsprung der Ministerialverwaltung gegenüber dem Parlament und der politischen Führung der Ministerien weiter gestärkt. Die oft beklagte Fragmentierung gouvernementaler Politik wurde durch diese Entwicklung jedenfalls nicht abgeschwächt, da auch wissenschaftliche Politikberatung weitgehend an die Ressorts angebunden ist und selektiv genutzt wird.

8.2 *Kriterien und Zielsetzungen einer Parlaments- und Verfassungsreform*

Einige der in dieser Arbeit aufgezeigten Funktions- und Legitimationsprobleme wurden auch in Verbindung mit Reformanregungen in Politik und Wissenschaft immer wieder aufgegriffen. Eine große Parlamentsreform aus einem Guß kam nicht zustande, doch hat der Bundestag durch mehrere kleinere Reformschübe eine Reihe von insgesamt gesehen bedeutsamen Änderungen des Parlamentsrechts und – weniger ausgeprägt – auch der parlamentarischen Praxis erreicht. Hervorzuheben sind die „Kleine Parlamentsreform" 1969/70, die erst längerfristig wirksame Arbeit der Enquete-Kommission Verfassungsreform (mit ihrem Schlußbericht 1976), Regelungen der neuen Geschäftsordnung 1980, die Aktivitäten der „Interfraktionellen Initiative Parlamentsreform" und der Ad-hoc-Kommission Parlamentsreform in den 80er Jahren und schließlich die im September 1995 eingeführten Reformregelungen, deren Bewährung in der Praxis allerdings noch immer aussteht (Abschn. 7.2.2 und 8.3.5; Ismayr 1999d, e).

Der hin und wieder aufbrechende Reformeifer wird mit dem besonders von Geschäftsführern der Fraktionen gern gebrauchten Argument gedämpft, Parlamentsreform sei ein permanenter, schrittweiser Vorgang, der nicht überstürzt vorangetrieben werden dürfe. Die Gründe dafür, daß auch fast allseits erkannte Mängel gar nicht oder erst nach vielen Anläufen behoben wurden, sind offensichtlich: Erstens befürchten die engeren Fraktionsführungen und vor allem die Geschäftsführer, Regelungen zur Erweiterung des Spielraums einzelner Abgeordneter könnten zu unkalkulierbaren Abläufen führen und die notwendige Geschlossenheit und Unterstützung der Fraktions-

bzw. Regierungsposition gefährden. Zweitens ist die Bereitschaft der meisten Abgeordneten des Regierungslagers und vor allem der engeren politischen Führung der Koalition offenbar unterentwickelt, Rechte parlamentarischer Minderheiten zu stärken, weil mit der Gewöhnung an die Rolle des „Regierungsabgeordneten" das Verständnis für die Oppositionsrolle offenbar abnimmt und die Vorstellung erfolgreich verdrängt wird, man könne selbst eines Tages wieder auf Minderheitenrechte angewiesen sein. Drittens werden grundlegende Änderungen mit dem (nicht unberechtigten) Hinweis auf die Verfassungslage und auch manche „gouvernemental" orientierten Urteile des Bundesverfassungsgerichts abgeblockt. Wenn bisherige Parlamentsreformen hinter weitergesteckten Erwartungen zurückblieben, hat dies viertens auch damit zu tun, daß Parlamentarier und auch Wissenschaftler von unterschiedlichen Zielvorstellungen (Parlamentarismus-Modellen) ausgehen, wie auch Umfragen und Stellungnahmen in jüngster Zeit belegen. Schon traditionell bestehen divergierende Ansichten darüber, ob der Bundestag in erster Linie Arbeits- oder Redeparlament oder ob er, so allerdings die vorherrschende und auch in dieser Arbeit grundsätzlich unterstützte Auffassung, beides sein und somit eine Optimierung von Effizienz, Transparenz und Partizipation angestrebt werden sollte.

Will man Klarheit über die wünschbaren Funktionen des Bundestages im politischen System und Ziele einer Parlamentsreform gewinnen, sind allerdings neben den verfassungsrechtlichen und -politischen Rahmenbedingungen auch die strukturellen Wandlungsprozesse von Politik und Gesellschaft zu bedenken (vgl. Einleitung).

Welche Funktionen hat der Bundestag zu erfüllen, um angesichts veränderter Ansprüche an das Verantwortungsbewußtsein der politisch (und administrativ) Handelnden in der „Risikogesellschaft" und erhöhter Partizipationsinteressen der Bürger die demokratische Legitimation staatlicher Entscheidungen zu gewährleisten? Mit zunehmendem Bewußtsein der weitreichenden ökologischen und soziokulturellen Folgen und Wechselwirkungen technischer Entwicklungen, die teilweise irreversibel sind und auch die Lebenschancen zukünftiger Generationen in hohem Maße beeinträchtigen können, wachsen auch die Anforderungen an Gestaltungsfähigkeit und Verantwortungsbewußtsein der politischen Entscheidungsträger. Verantwortliche Politik kann sich weniger denn je „reaktiv" mit dem Kurieren unerwünschter Nebenfolgen begnügen. Eine vorausschauende und konzeptionelle Politik, orientiert an den Überlebensinteressen der Menschheit ist dringlicher, angesichts vielfältiger Wirkungszusammenhänge aber auch schwieriger denn je. Zudem hat sich mit wachsendem Beteiligungsinteresse der Bürger die politische Aktions- und Resonanzfähigkeit einer nun vielfältiger organisierten „Basis" qualitativ verändert. Demokratische Repräsentation und Legitimation wird – demokratietheoretisch begründet – verstärkt als Prozeß verstanden. Erwartet wird mehr Transparenz der staatlich-politischen Willensbildung und deren laufende kommunikative Rückbindung an die überwiegend durch intermediäre Organisationen vermittelte und artikulierte Meinungs- und Willensbildung der Bürger.

Beide Entwicklungstendenzen sprechen dafür, die Stellung des Parlaments als oberstem politischem Willensbildungs- und Entscheidungsorgan gegenüber der „Exekutive" zu stärken, was entgegen manchen kurzschlüssigen Vorstößen allerdings in einer den Funktionsbedingungen des parlamentarischen Systems angemessenen Weise geschehen sollte. Schon heute stehen dem Bundestag nach dem Grundgesetz mit der (freilich durch den Bundesrat eingeschränkten) Entscheidungsbefugnis bei der Gesetzgebung die Gestaltungskompetenz und politische Führung zu, allerdings mit (zum Teil nachträglich ins Grundgesetz eingefügten) verfassungsrechtlichen Einschränkungen bei der Haushaltsbestimmung und bei außenpolitischen Entscheidungen. Legitimatorisch begründet ist diese rechtliche Stellung des Bundestages nicht nur durch die Direktwahl der Abgeordneten; immerhin waren Bundestagswahlen faktisch zumeist auch Kanzlerwahlen (Kap. 5). Hinzu kommt eine im Vergleich zur Regierung größere Vielfalt von Interessen und Positionen und ein höheres Maß an Öffentlichkeit in einem mehrstufigen Verfahren. Mit diesen demokratisch legitimierenden Vorzügen hat das Bundesverfassungsgericht die Verpflichtung des parlamentarischen Gesetzgebers begründet, alle grundlegenden politischen Entscheidungen selbst zu treffen und zu verantworten.

Gleichwohl gilt es, die Stellung des Bundestages als oberstem Organ politischer Willensbildung verfassungsrechtlich zu verdeutlichen und zu stärken, wie dies entsprechend den Vorschlägen einer Enquete-Kommission der Schleswig-Holsteinische Landtag (Landtagsdrucksache 12/180) – wegweisend auch für andere Verfassungen – beschlossen hat, um künftig dem Demokratiegebot widersprechenden, einschränkenden Interpretationen begegnen zu können (Art. 10, 26 LV SchlH). Denn nach wie vor wird eine dem parlamentarischen System gemäße Erweiterung von Offenlegungspflichten der Regierung und von Kontrollrechten der Abgeordneten und Fraktionen mit Verweis auf einen (auch vom Bundesverfassungsgericht betonten) „geschützten exekutiven Kernbereich" abgewehrt.

Freilich kann es hierbei nicht darum gehen, zu einem Dualismus von Parlament und Regierung im Sinne „klassischer" Gewaltenteilungsvorstellungen zurückzukehren und die für das parlamentarische System konstitutive enge Verbindung von Regierung und Koalitionsfraktionen in Frage zu stellen; Ziel ist es vielmehr, die parlamentarische Seite in diesem Verbund zu stärken. Es gilt, im Interesse einer intensiveren Rückbindung staatlich-politischer Entscheidungen die genannten Vorzüge des parlamentarischen Verfahrens besser zu nutzen, innerhalb des Regierungslagers die Mitgestaltungsmöglichkeiten jener Abgeordneten zu erweitern, die nicht der Regierung, der Großen Koalitionsrunde und der engeren Fraktionsführung angehören, aber auch die Stellung der demokratisch legitimierten politischen Führung (Regierung/Parlamentsmehrheit) insgesamt gegenüber der Ministerialbürokratie zu stärken. Dementsprechend ist es nach Auffassung der Enquete-Kommission Verfassungs- und Parlamentsreform des Schleswig-Holsteinischen Landtages „Aufgabe der Parlamentsmehrheit, der Regierung einen parlamentarisch gebildeten politischen Willen vorzugeben" (Landtagsdrucksache 12/180, S. 30).

Eine Stärkung des Bundestages und damit auch der Politik gegenüber der Administration, der Wirtschaft und einflußreichen Verbänden im Interesse verbesserter Gestaltungsfähigkeit, Transparenz und Rückbindung staatlich-politischer Willensbildung setzt die Bereitschaft voraus, 1. die Informations- und Inspektionsrechte parlamentarischer Minderheiten gegenüber Regierung und Verwaltung auszubauen, 2. den Wirkungsspielraum der Abgeordneten zu erweitern, 3. die eigenständige Analysekapazität von Parlamentariern, Ausschüssen und Fraktionen zu verbessern, 4. die parlamentarische (und gouvernementale) Arbeit transparenter und diskursfähiger zu gestalten und sich 5. stärker für Impulse und Mitarbeit der Bürger zu öffnen, insbesondere jener Kreise der (organisierten) Aktivbürgerschaft, die sich für „Überlebensinteressen" einsetzen.

Neben weiteren Änderungen der GOBT sind auch Änderungen und Ergänzungen des Grundgesetzes und entsprechender Ausführungsgesetze geboten, weil das Verhältnis der Verfassungsorgane zueinander berührt ist. In konstitutioneller Tradition stehende Bestimmungen sollten durch Neuregelungen ersetzt werden, die auch den aufgezeigten Wandlungsprozessen gerecht werden. Änderungen der Verfassung und des Verfahrensrechts können auch einen Wandel der internen Willensbildung von Fraktionen und Parteien stimulieren. Entsprechende Vorstöße der Oppositionsparteien nach der deutschen Vereinigung fanden allerdings weder in der „Gemeinsamen Verfassungskommission" noch im Bundestag die erforderliche 2/3-Mehrheit. Der Erfolg jeder Reformmaßnahme hängt freilich von der Fähigkeit und Bereitschaft der Abgeordneten ab, neue Informations- und Handlungsspielräume auch kreativ und couragiert zu nutzen.

8.3 Reformvorschläge im Kontext

8.3.1 Oppositionsklausel in die Verfassung?

Eine Parlaments- und Verfassungsreform, die diesen Namen verdient, müßte der besonderen Rolle der Opposition verstärkt Rechnung tragen, ohne sich allerdings von einem schematischen „Blockdenken" leiten zu lassen, das den Gegebenheiten eines Koalitionssystems und Mehrparteienparlaments unter Bedingungen des Föderalismus ohnehin nicht voll entsprechen kann. Die parlamentarische Opposition als wesentlichen Bestandteil der parlamentarischen Demokratie mit ihren Aufgaben der Kritik, Kontrolle und Alternativenbildung und dem „Recht auf politische Chancengleichheit" (womit nur Verfahrensrechte gemeint sein können) in die Verfassung aufzunehmen, wie dies seit den 90er Jahren in mehreren Landesverfassungen der Fall ist, kann als bewußtseinsbildender Akt sinnvoll sein, wobei in der Formulierung allerdings das Mißverständnis einer kategorischen Rollenfixierung zu meiden ist. Mit dem ausdrücklichen verfassungsrechtlichen Gebot der Chancengleichheit, so die Erwartung, soll die Mehrheit nicht nur daran gehindert werden, Rechte der Opposition zu verkürzen, „es verlangt auch deren Weiterentwicklung" (Landtagsdrucksache 12/620, S. 43; Art. 12 LV SchlH). Fraglich ist allerdings, ob es in einem Mehrparteienparlament angemessen ist, den Vorsitzenden der stärksten die Regierung nicht tragenden Fraktion als Oppositionsführer (verfassungs)rechtlich festzulegen (so in Schleswig-Holstein); denn einmal können die Interessen von Oppositionsparteien sehr unterschiedlich sein, zum anderen kann den Vorstößen einer kleineren Fraktion ein vergleichsweise großes Gewicht im öffentlichen Diskurs zukommen.

Entscheidend kommt es allerdings nicht auf eine „Oppositionsklausel“ an, sondern darauf, daß Abgeordneten und parlamentarischen Minderheiten über die bisher bescheidenen Kompetenzen hinaus in der Verfassung selbst grundlegende Kontroll- und Informationsrechte konkret eingeräumt werden.

8.3.2 Informations-, Auskunfts- und Aktenvorlagepflichten der Regierung

Ein zentrales Reformanliegen sind erheblich verstärkte Informations-, Auskunfts-, und Aktenvorlagepflichten der Regierung gegenüber dem Bundestag und vor allem gegenüber parlamentarischen Minderheiten, wie sie nach dem Vorbild Schleswig-Holsteins (1990) in mehrere Landesverfassungen aufgenommen wurden. Sie werden auch von den meisten Abgeordneten für vordringlich gehalten. Da es um das Verhältnis der Verfassungsorgane zueinander geht, müssen diese Rechte im Grundgesetz selbst klar verankert werden, während die Details in Ausführungsgesetzen geregelt werden können; Regelungen der Geschäftsordnung allein reichen nicht aus, da sie andere Verfassungsorgane rechtlich nicht binden können. Bisher sind die parlamentarischen Informations- und Kontrollrechte im Organisationsteil des Grundgesetzes nur unzulänglich abgesichert (mit der Folge eines erheblichen Interpretationsaufwands); an keiner Stelle der Verfassung werden sie den einzelnen Abgeordneten oder parlamentarischen Minderheiten ausdrücklich zugestanden (Abschn. 7.1).

So fehlt im Grundgesetz selbst eine ausdrückliche Normierung des Frage- und Interpellationsrechts der einzelnen Abgeordneten und parlamentarischen Minderheiten, das in der Lehre hilfsweise aus Art. 38 i.V. mit Art. 20 GG und – wenig überzeugend – aus dem Zitierrecht nach Art. 43 GG abgeleitet wird. Zwar wird in der Lehre (über den Wortlaut des Art. 43 Abs. 2) hinaus fast einhellig die Auffassung vertreten, daß herbeigerufene Regierungsmitglieder auch persönlich Rede und Antwort stehen müßten und auch beim Fragerecht wird (angesichts der faktischen Informationsübermacht der „Exekutive“) vom Bundesverfassungsgericht deutlich(er) die verfassungsrechtliche Pflicht der Bundesregierung betont, auf Fragen von Abgeordneten und parlamentarischen Minderheitengruppen Rede und Antwort zu stehen und die erforderlichen Informationen zu liefern. Doch wird von der Bundesregierung noch immer unter Berufung auf den Verfassungstext und regelmäßig bestätigt durch Äußerungen der amtierenden Bundestagspräsidenten die Auffassung vertreten, daß es Sache der Bundesregierung sei, ob und vor allem wie sie Anfragen beantworte. So wurden immer wieder unter Berufung auf (selbst definierte) Geheimschutzinteressen und einen (oft weit ausgelegten) nicht ausforschbaren Kernbereich exekutiver Eigenverantwortung Informationen verweigert und Auskünfte nur selektiv, ausweichend, ungenau und auch mit reichlicher Verzögerung gegeben. Dies gilt auch für Auskünfte anwesender und ggf. zitierter Regierungsmitglieder und -beauftragter im Plenum sowie in den Ausschüssen.

Dringend geboten ist es daher, in die Verfassung die Bestimmung aufzunehmen, daß die Bundesregierung und ihre Mitglieder und Beauftragten im Bundestag und seinen Ausschüssen Fragen einzelner Abgeordneter und parlamentarische Anfragen nach bestem Wissen unverzüglich und vollständig zu beantworten haben. Nur in Verbindung mit einem Recht auf Akteneinsicht für Abgeordnete und parlamentarische Minderheiten, sowie eine entsprechende Verpflichtung auf Aktenvorlage gegenüber Plenum und Ausschuß auf Verlangen einer Minderheit, wird eine Auskunftspflicht nachhaltig wirksam werden. Vor allem ist die präventive Wirkung einer möglichen Nachprüfung nicht zu unterschätzen. Einen beachtlichen Durchbruch in dieser Frage stellt die entsprechende Neuregelung in der Landesverfassung Schleswig-Holsteins dar, derzufolge die Regierung verpflichtet ist, dem Parlament und seinen Ausschüssen auf Verlangen eines Viertels der jeweils vorgesehenen Mitglieder Akten vorzulegen, und zwar „unverzüglich und vollständig“. Eine entsprechende Regelung, verbunden mit der Möglichkeit, Akten auch „vor Ort“ einzusehen sollte auch im Grundgesetz normiert werden (Abschn. 7.1).

Schließlich sollte in die Verfassung die Verpflichtung der Bundesregierung aufgenommen werden, dem Bundestag über die Vorbereitung von Gesetzen sowie über politisch bedeutsame Verordnungen und Planungskonzepte frühzeitig und vollständig zu unterrichten. Die Regierung sollte mit einer solchen Verfassungsbestimmung ausdrücklich verpflichtet werden, von sich aus zu informieren, ohne daß es eines Anstoßes von parlamentarischer Seite bedarf (vgl. s.o. Art. 22, 23

LV SchlH). Im Falle von EU-Vorlagen wird eine entsprechende Informationspflicht seit 1993 durch Art. 23 GG n.F. festgelegt.

Wie dargestellt, ist bei Gesetzentwürfen und auch bei anderen Regierungsvorhaben eine wirksame Mitgestaltung und Entfaltung von Kontrollaktivitäten durch die Abgeordneten der Mehrheitsfraktionen um so schwieriger, je später sie einsetzt. Haben sich Regierung und Koalitionsspitze öffentlich und gegenüber mächtigen Interessengruppen erst einmal festgelegt und sind Erwartungshaltungen entstanden, stehen die Mehrheitsfraktionen (und in gewisser Weise auch die Opposition) unter erhöhtem Handlungs- und Anpassungsdruck.

Fraktionen sollten aber die Möglichkeit haben, durch Stellungnahmen, Anträge und einfache Beschlüsse frühzeitig eine parlamentarische und öffentliche Diskussion in Gang zu setzen, Änderungen zu verlangen und im Falle von Verordnungen ggf. auch eine Delegation zur Rechtssetzung zurückzunehmen. Außerdem müssen die Abgeordneten auch der Opposition inhaltlich darauf vorbereitet sein, wenn sie von Bürgern auf Gesetzentwürfe und andere Vorhaben angesprochen werden. Daher sollte die Regierung verpflichtet werden, regelmäßig Bundestag und Fraktionen zu informieren, bevor sie damit (etwa in Pressekonferenzen oder Anhörungen) an die Öffentlichkeit geht und den Fraktionen und Ausschüssen Referentenentwürfe spätestens dann vorzulegen, wenn eine Weiterleitung an Fachverbände vorgesehen ist. Zudem sollten Sachverständigengutachten, Anhörungsprotokolle, Kommissionsberichte u.ä. rasch zugänglich gemacht werden, alle anderen bei der Vorbereitung eines Gesetzentwurfes verwendeten Materialien und Daten einschließlich erarbeiteter Alternativkonzepte spätestens zum Zeitpunkt der Einbringung eines Gesetzentwurfes. Schließlich sollten auch die verfassungsmäßigen Voraussetzungen für einen unmittelbaren Zugriff der Abgeordneten auf die Datenbanken der Bundesregierung gesichert werden, die den Parlamentariern formell noch immer weitgehend versperrt sind, um den wachsenden Vorsprung der „Exekutive" bei der Informationsgewinnung und -verarbeitung wenigstens partiell auszugleichen. Unter Berufung auf die Verfassungslage haben die Bundesregierungen parlamentarische Ansprüche bisher erfolgreich abgewehrt.

Angeknüpft werden könnte an die beispielgebende Neuregelung der Verfassung Schleswig-Holsteins, wonach die Beantwortung von Fragen, die Erteilung von Auskünften und die Vorlage von Akten letztlich nicht verweigert werden kann, es sei denn, sie erwirkt eine einstweilige Anordnung des Bundesverfassungsgerichts (Art. 23 Abs. 3 LVSchlH).

8.3.3 Verfahrensreform der Untersuchungsausschüsse und Enquete-Kommissionen

Verfassungsrechtlich und durch ein Verfahrensgesetz neu bzw. erstmals geregelt werden sollten die Befugnisse von Untersuchungsausschüssen und Enquete-Kommissionen, und auch beim rechtlich klarer geregelten Petitionsverfahren sind Korrekturen geboten. Auch normativ anzuerkennen ist (bei aller notwendigen Differenzierung), daß Untersuchungsausschüsse vorwiegend von Oppositionsfraktionen verlangt werden und als öffentlichkeitswirksame politische Kampfinstrumente zur Untersuchung von Mißständen fungieren, – ohne allerdings den Anspruch auf „objektive" Sachverhaltsaufklärung aufzugeben.

Bisher sind nach dem Grundgesetz (im Unterschied zur WRV) nicht einmal die Befugnisse von Untersuchungsausschüssen bei der Beweiserhebung als Minderheitenrecht normiert. Die Bestimmung des Art. 44 Abs. 2 GG, wonach die Vorschriften der Strafprozeßordnung sinngemäß Anwendung finden, reichen zur Sicherung der Minderheitenrechte und der spezifischen Kontrollaufgabe von Untersuchungsausschüssen nicht aus. Noch immer fehlt eine angemessene und verläßliche Rechtsgrundlage, nachdem sich die Fraktionen auch in den letzten Wahlperioden auf kein Untersuchungsausschußgesetz einigen konnten. Zwar wird nach den seit 1969 zugrundegelegten IPA-Regeln Minderheiten das Recht eingeräumt, Beweisanträge zu stellen und sich mit Sondervoten im Ausschußbericht an die Öffentlichkeit zu wenden, doch sind die Behinderungsmöglichkeiten der Regierung(smehrheit) im Verfahren beachtlich, so bei der Zeugenvernahme, der Einholung von Auskünften und der Beiziehung von Akten. Auch hat das Bundesverfassungsgericht zwar bestätigt, daß die Aktenvorlage Bestandteil des Beweiserhebungsrechts sei und zum „Wesenskern" des Untersuchungsrechts gehöre, doch bestätigte es diese Kontrollkompetenz des Bundestages in praxisferner Verkürzung parlamentarischer Prozesse „grundsätzlich nur auf bereits abgeschlossene Vorgänge" und ging zudem auf die Kompetenzen parlamentarischer Minderheiten nicht ein.

Angemessen wäre es, das Einsetzungsquorum auf ein Fünftel der Mitglieder des Bundestages herabzusetzen und in der Verfassung selbst festzulegen, daß auf Verlangen eines Fünftels der Mitglieder des UAs Beweise zu erheben und Bundesregierung und Bundesbehörden verpflichtet sind, Akten vorzulegen, Überprüfungen in öffentlichen Einrichtungen „vor Ort" zu ermöglichen und ihren Bediensteten die erforderlichen Aussagegenehmigungen zu erteilen. Eine Ablehnung sollte, wie auch sonst bei Auskunftsverlangen, nach Einschaltung eines zu bestimmenden „Einigungsgremiums" nur durch einstweilige Verfügung des Bundesverfassungsgerichts möglich sein. Auch sollte auch gesichert sein, daß auf Verlangen der antragstellenden Minderheit Beweise mit Vorrang zu erheben sind. Verfassungsrechtlich zu gewährleisten wäre zudem, daß Untersuchungsgegenstände gegen den Willen des Antragstellers nicht eingeschränkt oder substantiell ausgeweitet werden können. Schließlich sollten Regierungsmitglieder und Ministerialbeamten zumindest aus den nicht-öffentlichen Beratungssitzungen grundsätzlich ausgeschlossen und nur durch Beschluß mit 2/3-Mehrheit zugelassen werden.

Nach wie vor ungesichert und umstritten sind auch Status und Befugnisse von Enquete-Kommissionen, deren Einsetzung und Verfahren bisher allein in der GOBT geregelt ist. In der Verfassung sowie in einem Ausführungsgesetz sollten den Enquete-Kommissionen gegenüber Regierung, Behörden und privaten Einrichtungen ähnliche Ansprüche auf Aktenvorlage, Auskünfte (auch bestimmter Bediensteter) und Erkundungen vor Ort zugestanden werden wie Untersuchungsausschüssen und zwar (im Unterschied zur Empfehlung der Enquete-Kommission Verfassungsreform 1976) bereits einer Minderheit von einem Viertel (oder Fünftel) der Kommissionsmitglieder. Bisher liegt die „Verfahrensherrschaft" bei der Mehrheit. Konsensprozesse können durch Stärkung der Minderheitenrechte sogar erleichtert werden, weil andernfalls auch ergebnisorientiert arbeitende Abgeordnete der Regierungsfraktionen leichter unter Druck geraten können, mit Rücksicht auf Koalitionsinteressen auf die Nutzung von Befugnissen zu verzichten. Enquete-Kommissionen sollten auch das Recht erhalten, über Anwesenheit und Rederecht von Ministerialbeamten mit 2/3-Mehrheit selbst zu entscheiden.

Die dem Petitionsausschuß durch das Gesetz nach Art. 45 c GG eingeräumten weitreichenden (aber zum Teil nur spärlich genutzten) Auskunfts- und Kontrollbefugnisse bei Beschwerden sollten auch auf „Bitten" ausgedehnt und zudem bereits auf Verlangen einer Ausschußminderheit von einem Fünftel (oder einem Viertel) der Mitglieder genutzt werden können. Zudem sollten Minderheiten das Recht erhalten, dem Petitionsbescheid ein Minderheitenvotum hinzuzufügen.

8.3.4 Innovativer Ausbau einer eigenständigen Analyse- und Beratungskapazität

Eine Stärkung der Informationsbefugnisse reicht allerdings nicht aus. Ein bedeutsames Reformanliegen ist weiterhin die deutlich verbesserte Ausstattung der Abgeordneten, der Ausschüsse und Fachdienste und auch der Fraktionen mit Sachmitteln und vor allem mit (wissenschaftlichen) Mitarbeitern. Dies ist erforderlich, damit die Abgeordneten die Flut an Unterlagen und Zuschriften bewältigen, Regierungsinformationen (z.B. Berichte) rascher und intensiver überprüfen und auswerten können und – vor allem – sich auch unabhängig von gouvernemental und administrativ geprägten Vorlagen und Informationen sachkundig machen können. Eine verbesserte Ausstattung kann dazu beitragen, den Spielraum der einzelnen Abgeordneten derart zu erweitern, daß sie (gelegentlich) auch über ihr engeres Fachgebiet hinaus Impulse vermitteln und Aktivitäten entfalten können. Was die Fraktionen anbetrifft, wäre über den bisher bescheidenen Oppositionsbonus hinaus auch an erhöhte Mittel für Oppositionsfraktionen und -gruppen zu denken. Besonders auf Ausschußebene sind entsprechende Verbesserungen erforderlich, so bei der Vorbereitung und Nacharbeit von öffentlichen Anhörungen, der Auswertung von Regierungsberichten, der Einholung und Aufbereitung von (alternativen) Gutachten – auch mit dem Ziel verbesserter Gesetzesfolgenabschätzung und der Durchführung entsprechend vorbereiteter Vollzugshearings. Zudem sollte die gegenwartsnahe Beratung der Abgeordneten und Ausschüsse durch den Bundesrechnungshof stärkeres Gewicht erhalten. Die Verpflichtung zur gutachterlichen Stellungnahme auf Antrag einer Fraktion oder eines Viertels der Mitglieder des Haushaltsauschusses sollte (verfassungs)rechtlich festgeschrieben werden, ggf. begrenzt durch eine jährliche Kontingentierung, um eine Überlastung zu vermeiden. Auch für die Anforderung von Gutachten und Berichten des Datenschutzbeauftragten wäre eine auch in der Verfassung verankerte Minderheitenregelung angemessen. Schließlich wäre auch an die Einrichtung eines Kinder- und Jugendbeauftragten oder an eine angemessene Weiterentwicklung der Kinderkommission und, mit zunehmender Dringlichkeit, eines Beauftragten für Rüstungskontrolle und Rüstungsexport zu denken, die mit entsprechenden Informations- und Inspektionsbefugnissen ausgestattet sein müßten; auch ihnen müßten parlamentarische Minderheiten Prüfaufträge erteilen können. Häufiger genutzt und ausgebaut werden könnten die gesetzlichen Möglichkeiten zur Einsetzung unabhängiger Kommissionen.

Die in den letzten Jahren vorangetriebene informations- und kommunikationstechnische Ausstattung des Bundestages weiterzuführen ist (zumal angesichts der Entwicklung in den Ministerien) bei Beachtung der dargestellten Nutzungsprobleme und einer entsprechenden Ausstattung mit qualifizierten Mitarbeitern sinnvoll (Abschn. 7.1, 7.2). Zur Vermeidung neuer technikbedingter Abhängigkeiten können auch laufende Diskurse zwischen Abgeordneten, Wissenschaftlern und (sachkundigen) Bürgern beitragen, denen bei der Erarbeitung und Vermittlung konzeptioneller Politikentwürfe und Alternativen über die bisherige Praxis hinaus wachsende Bedeutung zukommen dürfte. Ausbaufähig sind auf Fraktions- und Koalitionsebene Klausurtagungen und Fraktionsanhörungen von Arbeitskreisen und -gruppen mit Sachverständigen, längerfristige Beratungen über Werkverträge mit wissenschaftlichen Einrichtungen u.ä.. Auf Parlamentsebene bieten die (noch entwicklungsfähigen) Enquete-Kommissionen die Möglichkeit ergebnisorientierter Lernprozesse, die, wie die Erfahrungen zeigen, am ehesten bei längerer inhaltlicher Zusammenarbeit von Politikern und Wissenschaftlern möglich sind; sie wurden zum Teil auch genutzt. Entsprechende Kooperationsformen wurden auch für die Einrichtung einer Institution für Technikfolgen-Abschätzung und -bewertung vorgeschlagen, blieben aber bei der 1989/90 durchgesetzten „kleinen Lösung" unberücksichtigt (Petermann 1994; vgl. Abschn. 7.20). Ob die jetzt gewählte Anbindung an den Forschungsausschuß bei Beauftragung einer externen Institution im intendierten Umfang der Querschnittsaufgabe entsprechen kann, die vorausschauende Kontrolle ökologischer und sozialer Technikfolgen zu leisten und auch wünschbare Entwicklungen anzustoßen, ist fraglich. Daß nach jahrelangem Stillstand überhaupt ein institutioneller Einstieg in die Technikfolgenabschätzung zustandekam, muß schon als Erfolg verbucht werden.

8.3.5 Verbesserung der Kommunikationsfähigkeit und Transparenz

Obwohl seit langem die Kommunikationsfähigkeit des Bundestages als defizitär beurteilt wurde, waren auch bescheidene Reformvorschläge nicht oder erst nach vielen Jahren durchsetzbar. Zudem wurde die Diskussion darüber phasenweise auf die Frage einer „Verlebendigung" von Plenardebatten verkürzt (so bei der Geschäftsordnungsreform 1980). Gefördert wird die Kommunikations- und Resonanzfähigkeit im Interesse möglichst optimaler demokratischer Legitimation, indem die vielfältigen politischen Positionen und Interessen der Bürger(gruppen) in parlamentarischen Debatten und Vorlagen artikuliert werden, und indem auf dieser Grundlage konzeptionelle Alternativen problemorientiert entwickelt und so begründet und öffentlich vermittelt werden, daß kritisches Mitdenken und Mitwirken der Bürger ermöglicht und angeregt werden. Dies setzt die kommunikative Chancengleichheit der Opposition(sfraktionen) voraus, deren Kompetenzen nach der Geschäftsordnung und durch interfraktionelle Vereinbarungen auch verbessert wurden. Allerdings begünstigt das Redeprivileg des Art. 43 Abs. 2 GG die Regierung(sseite) nach wie vor und sollte (auch für Bundesratsmitglieder) verfassungsrechtlich jedenfalls soweit eingeschränkt werden, daß es nicht mehr jederzeit genutzt werden kann. Denn nach wie vor dient diese Regelung Regierungsmitgliedern (und phasenweise auch Mitgliedern des Bundesrates) dazu, bei Fernsehübertragungen zur besten Zeit zu sprechen – zum Nachteil der Opposition, aber auch jener Parlamentarier der Koalition, die nicht zur „Spitze" gehören (Abschn. 7.2). Zudem kann die Regierung oppositionelle Initiativen durch geschickt terminierte Regierungserklärungen „abfangen" oder in ihrer Wirkung abschwächen. Ohnehin verfügt die Regierung über beachtliche „eigene" Kapazitäten zur Öffentlichkeitsarbeit und wird zudem durch die Eigengesetzlichkeiten und Praktiken der Medien, insbesondere des Fernsehens sehr begünstigt. Um der Gouvernementalisierung und Hierarchisierung der Politikvermittlung entgegenzuwirken, wurde seit langem die Einrichtung eines „Parlamentskanals" gefordert, auf dem alle Plenardebatten und ggf. auch öffentliche Ausschußsitzungen (Anhörungen) sowie Erläuterungen und Zusammenfassungen übertragen werden sollen. Entsprechend angelegt ist das Programm des seit 1997 gemeinsam von ARD und ZDF betriebenen Ereignis- und Dokumentationskanals „Phoenix", das zudem über das Angebot eines reinen Parlamentskanals weit hinausreicht (vgl. Abschn. 7.2.4). Denn bei den bisher (teilweise) vom Fernsehen übertragenen Debatten sind die Dominanz von Regierung und Fraktionsspitzen, aber auch Monologisieren und problemverkürzender Schlagabtausch besonders ausgeprägt.

Darüber hinaus kommt es darauf an, die Diskursfähigkeit und Transparenz des Bundestages zu erhöhen. An dem in Reformvorstößen immer wieder formulierten Anspruch festzuhalten, daß Debatten insgesamt gesehen vital(er), argumentativ(er) und weniger deklaratorisch und „positionell" geführt werden sollten, ist auch unter der Voraussetzung geboten, daß Debatten anläßlich eines Gesetzentwurfes in 2.und 3. Beratung kaum mit der Intention geführt werden (können), das Abstimmungsverhalten des politischen Kontrahenten zu beeinflussen. Leichter möglich wäre dies aber bei Aussprachen über Berichte der Bundesregierung, von Enquete-Kommissionen u.ä. und bei häufiger durchzuführenden zeitoffenen, weniger vorstrukturierten Grundsatzdebatten ohne Vorlagen, wie sie nach einer Vereinbarung des Ältestenrates seit 1989 möglich sind. Auch wurde nach jahrelangen Bemühungen endlich eine diskussionsfreundliche Regelung für Zwischenfragen und Kurzinterventionen in die GOBT aufgenommen (§ 27 Abs. 2). Ob solche Regelungen wirksam werden, hängt allerdings davon ab, ob die einzelnen Abgeordneten ihren argumentativen Spielraum gegenüber der „Fraktionsregie" auch fraktionsintern im dargestellten Sinne, erweitern können und wollen (Abschn. 2.1, 7.2).

Um das öffentliche Interesse an vertieften Plenardebatten über wichtige Themen zu erhöhen und die Glaubwürdigkeit des Bundestages zu verbessern, wurde im Rahmen einer Parlamentsreform im September 1995 eine „Plenar-Kernzeit" eingeführt (Donnerstagvormittag), in der wichtige Themen bei starker Präsenz der Abgeordneten regelmäßig vom Fernsehen übertragen werden. Dieses Verfahren soll die kommunikative Außendarstellung des Bundestages verbessern und der Konzentration auf wichtige Themen dienen – entspricht diesen Erwartungen aber aufgrund mancher im Abschnitt 7.2 angesprochener Restriktionen nur teilweise.

Auf das Plenum beschränkte Reformen reichen allerdings nicht aus, um erhöhten Responsivitätserwartungen gerecht zu werden. Mehr Transparenz bisher nicht- oder allenfalls halb-öffentlicher Prozesse wird daher seit langem gefordert. Die Öffentlichkeit nicht nur über die

Entscheidungen zu informieren, sondern die Willensbildungsprozesse selbst zu öffnen und die Bürger laufend Einblick nehmen zu lassen in das als „Werkstatt der Demokratie" wie als „zentraler Ort des politischen Diskurses" verstandene Parlament ist eine selbstverständliche Konsequenz gewachsener Repräsentations- und Legitimationsansprüche in der parlamentarischen Demokratie. Seit langem von Politikwissenschaftlern gefordert und vermehrt auch von Abgeordneten befürwortet wird daher die Öffentlichkeit der Ausschüsse, die als „maßgebliche Faktoren der politischen Willensbildung" (BVerfGE 80, 219) bei einer funktional angemessenen Auslegung des Art. 42 GG schon heute in der Regel öffentlich tagen müßten; bei einer Verfassungsreform sollte die reguläre Öffentlichkeit der Ausschüsse ausdrücklich normiert werden, mit der Möglichkeit ihres Ausschlusses durch Beschluß mit 2/3-Mehrheit der Ausschußmitglieder und Einschränkungen bei der Behandlung von Einzelpetitionen und der Beratung über die Ergebnisse der Beweiserhebung im Untersuchungsausschuß.

Für die seit langem geforderte Neugestaltung der parlamentarischen Beratungen durch Einführung einer „Erweiterten öffentlichen Ausschußberatungen" wurden 1995 durch Ergänzung der GOBT Voraussetzungen geschaffen. Wie dargestellt ist anstelle einer spezialisierten Fachdebatte in zweiter Lesung als Schlußberatung eine gemeinsame öffentliche Aussprache der Mitglieder des federführenden und der mitberatenden Ausschüsse vorgesehen, während im Plenum nurmehr die Schlußabstimmung erfolgen soll (vgl. Abschn. 7.2). Grundsätzlich ist dieses Konzept geeignet, Kommunikationsfähigkeit, Transparenz und Effizienz sowie die Beteiligungschancen der Abgeordneten gleichermaßen zu erhöhen. Manche fachlichen Darlegungen von Fraktionsspezialisten könnten im Konsens der Fraktionen aus dem Plenum herausverlagert werden. Sie wären, in offener Diskussion geführt, für die interessierte Öffentlichkeit besser nachvollziehbar als spezialisierte Kurzdebatten im Plenum. Zudem könnten mehr Raum und erhöhte öffentliche Aufmerksamkeit für vertiefte Plenardebatten zu wichtigen Themen geschaffen werden. Bisher wurde von dieser Möglichkeit jedoch kaum Gebrauch gemacht. Ob die Bereitschaft bei einem geplanten Abbau zu komplizierter Verfahrenshürden wachsen wird, bleibt abzuwarten.

8.3.6 Neue Formen und Foren der Bürgermitwirkung und des öffentlichen Diskurses

Neue Formen und Foren der Bürgermitwirkung und des öffentlichen Diskurses könnten der produktiven Verknüpfung von Bürgeraktivitäten und parlamentarischen Verfahren dienen. So wird vorgeschlagen, bei öffentlichen Anhörungen der Ausschüsse und Enquete-Kommissionen die Zahl der oft zahlreich präsenten Vertreter von Fachverbänden zu reduzieren und statt dessen mehr „unabhängige" Wissenschaftler und Vertreter von Bürgerinitiativen, Selbsthilfegruppen und gemeinwohlorientiert wirkenden Umweltverbänden einzuladen. Die Anhörung sachkundiger Bürger(gruppen) ist auch als eigener Teil des Hearings denkbar. Der Petitionsausschuß sollte bei Anliegen von öffentlichem Interesse häufiger Petenten anhören und Abordnungen von Massenpetitionen empfangen. Darüber hinaus könnte der in der „Gemeinsamen Verfassungskommission" eingebrachte, jedoch abgelehnte Vorschlag noch einmal aufgegriffen werden, bei Massenpetitionen von mindestens 50.000 Stimmberechtigten den Petitionsausschuß verfassungsrechtlich zur Anhörung zu verpflichten (Antrag vom 14.1.1993). Zudem sollten „Massenpetitionen gemeinsam mit dem Bericht des Petitionsausschusses im Bundestag und seinen Ausschüssen beraten" werden.

Auch wären je nach Thematik neue Frage- und Diskussionsformen zu erproben, wobei die bei den zahlreichen Anhörungen, Foren und Kongressen der (Oppositions-)Fraktionen in den letzten Jahren gemachten Erfahrungen genutzt und (auch auf Fraktionsebene) weiterentwickelt werden können. Auch auf parlamentarischer Ebene kann es nach zum Teil durchaus ermutigenden Erfahrungen aus anderen Wirkungsbereichen sinnvoll sein, von im Zufallsverfahren ausgewählten Bürgergruppen („Planungszellen") Bürgergutachten erarbeiten zu lassen – etwa parallel zu Expertengutachten (vgl. Dienel [4]1997). Zudem wären die Voraussetzungen zu schaffen, daß Enquete-Kommissionen, der Petitionsausschuß und auch andere Ausschüsse häufiger „vor Ort" das Gespräch mit sachkundigen Bürger(gruppen) und Betroffenen führen können. In diesen Zusammenhang gehören auch Vorschläge, Technikfolgenabschätzung so zu organisieren, daß diskursive Lernprozesse nicht nur intern zwischen Parlamentariern und Wissenschaftlern ablaufen, sondern im Dialog mit einer kritischen Öffentlichkeit geführt werden und mit außerparlamentarischen Diskussionsprozessen vernetzt werden; dazu könnten beispielsweise Beiräte aus

Abgeordneten und Vertretern relevanter und betroffener Gruppen dienen, wie sie u.a. im Bericht der Enquete-Kommission „Technikfolgenabschätzung und -Bewertung“ 1986 vorgeschlagen wurden (BT-Drs. 10/5844). Besonders kommt es dabei auf die kommunikative Rückbindung zu jenen Kreisen einer aktiven Öffentlichkeit an, die nicht primär Partikularinteressen vertreten, sondern gemeinwohlorientiert wirken.

Weiterführend wäre die verfassungsrechtliche Verankerung eines Initiativrechts der Bürger, wie es nach dem Vorbild Schleswig-Holsteins bereits in mehreren neuen Landesverfassungen institutionalisiert ist und – erfolglos – in der „Gemeinsamen Verfassungskommission“ auch für den Bund vorgeschlagen wurde. Auf Verlangen einer bestimmten Anzahl von Bürgern (z.B. 100 000) sollte der Bundestag verpflichtet sein, sich mit bestimmten Gegenständen der politischen Willensbildung (z.B. einem Gesetzentwurf) zu befassen und – was höchst bedeutsam ist – Vertreter der Initiativen anzuhören, wenn diese es wünschen. In der Konsequenz dieses Ansatzes liegt es, daß die Vertreter(innen) der Initiative berechtigt sein sollen, ein Volksbegehren zu beantragen, wenn das Parlament einem Gesetzentwurf nicht zustimmt, und daß bei dessen Annahme ein Volksentscheid durchgeführt werden muß. Mit der ersten Stufe dieses dreistufigen Verfahrens der „Volksgesetzgebung“ wird die parlamentarische Ebene mit jener der Aktivbürger und Initiativen produktiv und öffentlichkeitswirksam verknüpft. Ein wesentlicher Vorzug dieses dreistufigen Verfahrens ist es, daß kurzschlüssige ad-hoc-Entscheidungen ausgeschlossen sind und informierte Meinungs- und Willensbildungsprozesse begünstigt werden. Gegenüber einflußreichen Verbänden würden die Initiativmöglichkeiten von Bürgerinitiativen im Vergleich zu den bisherigen Einwirkungschancen durch Massenpetitionen deutlich gestärkt.

Eine den genannten Kriterien und Zielvorstellungen angemessene Reform ist allerdings nur erreichbar, wenn die einzelnen Reformschritte den dargestellten Funktionszusammenhängen entsprechend aufeinander abgestimmt sind und kumulativ wirksam werden können.

Literaturverzeichnis

Neben der nachfolgenden Literatur wird im Text auf folgende Quellen verwiesen:

BVerfGE =	Entscheidungen des Bundesverfassungsgerichts in 90 Bänden, herausgegeben von Mitgliedern des Bundesverfassungsgerichts, Tübingen
PlPr =	Plenarprotokolle/Stenographische Berichte des Deutschen Bundestages, 1. bis 14. Wahlperiode, Bonn
BT-Drs. =	Drucksachen des Deutschen Bundestages, 1. bis 14. Wahlperiode
LT-Drs. =	Landtagsdrucksachen

Abromeit, Heidrun, 1982: Die Funktion des Bundesrates und der Streit um seine Politisierung, in ZParl 13, S. 462-472.

Abromeit, Heidrun, 1993: Interessenvermittlung zwischen Konkurrenz und Konkordanz, Opladen.

Achterberg, Norbert, 1984: Parlamentsrecht, Tübingen.

Alemann, Ulrich von, 1973: Parteiensysteme im Parlamentarismus: eine Einführung und Kritik von Parlamentarismustheorien, Düsseldorf.

Alemann, Ulrich von, 1985: Der Wandel der organisierten Interessen in der Bundesrepublik. Erosion oder Transformation?, in: APuZ B 49, S. 3-21.

Alemann, Ulrich von, [2]1989: Organisierte Interessen in der Bundesrepublik, Opladen.

Alemann, Ulrich/Heinze, Rolf G./Schmid, Josef, 1998: Parteien im Modernisierungsprozeß, in: APuZ B 1-2, S. 29-36.

Alemann, Ulrich von/Heinze, Rolf G./Wehrhöfer, Ulrich (Hrsg.), 1999: Bürgergesellschaft und Gemeinwohl, Opladen.

Altner, Günter, [3]1997: Ethik und Technologieentwicklung heute, in: Westphalen, Raban Graf von (Hrsg.), Technikfolgenabschätzung als politische Aufgabe, München/Wien, S. 15-30.

Amtliches Handbuch des Deutschen Bundestages. Hrsg. Deutscher Bundestag, Bonn 1957ff.

Andersen, Uwe/Woyke, Wichard (Hrsg.), [2]1995: Handwörterbuch des politischen Systems der Bundesrepublik Deutschland, Opladen.

Apel, Hans, 1968: Der deutsche Parlamentarismus, Reinbek.

Apel, Hans, 1991: Der Abstieg. Politisches Tagebuch eines Jahrzehnts, München.

Appel, Reinhard, 1985: Das Parlament und die alten Medien – eine Bilanz. Vortrag im Rahmen der Tagung Neue Medien – neue Chancen für Parlament und Abgeordnete (DVParl und Akad. f. polit. Bildung, Tutzing, 1.5.1985), vervielf. Manuskript.

Appoldt, Friedrich, 1971: Die öffentlichen Anhörungen („Hearings") des Deutschen Bundestages, Berlin.

Arndt, Claus, 1989: Fraktion und Abgeordneter, in: Schneider, Hans-Peter/Zeh, Wolfgang (Hrsg.), Parlamentsrecht und Parlamentspraxis in der Bundesrepublik Deutschland, Berlin/ New York, S. 643-672.

Arndt, Claus, 1993: 25 Jahre Post- und Telefonkontrolle. Die G 10-Kommission des Deutschen Bundestages, in: ZParl 24, S. 621-634.

Arndt, Claus, 1994: Öffentlichkeit der Parlamentsausschüsse? Unter besonderer Berücksichtigung des Deutschen Bundestages, in: Jahrbuch für Politik, Halbband 2, S. 9-33.

Arnim, Hans Herbert von, 1998: Diener vieler Herren. Die Doppel- und Dreifachversorgung von Politikern, München.

Aufbruch und Erneuerung – Deutschlands Weg ins 21. Jahrhundert. Koalitionsvereinbarung zwischen der Sozialdemokratischen Partei Deutschlands und Bündnis 90/Die Grünen vom 20.10.1998, Bonn.

Bagehot, Walter, 1867: The English constitution (deutsche Ausgabe: Die englische Verfassung, Neuwied/Berlin 1971).

Bandemer, Stephan von/Hilbert, Josef, 1998: Vom expandierenden zum aktivierenden Staat, in: Bandemer, Stephan u.a. (Hrsg.), Handbuch zur Verwaltungsreform, Opladen, S. 25-32.

Baring, Arnulf, 1982: Der Machtwechsel. Die Ära Brandt-Scheel, Stuttgart u.a.

Barth, Falk, 1998: Wahlkreisarbeiter von Abgeordneten. Rollenverständnis, Funktionen und Interaktionsmuster, Dresden (Magisterarbeit).

Batt, Helge-Lothar, 1996: Die Grundgesetzreform nach der deutschen Einheit: Akteure, politischer Prozeß und Ergebnisse, Opladen.

Bäumlin, Richard, 1966: Die Kontrolle des Parlaments über Regierung und Verwaltung, in: Zeitschrift für Schweizerisches Recht, Bd. 85, S. 165-319.

Beck, Ulrich (Hrsg.), 1991: Politik in der Risikogesellschaft, Frankfurt/M.

Beck, Ulrich (Hrsg.), 1998: Politik der Globalisierung, Frankfurt/M.

Beck, Ulrich, 1986: Risikogesellschaft. Auf dem Weg in eine andere Moderne, Frankfurt/M.

Beck, Ulrich, 1988: Gegengifte. Die organisierte Unverantwortlichkeit, Frankfurt/M.

Becker, Bernd, 1996: Die unzulässigen Sonderzahlungen der Abgeordneten an Fraktion und Partei: Reformvorschläge, in: ZParl 27, S. 377-382.

Becker, Florian, 1996: Defizite im Fraktionsgesetz des Bundes: § 50 ABgG, in: ZParl 27, S. 189-199.

Benda, Ernst/Maihofer, Werner/VogeL, Hans-Jochen (Hrsg.), [2]1994: Handbuch des Verfassungsrechts der Bundesrepublik Deutschland, Berlin.

Benz, Arthur, 1997: Kooperativer Staat? Gesellschaftliche Einflußnahme auf staatliche Steuerung,

Benzner, Bodo, 1989: Ministerialbürokratie und Interessengruppen, Baden-Baden.

Berg, Hans-Joachim, 1982: Der Verteidigungsausschuß des Deutschen Bundestages. Kontrollorgan zwischen Macht und Ohnmacht, München.

Bergmann, Kirstin, 1999: Regierungsbildung 1998: Dokumentation der Koalitionsverhandlungen, in: ZParl 30, S. 316-325.

Bericht des Petitionsausschusses, 1997: Die Tätigkeit des Petitionsausschusses des Deutschen Bundestages im Jahre 1996, BT-Drs. 13/8000.

Berkhan, Karl-Wilhelm, 1986: Der Wehrbeauftragte des deutschen Bundestages, in: Kempf, Udo/Uppendahl, Herbert (Hrsg.), Ein deutscher Ombudsmann, Opladen, S. 76-89.

Bermbach, Udo, 1981: Stationen der Regierungs- und Oppositionsbildung 1980, in: ZParl 12, S. 58-63.

Bermbach, Udo, 1991: Demokratietheorie und politische Institutionen, Opladen.

Bernzen, Uwe, 1977: Rechtliche Stellung eines parlamentarischen Ausschusses, in: ZParl 8, S. 36-41.

Beyme, Klaus von, 1979: Funktionen der Regierungserklärung im Parlamentarismus der Bundesrepublik (Einleitung), in: Die großen Regierungserklärungen der deutschen Bundeskanzler von Adenauer bis Schmidt, München.

Beyme, Klaus von, ^{2}1984a: Parteien in westlichen Demokratien, München.

Beyme, Klaus von, 1984b: Unregierbarkeit in westlichen Demokratien, in: Leviathan 12, S. 39-49.

Beyme, Klaus von, 1993: Die politische Klasse im Parteienstaat, Frankfurt/M.

Beyme, Klaus von, ^{8}1996: Das politische System der Bundesrepublik Deutschland, München.

Beyme, Klaus von, 1997a: Der Gesetzgeber. Der Bundestag als Entscheidungszentrum, Opladen.

Beyme, Klaus von, 1997b: Funktionswandel der Parteien in der Entwicklung von der Massenmitgliederpartei zur Partei der Berufspolitiker, in: Gabriel, Oscar W./Niedermayer, Oskar/Stöss, Richard (Hrsg.), Parteiendemokratie in Deutschland, Opladen, S. 359-383.

Biedenkopf, Kurt H., 1988: Parlamentsreform, eine demokratische Notwendigkeit, in: APuZ B 13, S. 48f.

Bimber, Bruce, 1996: The Politics of Expertise in Congress: The Rise and Fall of the Office of Technology Assessment, Albany.

Blanke, Bernhard/Schridde, Henning, 1999: Bürgerengagement und aktivierender Staat, in: APuZ B 24-25, S. 3-12.

Blanke, Bernhard/Wollmann, Hellmut (Hrsg.), 1991: Die alte Bundesrepublik (Leviathan Sonderheft 12/91), Opladen.

Bleckmann, Albert, ^{6}1997: Europa-Recht, Köln u.a.

Blischke, Werner, 1973: Verfahrensfragen des Bundestages im Jahr 1972, in: Der Staat 12, S. 65-84.

Bockhofer, Reinhard (Hrsg.), 1999: Mit Petitionen Politik verändern, Baden-Baden.

Bodenheim, Dieter G., 1980: Das parlamentarische Fragerecht unter dem Grundgesetz, in: ZParl 11, S. 38-53.

Bohnsack, Klaus, 1983: Die Koalitionskrise 1981/82 und der Regierungswechsel 1982, in: ZParl 14, S. 5-32.

Böhr, Christoph/Busch, Eckart, 1984: Politischer Protest und parlamentarische Bewältigung: zu den Beratungen und Ergebnissen der Enquete-Kommission 'Jugendprotest im demokratischen Staat', Baden-Baden.

Böhret, Carl, 1983a: Politik und Verwaltung, Beiträge zur Verwaltungspolitologie, Opladen.

Böhret, Carl, 1983b: Politische Vorgaben für ziel- und ergebnisorientiertes Verwaltungshandeln aus Regierungserklärungen?, in: Böhret, Carl, Politik und Verwaltung, S. 45-57.

Böhret, Carl, 1990: Folgen. Entwurf für eine aktive Politik gegen schleichende Katastrophen, Opladen.

Böhret, Carl, ²1997: Gesetzesfolgenabschätzung. Einordnung, Absichten, Methodik: Ein Überblick mit Beispielen, Speyerer Arbeitshefte 110.

Böhret, Carl, 1999: Gesetzesfolgenabschätzung: Soll sie institutionalisiert werden?, in: Grupp, Klaus/Ronellenfitsch, Michael (Hrsg.), Planung – Recht – Rechtsschutz, Berlin, S. 51-65.

Böhret, Carl/Franz, Peter, 1986: Die parlamentarische Technologiefolgenabschätzung. Funktionen, Probleme und Organisationsmodelle, in: Hartwich, Hans-Hermann (Hrsg.), Politik und die Macht der Technik, Opladen, S. 169-182

Böhret, Carl/Franz, Peter, 1988: Die Institutionalisierung der Technologiefolgenabschätzung im politischen System der Bundesrepublik Deutschland, in: Lompe, Klaus (Hrsg.), Techniktheorie, Technikforschung und Technikgestaltung, Göttingen, S. 268-288.

Böhret, Carl/Konzendorf, Götz, 1997: Ko-Evolution von Gesellschaft und funktionalem Staat. Ein Beitrag zur Theorie der Politik, Opladen.

Boldt, Hans, 1973: Zum Verhältnis von Parlament, Regierung und Haushaltsausschuß, in: ZParl 4, S. 534-537.

Bonner Kommentar zum Grundgesetz, Loseblattsammlung (1950ff.), Hamburg.

Borchert, Jens (Hrsg.) unter Mitarbeit von Jürgen Zeiß, 1999: Politik als Beruf. Die politische Klasse in westlichen Demokratien, Opladen.

Borchert, Jens/Golsch, Lutz, 1999: Deutschland: Von der „Honoratiorenzunft" zur politischen Klasse, in: Borchert, Jens (Hrsg.), Politik als Beruf, Opladen, S. 114-140.

Brandt, Edmund, 1981: Die Bedeutung parlamentarischer Vertrauensregelungen. Dargestellt am Beispiel von Art. 54 WRV und Art. 67, 68 GG, Berlin.

Brathuhn, Ralf, 1989: Bundesratsanträge der bayrischen Landesregierung: Profilierungsanträge oder ernstgemeinte Gesetzgebungsakte?, in: ZParl 20, S. 322-331.

Brausewetter, Hartmut H., 1976: Kanzlerprinzip, Ressortprinzip und Kabinettsprinzip der ersten Regierung Brandt 1969-72, Bonn.

Brettschneider, Frank, 1995: Öffentliche Meinung und Politik. Eine empirische Studie zur Responsivität des deutschen Bundestages zwischen 1949 und 1990, Opladen.

Brettschneider, Frank, 1996: Parlamentarisches Handeln und öffentliche Meinung. Zur Responsivität des Deutschen Bundestages bei politischen Sachfragen zwischen 1949 und 1990, in: ZParl 27, S. 108-126.

Brückner, Uli, 1993: Der Deutsche Bundestag im europäischen Maßstab: Neue Anforderungen durch die europäische Integration, in: Herzog, Dietrich/Rebenstorf, Hilke/Weßels, Bernhard (Hrsg.), Parlament und Gesellschaft, Opladen, S. 218-247.

Bücker, Joseph, 1986: Das Parlamentsrecht in der Hierarchie der Rechtsnormen, in: ZParl 17, S. 324-333.

Büllingen, Franz, 1987: Technikfolgen-Abschätzung und -Bewertung beim amerikanischen Kongreß. Das Office of Technology Assessment, in: APuZ B 19-20, S. 26-39.

Bulmahn, Edelgard, 1998: Möglichkeiten der Politik in der Technikfolgenabschätzung, in: Pius, Markus (Hrsg.), Möglichkeiten, Risiken und Grenzen der Technik auf dem Wege in die Zukunft, Bonn, S. 21-31.

Bund transparent 1996, Bad Honnef.

Bundesministerium des Innern (Hrsg.), 1986: Zweiter Bericht zur Rechts- und Verwaltungsvereinfachung, Bonn.

Bundesrat (Hrsg.), 1989: Vierzig Jahre Bundesrat, Baden-Baden.

Bundesrat (Hrsg.), 1994: Handbuch des Bundesrates für das Geschäftsjahr 1994/95, München.

Bundesrat (Hrsg.), 1999: Handbuch des Bundesrates für das Geschäftsjahr 1998/99, Baden-Baden.

Burmeister, Kerstin, 1993: Die Professionalisierung der Politik am Beispiel des Berufspolitikers im parlamentarischen System der Bundesrepublik Deutschland, Berlin.

Busch, Eckart, [4]1983: Parlamentarische Kontrolle, Heidelberg.

Busch, Eckart, [2]1985: Der Wehrbeauftragte, Karlsruhe.

Busch, Eckart, [4]1991: Der Wehrbeauftragte: Organ der parlamentarischen Kontrolle, Heidelberg.

Busse, Volker, [2]1997: Bundeskanzleramt und Bundesregierung, Heidelberg.

Chronik Deutscher Bundestag, 1996: 12. Wahlperiode 1990-1994, Hrsg. Deutscher Bundestag, Bonn.

Czerwick, Edwin, 1987: Parlament und Politikvermittlung, in: Sarcinelli, Ulrich (Hrsg.), Politikvermittlung, Bonn, S. 161-183.

Czerwick, Edwin, 1998: Parlamentarische Politikvermittlung – zwischen „Basisbezug" und „Systembezug", in: Sarcinelli, Ulrich (Hrsg.), Politikvermittlung und Demokratie in der Mediengesellschaft, Opladen, S. 253-296.

Dach, Peter R., 1989: Das Ausschußverfahren nach der Geschäftsordnung und in der Praxis, in: Schneider, Hans-Peter/Zeh, Wolfgang (Hrsg.), Parlamentsrecht und Parlamentspraxis, Berlin/New York, S. 1103-1130.

Damkowski, Wulf (Hrsg.), 1987: Der parlamentarische Untersuchungsausschuß, Frankfurt/New York.

Demmler, Wolfgang, 1994: Der Abgeordnete im Parlament der Fraktionen, Berlin.

Denninger, Eduard, 1973: Staatsrecht, Bd. 1, Reinbek.

Derlien, Hans-Ulrich, 1975: Das Berichtswesen der Bundesregierung – Ein Mittel der Kontrolle und Planung, in: ZParl 6, S. 42-47.

Derlien, Hans-Ulrich, 1992: Der Rechnungshof zwischen Finanzkontrolle und Programmevaluation, in: Hartwich, Hans-Hermann/Wewer, Göttrik (Hrsg.), Regieren in der Bundesrepublik IV, Opladen, S. 81-93.

Derlien, Hans-Ulrich/Mayntz, Renate u. M. v. Fälker, M./Groß, H./Klaas, D.O., 1988: Comparative Elite Study II – Einstellungen der politisch-administrativen Elite des Bundes 1987, Bamberg.

Deutscher Bundestag (Hrsg.), 1986: Die Geschäftsordnungen deutscher Parlamene seit 1848, Bonn.

Deutscher Bundestag (Hrsg.), 1991: Parlamentsrecht in der Entwicklung. Änderungen der Geschäftsordnung des Deutschen Bundestages in der 10. und 11. Wahlperiode, 2 Bände, Bonn.

Dexheimer, Wolfgang, 1982: Die Mitwirkung der Bundestagsfraktionen bei der Besetzung der Ausschüsse, in: Roll, Hans-Achim (Hrsg.), Plenarsitzungen des Deutschen Bundestages, Berlin, S. 259-277.

Diederich, Nils/Cadel, Georg/Dettmar, Heidrun/Haag, Ingeborg, 1990: Die diskreten Kontrolleure. Eine Wirkungsanalyse des Bundesrechnungshofs, Opladen.

Dienel, Peter, [4]1997: Die Planungszelle, Opladen.

Dierkes, Manfred, 1986: Technikfolgenabschätzung als Interaktion von Sozialwissenschaften und Politik, in: Hartwich, Hans-Hermann (Hrsg.), Politik und die Macht der Technik, Opladen, S. 144-161.

Dobiey, Burkhard, 1974: Zur Frage eines unmittelbaren Zugangs des Parlaments zu Datenbanken der Regierung, in: ZParl 3, S. 316-325.

Döring, Herbert (Hrsg.), 1995: Parliaments and Majority Rule in Western Europe, Frankfurt/New York.

Döring, Herbert, 1996: Parlamentarische Kontrolle in Westeuropa, in: APuZ B 27, S. 42-54.

Dörner, Andreas/Vogt, Ludgera (Hrsg.), 1995: Sprache des Parlaments und Semiotik der Demokratie. Studien zur politischen Kommunikation in der Moderne, Berlin/New York.

Dülz, Sigurd, 1989: Als Landesbeauftragter im Bundesratsausschuß, in: Hrbek, Rudolf (Hrsg.), Miterlebt – mitgestaltet. Der Bundesrat im Rückblick, Stuttgart, S. 374-385.

Edinger, Franz, 1992: Wahl und Besetzung parlamentarischer Gremien. Präsidium, Ältestenrat, Ausschüsse, Berlin.

Ehmke, Horst, 1994: Mittendrin. Von der Großen Koalition zur Deutschen Einheit, Berlin.

EKD, 1986: Evangelische Kirche und freiheitliche Demokratie. Der Staat des Grundgesetzes als Angebot und Aufgabe. Eine Denkschrift der EKD, Gütersloh.

Ellwein, Thomas, [5]1983: Das Regierungssystem der Bundesrepublik Deutschland, Opladen.

Ellwein, Thomas/Joachim Jens Hesse, 1994: Der überforderte Staat, Baden-Baden.

Ellwein, Thomas/Holtmann, Everhard (Hrsg.), 1999: 50 Jahre Bundesrepublik Deutschland, Opladen.

Engels, Dieter, [2]1991: Parlamentarische Untersuchungsausschüsse. Grundlagen und Praxis im Deutschen Bundestag, Heidelberg.

Enquete-Kommission Verfassungsreform, 1976: Schlußbericht, Bd. 1 (Zur Sache 3), Bonn.

Enquete-Kommission Verfassungsreform, 1977: Schlußbericht, Bd. 2 (Zur Sache 2), Bonn.

Eppler, Erhard, 1975: Ende oder Wende?, Stuttgart.

Eppler, Erhard, 1998: Die Wiederkehr der Politik, Frankfurt/Leipzig.

EU-Ausschuß, Sekretariat (Hrsg.), [2]1998: Der Ausschuß für die Angelegenheiten der Europäischen Union des Deutschen Bundestages, Bonn

EU-Vertrag, [4]1998 (EG-Vertrag in den Fassungen von Maastricht und Amsterdam mit Protokollen, Schlußakten und Erklärungen), München.

Fallsammmlungen über die Anwendung der Geschäftsordnung in den Verhandlungen des Deutschen Bundestages für die 8. bis 13. Wahlperiode, Bonn (Verwaltung des Deutschen Bundestages).

Feist, Ursula/Hoffmann, Hans-Jürgen, 1999: Die Bundestagswahlanalyse 1998. Wahl des Wechsels, in: ZParl 30, S. 215-251.

Feldkamp, Michael F., 1998: Der Parlamentarische Rat 1948-1949. Die Entstehung des Grundgesetzes, Göttingen.

Fetscher, Iring, 1989: Aufklärung über Aufklärung, in: Honneth, Axel (Hrsg.), Zwischenbetrachtungen. Jürgen Habermas zum 60. Geburtstag, München, S. 657-689.

Fischer, Wolfgang, 1993: Die Europäische Union im Grundgesetz: der neue Artikel 23, in: ZParl 24, S. 32-49.

Franke, Harald, 1987: Vom Seniorenkonvent des Reichstages zum Ältestenrat des Bundestages, Berlin.

Gabriel, Oscar W., 1997: Politische Einstellungen und politisches Verhalten, in: Gabriel, Oscar W./Holtmann, Everhard (Hrsg.), Handbuch politisches System der Bundesrepublik Deutschland, München/Wien, S. 381-497.

Gabriel, Oscar W., 1999: Demokratie in der Vereinigungskrise? Einstellungen zur Demokratie im vereinigten Deutschland, in: Zeitschrift für Politikwissenschaft 9, S. 827-861.

Gabriel, Oscar W./Ahlstich, Katja/Kunz, Volker, 1997: Die kommunale Selbstverwaltung in Deutschland, in: Gabriel, Oscar, W./Holtmann, Everhard (Hrsg.), Handbuch politisches System der Bundesrepublik Deutschland, München/Wien, S. 325-354.

Gabriel, Oscar W./Holtmann, Everhard (Hrsg.), 1997: Handbuch politisches System der Bundesrepublik Deutschland, München/Wien.

Gabriel, Oscar W./Niedermayer, Oskar, 1997: Entwicklung und Sozialstruktur der Parteimitgliedschaften, in: Gabriel, Oscar W./Niedermayer, Oskar/Stöss, Richard (Hrsg.), Parteiendemokratie in Deutschland, Opladen, S. 277-322.

Gabriel, Oscar W./Niedermayer, Oskar/Stöss, Richard (Hrsg.), 1997: Parteiendemokratie in Deutschland, Opladen.

Gebauer, Klaus-Eckart, [2]1997: Planung in Regierung und Verwaltung, König, Klaus/Siedentopf, Heinrich (Hrsg.), Öffentliche Verwaltung in Deutschland, Baden-Baden, S. 377-394.

Gerster, Johannes, 1984: Der Berichterstatter im parlamentarischen Haushaltsverfahren, Regensburg.

Golsch, Lutz, 1998: Die politische Klasse im Parlament. Politische Professionalisierung von Hinterbänklern im Deutschen Bundestag, Baden-Baden.

Greiffenhagen, Martin (Hrsg.), 1973: Demokratisierung in Staat und Gesellschaft, München.

Grimm, Dieter, 1994a: Die Zukunft der Verfassung, Frankfurt/M.

Grimm, Dieter, [2]1994b: Politische Parteien, in: Benda, Ernst/Maihofer, Werner/Vogel, Hans Jochen (Hrsg.), Handbuch des Verfassungsrechts der Bundesrepublik Deutschland, Berlin, S. 599-656.

Grimm, Dieter/Maihofer, Werner (Hrsg.), 1988: Gesetzgebungstheorie und Rechtspolitik, Opladen.

Gros, Jürgen, 1998: Politikgestaltung im Machtdreieck Partei, Fraktion, Regierung. Zum Verhältnis von CDU-Parteiführungsgremien, Unionsfraktion und Bundesregierung 1982-1989 an den Beispielen der Finanz-, Deutschland- und Umweltpolitik, Berlin.

Groß, Hermann, 1992: Postmaterialistische Einstellungen in Elite und Bevölkerung, in: Klages, Helmut/Hipler, Hans-J./Herbert, Will (Hrsg.), Werte und Wandel, Frankfurt/M., S. 230-251.

Habermas, Jürgen, 1981: Die Theorie des kommunikativen Handelns, Bd. 2, Frankfurt/M.

Habermas, Jürgen, [4]1970: Verwissenschaftlichte Politik und öffentliche Meinung (1963), in: Habermas, Jürgen, Technik und Wissenschaft als 'Ideologie', Frankfurt/M., S. 120-145.

Hahn, Gerhard, 1997: Die Reichstagsbibliothek zu Berlin – ein Spiegel deutscher Geschichte, Düsseldorf.

Hamm-Brücher, Hildegard, 1990: Der freie Volksvertreter – eine Legende? Erfahrungen mit parlamentarischer Macht und Ohnmacht, München.

Hänsch, Klaus, 1986: Europäische Integration und parlamentarische Demokratie, in: Europa-Archiv 7

Härth, Wolfgang, 1985: Abwählbar oder nicht? Der Parlamentspräsident und sein Amt, in: ZParl 4, S. 490-495.

Hartmann, Jürgen, [3]1997: Handbuch der deutschen Bundesländer, Frankfurt/M.

Hartmann, Jürgen/Thaysen, Uwe (Hrsg.), 1992: Pluralismus und Parlamentarismus in Theorie und Praxis. Winfried Steffani zum 65. Geburtstag, Opladen.

Hartwich, Hans-Hermann/Wewer, Göttrik (Hrsg.), 1990/91/92: Regieren in der Bundesrepublik I, II, III, IV, V, Opladen.

Haungs, Peter, 1989: Kanzlerprinzip und Regierungstechnik im Vergleich: Adenauers Nachfolger, in: APuZ B 1-2, S. 28-39.

Heinrich, Gudrun, 1995: Koalitionsverhandlungen und Regierungsbildung auf Bundesebene 1994 im Spiegel der Presse, in: ZParl 26, S. 193-204.

Hellstern, Gerd-Michael/Wollmann, Hellmuth (Hrsg.), 1980: Wirksame Gesetzesevaluierung. Wo könnten praktikable Kontrollverfahren und Wirkungsanalysen bei Parlament und Rechnungshof ansetzen?, in: ZParl 10, S. 547-567.

Hellstern, Gerd-Michael/Wollmann, Hellmuth (Hrsg.), 1984: Handbuch zur Evaluierungsforschung, Opladen.

Helms, Ludger, 1994: „Machtwechsel" in der Bundesrepublik Deutschland. Eine vergleichende empirische Analyse der Regierungswechsel 1966, 1969 und 1982, in: Jahrbuch für Politik 4, S. 635-654.

Helms, Ludger, 1997: Wettbewerb und Kooperation. Zum Verhältnis von Regierungsmehrheit und Opposition im parlamentarischen Gesetzgebungsverfahren in der Bundesrepublik Deutschland, Großbritannien und Österreich, Opladen.

Helms, Ludger, 1999: Entwicklungslinien der Verfassungsgerichtsbarkeit in der parlamentarischen Demokratie der Bundesrepublik Deutschland, in: Jesse, Eckhard/Löw, Konrad (Hrsg.), 50 Jahre Bundesrepublik Deutschland, Berlin, S. 141-164.

Hendler, Reinhard, 1983: Grundprobleme der Entregelung im demokratischen Rechts- und Sozialstaat, in: Voigt, Rüdiger (Hrsg.), Gegentendenzen zur Verrechtlichung, Opladen, S. 59-70.

Hennis, Wilhelm/Kielmansegg, Peter Graf/Matz, Ulrich (Hrsg.), 1977/1979: Regierbarkeit. Studien zu ihrer Problematisierung, 2 Bände, Stuttgart.

Herzog, Dietrich u.a., 1990: Abgeordnete und Bürger. Ergebnisse einer Befragung der Mitglieder des 11. Deutschen Bundestages und der Bevölkerung, Opladen.

Herzog, Dietrich, 1975: Politische Karrieren, Opladen.

Herzog, Dietrich, 1979: Karrieremuster von Abgeordneten in Deutschland – früher und heute, in: Politik als Beruf? Das Abgeordnetenbild im historischen Wandel (= Zur Sache 1), Bonn, S. 63-74.

Herzog, Dietrich, 1989: Was heißt und zu welchem Ende studiert man Repräsentation?, in: Herzog, Dietrich/Wessels, Bernhard (Hrsg.), Konfliktpotentiale und Konsensstrategien, S. 307-335.

Herzog, Dietrich, 1990: Der moderne Berufspolitiker. Karrierebedingungen und Funktion in westlichen Demokratien, in: Der Bürger im Staat, H. 1, S. 9-16.

Herzog, Dietrich/Rebenstorf, Hilke/Weßels, Bernhard (Hrsg.), 1993: Parlament und Gesellschaft. Eine Funktionsanalyse der repräsentativen Demokratie, Opladen.

Hess, Adalbert, 1995: Sozialstruktur des 13. Deutschen Bundestages. Berufliche und fachliche Entwicklungslinien, in: ZParl 23, S. 567-585.

Hesse, Jens Joachim, 1995: Staat, Politik und Bürokratie, Opladen.

Hesse, Joachim Jens/Ellwein, Thomas, [8]1998: Das Regierungssystem der Bundesrepublik Deutschland, 2 Bände, Opladen.

Hesse, Konrad, [20]1995: Grundzüge des Verfassungsrechts der Bundesrepublik Deutschland, Heidelberg.

Heußner, Hermann K./Jung, Otmar (Hrsg.), 1999: Mehr direkte Demokratie wagen. München.

Hill, Hermann, 1982: Einführung in die Gesetzgebungslehre, Heidelberg.

Hill, Hermann (Hrsg.), 1989: Zustand und Perspektiven der Gesetzgebung, Berlin.

Hill, Hermann, 1998: Abbau der Regulierungsdichte – Neue Akzente für die Rechtssetzung, in: Jann, Werner u.a. (Hrsg.), Politik und Verwaltung auf dem Wege in die transnationale Gesellschaft, Baden-Baden, S. 357-364.

Hirner, Manfred, 1993: Der Deutsche Bundestag im Netzwerk organisierter Interessen, in: Herzog, Dietrich/Rebenstorf, Hilke/Weßels, Bernhard (Hrsg.), Parlament und Gesellschaft, Opladen, S. 138-183.

Hirsch, Joachim, 1968: Parlament und Verwaltung, Teil 2: Haushaltsplanung und Haushaltskontrolle, Stuttgart u.a.

Hocevar, Rolf, 1995: Verfassungsreform zwischen Evolution und Revolution, in: ZParl 26, S. 24-41.

Hoecker, Beate, 1987: Frauen in der Politik: eine soziologische Studie, Opladen.

Hoecker, Beate, 1998: Zwischen Macht und Ohnmacht: Politische Partizipation von Frauen in Deutschland, in: Hoecker, Beate (Hrsg.), Handbuch Politische Partizipation von Frauen in Europa, Opladen, S. 65-90.

Hoffmann, Jürgen, 1999: Ambivalenzen des Globalisierungsprozesses: Chancen und Risiken der Globalisierung, in: APuZ B 23, S. 3-16.

Hoffmann-Riem, Wolfgang, 1988: Schleichwege zur Nicht-Entscheidung. Fallanalyse zum Scheitern der Enquete-Kommission „Neue Informations- und Kommunikationstechniken", in: Politische Vierteljahresschrift 29, S. 58-84.

Hoffmann-Riem, Wolfgang/Ramcke, Udo, 1989: Enquete-Kommissionen, in: Schneider, Hans-Peter/Zeh, Wolfgang (Hrsg.), Parlamentsrecht und Parlamentspraxis, Berlin/New York, S. 1261-1292.

Höfling, Wolfram, 1980: Die Vereinigungen der CDU, in: Kaack, Heino/Roth, Reinhold (Hrsg.), Handbuch des deutschen Parteiensystems, Bd. 1, Opladen, S. 125-152.

Hofmann, Gunter/Perger, Werner A. (Hrsg.), 1992: Die Kontroverse. Weizsäckers Parteienkritik in der Diskussion, Frankfurt/M.

Hofmeier, Klaus, 1997: Eine wirksame Finanzkontrolle ist nicht gewährleistet, in: Das Parlament, Nr. 38, S. 9.

Hofrichter, Jürgen/Schmitt, Hermann, [2]1991: Eher mit als gegeneinander! Zum Verhältnis von neuen sozialen Bewegungen und politischen Parteien in den achtziger Jahren, in: Roth, Roland/Rucht, Dieter (Hrsg.), Neue soziale Bewegungen in der Bundesrepublik Deutschland, Bonn, S. 469-488.

Hölscheidt, Sven, 1992: Frage und Antwort im Parlament, Rheinbreitbach.

Holtz, Uwe (Hrsg.), 1984: Entwicklung und Rüstung. Öffentliche Anhörung des Ausschusses für wirtschaftliche Zusammenarbeit des Deutschen Bundestages (22.2.1984), Baden-Baden.

Horst, Patrick, 1995: Haushaltspolitik und Regierungspraxis in den USA und der Bundesrepublik Deutschland. Ein Vergleich des haushaltspolitischen Entscheidungsprozesses beider Bundesrepubliken zu Zeiten der konservativen Regierungen Reagan/Busch (1981-92) und Kohl (1982-93), Frankfurt/M.

Hübner, Emil, 1980: Die Beziehungen zwischen Bundestag und Bundesregierung im Selbstverständnis der Abgeordneten des V. Deutschen Bundestages, München.

Hübner, Emil, 1995: Parlament und Regierung in der Bundesrepublik Deutschland, München.

Hübner, Emil/Oberreuter, Heinrich, 1977: Parlament und Regierung. Ein Vergleich dreier Regierungssysteme, München.

Hübner, Kurt, 1998: Der Globalisierungskomplex. Grenzenlose Ökonomie – grenzenlose Politik? Berlin.

Hucke, Joachim/Wollmann, Hellmuth, 1983: Wirkungsforschung und Folgenabschätzung, in: Hartwich, Hans-Hermann (Hrsg.), Gesellschaftliche Probleme als Anstoß und Folge von Politik, S. 247-260.

Hucko, Elmar 1979: Der parlamentarische Untersuchungsausschuß auf dem Gebiet der Verteidigung, in: ZParl 10, S. 304-311.

Hugger, Werner, 1983: Gesetze – ihre Vorbereitung, Abfassung und Prüfung, Baden-Baden.

Huhn, Jochen/Witt, Peter-Christian (Hrsg.), 1992: Föderalismus in Deutschland. Traditionen und gegenwärtige Probleme, Baden-Baden.

Immerfall, Stefan, 1998: Strukturwandel und Strukturschwächen der deutschen Mitgliederparteien, in: APuZ B 1-2, S. 3-12.

Inglehart, Ronald, 1989: Kultureller Umbruch. Wertewandel in der westlichen Welt, Frankfurt/New York.

Interfraktionelle Initiative Parlamentsreform, Antrag, BT-Drs. 11/2206/27.4.1988.

Isensee, Josef/Kirchhof, Paul (Hrsg.), 1987: Handbuch des Staatsrechts der Bundesrepublik Deutschland, Band II, Heidelberg.

Ismayr, Wolfgang, 1982a: Parlamentarische Kommunikation und Abgeordnetenfreiheit, Frankfurt/M.

Ismayr, Wolfgang, 1982b: Parlamentarische Debatte und Abgeordnetenfreiheit, in: ZParl 13, S. 287-304.

Ismayr, Wolfgang, 1985a: Ansätze und Perspektiven einer Parlamentsreform, in: APuZ B 24-25, S. 32-44.

Ismayr, Wolfgang, 1985b: Die GRÜNEN im Bundestag: Parlamentarisierung und Basisanbindung, in: ZParl 16, S. 299-321.

Ismayr, Wolfgang, 1990: Berichte der Bundesregierung im Prozeß parlamentarischer Willensbildung, in: ZParl 21, S. 553-559.

Ismayr, Wolfgang, 1991a: Der Deutsche Bundestag. Strukturprobleme und Reformperspektiven einer politischen Institution, in: APuZ B 50, S. 25-40

Ismayr, Wolfgang, 1991b: Selbständige Anträge und Entschließungsanträge. Vielfältig genutzte Mittel öffentlicher Kontrolle und Initiative, in: ZParl 22, S. 197-204.

Ismayr, Wolfgang, 1992: Der Deutsche Bundestag. Funktionen, Willensbildung, Reformansätze, Opladen.

Ismayr, Wolfgang, 1996a: Enquete-Kommissionen des Deutschen Bundestages, in: APuZ B 27, S. 29-41.

Ismayr, Wolfgang, 1996b: Das Parlament – ein zentrales Forum des politischen Diskurses?, in: Fabricius-Brand, Margarete/Börner, Bertram (Hrsg.), 4. Alternativer Juristinnen- und Juristentag, Baden-Baden, S. 73-88.

Ismayr, Wolfgang, 1997: Parteien in Bundestag und Bundesregierung, in: Gabriel, Oscar W./Niedermayer, Oskar/Stöss, Richard (Hrsg.), Parteiendemokratie in Deutschland, Opladen und Bonn (Bundeszentrale für politische Bildung), S. 384-406.

Ismayr, Wolfgang (Hrsg), ^{2}1999a: Die politischen Systeme Westeuropas, Opladen.

Ismayr, Wolfgang, ^{2}1999b: Die politischen Systeme Westeuropas im Vergleich, in: Ismayr, Wolfgang (Hrsg.), Die politischen Systeme Westeuropas, Opladen, S. 9-53.

Ismayr, Wolfgang, ^{2}1999c: Das politische System Deutschlands, in: Ismayr, Wolfgang (Hrsg.), Die politischen Systeme Westeuropas, Opladen, S. 415-453.

Ismayr, Wolfgang, 1999d: 50 Jahre Parlamentarismus in der Bundesrepublik Deutschland, in: APuZ B 20, S. 14-26.

Ismayr, Wolfgang, 1999e: Reform des Deutschen Bundestages, in: 50 Jahre Deutscher Bundestag, Sonderheft „Blickpunkt Bundestag", Bonn, S. 44-47.

Ismayr, Wolfgang, 1999f: Parlamentarische Prüfung von Petitionen, in: Bockhofer, Reinhard (Hrsg.), Mit Petitionen Politik verändern, Baden-Baden, S. 145-156.

IT-Rahmenkonzept 1998: IT-Struktur und Rahmenbedingungen, IT-Einsatz beim Deutschen Bundestag, Bonn.

Jäger, Wolfgang, 1973: Öffentlichkeit und Parlamentarismus, Stuttgart u.a.

Jäger, Wolfgang, 1988: Von der Kanzlerdemokratie zur Koordinationsdemokratie, in: Zeitschrift für Politik 35, S. 15-32.

Jäger, Wolfgang, 1994: Wer regiert die Deutschen? Innenansichten der Parteiendemokratie, Zürich/Osnabrück.

Jäger, Wolfgang/Linck, Werner, 1985: Republik im Wandel 1974-1982. Die Ära Schmidt, Stuttgart/ Mannheim.

Jahn, Detlef, ^{2}1999: Das politische System Schwedens, in: Ismayr, Wolfgang (Hrsg.), Die politischen Systeme Westeuropas, Opladen, S. 93-127.

Jann, Werner, 1981: Die Vorbereitung von Gesetzen in Schweden, in: ZParl 15, S. 377-398.

Jann, Werner, 1988: Politik als Aufgabe der Bürokratie: Die Ministerialbürokratie im politischen System der Bundesrepublik im Vergleich zu anderen westlichen Demokratien, in: Politische Bildung 21, S. 39-56.

Jann, Werner, 1996: Regieren ohne Wirkung? Was Regierungen können und was sie nicht können, in: Gegenwartskunde 45, S. 301-308.

Jann, Werner/König, Klaus/Landfried, Christine/Wordelmann, Peter (Hrsg.), 1998: Politik und Verwaltung auf dem Wege in die transnationale Gesellschaft. Carl Böhret zum 65. Geburtstag, Baden-Baden.

Jarren, Otfried (Hrsg.), 1993: Politische Kommunikation in Hörfunk und Fernsehen (Gegenwartskunde-SH), Opladen.

Jekewitz, Jürgen, 1977: Die Wahl des Parlamentspräsidenten, in: Recht und Politik, Bd. 13, S. 98-102.

Jekewitz, Jürgen, 1984, in: Kommentar zum Grundgesetz für die Bundesrepublik Deutschland, Bd. 2 (Reihe Alternativkommentare), Neuwied.

Jekewitz, Jürgen, 1989: Politische Bedeutung, Rechtsstellung und Verfahren der Bundestagsfraktionen, in: Schneider, Hans-Peter/Zeh, Wolfgang (Hrsg.), Parlamentsrecht und Parlamentspraxis, Berlin, S. 1020-1053.

Jekewitz, Jürgen, 1995: Das Personal der Parlamentsfraktionen: Funktion und Status zwischen Politik und Verwaltung, in: ZParl 26, S. 385-423.

Jenninger, Philipp, 1988: Vorschläge und Überlegungen zur Verbesserung der parlamentarischen Arbeit, Bonn.

Jesse, Eckhard, 1998: Koalitionsverhandlungen 1949 bis 1994: Lehrstücke für 1998?, in: ZParl 29, S. 460-477.

Jonas, Hans, 1986: Prinzip Verantwortung – Zur Grundlegung einer Zukunftsethik, in: Meyer, Thomas/Miller, Susanne (Hrsg.), Zukunftsethik und Industriegesellschaft, S. 3-15.

Jun, Uwe, 1994: Koalitionsbildung in den deutschen Bundesländern, Opladen.

Jun, Uwe, 1996: Innerparteiliche Reformen im Vergleich, in: Borchert, Jens u.a. (Hrsg.), Das sozialdemokratische Modell, Opladen, S. 213-237.

Jung, Otmar, 1999: Siegeszug direktdemokratischer Institutionen als Ergänzung des repräsentativen Systems?, in: Arnim, Herbert von (Hrsg.), Demokratie vor neuen Herausforderungen, Berlin, S. 103-137.

Jürgens, Gunther, 1992: Direkte Demokratie in den Bundesländern, Stuttgart u.a.

Kaack, Heino, 1988: Die soziale Zusammensetzung des Deutschen Bundestages, in: Thaysen, Uwe u.a. (Hrsg.), US-Kongreß und Deutscher Bundestag, Opladen, S. 128-151.

Kaase, Max, 1982: Partizipatorische Revolution – Ende der Parteien?, in: Raschke, Joachim (Hrsg.), Bürger und Parteien, Opladen, S. 173-189.

Kabel, Rudolf, 1982: Die Entstehung der Tagesordnung durch interfraktionelle Vereinbarung, in: Roll, Hans-Achim (Hrsg.), Plenarsitzungen des Deutschen Bundestages, Berlin, S. 29-43.

Kabel, Rudolf, 1989: Die Behandlung der Anträge im Bundestag: Rechte, Formen und Verfahren, in: Schneider, Hans-Peter/Zeh, Wolfgang (Hrsg.), Berlin/New York, S. 883-916.

Kaiser, Carl-Christian, 1999: Der Bundestag im Reichstagsgebäude, in: Blickpunkt Bundestag, Sonderheft „Der Deutsche Bundestag in Berlin", Bonn.

Kaiser, Carl-Christian/Kessel, Wolfgang, 1999: Deutscher Bundestag 1949-1999. Debatte und Entscheidung, Konsens und Konflikt. Hrsg. Deutscher Bundestag, Bonn.

Kamm, Volker, 1993: Von Hans-Jochen Vogel zu Hans-Ulrich Klose. Die aktuelle Strukturreform der SPD-Fraktion im Deutschen Bundestag, in: ZParl 24, S. 553-565.

Kassing, Reinhold, 1988: Das Recht der Abgeordnetengruppe, Berlin.

Kasten, Hans-Hermann, 1984: Ausschußorganisation und Ausschußrückruf. Ein Beitrag zum freien Mandat in den Parlamenten und kommunalen Vertretungskörperschaften der Bundesrepublik Deutschland, Berlin.

Kaufmann, Franz-Xaver, 1985: Steuerungsprobleme der Sozialpolitik, in: Heinze, Rolf G. (Hrsg.), Neue Subsidiarität, S. 39-61.

Kempf, Udo/Mille, Marco, 1992: Rolle und Funktion des Ombudsmanns – zur personalisierten parlamentarischen Verwaltungskontrolle in 48 Staaten, in: ZParl 23, S. 29-47.

Kempski, Harald von, 1984: Bemerkungen zur Entwicklung, zum Stand und zu Schwierigkeiten bei der Evaluierung im Bundesministerium der Justiz, in: Hellstern, Gerd-Michael/Wollmann, Hellmuth (Hrsg.), 1984: Handbuch zur Evaluierungsforschung, Opladen, S. 255-265.

Kevenhörster, Paul, 1984: Politik im elektronischen Zeitalter. Politische Wirkungen der Informationstechnik, Baden-Baden.

Kilian, Jörg, 1996: Das alte Lied vom Reden und Handeln. Zur Rezeption parlamentarischer Kommunikationsprozesse in der parlamentarisch-demokratischen Öffentlichkeit, in: ZParl 27, S. 503-518.

Kilper, Heiderose/Lhotta, Roland, 1996: Föderalismus in der Bundesrepublik Deutschland, Opladen.

Kipke, Rüdiger, 1985: Die Untersuchungsausschüsse des Deutschen Bundestages. Praxis und Reform der parlamentarischen Enquete, Berlin.

Kißler, Leo, 1976: Die Öffentlichkeitsfunktion des Bundestages, Berlin.

Klages, Helmut, 1998: Engagement und Engagementpotential in Deutschland. Erkenntnisse der empirischen Forschung, in: APuZ B 38, S. 29-38.

Klatt, Hartmut, 1986a: Reform und Perspektiven des Föderalismus in der Bundesrepublik Deutschland, in: APuZ B 28, S. 3-21.

Klatt, Hartmut, 1986b: Aspekte der politischen Verwaltungskontrolle, in: Zeitschrift für Beamtenrecht, S. 65-72.

Klatt, Hartmut, 1998: Reformprojekte im Bundestag, in: Gegenwartskunde 47, S. 455-468.

Klein, Ansgar/Schmalz-Bruns, Rainer (Hrsg.), 1997: Politische Beteiligung und Bürgerengagement in Deutschland, Bonn.

Klink, Dieter, 1981: Bemerkungen zur Rolle des Bundestagspräsidenten in Politik und Gesellschaft, in: ZParl 12, S. 436 f.

Knorr, Heribert, 1975: Der parlamentarische Entscheidungsprozeß während der Großen Koalition 1966 bis 1969. Struktur und Einfluß der Koalitionsfraktionen und ihr Verhältnis zur Regierung der Großen Koalition, Meisenheim a. Gl.

Kohn, Helmut, 1984: Zur Wirksamkeit von beratenden Regierungskommissionen, in: Hellstern, Gerd-Michael/Wollmann, Hellmuth (Hrsg.), 1984: Handbuch zur Evaluierungsforschung, Opladen, S. 381-388.

König, Klaus, 1994: Zur Nutzung der Wissenschaft beim Regieren, in: Murswieck, Axel (Hrsg.), Regieren und Politikberatung, Opladen, S. 121-130.

König, Klaus, 1999: Regierungsbildung und Regierungsapparat, in: Gegenwartskunde 48, S. 45-56.

König, Klaus/Siedentopf, Heinrich (Hrsg.), ²1997: Öffentliche Verwaltung in Deutschland, Baden-Baden.

König, Thomas/Bräuninger, Thomas, 1997: Wie wichtig sind die Länder für die Politik der Bundesregierung bei Einspruchs- und Zustimmungsgesetzen?, in: ZParl 28, S. 605-628.

Korff, Hans Clausen, 1975: Haushaltspolitik. Instrument öffentlicher Macht, Stuttgart u.a.

Korff, Hans Clausen, 1981: Wege zur Verbesserung der Finanzkontrolle, in: ZParl 12, S. 399-413.

Korte, Karl-Rudolf, 1998: Kommt es auf die Person des Kanzlers an? Zum Regierungsstil von Helmut Kohl in der „Kanzlerdemokratie“ des deutschen „Parteienstaates“, in: ZParl 29, S. 387-401.

Kranenpohl, Uwe, 1998: Zwischen politischer Nische und programmatischer Öffnung: kleine Parteien und ihre Bundestagsfraktionen 1949 bis 1994, in: ZParl 29, S. 244-263.

Kranenpohl, Uwe, 1999: Mächtig oder Machtlos? Kleine Fraktionen im Deutschen Bundestag 1949-1994, Opladen.

Krebs, Walter, 1984: Kontrolle in staatlichen Entscheidungsprozessen, Heidelberg.

Kretschmer, Gerald, 1983: Enquete-Kommissionen – ein Mittel politischer Problemlösung?, in: Hartwich, Hans-Hermann (Hrsg.), Gesellschaftliche Probleme als Anstoß und Folge von Politik, Opladen, S. 261-274.

Kretschmer, Gerald, 1984: Evaluierung – von Nutzen für das Parlament? Eine Bestandsaufnahme, in: Hellstern, Gerd-Michael/Wollmann, Hellmuth (Hrsg.), 1984: Handbuch zur Evaluierungsforschung, Bd. 1, Opladen, S. 405-429.

Kretschmer, Gerald, 1986a: Zur Organisationsgewalt des Deutschen Bundestages im parlamentarischen Bereich, in: ZParl 17, S. 334-346.

Kretschmer, Gerald, 1986b: Zum Recht und Verfahren von Enquete-Kommissionen des Deutschen Bundestages, in: Deutsches Verordnungsblatt vom 15.9.1986, S. 923-929.

Kretschmer, Gerald, 1989: Geschäftsordnungen deutscher Volksvertretungen, in: Schneider, Hans-Peter/Zeh, Wolfgang (Hrsg.), Parlamentsrecht und Parlamentspraxis, S. 290-331.

Kretschmer, Gerald, ²1992: Fraktionen. Parteien im Parlament, Heidelberg.

Krieger, Joachim Edward, 1998: Rollenorientierungen, Rollenerwartungen und Rollenverhalten von Ost-Abgeordneten im Deutschen Bundestag, Frankfurt/M.

Kropp, Sabine/Sturm, Roland, 1998: Koalitionen und Koalitionsvereinbarungen. Theorie, Analysen und Dokumentationen, Opladen.

Kropp, Sabine/Sturm, Roland, 1999: Politische Willensbildung im Föderalismus, in: APuZ B 13, S. 37-46.

Krüger, Udo M., 1996: Boulevardisierung der Information im Privatfernsehen, in: Media Perspektiven 7, S. 362-374.

Kürschner, Sylvia, 1995: Das Binnenrecht der Bundestagsfraktionen, Berlin.

Kürschners Volkshandbuch Deutscher Bundestag, 13. und 14. Wahlperiode, Rheinbreitbach 1995/1999.

Landfried, Christine, 1984: Bundesverfassungsgericht und Gesetzgeber: Wirkungen der Verfassungsrechtssprechung auf parlamentarische Willensbildung und soziale Realität, Baden-Baden.

Lange, Hans-Jürgen, 1988: Bonn am Draht. Politische Herrschaft in der technisierten Demokratie, Marburg.

Lange, Reinhard/Richter, Gerhard, 1973: Erste vorzeitige Auflösung des Bundestages. Stationen vom konstruktiven Mißtrauensvotum bis zur Verteidigung der zweiten Regierung Brandt/Scheel, in: ZParl 4, S. 38-75.

Lattmann, Dieter, 1981: Die lieblose Republik, München.

Laufer, Heinz, 1969: Der parlamentarische Staatssekretär. Eine Studie über ein neues Amt in der Bundesregierung, München.

Laufer, Heinz/Münch, Ursula, 1998: Das föderative System der Bundesrepublik Deutschland, München.

Lehmbruch, Gerhard, [2]1998: Parteienwettbewerb im Bundesstaat, Opladen.

Lehmbruch, Gerhard, 1999: Verhandlungsdemokratie, Entscheidungsblockaden und Arenenverflechtung, in: Merkel, Wolfgang/Busch, Andreas (Hrsg.), Demokratie in Ost und West, Frankfurt/M., S. 402-424.

Leibholz, Gerhard, 1968: Parteienstaat und repräsentative Demokratie, in: Rausch, Heinz (Hrsg.), Zur Theorie und Geschichte der Repräsentation und der Repräsentativverfassung, Darmstadt, S. 222-259.

Leidinger, Adalbert, 1980: Die Mitwirkung der kommunalen Spitzenverbände an der Gesetzgebung im Bund und in den Ländern, in: Jekewitz, Jürgen u.a. (Hrsg.), Politik als gelebte Verfassung, Opladen, S. 162-181.

Lemke-Müller, Sabine, 1996: Zur Parlamentsreform im Deutschen Bundestag. Mehr Transparenz, Öffentlichkeit und Effektivität, in: APuZ B 25, S. 3-19.

Lemke-Müller, Sabine, 1999: Abgeordnete im Parlament: zur Parlamentskultur des Deutschen Bundestages in den neunziger Jahren, Rheinbreitbach (i.E.).

Lemke-Müller, Sabine/Matthäi, Ingrid, 1993: Emanzipatorisches Modell oder strukturiertes Chaos? Meinungsbilder zur Organisationsreform der SPD-Bundestagsfraktion, in: ZParl 24, S. 566-587.

Leonhardt, Klaus, 1984: Vom Gesetzgebungsauftrag bis zur Gesetzesverabschiedung, in: Bundesakademie für öffentliche Verwaltung (Hrsg.), Praxis der Gesetzgebung, S. 47-61.

Lepper, Manfred, 1981: Innerer Aufbau der Verwaltungsbehörden, in: König, Klaus u.a. (Hrsg.), Öffentliche Verwaltung in der Bundesrepublik Deutschland, Baden-Baden, S. 115-130.

Lichtenberg, Peter, 1986: Die Aktuelle Stunde im Deutschen Bundestag 1965 – 1985. Versuch einer bildungspolitischen Analyse und Bewertung, Frankfurt/M.

Loewenberg, Gerhard, [2]1971: Parlamentarismus im politischen System der Bundesrepublik Deutschland, Tübingen.

Lohmar, Ulrich, 1975: Das Hohe Haus. Der Bundestag und die Verfassungswirklichkeit, Stuttgart.

Lompe, Klaus, 1998: Chancen und Grenzen dezentraler Steuerungsansätze in einer globalisierten Ökonomie, in: Jann, Werner u.a. (Hrsg.), Politik und Verwaltung auf dem Wege in die transnationale Gesellschaft, Baden-Baden, S. 545-562.

Lüder, Klaus, [2]1997: Haushalts- und Finanzplanung, in: König, Klaus/Siedentopf, Heinrich (Hrsg.), Öffentliche Verwaltung in Deutschland, Baden-Baden, S. 417-432.

Luhmann, Niklas, [2]1975: Legitimation durch Verfahren, Darmstadt/Neuwied.

Luthardt, Wolfgang, 1999: Abschied vom deutschen Konsensmodell? Zur Reform des Föderalismus, in: APuZ B 13, S. 12-23.

Mäding, Heinrich (Hrsg.), 1987: Haushaltsplanung – Haushaltsvollzug – Haushaltskontrolle, Baden-Baden.

Maihofer, Werner, 1981: Gesetzgebungswissenschaft, in: Winkler, Günther u.a. (Hrsg.), Gesetzgebung, S. 3-34.

Mandelartz, Herbert, 1982: Zur sogenannten „mitwirkenden" Kontrolle, insbesondere des Haushaltsvollzugs, in: ZParl 13, S. 7-20.

Marcinkowski, Frank, 1998: Politikvermittlung durch Fernsehen und Hörfunk, in: Sarcinelli, Ulrich (Hrsg.), Politikvermittlung und Demokratie in der Mediengesellschaft, Opladen. S. 165-183.

Marschall, Stefan, 1996: Die Reform des Bundestages 1995: Inhalte, Hintergründe, Konsequenzen, in: ZParl 27, S. 365-376.

Marschall, Stefan, 1997: TV-Berichterstattung aus dem Parlament: in neuer Form, auch mit neuem Format?, in: ZParl 28, S. 279-293.

Marschall, Stefan, 1999a: Öffentlichkeit und Volksvertretung. Theorie und Praxis der Public Relations von Parlementen, Opladen.

Marschall, Stefan, 1999b: Parlamentsreform. Ziele, Akteure, Prozesse, Opladen (i.E.).

Martenson, Sten, 1989: Parlament, Öffentlichkeit und Medien, in: Schneider, Hans-Peter/Zeh, Wolfgang (Hrsg.), Parlamentsrecht und Parlamentspraxis, Berlin, S. 261- 288.

Mayntz, Gregor, 1992: Zwischen Volk und Volksvertretung. Entwicklung, Probleme und Perspektiven der Parlamentsberichterstattung unter besonderer Berücksichtigung von Fernsehen und Deutschem Bundestag, Diss. phil., Universität Bonn.

Mayntz, Gregor, 1993: Die Fernsehberichterstattung über den Deutschen Bundestag. Eine Bilanz, in: ZParl 24, S. 351-366.

Mayntz, Renate, 1979: Regulative Politik in der Krise, in: Matthes, Jens (Hrsg.), Sozialer Wandel in Westeuropa, Frankfurt/New York, S. 55-81.

Mayntz, Renate, [3]1985: Soziologie der öffentlichen Verwaltung, Heidelberg/Karlsruhe.

Mayntz, Renate/Neidhardt, Friedhelm, 1989: Parlamentskultur: Handlungsorientierungen von Bundestagsabgeordneten – eine empirisch explorative Studie, in: ZParl 20, S. 370-387.

Metzger, Christian, 1995: Enquete-Kommissionen des Deutschen Bundestages, Frankfurt/M.

Meyer, Hans, 1975: Das parlamentarische Regierungssystem des Grundgesetzes, VVDStRL 33, Berlin u.a.

Meyer, Rolf, [3]1997: Das Büro für Technikfolgen-Abschätzung beim Deutschen Bundestag, in: Westphalen, Raban Graf von (Hrsg.), Technikfolgenabschätzung als politische Aufgabe, München, S. 340-365.

Meyer, Thomas, 1994: Die Transformation des Politischen, Frankfurt/M.

Meyn, Karl-Ulrich, 1982: Kontrolle als Verfassungsprinzip, Baden-Baden.

Mintzel, Alf, 1977: Geschichte der CSU, Opladen.

Mintzel, Alf, 1984: Die Volkspartei. Opladen.

Mintzel, Alf, 1989: Großparteien im Parteienstaat der Bundesrepublik, in: APuZ B 11, S. 3-14.

Mittelstandsvereinigung der CDU/CSU (Hrsg.), 1995: Jahresbericht der Mittelstandsvereinigung der CDU/CSU und des Parlamentskreises Mittelstand der CDU/CSU-Bundestagsfraktion 1993-1995, Bonn.

Mössle, Wilhelm, 1986: Regierungsfunktionen des Parlaments, München.

Müller, Edda, 1986: Organisationsstruktur und Aufgabenerfüllung. Bemerkungen zur ministeriellen Organisation, in: Die öffentliche Verwaltung 1, S. 10-15.

Müller, Emil-Peter, 1988: Interessen der Sozialpartner im XI. Deutschen Bundestag, in: ZParl 19, S. 187-199.

Müller, Erika/Nuding, Wolfgang, 1984: Gesetzgebung – „Flut" oder „Ebbe"?, in: PVS 25, S. 74-96.

Müller, Martin, 1972: Das konstruktive Mißtrauensvotum. Chronik und Anmerkungen zum ersten Anwendungsfall des Art. 67 GG, in: ZParl 3, S. 275-291.

Müller-Rommel, Ferdinand, 1988: Interessenvertretung im Deutschen Bundestag, in: Thaysen, Uwe u.a. (Hrsg.), US-Kongreß und Deutscher Bundestag, Opladen, S. 300-323.

Münch, Ursula, 1999: Entwicklung und Perspektiven des deutschen Föderalismus, in: APuZ B 13, S. 3-11.

Münkler, Herfried, 1996: Gute Politik in der modernen Gesellschaft, in: Fabricius-Brand, Margarete/Börner, Bertram (Hrsg.), 4. Alternativer Juristinnen- und Juristentag, Baden-Baden, S. 15-30.

Münzing, Ekkehard/Pilz, Volker, 1998: Der Auswärtige Ausschuß des Deutschen Bundestages: Aufgaben, Organisation und Arbeitsweise, in: Zparl 29, S. 575-604.

Murswieck, Axel (Hrsg.), 1994a: Regieren und Politikberatung, Opladen.

Murswieck, Axel, 1994b: Wissenschaftliche Beratung im Regierungsprozeß, in: Murswieck, Axel (Hrsg.), Regieren und Politikberatung, Opladen, S. 103-119.

Mutius, Albert von, 1984: Die Steuerung des Verwaltungshandelns durch Haushaltsrecht und Haushaltskontrolle, VVDStRL 42, S. 147-215.

Nickels, Christa, 1997: Plädoyer für eine umfassende Reform des Petitionsrechts, in: Das Parlament vom 12. September, S. 6.

Niclauß, Karlheinz, 1995: Das Parteiensystem der Bundesrepublik Deutschland, Opladen.

Niclauß, Karlheinz, 1998: Der Weg zum Grundgesetz, Paderborn.

Niclauß, Karlheinz, 1999: Bestätigung der Kanzlerdemokratie? Kanzler und Regierungen zwischen Verfassung und politischen Konventionen, in: APuZ B 20, S. 27-38.

Niedermayer, Oskar, 1989: Innerparteiliche Partizipation. Zur Analyse der Beteiligung von Parteimitgliedern am parteiinternen Willensbildungsprozeß, in: APuZ B 11, S. 15-25.

Niedermayer, Oskar, 1997: Das gesamtdeutsche Parteiensystem, in: Gabriel, Oscar W./Niedermayer, Oscar/Stöss, Richard (Hrsg.), Parteiendemokratie in Deutschland, Opladen, S. 106-130.

Niedermayer, Oskar (Hrsg.), 1999: Die Parteien nach der Bundestagswahl 1998, Opladen.

Nienhaus, Volker, 1985: Konsensuale Gesetzgebung im Deutschen Bundestag: Zahlen und Anmerkungen zur 7. bis 9. Wahlperiode, in: ZParl 15, S. 163-169.

Oberreuter, Heinrich, 1975: Scheinpublizität oder Transparenz? Zur Öffentlichkeit von Parlamentsausschüssen, in: ZParl 6, S. 77-90.

Oberreuter, Heinrich, ²1978: Kann der Parlamentarismus überleben?, Osnabrück.

Oberreuter, Heinrich (Hrsg.), 1981: Parlamentsreform : Probleme und Perspektiven in westlichen Demokratien, Passau.

Oberreuter, Heinrich, 1982: Parlamentarismusforschung in der Bundesrepublik Deutschland, in: Bracher, Karl Dietrich (Hrsg.), Entwicklungslinien der Politikwissenschaft in der Bundesrepublik Deutschland, S. 100-138.

Oberreuter, Heinrich, 1989a: Wirklichkeitskonstruktion und Wertewandel. Zum Einfluß der Massenmedien auf die politische Kultur, in: APuZ B 37-38, S. 17-29.

Oberreuter, Heinrich, 1989b: Zwischen traditionellem und aufgeklärtem Parlamentsverständnis. Der Bundestag in einer gespaltenen politischen Kultur, in: APuZ B 37-38, S. 28-39.

Oberthür, Karl, 1989: Ausschußarbeit aus Sicht des Sekretariats, in: Hrbek, Rudolf (Hrsg.), Miterlebt – Mitgestaltet, Stuttgart, S. 386-404.

Pappi, Franz Urban, 1989: Die Anhänger der neuen sozialen Bewegungen im Parteiensystem der Bundesrepublik Deutschland, in: APuZ B 26, S. 7-27.

Pappi, Franz Urban, ²1991: Die Anhänger der neuen sozialen Bewegungen im Parteiensystem der Bundesrepublik Deutschland, in: Roth, Roland/Rucht, Dieter (Hrsg.), ²1991: Neue soziale Bewegungen in der Bundesrepublik Deutschland, Bonn, S. 452-467.

Pappi, Franz Urban, 1992: Konfliktlinien, in: Schmidt, Manfred G., Die westlichen Länder (Lexikon der Politik, Bd. 3), München, S. 191-199.

PARLAKOM-Studie „Möglichkeiten zur Unterstützung der Tätigkeiten der Abgeordneten durch neue Informations- und Kommunikationstechniken und -medien" der Arbeitsgemeinschaft GMD-ADV/ORGA (PARLAKOM-Pro'-jektgruppe), Sankt Augustin 1985, in 5 Teilberichten (Bedarfsanalyse I, Technikbewertung II, Zielkonzept III, Folgenabschätzung IV, Modellversuch V) und einem zusammenfassenden Endbericht (27.3.1986).

Paschen, Herbert, 1998: Technikfolgenabschätzung im parlamentarischen Prozeß: das Büro für Technikfolgenabschätzung beim Deutschen Bundestag, in: Jann, Werner u.a. (Hrsg.), Politik und Verwaltung auf dem Weg in die transindustrielle Gesellschaft, Baden-Baden, S. 603-614.

Patzelt, Werner J., 1993: Abgeordnete und Repräsentation. Amtsverständnis und Wahlkreisarbeit, Passau.

Patzelt, Werner J., 1994: Abgeordnete und ihr Beruf. Interviews – Umfragen – Analysen, Berlin.

Patzelt, Werner J., 1995: Politiker und ihre Sprache, in: Dörner, Andreas/Vogt, Ludgera (Hrsg.), Sprache des Parlaments und Semiotik der Demokratie, Berlin/New York, S. 17-54.

Patzelt, Werner J., 1996a: Das Wissen der Deutschen über Parlament und Abgeordnete. Indizien für Aufgaben politischer Bildung, in: Gegenwartskunde 45, S. 309-322.

Patzelt, Werner J., 1996b: Deutschlands Abgeordnete: Profil eines Berufsstandes, der weit besser ist als sein Ruf, in: ZParl 27, S. 462-502.

Patzelt, Werner J., 1998: Wider das Gerede vom 'Fraktionszwang'! Funktionslogische Zusammenhänge, populäre Vermutungen und die Sicht der Abgeordneten, in: ZParl 29, S. 323-347.

Petermann, Thomas (Hrsg.), 1990: Das wohlberatene Parlament. Orte und Prozesse der Politikberatung beim Deutschen Bundestag, Berlin.

Petermann, Thomas, 1994: Das Büro für Technikfolgen-Abschätzung beim Deutschen Bundestag: Innovation oder Störfaktor?, in: Murswieck, Axel (Hrsg.), Regieren und Politikberatung, Opladen, S. 79-99.

Petersen, Sönke, 1999: Manager des Parlaments. Parlamentarische Geschäftsführer im Deutschen Bundestag. Status, Funktion, Arbeitsweise, Opladen.

Pfetsch, Barbara, 1998: Regieren unter den Bedingungen medialer Allgegenwart, in: Sarcinelli, Ulrich (Hrsg.), Politikvermittlung und Demokratie in der Mediengesellschaft, Opladen, S. 233-252.

Pfitzer, Albert, 1984: Position und Verantwortung des Bundestagsdirektors, in: Busch, Eckhard (Hrsg.) Parlamentarische Demokratie, S. 77-83.

Pickel, Gert/Walz, Dieter, 1997: Politikverdrossenheit in Ost- und Westdeutschland: Dimensionen und Ausprägungen, in: PVS 38, S. 27-49.

Pitkin, Hanna F., 1967: The Concept of Representation, Berkeley.

Plagemann, Hermann, 1977: Mehr parlamentarische Kontrolle durch Untersuchungsausschüsse. Zu den Empfehlungen der Enquete-Kommission Verfassungsreform, in: ZParl 8, S. 242-251.

Plöhn, Jürgen, 1985: Enquete-Kommissionen: Grenzen und Leistungsvermögen am Beispiel der Kommissionen zum Jugendprotest, in: ZParl 16, S. 7-25.

Pöhle, Klaus, 1998: Das Demokratiedefizit der Europäischen Union und die nationalen Parlamente. Bietet COSAC einen Ausweg?, in: ZParl 29, S. 77-89.

Pollack, Detlef/Pickel, Gert, 1998: Die ostdeutsche Identität – Erbe des DDR-Sozialismus oder Produkt der Wiedervereinigung? Die Einstellung der Ostdeutschen zur sozialen Ungleichheit und Demokratie, in: APuZ B 41-42, S. 9-23.

Porzner, Konrad/Oberreuter, Heinrich/Thaysen, Uwe (Hrsg.), 1990: 40 Jahre Deutscher Bundestag, Baden-Baden.

Posser, Dieter, [2]1994: Der Bundesrat und seine Bedeutung, in: Benda, Ernst/ Maihofer, Werner/Vogel, Hans-Jochen (Hrsg.), Handbuch des Verfassungsrechts der Bundesrepublik Deutschland, Berlin/New York, S. 1145-1198.

Puhe, Henry/Würzberg, Gerd, 1989: Lust & Frust. Das Informationsverhalten der Deutschen Abgeordneten, Köln.

Raschke, Joachim (Hrsg.), 1982: Bürger und Parteien, Opladen.

Raschke, Joachim, 1985a: Soziale Bewegungen. Ein historisch-systematischer Grundriß, Frankfurt/New York.

Raschke, Joachim, 1985b: Soziale Konflikte und Parteiensystem in der Bundesrepublik, in: APuZ B 49, S. 22-39.

Raschke, Joachim, 1993: Die Grünen, Köln.

Rausch, Heinz, [6]1981: Parlament und Regierung, München.

Rebenstorf, Hilke/Weßels, Bernhard, 1989: Wie wünschen sich die Wähler ihre Abgeordneten? Ergebnisse einer repräsentativen Bevölkerungsumfrage zum Problem der sozialen Repräsentativität des Deutschen Bundestages, in: ZParl 20, S. 408-424.

Rehfeld, Dieter, 1981: Enquete-Kommissionen in der Bundesrepublik Deutschland, in: Lompe, Klaus u.a. (Hrsg.), Enquete-Kommissionen und Royal Commissions, Göttingen, S. 181-290.

Renn, Otfried, 1985: Wissenschaftliche Politikberatung im Spannungsfeld von Wertewandel und Legitimationskrise, in: Klages, Helmut (Hrsg.), Arbeitsperspektiven angewandter Sozialwissenschaft, Frankfurt/M., S. 112-154.

Reuter, Konrad, 1991: Praxishandbuch Bundesrat, Heidelberg.

Ritzel, Heinrich G./Bücker, Joseph, 1981ff.: Handbuch für die parlamentarische Praxis (mit Kommentar zur Geschäftsordnung des Deutschen Bundestages), Loseblattsammlung, Frankfurt/M.

Röhring, Hans-Helmut, 1977: Parlamentarische Staatssekretäre, in: Sontheimer, Kurt/Röhring, Hans H. (Hrsg.), Handbuch des politischen Systems der Bundesrepublik Deutschland, München, S. 437-439.

Roll, Hans-Achim (Hrsg.), 1982: Plenarsitzungen des Deutschen Bundestages. Festgabe für Werner Blischke, Berlin.

Roll, Hans-Achim, 1989: Der Ältestenrat, in: Schneider, Hans-Peter/Zeh, Wolfgang (Hrsg.), Parlamentsrecht und Parlamentspraxis, Berlin, S. 809-828.

Rometsch, Dietrich/Wessels, Wolfgang (Hrsg.), 1996: The European Union and Member States. Towards Institutional Fusion?, Manchester.

Röper, Erich, 1998: Parlamentarier und Parlament. Konflikte in modernen Volksvertretungen, Berlin.

Roth, Roland/Rucht, Dieter (Hrsg.), [2]1991: Neue soziale Bewegungen in der Bundesrepublik Deutschland, Bonn.

Rotter, Frank, 1979: Parlamentarische Untersuchungsausschüsse und Öffentlichkeit. Eine verfahrenstheoretische Interpretation und ihre Konsequenz für die Reformdiskussion, in: Politische Vierteljahresschrift 20, S. 111-134.

Rucht, Dieter, 1997: Soziale Bewegungen als demokratische Produktivkraft, in: Klein, Ansgar/Schmalz-Bruns, Rainer (Hrsg.), Politische Beteiligung und Bürgerengagement in Deutschland, Bonn, S. 382-403.

Rucht, Dieter/Blattert, Barbara/Rink, Dieter 1997: Von der Bewegung zur Institution? Alternative Gruppen in beiden Teilen Deutschlands, Frankfurt/M.

Rudzio, Wolfgang, 1991: Informelle Entscheidungsmuster in Bonner Koalitionsregierungen, in: Hartwich, Hans-Hermann/Wewer, Göttrik (Hrsg.), Regieren in der Bundesrepublik 2, Opladen, S.125-142.

Rudzio, Wolfgang, [4]1996: Das politische System der Bundesrepublik Deutschland, Opladen.

Rupart, Frauke, 1988: Partizipation von Frauen in neuen sozialen Bewegungen, in: APuZ B 42, S. 30-42.

Rüttger, Annemarie, 1982: Der zeitliche Ablauf der Haushaltsberatungen 1949 – 1982, in: Roll, Hans-Achim (Hrsg.), Plenarsitzungen des Deutschen Bundestages, Berlin, S. 165-192.

Saalfeld, Thomas, 1995: Parteisoldaten und Rebellen. Fraktionen im Deutschen Bundestag 1949-1990, Opladen.

Sachverständigenrat „Schlanker Staat", 1997: Abschlußbericht, Bonn.

Sandschneider, Eberhard, 1987: Regierungsbildung 1987: Koalitionsverhandlungen und Personalentscheidungen, in: ZParl 18, S. 203-221.

Sannwald, Rüdiger, 1995: Die Beratungen zur Reform des Parlamentsrechts in der Gemeinsamen Verfassungskommission, in: ZParl 26, S. 15-32.

Sarcinelli, Ulrich (Hrsg.), 1987: Politikvermittlung, Bonn.

Sarcinelli, Ulrich (Hrsg.), 1998: Politikvermittlung und Demokratie in der Mediengesellschaft, Opladen.

Sarcinelli, Ulrich, 1989: Parlamentarische Sozialisation in der Bundesrepublik Deutschland: zwischen politischer „Sonderkultur" und „Basislegitimation", in: ZParl 20, S. 388-407.

Sarcinelli, Ulrich, 1993: Öffentlichkeitsarbeit der Parlamente – Politikvermittlung zwischen Public Relations und Parlamentsdidaktik, in: ZParl 24, S. 464-473.

Sarcinelli, Ulrich, 1994: Öffentlichkeitsarbeit der Parlamente – Politikvermittlung zwischen Public Relations und Parlamentsdidaktik, Baden-Baden.

Saxer, Ulrich, 1988: Zur Theorie der wachsenden Wissenskluft und ihrer Tragweite aus politischer und sozialer Sicht, in: Media Perspektiven 5, S. 279-286.

Schäfer, Friedrich, 1985: Wir haben noch keine Parlamentarismuskrise, in: APuZ B 6, S. 25-30.

Schäfer, Friedrich, ^{4}1982: Der Bundestag, Opladen.

Scharpf, Fritz W., 1970: Demokratietheorie zwischen Utopie und Anpassung, Konstanz.

Scharpf, Fritz W., 1973: Planung als politischer Prozeß. Aufsätze zur Theorie der planenden Demokratie, Frankfurt/M.

Scharpf, Fritz W., 1984: Können Politikanalysen etwas bewegen in der praktischen Politik, in: Hellstern, Gerd-Michael/Wollmann, Hellmuth (Hrsg.), 1984: Handbuch zur Evaluierungsforschung, Opladen, S. 397-403.

Scharpf, Fritz W., 1987: Sozialdemokratische Krisenpolitik in Europa. Das „Modell Deutschland" im Vergleich, Frankfurt/New York.

Scharpf, Fritz W., 1993: Versuch über Demokratie im verhandelnden Staat, in: Czada, Roland/Schmidt, Manfred G., Verhandlungsdemokratie, Interessenvermittlung, Regierbarkeit, Opladen, S. 25-50.

Scharpf, Fritz W., 1998: Demokratie in der transnationalen Politik, in: Beck, Ulrich (Hrsg.), Politik der Globalisierung, Frankfurt/M.,

Scharpf, Fritz W./Reissert, Bernd/Schnabel, Fritz (Hrsg.), 1976: Politikverflechtung, Königstein.

Schatz, Heribert, 1970: Der parlamentarische Entscheidungsprozeß, Meisenheim a. Gl.

Schenke, Wolf-Rüdiger, 1984: Die verfassungsrechtlichen Grenzen der Tätigkeit des Vermittlungsausschusses dargestellt am Beispiel des 2. Haushaltsstrukturgesetzes, Berlin.

Schick, Rupert (Hrsg.), ^{12}1997: Der Bundestagspräsident. Amt, Funktionen, Personen, Bonn.

Schick, Rupert/Hahn, Gerhard, 1995: Wissenschaftliche Dienste des Deutschen Bundestages, Bonn (Reihe „Stichwort").

Schick, Rupert/Zeh, Wolfgang, [12]1999: So arbeitet der Deutsche Bundestag, Rheinbreitbach.

Schieren, Stefan, 1996: Parteiinterne Mitgliederbefragungen: Ausstieg aus der Professionalität? Die Beispiele der SPD auf Bundesebene und in Bremen sowie der Bundes-F.D.P, in: ZParl 27, S. 214-229.

Schindler, Peter, [3]1984: Datenhandbuch zur Geschichte des Deutschen Bundestages 1949 bis 1982, Baden-Baden.

Schindler, Peter, 1986: Datenhandbuch zur Geschichte des Deutschen Bundestages 1980 bis 1984, Baden-Baden.

Schindler, Peter, 1988: Datenhandbuch zur Geschichte des Deutschen Bundestages 1980 bis 1987, Baden-Baden.

Schindler, Peter, 1994: Datenhandbuch zur Geschichte des Deutschen Bundestages 1983 bis 1991, Baden-Baden.

Schindler, Peter, 1999: Datenhandbuch zur Geschichte des Deutschen Bundestages 1949 bis 1999, 3 Bände, Baden-Baden (i.E.).

Schmidt, Manfred G., 1992: Regieren in der Bundesrepublik Deutschland, Opladen.

Schmidt, Manfred G., 1995: Demokratietheorien, Opladen.

Schmidt, Manfred G., 1997: Komplexität und Demokratie. Ergebnisse älterer und neuerer Debatten, in: Klein, Ansgar/Schmalz-Bruns, Rainer (Hrsg.), Politische Beteiligung und Bürgerengagement in Deutschland. Möglichkeiten und Grenzen, Bonn, S. 41-58.

Schmidt, Manfred G., 1999: Die Europäisierung der öffentlichen Aufgaben, in: Ellwein, Thomas/Holtmann, Everhard (Hrsg.), 50 Jahre Bundesrepublik Deutschland, Opladen, S. 385-394.

Schmidt, Roland, 1998: Verfahrensökonomie und Gewissensfreiheit bei der Verabschiedung des Transplantationsgesetzes, in: ZParl 29, S. 263-274.

Schmitt-Beck, Rüdiger, Mediennutzung und Wahlentscheidung: Fünf westliche Demokratien, in: ZParl 29, S. 676-705.

Schneider, Franz, 1969: Große Koalition, Ende oder Neubeginn?, München.

Schneider, Georg Christoph, 1997: Die Finanzierung der Parlamentsfraktionen als staatliche Aufgabe. Eine verfassungsrechtliche Untersuchung unter besonderer Berücksichtigung der aktuellen Fraktionsgesetzgebung, Berlin.

Schneider, Hans, 1989: Zum Abgeordnetenbild in den Landtagen, in: APuZ B 5, S. 3-16.

Schneider, Hans, [2]1991: Gesetzgebung. Ein Lehrbuch, Heidelberg.

Schneider, Hans-Peter, 1984, in: Kommentar zum Grundgesetz für die Bundesrepublik Deutschland, Bd. 2 (Reihe Alternativkommentare), Neuwied.

Schneider, Hans-Peter/Zeh, Wolfgang (Hrsg.), 1989: Parlamentsrecht und Parlamentspraxis, Berlin/New York.

Schneider, Jörg, 1999: Zur Geschichte der Parlamentarischen Geschäftsführer in Deutschland, in: ZParl 30, S. 5-26.

Schönbohm, Wulf E., 1985: Die CDU wird moderne Volkspartei. Selbstverständnis, Mitglieder, Organisation und Apparat 1950 -1980, Stuttgart.

Schreckenberger, Waldemar, 1994: Informelle Verfahren der Entscheidungsvorbereitung zwischen der Bundesregierung und den Mehrheitsfraktionen: Koalitionsgespräche und Koalitionsrunden, in: ZParl 25, S. 329-346.

Schulz, Winfried, 1987: Politikvermittlung durch Massenmedien, in: Sarcinelli, Ulrich (Hrsg.), Politikvermittlung, Bonn, S. 129-144.

Schulz, Winfried, 1997: Politische Kommunikation. Theoretische Ansätze und Ergebnisse empirischer Forschung, Opladen.

Schulze-Fielitz, Helmuth, 1988: Theorie und Praxis parlamentarischer Gesetzgebung (besonders des 9. Deutschen Bundestages 1980-1983), Berlin.

Schulze-Fielitz, Helmuth/Gößwein, Christoph, 1997: Bundesgesetzgebung als Prozeß, in: APuZ B 36-37, S. 18-26.

Schumpeter, Joseph A., ^{2}1950: Kapitalismus, Sozialismus und Demokratie, Bern.

Schuppert, Gunnar F., 1984: Die Steuerung des Verwaltungshandelns durch Haushaltsrecht und Haushaltskontrolle, Mitbericht, VVDStRL H. 42, S. 216ff.

Schuppert, Gunnar F., 1997: Vom produzierenden zum gewährleistenden Staat: Privatisierung als Gewährleistung staatlicher Handlungsformen, in: König, Klaus/Benz, Angelika (Hrsg.), Privatisierung und staatliche Regulierung, S. 539ff.

Schütt-Wetschky, Eberhard, 1984: Grundtypen parlamentarischer Demokratie. Klassisch-altliberaler Typ und Gruppentyp, Freiburg/München.

Schütt-Wetschky, Eberhard, 1987: Parlamentsreform: Meilenstein oder Sackgasse? Zur Interpretation der Artikel 38 und 20 des Grundgesetzes, in: APuZ B 48, S. 3-16.

Schüttemeyer, Suzanne S., 1986: Bundestag und Bürger im Spiegel der Demoskopie, Opladen.

Schüttemeyer, Suzanne S., 1989: Öffentliche Anhörungen, in: Schneider, Hans-Peter/Zeh, Wolfgang (Hrsg.), Parlamentsrecht und Parlamentspraxis, S. 1145-1159.

Schüttemeyer, Suzanne S., 1992: Der Bundestag als Fraktionenparlament, in: Hartmann, Jürgen/Thaysen, Uwe (Hrsg.), Pluralismus und Parlamentarismus in Theorie und Praxis, Opladen, S. 113-136.

Schüttemeyer, Suzanne S., 1997: Manager des Parlaments zwischen Effizienz und Offenheit. Parlmentarische Geschäftsführer im Bundestag, in: APuZ B 36-37, S. 8-17.

Schüttemeyer, Suzanne S., 1998: Fraktionen im Deutschen Bundestag 1949-1997, Opladen.

Schüttemeyer, Suzanne S., 1999: Parteien und ihre Fraktionen in der Bundesrepublik Deutschland: Veränderte Beziehungen im Zeichen professioneller Politik, in: Helms, Ludger (Hrsg.), Parteien und Fraktionen. Ein internationaler Vergleich, Opladen, S. 39-66.

Schütz, Astrid, 1992: Selbstdarstellung von Politikern. Analyse von Wahlkampfauftritten, Weinheim.

Schütz, Astrid, 1993: Spitzenkandidaten im Fernsehwahlkampf. Techniken der Selbstdarstellung und Antwortmuster, in: ZParl 24, S. 366-384.

Schwarz, Hans-Peter, 1989: Adenauers Kanzlerdemokratie und Regierungstechnik, in: APuZ B 1-2, S. 15-27.

Schweitzer, Carl-Christoph, 1979: Der Abgeordnete im parlamentarischen Regierungssystem der Bundesrepublik, Opladen.

Schwencke, Olaf, 1985: Hoffen lernen. Zwölf Jahre Politik als Beruf. Eine Zwischenbilanz, Stuttgart.

Sebaldt, Martin, 1992a: Die Thematisierungsfunktion der Opposition. Die parlamentarische Minderheit des Deutschen Bundestages als innovative Kraft im politischen System der Bundesrepublik Deutschland, Frankfurt/M. u.a.

Sebaldt, Martin, 1992b: Innovation durch Opposition. Das Beispiel des Deutschen Bundestages 1949-1987, in: ZParl 23, S. 238-265.

Sebaldt, Martin, 1996: Interessengruppen und ihre bundespolitische Präsenz in Deutschland: Verbandsarbeit vor Ort, in: ZParl 27, S. 658-696.

Sebaldt, Martin, 1997: Organisierter Pluralismus: Kräftefeld, Selbstverständnis und politische Arbeit deutscher Interessengruppen, Opladen.

Seiler, Martin, 1981: Planung in Bundesregierung und Bundesverwaltung, in: König, Klaus u.a. (Hrsg.), Öffentliche Verwaltung in der Bundesrepublik Deutschland, Baden-Baden, S. 239-245.

Sendler, Horst, 1985: Abhängigkeiten der unabhängigen Abgeordneten, in: Neue Juristische Wochenschrift 38, H. 25, S. 1435-1443.

Sommer, Gerlinde/Westphalen, Raban Graf von (Hrsg.), 1999: Staatsbürgerlexikon für Staat, Politik, Recht und Verwaltung in Deutschland und der Europäischen Union, München.

Sommer, Theo, 1984: Kaufen und sich kaufen lassen, in: DIE ZEIT vom 26.10. 1984.

Stadler, Peter M.,1984: Die parlamentarische Kontrolle der Bundesregierung, Opladen.

Stand der Gesetzgebung des Bundes (GESTA), Loseblattsammlung und Abschlußbände der 10., 11. und 12. Wahlperiode.

Starck, Christian, 1970: Der Gesetzesbegriff des Grundgesetzes, Baden-Baden.

Statistisches Jahrbuch für die Bundesrepublik Deutschland 1999, Stuttgart (Hrsg. Statistisches Bundesamt).

Steffani, Winfried, 1971: Das öffentliche Parlament, in: Lenz, W. (Hrsg.), Mensch und Staat in NRW, Köln/Berlin, S. 259-279.

Steffani, Winfried, 1978: Parlamentarismus in den EG-Staaten und demokratisches Defizit der europäischen Institutionen, in: ZParl 9, S. 233-253.

Steffani, Winfried, 1979a: Parlamentarische und präsidentielle Demokratie. Strukturelle Aspekte westlicher Demokratien, Opladen.

Steffani, Winfried, 1979b: Parlamentarische Untersuchungsausschüsse, in: Steffani, Winfried, Parlamentarische und präsidentielle Demokratie , S. 182-206.

Steffani, Winfried, 1982: Vertrauensfrage zwecks Neuwahl ?, in: ZParl 13, S. 573-576.

Steffani, Winfried, 1985: Der parlamentarische Bundesstaat in Deutschland heute, in: ZParl 16, S. 219-229.

Steffani, Winfried, 1989: Formen, Verfahren und Wirkungen parlamentarischer Kontrolle, in: Schneider, Hans-Peter/Zeh, Wolfgang (Hrsg.), Parlamentsrecht und Parlamentspraxis, Berlin/New York, S. 1325-1367.

Steffani, Winfried. 1991: Demokratische Offenheit bei der Wahl des Regierungschefs?, in: Jahrbuch für Politik, Halbband 1, S. 25-40.

Steffani, Winfried/Thaysen, Uwe (Hrsg.), 1995: Demokratie in Europa: Zur Rolle der Parlamente (Sonderband der ZParl zum 25jährigen Bestehen), Opladen.

Steinhausen, Jörg, 1984: Ansätze einer Evaluierungsforschung im Bundeskanzleramt, in: Hellstern, Gerd-Michael/Wollmann, Hellmuth (Hrsg.), 1984: Handbuch zur Evaluierungsforschung, Opladen, S. 389-395.

Stern, Klaus, 1980: Das Staatsrecht der Bundesrepublik Deutschland, Bd. 2, München.

Stöss, Richard, 1997: Parteienstaat oder Parteiendemokratie?, in: Gabriel, Oscar W./Niedermayer, Oskar/Stöss, Richard (Hrsg.), Parteiendemokratie in Deutschland, Opladen, S. 13-36.

Sträter, Carl Ludwig, 1977: Arbeitsgruppen des Innenausschusses des Deutschen Bundestages – Ein Beitrag zur parlamentarischen Praxis, in: ZParl 8, S. 27-36.

Sturm, Roland., 1985: Entscheidungsstrukturen und Entscheidungsprozesse in der Haushaltspolitik – Zum Selbstverständnis des Haushaltsausschusses des Deutschen Bundestages, in: Politische Vierteljahresschrift 26, S. 247-269.

Sturm, Roland, 1988: Der Haushaltsausschuß des Deutschen Bundestages. Struktur und Entscheidungsprozeß, Opladen.

Sturm, Roland, 1997: Föderalismus in Deutschland und in den USA – Tendenzen der Angleichung?, in: ZParl 28, S. 335-345.

Sturm, Roland, [2]1999: Das politische System Großbritanniens, in: Ismayr, Wolfgang (Hrsg.), Die politischen Systeme Westeuropas, Opladen, S. 216-253.

Stüwe, Klaus, 1997: „Der Gang nach Karlsruhe". Die Opposition im Bundestag als Antragstellerin vor dem Bundesverfassungsgericht, in: ZParl 28, S. 545-557.

Süß, Werner, 1986: Wahl und Führungswechsel. Politik zwischen Legitimation und Elitekonsens. Zum Bonner Machtwechsel 1982/83, in: Klingemann, Hans-Dieter/Kaase, Max (Hrsg.), Wahlen als politischer Prozeß. Analysen aus Anlaß der Bundestagswahl 1983, Opladen , S. 39-83.

Süssmuth, Rita, 1989: Der Deutsche Bundestag. Bewährung und Herausforderung nach 40 Jahren, in: APuZ B 37-38, S. 3-6.

TAB, 1996: TAB. Ziele, Themen, Organisation, hrsg. vom Büro für Technikfolgen-Abschätzung beim Deutschen Bundestag, Bonn.

Tenhaef, Rainer, 1992: Öffentliche Anhörungen der Fachausschüsse des Deutschen Bundestages im parlamentarischen Entscheidungsprozeß bis zur 10. Wahlperiode, Diss. phil., Bonn.

Thaysen, Uwe u.a. (Hrsg.), 1988: US-Kongreß und Deutscher Bundestag, Opladen.

Thaysen, Uwe, 1972: Parlamentsreform in Theorie und Praxis. Eine empirische Analyse der Parlamentsreform im 5. Deutschen Bundestag, Opladen.

Thaysen, Uwe, 1974: Zur Praxis eines grundlegenden parlamentarischen Kontrollrechts: Die Herbeirufung von Regierungsmitgliedern durch das Parlament, in: ZParl 5, S. 457-469.

Thaysen, Uwe, [2]1976: Parlamentarisches Regierungssystem in der Bundesrepublik Deutschland, Opladen.

Thaysen, Uwe, 1996: Repräsentative Demokratie: Ist der Deutsche Bundestag dem zunehmenden gesellschaftlichen Pluralismus noch gewachsen?, in: Rüther, Günther (Hrsg.), Repräsentative oder plebiszitäre Demokratie: eine Alternative? Baden-Baden, S. 223-243.

Thienen, Volker von, 1986: Technology Assessment: Das randständige Thema. Die parlamentarische TA-Diskussion und der erste Bericht der Enquete-Kommission „Technologiefolgenabschätzung", in: Dierkes, Manfred u.a (Hrsg.), Technik und Parlament, S. 297-364.

Thienen, Volker von, 1987: Technischer Wandel und parlamentarische Gestaltungskompetenz – das Beispiel der Enquete-Kommissionen, in: Technik und Gesellschaft, Jb. 4, Frankfurt/M., S. 84-106.

Töller, Annette Elisabeth, 1995: Europapolitik im Bundestag. Eine empirische Untersuchung zur europapolitischen Willensbildung im EG-Ausschuß des 12. Deutschen Bundestages, Frankfurt/M. u.a.

Tomuschat, Christian, 1980: Die parlamentarische Haushalts- und Finanzkontrolle in der Bundesrepublik Deutschland, in: Der Staat 19, S. 1-28.

Trautmann, Günter, 1976: Parteienstaatliche Verfassung und freies Mandat, in: Guggenberger, Bernd u.a. (Hrsg.), Parteienstaat und Abgeordnetenfreiheit, München, S. 127-148.

Troltsch, Klaus, 1985: Der Verhaltenskodex von Abgeordneten in westlichen Demokratien, in: APuZ B 24-25, S. 3-16.

Troßmann, Hans, 1977: Parlamentsrecht des Deutschen Bundestages. Kommentar zur Geschäftsordnung des Deutschen Bundestages unter besonderer Berücksichtigung des Verwaltungsrechts, München.

Troßmann, Hans, 1979: Der Bundestag: Verfassungsrecht und Verfassungswirklichkeit, in: Jahrbuch des öffentlichen Rechts, Bd. 28, N.F., S. 1-304.

Troßmann, Hans, ^{2}1984: Reichstag und Bundestag – Organisation und Arbeitsweise, in: Deuerlein, Ernst (Hrsg.), Der Reichstag, Bonn, S. 125-143.

Troßmann, Hans/Roll, Hans-Achim, 1981: Parlamentsrecht des Deutschen Bundestages. Ergänzungsband, München.

Tsatsos, Dimitris Th. (Hrsg.), 1997: Die politischen Parteien in der Grundgesetzordnung, in: Gabriel, Oscar W. u. a. (Hrsg.), Parteiendemokratie in Deutschland, Opladen, S. 133-156.

Ueberhorst, Reinhard, 1985: Positionelle und diskursive Politik – Die Bewährung einer demokratischen Technologiepolitik an den Chancen kritischer Argumente zur Brütertechnik, in: Meyer-Abich, Klaus Michael/Ueberhorst, Reinhard (Hrsg.), Ausgebrütet – Argumente zur Brutreaktorpolitik, S. 356-395.

Uehlinger, Hans M., 1988: Politische Partizipation in der Bundesrepublik, Opladen.

Ulrich, Otto, 1987: Technikfolgen und Parlamentsreform. Plädoyer für mehr parlamentarische Kompetenz bei der Technikgestaltung, in: APuZ B 19-20, S. 15-25.

Uppendahl, Herbert, 1981: Repräsentation und Responsibilität, in: ZParl 12, S. 123-134.

Uterwedde, Hendrik, 1990: Die Europäische Union, Opladen.

Veen, Hans-Joachim, 1976: Opposition im Bundestag. Ihre Funktionen, institutionellen Handlungsbedingungen und das Verhalten der CDU/CSU-Fraktion in der 6. Wahlperiode 1969-1972, Bonn.

Vetter, Joachim, 1986: Die Parlamentsausschüsse im Verfassungssystem der Bundesrepublik Deutschland, Frankfurt/M.

Vierecke, Andreas, 1994: Die Beratung der Technologie- und Umweltpolitik durch Enquete-Kommissionen beim Deutschen Bundestag, München.

Vig, Norman J./Paschen, Herbert, 1998: Parliaments and Technology: The Development of Technology Assessment in Europe, Albany.

Vitzthum, Wolfgang Graf, 1978: Parlament und Planung, Baden-Baden.

Vitzthum, Wolfgang Graf, 1985: Petitionsrecht und Volksvertretung. Zu Inhalt und Schranken parlamentarischen Petitionsbehandlungsrechts, Darmstadt.

Vitzthum, Wolfgang Graf/März, Wolfgang, 1986: Petitionsausschüsse in Bund und Ländern, in: Kempf, Udo/ Uppendahl, Herbert (Hrsg.) Ein deutscher Ombudsman, Opladen, S. 209-228.

Vogel, Hans-Jochen, 1985: Kontinuität und Perspektive. Gedanken zur Arbeit der SPD-Bundestagsfraktion (unv. Manuskript), Bonn.

Vogel, Hans-Jochen, 1996: Nachsichten. Meine Bonner und Berliner Jahre, München.

Voigt, Rüdiger (Hrsg.), 1995: Der kooperative Staat, Baden-Baden.

Voigt, Rüdiger, 1980: Verrechtlichung, Königstein.

Voigt, Rüdiger, 1986: Grenzen rechtlicher Steuerung, Opladen.

Vonderbeck, Hans-Josef, 1975: Zur Entwicklung des parlamentarischen Petitionsrechts von den Anfängen bis zur jüngsten Neuregelung für den Deutschen Bundestag, in: ZParl 6, S. 178-187.

Vonderbeck, Hans-Josef, 1981: Parlamentarische Informations- und Redebefugnisse, Berlin.

Vorbeck, Antje, 1991: Regierungsbildung 1990/91: Koalitions- und Personalentscheidungen im Spiegel der Presse, in: ZParl 22, S. 377-389.

Vorschläge der Ad-hoc-Kommission Parlamentsreform, BT-Drs. 3600/1.7.1983.

Voss, Everhard A., 1983: Parlamentarische Dienste, Heidelberg/Hamburg.

Vowe, Gerhard, 1986: Wissen, Interesse und Macht. Zur Technikgestaltung durch Enquete-Kommissionen, in: ZParl 17, S. 557-568.

Waffenschmidt-Kommission, Unabhängige Kommission für Rechts- und Verwaltungsvereinfachung des Bundes (Hrsg.), 1995: Motor der Entbürokratisierung, Bonn.

Wagner, Hellmut, 1998: Gesetzesfolgenabschätzung bei forschungsrelevanten Gesetzen, in: Jann, Werner u.a. (Hrsg.), Politik und Verwaltung auf dem Wege in die transnationale Gesellschaft, Baden-Baden, S. 411- 432.

Wasmuth, Ulrike C. (Hrsg.), 1989: Alternativen zur alten Politik? Neue soziale Bewegungen in der Diskussion, Darmstadt.

Weber, Jürgen, ^{2}1981: Die Interessengruppen im politischen System der Bundesrepublik Deutschland, München.

Weber, Max, ^{4}1918: Parlament und Regierung im neugeordneten Deutschland, in: Weber, Max, Gesammelte politische Schriften, Tübingen 1980.

Wedel, Hedda von, 1997: Neutraler Sachverstand bürgt für Effizienz (Interview), in: Das Parlament, Nr. 38, S. 9.

Weischenberg, Siegfried, 1990: Gladiatoren und Propagandisten? Die Akteure politischer Kommunikation in der medialen Streitkultur, in: Sarcinelli, Ulrich (Hrsg.), Demokratische Streitkultur, Bonn, S. 101-120.

Wengst, Udo, 1984: Ministerverantwortlichkeit in der parlamentarischen Praxis der Bundesrepublik Deutschland. Eine historische Bestandsaufnahme, in: ZParl 15, S. 539-551.

Wengst, Udo, 1985: Adenauers erste Koalitions- und Regierungsbildung im Spätsommer 1949, in: APuZ B 18, S. 3-14.

Wermser, Jürgen, 1984: Der Bundestagspräsident. Funktion und reale Ausformung eines Amtes im Deutschen Bundestag, Opladen.

Werner, Camilla, 1990: Wer sind die Rebellen im Parlament? Die interfraktionelle Initiative Parlamentsreform im 11. Deutschen Bundestag, in: ZParl 21, S. 404-413.

Wessels, Wolfgang, [2]1999: Das politische System der Europäischen Union, in: Ismayr, Wolfgang (Hrsg.), Die politischen Systeme Westeuropas, Opladen, S. 713-745.

Westerrath, Heribert, 1989: Die Landesvertretungen und der Bundesrat, in: Hrbek, R. (Hrsg.), Miterlebt – Mitgestaltet, Stuttgart, S. 337-347.

Westphal, Heinz, 1994: Ungefährdet ist Demokratie nie. Erlebnisse und Erfahrungen mit deutscher Zeitgeschichte, Düsseldorf.

Westphalen, Raban Graf von (Hrsg.), 1993: Parlamentslehre. Das parlamentarische Regierungssystem im technischen Zeitalter, München/Wien.

Westphalen, Raban Graf von (Hrsg.), [3]1997: Technikfolgenabschätzung als politische Aufgabe, München/Wien.

Wewer, Göttrik, 1991: Das Bundesverfassungsgericht – eine Gegenregierung?, in: Blanke, Bernhard/Wollmann, Hellmut (Hrsg.), Die alte Bundesrepublik, Opladen, S. 310-335.

Wewer, Göttrik (Hrsg.), 1998: Bilanz der Ära Kohl. Christlich-liberale Politik in Deutschland 1982-1998, Opladen.

Wiesendahl, Elmar, 1989: Etablierte Parteien im Abseits? Das Volksparteiensystem der Bundesrepublik vor den Herausforderungen der neuen sozialen Bewegungen, in: Wasmuth, Ulrike C. (Hrsg.), Alternativen zur alten Politik? Darmstadt, S. 82-108.

With, Hans de, 1985: Haben wir eine Parlamentskrise?, in: APuZ B 6, S. 41-44.

Witte-Wegmann, Gertrud, 1972: Recht und Kontrollfunktion der Großen, Kleinen und Mündlichen Anfragen im Deutschen Bundestag, Berlin.

Wittrock, Karl, 1982: Möglichkeiten und Grenzen der Finanzkontrolle. Das Verhältnis des Bundesrechnungshofes zum Bundestag, in: ZParl 13, S. 209-219.

Wittrock, Karl, 1985: Nachdenkenswertes über den Bundesrechnungshof, in: ZParl 16, S. 261-266.

Wittrock, Karl, 1986: Haushaltsgestaltung und Finanzkontrolle, in: Die Verwaltung, S. 1-8.

Wolf, Rainer, 1986: Der Stand der Technik. Geschichte, Strukturelemente und Funktionen der Verrechtlichung technischer Risiken am Beispiel des Immissionsschutzgesetzes, Opladen.

Wolf, Rainer, 1991: Zur Antiquiertheit des Rechts in der Risikogesellschaft, in: Beck, Ulrich (Hrsg.), Politik in der Risikogesellschaft, Frankfurt/M., S. 378-423.

Zeh, Wolfgang, 1983: Die Beratung von Gesetzen im Deutschen Bundestag, in: Maihofer, Werner u.a., Theorie und Methoden der Gesetzgebung, Frankfurt/M., S. 57-77.

Zeh, Wolfgang, 1984: Wille und Wirkung der Gesetze, Heidelberg.

Zeh, Wolfgang 1993: Parlamentsreform als Gesetzgebungsreform, in: Zeitschrift für Gesetzgebung 8, S. 358-368.

Zeh, Wolfgang, 1998: Gesetzesfolgenabschätzung – Politikgestaltung durch Gesetze?, in: Jann, Werner u.a. (Hrsg.), Politik und Verwaltung auf dem Wege in die transnationale Gesellschaft, Baden-Baden, S. 365-374.

Zeschmann, Philip, 1997: Mitgliederbefragungen, Mitgliederbegehren und Mitgliederentscheide: Mittel gegen Politiker- und Parteienverdrossenheit, in: ZParl 28, S. 698-712.

Zilleßen, Horst/Dienel, Peter C./Strubelt, Wendelin (Hrsg.), 1993: Die Modernisierung der Demokratie, Opladen.

Zimmer, Annette, 1999: Staatsfunktionen und öffentliche Aufgaben, in: Ellwein, Thomas/Holtmann, Everhard (Hrsg.), 50 Jahre Bundesrepublik Deutschland, Opladen, S. 211-228.

Zunker, Albrecht, 1977: Haushalt/Haushaltsplan, in: Röhring, Hans-Helmut/Sontheimer, Kurt (Hrsg.), Handbuch des politischen Systems der Bundesrepublik Deutschland, München, S. 270-278.

Abkürzungsverzeichnis

AbgG	- Abgeordnetengesetz
AG	- Arbeitsgruppe
AK	- Arbeitskreis
AO-CDU/CSU	- Arbeitsordnung der CDU/CSU Bundestagsfraktion
APuZ	- Aus Politik und Zeitgeschichte
BGBl.	- Bundesgesetzblatt
BHO	- Bundeshaushaltsordnung
BT-Drs.	- Drucksachen des Deutschen Bundestages
BVerfG	- Bundesverfassungsgericht
BVerfGE	- Entscheidung des Bundesverfassungsgerichts
BWahlG	- Bundeswahlgesetz
CDA	- Christlich-Demokratische Arbeitnehmerschaft
EK	- Enquete-Kommission
EU	- Europäische Union
EUZBBG	- Gesetz über die Zusammenarbeit von Bundesregierung und Deutschem Bundestag in Angelegenheiten der Europäischen Union
FAZ	- Frankfurter Allgemeine Zeitung
FGO	- Fraktionsgeschäftsordnung
FGO-SPD	- Geschäftsordnung der Bundestagsfraktion der SPD
FR	- Frankfurter Rundschau
GESTA	- Stand der Gesetzgebung des Bundes (Hrsg. Deutscher Bundestag)
GG	- Grundgesetz für die Bundesrepublik Deutschland
GGO I	- Gemeinsame Geschäftsordnung der Bundesministerien I
GGO II	- Gemeinsame Geschäftsordnung der Bundesministerien II
GOBReg	- Geschäftsordnung der Bundesregierung
GOBT	- Geschäftsordnung des Deutschen Bundestages
IPA	- Interparlamentarische Arbeitsgemeinschaft
LT-Drs.	- Landtagsdrucksachen
LVSchlH	- Landesverfassung Schleswig-Holstein
MIT	- Mittelstands- und Wirtschaftsvereinigung
PA	- Petitionsausschuß
ParlStG	- Gesetz über die Parlamentarischen Staatssekretäre
PKM	- Parlamentskreis Mittelstand
PlPr	- Plenarprotokolle des Deutschen Bundestages
PVS	- Politische Vierteljahresschrift
SZ	- Süddeutsche Zeitung

UA	- Untersuchungsausschuß
WB	- Wehrbeauftragter
WehrbG	- Gesetz über den Wehrbeauftragten des Deutschen Bundestages
ZParl	- Zeitschrift für Parlamentsfragen

Verzeichnis der Tabellen und Schaubilder

Tab. 2.1 Rollenverständnis der Abgeordneten 53
2.2 Lokale Parteivorstandsämter von Bundestagsabgeordneten (in %) 60
2.3 Kommunale Wahlämter von Bundestagsabgeordneten (in %) 61
2.4 Mitgliedschaft von Bundestagsabgeordneten in der kommunalen Selbstverwaltung (11. WP und 13. WP im Vergleich) 62
2.5 Während der Mitgliedschaft im 13. Deutschen Bundestag ausgeübter Beruf (ohne Regierungsämter) 64
2.6 Bundestagsabgeordnete mit Hochschulbildung (in %) 67
2.7 Studienfächer der Bundestagsabgeordneten mit Hochschulstudium (absolut) 68
2.8 Berufsstruktur des Bundestages nach Fraktionen (13. Wahlperiode) 70
2.9 Berufliche Gliederung der Bevölkerung, der Mitglieder der Parteien und des Bundestages (in %) 73
2.10 Verbandsfärbung des 13. Bundestages (in Prozent der Mitglieder des Bundestages bzw. der Fraktionen) 74
2.11 Tätigkeit als Mitglied des Vorstandes, Aufsichtsrates oder sonstigen Gremiums während der Mitgliedschaft im Bundestag 75
2.12 Weibliche Abgeordnete zu Beginn der Wahlperiode (Anzahl und Anteil in Prozent aller Abgeordneter) 78
2.13 Wichtigkeit der Wahlkreisarbeit (in %) 86

	2.14	Abgeordnetenkontakte mit verschiedenen Personengruppen	87
	2.15	Bedeutung der Briefe als Informationsquelle der Bundestagsabgeordneten (in %)	90
Abb.	3.1	Vorstand der CDU/CSU-Bundestagsfraktion (14. Wahlperiode)	119
	3.2	Organisationsstruktur der SPD-Bundestagsfraktion (14. Wahlperiode)	120
Tab.	3.1	Führungspositionen in Bundestag und Bundesregierung	123
	4.1	Bundestagspräsidenten 1949-1999: Wahlergebnisse und Amtszeit	149
	4.2	Sitzungen des Präsidiums und des Ältestensrates des Bundestages	158
	4.3	Ständige Ausschüsse des Deutschen Bundestages 13. und 14. Wahlperiode	168
	5.1	Bundesregierungen 1949-1999	197
	6.1	Beurteilung der Evaluation von Programmen	231
	6.2	Gesamtzahl des Gesetzesvorhaben (nach Initiatoren)	244
	6.3	Beim Bundestag eingebrachte Gesetzentwürfe (aufgeschlüsselt nach Initiatoren)	245
	6.4	Bedeutungsverlust des Bundestages zugunsten der Exekutive (in %)	261
	6.5	Kontaktierte Personen und Gruppen (in %)	280
	6.6	Vom Bundestag verabschiedete Gesetze (nach Initiatoren, Abstimmungsverhalten)	284
	6.7	Gesetzentwürfe: Beratung und Aussprache	285
	7.1	Bewertung möglicher Ziele einer Parlamentsreform (Angaben in %)	311
	7.2	Bewertung einzelner Reformvorschläge im Bereich der Öffentlichkeitsfunktion von Abgeordneten des Bundestages (in %)	324
	7.3	Anzahl der Anfragen, Fragestunden, Aktuellen Stunden und Regierungsbefragungen	332
	7.4	Große Anfragen: Anzahl und Anteil der Fraktionen	335
	7.5	Thematische Schwerpunkte Großer Anfragen	337

7.6 Kleine Anfragen: Anzahl und Anteil (nach Fraktionen der Fragesteller) ... 339
7.7 Mündliche und schriftliche Fragen (13. Wahlperiode) ... 344
7.8 Aktuelle Stunden: Anzahl und Antragsteller ... 347
7.9 Thematische Schwerpunkte Aktueller Stunden (10./13. WP) ... 349
7.10 Regierungserklärungen ... 353
7.11 Untersuchungsausschüsse (4.-13. Wahlperiode) ... 370
7.12 Die Wehrbeauftragten des Deutschen Bundestages 391
7.13 Berichte der Bundesregierung nach Initiative und Berichtstyp ... 397
7.14 Öffentliche Anhörungen von Ausschüssen und Enquete-Kommissionen ... 407
7.15 Enquete-Kommissionen des Deutschen Bundestages ... 414

Sachregister

Abgeordnete **45ff.,** 167ff., 305ff., 439ff. *und durchgehend*
- einzelne 52, 59, 105, 128, 147, 194, 239, 344, 272, 305, 307, 339, 450, 456, 459, 105
- fraktionslose 172, 344

Abgeordnetensoziologie **60ff.,** 175f.
Abstimmung(sverhalten) 47, **58f.,** 101, 108, 118, 124, 126, 133, 141, 144, 159, 173, 193, 213, 258, 260, 269, 274, 279, **284ff.,** 294, 296, 300, 321, 325, 346, 352, 406, 463
Ad-hoc-Arbeitsgruppen 101f., 128, 185, 401
Ad-hoc-Kommission Parlamentsreform 224, 230, 305, 308, 401, 410, 450
Akademisierung (BT) 65ff.
Akteneinsicht 307f., 394, 456ff.
Aktenvorlage 307f., 376, 421, 456ff.
Aktivbürger 33, 374, 386, 466
Aktive Politik 261
Aktuelle Stunden 46, 105, 132, 247, 303, 326, 333, 341, **346ff.,** 353, 444
Alternativen(bildung) 17, 43, 106, 132, 138, 189, 229, 238, 247, 259, 262f., 273, 279, 281, 286, 300, 305f., 310, 312, 322, 331, 398, 406, 424, 440, 445, 454, 461, 462
Alterspräsident 146
Altersschichtung (BT) 62f.
Altersversorgung (Abg.) 79, 81
Ältestenrat 79, 124, 132, 145, 151, 154ff., **159ff.,** 171, 177, 180, 185, 273, 283, 296, 309, 316, 325, 333, 347, 352, 402
Amsterdamer Vertrag 290, 297
Ämterkumulation 61
Amtsausstattung 79f.
Analysekapazität 40, 190, 237f., 306, 309, 401, 431, 453
Anciennität(sprinzip) 62f., 176
Änderungsanträge 46f., 134, 171, 277, 280, 286f., 297, 361, 403
Änderungsgesetze 222, 224
Anfragen 73, 88, 89, 134, 162, 179, 235f., 243, 247, 251, 285f., 300ff., 315, 320, **331ff.,** 348, 386, 402f., 405, 435, 444f., 449f., 456
Anhörpersonen 409, 411
Anhörungen 43, 46, 181, 233, 238, 246, 271, 277, 303f., 312, 326, 407, **408ff.,** 420, 424, 427f., 445, 457, 460ff.
Anhörungsprotokolle 308, 426, 457
Anträge 47, 51, 134, 173, 192, 236, 250, 282, 286, 303, 315, 328ff., 348, 355, 396, **402ff.,** 422, 434, 448, 457
Antragsrecht 48, 172, 418
Antragsteller 285, 338, 347, 370ff., 404f., 435, 458
Arbeitnehmergruppe 100, **107ff.,** 132, 176, 243, 246
Arbeitsgemeinschaft Kommunalpolitik 108
Arbeitsgruppen 24, 38, 58, 72, 82, 95, **99ff.,** 109, 119ff., 164, 167, 174, 179ff., 201, 209, 243, 246, 249, 255, 269ff., 297, 305, 318, 343, 351, 361, 399, 405, 412, 420, 423, 426f., 439, 445f., 449
Arbeitsgruppensitzung 103ff.
Arbeitsgruppenvorsitzende **100ff.,** 118f., 123, 125f., 133, 139f., 174,

207, 243, 269, 272, 277, 318, 344, 349 *s.a. Obleute*
Arbeitskreise 57, 94, **99ff.**, 104, 114, 120, 125ff., 136, 140f., 164, 184, 238, 249, 269, 271, 274, 277, 338, 440, 443, 447
Arbeitskreisvorsitzende 123, **100ff,** 125f., 174, 201, 243, 269
Arbeitsparlament 145, 167
Arbeitsplanung 124, 129, 145, **159ff.**, 165
Arbeitsteilung 25, 37, 45, **99ff.**, 227, 439f. *siehe Spezialisierung*
Arbeitsweise des BT **145ff.** *und durchgehend*
Argumentationsfreiheit 58
Artikelgesetze 224, 257, 264, 274
Artikulationsfähigkeit 300
Aufgabenplanung 24
Auflösung des Bundestages 211ff.
Aufmerksamkeitsregeln 229, 234, 253
Aufsetzung auf die Tagesordnung 161, 273, 283, 334
Ausfertigung (Gesetze) 290
Aushandlungsprozesse 19f., 23, 27, 148ff., 159ff., 174, 199ff., 316, 372, 422
Auskunftspflicht 456
Ausschußberatung(en) 141, **277ff.**, 325f., 388, 435, 448, 464
Ausschußbericht(erstattung) 162, 178, 181, **184f.**, 231, 283, 292, 359, 370ff., 400, 402, 458, 465
Ausschußbesetzung 171ff.
Ausschußdienst 383
Ausschüsse (BT) 21, 38, 46, 48, 72, 74, 94, 97ff., 140, 145, 155, 160, 162, **167ff.**, 207, 238, 246, 256, 266, 271, **274ff.**, 285f., 293ff., 300f., 304, 309, 312, 315, 323, 324, 325, 327, 338, 350, 354, 359ff., 375f., 381ff., 395f., 398ff., 418, 427, 430ff., 447f., 456, 460, 464f.
– einzelne 69, 72, 74, **168ff.**, 176f.
– federführende 274, 277, 295f. 435
– mitberatende 185, 278, 410
Ausschußrückruf 47, 172
Ausschußsekretär 181
Ausschußsekretariat 373, 383, 411
Ausschußüberweisung 272, 274, 361, 422
Ausschußvorsitzende(r) 105, 113f., 123, 140, 160, 168f., 173, 177, 181ff., 187, 359, 370f., 375
Auswärtiger Ausschuß 168f.

Basisrückkoppelung 42, 58, 312
Bauernverband 74
Befragung der Bundesregierung 160, 315, 343, 350f., 445
Befugnisgesetz 383, 422
Begleitende Kontrolle 191, 300, 363
Benennungsrecht 47, 113, 171
Beratungskapazität 24, 256, 302, 305, 308ff., 428ff., 433, 449, 460f.
Bericht zur Lage der Nation 353, 397
Berichte der Bundesregierung 235, 263, 286, 305, 315, 320, **396ff.**, 463
Berichterstatter(system) **101ff.**, 107, 119, 127, 133, 135, 173, 183, **184ff.**, 192, 194, 243, 271, 275ff., 279, 285, 300f., 318, 346, 360ff., 401, 405, 410ff., 436, 446
Berichterstattergespräche/-gruppen 184ff., 361, 411, 435
Berichterstattung im Plenum 283, 285, 351, 400, 402 *s.a. Ausschußberichterstattung*
Berichtspflicht 236, 396ff.
Berichtstyp 397
Beruf (Abg.)/Berufsstruktur 60ff., **65ff.**, 79, 83
Berufspolitiker 33, **60ff.**, 208
Beschlußempfehlung (Ausschuß) 178, 282f., 296f., 325, 384, 400, 405, 418f., 422
Besuchergruppen 167
Beweiserhebung 371, 374ff., 458, 464
Blaue Prüffragen 228f., 231f., 235, 253
Bundeshaushalt 40, 82, 213, 354ff., 452
Bundeskabinett 35, 38, 116, 135, 142f., 205ff., 262f., 351, 357f., 360, 447

Bundeskanzler 16, 117, 130, 142, 151, 170, **195ff.,** 268, 328, 330, 347, 351ff., 357
Bundeskanzleramt 159, 163, 190, 209f., 229, 254, 264, 268, 333
Bundesländer 20, 107, 113, 117, 122, 218, 225, 250, 271
Bundesminister 114, 122, 134, 136, 143, 151, 188, **205ff.,** 220, 251, 330f., 345, **350ff.,** 391, 394f.
Bundesministerien 170, 228f., 253, 257f., 292
Bundespräsident 196, 205, 290
Bundespressekonferenz 314, 350f.
Bundesrat **20ff.,** 37, 39, 76, 80, 115, 147, 152, 155, 192, 214, 216, 239ff., 244, 247, 249f., **264ff.,** 282, **288ff.,** 297f., 301, 308, 328, 358, 364, 366, 388, 404, 440, 448, 452
Bundesratsausschüsse 266
Bundesratsmehrheit 21ff., 37, 39, 192, 247, 249f., 265, 267, 282f., 288, 290, 301, 404, 448
Bundesratsmitglieder 23, 129, 264ff., 317, 348, 462
Bundesratssitzungen 249
Bundesrechnungshof 362, **363ff.,** 460
Bundesregierung 25, 40, 77, 99, 106, 109f., 114, 119f., 123, 139, 143, 147, 152, 155, 159, 163, 170, 187, 190, **195ff.,** 206, 208ff., 220, 223, 226, 228, 236, 239, **240ff.,** 276, 283, 288ff., 301, 306f., 314, 328, 330, 333f., 340ff., 350, 355ff., 364, 366f., 376, 381, 384, 390, 396, 400, 405f., 421, 433, 439, 455ff.
Bundesstaat 16
Bundestagsauflösung 211ff.
Bundestagsausschüsse *siehe Ausschüsse*
Bundestagspräsident 84, 120, **148ff.,** 159ff., 226, 286ff., 296, 318, 333f., 340, 351, 367, 381, 400
Bundestagspräsidium *siehe Präsidium*
Bundestagsverwaltung 14, 82, 152, 166f., 392, 410, 420
Bundestagsvizepräsident(en) 120, 146, 149ff., 155ff.
Bundestagswahlen 18, 23, 36, 199, 452
Bundesverfassungsgericht 37, 47, 51, 95, 167, 171f., 214, 220f., 227, 242, 307, 355, 376f., 452, 455, 458
Bundesversammlung 77, 155
Bündnis 90/Die Grünen 19, 22, 31, 86, 198, 201f., 206, 246, 383
Bündnis 90/Die Grünen, Fraktion/Gruppe 22, 66, 72, 75f., 78f., 98f., **101ff,** 117, 120f., 125, 129, 132, 133, 143f., 150, 159, 172f., 198, 201f., 240, 245ff., 269, 279, 281, 284, 303, 335, 339f., 342, 347f., 370, 383, 387, 389, 396, 407, 412
Bürgergutachten 420, 465
Bürgerinitiativen 28ff., 75ff., 87, 89, 94, 242, 246, 273, 280, 302, 312, 340, 380, 386, 436, 465f.
Bürgersprechstunden 89
Büro für Technikfolgenabschätzung (TAB) 432ff.
Bürokratisierung 217, 449

CDU/CSU-Bundestagsfraktion 21, 50, 53, 60ff., 72ff., 80f., 94f., 97, **99ff.,** 107f., 110, **113ff.,** 129, 132f., 135ff., 149f., 168f., 174ff., 183, 196, 198ff., 210, 212, 245ff., 279f., 284, 288, 317, 324, 335, 339, 344, 347f., 360, 370f., 383, 386, 391, 429, 432
Christlich Demokratische Union (CDU) 73, 86, 90, 97, 195, 207, 261, 267f.
Christlich Soziale Union (CSU) 78, 86, 90, 195, 202, 208, 261, 267
Christlich-liberale Koalition 139, 142, 209, 243, 283
CSU-Landesgruppe 97, **113ff.,** 119, 121, 124, 137, 142f., 174f.

Datenbanken 305, 307, 309f., 449, 457
Debattengestaltung 160ff., 192ff., 314ff.
Debattenrunde 273, 286
Debattenstruktur **314ff**. *s.a. Plenardebatte*
Delegationsreisen 181, 183
Demokratie(gebot) 15, 22, 26ff., 42f., 50ff., 59, 90, 198, 219, 322, 387, 452, 454, 463
Dezentralisierung 20
Diäten 79ff.
DIE GRÜNEN *siehe Bündnis 90/Die Grünen*
Direktor beim Deutschen Bundestag 153, 155
Diskontinuität 146, 178, 382
Diskurs 27, 33f., 58, 302, 310, 350, 444, 454
Diskussionsstil 104, 182, 192
Dringliche Fragen 344f.
Dualismus 17, 453

Effizienz 124, 325, 366, 451, 464
Einbringung von Gesetzentwürfen 40, 240, 244, 246, 249f., 265, **272ff.,** 358, 360, 361, 447, 457
Eingaben 380ff., 392ff.
Enquete-Kommission Verfassungsreform 52, 146, 214, 220, 226, 325, 368f., 371, 380, 421, 450, 459
Enquete-Kommissionen 43, 46, 100, 120, 238, 304, 308, 312, 315, 320, 368, 407, **413ff.,** 429, 436, 449, 458ff.
Entbürokratisierung 232
Entlassungsanträge **330f.**
Entschädigung 79ff.
Entschließungen 190, 243, 282, 286f., 303, 450
Entschließungsanträge 127, 133, 286, 315, 338, 354, **402ff.**
Entstaatlichung 224ff., 228
Erfolgskontrolle 231, 236, 366, 386, 400
Erweiterte öffentliche Ausschußberatung 325, 388, 464
EU-Ausschuß 170, **290ff.**
EU-Kommission 297
EU-Verordnungen 223, 291f.
EU-Vorlagen 163, 165, 290ff., 315, 456
Europäische Union 23, 216, 219, 290
Europäisches Parlament 23, 292, 294f.
Europakammer 298
Evaluation 231, 435

Fachausschüsse 99, 106, **167ff.,** 274, 295, 297, 338, 358, 382, 412, 427, 439 *s.a. Ausschüsse*
Fachdebatte 325, 464
FDP-Bundestagsfraktion 50, 53, 60ff., 72ff., 86, 90, 94, 99, **101ff.,** 117, 119f., 123ff., 129, 132, 137, 143, 168f., 174f., 198ff., 206, 208, 210, 212f., 245, 261, 269, 279f., 284, 317, 324, 335, 339, 344, 347f., 370ff., 386, 391, 432
Fernsehen 313, 317, 321, 324, 326, 350, 353, 462f. *s.a. Parlamentskanal*
Fernsehübertragungen (Debatten) 317, 319, 462
Finanzausschuß 72, 74, 168f.
Finanzkontrolle **354ff.**
Finanzplanung 356ff.
Finanzvorlagen 283
Föderalismus 20ff., 215, 454
Folgenabschätzung 34, 37, 215, 230ff., 278, 441, 449
Foren 33, 43, 91, 129, 309, 464f.
Formulierungshilfen 190, 281
Fortschrittskonsens 26
Fragen an die Bundesregierung **342ff.**
Fragerecht 307, 331, 455
Fragestunde 124, 160, 304, 315, 331, **342ff.,** 348, 351, 445
Fragmentierung 104, 235, 260, 450
Fraktion im Ausschuß 46, 48, 100, 180, 182, 315

Fraktionen 35ff., 45ff., 73ff., **95ff.,** 145ff., 178ff., 239ff., **269ff.,** 299ff., 439ff. *und durchgehend*
Fraktionenparlament 45ff., 165, 362, 439, 441
Fraktionsanhörungen 309, 412, 461
Fraktionsdisziplin **49ff.**, 133ff. *s.a. Geschlossenheit*
Fraktionsflügel **107ff.,** 122, 200, 272f., 354
Fraktionsführung 55, 57, **117ff., 128ff.,** 242, 343, 361, 443, 453
Fraktionsgemeinschaft 97, 113, 117, 121f., 200
Fraktionsgeschäftsordnung 55, 120, 122, 339
Fraktionsgremien 38, 40, 57, 95, **99ff.,** 160, 179, 183ff., 201f., 237, 242, 261, 273, 278, 301, 323, 351, 357, 369, 387, 395f., 401, 404f., 426f., 440, 442, 447
Fraktionsgruppierungen **107ff.,** 112, 274, 277
Fraktionshierarchie 48, 122, 173, 176, 443
Fraktionshilfsdienst 82
Fraktionsmitarbeiter/-referenten 82, 101, 108, 185, 270, 281, 319
Fraktionssitzung *siehe Fraktionsversammlung*
Fraktionssolidarität 47, 442
Fraktionsstatus 99f.
Fraktionsversammlung 38, 48, 56ff., 95, 99, 104, 109, 111f., 118f., 126ff., **129ff.,** 140ff., 174f., 243, 272, 301, 318, 322, 339, 442f.
Fraktionsvorsitzender 49, 99, **118ff.**, 124ff., 129f., 135f., 139ff., 144, 200
Fraktionsvorsitzende, Stellvertretende 118ff.
Fraktionsvorstand 57, 95, 99ff., 108, 111ff., **117ff.,** 131, 133f., 136, 164, 175, 318, 357, 443
Frauen im Bundestag 74, **77ff.,** 110, 176, 205
Frauenbewegung 31
Frauenvereinigung 110
Freie Demokratische Partei (FDP) 50, 73, 86, 143, 195, 199ff., 206, 208, 212f., 288, 372 *s.a. FDP-Fraktion*
Freies Mandat 50, 52, 83
Friedensbewegung 31, 322
Führungspositionen (BT) **77f.,** 123

Generaldebatten 313ff., 318
Generalsekretäre 119, 121, 142, 200
Geschäftsführender Fraktionsvorstand 119, **123ff.**
Geschäftsführer *siehe Parlamentarische Geschäftsführer*
Geschäftsordnung (BT) 46f., 59, 83, 95ff., 114, 142, **145ff.** *und öfter*
Geschäftsordnungsausschuß 85, 145, 150, 152, 154, 159, 166, 170
Geschäftsordnungsdebatten 127, 160, 163
Geschäftsordnungsreform 46, 347, 462 *s.a. Parlamentsreform*
Geschlossenheit 49, **54ff.,** 95, 124, **131ff.,** 304, 322, 442f., 446, 450
Gesetzentwürfe 37f., 40, 49, 134, 163, 192, 223, **239ff.,** 262ff., 273, 276, 279, 285f., 305, 315, 341, 381, 407, 409, 445, 457
Gesetzesanträge (Länder) 244, **249f.**
Gesetzesdurchführung 230, 221ff., 232
Gesetzesflut 223
Gesetzesfolgenabschätzung 37, 215, **230ff.,** 386, 460
Gesetzesinitiativen 134, **239ff.,** 269ff., 303
Gesetzesvorlagen 180, 239f., 247, **250ff.,** 269f., 279, 286, 288, 357f.
Gesetzeswirkungen 188, 221ff., 230ff., 235, 266, 276
Gesetzgebung 13, 17, 20f., 25, 35, 37f., 93, 170, 178f., 184, **215ff.,** 369, 379f., 386, 402, 407, 439, 444, 449, 452
Gesetzgebungsfunktion 34, 216ff.
Gesetzgebungsprozeß 215, 228, **239ff.**
Gestaltungsfähigkeit 216, 218, 221, 235, 261, 451

Gewaltenteilung 20, 83, 328, 363, 453
Gewerkschafter (Abg.) 72ff., 87, 207
Großpritannien 19f.
Große Anfragen 134, 162, 247, 286, 315, 247, 320, **331ff.,** 341f., 353, 402ff., 405, 444
Große Koalition 22, 95, 113, 116, 137, 142f., 144, 198, 216, 242, 355, 443, 446, 453
Grundmandat 97, 99, 185
Grundrechte 220, 392f., 395
Gruppe (gem. § 10 GOBT) 59, 98, 245, 284, 335, 339, 347
Gruppe der Vertriebenen- und Flüchtlingsabgeordneten 108, 110
Gutachten 82, 233ff., 246, 256, 263, 271, 296, 309, 366, 390, 400, 409, 420, 424, 426, 460

Haushaltsausschuß 69, 72, 168ff., 177, 354, **358ff.**
Haushaltsbeschlüsse 362
Haushaltsdebatte 126, 315, 358, 361
Haushaltsgesetz 354, 358
Haushaltsgruppe 360
Haushaltskontrolle **354ff.**
Haushaltsplan 354, 358
Haushaltsreform 355f.
Haushaltsvollzug 358, 363
Hausrecht (BT-Präsident) 152f.
Hearing *siehe öffentliche Anhörung*
Herbeirufung(en) 187, 303, 307, **327ff.,** 421, 455

Immunität 166, 168ff.
Implementation 20, 230
Informationsgewinnung 305, 397, 420, 457
Informationskontakte 24, 139, 144, 238, 255, 258, 265, 305, 309, 360, 399, 411
Informationsrechte **299ff.,** 381, 455
Informationsvorsprung 179, 189, 237, 259, 360, 399, 408, 450
Initiativen, parlamentarische 49, 93, 105f., 109f., 127f., **134ff.,** 141, 231, 239ff., 284, 299, 304, 317, 341, 379, 407, 444ff., 448, 462
Initiativfunktion 34
Inkompatibilität 82ff.
Innerparteiliche Demokratie 52
Interessengruppen *siehe Verbände*
Interessengruppierungen der Fraktionen/Parteien 48, 57, 75, 89, 94ff., 100, **107ff.,** 113, 125, 129, 133f., 137f., 173ff., 200, 202, 207, 243, 246, 270ff., 301, 318, 321, 443, 446
Interessenstruktur (BT) 37, **60ff., 92ff.,** 175f.
Interessenverknüpfungen 82ff.
Interfraktionelle Initiative Parlamentsreform 49, 59, 305, 319f., 351, 450
Interfraktionelle Vereinbarungen 97, 113, 122, 148, **159ff.,** 274, 316, 462
Interventionsstaat 217, 221
IPA-Regeln 368, 374, 375, 377, 458
Irreversibilität 26, 451

Justitiar 114
Justizialisierung 217

Kabinett *siehe Bundeskabinett*
Kabinettberichterstattung 350
Kabinettsbeschluß 107, 136
Kabinettsdisziplin 207
Kabinettsmitglieder 134, 261
Kabinettssitzung(en) 142, 242, 259, 266, 350f.
Kabinettsvorlage 135, 229, 259, 262
Kanalarbeiter 111, 139, 207
Kanzlerwahl 36, 195, 202, 206, 212
Karriere(interessen), politische 54, 60ff., 86, 102, 149, 158, 173, 217, 270
Karrieremuster 72f., 78
Kinderkommission 460
Kirchen 91, 242, 312, 410
Klausurtagungen/-sitzungen 106, 115, 129, 427, 461
Kleine Anfragen 88, 331, 333, **338ff.,** 345, 444

Kleine Parlamentsreform 45, 82, 316, 342, 407, 450
Koalition 15, **18ff.,** 136ff. *und öfter*
Koalitionsaussage 198, 288
Koalitionsbeschlüsse 126, 278, 283
Koalitionsfraktionen 35, 82, 88, 103, **128ff.,** 144, 149, 182, 209, 240, 243, **275ff.,** 278f., 182, 301f., 306, 316f., 334, 336, 340, 342, 348, 352, 404, 445, 447f., 453 *s.a. Regierungsfraktionen*
Koalitionsgespräche 38, 107, 109, 113, 116, 131, 134ff., **139ff.,** 163, 183, 193, 200, 201ff., 212, 241f., 254, 261f., 275ff., 323, 443, 447f., 453
Koalitionsgremien 15, 24, 95, 142ff., 189, 191f., 279, 282, 304, 355, 359, 449
Koalitionskonflikte 18, 303, 348
Koalitionsparteien 19, 188f., 193, 200, 205ff., 208, 240, 273, 299, 303, 358, 408
Koalitionspartner 106, 143, 193, 199f., 207, 213, 242, 303, 340, 354, 445
Koalitionsregierung 205, 248
Koalitionsrunde *siehe Koalitionsgespräche*
Koalitionsvereinbarungen 38, 55, 131, 136, 142f., 196, 199, **201ff.,** 212, 242
Koalitionsverhandlungen 36, 97, 142, **198ff.,** 242, 441
Koalitionswechsel 36, 212
Kommissionen des Ältestenrats 155
Kommunale Spitzenverbände 20, 257f.
Kommunale Wahlämter 61
Kommunalpolitik 83, 85, 110
Kommunen 20, 31, 188, 215, 257f., 264, 266
Kommunikationsbeziehungen 15, 85, 92, 94, 439
Kommunikationsfähigkeit 24, 312, 318, 325, 428, 461, 464
Kommunikationsfunktion 15, 34, 85, 92, **299ff.,** 312, 320, 428, 439
Kommunikationsklima 123
Kommunikationsprozeß 52, 420
Konfession (Abg.) 73
Konfliktlinie 32, 364
Konkordanzdemokratie 283
Konsens, politischer 22, 127, 147, 149, 154, 159f., 174, 182, 184, 193, 215, 228, 280, 325, 425, 437, 464
Konsensdruck 55, 135f.
Konstituierung des Bundestages 95, **145f.,** 195
Konstitutionelle Monarchie 17, 327, 453
Konstruktives Mißtrauensvotum 16, 40f., **211ff.**
Kontrollaktivitäten 15, 39, 40, 303f., 457
Kontrolle 21, 34ff., 69, 97, 106, 107, 135, 154, 178, 184, 191, 205, 227, 230, 293, **299ff.,** 444, 447, 454, 461
Kontrollfunktion 34, **39f., 299ff.,** 320, 390
Kontrollinstrumente 40, 236, 302, 303, **327ff.,** 444
Kontrollrechte 299ff., 306ff., 421, 455
Konzeptionelle Politik 23, 32f., **259f.,** 310, 378, 448, 451, 461
Kooperation (Fraktionen) 101ff., 109, 124, 139, 340, 404
Koordination(sgespräche) 24, 33, 101, 104, 113, 115f., 119f., 124ff., 139ff., 277, 343, 439
Koordinationsgremien 45, 95, **139ff.**
Kurzdebatten 161, 317, 325, 350, 464
Kurzinterventionen 318, 463

Landesgruppen 57, 97, **112ff.,** 119, 121f., 124, 129, 131, 134, 137, 142f., 173ff., 207, 272, 443
Landesgruppenvorsitzende(r) 113ff., 117, 142, 174f.
Landeslisten 61, 77, 86
Landesminister 107
Landesministerium 232, 249, 253, 257f.
Landesparlamente 20f., 265, 289
Landesregierung 83, 220, 266, 268
Landesvertretung(en) 106f., 114, 187, 249, 257, 265

Landtagswahlen 22, 202, 369, 374
Leistungsverwaltung 66, 218, 226
Lenkungsgremium 151, 432
Lokalpresse 89, 91, 346

Maastricht 290f.
Machtwechsel 19, 22, 36, 99, 112, 198, 203, 212, 247, 348, 372
Massenmedien 30, 33, 43, 141, 203, 242, 248, 273, 275, 302, 304, **312ff.,** 336, 344, 349, 351, 353, 373f., 427, 436, 446
Massenpetitionen 379, 381, **386ff.,** 465, 466
Maßnahmegesetze 221
Maßnahmenberichte 397, 399, 402
Medienberichterstattung 92, 315, 327, 373
Mediengesellschaft 43, 299, 439
Mehrheit, parlamentarische 17, 22, 56, 93, 97f., 147f., 162, 211, 213, 246, 307, 330, 355, 404, 422 *s.a. Regierungsmehrheit*
Mehrheitsbeschluß 96, 98, 132, 161, 173, 187, 283, 307, 316, 328, 330, 346, 397, 399, 407
Mehrheitsfraktionen *siehe Regierungsfraktionen*
Minderheiten, parlamentarische 35, 40, 45, 59, 94, 97, 130, 147f., 158, 237, 272, 305ff., 348, 374, 382, 388, 404, 422, 425, 449, 451, 453, 455f., 458ff.
Minderheitenrechte 46, 59, 98, 162, 187, 214, 379, 387, 422, 451, 458f.
Minderheitenvotum 382, 388, 459
Minderheitsregierung 211f.
Ministerialbürokratie 35, 38, 82, 106f., 179, 184, **187ff.,** 223, 234ff., **250ff.,** 299, 302, 304, 341, 360f., 408, 440, 444, 446, 449, 453
Ministerpräsident 114, 116, 143
Ministerrat (EU) 23, 293, 298
Mißbilligungsanträge **330f.**
Mißtrauensvotum 16, 40f., **211ff.**
Mitarbeiter (Abg.) 82, 90, 309 *siehe Fraktionsmitarbeiter*
Mitregierung 135, 179, 191, 279, 288, 300, 404, 448
Mittelstandsvereinigung 108, 243

Nachrichtendienste (Kontrollgremien) 97f.
Namentliche Abstimmung 133, 284, 406
Neue soziale Bewegungen 28
Neuwahlen 19, 50, 203, 212f.
Normadressaten 25, 221, 230
Normenflut 217f., 223, 228, 230
Nutzenkalkül 26f.

Obleute, Obmann/-frau 46, **99ff.,** 105, 113f., 122, 129, 133, 135, 139ff., 173, 181, 183, 189, **272ff.,** 277f., 301, 342, 344, 408, 411
Obleutegespräche 128, **139ff.** 181
Öffentliche Anhörungen 46, 181, 238, 271, 304, 312, **407ff.,** 420, 445, 460, 462, 464f.
Öffentliche Kontrolle 19, 170, 301, **302ff.,** 458
Öffentliche Kritik 50, 302ff., 446
Öffentlichkeit 41ff., **312ff.,** 463ff. *und durchgehend*
Öffentlichkeitsarbeit 139, 314, 388, 428, 462
Öffentlichkeitsfunktion 41ff., 299ff., 324 *siehe Kommunikationsfunktion*
Office of Technology Assessment 429
Ökologie 31, 322, 349
Ökologiebewegung 29
Ombudsman(n) 389
Opposition(sfraktionen) 15ff., 32, 35, 38ff., 46, 51, 56, 59, 76, 82, 95, 98, 105, 107, 111f., 126, 134f., 139, 145, 148, 157, 162f., 177ff., 187ff., 199, 204, 209, 227, 233, 234f., 238, 243ff., **267ff.,** 286, 288, **299ff.,** 322, 328ff., 362, 364, 366, 369, 371ff., 377, 382ff., 387f., 394ff.,

412, 422, 424, 427, 429, 432, 436, 442, 444f., 448, 454, 457f., 460, 462
Oppositionsabgeordnete 188f., 281, 307, 346, 351, 361, 425
Oppositionsbonus 460
Oppositionsklausel 454
Oppositionsparteien 19, 32, 37, 88f., 155, 192, 215f., 241, 249, 267, 269, 274, 279, 282, 303f., 313, 371f., 412, 445, 448, 454
Ordnungsmaßnahmen 154ff.

PARLAKOM 90, 309
Parlamentarische Demokratie 15, 22, 26, 322
Parlamentarische Geschäftsführer 46f., 113, **114ff.,** 132f., 141ff, 155, 158ff., 173f., 177, 200, 273, 316, 318, 329, 333f., 343, 352, 450
Parlamentarische Linke **111f.,** 132, 136, 139
Parlamentarische Staatssekretäre 24, 38, 105f., 109, 120ff., 144, 159, 174, 187, 205, 207, **209f.,** 243, 257, 328, 345, 351
Parlamentarischer Rat 16, 211
Parlamentarisches Regierungssystem 16, 45, 58f., 172, 187, 241, 320, 330, 446, 452f.
Parlamentsberichterstattung 313f., **326f.**
Parlamentsfunktionen **34ff.,** 41, 59 *und durchgehend*
Parlamentskanal 326f.
Parlamentskreis Mittelstand 100, 107ff., 136, 175f., 243, 246, 360
Parlamentsneulinge 48, 173, 176, 382
Parlamentsreform 35, 45, 56, 59, 82, 84, 305, 308, 312, 316, 320, 324, 342, 351, 400, 407, 439, 450f., 453, 463
Parlamentssekretariat 152, 161, 343, 345
Partei des Demokratischen Sozialismus (PDS) 96, 396
Parteiämter, regionale 60f.
Parteiarbeit 60f., 261
Parteibasis 28, 59, 65, 86, 89, 97
Parteien 18, 23, 28ff., 36, 49, 50, 52, 61, 73, 75, 77, 85ff., 94, 97, 117, 139, 142, 198ff., 206, 212, 214, 219, 223, 242, 247, 262, 265, 271, 273, 280, 302, 409, 423, 425, 427, 434, 439, 441, 453
Parteiendemokratie 50f., 96f.
Parteienkonkurrenz(system) 49, 441
Parteienstaat 16, 42
Parteienstaatslehre 30
Parteienwettbewerb 22, 27
Parteiflügel 127, 202, 207, 241, 408
Parteiführung 192
Parteifunktionen 51, 442
Parteigremien 19, 36, 39, 88, 117, 186, 198, 202, 242, 246, 249, 259, 270f., 275, 301, 362, 446
Parteimitglieder 28, 61, 73, 77, 91
Parteipolitisierung 23, 157, 267
Parteitag 77, 198, 242
Parteivorsitzender 114ff., 121, 130f, 142f., 200f., 206ff., 278, 447, 454
Parteivorstand 51, 199, 201
Parteizentralen 51, 442
Partikularinteressen 27, 69, 436, 465
Partizipation(sansprüche) 29, 34, 124, 299, 451
PDS-Bundestagsfraktion/PDS-Gruppe 62, 69, 74f., 78f., 96, 98f., **102ff.,** 121, 123, 129, 150, 159, 168f., 172, 245, 279, 284, 317, 335, 339f., 344, 347, 396
Petenten 381ff., 387f., 394, 465
Petitionen 100, **379ff.**
Petitionsausschuß 90, 168ff., 303f., 312, 315, 324, **379ff.,** 395, 445f., 459, 465
Petitionsrecht 379ff.
Petitionsverfahren 382ff., 458
Planung, politische 124, 127, 179, 181, 216, 258f., 300, 305
Plenardebatte **272ff.,** 283ff., **314ff.,** 336f., 346ff. *und öfter*

Plenarpräsenz 133, 155, 178, 316, 329, 463
Plenarprotokoll 297, 334
Politikberatung 219, **230ff.,** 256, 271, 399, 411, 418, 420, 430, 436, 449
Politikbereiche 49, 144, 266, 274, 335
Politikbereichsberichte 397f.
Politikverflechtung 223
Politikvermittlung 32, 34, 42f., 91, 299, **312ff.,** 439, 462
Politische Führung 17, 35, 38, 106, 118, 234, 251, 259f., 278, 452
Politische Kultur 225, 373
Politische Planung 179
Politischer Bericht 126, 129f.
Präsidialbüro 152
Präsidium des Bundestages 79, 97, 119, 123, 145, **148ff.,** 165f., 171, 173, 205
Pressekonferenzen 247, 314, 347, 366, 457
Presseresonanz 201, 353
Primat der Politik 27, 259, 391, 429, 432
Privatisierung 224f.
Professionalisierung **60ff.**
Programmentwicklung 24f., 32, 35, 255, 261, 300, 305
Proportionalverfahren 173
Prüfaufträge 183, 189, 304, 363, 460
Prüffragen 228f., 231f., 235, 253
Publizität 34, **312ff.,** 324, 326, 395, 408

Quereinsteiger 208

Rechnungsprüfungsausschuß 168f., 359, 363ff.
Rechtsanwälte (Abg.) 63, 69, 72, 75, 84
Rechtsbereinigung(sgesetz) 228
Rechtsnormen 215ff., 223, 226, 232, 238, 383
Rechtsstaat 217, 219, 251, 380
Rechtsverordnungen 21, 25, 154, 163, 165, 217, 220, 223, **226ff.,** 251f., 259, 261, 266, 385, 449, 456f.
Redechancen 102, 317
Redeordnung 47, 160ff., 314ff.
Redeparlament 451
Redeprivileg 23, 317, 462
Rederecht 47, 314ff., 459
Redezeit 117, 132, 162, 316, 318, 334, 348, 411
Referentenentwurf 254ff., 274
Regelungsdichte 222f., 290
Regierungsbefragung 160, 315, 343, 350f., 445
Regierungsberichte 235, 263, 286, 305, 315, 320, **396ff.,** 463
Regierungsbildung(sfunktion) 32, 36, 41, **195ff.,** 242
Regierungserklärung 161ff., 195, **203f.,** 204, 213, 242, 315, 317, 326, 346, 350, **352ff.,** 405, 462
Regierungsfraktionen 17f., 35, 38ff., 51, 57f., 105f., 106, 126, **128ff.,** 141, 144, 161, 162f., 171, 187, 189, 191ff., 210, 240ff., 247f., 254f., 262, 269, **275ff.,** 287, 294, 299ff., 319, 321, 325, 328, 334, 343f., 346, 349, 352, 355f., 359, 360, 362, 371ff., 382ff., 386, 395, 397, 399, 403, 406f., 422f., 429, 432, 443ff., 457, 459
Regierungsmehrheit 17, 23, 35, 37, 39, 96, 145, 147, 162, 179, 187ff., 198, 214, 248, 268, 274, 281, 287, 328, 330f., 334f., 351f., 363, 368ff., 375, 388, 395f., 406, 408, 410, 424, 448
Regierungsmitglieder 17, 24, 38, 65f., 69, 121, 127f., 143, 174, 188f., 200, **205ff.,** 241, 266, 298, 301f., 315f., 328f., 353, 371, 381, 446, 449, 455, 459
Regierungsparteien 116, 130, 138, 144, 199, 200f., 210, 270, 278, 348, 372, 387, 400f., 409, 422, 447
Regierungspolitik 39, 107, 115f., 130f., 139, 199, 247, 288, 302, 304, 331, 348, 352, 354, 398, 406, 445